REGIME JURÍDICO DOS INCENTIVOS FISCAIS

REGIME JURÍDICO DOS INCENTIVOS FISCAIS

Hugo de Brito Machado (Coordenador)

Alexandre Coutinho da Silveira • Álisson José Maia Melo
Eduardo de Moraes Sabbag • Elmo Queiroz • Fernando A. M. Canhadas
Fernando Facury Scaff • Gustavo Miguez de Mello
Hugo de Brito Machado • Hugo de Brito Machado Segundo
Ives Gandra da Silva Martins • Ivo César Barreto de Carvalho
José Alberto Rôla • José Eduardo Soares de Melo
Juvêncio Vasconcelos Viana • Leonardo Varella Giannetti
Luiz Carlos Marques Simões • Marciano Seabra de Godoi
Márcio Severo Marques • Mary Elbe Gomes Queiroz
Matteus Viana Neto • Natercia Sampaio Siqueira
Rafael Marcílio Xerez • Regnoberto Marques de Melo Jr.
Rogério Lima • Schubert de Farias Machado
Tibério Carlos Soares Roberto Pinto

MALHEIROS EDITORES

ICET INSTITUTO CEARENSE DE ESTUDOS TRIBUTÁRIOS

REGIME JURÍDICO DOS INCENTIVOS FISCAIS

ISBN: 978-85-392-0293-5

Direitos reservados desta edição por
MALHEIROS EDITORES LTDA.
Rua Paes de Araújo, 29, conjunto 171
CEP 04531-940 — São Paulo — SP
Tel.: (11) 3078-7205 — Fax: (11) 3168-5495
URL: www.malheiroseditores.com.br
e-mail: malheiroseditores@terra.com.br

Composição
Acqua Estúdio Gráfico Ltda.

Capa
Criação: Vânia L. Amato
Arte: PC Editorial Ltda.

Impresso no Brasil
Printed in Brazil
04.2015

SUMÁRIO

AUTORES

Alexandre Coutinho da Silveira

Mestre pela Universidade de São Paulo – Especialista em Direito Tributário pela FGV – Advogado.

Álisson José Maia Melo

Doutorando pelo Programa de Pós-Graduação em Direito da Universidade Federal do Ceará (PPGD/UFC) – Especialista em Direito Tributário pela Faculdade 7 de Setembro (Fa7) – Analista de Regulação da Agência Reguladora de Serviços Públicos Delegados do Estado do Ceará (ARCE).

Eduardo de Moraes Sabbag

Doutor em Direito Tributário pela PUC/SP – Doutorando em Língua Portuguesa pela PUC/SP – Mestre em Direito Público e Evolução Social pela UNESA/RJ – Professor de Direito Tributário, de Língua Portuguesa e de Redação, na Rede de Ensino LFG/Anhanguera – Coordenador dos Cursos de Pós-Graduação em Direito Tributário e Processo Tributário na Rede LFG/Anhanguera – Professor de Direito Tributário da Universidade Presbiteriana Mackenzie/SP e da Universidade Federal do Rio de Janeiro (UFRJ/FND) – Advogado.

Elmo Queiroz

Pós-Graduação em Direito Tributário (IBET) e Docência do Ensino Superior (UFRJ) – Vice-Presidente do Instituto Pernambucano de Estudos Tributários/IPET – Palestrante da FocoFiscal.

Fernando A. M. Canhadas

Mestre e Doutor em Direito do Estado pela PUC/SP – Especialista em Direito Tributário pela PUC/SP – Professor do Curso de Pós-Graduação *Lato Sensu* da PUC/SP – Advogado em São Paulo.

FERNANDO FACURY SCAFF

Professor Associado, Doutor e Livre-Docente pela Universidade de São Paulo/USP – Professor da Universidade Federal do Pará – Advogado.

GUSTAVO MIGUEZ DE MELLO

Vice-Presidente da Associação Brasileira de Direito Financeiro (ABDF) – Membro da *International Fiscal Association* (IFA) – Membro da Academia de Direito Tributário – Diretor da *Harvard Law School alumni association-Brazil* – Ex-expositor da Comissão *Future of the Lawyer* da *Union Internationale des Avocats* – Advogado.

HUGO DE BRITO MACHADO

Professor Titular de Direito Tributário da UFC – Presidente do Instituto Cearense de Estudos Tributários – Desembargador Federal aposentado do TRF da 5ª Região – Membro da Academia Brasileira de Direito Tributário, da Associação Brasileira de Direito Financeiro, da Academia Internacional de Direito e Economia, do Instituto Ibero-Americano de Direito Público e da *International Fiscal Association* (IFA).

HUGO DE BRITO MACHADO SEGUNDO

Mestre em Direito pela Universidade Federal do Ceará – Doutor em Direito Constitucional pela Universidade de Fortaleza – Membro do Instituto Cearense de Estudos Tributários/ICET – Professor de Processo Tributário (Graduação) e de Epistemologia Jurídica (Pós-Graduação) na Faculdade de Direito da Universidade Federal do Ceará, de cujo Programa de Pós-Graduação (Mestrado/Doutorado) é Coordenador – *Visiting Scholar* da *Wirtschaftsuniversität*, Viena, Áustria.

IVES GANDRA DA SILVA MARTINS

Professor Emérito das Universidades Mackenzie, UNIP, UNIFIEO, UNIFMU, do CIEE/O Estado de São Paulo, da Escola de Comando e Estado-Maior do Exército/ECEME, da Escola Superior de Guerra/ESG e da Escola de Magistratura do Tribunal Regional Federal da 1ª Região – Professor Honorário das Universidades Austral (Argentina), San Martin de Porres (Peru) e Vasili Goldis (Romênia) – Doutor *Honoris Causa* das Universidades de Craiova (Romênia) e da PUC/Paraná – Catedrático da Universidade do Minho (Portugal) – Presidente do Conselho Superior de Direito da FECOMÉRCIO/SP – Fundador e Presidente Honorário do Centro de Extensão Universitária/CEU/Instituto Internacional de Ciências Sociais/IICS.

Ivo César Barreto de Carvalho

Doutorando e Mestre em Direito Tributário pela Universidade Federal do Ceará/UFC – Procurador-Chefe da Agência Reguladora de Serviços Públicos Delegados do Estado do Ceará/ARCE – Professor de Direito Tributário da Unichristus e de Cursos de Pós-Graduação em Direito Tributário – Advogado.

José Alberto Rôla

Membro do Instituto Cearense de Estudos Tributários/ICET, do Instituto Brasileiro de Direito Tributário/IBDT, do Instituto dos Advogados Brasileiros/IAB e do Instituto dos Advogados do Ceará/IAC – Membro Acadêmico Honorário do Instituto dos Magistrados do Ceará – Professor da Fundação Escola Superior da Advocacia/FESAC – Professor aposentado da Faculdade de Direito da UFC – Doutorado pela Faculdade de Direito da UFC – Advogado de Empresas.

José Eduardo Soares de Melo

Doutor e Livre-Docente em Direito – Professor Titular de Direito Tributário da Faculdade de Direito da PUC/SP, onde é Coordenador do Curso de Especialização em Processo Tributário – *Visiting Scholar* da U. C. Berkeley (Califórnia) – Consultor jurídico.

Juvêncio Vasconcelos Viana

Advogado – Procurador do Estado do Ceará – Professor da Faculdade de Direito da UFC.

Leonardo Varella Giannetti

Pós-Graduado em Direito Tributário pela FGV/RJ – Mestre em Direito Público pela PUC/MG – Professor em Cursos de Pós-Graduação (Especialização) na PUC/MG – Diretor Jurídico Adjunto Tributário na Câmara do Mercado Imobiliário/CMI/SEC – Foi Professor de Pós-Graduação/LLM de Direito Corporativo na IBMEC/MG – Advogado.

Luiz Carlos Marques Simões

Bacharel em Direito pela Universidade do Estado do Rio de Janeiro – Ex-sócio da PricewaterhouseCoopers – Advogado.

Marciano Seabra de Godoi

Possui Graduação em Direito pela UFMG e em Ciências Econômicas pela PUC/MG – Mestrado em Direito Tributário pela UFMG e Doutorado em Direito Financeiro e Tributário pela Universidade Complutense de Madri – Professor de Direito da PUC/MG (Cursos de Graduação em Direito, Mestrado/Doutorado em Direito Público) – Diretor-Executivo do Instituto de Estudos Fiscais/IEFi – Realizou estudos de Pós-Doutorado e foi Professor Visitante na Universidade Autónoma de Madri – Advogado e consultor tributário.

Márcio Severo Marques

Mestre e Doutor em Direito do Estado pela PUC/SP – Professor dos Cursos de Graduação e Pós-Graduação *lato sensu* da PUC/SP e do IBET – Advogado em São Paulo.

Mary Elbe Gomes Queiroz

Pós-Doutora (Universidade de Lisboa – Portugal) e Doutora em Direito Tributário (PUC/SP) – Presidente do Centro de Estudos Avançados de Direito Tributário e Finanças Públicas do Brasil/CEAT – Presidente do Instituto Pernambucano de Estudos Tributários/IPET – Membro Imortal da Academia Brasileira de Ciências Econômicas, Políticas e Sociais/ANE – Professora-Palestrante da FocoFiscal – Advogada.

Matteus Viana Neto

Procurador do Estado do Ceará – Mestre em Direito Constitucional – Membro do Instituto Cearense de Estudos Tributários.

Natercia Sampaio Siqueira

Mestre em Direito Tributário pela UFMG – Doutora em Direito Constitucional pela Universidade de Fortaleza – Professora do Programa de Pós-Graduação em Direito Constitucional (Mestrado e Doutorado) da Universidade de Fortaleza – Procuradora do Município de Fortaleza.

RAFAEL MARCÍLIO XEREZ

Mestre em Direito pela Universidade Federal do Ceará – Doutor em Direito pela Universidade Federal da Bahia – Professor do Programa de Pós-Graduação em Direito Constitucional (Mestrado e Doutorado) da Universidade de Fortaleza – Juiz Titular da 2ª Vara do Trabalho de Fortaleza.

REGNOBERTO MARQUES DE MELO JR.

Professor da Faculdade de Direito da UFC – Membro do Instituto Cearense de Estudos Tributários – ICET.

ROGÉRIO LIMA

Advogado de carreira do Banco do Nordeste do Brasil S/A.

SCHUBERT DE FARIAS MACHADO

Diretor do Instituto Cearense de Estudos Tributários – Advogado.

TIBÉRIO CARLOS SOARES ROBERTO PINTO

Graduado em Direito pela Universidade Federal do Ceará (UFC) – Mestre em Direito pela Universidade Federal do Ceará (UFC) – Ex-bolsista da Fundação Cearense de Apoio ao Desenvolvimento Científico e Tecnológico/FUNCAP e da Coordenação de Aperfeiçoamento de Pessoal de Nível Superior/CAPES – Professor Universitário e Advogado.

APRESENTAÇÃO

O Instituto Cearense de Estudos Tributários-ICET vem promovendo pesquisas jurídicas no campo do direito tributário, com a colaboração de ilustres estudiosos do assunto, de todo o País. Os resultados dessas pesquisas têm sido reunidos em livros que temos publicado, tratando dos diversos temas, a saber:

Repetição do indébito e compensação no direito tributário.

Regime tributário das indenizações.

Lançamento tributário e decadência.

As contribuições no sistema tributário brasileiro.

Sanções administrativas tributárias.

Sanções penais tributárias.

Coisa julgada – constitucionalidade e legalidade em matéria tributária.

Certidões negativas e direitos fundamentais do contribuinte.

Não cumulatividade tributária.

Interpretação e aplicação da lei tributária.

Tributação indireta no Direito brasileiro.

A prova em questões tributárias.

Agora, nesta nossa pesquisa, o assunto é *o regime jurídico dos incentivos fiscais*, e tal como tem ocorrido nas ocasiões anteriores, a pesquisa foi desenvolvida a partir de questões que formulamos para serem respondidas por juristas de notório saber, tendo em vista o esclarecimento de importantes aspectos, todos de inegável interesse para os que lidam com o Direito.

Este livro, que temos a satisfação de apresentar à comunidade jurídica, é fruto dessa nossa última pesquisa, e examina, portanto, questões relativas aos incentivos fiscais. Sua inegável valia, que o coloca muito acima dos livros de autoria coletiva em geral, está em que oferece ao leitor, em um só volume, respostas de mais de vinte autores sobre as mesmas questões. Assim, facilita muito o trabalho de quem pretende realizar uma pesquisa a respeito do assunto.

As questões propostas foram divididas em quatro partes autônomas, seguidas de uma abertura para a abordagem de questão sobre o tema, que não tenha sido suscitada, de sorte a permitir abordagens específicas de cada grupo. E estão assim colocadas:

1. O que são incentivos fiscais

1.1 Incentivos fiscais, benefícios fiscais, alívios fiscais, são todas expressões sinônimas?

1.2 A redução da base de cálculo é uma isenção parcial? A lei pode conceder isenção parcial? Seria adequado falar de isenção parcial?

1.3 A isenção é um incentivo fiscal? E a alíquota zero? A imunidade? A redução da base de cálculo? São incentivos ou possíveis meios para concedê-los?

1.4 Uma redução do ônus tributário decorrente da ausência de capacidade contributiva, como o limite de isenção estabelecido para imóveis residenciais de pequeno valor, por exemplo, é um incentivo fiscal? E a redução estabelecida em função de algum mal sofrido pelo contribuinte, como uma doença?

1.5 Há diferença entre incentivos fiscais e incentivos financeiros?

2. Limites formais à concessão de incentivos fiscais

2.1 Todo incentivo fiscal deve ser concedido por lei do ente tributante competente para a instituição do tributo correspondente? Qual a natureza de disposições como as que constam do art. 155, § 2º, XII, "e", e do art. 156, § 3º, II, da CF/1988? São imunidades? Excepcionais hipóteses em que se faz possível a concessão de isenções heterônomas?

▶

2.2 Os tratados internacionais podem estabelecer incentivos fiscais, inclusive quando relativos a tributos que seriam devidos a estados e municípios?

2.3 A desoneração tributária dada à remessa de mercadorias para a Zona Franca de Manaus é caso de isenção ou de imunidade? A lei federal pode regular tal desoneração mesmo quando relativa a tributos de competência estadual ou municipal?

2.4 Há limites a serem observados pelo legislador infraconstitucional, quando da regulamentação de norma da Constituição referente a incentivos fiscais? É possível regulamentar uma faculdade prevista no texto constitucional de sorte a tornar praticamente impossível o seu exercício? É o que se dá, por exemplo, com a exigência de unanimidade prevista na LC 24/1975, como condição para a concessão de incentivos fiscais em matéria de ICMS?

2.5 É certo que a vigente Constituição Federal, em pelo menos seis dispositivos, a saber, art. 1º, III; art. 151, I; art. 159, I, "c"; art. 161, II; art. 165, § 7º, e art. 170, VII, preconiza providências objetivando a redução das desigualdades regionais existentes no País? Esse fato deve ter, ou não, alguma influência na interpretação e na aplicação de leis a respeito de incentivos fiscais que tenham por objetivo atrair empresas para regiões pobres?

3. Limites ou parâmetros materiais para a concessão de incentivos fiscais

3.1 Em quais hipóteses a concessão de incentivo fiscal a determinado contribuinte, ou grupo de contribuintes, será compatível com o princípio da igualdade?

3.2 A localização de uma empresa em região menos desenvolvida do território nacional seria um critério de discrímen apto a legitimar incentivos fiscais?

3.3 Caso o contribuinte destinatário do incentivo tenha capacidade contributiva igual à de outro contribuinte, não beneficiado com o incentivo, há, só por isso, invalidade ou violação ao princípio da

▶

igualdade? É possível estabelecer, validamente, tratamento desigual a contribuintes, tomando de critério diverso de sua capacidade contributiva? Quais critérios seriam esses?

3.4 *Deve haver coerência nas políticas públicas relacionadas aos incentivos fiscais? Qual a consequência jurídica, por exemplo, de o Governo Federal incentivar determinada ação, por meio de tributos, e outros órgãos do próprio Governo Federal, ou dos Governos Estadual ou Municipal, adotarem políticas destinadas a desestimular essa mesma ação?*

3.5 *A quem cabe a decisão a respeito da concessão de incentivos fiscais? Ao Legislador e ao Executivo apenas, quando da criação ou da alteração de leis ou atos infralegais?*

3.6 *Diante de um incentivo fiscal formalmente válido, seria lícito ao Poder Judiciário tomar decisões relacionadas ao seu "mérito", por não se considerar, por exemplo, necessário ou adequado incentivar determinada atividade ou setor da economia?*

3.7 *Existiria alguma outra instância de controle da legitimidade ou da conveniência da concessão de incentivos fiscais?*

4. *Incentivos fiscais e segurança jurídica*

4.1 *É possível a revogação de um incentivo fiscal? Há diferença caso tenham sido exigidas contrapartidas, a serem implementadas pelo contribuinte, como condição para a sua concessão? É relevante, ainda, que o incentivo tenha sido concedido por prazo certo?*

4.2 *A resposta dada à questão anterior é a mesma caso, em vez de revogação, tenha-se a nulidade do incentivo, posteriormente reconhecida no âmbito administrativo ou judicial? Pode a entidade tributante que houver editado lei concedendo incentivo cobrar o tributo correspondente em razão da inconstitucionalidade posteriormente declarada da lei que ela própria editou?*

5. *Há algum outro aspecto relevante, relativo aos incentivos fiscais, não abrangido pelas questões anteriores?*

Nosso sincero agradecimento a todos os autores de textos, pelas notáveis contribuições que ofertaram para a composição deste livro. Nosso especial agradecimento aos Professores Schubert de Farias Machado e Hugo de Brito Machado Segundo, pela valiosa ajuda que nos deram desde a seleção dos autores a serem convidados para empreender esta pesquisa até a coleta e organização dos textos. E em especial na elaboração das questões, trabalho no qual colocaram toda a experiência que têm como advogados que atuam intensamente em questões tributárias, que os coloca diante de práticas atinentes aos mais diversos aspectos da interpretação e da aplicação das normas jurídicas e lhes permitiu formular questões com extrema propriedade.

Nosso especial agradecimento, também, à Malheiros Editores, que gentilmente aceitou a tarefa de cuidar da edição e distribuição deste livro, o qual, sem falsa modéstia, é uma valiosa contribuição aos estudos do Direito e especialmente ao estudo das questões relativas aos incentivos fiscais em nosso país.

HUGO DE BRITO MACHADO
Presidente do Instituto Cearense de Estudos Tributários.

INCENTIVOS FISCAIS NA FEDERAÇÃO BRASILEIRA

Alexandre Coutinho da Silveira
Fernando Facury Scaff

Introdução. 1. Isenção e tributação: duas faces da mesma moeda. 2. Incentivo fiscal, incentivo financeiro, gasto público, gasto tributário. 3. Incentivos fiscais, desigualdade, federalismo fiscal. 4. Respostas.

Introdução

Honra-nos o Professor Hugo de Brito Machado com convite para participar de estudo tendo por objeto o *Regime Jurídico dos Incentivos Fiscais*, destinado a integrar a *Coleção de Estudos Tributários*, promovida pelo *Instituto Cearense de Estudos Tributários – ICET*.

Na ânsia de contribuir com a formação e o aprofundamento de conhecimento sobre a estrutura dos *incentivos fiscais*, cabem desde já algumas colocações introdutórias, que servirão de guia para as linhas abaixo.

Em nada obstante a relevantíssima análise dos *incentivos* a partir de uma matriz calcada no direito tributário, ousa-se nestas linhas buscar a aproximação interdisciplinar. Isto é: as colocações adiante terão a preocupação de fundar-se em elementos do direito tributário; mas terão também a ânsia de abarcar conceitos e técnicas do direito financeiro.[1]

Daí que, para além da relação *Fisco x Contribuinte*, buscar-se-á também contextualizar o regime dos incentivos no que atinge as relações

1. Não se reputa que este seja o espaço para distinguir entre os direitos financeiro e tributário, suas semelhanças e diferenças, e/ou a autonomia científica de cada um deles. Para melhores considerações sobre o tema, recomendamos ver: Heleno Taveira Torres, *A Teoria da Constituição Financeira*, tese (Concurso de Professor Titular), Faculdade de Direito da Universidade de São Paulo, 2014.

Fisco x Sociedade (os incentivos em face das normas de gestão financeira, objetivando sua utilização constitucionalmente aceitável) e *Fisco x Fisco* (impactos, dos incentivos estabelecidos por um ente federativo, em outros entes, sejam eles de mesmo nível ou de outro).

O texto conterá 4 itens.

No primeiro, busca-se identificar do que falamos quando nos referimos aos *incentivos fiscais*, especialmente colocando-os ao lado da tributação e de suas premissas fundamentais, como autonomia financeira na realidade federativa.

No segundo, quer-se destacar e distinguir os incentivos fiscais dos incentivos financeiros.

No terceiro, busca-se investigar as mais salientes polêmicas relacionadas aos incentivos fiscais na perspectiva do federalismo fiscal.

Ao fim e ao cabo, serão respondidas as seguintes perguntas:

1. O que são incentivos fiscais

1.1 Incentivos fiscais, benefícios fiscais, alívios fiscais, são todas expressões sinônimas?

1.2 A redução da base de cálculo é uma isenção parcial? A lei pode conceder isenção parcial? Seria adequado falar de isenção parcial?

1.3 A isenção é um incentivo fiscal? E a alíquota zero? A imunidade? A redução da base de cálculo? São incentivos ou possíveis meios para concedê-los?

1.4 Uma redução do ônus tributário decorrente da ausência de capacidade contributiva, como o limite de isenção estabelecido para imóveis residenciais de pequeno valor, por exemplo, é um incentivo fiscal? E a redução estabelecida em função de algum mal sofrido pelo contribuinte, como uma doença?

1.5 Há diferença entre incentivos fiscais e incentivos financeiros?

2. Limites formais à concessão de incentivos fiscais

2.1 Todo incentivo fiscal deve ser concedido por lei do ente tributante competente para a instituição do tributo correspondente? Qual a ▶

natureza de disposições como as que constam do art. 155, § 2º, XII, "e", e do art. 156, § 3º, II, da CF/1988? São imunidades? Excepcionais hipóteses em que se faz possível a concessão de isenções heterônomas?

2.2 *Os tratados internacionais podem estabelecer incentivos fiscais, inclusive quando relativos a tributos que seriam devidos a Estados e Municípios?*

2.3 *Há limites a serem observados pelo legislador infraconstitucional, quando da regulamentação de norma da Constituição referente a incentivos fiscais? É possível regulamentar uma faculdade prevista no texto constitucional de sorte a tornar praticamente impossível o seu exercício? É o que se dá, por exemplo, com a exigência de unanimidade prevista na LC 24/1975, como condição para a concessão de incentivos fiscais em matéria de ICMS?*

2.4 *É certo que a vigente Constituição Federal, em pelo menos seis dispositivos, a saber, art. 1º, III; art. 151, I; art. 159, I, "c"; art. 161, II; art. 165, § 7º, e art. 170, VII, preconiza providências objetivando a redução das desigualdades regionais existentes no País? Esse fato deve ter, ou não, alguma influência na interpretação e na aplicação de leis a respeito de incentivos fiscais que tenham por objetivo atrair empresas para regiões pobres?*

3. *Outros aspectos relevantes*

1. Isenção e tributação: duas faces da mesma moeda

Visando a garantir a autonomia financeira dos entes políticos nacionais, a Constituição Federal outorga-lhes competência tributária;[2] confere o poder de instituir e arrecadar tributos.

2. Tácio Lacerda Gama, *Competência Tributária: Fundamentos para uma Teoria da Nulidade*, São Paulo, Noeses, 2009, pp. 343-346: "Competência tributária é a aptidão jurídica, modalizada em obrigatório ou em permitido, para criar normas jurídicas que, direta ou indiretamente, disponham sobre a instituição, arrecadação e fiscalização de tributos (...) A norma de competência tributária prescreve os requisitos que devem ser atendidos para a produção lícita de normas jurídicas. Ao fazê-lo, demarca, também, os limites da ilicitude. Percebe-se que uma norma foi produzida ilicitamente quando ela está em antinomia (conflito) com a norma que lhe serve de fundamento de validade".

É dizer: a Constituição Federal não institui tributos. Ela dá aos entes públicos o poder de instituir e arrecadar tributos. Mas esse poder, é claro, não é absoluto. Ele está limitado pela própria Carta Magna, que traz um Sistema Tributário exaustivo e rígido. É dizer: "aquilo que pode ser feito em termos de tributação está previsto (às vezes, pormenorizadamente) pela própria Constituição".[3] Todo o poder tributário está, necessariamente, descrito nos parâmetros constitucionais, "não deixando, como sói acontecer em outros sistemas jurídicos, liberdade ao legislador para alterar os fatos que podem ou não ser objeto de tributação".[4] Com Humberto Ávila, vemos que "o importante é que a Constituição não apenas define as hipóteses de incidência, mas também predetermina o conteúdo material para o exercício da competência".[5]

As competências distribuídas na Carta Magna

> implicam, de um lado, numa afirmação do poder fiscal de seu titular; de outro, porém, implicam numa negação deste mesmo poder. De fato, com base em sua soberania o Estado poderia tudo fazer. A Constituição, entretanto, limita esse poder à medida que o partilha entre as ordens parciais de governo que compõem a Federação. Tal é feito através da atribuição de campos econômicos determinados a cada um.[6]

No mesmo sentido, Roque Carrazza ensina que, segundo as regras de competência tributária, "as pessoas políticas, sendo simples delegadas, não têm poderes para alterar as faculdades tributárias que lhes foram atribuídas pela Carta Suprema".[7] Portanto, o legislador infraconstitucional, no exercício da competência tributária, encontra limite na observância das normas constitucionais: "O respeito devido a tais normas é absoluto e sua violação importa irremissível inconstitu-

3. Humberto Ávila, *Sistema Constitucional Tributário: de Acordo com Emenda Constitucional n. 42, de 19.12.2003*, São Paulo, Saraiva, 2004, p. 110.

4. Idem, ibidem, p. 158.

5. Idem, ibidem, p. 111.

6. Hamilton Dias de Souza, "A competência tributária e seu exercício: a racionalidade como limitação ao poder de tributar", in Roberto Catalano Botelho Ferraz (coord.), *Princípios e Limites da Tributação*, São Paulo, Quartier Latin, 2005, pp. 260-261.

7. Roque Antonio Carrazza, *Curso de Direito Constitucional Tributário*, 29ª ed. rev., ampl. e atual., São Paulo, Malheiros Editores, 2013. p. 578.

cionalidade da lei tributária. De fato, as normas legais têm sua validade vinculada à observância e ao respeito aos limites erigidos pelas normas constitucionais".[8]

Mas cabe retomar um ponto acima anunciado. Quer-se analisar a tributação não como mera expressão da competência impositiva constitucionalmente outorgada. Mas antes, dando um passo atrás, como instrumento de autonomia financeira do ente político. Que é essa "autonomia financeira"?

A autonomia do ente subnacional, manifestada no plano financeiro,[9] é parte relevantíssima do arranjo institucional federativo.[10] A *autonomia financeira* está diretamente vinculada à capacidade de financiar as atividades a serem exercidas, fruto da outorga de competências administrativas. Como ensina José Maurício Conti,

> a autonomia financeira é de fundamental importância. Não é exagero dizer ser ela quem garante a sobrevivência da federação. Sem recursos para se manter, as entidades federadas estão fadadas ao fracasso. Não poderão exercer as funções que lhe competem, e passarão a depender do poder central para financiar suas atividades, circunstância que aniquila todo e qualquer poder autônomo que se lhes atribua.[11]

E, ainda, com Sampaio Dória: "*O poder político, distribuído pelas camadas da federação, encontra seu necessário embasamento na simultânea atribuição de poder financeiro, sem o qual de pouco vale:* autonomia na percepção, gestão e dispêndio das rendas próprias".[12]

8. Idem, ibidem, p. 579.

9. "O equilíbrio federativo exige que haja correlação entre as competências, que são encargos, tarefas a serem executadas, e os meios financeiros indispensáveis para seu desempenho" (Dalmo de Abreu Dallari, "Implicações do pacto federativo", in Dircêo Torrecillas Ramos (coord.), *O Federalista Atual: Teoria do Federalismo*, Belo Horizonte, Arraes Editores, 2013, p. 593).

10. "Los acuerdos en torno a la recaudación, reparticipación y gasto del dinero son de crucial importancia, tanto política como económicamente, para el funcionamiento de los sistemas federales" (George Anderson, *Una Introducción al Federalismo*, Madrid, Marcial Pons, 2008, p. 51).

11. José Maurício Conti, *Federalismo Fiscal e Fundos de Participação*, São Paulo, Juarez de Oliveira, 2001, p. 14.

12. Antônio Roberto Sampaio Dória, *Discriminação de Rendas Tributárias*, São Paulo, José Bushatsky Editor, 1972, p. 11.

Afinal, consoante a lição de Cármen Lúcia Antunes Rocha, "pela subtração de recursos econômico-financeiros às entidades federadas, tem-se chegado à ruptura velada, mas não menos grave, e ao esvaziamento de algumas propostas da Federação".[13]

É nesse contexto também que se apresenta o federalismo *fiscal*.[14] Ele se destina à compreensão dos meios de dotar cada um dos entes governamentais dos recursos necessários ao desenvolvimento das atividades que lhes competem.[15]

Em outras palavras: de "assegurar-lhes meios para a obtenção de seus fins".[16] Segundo Conti, federalismo fiscal é "o estudo da maneira pela qual as esferas de governo se relacionam do ponto de vista financeiro".[17]

13. Cármen Lúcia Antunes Rocha, *República e Federação no Brasil – Traços Constitucionais da Organização Política Brasileira*, Belo Horizonte, Del Rey, 1997, p. 185.

14. "Nessa expressão, o adjetivo 'fiscal' restringe o tipo de 'federalismo' de que estamos falando. O termo *federalismo*, desacompanhado do adjetivo, diz respeito à divisão de poderes políticos e constitucionais entre os diferentes níveis de governo, indo muito além da mera divisão de tarefas administrativas" (Marcos Mendes, "Federalismo fiscal", in Ciro Biderman e Paulo Roberto Arvate (orgs.), *Economia do Setor Público no Brasil*, São Paulo, Campus Elsevier, 2005, p. 422).

15. Segundo Marcos Mendes, o federalismo fiscal é definido como "a divisão de tarefas entre os diferentes níveis de governo: quem (que níveis de governo) deve arrecadar cada um dos tributos do país e quem deve ofertar cada um dos serviços públicos (saúde, saneamento, educação, limpeza, iluminação, segurança pública, estabilidade macroeconômica, assistência aos pobres etc.). A ideia principal é buscar uma divisão de tarefas que maximize a eficiência do setor público" (idem, ibidem, p. 421).

16. Régis Fernandes de Oliveira, *Curso de Direito Financeiro*, São Paulo, Ed. TR, 2006, p. 42. Prossegue o autor: "Faz-se um bolo arrecadatório, destinado a fornecer os meios para que o Estado cumpra suas finalidades, podendo atender aos serviços públicos, exercitando o poder de polícia, intervindo no domínio econômico, preservando situações através de documentos e mantendo sua estrutura, tais como adquirindo imóveis (por compra ou expropriação), móveis, objetos artísticos, monumentos, alugando imóveis, mantendo seu pessoal etc. Ao celebrar-se o pacto federativo através da elaboração do pacto político que é a Constituição, deve haver o sopesar das necessidades de cada ente autônomo e os recursos previstos no texto. Se não houver compatibilidade, o pacto é vesgo. Se não se estabelecer razoabilidade entre fins e meios, perecem as soluções democráticas, criando-se odiosa estrutura de dominação dos entes maiores sobre os menores. Deixando de se atender a critérios equitativos na distribuição de recursos, instaura-se o desequilíbrio repugnante entre os centros federativos de poder. Logo, urge que as limitações ao poder de tributar não tornem exangues as fontes dos Municípios e Estados, nem se instituam mecanismos de imunidades de tal ordem que atinjam somente as esferas menores da federação" (pp. 42-43).

17. José Maurício Conti, *Federalismo Fiscal e Fundos de Participação*, cit., p. 24.

O tema, então, é a distribuição de recursos no seio da federação.[18] Nas palavras de Anwar Shah: "os princípios do federalismo fiscal estão preocupados com o desenho das constituições fiscais – isto é, como a tributação, o gasto e as funções regulatórias são alocadas entre governos e como transferências intergovernamentais são estruturadas. Esses arranjos são de fundamental importância para a provisão eficiente e equitativa dos serviços públicos",[19] revelando, em verdade, "a questão mais fundamental de uma federação".[20] A teoria do federalismo fiscal busca avançar no estudo dos fatores determinantes para essa distribuição de recursos e especialmente auxiliar no desenho das instituições fiscais, visando adequar a partilha das finanças públicas àquela decisão política que fixou quem fará o quê.[21]

18. Como já pontuava Sampaio Dória: "A título ilustrativo, poder-se-iam nomear algumas dessas diretrizes informadoras de ideal discriminação de rendas: (a) receitas proporcionais aos encargos atribuídos ao órgão federado; (b) complementação, através de impostos, de competência regulatória material; (c) concentração, na União, de impostos de difusão econômica nacional, e, nos governos locais, dos economicamente restritos à sua esfera de influência; (d) distribuição equitativa dos impostos de equivalente produtividade e daqueles de base real e pessoal; (e) flexibilidade de acesso a novas fontes tributárias; (f) atribuição de impostos ao órgão que possa mais eficientemente coletá-los e administrá-los; (g) tentativa de integração dos sistemas; (h) eliminação de embaraços à circulação econômica entre as unidades federativas; (i) possibilidade de distensão do poder tributário federal em casos emergenciais, etc." (*Discriminação de Rendas Tributárias*, cit., p. 17).

19. Anwar Shah, "Introduction: principles of fiscal federalism", in Anwar Shah (ed.), *The Practice of Fiscal Federalism: Comparative Perspectives. A Global Dialogue on Federalism*, Canadá, McGill-Queen's University Press, 2007, v. 4, p. 3, tradução livre.

20. Idem, ibidem, p. 9, tradução livre.

21. "Six questions arise with respect to intergovernmental finance in any country (...). The first five focus on content as follows:

– The question of expenditure assignment: Who should do what?

– The question of revenue assignment: Who should levy what taxes?

– The question of vertical imbalance: How should any imbalance between the revenues and expenditures of subnational government be resolved?

– The question of horizontal imbalance or equalization: To what extent should fiscal institutions attempt to adjust for differences in needs and capacities between different government units at the same level of government?

– The question of access to capital markets: What, if any, rules should exist with respect to subnational borrowing?

The sixth question concerns the process by which these questions are answered, that is, the institutional framework within which the technical problems of fiscal federalism are resolved" (Richard M. Bird e François Vaillancourt, "Introduction and summary", in Richard M. Bird e François Vaillancourt (eds.), *Perspectives on Fiscal Federalism*, Washington, The World Bank, 2006, p. 2).

A outorga do poder de tributar, então, deve necessariamente ser compreendida neste panorama: enquanto expressão da autonomia financeira dos entes políticos (União, Estados-membros, Municípios e o Distrito Federal).[22]

Mas essa lição tampouco pode ser tomada de maneira açodada. Compreender a outorga de competência tributária apenas como meio de dotar o ente público de recursos a fazer frente a suas despesas implicaria, ao menos em análise menos refletida, a conclusão de que a mera transferência de recursos a um determinado ente seria suficiente para preencher esse requisito de autonomia. Mas isso não seria verdadeiro.

Por mais que transferências significativas sejam direcionadas a um ente (ou um nível de governo), é legítima a arguição de que apenas quando se aloca a competência impositiva nesse ente é que se estará respeitando sua autonomia.[23] Só então terá ele o poder de decidir quanto onerar a base, como fazê-lo, quais isenções estabelecer etc.[24-25] Por isso mesmo é que Sampaio Dória afirma que "a atribuição de competência tributária, *sim, é requisito axiomático da federação, para assegurar independência política*".[26]

22. Hugo de Brito Machado Segundo, *Contribuições e Federalismo*, São Paulo, Dialética, 2005, p. 52.

23. John Norregaard, "Tax assignment", in Teresa Ter-Minassian (ed.), *Fiscal Federalism in Theory and Practice*, Washington, International Monetary Fund, 1997, p. 71.

24. "An important prerequisite for the exercise of subnational fiscal autonomy is therefore the ability to choose statutory tax rates (...) the capacity to set rates is clearly the most important of these [*se refere aos quatro aspectos de definição da tributação subnacional*], and also the most efficient. The choice of rates is what allows subnational governments to choose the level of public services while minimizing the compliance costs associated with collecting the required revenues" (Jorge Martinez-Vazquez, Charles McLure e François Vaillancourt, "Revenues and expenditures in an intergovernmental framework", in Richard M. Bird e François Vaillancourt (ed.), *Perspectives on Fiscal Federalism*, cit., pp. 24-25.

25. Sobre o tema, convém consultar: Fernando Facury Scaff e Alexandre Coutinho da Silveira, "Competência tributária, transferências obrigatórias e incentivos fiscais", in José Maurício Conti, Fernando Facury Scaff e Carlos Eduardo Faraco Braga (orgs.), *Federalismo Fiscal: Questões Contemporâneas*, Florianópolis, Conceito, 2010.

26. Antônio Roberto Sampaio Dória, *Discriminação de Rendas Tributárias*, cit., p. 15.

O poder de tributar não se resume à aptidão de gerar receita.[27] A ideia do tributo não é apenas de promover entradas ao Erário.

Casalta Nabais, por exemplo, ressalta que o Estado Fiscal – aquele em que se privilegia a receita pública gerada a partir de impostos – está intimamente relacionado à noção de cidadania; fala em uma "uma cidadania de liberdade cujo preço reside em sermos todos destinatários do dever fundamental de pagar impostos".[28]

O tributo, na visão de Reuven Avi-Yonah, tem 3 (três) funções:[29] "(i) gerar receitas ao Estado; (ii) redistribuir a riqueza[30] e (iii) regulamentação".[31-32] Alessandro Mendes Cardoso sustenta que o tributo deve

27. Embora esta seja, obviamente, uma função primordial. Afinal, como recorda Hugo de Brito Machado Segundo, "só o tributo fornece ao Estado meios ordinários de subsistência, eis que com ele se obtém receita colhida sobre a riqueza e a atividade econômica desenvolvida de modo normal por parte da população, independentemente da vontade desta" (Hugo de Brito Machado Segundo, *Contribuições e Federalismo*, cit., p. 50).

28. José Casalta Nabais, *Por um Estado Fiscal Suportável: Estudos de Direito Fiscal*, Coimbra, Almedina, pp. 33-34. Para o autor, a cidadania "pode ser definida como a qualidade dos indivíduos que, enquanto membros ativos e passivos de um estado-nação, são titulares ou destinatários de um determinado número de direitos e deveres universais e, por conseguinte, detentores de um específico nível de igualdade. Uma noção de cidadania, em que, como é fácil de ver, encontramos três elementos constitutivos, a saber: 1) a titularidade de um determinado número de direitos e deveres numa sociedade específica; 2) a pertença a uma determinada comunidade política (normalmente o estado), em geral vinculada à ideia de nacionalidade; 3) a possibilidade de contribuir para a vida pública dessa comunidade através da sua participação" (p. 34).

29. Reuven S. Avi-Yonah, "Os três objetivos da tributação", trad. de Luís Flávio Neto, *Revista Direito Tributário Atual*, São Paulo, Dialética, n. 22, p. 27, 2008.

30. "Assim, a tributação pode ter uma função *redistributiva*, com vista a reduzir a desigualdade na distribuição da renda e da riqueza, que resulta do funcionamento normal de uma economia baseada no mercado. Tal função tem sido bastante debatida e as diferentes teorias de justiça distributiva podem ser utilizadas para afirmar ou negar a sua legitimidade. No entanto, é certo que muitas nações desenvolvidas têm realmente procurado atribuir à tributação efeitos redistributivos, embora seja discutível a eficácia obtida ou que é possível obter-se neste intento" (idem, ibidem, p. 10).

31. "Outra função da tributação que se quer sublinhar é o seu componente *regulamentar*. A tributação pode ser utilizada para orientar a atividade no setor privado em direções desejadas pelo Estado. Esta função também é controvertida, como demonstrado pelo debate a respeito das deduções fiscais. Mas é difícil negar que a tributação tem sido amplamente utilizada para este fim regulamentar, tendo em vista inclusive a disseminação do método de deduções fiscais em todo o mundo, após a sua introdução nos EUA na década de 70" (idem, ibidem).

32. Mencione-se a posição de Casalta Nabais, de conotação liberal, que resiste em incluir os fins sociais no conceito de "imposto". O autor português pleiteia que se

ser compreendido como um dever fundamental de solidariedade, sendo "instrumento a serviço da política social e econômica do Estado redistribuidor",[33] ao lado de sua clássica concepção de "meio primordial de sustento do Estado".[34] A ideia de solidariedade[35] na tributação está referida também na doutrina de Álvaro Bereijo, para quem, numa análise jurídico-política, o dever fundamental de pagar impostos cumpre tripla função: (i) de legitimação do tributo, que tem fundamento no dever de solidariedade dos cidadãos de contribuir ao financiamento dos gastos públicos; (ii) de limite e garantia jurídica, constrangendo o poder estatal de tributar; e (iii) de orientação programática da atuação dos poderes públicos, em direção à criação de um sistema tributário justo.[36]

Fixe-se, portanto, que os tributos já não podem ser considerados apenas instrumentos de arrecadação.

Essa percepção foi registrada no livro influente de Stephen Holmes e Cass Sunstein, em que, desde o título, afirmam expressamente

faça distinção entre os objetivos fiscais e extrafiscais: "Em conclusão, seja numa visão mais radical ou mais moderada, há que fazer uma distinção dos impostos consoante os seus objetivos e/ou os seus efeitos, já que os impostos extrafiscais hão-de ter por parâmtero constitucional material essencialmente os direitos fundamentais, e os impostos fiscais essencialmente o princípio da capacidade contributiva" (*O Dever Fundamental de Pagar Impostos*, Coimbra, Almedina, 1998, p. 251).

33. Alessandro Mendes Cardoso, *O Dever Fundamental de Recolher Tributos no Estado Democrático de Direito*, Porto Alegre, Livraria do Advogado, 2014, p. 146.

34. Idem, ibidem, p. 151.

35. No mesmo sentido, Oscar Sarlo indica que "a tributação expressa em termos jurídico-formais o dever de solidariedade com a vida em comum" ("Republicanismo, derechos humanos y deberes tributarios", *Revista Mestrado em Direito*, Osasco, ano 12, n. 1, p. 131, jan.-jul. 2012, tradução livre), daí que o direito tributário e a administração tributária são centrais na "compreensão dos deveres humanos, como partes inevitáveis da moralidade básica de uma sociedade" (idem, ibidem). E, ainda, Cristina Chulvi aponta que, "com a chegada do *Estado social e democrático de Direito*, adotou-se um conteúdo *solidário* ao dever de contribuir para o sustento dos gastos públicos ao empregá-lo como instrumento a serviço da política social e econômica do Estado redistribuidor" (*El Deber Constitucional de Contribuir al Sostenimiento de los Gastos Públicos*, Madrid, Centro de Estudios Políticos y Constitucionales, 2001, p. 70, tradução livre). Complementa: "a conexão entre o *dever de contribuir ao sustento dos gastos públicos* e o *princípio da solidariedade* resulta inegável já que o cumprimento ou descumprimento do dever de tributar beneficia ou prejudica, respectivamente, a todos dado o caráter público do ente sustentado" (pp. 71-72).

36. Álvaro Rodríguez Bereijo, "El significado jurídico del deber constitucional de pagar impuestos", *Revista de Direito Tributário* 113/25, São Paulo, Malheiros Editores, 2011.

que a liberdade depende dos tributos.[37] Os tributos são "o preço que pagamos por termos uma comunidade organizada baseada na ideia de liberdade, ou seja, no respeito pelos direitos e liberdades fundamentais".[38] É o que já havia sido sintetizado por Oliver Wendell Holmes, da Suprema Corte Estadunidense, em 1927, com a frase que veio a se tornar de frequente repetição: "tributos são o que pagamos por uma sociedade civilizada".[39]

Que essas considerações dizem, tornando ao objeto central destas linhas?

A soma dessas razões se presta a argumentar que tributação é mais que arrecadação. E especialmente que muitas vezes implica, para consecução de diversas de suas funções, não arrecadação.

Se considerarmos, com Avi-Yonah (entre outros), que o tributo se presta também a propósitos regulatórios e redistributivos, então devemos igualmente aceitar que há diversas circunstâncias e razões para que o gestor público decida pela relativização da regra de incidência, de maneira que determinados contribuintes, visando ao alcance de interesses legítimos, fiquem desobrigados do recolhimento tributário.

E observando, mais, que a autonomia financeira dos entes públicos implica dotar-lhes do poder de decisão sobre os seus rumos fiscais-financeiros, há de se aceitar, também, que cada ente político tributariamente competente para instituir e arrecadar tributos detém da mesma forma o poder de estabelecer desonerações que se adequem ao plano de ação específico daquele ente.

Tudo o que está relacionado, é claro, à função das normas fiscais de induzir comportamentos. Como recorda Schoueri, "os contribuintes não são indiferentes à tributação", daí que o tributo "será um fator que influenciará o comportamento dos agentes econômicos".[40] O au-

37. Stephen Holmes e Cass Sunstein, *The Cost of Rights: Why Liberty Depends on Taxes*, Nova York, W. W. Norton & Company, 1999.

38. José Casalta Nabais, *Por um Estado Fiscal Suportável*, cit., p. 39.

39. No original: "Taxes are what we pay for civilized society". Compania General de Tabacos v. *Collector* – 275, U.S. 87, 1927. Tradução livre.

40. Luís Eduardo Schoueri, "Tributação e indução econômica: os efeitos econômicos de um tributo como critério para sua constitucionalidade", in Roberto Ferraz (coord.), *Princípios e Limites da Tributação 2 – Os Princípios da Ordem Econômica e a Tributação*, São Paulo, Quartier Latin, 2009, p. 143.

tor, após discorrer sobre a função do tributo, conclui, como acima, que "meritória não será a tributação exclusivamente por seus excelentes reflexos nas burras governamentais",[41] sintetizando sua posição desta forma: "arrecadação e indução econômica são efeitos da tributação, ambas com justificação constitucional e em relação simbiótica".

E essa função indutora do tributo se revela de diferentes formas, mas especialmente pela fixação da quantidade de tributação. Aumenta-se a carga tributária sobre uma atividade que o Estado quer desestimular. Diminui-se a carga tributária ou mesmo até se suspende a incidência de atividades que o Estado quer promover.[42-43]

Oportunamente, considere-se, com Paulo de Barros Carvalho, isenção como *mutilação parcial de um ou mais critérios da norma-padrão de incidência.*[44]

41. Idem, ibidem, p. 150. Deixar-se-ão de lado as considerações do autor sobre o conteúdo da *dignidade* e a função da tributação perante o mercado e a livre-iniciativa – considerações que, embora de grande interesse e que podem dialogar com outras fontes bibliográficas ora consultadas, fogem ao escopo destas linhas.

42. "Em princípio, a isenção tributária, à semelhança do imposto, é utilizável para fins de intervencionismo econômico e social (...) a isenção extrafiscal, deixando de exercer a função de instrumento da justiça tributária, converte-se em instrumento de uma política social e econômica a qual, em última análise, será juridicamente inobjetável se exercida não em favor das classes sociais dirigentes, mas a serviço do bem comum. Constata-se, então, a concordância da isenção extrafiscal com outro critério de justiça" (José Souto Maior Borges, *Isenções Tributárias*, São Paulo, Sugestões Literárias, 1980, pp. 68 e 70-71).

43. "Assim, em síntese, as normas veiculadoras de incentivo fiscal seriam normas de organização do estado, com função promocional e sob uma perspectiva funcionalista. São concebidas sob os pilares da Intervenção do Estado no Domínio Econômico, através da doutrina da extrafiscalidade. São os incentivos fiscais autolimitação ao poder de tributar, que não se qualificam como sanção, cujo exercício está sujeito às limitações e aos princípios constitucionais, tributários ou não" (Marcos André Vinhas Catão, *Regime Jurídico dos Incentivos Fiscais*, Rio de Janeiro, Renovar, 2004, p. 8). Prossegue o autor afirmando que os incentivos fiscais são "instrumentos de desoneração tributária, aprovados pelo próprio ente político autorizado à instituição do tributo, através de veículo legislativo específico, com o propósito de estimular o surgimento de relações jurídicas de cunho econômico" (p. 13).

44. Paulo de Barros Carvalho, *Curso de Direito Tributário*, 19ª ed. rev., São Paulo, Saraiva, 2007, p. 523. Segue: "O que o preceito de isenção faz é subtrair parcela do campo de abrangência do critério do antecedente ou do consequente (...) o encontro de duas normas jurídicas, sendo uma a regra-matriz de incidência tributária e outra a regra de isenção, com seu caráter supressor da área de abrangência de qualquer dos critérios da hipótese ou da consequência da primeira (regra-matriz)" (pp. 523-524).

Incentivos fiscais são espécies do gênero *isenção*, que tem por conteúdo primordial a referida função indutora, estimulando ou desestimulando comportamentos do particular.[45]

Quer-se alcançar a noção de que incentivos fiscais (e as isenções em sentido lato) são parte relevante da autonomia financeira dos entes políticos, do poder (competência) de tributar outorgado constitucionalmente e mesmo da própria tributação.

A isenção não é antagônica nem estranha à incidência. É outra face da mesma moeda. É poder tão relevante quanto o de instituir e cobrar o tributo – faz parte deste, em verdade. A possibilidade de conceder incentivos é atributo da competência. Isentar não é só parte importante de ser autônomo, mas também importa em utilização do tributo em sua plenitude. Como coloca Souto Maior Borges, "no poder de tributar se contém o poder de eximir, como o verso e o reverso de uma medalha (...) o poder de isentar é o próprio poder de tributar visto ao reverso".[46]

E justamente por tais razões – ressaltando a ligação intrínseca do poder de tributar e de isentar com a autonomia financeira – é que se

45. O conceito-gênero, aqui tratado por isenção, é referido por Nuno Sá Gomes como "desagravamento fiscal", fazendo referência a toda espécie de exceção à tributação-regra, incluindo aquelas que estão presentes na própria definição desta. O autor leciona também sobre a distinção de benefícios e incentivos fiscais, que têm funções distintas: "a) No primeiro caso, tutelar interesses públicos, em termos *estáticos*, mediante *benefícios fiscais* relativos a situações já *consumadas*, por superiores razões políticas (de defesa diplomática etc.), sociais, religiosas, culturais, etc. b) No segundo caso, tutelar, em termos *dinâmicos*, mediante *incentivos ou estímulos*, a atividade dos sujeitos a que essas medidas se dirigem e que se pretende incitar ou fomentar. *Trata-se, neste caso, do que a doutrina designa, por vezes, de medidas de fomento fiscal*, que têm a natureza de *incentivos específicos*, espécie do gênero *incentivos econômicos*, que abrange também os *incentivos financeiros*, os *auxílios técnicos*, etc." (*Teoria Geral dos Benefícios Fiscais*, Lisboa, Centro de Estudos Fiscais da DGCI, 1991, pp. 31-38). A distinção não é adotada por Marcos André Vinhas Catão, que entende que nem sempre há relação de gênero e espécie entre *isenção* e *incentivo fiscal*, "até mesmo porque operam não só na vertente da receita mas também na despesa, e nem sempre implicam na redução nominal da carga tributária" (*Regime Jurídico dos Incentivos Fiscais*, cit., p. 217). O autor, nada obstante, concorda que por *incentivo* deve-se entender aquela desoneração fiscal outorgada "de forma a estimular certas atividades desejadas por uma diretriz política, social e econômica", sendo "guiados em primeiro plano pela possibilidade de intervenção do Estado no domínio econômico e pelo uso do tributo enquanto instrumento regulatório, e não pelos princípios da igualdade e capacidade contributiva" (pp. 215-216).

46. José Souto Maior Borges, *Isenções Tributárias*, cit., p. 21.

revela absurda a possibilidade, existente até a edição da Constituição Federal de 1988, de o ente político central (a União) impor isenções dos tributos da competência de outros entes, descentralizados (Estados, Distrito Federal, Municípios).[47] Permitir que um ente político interfira nas decisões político-tributárias de outro importa em mácula à autonomia financeira e política deste último, fortemente garantida pelo texto constitucional.[48]

Então, corretíssima a regra do art. 151, III, da CF/1988, que veda à União "instituir isenções de tributos da competência dos Estados, do Distrito Federal ou dos Municípios" (a chamada *proibição de isenções heterônomas*), o que ademais deflui da já mencionada autonomia assegurada em artigos antecedentes, podendo-se mesmo afirmar que, salvo pela tradição histórica, torna o dispositivo despiciendo pois de evidente conclusão interpretativa.

Não se confunda, contudo, a situação acima referida (em que um ente político subnacional intromete-se na competência de outro ente, impondo-lhe isenção fiscal) com outra, bem diversa, que ocorre quando determinada isenção é estabelecida mediante tratado internacional, firmado não pela União Federal, mas pela República Federativa do Brasil. Embora sejam ambas representadas pelo mesmo órgão político – o Presidente da República, Chefe de Estado e também Chefe do Poder Executivo da União –, são essencialmente diversas. A República é soberana e indivisível; é pessoa jurídica de direito público externo. A União, embora autônoma, não é soberana; é órgão da organização político-administrativa da República brasileira; é pessoa jurídica de direito público interno.

A soberania permanece sendo do ente público geral, a República; mas os entes descentralizados, embora não soberanos, são autônomos.[49] Como afirma Régis Fernandes de Oliveira, "não há, como se

47. V. art. 20, § 2º, da Constituição Federal de 1967 e art. 19, § 2º, da Constituição Federal na redação da Emenda Constitucional 1, de 1969.

48. V. art. 18, *caput*, da Constituição Federal vigente.

49. "A caracterização de uma Federação é estabelecida pela reunião de um conjunto de requisitos, relevando a distinção entre soberania e autonomia como marco distintivo. A soberania, que é elemento privativo da União, outorga personalidade jurídica de direito público à União, sendo seu atributo exclusivo. Os Estados-membros não possuem este atributo, sendo-lhes conferido o elemento de autonomia, com competências delimitadas e definidas pela Constituição do estado federal" (Fernando

pretendeu, pensar na divisão da soberania entre os entes federais. A soberania é, essencialmente, indivisível e, pois, entra na competência de apenas uma pessoa jurídica".[50]

Daí que acerta o Supremo Tribunal Federal quando deixa de aplicar a regra de *proibição de isenção heterônoma* às desonerações fiscais estabelecidas pela República Brasileira, soberana, em suas relações internacionais.[51]

Vale ainda uma outra observação antes de encerrar este tópico inicial. Relacionando o tema à autonomia financeira e à outorga de

Facury Scaff e Francisco Sérgio Silva Rocha, "Princípios, elementos e conceito de Estado Federal", in Dircêo Torrecillas Ramos (coord.), *O Federalista Atual*, cit., p. 69). Daí também que os Estados-membros, autônomos mas não soberanos, recebem Poder Constituinte, que, contudo, não é originário, mas derivado da (e limitado pela) Constituição Federal, conforme: Dircêo Torrecillas Ramos, "Composição da federação brasileira", in Dircêo Torrecillas Ramos (coord.), *O Federalista Atual*, cit., p. 85.

50. Régis Fernandes de Oliveira, "Federalismo fiscal e pacto federativo", *Revista Tributária e de Finanças Públicas*, v. 61, 2005.

51. Tome-se por exemplo: "Recurso Extraordinário – Gasoduto Brasil-Bolívia – Isenção de tributo municipal (ISS) concedida pela República Federativa do Brasil mediante acordo bilateral celebrado com a República da Bolívia – A questão da isenção de tributos estaduais e/ou municipais outorgada pelo Estado Federal brasileiro em sede de convenção ou tratado internacional – Possibilidade constitucional – Distinção necessária que se impõe, para esse efeito, entre o Estado Federal brasileiro (expressão institucional da comunidade jurídica total), que detém 'o monopólio da personalidade internacional', e a União, pessoa jurídica de direito público interno (que se qualifica, nessa condição, como simples comunidade parcial de caráter central) – Não incidência, em tal hipótese, da vedação estabelecida no art. 151, III, da Constituição Federal, cuja aplicabilidade restringe-se, tão somente, à União, na condição de pessoa jurídica de direito público interno – Recurso de Agravo improvido. A cláusula de vedação inscrita no art. 151, inciso III, da Constituição – que proíbe a concessão de isenções tributárias heterônomas – é inoponível ao Estado Federal brasileiro (vale dizer, à República Federativa do Brasil), incidindo, unicamente, no plano das relações institucionais domésticas que se estabelecem entre as pessoas políticas de direito público interno. Doutrina. Precedentes. – Nada impede, portanto, que o Estado Federal brasileiro celebre tratados internacionais que veiculem cláusulas de exoneração tributária em matéria de tributos locais (como o ISS, p. ex.), pois a República Federativa do Brasil, ao exercer o seu *treaty-making power*, estará praticando ato legítimo que se inclui na esfera de suas prerrogativas como pessoa jurídica de direito internacional público, que detém – em face das unidades meramente federadas – o monopólio da soberania e da personalidade internacional. – Considerações em torno da natureza político-jurídica do Estado Federal. Complexidade estrutural do modelo federativo. Coexistência, nele, de comunidades jurídicas parciais rigorosamente parificadas e coordenadas entre si, porém subordinadas, constitucionalmente, a uma ordem jurídica total. Doutrina" (RE 543.943 AgR, rel. Min. Celso de Mello, 2ª Turma, j. em 30.11.2010, *DJ-e* 30, 14.2.2011, Ement 2464-02, p. 469; *RT* 100/470-479, 2011).

competências tributárias, é de se diferenciar desde já as *isenções* das *imunidades*.

Imunidades são decotes do poder de tributar, concomitantes à outorga. Isto é: por razões consideradas mais relevantes pela própria Constituição Federal, a competência de tributar em relação àquelas hipóteses, subjetivas ou objetivas, sequer é outorgada. Trata-se de uma amputação *a priori*, de maneira que o ente político nunca chega a receber tal poder de tributar.

Assim é que Hugo de Brito Machado leciona: "Imunidade é o obstáculo decorrente de regra da Constituição à incidência de regra jurídica de tributação. O que é imune não pode ser tributado. A imunidade impede que a lei defina como hipótese de incidência tributária aquilo que é imune. É limitação da competência tributária".[52] E, em outra oportunidade, completa: "O instituto da imunidade está visceralmente ligado à supremacia constitucional (...) É precisamente porque está em norma superior à lei ordinária que a imunidade constitui limite ao poder de tributar".[53] Regina Helena Costa trata a respectiva regra constitucional como "norma expressa impeditiva da atribuição de competência tributária".[54]

Logo, não se há de falar, igualmente, em intromissão indevida no poder de tributar de uns por outros. No caso das imunidades, atuando sobre a outorga de competências (e não sobre o seu *exercício*, como o fazem as isenções), seu proceder é deveras diverso.

2. Incentivo fiscal, incentivo financeiro, gasto público, gasto tributário

Expostas algumas premissas básicas do item anterior, cabe seguir.

E é interessante, para os fins destas linhas, refletir sobre a distinção entre os incentivos fiscais e os incentivos financeiros. Vale lembrar que os primeiros (*fiscais*) são aqueles concedidos através de isenções

52. Hugo de Brito Machado, *Curso de Direito Tributário*, 36ª ed., São Paulo, Malheiros Editores, 2015, pp. 287-288.

53. Hugo de Brito Machado, "Imunidade tributária", in Ives Gandra da Silva Martins (coord.), *Imunidades Tributárias*, São Paulo, Ed. RT, 1998, pp. 80-95 (Pesquisas tributárias. Nova Série; n. 4), pp. 81-83.

54. Regina Helena Costa, *Imunidades Tributárias: Teoria e Análise da Jurisprudência do STF*, São Paulo, Malheiros Editores, 2001, p. 52.

(totais ou parciais) tributárias, portanto atuando sobre a receita pública; enquanto os segundos (*financeiros*) são os incentivos outorgados pelo Estado aos particulares em forma de prestações positivas, seja facilitando (e tornando menos oneroso) o crédito ou até mesmo em mecanismos de "devolução de tributos"[55] recolhidos; atuam, pois, sobre a despesa pública.

Para a compreensão da mecânica orçamentária, então, podem ser entendidos como diversos – assim entende Ives Gandra da Silva Martins, ressaltando que a relação tributária se esgota no adimplemento da prestação pecuniária.[56] Em um caso, dá-se um dispêndio governamental em favor do particular, enquanto em outro há apenas a não arrecadação de uma parcela do tributo que, ausente a regra isentiva, seria exigido.

Nada obstante essas considerações, revela-se certeira a lição de Ricardo Lobo Torres, em artigo que põe em xeque toda a estrutura de incentivos fiscais, especialmente considerando que não há qualquer diferença econômica entre deixar de receber (renúncia de receita) e gastar (subsídio).[57]

E é essa, ao que parece, a moderna compreensão do tema pelo ordenamento jurídico brasileiro. A Lei de Responsabilidade Fiscal – criticada por sua suposta invasão na esfera dos entes políticos subnacionais, mas principalmente louvada pelos diversos mecanismos de imposição de uma gestão fiscal séria e equilibrada – afirma que "constituem requisitos essenciais da responsabilidade na gestão fiscal a instituição, previsão e efetiva arrecadação de todos os tributos da competência constitucional do ente da Federação" (art. 11). Também a Constituição Federal prevê (art. 165, § 6º) que o "projeto de lei orça-

55. As aspas são necessárias a partir do momento em que, a rigor, após a entrada do dinheiro no Erário, já não se pode falar em "tributo". Não há o que devolver, na ausência de ilegalidade do pagamento. O que ocorrerá é, pura e simplesmente, o repasse de valor do Estado ao particular no mesmo valor por ele adimplido aos cofres públicos.

56. Ives Gandra da Silva Martins, "O ICMS e o regime jurídico de incentivos financeiros outorgados pelos Estados e o Comunicado CAT n. 36/04 de São Paulo – Distinção entre incentivos financeiros e fiscais", *Revista Dialética de Direito Tributário*, n. 112, pp. 134 e ss., jan. 2005.

57. Ricardo Lobo Torres, "Responsabilidade fiscal, renúncia de receitas e guerra fiscal no ICMS", in Fernando Facury Scaff e José Maurício Conti, *Lei de Responsabilidade Fiscal – 10 Anos de Vigência – Questões Atuais*, Florianópolis, Conceito, 2010, p. 13.

mentária será acompanhado de demonstrativo regionalizado do efeito, sobre as receitas e despesas, decorrente de isenções, anistias, remissões, subsídios e benefícios de natureza financeira, tributária e creditícia".

O art. 14 da Lei de Responsabilidade Fiscal[58] – dispositivo central, naquela norma, do tema em debate – traz sérias limitações e requisitos à instalação de renúncias fiscais, especialmente exigindo (i) que estejam referidas na Lei Orçamentária Anual, integrando a estimativa de (não) receita e observando as metas fiscais; ou (ii) que sejam acompanhadas de medidas de compensação do Erário, de maneira que os cofres públicos não saiam perdendo.

Interessa notar, pois, que, "na verdade, a LRF trata a renúncia fiscal como se fosse uma nova despesa (despesa tributária) e, por isso, os mecanismos de compensação, em alguns casos, devem entrar em ação".[59]

Eis, então, que se faz necessária a análise do tema sob a perspectiva do *gasto tributário* (*tax expenditure*), que obriga o operador a considerar cada unidade de moeda renunciada no âmbito da receita como uma unidade gasta no âmbito da despesa.

58. "Art. 14. A concessão ou ampliação de incentivo ou benefício de natureza tributária da qual decorra renúncia de receita deverá estar acompanhada de estimativa do impacto orçamentário-financeiro no exercício em que deva iniciar sua vigência e nos dois seguintes, atender ao disposto na lei de diretrizes orçamentárias e a pelo menos uma das seguintes condições: I – demonstração pelo proponente de que a renúncia foi considerada na estimativa de receita da lei orçamentária, na forma do art. 12, e de que não afetará as metas de resultados fiscais previstas no anexo próprio da lei de diretrizes orçamentárias; II – estar acompanhada de medidas de compensação, no período mencionado no *caput*, por meio do aumento de receita, proveniente da elevação de alíquotas, ampliação da base de cálculo, majoração ou criação de tributo ou contribuição.

§ 1º. A renúncia compreende anistia, remissão, subsídio, crédito presumido, concessão de isenção em caráter não geral, alteração de alíquota ou modificação de base de cálculo que implique redução discriminada de tributos ou contribuições, e outros benefícios que correspondam a tratamento diferenciado.

2º. Se o ato de concessão ou ampliação do incentivo ou benefício de que trata o *caput* deste artigo decorrer da condição contida no inciso II, o benefício só entrará em vigor quando implementadas as medidas referidas no mencionado inciso.

§ 3º. O disposto neste artigo não se aplica: I – às alterações das alíquotas dos impostos previstos nos incisos I, II, IV e V do art. 153 da Constituição, na forma do seu § 1º; II – ao cancelamento de débito cujo montante seja inferior ao dos respectivos custos de cobrança."

59. Marcos Nóbrega e Carlos Maurício Figueiredo, "Renúncia de receita; guerra fiscal e *tax expenditure*: uma abordagem do art. 14 da LRF", in Carlos Maurício Figueiredo e Marcos Nóbrega, *Lei de Responsabilidade Fiscal: Aspectos Polêmicos*, Belo Horizonte, Fórum, 2006, p. 122.

E que implicaria de imediato essa mudança de visão? Principalmente, em maior transparência e controle.[60] A despesa pública é notadamente acompanhada de maior formalidade. Basta recordar que toda e qualquer despesa, antes de sua efetivação (pagamento), deve ser precedida de uma previsão orçamentária, além dos necessários empenho e liquidação. Sem falar no processo licitatório, quando exigido. A despesa, no mais, estará discriminada nas Prestações de Contas, nos Relatórios e nos Balanços ao final do exercício, quando poderá ser escrutinizada pelos órgãos de controle e, especialmente, pela sociedade civil.[61]

A renúncia de receita não conta com tal transparência. Apesar dos dispositivos suprarreferidos e dos factuais avanços recentes nesse campo,[62] ainda se trata de uma publicidade incipiente.

O fato é que, seja por uma estrutura legal menos coesa, seja simplesmente porque a percepção geral é mais leniente com as amputações da receita a auferir do que com a despesa a pagar,[63] a equiparação entre tais modalidades serve para conferir maior transparência e controle à disciplina dos incentivos fiscais, que ainda permanecem, no mais das vezes, ocultos ou opacos. É como, novamente, ensina Lobo Torres:

60. Daí que relata José Souto Maior Borges: "Há quem recomende a sua substituição por uma política de subsídios, de vez que as isenções não possibilitam o cálculo seguro dos custos e, se concedidas por tempo limitado – passando algumas empresas a gozar delas após o transcurso do prazo concedido a outras –, embaraçam a competição" (*Isenções Tributárias*, cit., p. 72).

61. Vale recordar que essa verificação pela sociedade pode mesmo ser concomitante à sua realização: a Lei de Responsabilidade Fiscal, com a alteração trazida pela Lei Complementar 131/2009, exige que os entes públicos liberem "ao pleno conhecimento e acompanhamento da sociedade, em tempo real, de informações pormenorizadas sobre a execução orçamentária e financeira, em meios eletrônicos de acesso público" (art. 48, parágrafo único, II).

62. Ver, por exemplo, os "Demonstrativos dos Gastos Tributários" publicados pela Receita Federal do Brasil. Para o ano de 2013: disponível em <http://www.receita.fazenda.gov.br/publico/estudotributario/BensTributarios/2013/DGT2013.pdf>, acesso em 14.7.2014.

63. Sobre o tema, interessante consultar: Martin E. Sandbu, "Natural wealth accounts: a proposal for alleviating the natural resource curse", *World Development*, Elsevier, v. 34, n. 7, p. 1.154, 2006. O autor fala da "aversão à perda": "*Loss aversion*. Not only do people generally evaluate changes from a reference point, rather than levels, but the evaluation is also asymmetric. In general, 'losses loom larger than gains': a loss of a certain size is more hurtful than a gain of the same size which is beneficial, in terms of psychological satisfaction".

> a manipulação dos diversos incentivos tem sempre o objetivo político de encobrir os nomes dos beneficiários, excluindo-os do orçamento, para atender a certas conveniências políticas e evitar o controle do eleitor (...) o legislador muitas vezes opta pelas isenções porque sabe que a subvenção direta, aparecendo no orçamento, não contaria com a aprovação pública; esse comportamento é ilógico, porque a entidade que não merece a subvenção não poderia obter a isenção.[64]

Quer-se fixar, então, que incentivos fiscais e incentivos financeiros têm os mesmos efeitos econômicos e devem ser considerados em uma estrutura única de incentivos do Estado, evitando-se, apesar de suas diferenças conceituais e em tratamentos normativos, sua utilização com o intuito de camuflar determinadas parcelas da percepção geral.

Afinal, como bem recordam Liam Murphy e Thomas Nagel, a análise do sistema tributário não pode ser dissociada de uma análise mais geral da estrutura de despesas públicas ("a justiça tributária não pode ser determinada sem que se examine o destino que o governo dá a seus recursos"), ambos que estão intrincados dentro de um mesmo pacote de estrutura estatal ofertada aos cidadãos.[65]

3. *Incentivos fiscais, desigualdade, federalismo fiscal*

Já se referiu a íntima relação que há entre a tributação – e a possibilidade de estabelecer isenções e incentivos – e o federalismo fiscal. Ao momento, cabe recordar outra ligação intrínseca: do tema com o princípio da igualdade[66] e, especialmente, com o objetivo de redução

64. Ricardo Lobo Torres, "Responsabilidade fiscal, renúncia de receitas e guerra fiscal no ICMS", in Fernando Facury Scaff e José Maurício Conti, *Lei de Responsabilidade Fiscal – 10 Anos de Vigência – Questões Atuais*, cit., p. 13.

65. Liam Murphy e Thomas Nagel, *O Mito da Propriedade: os Impostos e a Justiça*, trad. de Marcelo Brandão Cipolla, São Paulo, Martins Fontes, 2005, p. 20.

66. "A igualdade implica *generalidade* e *abstração*: nenhum tratamento igual sem normas que se dirijam a um número *indeterminado de pessoas* e a um *número indeterminado de situações*. Nenhuma igualdade sem lei abstrata e geral. Daí a *essencial unidade* entre legalidade e igualdade, bem qualificada por Souto Maior Borges como *legalidade isonômica*. A igualdade por meio da generalidade e da abstração só se viabiliza por meio da regulação dos casos normais. 'Regra', aliás, vem do latim *regula*, cujo significado é padrão ou modelo. Assim também 'norma', aplicável aos casos 'normais'. É dizer o mesmo: a norma geral e abstrata pode vir a ser insuficiente para a regulação

de desigualdades.[67] De pronto, cabe observar que o desenho da estrutura federalista não prescinde de observar critérios de justiça redistributiva e de redução de desigualdades sociais e regionais.[68] Afinal, trata-se de *objetivo fundamental da República*, assim expressamente descrito no art. 3º da CF/1988,[69] e princípio da ordem econômica, na forma do art. 170, VII, também da Constituição vigente.

E os incentivos fiscais são instrumentos dos mais efetivos para promover o desenvolvimento de áreas nacionais de movimentação econômica atrasada.[70] Concedem-se incentivos para atrair investimentos

de casos excepcionais, em cujas hipóteses o *postulado da razoabilidade* irá medir a aplicação por meio da análise de elementos concreto-individuais. Ora, a aplicação da regra geral deve manter-se dentro dos casos padrões, não se orientando àqueles atípicos. A pretensão de eficácia do princípio da igualdade exige que todas as manifestações relevantes dos contribuintes sejam atingidas. Daí a exigência de *universalidade* (...) Tudo isso quer dizer que a aplicação da igualdade depende de um *critério diferenciado* e de um *fim* a ser alcançado" (Humberto Ávila, "O princípio da isonomia em matéria tributária", in Heleno Taveira Torres, *Teoria Geral da Obrigação Tributária: Estudos em Homenagem ao Professor José Souto Maior Borges*, São Paulo, Malheiros Editores, 2005, pp. 735-737).

67. Lembrando que "ao poder legislativo é defeso, consequentemente, isentar com violação da regra de igualdade" (José Souto Maior Borges, *Isenções Tributárias*, cit., p. 41).

68. Teresa Ter-Minassian, "Intergovernmental fiscal relations in a macroeconomic perspective: an overview", in Teresa Ter-Minassian (ed.), *Fiscal Federalism in Theory and Practice*, cit., pp. 4-7.

69. Cabendo, sobre o ponto, lembrar da lição de Bercovici: "Dispositivos como o art. 3º da Constituição de 1988 são o que doutrinadores constitucionais como o espanhol Pablo Lucas Verdú denominam de 'cláusulas transformadoras'. A 'cláusula transformadora' explicita o contraste entre a realidade social injusta e a necessidade de eliminá-la. Deste modo, impede que a Constituição considerasse realizado o que ainda está por se realizar, implicando na obrigação do Estado em promover a transformação da estrutura econômico-social. Sua concretização não significa a imediata exigência de prestação estatal concreta, mas uma atitude positiva, constante e diligente do Estado (...) O art. 3º da Constituição de 1988 é um instrumento normativo que transformou fins sociais e econômicos em jurídicos, atuando como linha de desenvolvimento e de interpretação teleológica de todo o ordenamento constitucional" (Gilberto Bercovici, "Política econômica e direito econômico", *Revista Fórum de Direito Financeiro e Econômico*, v. 1, p. 213, 2012).

70. "A isenção tributária a indústrias novas deriva do reconhecimento das possibilidades operativas deste instituto como *estímulo fiscal* a empresas consideradas de interesse para o Estado, sendo, nesse caso, utilizada a serviço de uma política de industrialização. Consiste num expediente técnico, entre muitos outros, para incremento ou incentivo industrial" (José Souto Maior Borges, *Isenções Tributárias*, cit., p. 72).

privados (estimular comportamentos) em áreas mais pobres, possibilitando o crescimento de mercados produtores e consumidores que alavanquem os níveis de vida e desenvolvimento da população dessa área.[71]

Assim, associando tais considerações à já referida autonomia financeira, que demanda não apenas o poder de tributar mas igualmente o poder de isentar e modular a quantidade de tributação da forma mais adequada à realidade regional, tem-se como inicialmente legítimos os pleitos de Estados e Municípios Brasil afora por conceder esses incentivos conforme sua própria decisão política.

O tema, de aparência razoavelmente tranquila, ganha, contudo, contornos bem mais cinzas quando analisado sob duas perspectivas bem polêmicas. A primeira: o que ocorre quando os entes políticos subnacionais entram em concorrência predatória por investimentos privados, concedendo mais e mais incentivos fiscais? E a segunda: como compatibilizar essa autonomia financeira, que envolve não apenas a competência de tributar, mas também a de desonerar, quando presentes concomitantemente interesses de terceiros através das regras constitucionais de transferências constitucionais obrigatórias?

O primeiro caso é do que se convencionou chamar de *Guerra Fiscal*.[72] Especialmente os Estados-membros, no âmbito do ICMS, e considerando a estrutura do tributo (em que parte do imposto fica com o Estado de origem e outra parte com o Estado de destino), intensificaram práticas de concessão de incentivos contendo não apenas renúncia

71. Devem-se evitar, é claro, incentivos fiscais que camuflem privilégios odiosos, como ressalta Roberto Ferraz: "11.6 A igualdade exige como regra a uniformidade de tratamento, que haverá de ser aplicada à imensa maioria dos casos, sendo muitíssimo excepcional que se configurem situações justificadoras de tratamento diferenciado. 11.7 Efetivamente o cerne da aplicação do princípio da igualdade está na identificação dos critérios legítimos para distinção de categorias em face de cada regra jurídica concreta" ("Igualdade na tributação – Qual o critério que legitima discriminações em matéria fiscal?", in Roberto Ferraz (coord.), *Princípios e Limites da Tributação*, São Paulo, Quartier Latin, 2005, p. 520).

72. "A expressão guerra fiscal tem sido utilizada para designar as práticas adotadas pelos Estados, em matéria tributária, para atrair empresas para os seus territórios. Essas práticas são as mais diversas, que vão desde a isenção pura e simples do ICMS por determinado prazo, até a concessão de empréstimo correspondente ao valor desse imposto, para resgate a prazo tão longo e com descontos tão grandes que praticamente anulam a obrigação de resgate" (Hugo de Brito Machado, "Proibição da guerra fiscal e a redução das desigualdades regionais", in Valdir de Oliveira Rocha (coord.), *Grandes Questões Atuais de Direito Tributário*, vol. 15, São Paulo, Dialética, 2011, p. 126).

de receita própria, mas por vezes outorgando aos contribuintes também créditos do imposto a serem reconhecidos por outros Estados.[73]

O caso, contudo, é menos de direito tributário que de desenho da estrutura federativa e de escolhas políticas.

Mister observar, sobre o tema, que o ICMS é tributo *sui generis*. Prevendo a existência desse tipo de controvérsia, associado às características do imposto, a própria Constituição Federal já oferta uma resposta: como ressalta Roque Carrazza, diversamente de todos os demais impostos, o ICMS é um cuja competência impositiva não guarda o atributo de *facultatividade*.[74] É dizer: ao ente a quem foi outorgada não é dado deixar de instituir ou arrecadar o tributo. Trata-se de um decote, constitucionalmente estabelecido (art. 155, § 2º, XII, "g"), que retira dos entes políticos parte de sua autonomia como forma de evitar a competição predatória. E não só de ausência total de instituição ou arrecadação se trata, mas igualmente de qualquer modo de isenção.

Todas essas hipóteses, considerando a peculiar redução de autonomia financeira dos Estados em matéria de ICMS, devem ser objeto de "deliberação dos Estados e do Distrito Federal" – esta que, na forma do art. 2º, § 2º, da Lei Complementar 24/1975, só pode se dar de forma unânime no âmbito do Conselho Nacional de Política Fazendária – CONFAZ, formado pelos Secretários de Fazenda dos Estados da Federação.

Tal unanimidade é deveras polêmica, revelando conteúdo autoritário e, quiçá, inconstitucional (observando que não há, no texto constitucional vigente, qualquer tomada de decisão que exija patamar tão elevado de concórdia para tomar qualquer decisão, nem mesmo para emendar a própria Constituição). Ora, exigi-la implica dizer que um Estado só poderá conceder benefícios fiscais a seus contribuintes se todos os demais concordarem. Trata-se de regra que parece perniciosa no que contraria qualquer noção de democracia.[75]

73. Daí a malfadada Portaria CAT-36/2004, do Estado de São Paulo, que passou a negar aos contribuintes os créditos concedidos pela legislação do ICMS de outros Estados considerados inconstitucionais.

74. Roque Antonio Carrazza, *ICMS*, 12ª ed. rev. e ampl., São Paulo, Malheiros Editores, 2007, pp. 562-563.

75. Relevante lembrar a lição de Rawls sobre os princípios da justiça a serem escolhidos na posição original, sob o véu da ignorância: "se, na escolha dos princípios, exigíssemos a unanimidade mesmo quando há um pleno conhecimento das informações, apenas alguns casos muito óbvios poderiam ser decididos. Nesse caso, uma

É necessário notar que a exigência de *unanimidade* não existe nem mesmo para alterar a Constituição. As propostas de Emenda Constitucional devem ser aprovadas por 3/5 dos votos dos membros do Congresso Nacional. Todo o processo legislativo possui regras de aprovação inferiores a essa proporção de 3/5. Então, se para alterar a Constituição, mesmo em preceitos basilares (é claro, naquilo que não contrarie cláusula pétrea), exige-se 3/5 dos votos, não se afigura aceitável que para qualquer concessão de incentivo fiscal deva-se atingir votação unânime. Pode-se concluir que tal regra sequer foi recepcionada pela CF/1988.

Pela lógica da unanimidade, o CONFAZ se torna o dono do ICMS e não cada Estado individualmente considerado. O CONFAZ tem um papel de harmonização fiscal em um Estado Democrático de Direito, e não de Coação Fiscal, própria do período em que foi criado. Quer-se mesmo afirmar, com Hugo de Brito Machado, que tal exigência "tornou praticamente impossível qualquer convênio contrário ao interesse dos Estados ricos".[76]

Mas o que importa, por ora, é fixar que o tema já está endereçado pela Constituição Federal, sendo inclusive objeto de reiteradas decisões do Supremo Tribunal Federal, pela inconstitucionalidade dos incentivos fiscais concedidos sem observação dessa regra de submissão ao CONFAZ.[77] É problema político-federativo e assim deve ser endereçado.

O segundo item que nubla o horizonte (costumeiramente identificado como debate sobre a *cortesia com chapéu alheio*) dos debates sobre incentivos fiscais no seio da federação está relacionado ao quanto dispõem os arts. 158 e 159 da CF/1988: a União deverá partilhar parte de sua arrecadação de impostos com Estados e Municípios; os Estados deverão partilhar parte de sua arrecadação de impostos com os Municípios de seu território. São os Fundos de Participação.

concepção da justiça baseada na unanimidade seria de fato frágil e irrelevante" (*Uma Teoria da Justiça*, trad. de Almiro Pisetta e Lenita M. R. Esteves, São Paulo, Martins Fontes, 1997, p. 152).

76. Hugo de Brito Machado, "Proibição da guerra fiscal e a redução das desigualdades regionais", in Valdir de Oliveira Rocha (coord.), *Grandes Questões Atuais de Direito Tributário*, cit., pp. 128-129.

77. Por todos, veja-se o acórdão proferido nos autos da ADI 2.345/SC, rel. Min. Cezar Peluso, j. em 30.6.2011.

Vale uma breve digressão no campo do federalismo. As transferências de recursos entre entes federativos são parte relevante de qualquer desenho de integração e cooperação vertical. No mais das vezes, considerando que a maior parte das bases econômicas passíveis de tributação (como a renda e também a circulação de mercadorias, que no Brasil está alocada na competência dos Estados) está mais bem vocacionada para ser trabalhada pelo ente central (União), criam-se sistemas de transferências para suplementar os cofres dos entes periféricos.[78-79] Trata-se de relevantíssimo grupo de instrumentos da estrutura federal, sendo mesmo chamado por alguns de "instrumento mais importante do federalismo fiscal".[80] Contudo, cabe sempre recordar que, por mais que transferências significativas sejam direcionadas a um ente (ou um nível de governo), é legítima a arguição de que apenas quando se aloca a competência impositiva nesse ente é que se estará respeitando sua autonomia[81] – valendo retomar a lição de Sampaio Dória, já transcrita ao norte.

78. "A literatura de finanças públicas cita as seguintes razões para as transferências intergovernamentais: i) internalização de externalidades a outras jurisdições; ii) melhoria do sistema tributário como um todo; iii) correção de ineficiências na oferta de equilíbrio de bens públicos locais; e iv) equalização fiscal entre jurisdições" (Edilberto Carlos Pontes Lima, "Transferências da União para Estados e Municípios não originárias de repartição de receitas: para que se destinam e o que determina o montante", disponível em <http://www.bndes.gov.br/SiteBNDES/export/sites/default/bndes_pt/Galerias/Arquivos/bf_bancos/e0001768.pdf >, acesso em 30.11.2013).

79. "Em tese, há ao menos duas justificativas econômicas para efetuar essas transferências. A primeira advém dos ganhos de eficiência obtidos na arrecadação dos tributos pelo governo central, que pela amplitude da base tributária concentra maior volume de recursos, e da capacidade dos governos locais de proverem a maior parte dos serviços públicos de forma mais eficiente. (...) A segunda, que é um tanto quanto subjetiva, mas não menos importante que a outra, justifica-se na provisão de serviços públicos com um padrão mínimo de qualidade em todas as UFs circunscritas a um mesmo país. (...) Portanto, as transferências intergovernamentais visam diminuir os desequilíbrios verticais e horizontais que surgem em uma federação" (Angelo José Mont'Alverne Duarte, Alexandre Manoel Angelo da Silva, Everaldo Manoel Luz e José Carlos Gerardo, "Transferências fiscais intergovernamentais no Brasil: uma avaliação das transferências federais, com ênfase no Sistema Único de Saúde", *Texto para discussão*, n. 1.457, Rio de Janeiro, IPEA, p. 7, 2009).

80. José Maurício Conti, "O Estado e o imposto: federalismo financeiro e fiscal", in João Ricardo Catarino e Vasco Branco Guimarães (coords.), *Lições de Fiscalidade*, Coimbra, Almedina, 2012, p. 409.

81. John Norregaard, "Tax Assignment", in Teresa Ter-Minassian (ed.), *Fiscal Federalism in Theory and Practice*, cit., p. 71.

No mais, dirigindo-se diretamente à situação atual brasileira, são incisivas as palavras de Hugo de Brito Machado: "a técnica de distribuição de receitas, porém, tem o inconveniente de manter os Estados e os Municípios na dependência do Governo Federal, a quem cabe a partilha das receitas tributárias mais expressivas".[82]

Pois bem. Observado que o federalismo fiscal brasileiro ordena a transferência de parte da arrecadação de impostos da competência de uns para outros, sobreveio a questão: a renúncia de receitas do imposto pelo ente competente importa em prejuízo ao ente beneficiário pela receita transferida? O ente beneficiado tem direitos, antes mesmo da efetiva arrecadação, a tais valores?

Já tivemos oportunidade de nos manifestar sobre o tema,[83] à época concluindo que, "se a competência tributária outorgada aos entes lhes possibilita titularizar privativamente a aptidão de instituir e arrecadar o imposto, podendo até mesmo não fazê-lo em absoluto, não se há de negar que lhe é dado, também, otimizar a tributação conforme sua própria deliberação".

O Supremo Tribunal Federal, contudo, não vem adotando essa posição, antes entendendo que os entes beneficiados (Municípios, em relação ao ICMS; ou Estados e Municípios, em relação ao IR e ao IPI) têm, sim, direito ao recebimento da verba em toda a sua extensão, direito que se refere ao valor antes mesmo de arrecadado. Apreciando caso de Município catarinense que reclamou o impacto em suas transferências de incentivo fiscal estadual, o STF (Pleno, RE 572.762, rel. Min. Ricardo Lewandowski, j. em 18.6.2008) fez consignar que o Estado não poderia conceder benefícios fiscais referentes à parcela da receita que deveria ser transferida aos Municípios. A ideia de autonomia financeira municipal foi realçada no julgamento.

Referido julgado foi replicado em diversas oportunidades posteriores.

Mais recentemente, o STF voltou à matéria (1ª Turma, RE 607.100 Agr/DF, rel. Min. Luiz Fux, j. em 18.9.2012), dessa vez em conflito entre

82. Hugo de Brito Machado, *Curso de Direito Tributário*, 36ª ed. rev., atual. e ampl., São Paulo, Malheiros Editores, 2015, p. 30.

83. Fernando Facury Scaff e Alexandre Coutinho da Silveira, "Competência tributária, transferências obrigatórias e incentivos fiscais", in José Maurício Conti, Fernando Facury Scaff e Carlos Eduardo Faraco Braga (orgs.), *Federalismo Fiscal: Questões Contemporâneas*, cit.

Município e a União, tendo por objeto incentivos fiscais concedidos pelo ente central no âmbito do IRPJ (Programa de Integração Nacional – PIN; e Programa de Redistribuição de Terras e de Estímulo à Agroindústria do Norte e do Nordeste – PROTERRA). A conclusão foi idêntica, no sentido de que "concessão de benefícios fiscais por legislação infraconstitucional não pode implicar a diminuição do repasse de receitas tributárias constitucionalmente assegurado aos Municípios". A fundamentação basicamente se limitou a apontar o precedente do RE 572.762.

Vale notar, contudo, que o tema, que parecia fadado à pacificação pela simples reprodução de julgados anteriores, parece ter sido destinado à reapreciação. Foi reconhecida a Repercussão Geral da matéria nos autos do RE 705.423/SE, apontando que, apesar do referido precedente, "a questão constitucional posta em julgamento revela matéria mais abrangente" do que anteriormente julgada.

Seria mesmo equivocada a não reabertura do tema ao debate.

A uma porque, como já se referiu, o ICMS tem a peculiaridade de que, em sua outorga de competência, a Constituição Federal amputou-lhe parte das características intrínsecas, retirando mesmo expressamente uma parte da autonomia financeira dos Estados, quando negou o direito de moldar a tributação segundo sua legítima decisão política; logo, o ICMS não se equipara ao IR e ao IPI para esses fins.

A duas porque, se de um lado a decisão do RE 572.762 privilegia os cofres municipais, de outro prejudica não apenas a competência, mas a própria autonomia do ente competente, considerando, como acima, que o poder de conceder incentivos e isenções em geral é parte integrante dessa autonomia. Então, se não é correto que Estados façam *cortesia com chapéu alheio*, tampouco se revela escorreito que a autonomia de uns prevaleça sobre a autonomia de outros.

A três porque o julgado do RE 572.762, embora fixando uma posição, deixou uma série de questões em aberto. Entre elas: o mesmo se aplica indistintamente aos tributos de caráter eminentemente regulatório? Seriam alcançadas todas as sortes de isenções, inclusive com caráter isonômico, como a que exonera do IRPF o contribuinte com renda anual abaixo de determinado patamar? Isso implica dizer que os entes beneficiados pela transferência podem arrecadar diretamente (considerando a afirmação de que o valor lhes "pertence" e "integra" seu patrimônio antes mesmo de arrecadado)? Valeria a compreensão para isenções conjunturais ou para qualquer sorte de fixação de níveis de tributação? Importaria dizer que o ente competente estará sempre obrigado (para os fins de transferências) a manter a tributação no patamar mais alto possível?

São todas questões que, ainda que pareçam levar o argumento até o absurdo, prestam-se a fomentar o debate, podendo servir, efetivamente, como balizadores da compreensão jurídica a ser tomada pelo STF, evitando que a tomada de razões abstratas e a utilização de termos grandiloquentes conduzam a compreensões esdrúxulas e, pior, que prejudiquem o já tênue equilíbrio federativo.

Acredita-se, mesmo, que a repetição indiscriminada do quanto julgado no RE 572.762 conduz a um enfraquecimento significativo da autonomia financeira dos entes competentes e que isso não pode ser admitido.

Vale lembrar que, se é verdadeiro que os entes beneficiados pelas transferências têm perdas financeiras quando o ente competente concede incentivos fiscais, é também verdade que a Lei de Responsabilidade Fiscal exige que tais incentivos estejam previstos no Orçamento Anual ou que sejam devidamente compensados, adotando a teoria do gasto tributário.

O sistema jurídico-financeiro, portanto, já possui uma resposta ao tema, embora esta possa ser tida por insuficiente. Nada obstante, não é com o enfraquecimento de uns e com o desequilíbrio da federação que se deve fortalecer os cofres de outros.

4. *Respostas*

1. O que são incentivos fiscais

1.1 Incentivos fiscais, benefícios fiscais, alívios fiscais, são todas expressões sinônimas?

R.: Adota-se a distinção de Nuno Sá Gomes, para quem, embora todos se refiram ao gênero desagravamento fiscal – ou isenção, diríamos –, os incentivos fiscais têm caráter dinâmico, prospectivo, com o intuito de fomentar atividades, estimular comportamentos. Os benefícios fiscais, por sua vez, são estáticos, referentes a situações consumadas, e importam em materialização, no aspecto tributário, de valores tidos por prioritários.

1.2 A redução da base de cálculo é uma isenção parcial? A lei pode conceder isenção parcial? Seria adequado falar de isenção parcial?

R.: Sim, redução de base de cálculo é nada mais que a amputação de um critério da hipótese de incidência, configurando então uma isenção. Todas as isenções são parciais, porque, não fosse assim, redundaria no aniquilamento da hipótese, implicando revogação da norma.

1.3 A isenção é um incentivo fiscal? E a alíquota zero? A imunidade? A redução da base de cálculo? São incentivos ou possíveis meios para concedê-los?

R.: Nem todas as isenções são incentivos fiscais, mas todos os incentivos fiscais são isenções. Como referido, incentivos são espécies de isenções (gênero) destinadas a induzir comportamentos.

As imunidades, de forma bem diversa, importam em não outorga de competência tributária.

1.4 Uma redução do ônus tributário decorrente da ausência de capacidade contributiva, como o limite de isenção estabelecido para imóveis residenciais de pequeno valor, por exemplo, é um incentivo fiscal? E a redução estabelecida em função de algum mal sofrido pelo contribuinte, como uma doença?

R.: Não se trata de incentivos fiscais, mas de isenções estabelecidas na própria definição do espectro de incidência, visando efetivar axiomas considerados prioritários.

1.5 Há diferença entre incentivos fiscais e incentivos financeiros?

R.: Embora existam diferenças conceituais e de tratamento legal entre incentivos fiscais e financeiros, devem ambos ser considerados gasto – seja ele gasto público ou gasto tributário. A identidade de efeitos econômicos entre o dispêndio de R$ 1,00 e a não arrecadação de R$ 1,00 recomenda que os temas, para fins de responsabilidade fiscal e de controle das contas públicas, sejam considerados de forma igual, especialmente quando percebido que a utilização dos incentivos fiscais apenas visa mascarar e tornar mais opaca a relação entre o Estado e o particular.

2. *Limites formais à concessão de incentivos fiscais*

2.1 Todo incentivo fiscal deve ser concedido por lei do ente tributante competente para a instituição do tributo correspondente? Qual a natureza de disposições como as que constam do art. 155, § 2º, XII, "e", e do art. 156, § 3º, II, da CF/1988? São imunidades? Excepcionais hipóteses em que se faz possível a concessão de isenções heterônomas?

R.: Os dispositivos mencionados impedem a outorga de competência aos entes políticos subnacionais nas situações que especificam. Estados e Municípios, em face do quanto lá disposto, não recebem a competência tributária para instituir e arrecadar ICMS e ISS nas operações de exportação.

Não se trata de hipótese de isenção heterônoma, eis que não é outro ente que determina a intributabilidade, mas a própria Constituição Federal, agindo na outorga, e não no exercício, da competência.

2.2 Os tratados internacionais podem estabelecer incentivos fiscais, inclusive quando relativos a tributos que seriam devidos a Estados e Municípios?

R.: Sim, podem. Os tratados internacionais são firmados pela República Federativa do Brasil, pessoa jurídica de direito público externo, detentora da soberania estatal. Não há isenção heterônoma.

2.3 Há limites a serem observados pelo legislador infraconstitucional, quando da regulamentação de norma da Constituição referente a incentivos fiscais? É possível regulamentar uma faculdade prevista no texto constitucional de sorte a tornar praticamente impossível o seu exercício? É o que se dá, por exemplo, com a exigência de unanimidade prevista na LC 24/1975, como condição para a concessão de incentivos fiscais em matéria de ICMS?

R.: A utilização de qualquer regulamento infraconstitucional de modo a impossibilitar o alcance de objetivos constitucionais importa em franca inconstitucionalidade.

A unanimidade exigida pela LC 24/1975, perante o CONFAZ, para aprovação de benefícios fiscais, mostra-se inconstitucional também por isso.

2.4 É certo que a vigente Constituição Federal, em pelo menos seis dispositivos, a saber, art. 1º, III; art. 151, I; art. 159, I, "c"; art. 161, II; art. 165, § 7º, e art. 170, VII, preconiza providências objetivando a redução das desigualdades regionais existentes no País? Esse fato deve ter, ou não, alguma influência na interpretação e na aplicação de leis a respeito de incentivos fiscais que tenham por objetivo atrair empresas para regiões pobres?

R.: A Constituição Federal reiteradas vezes afirma a necessidade de promoção de ações para reduzir as desigualdades sociais e regionais. Sendo os incentivos fiscais instrumentos valorosos na consecução desse objetivo fundamental, o fato pode e deve guiar a interpretação e aplicação das respectivas leis.

3. Outros aspectos relevantes

R.: Reputam-se relevantíssimos os debates que concernem aos incentivos fiscais inseridos no quadro da autonomia financeira dos entes subnacionais e do federalismo fiscal brasileiro. A visão nesse panorama oferece respostas a várias das questões atualmente em debate.

Entre elas, destaca-se a polêmica relacionada à possibilidade de o ente competente conceder incentivos fiscais em relação a tributos que, por determinação constitucional, devem ter suas receitas repartidas.

Utilizando essas ideias, pode-se afirmar que a interpretação atual do STF sobre o tema – afirmando que tais incentivos não devem ser considerados para fins de cálculo dos valores a repassar – resta equivocada, maculando parte significativa da competência tributária e da autonomia financeira do ente competente. Afinal, o poder de eximir acompanha o poder de tributar. São faces inversas de uma mesma moeda.

Bibliografia

ANDERSON, George. *Una Introducción al Federalismo*. Madrid, Marcial Pons, 2008.

ÁVILA, Humberto. "O princípio da isonomia em matéria tributária". In TORRES, Heleno Taveira. *Teoria Geral da Obrigação Tributária: Estudos em Homenagem ao Professor José Souto Maior Borges*. São Paulo, Malheiros Editores, 2005, pp. 737-735.

________. *Sistema Constitucional Tributário: de Acordo com Emenda Constitucional n. 42, de 19.12.2003*. São Paulo, Saraiva, 2004.

AVI-YONAH, Reuven S. "Os três objetivos da tributação". Trad. de Luís Flávio Neto. *Revista Direito Tributário Atual*. São Paulo, Dialética, n. 22, p. 2008 ,27.

BERCOVICI, Gilberto. "Política econômica e direito econômico". *Revista Fórum de Direito Financeiro e Econômico*. v. 1, p. 2012 ,213.

BEREIJO, Álvaro Rodríguez. "El significado jurídico del deber constitucional de pagar impuestos". *Revista de Direito Tributário* 25/113, São Paulo, Malheiros Editores, 2011.

BIRD, Richard M.; VAILLANCOURT, François. "Introduction and summary". In BIRD, Richard M.; VAILLANCOURT, François (eds.). *Perspectives on Fiscal Federalism*. Washington, The World Bank, 2006, p. 2.

BORGES, José Souto Maior. *Isenções Tributárias*. São Paulo, Sugestões Literárias, 1980.

CARDOSO, Alessandro Mendes. *O Dever Fundamental de Recolher Tributos no Estado Democrático de Direito*. Porto Alegre, Livraria do Advogado, 2014.

CARRAZZA, Roque Antonio. *Curso de Direito Constitucional Tributário*. 29ª ed. rev., ampl. e atual. São Paulo, Malheiros Editores, 2013.

________. *ICMS*. 12ª ed. rev. e ampl. São Paulo, Malheiros Editores, 2007.

CARVALHO, Paulo de Barros. *Curso de Direito Tributário*. 19ª ed. rev. São Paulo, Saraiva, 2007.

CATÃO, Marcos André Vinhas. *Regime Jurídico dos Incentivos Fiscais*. Rio de Janeiro, Renovar, 2004.

CHULVI, Cristina Pauner. *El Deber Constitucional de Contribuir al Sostenimiento de los Gastos Públicos*. Madrid, Centro de Estudios Políticos y Constitucionales, 2001.

CONTI, José Maurício. *Federalismo Fiscal e Fundos de Participação*. São Paulo, Juarez de Oliveira, 2001.

________. "O Estado e o imposto: federalismo financeiro e fiscal". In CATARINO, João Ricardo; GUIMARÃES, Vasco Branco (coords.). *Lições de Fiscalidade*. Coimbra, Almedina, 2012, p. 409.

COSTA, Regina Helena. *Imunidades Tributárias: Teoria e Análise da Jurisprudência do STF*. São Paulo, Malheiros Editores, 2001.

DALLARI, Dalmo de Abreu. "Implicações do pacto federativo". In RAMOS, Dircêo Torrecillas (coord.). *O Federalista Atual: Teoria do Federalismo*. Belo Horizonte, Arraes Editores, 2013, p. 593.

DUARTE, Angelo José Mont'Alverne; SILVA, Alexandre Manoel Angelo da; LUZ, Everaldo Manoel; GERARDO, José Carlos. "Transferências fiscais intergovernamentais no Brasil: uma avaliação das transferências federais, com ênfase no Sistema Único de Saúde". *Texto para discussão*, n. 1.457, Rio de Janeiro, IPEA, p. 2009 ,7.

FERRAZ, Roberto. "Igualdade na tributação – qual o critério que legitima discriminações em matéria fiscal?". In FERRAZ, Roberto (coord.). *Princípios e Limites da Tributação*. São Paulo, Quartier Latin, 2005, p. 520.

GAMA, Tácio Lacerda. *Competência Tributária: Fundamentos para uma Teoria da Nulidade*. São Paulo, Noeses, 2009.

GOMES, Nuno Sá. *Teoria Geral dos Benefícios Fiscais*. Lisboa, Centro de Estudos Fiscais da DGCI, 1991.

HOLMES, Stephen; SUNSTEIN, Cass. *The Cost of Rights: Why Liberty Depends on Taxes*. Nova York, W. W. Norton & Company, 1999.

LIMA, Edilberto Carlos Pontes. "Transferências da União para Estados e Municípios não originárias de repartição de receitas: para que se destinam e o que determina o montante". Disponível em: <http://federativo.bndes.gov.br/bf_bancos/estudos/e001768pdf>. Acesso em: 30.11.2013.

MACHADO, Hugo de Brito. *Curso de Direito Tributário*. 36ª ed. São Paulo, Malheiros Editores, 2015.

________. "Imunidade tributária". In MARTINS, Ives Gandra da Silva (coord.). *Imunidades Tributárias*. São Paulo, Ed. RT, 1998. pp. 95-80.

________. "Proibição da guerra fiscal e a redução das desigualdades regionais". In ROCHA, Valdir de Oliveira (coord.). *Grandes Questões Atuais de Direito Tributário*. vol. 15. São Paulo, Dialética, 2011, p. 126.

MACHADO SEGUNDO, Hugo de Brito. *Contribuições e Federalismo*. São Paulo, Dialética, 2005.

MARTINEZ-VAZQUEZ, Jorge; McLURE, Charles; VAILLANCOURT, François. "Revenues and expenditures in an intergovernmental framework". In BIRD, Richard M.; VAILLANCOURT, François (eds.). *Perspectives on Fiscal Federalism*. Washington, The World Bank, 2006, pp. 25-24.

MARTINS, Ives Gandra da Silva. "O ICMS e o regime jurídico de incentivos financeiros outorgados pelos Estados e o Comunicado CAT n. 04/36 de São Paulo – distinção entre incentivos financeiros e fiscais". *Revista Dialética de Direito Tributário*. n. 112, pp. 134 e ss., jan. 2005.

MENDES, Marcos. "Federalismo fiscal". In BIDERMAN, Ciro; ARVATE, Paulo Roberto (orgs.). *Economia do Setor Público no Brasil*. São Paulo, Campus Elsevier, 2005, p. 422.

MURPHY, Liam; NAGEL, Thomas. *O Mito da Propriedade: os Impostos e a Justiça*. Trad. de Marcelo Brandão Cipolla. São Paulo, Martins Fontes, 2005.

NABAIS, José Casalta. *O Dever Fundamental de Pagar Impostos*. Coimbra, Almedina, 1998.

NABAIS, José Casalta. *Por um Estado Fiscal Suportável: Estudos de Direito Fiscal*. Coimbra, Almedina.

NÓBREGA, Marcos; FIGUEIREDO, Carlos Maurício. "Renúncia de receita; guerra fiscal e *tax expenditure*: uma abordagem do art. 14 da LRF". In FIGUEIREDO, Carlos Maurício; NÓBREGA, Marcos. *Lei de Responsabilidade Fiscal: Aspectos Polêmicos*. Belo Horizonte, Fórum, 2006, p. 122.

NORREGAARD, John. "Tax Assignment". In TER-MINASSIAN, Teresa (ed.). *Fiscal Federalism in Theory and Practice*. Washington, International Monetary Fund, 1997, p. 71.

OLIVEIRA, Régis Fernandes de. *Curso de Direito Financeiro*. São Paulo, Ed. RT, 2006.

________. "Federalismo fiscal e pacto federativo". *Revista Tributária e de Finanças Públicas*. v. 2005 ,61.

RAMOS, Dircêo Torrecillas. "Composição da federação brasileira". In RAMOS, Dircêo Torrecillas (coord.). *O Federalista Atual: Teoria do Federalismo*. Belo Horizonte, Arraes Editores, 2013, p. 85.

RAWLS, John. *Uma Teoria da Justiça*. Trad. de Almiro Pisetta e Lenita M. R. Esteves. São Paulo, Martins Fontes, 1997.

ROCHA, Cármen Lúcia Antunes. *República e Federação no Brasil – Traços Constitucionais da Organização Política Brasileira*. Belo Horizonte, Del Rey, 1997.

SAMPAIO DÓRIA, Antônio Roberto. *Discriminação de Rendas Tributárias*. São Paulo, José Bushatsky Editor, 1972.

SANDBU, Martin E. "Natural wealth accounts: a proposal for alleviating the natural resource curse". *World Development*. Elsevier, v. 34, n. 7, p. 2006 ,1.154.

SARLO, Oscar. "Republicanismo, derechos humanos y deberes tributários". *Revista Mestrado em Direito*. Osasco, ano 12, n. 1, p. 131, jan.-jul. 2012.

SCAFF, Fernando Facury; ROCHA, Francisco Sérgio Silva. "Princípios, elementos e conceito de Estado Federal". In RAMOS, Dircêo Torrecillas (coord.). *O Federalista Atual: Teoria do Federalismo*. Belo Horizonte, Arraes Editores, 2013, p. 69.

SCAFF, Fernando Facury; SILVEIRA, Alexandre Coutinho da. "Competência tributária, transferências obrigatórias e incentivos fiscais". In CONTI, José Maurício; SCAFF, Fernando Facury; BRAGA, Carlos Eduardo Faraco (orgs.). *Federalismo Fiscal: Questões Contemporâneas*. Florianópolis, Conceito, 2010.

SCHOUERI, Luís Eduardo. "Tributação e indução econômica: os efeitos econômicos de um tributo como critério para sua constitucionalidade". In FERRAZ, Roberto (coord.). *Princípios e Limites da Tributação 2 – Os Princípios da Ordem Econômica e a Tributação*. São Paulo, Quartier Latin, 2009, p. 143.

SHAH, Anwar. "Introduction: principles of fiscal federalism". In SHAH, Anwar (ed.). *The Practice of Fiscal Federalism: Comparative Perspectives. A Global Dialogue on Federalism*. vol. 4. Canadá, McGill-Queen's University Press, 2007, p. 3.

SOUZA, Hamilton Dias de. "A competência tributária e seu exercício: a racionalidade como limitação ao poder de tributar". In FERRAZ, Roberto Catalano Botelho (coord.). *Princípios e Limites da Tributação*. São Paulo, Quartier Latin, 2005, pp. 261-260.

TER-MINASSIAN, Teresa. "Intergovernmental fiscal relations in a macroeconomic perspective: an overview". In TER-MINASSIAN, Teresa (ed.). *Fiscal Federalism in Theory and Practice.* Washington, International Monetary Fund, 1997, pp. 7-4.

TORRES, Heleno Taveira. *A Teoria da Constituição Financeira*. Tese (Concurso de Professor Titular), Faculdade de Direito da Universidade de São Paulo, 2014.

TORRES, Ricardo Lobo. "Responsabilidade fiscal, renúncia de receitas e guerra fiscal no ICMS". In SCAFF, Fernando Facury; CONTI, José Maurício. *Lei de Responsabilidade Fiscal – 10 anos de Vigência – Questões Atuais*. Florianópolis, Conceito, 2010, p. 13.

PREMISSAS PARA UMA ABORDAGEM JURÍDICA DOS INCENTIVOS FISCAIS

Álisson José Maia Melo

Introdução. 1. Duas abordagens teóricas: análise estrutural e análise funcional. 2. Quando as recompensas saem pela culatra. 3. Incentivos fiscais e outras alternativas estatais. 4. Fundamento constitucional para a instituição de incentivos fiscais. 5. Incentivos fiscais: uma leitura do direito administrativo. 6. O princípio da capacidade contributiva como limite para o exercício da função de incentivo através dos tributos. Considerações finais.

Introdução

O Instituto Cearense de Estudos Tributários (ICET), como de costume, traz para a reflexão da comunidade acadêmica tema da mais alta relevância, a saber, o estudo dos incentivos fiscais. Trata-se de assunto que, embora desde sempre suscitado pelos estudiosos da tributação, nunca ocupou um espaço adequado no âmbito específico do direito tributário. Diz-se que isso se deve em virtude da delimitação do objeto desse ramo da ciência do Direito, que teria como preocupação a relação jurídica estabelecida entre Fisco e contribuinte e os institutos jurídicos a ele associados.

Nesse sentido, o direito tributário somente se ocuparia, em última instância, de estudar as estruturas formais das instituições jurídicas que possibilitam a realização dos incentivos fiscais, mas um exame mais profundo da própria atividade de incentivo não teria cabimento nesse exame, por ser considerada externa e, portanto, estranha para um estudo jurídico-tributário, cabendo a outras áreas do conhecimento trabalhar essa temática (Ciência das Finanças, Política Fiscal, Economia Pública etc.). Tal proposta tinha ampla aceitação no século XX, em que se acreditava na busca de um controle ideal dos institutos, sem atentar para a importância do exame finalístico tanto do objeto de estudo quanto da própria atividade científica. "O Direito Tributário não tem objetivo (imperativo econômico-social) próprio; ou melhor, como todo o Direito Positivo, o Direito Tributário tem natureza instrumental e seu 'objetivo próprio' (razão de existir) é ser *um instrumento a serviço de uma Política.*"[1]

Sem prejuízo dos inegáveis avanços do direito tributário em razão dos cortes subjetivo e metodológico, parece ser inafastável a necessidade de dar passos mais próximos aos limites do sistema jurídico para estabelecer diálogos com os demais sistemas sociais, como o econômico e o político, de modo a possibilitar uma cognição cada vez mais sensível dos fenômenos jurídicos.[2] Em razão desse diálogo entre sistemas, emerge a complexidade do exame, haja vista a ampliação das variáveis e da sensibilidade dessas variáveis para os resultados. Na primeira quadra do século XXI, novas temáticas vêm sendo trazidas para estudo dentro do próprio direito tributário, entre elas a da tributação ideal,[3] da legitimidade da tributação, da eficiência da administração tributária, da horizontalização e consensualidade nas relações entre Fisco e contribuinte[4] e, por óbvio, da utilização dos tributos com finalidade extrafiscal.[5]

Eis o desafio proposto no presente capítulo. Consciente de que não se pode admitir a utilização do sistema jurídico tributário para

1. Alfredo Augusto Becker, *Teoria Geral do Direito Tributário*, 3ª ed., Porto Alegre, Lejus, 2002, p. 596, grifos do autor.

2. Hugo de Brito Machado Segundo e Victor Hugo Cabral de Morais Jr., "Notas em torno da 'tributação ideal'", in Antônio Carlos Diniz Murta, Ubaldo Cesar Balthazar e Raymundo Juliano Rego Feitosa (coords.), *Direito Tributário: XXIII Encontro Nacional do CONPEDI*, Florianópolis, CONPEDI, 2014, pp. 7-27, disponível em <http://www.publicadireito.com.br/artigos/?cod=8a5bfb060ee1f97e>, acesso em 30.6.2014, pp. 8-9.

3. Idem, ibidem.

4. Phelippe Toledo Pires de Oliveira, "Desafios do direito tributário contemporâneo – Em busca da legitimidade social do tributo, da eficiência da gestão tributária e de uma maior cooperação entre fisco e contribuintes", *Revista Fórum de Direito Tributário*, Belo Horizonte, ano 12, n. 68, pp. 159-172, mar.-abr. 2014.

5. Paulo Caliendo, "Limitações constitucionais ao poder de tributar com finalidade extrafiscal", *Nomos*, Revista do Programa de Pós-Graduação em Direito da UFC, Fortaleza, v. 33.2, pp. 171-206, jul.-dez. 2013, p. 189, disponível em <http://mdf.secrel.com.br/index.php?option=com_docman&task=cat_view&gid=34&Itemid=>, acesso em 30.6.2014.

estimular ou desestimular quaisquer condutas, já que o direito tributário se propõe a ser um instrumento de limitação do poder,[6] trabalham-se aspectos relevantes, relativos aos incentivos fiscais, que antecedem uma abordagem estritamente jurídica, nos limites entre o direito tributário e outras áreas do conhecimento. Espera-se com isso trazer uma reflexão crítica das respostas a serem dadas pelos demais pesquisadores às excelentes questões formuladas pelo ICET.

1. *Duas abordagens teóricas: análise estrutural e análise funcional*

Considerada a mudança paradigmática do direito tributário, um ponto de partida que parece sugerir condições mínimas para uma abordagem jurídica relevante dos incentivos fiscais se dá com a distinção de metodologia nas ciências jurídicas entre a tradicional análise estrutural e uma proposta de análise funcional. Para uma compreensão simples e objetiva da distinção:

> O predomínio da teoria pura do direito no campo dos estudos jurídicos teve por efeito que os estudos de teoria geral do direito foram orientados, por um longo período, mais em direção à análise da estrutura dos ordenamentos jurídicos do que à análise de sua função. É desnecessário mencionar as importantes contribuições dadas, nos últimos anos, para a ampliação e o aprofundamento da análise estrutural, de cujo ventre fecundo nasceu diretamente uma disciplina nova e fascinante, a lógica deôntica. Contudo, o direito não é um sistema fechado e independente, ainda que nada nos impeça de assim considerá-lo quando nos pomos do ponto de vista das estruturas formais. Em relação ao sistema social considerado em seu todo, em todas as suas articulações e inter-relações, o direito é um subsistema que se posiciona ao lado dos outros subsistemas, tais como o econômico, o cultural e o político, e em parte se sobrepõe e contrapõe a eles. Ora, aquilo que o distingue dos outros subsistemas, junto aos quais constitui o sistema social em seu todo, é a função.[7]

6. Hugo de Brito Machado, *Curso de Direito Tributário*, 36ª ed., São Paulo, Malheiros Editores, 2015, p. 51.

7. Norberto Bobbio, *Da Estrutura à Função: Novos Estudos de Teoria do Direito*, trad. de Daniela Beccaccia Versiani, Barueri, Manole, 2007, pp. XII-XIII.

Propõe-se na presente pesquisa buscar orientações a partir de uma teoria funcionalista do Direito, especialmente com a superação da visão clássica que restringe a função do Direito à proteção de certas posições de vantagem ou à repressão de condutas violadoras da ordem jurídica. Diante do tema em exame, deve-se envidar esforços para incluir também a função promocional dentro da compreensão da estrutura jurídica.

Necessário ressaltar a complementaridade entre as duas abordagens, considerando-se que a análise estrutural é insuficiente para compreender certas propriedades do que se está chamando de incentivos, e, ao mesmo tempo, a análise funcional não pode simplesmente se distanciar das balizas oriundas da análise estrutural, que muito vem contribuindo para o avanço da ciência jurídica. Um exemplo interessante disso é a discussão que paira em torno da categoria "sanção premial": uma abordagem estrutural não recomenda que se dê à sanção, enquanto conceito de lógica jurídica, uma conotação em sentido amplo, que remeta a consequências de toda sorte, mas apenas àquelas consequências jurídicas previstas em virtude do descumprimento de um dever.

Ademais, mesmo considerada a previsão legal de estruturas normativas que comportem "sanções premiais", o que se observa, com maior detença, é que elas não se assemelham à estrutura de normas sancionatórias, mas, ao contrário, identificam-se com a estrutura de normas de conduta, diferenciando-se das normas de conduta paradigmas pela especialidade de certos aspectos na hipótese do fato que culminam com uma qualificação da prestação devida.

> Certo, porém, é que o prêmio é uma prestação. E para chegar-se a tal conclusão não é necessário rejeitar a estrutura da norma, preconizada pela teoria egológica. Basta que, advertido da diferença entre *norma jurídica* e *dispositivo de lei*, se admita que um dispositivo de lei pode conter mais de uma norma, assim como uma norma pode estar dividida, parte em um e parte em outro, ou em outros dispositivos de lei. E isto está longe de ser novidade para os estudiosos da Teoria Geral do Direito.
>
> (...)
>
> Dúvida, portanto, não pode haver de que se tem, na previsão de um prêmio para a conduta que excede a prestação, duas normas, com duas

prestações distintas. O equívoco da doutrina, que deve ser evitado, resulta da lamentável indistinção entre norma jurídica e dispositivo de lei.[8]

Em outras palavras, a despeito da disseminação da expressão *sanção premial*, a análise funcional deve prescindir de seu uso, em respeito aos lindes de coerência dados pela análise estrutural; não é de bom alvitre sua utilização, já que não passa pelo crivo da Navalha de Ockham, atrapalhando mais do que contribuindo para uma categorização séria dos institutos relacionados à função promocional.

Dito isso, é interessante constatar que a abordagem do tema dos incentivos fiscais, a partir dessa dupla abordagem, pode conduzir a eventuais falsos problemas, seja porque a discussão se reduziria a uma discussão meramente formal, sem levar em conta o aspecto funcional propriamente dito, seja o oposto, colocando sob o mesmo pálio coisas que estruturalmente seriam distintas. Vislumbra-se um grande desafio para o direito tributário, de sair da discussão teórica inerente à análise estrutural para adentrar em aspectos cada vez mais funcionais.

A análise funcional já não vinha passando despercebida no âmbito do estudo da tributação. É reconhecida a existência de funções mediatas, ditas extrafiscais em contraposição à função imediata de arrecadação ou fiscal propriamente dita; um lugar comum para tanto é a associação das funções do governo, oriundas da ciência das finanças, à tributação, a saber: função alocativa, função distributiva e função estabilizadora.

> Ao tributar, o Estado acaba por produzir efeitos na economia. Tais efeitos se apontam como:
>
> – distributivos: quando se tem em conta que é possível, com a tributação, redistribuir a renda, tirando mais de uns e aplicando mais em favor de outros. No Estado Social, a redistribuição visa à redução de desigualdades sociais;
>
> – alocativos: quando se tem em conta que a própria incidência do tributo não é neutra sobre a economia, pois acaba por ter reflexos na forma como a totalidade dos recursos é dividida para utilização no setor público

8. Hugo de Brito Machado, *Uma Introdução ao Estudo do Direito*, São Paulo, Dialética, 2000, pp. 91-92, grifos no original.

e no setor privado. Reflexo da função alocativa, tem-se a indução de comportamentos. Afinal, a tributação se vincula a comportamentos humanos e a incidência tributária passa a ser um fator a ser considerado na própria decisão do agente econômico;

– estabilizadores: quando se tem em conta que a política fiscal deve ser formulada objetivando alcançar ou manter um elevado nível de emprego, uma razoável estabilidade no nível de preços, equilíbrio na balança de pagamentos e uma taxa aceitável de crescimento econômico.[9]

É complicado importar as funções oriundas da ciência das finanças e, mais ainda, relativas ao governo para serem aplicadas a uma ferramenta do governo para uma aproximação jurídica. Em primeiro lugar porque, embora a tributação seja uma parte do governo, não é possível deduzir seguramente que as características da parte sejam idênticas às do todo, já que o governo tem à sua disposição um leque de ferramentas institucionais, cada uma com características próprias, para atingir tais efeitos. Em segundo lugar, classificações oriundas da ciência das finanças têm sua localização a partir das premissas daquele ramo do saber; assim, não se deve fazer uma simples importação, sendo conveniente um desenvolvimento mais específico dessa classificação para verificar sua pertinência e utilidade dentro das características e premissas da ciência jurídico-tributária. Não se avaliam as classificações em verdadeiras ou falsas (pois a falsidade está no critério distintivo), mas em úteis ou inúteis, relacionando-se à finalidade que se busca atingir.[10]

Uma classificação mais promissora é aquela que parte dos objetivos da tributação. Tem-se, assim, que os tributos se prestam para angariar recursos para o custeio da atividade pública e para o fornecimento de utilidades públicas à sociedade (função arrecadatória), mas também possui os objetivos de reduzir desigualdades de renda e riqueza decorrentes do processo natural do mercado, que possui falhas inerentes ao próprio funcionamento (função redistributiva), e de impulsionar a atividade privada nas direções desejadas pelo governo

9. Luís Eduardo Schoueri, *Direito Tributário*, 2ª ed., São Paulo, Saraiva, 2012, livro digital, Cap. I, item 3.

10. Genaro Carrió, *Notas sobre Derecho y Lenguaje*, 4ª ed., Buenos Aires, Abeledo-Perrot, 1994, p. 99.

(função regulatória).[11] A rigor, mais do que objetivos da tributação, verificam-se três efeitos inerentes a qualquer atividade tributária, ainda que não intencionados pelos agentes públicos, razão pela qual não é equivocado falar em funções, que podem ser manejadas intencionalmente pelo governo. Comparando-se com a classificação anterior, vê-se que há certa aproximação entre algumas espécies, embora na prática a classificação ora apresentada tenha muito mais densidade no âmbito do estudo da tributação.

Ao que se denominava, na classificação anterior, função estabilizadora deve-se entender que há, na verdade, uma missão (poder-dever) para o Estado. No âmbito específico da tributação, pode-se referir mais apropriadamente a um dever de sustentabilidade fiscal, que significa uma reflexão a médio e longo prazos[12] de estratégias para manutenção tanto das atividades públicas financiadas pelos tributos (o que deveria conduzir a reflexões relacionadas à eficiência da Administração Pública) quanto da fonte da arrecadação, ou seja, a viabilização de condições para que o setor privado e o mercado possam gerar seus resultados sem que o Estado esgote sua produtividade (o que leva a discussões em torno do caráter confiscatório da tributação).

Considerada a classificação acima, os incentivos fiscais estão diretamente associados à função regulatória dos tributos, o que conduz a outras discussões que serão travadas nas seções seguintes.

Nesse contexto, no âmbito da teoria funcionalista, estabelecida a distinção entre medidas estimuladoras de determinadas condutas e de medidas desencorajadoras, demonstra aparente relevância a constatação da existência de dois expedientes distintos para o exercício da função regulatória em sentido promocional, a saber, *a recompensa ou prêmio*, como resposta favorável ao comportamento já realizado, e *a facilitação*, enquanto redução de obstáculos institucionais e de custos de transação durante a realização do comportamento.

> Com particular atenção às técnicas de encorajamento, note-se a diferença entre as duas operações: a sanção propriamente dita, sob forma de recom-

11. Reuven S. Avi-Yonah, "The three goals of taxation", *Tax Law Review*, New York, v. 60, n. 1, pp. 1-28, 2006, disponível em <http://repository.law.umich.edu/cgi/viewcontent.cgi?article=1039&context=articles>, acesso em 1º.7.2014, pp. 3-4.

12. Juarez Freitas, *Sustentabilidade: Direito ao Futuro*, 2ª ed., Belo Horizonte, Fórum, 2012.

pensa, vem depois, com o comportamento já realizado; a facilitação precede ou acompanha o comportamento que se pretende encorajar. Em outras palavras: pode-se encorajar intervindo sobre as consequências do comportamento ou sobre as modalidades, sobre as formas, sobre as condições do próprio comportamento. Para oferecer um exemplo retirado da vida comum, temos: se desejo que meu filho faça uma tradução difícil do latim, posso prometer-lhe, se ele a fizer, irmos ao cinema, ou então posso permitir que utilize uma tradução bilíngue.[13]

Verifica-se certa utilidade na distinção ora preconizada. Isso porque a instituição de prêmios está necessariamente vinculada à obtenção de resultados, enquanto a simples facilitação se traduz em mecanismos imediatos de incentivo, desvinculados de resultados. Por conta disso, diante de uma perspectiva de legitimação da tributação, é imprescindível ressaltar que devem ser conferidas tais facilitações para situações nas quais o próprio processo em si é tido por desejável pela sociedade, independentemente da busca de resultados.

Dois alertas, sob o viés da análise estrutural, merecem ser feitos. O primeiro é o de que, a despeito da distinção traçada, é possível que a legislação se apresente como um modelo misto, no qual a medida de encorajamento se consubstancie numa facilitação, mas esta tem uma projeção temporal condicionada ao alcance de resultados. O segundo alerta, como decorrência do primeiro, é o de que, ao se deparar com as situações concretas, é provável que não seja possível identificar se uma determinada medida funciona como prêmio ou se funciona como facilitação. Em sentido análogo:

> Que fique bem claro: as várias medidas de controle social constituem um *continuum*, e, portanto, não é possível estabelecer limites nítidos entre um tipo e outro: uma medida de vigilância pode ter sido instituída para impedir uma certa conduta, mas, de fato, serve, na maioria das vezes, para torná-la mais difícil. Ainda que cada um de nós conheça, de modo abstrato, a diferença entre obstaculizar e impedir ou proibir, é extremamente difícil afirmar onde termina o obstáculo e onde começa o verdadeiro impedimento.[14]

13. Norberto Bobbio, *Da Estrutura à Função: Novos Estudos de Teoria do Direito*, cit., p. 17.
14. Idem, ibidem, pp. 31-32.

Diante da dificuldade citada, pode-se estabelecer uma distinção entre o sentido objetivo da medida de incentivo, conforme previsto na norma a partir da análise de sua estrutura, e seu sentido subjetivo ou a que se presta em sentido fático a norma. Para fins jurídicos, pode-se dar prevalência à análise a partir do sentido objetivo.

Por conseguinte, os incentivos fiscais não se configuram como simples identificações com os institutos do direito tributário que permitem a exoneração fiscal, mas se ligam muito mais à estrutura de positivação desses institutos. Isso pode ser mais bem compreendido na distinção entre um decreto que cuida de aprovar nova versão da Tabela de Incidência do Imposto sobre Produtos Industrializados, no qual constam itens com alíquota zero, e uma lei específica que prevê a utilização de tal técnica para determinados produtos ou segmentos de mercado, apresentando finalidades prestigiadas ou metas a serem atingidas.

2. Quando as recompensas saem pela culatra

Antes de se adentrar na análise jurídica em sentido estrito, investigando-se o Direito positivo brasileiro, alguns cuidados merecem ser tomados em relação ao uso de recompensas. Pesquisas, principalmente na área de economia comportamental, têm apontado que o uso da sistemática de prêmios, dependendo da forma como ela é implementada, acaba por gerar alguns efeitos negativos no comportamento das pessoas. Nesta seção, pretendo abordar alguns desses efeitos e buscar importá-los para a seara do direito tributário.

Uma prévia constatação é a de que os incentivos fiscais são sempre recompensas econômicas, relacionadas a receitas que se ganha ou, mais apropriadamente, que se deixa de perder. Isso significa que esses comportamentos negativos das pessoas em relação aos incentivos fiscais, por conta dessa natureza, podem vir a diferir de outros tipos de recompensas.

Primeiramente, como já acentuado na seção anterior, o sistema de recompensas guarda estreita pertinência com o de punições, razão pela qual não é errado pensar que ambos vão se comportar num mesmo modelo de gestão, ou seja, autocrático e controlador. Isso porque, embora o sistema de recompensas menos problemático fosse aquele no qual não haja uma promessa antecipada para um dado resultado, fato é que a maioria deles funciona através dessa bonificação previamente estipulada, especialmente o sistema jurídico, específico sistema social de antecipação de expectativas. Assim, a ameaça latente daquele que se sujeita a ficar sem a recompensa, especialmente quando a sistemática perdura a longo prazo, acaba tornando o sistema essencialmente punitivo. "A vara está contida na cenoura."[15] É nesse sentido que se poderia cogitar que os incentivos fiscais, numa avaliação de regime jurídico, aproximam-se menos dos tributos do que das sanções.

Noutra perspectiva, deve-se acrescentar que existem mecanismos políticos que buscam, se não minimizar, ao menos mascarar o caráter autocrático e controlador desses sistemas de incentivos. Assim é que se introduzem os conceitos de Estado democrático e princípio da legalidade para dar coerência e legitimidade a políticas de incentivos. Sob outro viés, uma política de incentivos parece, seguindo essa linha de raciocínio, configurar uma política voltada para a restrição de liberdades.

Em segundo lugar, associado ao primeiro efeito, os incentivos podem gerar uma expectativa de obtenção que, caso não sejam cumpridos, equivalem, em sentido subjetivo, a uma punição em virtude da frustração pela perda de uma chance. E uma punição que eventualmente pode vir a custar a sobrevivência de uma empresa, em razão da concorrência em situação de desvantagem. Por consequência disso, de modo a se evitar esse tipo de frustração empresarial, podem-se preferir os sistemas de facilitação aos de premiação; em outras palavras, dar o incentivo para as pessoas independentemente do cumprimento de resultados. No âmbito do direito tributário, isso é bem factível, ante a possibilidade de concessão genérica. Entretanto, tal fórmula não se caracteriza propriamente como uma recompensa, razão pela qual deve haver alguma motivação intrínseca para se garantir uma vantagem econômica nessas circunstâncias.

Não se está falando aqui, especificamente em relação a esse efeito, de certos incentivos triviais, como o clássico abatimento pelo pagamento antecipado, para estimular o adimplemento das obrigações tributárias, mas daqueles incentivos mais complexos, que se perpetuam a longo prazo sob determinadas condições.

15. Alfie Kohn, *Punished by Rewards: the Trouble with Gold Stars, Incentive Plans, A's, Praise, and Other Bribes*, Boston/New York, Houghton Mifflin, 1993, p. 53, tradução livre.

Um terceiro efeito das recompensas é que elas afetam os relacionamentos, tanto em sentido horizontal quanto em sentido vertical. Considerado um ambiente de relativa escassez para efeitos de premiação, a concessão desses incentivos eventualmente levará ao acirramento da competição e do individualismo em ambientes que, muitas vezes, deveriam ser cooperativos. Além disso, os incentivos podem gerar desestímulos para aqueles que se consideram menos capacitados para atingir os resultados. Em sentido vertical, os incentivos geram relações de privilégios e de ressentimentos entre superiores e subordinados.[16]

Trazendo para o âmbito da tributação, um possível argumento é o de que, considerando a possibilidade de concessão genérica de incentivos fiscais, não haveria a preocupação com a escassez e com eventuais efeitos dessa natureza. Ocorre que, no caso específico dos tributos, o que está em jogo é a relação entre aqueles para os quais foi concedido o incentivo fiscal e todos os demais contribuintes que foram, desde logo por conta dos critérios utilizados para restringir o universo de possíveis beneficiados, privados dessa possibilidade. O fato de alguém ficar liberado do pagamento de tributos implica, a princípio, que os demais compensarão a perda de receitas.

Consequentemente, exige-se dos diversos grupos de contribuintes que estes detenham influência política bastante para conseguirem incentivos equivalentes. Surgiria, assim, uma competição democrática para a obtenção de vantagens econômicas através do uso de tributos. E, nesse esquema, insere-se a relação vertical, razão pela qual acabam possuindo maior influência aqueles que estão sempre do lado do governante, ou que oferecem maiores vantagens em troca dos incentivos fiscais. No fim das contas, tanto para os agraciados quanto para os derrotados, gera-se a sensação de que foram concedidos privilégios. "É compreensível que a figura do benefício fiscal se perceba como bruta injustiça por muitos contribuintes ao se ler que os milionários apenas pagam impostos graças ao desfrute de benefícios fiscais."[17] E, a longo prazo, o beneficiado acaba tendo a sensação de que é justo titular de uma posição vantajosa em matéria tributária. "É certo que ninguém quer ser tratado com desigualdade em prejuízo próprio, mas, em geral,

16. Idem, ibidem, pp. 54-59.

17. Klaus Tipke, *Moral Tributaria del Estado y de los Contribuyentes*, trad. de Pedro M. Herrera Molina, Madrid, Marcial Pons, 2002, p. 74, tradução livre.

os privilegiados aceitam gostosamente seus privilégios. Parece-lhes que a posse de um privilégio é um direito."[18]

Diante disso, sugere-se que a concessão de incentivos acaba por influenciar negativamente a imagem do Estado perante os contribuintes e afetar as relações morais da tributação. "[*A*] má atuação do Estado influi de fato de forma negativa sobre a moral do contribuinte."[19] Contribuintes sentem-se menos favoráveis ao pagamento de tributos à medida que o Estado concede incentivos para determinados grupos.

Em quarto lugar, incentivos normalmente ignoram as razões para os problemas, e são utilizados como solução rápida para gerar resultados que por vezes seriam possíveis se o problema real fosse solucionado.[20] Voltando-se para o cenário da tributação, vê-se que o Estado, ao conceder certos incentivos, muitas vezes busca uma forma de tentar minimizar uma ineficiência ou incompetência do próprio Estado e sua máquina administrativa excessivamente burocrática para a efetividade da realização das políticas públicas.

Mais especificamente em relação à tributação no Brasil, a concessão de incentivos fiscais tira da atenção dos contribuintes, por exemplo, o problema dos custos de conformidade, relacionados ao tempo e dinheiro gastos com as obrigações acessórias para pagamento de tributos. Estima-se que se gasta no País uma média de 2.600 horas para calcular e efetuar pagamento de tributos.[21] Além disso, o sistema de pagamento e cobrança de tributos é ineficiente: o Estado institui tributos muitas vezes com vícios formais ou materiais de constitucionalidade, confiando na baixa operacionalidade da máquina judiciária, e, a despeito disso, o Estado desconfia dos contribuintes inserindo várias barreiras institucionais para a devolução de tributos cobrados indevidamente, como os precatórios, e, em compensação,

18. Idem, ibidem, p. 124.

19. Idem, ibidem, p. 121, tradução livre.

20. Klaus Tipke, 1993, p. 59.

21. PricewaterhouseCoopers e The World Bank/IFC, "Paying Taxes 2014: the global picture; a comparison of tax systems in 189 economies worldwide", London, PwC, 2013, disponível em <http://www.doingbusiness.org/~/media/GIAWB/Doing%20Business/Documents/Special-Reports/Paying-Taxes-2014.pdf>, acesso em 8.12.2013, p. 166.

há um índice de sonegação de impostos no País em torno de US$ 280,1 bilhões ao ano.[22]

Uma quinta reação adversa das recompensas é que elas restringem o campo de visão para focar apenas nos resultados que geram os prêmios. Possivelmente por razões biológicas, os seres vivos concentram os esforços no ganho em si e tiram a atenção para a coisa que precisa ser feita. Isso aparentemente não parece ser um problema em si, mas somente em alguns contextos nos quais há baixa incerteza e variabilidade de condições. Assim, em trabalhos de baixa complexidade, em que o processo já é bem-definido, incentivos podem funcionar muito bem.[23]

O problema ocorre justamente quando se está diante de tarefas complexas, que exigem uma visão mais ampla, e as formas para atingir os resultados não estão bem-definidas. Nessas condições, é possível observar uma série de implicações negativas. Em situações dessa natureza, há uma perda de eficiência no alcance dos resultados; quanto maior o prêmio, menor o foco na tarefa e pior o desempenho. Ademais, os incentivos desencorajam a tomada de riscos: haverá uma tendência a, uma vez obtida recompensa através de certo método, manter invariável tal método, e não se arriscar a tomar outras soluções para atingir eventuais resultados mais expressivos. Isso também faz parte da natureza do processo decisório, já que somos levados a preferir ganhos menores com maior segurança a assumir probabilidades de insucesso (aversão à perda). “Organismos que tratam ameaças como mais urgentes do que as oportunidades têm uma melhor chance de sobreviver e de se reproduzir.”[24] Em consequência disso, tendo em vista a visão estreita diante de situações em que há uma necessidade de visão ampla do contexto, os incentivos também tendem a minar a criatividade, dificultando a descoberta de soluções inovadoras.[25]

22. Andreas Müller, Ricardo Lacerda e Bruno Garattoni, “Quanto custa um país”, *Superinteressante*, São Paulo, n. 321, pp. 70-75, ago. 2013, disponível em <http://super.abril.com.br/cotidiano/quanto-custa-pais-759943.shtml>.

23. Alfie Kohn, *Punished by Rewards: the Trouble with Gold Stars, Incentive Plans, a's, Praise, and Other Bribes*, cit., p. 65.

24. Daniel Kahneman, *Rápido e Devagar: Duas Formas de Pensar*, Rio de Janeiro, Objetiva, 2012, p. 351.

25. Daniel H. Pink, *Drive: the Surprising Truth about What Motivates Us*, Toronto, Riverhead, 2009.

No âmbito da tributação, considerando que alguns tributos incidem diretamente sobre a cadeia econômica, a concessão de incentivos fiscais pode contribuir para minar o empreendedorismo e a inovação empresarial, especialmente em áreas que exigem investimentos em pesquisa e desenvolvimento. Isso normalmente é contrabalanceado pela competição do próprio mercado ou pela escassez de recursos, mas, a depender da forma como a política de incentivos é instituída, pode ocasionar um efeito contrário ao que se buscava originalmente. Em sentido mais amplo, tais incentivos contingentes ou hipotéticos (condicionados à realização de uma condição previamente estipulada), além de terem o potencial de interferir numa política econômica nacional, afetam num nível subjetivo a liberdade dos cidadãos e a livre empresa. "Os benefícios fiscais e as subvenções não correspondem à economia de mercado. Tais figuras distorcem e falseiam a competição e privam as empresas da pressão conveniente para a melhora de suas prestações e a redução de seus custos."[26]

Um último, mas não menos importante, efeito negativo que merece ser destacado é o de que os incentivos se prestam a minar o valor intrínseco daquela atividade que é estimulada.[27] Propostos incentivos para a realização de condutas consideradas desejadas, a relação condicional de recebimento de vantagens pelo resultado pode, a longo prazo, ser prejudicial, por criar uma expectativa de que haverá sempre a recompensa, e, no momento em que essa recompensa não puder ser provida, aquela conduta desejável deixará de ser espontaneamente realizada. Há uma perda de compromisso e de interesse com a causa.[28]

O mesmo efeito, em sentido contrário, leva a uma espécie de diminuição do desvalor intrínseco de condutas consideradas indesejáveis e que se busca desestimular. Isso é bastante perceptível nas discussões relacionadas ao princípio do poluidor-pagador no direito ambiental ou no âmbito da própria tributação ambiental. Para aquele que pratica a conduta indesejável, o pagamento equivalente ao suposto prejuízo gera uma espécie de legitimação para a perpetuação da prática.

26. Klaus Tipke, *Moral Tributaria del Estado y de los Contribuyentes*, cit., p. 75, tradução livre.

27. Nic. Fleming, "The bonus myth: how paying for results backfire", *New Scientist*, London, v. 210, i. 2.807, pp. 40-43, 9 apr. 2011.

28. Alfie Kohn, *Punished by Rewards: the Trouble with Gold Stars, Incentive Plans, A's, Praise, and Other Bribes*, cit., p. 69.

3. *Incentivos fiscais e outras alternativas estatais*

É importante lembrar ainda que os incentivos fiscais (de natureza tributária) não são a única alternativa à disposição do Estado para a indução de condutas através de dinheiro, razão pela qual se faz relevante avaliar outras opções disponíveis. Basicamente, serão apresentadas duas alternativas à utilização de incentivos fiscais e, num segundo momento, é realizada uma análise comparativa.

Ao lado dos incentivos fiscais há os incentivos de cunho financeiro. Denomino incentivos financeiros, para contrapor aos fiscais, a realização de despesas pelo próprio Estado para estimular as finalidades socialmente desejadas. Ou seja, enquanto os incentivos fiscais configuram-se contabilmente, segundo a Lei 4.320, de 17.3.1964, como renúncia de receitas correntes (tributárias ou oriundas de transferências correntes – art. 11, § 4º), os incentivos financeiros, enquanto destinação de recursos públicos para o setor privado, devem ser apropriadamente enquadrados como despesas públicas (transferências correntes ou de capital – art. 13).

Na dicção da Lei Geral de Direito Financeiro, as transferências correntes correspondem a "dotações para despesas as quais não corresponda contraprestação direta em bens ou serviços, inclusive para contribuições e subvenções destinadas a atender à manifestação de outras entidades de direito público ou privado" (art. 12, § 2º). A Lei vai além, e insere o conceito de subvenções como "transferências destinadas a cobrir despesas de custeio das entidades beneficiadas" (art. 12, § 3º) e as classifica em subvenções sociais e subvenções econômicas, segundo a natureza e finalidade da entidade beneficiada.

As subvenções sociais "devem constituir, fundamentalmente, suplementação aos recursos de origem privada aplicados na prestação de serviços essenciais de assistência social, médica e educacional".[29] É curioso observar que a Lei Geral coloca a condição de que tais subvenções serão concedidas "sempre que (...) revelar-se mais econômica" (art. 16, *caput*), e que o valor das subvenções "sempre que possível, será calculado com base em unidades de serviços efetivamente prestados ou postos à disposição dos interessados obedecidos os padrões

29. José Teixeira Machado Jr. e Heraldo da Costa Reis, *A Lei 4.320 Comentada: e a Lei de Responsabilidade Fiscal*, 31ª ed., Rio de Janeiro, IBAM, 2002/2003, p. 61.

mínimos de eficiência previamente fixados" (art. 16, parágrafo único). De modo similar, as subvenções econômicas constituem, entre suas modalidades, dotações orçamentárias destinadas a cobrir diferenças de preços de mercado e de revenda pelo Governo ou ao pagamento de bonificações a produtores (art. 18, parágrafo único, "a" e "b"). Nessas hipóteses, "a lei especificou dois outros casos de subvenções econômicas, ambos, embora com outra denominação, para cobrir déficits ou ajudar na manutenção de preços aos produtores".[30]

No caso das transferências de capital, elas se prestam a financiar investimentos de terceiros, independentemente de contraprestação em bens ou serviços, dividindo a Lei Geral tais transferências em auxílios ou contribuições (art. 12, § 6º).

Questão interessante é a colocada pela Lei Complementar 101, de 4.5.2000, mais conhecida como Lei de Responsabilidade Fiscal (LRF). Ao tratar da concessão e ampliação de incentivos fiscais da qual decorra renúncia de receita, a LRF inclui, entre as modalidades que compreendem o conceito de renúncia, o subsídio (art. 14, § 1º). O problema, todavia, consiste na definição de subsídio, já que sua noção se aproxima da de subvenção.

> *Subsídio*. É a contribuição pecuniária ou de outra ordem que se dá a qualquer empresa ou a particular, na forma de auxílio ou ajuda.
>
> Na linguagem administrativa, designa a quantia denominada subvenção, que o Estado arbitra ou subscreve para obras de interesse público, ou, em outro sentido, indica a importância ou auxílio que um Estado concede a outro em virtude de acordos ou convenções.[31]

Em razão disso, há quem sustente que o subsídio de que trata a LRF remonta às subvenções, e que, portanto, deteria o mesmo regime das renúncias.[32] Fundamentam, em reforço à conclusão, que o art. 165, § 6º, da Constituição estabeleceria a definição de renúncia de receitas.

30. Idem, ibidem, p. 64.

31. Oscar Joseph de Plácido e Silva, "Subvenção", *Vocabulário Jurídico*, 17ª ed., Rio de Janeiro, Forense, 2000, p. 776.

32. Carlos Valder do Nascimento, "Art. 1º a 17", in Ives Gandra da Silva Martins e Carlos Valder do Nascimento, *Comentários à Lei de Responsabilidade Fiscal*, São Paulo, Saraiva, 2001, pp. 97 e ss.

No entanto, é necessário maior atenção na interpretação do dispositivo legal, haja vista bons argumentos que operam em sentido contrário. O primeiro é o de que as subvenções, como já salientado, não configuram propriamente renúncia de receita – "'perdas de arrecadação tributária' em decorrência dos diversos tipos de benefícios tributários"[33] –, mas realização de despesas. Em segundo lugar, o *caput* do art. 14 da LRF remete a incentivo ou benefício de natureza tributária, e que, nesse sentido, os parágrafos do dispositivo devem, para obtenção de lógica, segundo determinação da Lei Complementar 95, de 26.2.1998, "expressar (...) os aspectos complementares à norma enunciada no *caput* do artigo e as exceções à regra por este estabelecida" (art. 11, III, "c"). Aliás, deve-se acrescentar que no teor do art. 14, § 1º, não há qualquer indício de que ali, ao falar de subsídio, está-se fazendo uma exceção, já que os demais itens da enumeração são típicos institutos tributários. E, por fim, numa análise sistêmica, a mesma LRF menciona as subvenções ao tratar da destinação de recursos públicos para o setor privado (art. 26, § 2º).

Já em relação ao aspecto constitucional, o art. 165, § 6º, da Constituição em momento algum sugere que as espécies ali arroladas – "isenções, anistias, remissões, subsídios e benefícios de natureza financeira, tributária e creditícia" – seriam todas do gênero renúncia de receitas, mas atém-se a determinar que nesses casos deva ser realizado um demonstrativo do efeito não apenas sobre as receitas, mas inclusive sobre as despesas. Assim, não é sustentável a argumentação noutro sentido.

Diante de tais argumentos expostos, deve-se concluir que a LRF, ao incluir a expressão *subsídio* no rol de modalidades de renúncia de receita, ou o fez com equívoco, ou estaria fazendo referência a outra coisa, a princípio, de caráter tributário. Uma saída, apenas para fins heurísticos, é interpretar "subsídio tributário" em contraposição ao crédito presumido: em vez de se conceder um crédito para posterior dedução, é concedido um abatimento ou desconto sobre o próprio valor do tributo (para não se confundir com redução da base de cálculo ou de alíquota).

33. Francisco Carlos Ribeiro de Almeida, "Uma abordagem estruturada da renúncia de receita pública federal", *Revista do Tribunal de Contas da União*, Brasília, v. 31, n. 84, pp. 19-62, abr.-jun. 2000, p. 27, disponível em <http://portal2.tcu.gov.br/portal/pls/portal/docs/2055468.PDF>, acesso em 30.6.2014.

Equívoco da mesma sorte ocorre quando da interpretação da vedação prevista no art. 167, IV, da Constituição, de "vinculação de receita de impostos a órgão, fundo ou despesa", também alcunhada de "princípio da não afetação", dada pelo Supremo Tribunal Federal na Ação Direta de Inconstitucionalidade 1.750-3/DF. O caso cuidava de lei de incentivo fiscal que concedia a contribuintes o direito ao abatimento, sobre tributos distritais, de doações, patrocínios e investimentos para o esporte, limitado a 3% do valor do tributo. Os Ministros Nelson Jobim, em medida cautelar, e Eros Grau, no exame principal, entenderam que tal conformação se caracterizaria como vinculação de receita de impostos. "Pouco importa se essa destinação ocorre antes ou depois da entrada da receita nos cofres públicos; o efeito prático é o mesmo."[34]

O problema cinge-se ao reconhecimento dos 3% de abatimento possível como uma receita tributária, "receita arrecadável que é lançada como crédito tributário".[35] Ocorre, entretanto, que a "vinculação de receita" vedada pela Constituição é de cariz intraorçamentário, que reduz a margem de discricionariedade do gestor para a alocação de suas receitas, enquanto o abatimento em questão é extraorçamentário, ou seja, reduz o montante das receitas do orçamento geral: no primeiro caso, a destinação se daria mediante dotação orçamentária "vinculada"; no segundo, equivale a um ingresso original por doação. O caso não é tão simples, porque a mesma lei cria um fundo específico e faculta a destinação do abatimento para esse fundo, posteriormente à ocorrência do fato gerador, o que pode levar a um abuso da estrutura formal utilizada. De toda forma, esse tipo de incentivo se enquadraria no conceito de "subsídio tributário" para fins de aplicação do art. 14 da LRF.

Finalmente, juntamente com essas duas modalidades, há também os incentivos creditícios, classificados pela Lei Geral de Direito Financeiro como despesas de capital da espécie inversões financeiras (art. 13), que consistem na concessão de empréstimos com critérios diferencia-

34. Eros Grau, "Voto", in Brasil, Supremo Tribunal Federal, Ação Direta de Inconstitucionalidade 1.750-3/DF, Tribunal Pleno, j. em 30.9.2006, *Ementário* 2251-1, pp. 32-39, p. 38, disponível em <http://www.stf.jus.br/portal/inteiroTeor/obterInteiroTeor.asp?id=266750>, acesso em 30.6.2014.

35. Nelson Jobim, "Voto", in Brasil, Supremo Tribunal Federal, Ação Direta de Inconstitucionalidade 1.750-3/DF, Tribunal Pleno, j. em 18.6.1998, *Ementário* 2073-1, pp. 154-174, p. 170, disponível em <http://www.stf.jus.br/portal/inteiroTeor/obterInteiroTeor.asp?id=347248>, acesso em 30.6.2014.

dos e em condições especiais ou abertura de linhas de financiamento específicas para projetos e investimentos em determinadas áreas de interesse público, através das instituições financeiras oficiais. Têm como características diferenciadoras o fato de não serem incentivos a fundo perdido, pois demandam como contraprestação o retorno do empréstimo acrescido de juros e correção, e de serem utilizados notadamente para atividades de grande vulto.

Numa análise comparativa entre as modalidades de incentivos verifica-se, de plano, que os incentivos creditícios possuem uma aplicabilidade muito específica e características que os tornam uma boa opção para finalidades que demandam grandes investimentos. Portanto, devem-se traçar paralelos entre incentivos fiscais e incentivos financeiros para fins de indução de comportamentos.

Há fortes razões políticas para se preferir a articulação econômica através dos incentivos fiscais. A utilização de subvenções e auxílios vai implicar de modo mais latente certa relação de dependência econômica entre cidadão beneficiado e Estado, enquanto a implantação de incentivos fiscais supostamente conferiria mais espaços de liberdade para o cidadão. Psicologicamente, a subtração de dinheiro é muito mais fortemente sentida do que a entrega do mesmo montante, em razão da aversão à perda.[36] Outrossim, a aprovação de leis de isenção gera a impressão de diminuição da carga tributária.

> Muitos políticos preferem os benefícios fiscais às subvenções diretas porque, segundo a experiência, os benefícios fiscais motivam mais ao cidadão que as subvenções diretas (isso mostra uma vez mais o que significa para muitos a poupança fiscal, mesmo quando a vantagem possa ser menor que a de uma subvenção direta) e porque os benefícios fiscais diminuem a participação dos impostos no Produto Interno Bruto, ao contrário das subvenções.[37]

Contudo, como já discutido no item 2, é duvidoso se tais diferenças são de fato tão marcantes como exposto.

36. Daniel Kahneman, *Rápido e Devagar: Duas Formas de Pensar*, cit., p. 352.

37. Klaus Tipke, *Moral Tributaria del Estado y de los Contribuyentes*, cit., p. 76, tradução livre.

De um lado, alega-se que as vantagens dos benefícios fiscais – a saber: 1) o encorajamento do setor privado a participar nos programas económico-sociais, 2) o menor envolvimento do estado na sua disciplina jurídica e controlo em virtude da sua maior simplicidade, 3) o maior favorecimento das iniciativas privadas do que as que decorreriam das subvenções diretas dependentes de decisões centralizadas do estado – não constituem verdadeiras vantagens ou não são vantagens exclusivas das subvenções fiscais.[38]

É preciso encontrar critérios mais objetivos para avaliação das opções dadas ao Estado. Primeiramente, os incentivos fiscais tendem a se configurar como soluções indutoras com menor taxa de perdas, por conta dos custos relacionados à burocracia administrativa e à corrupção que estão presentes no processo de realização das despesas de subvenções e auxílios.

Ademais, os incentivos fiscais, porque afetam tributos, possuem caráter regressivo, deixando de recolher mais recursos de quem deteria maior capacidade econômica; os incentivos financeiros, portanto, tendem a ser mais redistributivos e passíveis de aplicação segundo critérios proporcionais ao grau de realização das finalidades desejadas.

Neste sentido, é referido que da própria estrutura das normas jurídico-fiscais resulta que os benefícios fiscais apenas limitadamente constituem meios adequados de fomento, seja porque apenas são utilizáveis relativamente a contribuintes que se insiram no sistema fiscal, não podendo assim obter qualquer "prestação" fiscal dos que, por não disporem de rendimento ou disporem de fraco rendimento, não paguem impostos, seja porque, ao basearem-se na tributação do rendimento, assente numa taxa progressiva, aumentam à medida que cresce o rendimento.[39]

Mais do que simplesmente serem utilizáveis apenas aos contribuintes, a proliferação da legislação tributária e a complexidade de seu

38. José Casalta Nabais, *O Dever Fundamental de Pagar Impostos: Contributo para a Compreensão Constitucional do Estado Fiscal Contemporâneo*, Coimbra, Almedina, 2009, pp. 665-666.
39. Idem, ibidem, p. 666.

conteúdo, fazendo remissões a outras leis, também geram dificuldades para que contribuintes menos capacitados possam usufruir das mesmas vantagens.

> Ao não especialista lhe resulta difícil orientar-se na complexidade dos benefícios fiscais. Ademais, por regra geral somente pode desfrutar das isenções fiscais quem já dispõe de capital. De outro modo, a alíquota progressiva do Imposto de Renda determina que a vantagem fiscal aumente com o montante dos rendimentos quando o benefício consiste numa redução da base de cálculo.[40]

Em terceiro lugar, os incentivos fiscais, quando não configurem isenções concedidas em caráter não geral, são mais propensos a desconhecer seus beneficiados, enquanto os incentivos financeiros demandam a realização de cadastros.

Por fim, e no que parece ser mais relevante para fins de utilidade da ferramenta institucional, os incentivos fiscais aparentemente geram maior assimetria de informações entre contribuinte e Estado, acarretando, dessa maneira, maiores dificuldades de controlar os valores oriundos de renúncia de receitas. "Significa dizer que o Estado não tem controle do que deixa de arrecadar, sob a forma de renúncia de receita, e não avalia os resultados desta política, adotando desta forma uma postura negligente na gestão de recursos."[41] Nesse quesito, a realização de despesas com incentivos financeiros permite um acompanhamento menos impreciso da atuação estatal na realização dos objetivos de interesse público, o que facilita a avaliação do impacto da política indutora para o incremento dos resultados que se buscava atingir.

Em arremate, mesmo considerados instrumentos de indução de comportamentos, os incentivos fiscais possuem baixa adequação em relação à finalidade para a qual eles são utilizados, em comparação com o uso de incentivos financeiros.

40. Klaus Tipke, *Moral Tributaria del Estado y de los Contribuyentes*, cit., p. 74.

41. Francisco Carlos Ribeiro de Almeida, "Uma abordagem estruturada da renúncia de receita pública federal", *Revista do Tribunal de Contas da União*, cit., p. 20.

4. *Fundamento constitucional para a instituição de incentivos fiscais*

Já adentrando nos aspectos tributários, problema interessante consiste na verificação de autorização constitucional para a concessão de incentivos fiscais. Necessário ressaltar que não se está investigando a existência de princípios amplos que deem respaldo para uma atuação estatal nesse sentido, mas de regras autorizativas explícitas de instituição de exonerações fiscais.

Inicialmente, convém proceder a um exame da ordem constitucional econômica. Isso porque uma das consequências básicas da atividade tributária, derivada do objetivo de angariar recursos para o custeio das atividades do Estado, é determinar aquela parcela da produção econômica que deve ser reconhecida como coisa pública e, em contrapartida, delimitar a propriedade privada, ou seja, a margem de riqueza cuja utilização se atribui ao arbítrio dos particulares.[42] Com efeito, a autorização geral é conferida pelo art. 174 da Constituição, ao estabelecer que o Estado, na condição de agente normativo e regulador da atividade econômica, "exercerá, na forma da lei, as funções de fiscalização, incentivo e planejamento, sendo este determinante para o setor público e indicativo para o setor privado".

A função de incentivo, associando-se especificamente ao papel regulador do Estado, é atividade de intervenção que tem por objetivo estimular e induzir os agentes econômicos[43] à condução dos seus negócios para garantir a justiça social, como prevê o art. 170 da Constituição. Aquele dispositivo constitucional não pode ser interpretado dissociado deste, que constitui a cláusula econômica fundamental da Constituição, porque estabelece os princípios fundamentais da ordem econômica, numa tentativa diplomática de consolidação de interesses díspares. Merecem destaque, entre os princípios da ordem econômica, para o tema dessa iniciativa, os da soberania nacional (inc. I), da função social da propriedade (inc. III), da livre concorrência (inc. IV), da defesa do meio ambiente (inc. VI), da redução das desigualdades regionais e sociais (inc. VII) e da defesa da pequena empresa (inc. IX). Dessa

42. Liam Murphy e Thomas Nagel, *O Mito da Propriedade: os Impostos e a Justiça*, trad. de Marcelo Brandão Cipolla, São Paulo, Martins Fontes, 2005, p. 101.

43. Eros Roberto Grau, *A Ordem Econômica na Constituição de 1988*, 16ª ed., São Paulo, Malheiros Editores, 2014, p. 301.

lista, ainda merecem nota especial os princípios da defesa do meio ambiente e da pequena empresa, porque em ambos o texto constitucional expressamente coloca a necessidade de tratamento diferenciado, fazendo ligação direta com a função de incentivo. Além desses, o próprio § 2º do art. 174 estipula o apoio e estímulo ao associativismo.

Uma leitura relativamente simples do art. 174 da Constituição permite constatar que somente a atividade de planejamento é que será indicativa para o setor privado, não havendo como concluir que o mesmo se aplica ao incentivo, diversamente do que sustenta respeitável doutrina.[44] Implicação disso é que não se pode simplesmente entender que as medidas de incentivos disponíveis sejam apenas facultativas, mas que muitas delas afetam involuntariamente as condutas dos particulares e que existem outras medidas que, embora dependam da manifestação de vontade dos particulares, uma vez dadas, vinculam o agente privado por um determinado período de tempo.

A despeito da previsão geral, não se pode contentar apenas com essa cláusula constitucional, já que a cobrança de tributos pressupõe uma intervenção do Estado na propriedade privada, o que demanda uma autorização específica para a atividade tributária. Ocorre que, da leitura do Sistema Tributário Nacional, não se consegue extrair uma autorização específica. O art. 145 da Constituição estabelece a competência dos entes federativos para a instituição de tributos sem estabelecer uma autorização para a desoneração ou concessão de incentivos. Nada obstante, o art. 149 prevê a competência da União para a instituição de tributos especificamente de intervenção no domínio econômico.

Já o art. 146, cuidando das matérias reservadas à lei complementar, embora inclua o estabelecimento de normas gerais (inc. III), não prevê a instituição de hipóteses excepcionais à incidência tributária, limitando-se a falar de "obrigação, lançamento, crédito" (al. "b"). Em compensação, o mesmo dispositivo prevê a disciplina, mediante lei complementar, do tratamento diferenciado para cooperativas (al. "c") e para pequenas empresas (al. "d"), mencionando inclusive a possibilidade de regime simplificado – algo que já constava na redação original da Constituição, no art. 179 –, em consonância com os arts. 174, §

44. Paulo Caliendo, "Limitações constitucionais ao poder de tributar com finalidade extrafiscal", *Nomos*, Revista do Programa de Pós-Graduação em Direito da UFC, cit., p. 189.

2º, e 170, IX, respectivamente. Na esteira do art. 146, III, "d", o art. 146-A da Constituição trata novamente de matéria de lei complementar, na espécie, para "estabelecer critérios especiais de tributação, com o objetivo de prevenir desequilíbrios da concorrência", que vai ao encontro do princípio da livre concorrência previsto no art. 170, IV.

No âmbito da seção relativa às limitações constitucionais ao poder de tributar, o que se tem na verdade é uma vedação expressa ao "tratamento desigual entre contribuintes que se encontrem em situação equivalente" (art. 150, II). Por outro lado, o art. 150, § 6º, ao trazer uma regra especial de legalidade, traz para o texto constitucional os institutos da isenção, da redução de base de cálculo, do crédito presumido, da anistia e da remissão. E o art. 151, I, ao vedar a tributação nacional disforme, admite a concessão de incentivos fiscais para reduzir as desigualdades regionais, coadunando-se com o art. 170, VII.

Não se pode afirmar haver, portanto, uma autorização ampla para que os entes federativos possam realizar a função de incentivo através da utilização de tributos. Em outras palavras, "não existe no sistema constitucional nacional uma cláusula geral autorizativa de instituição de tributos com finalidade extrafiscal".[45] Todavia, algumas estratégias argumentativas poderiam ser apresentadas em defesa do posicionamento contrário. A primeira delas é a de que a competência para isentar estaria implícita na de tributar. "Na outorga constitucional de competência tributária está necessariamente contida a atribuição da faculdade de isentar."[46] A tese não é assim tão óbvia, já que a noção de competência, embora confira um espaço de autonomia para quem a detém, não inclui obrigatoriamente a possibilidade de redução desse espaço ou de renúncia parcial da competência, principalmente tratando-se de atividade pública. Em se tratando de competências tributárias, é a Constituição que deve trazer os limites, sendo ilógico pretender que norma infraconstitucional pretenda definir competências. "O instrumento de atribuição de competência é a Constituição Federal, pois, como se disse, a atribuição de competência tributária faz parte da própria organização jurídica do *Estado*."[47]

45. Idem, ibidem, p. 189.

46. José Souto Maior Borges, *Teoria Geral da Isenção Tributária*, 3ª ed., São Paulo, Malheiros Editores, 2001, p. 38.

47. Hugo de Brito Machado, *Curso de Direito Tributário*, cit., p. 29.

Outra hipótese passível de formulação é a de que, ao estabelecer a competência da legislação complementar, em matéria de normas gerais, para tratar de obrigação e crédito tributários (art. 146, III, "b"), estaria conferida uma autorização para tratar das hipóteses de exceção em relação à constituição da obrigação tributária e de extinção e exclusão do crédito tributário. Agregue-se a esse argumento a previsão constitucional dos institutos da isenção, anistia, remissão, crédito presumido e redução da base de cálculo (art. 150, § 6º). A resposta a esse tipo de argumentação já é de outra natureza: da possibilidade de a legislação complementar prever tais institutos não se pode deduzir que haja uma autorização plena para a utilização deles pelos entes federativos; tampouco a exigência constitucional de lei específica para a estipulação dessas hipóteses em concreto pode implicar a outorga de competência. Ademais, considerando que a Constituição veda o tratamento desigual entre contribuintes (art. 150, II), somente o próprio texto constitucional poderia excepcionar tal vedação – ainda que a Constituição tenha atribuído à lei complementar a regulamentação das limitações constitucionais ao poder de tributar (art. 146, II), não se poderia admitir que a lei contradissesse a própria limitação.

Por outro lado, também não se pode deduzir a proibição de utilização dos tributos como instrumentos de incentivo, em virtude da simples omissão de regra autorizativa em sentido amplo, e tendo em vista a vedação constitucional para conferir tratamento tributário diferenciado. Isso porque, como já observado na análise preliminar, o texto constitucional apresenta algumas autorizações pontuais, que vão estar relacionadas tanto a determinados tributos, dentro da delimitação constitucional de cada um deles, quanto para atender a objetivos específicos, em primeiro plano sempre vinculados a um dos princípios da ordem econômica.

Disso decorre, no mínimo, o caráter excepcional da utilização de tributos com finalidade indutora, ou pelo menos sua utilização em certos modelos estruturais. Isso porque não se pode olvidar que o caráter extrafiscal é uma decorrência natural da própria tributação: a forma como os tributos são definidos, ainda que constitucionalmente, já condiciona as escolhas dos particulares. Adentrando-se nas especificidades, é interessante a proposta de distinção entre tributos com efeito extrafiscal, tributos com orientação extrafiscal e tributos com finalidade extrafiscal. Enquanto os primeiros abrangem todos os tributos simples, que sempre deterão o efeito extrafiscal, os segundos possuem em sua disciplina jurídica a possibilidade de instituição de medidas indutoras (daí por que se diz serem apenas orientados), enquanto os últimos são instituídos com a finalidade precípua de indução.

Com efeito, o Sistema Tributário Nacional opta majoritariamente pelas duas últimas modalidades: alguns tributos são considerados de finalidade estruturalmente extrafiscal, porque excepcionam as regras de anterioridade (impostos aduaneiros e Imposto sobre Operações Financeiras);[48] outros possuem disciplina constitucional que permite sua utilização de forma extrafiscal (impostos de propriedade imóvel, Imposto sobre Propriedade de Veículos Automotores e Imposto sobre Operações relativas à Circulação de Mercadorias e Prestação de Serviços).

5. Incentivos fiscais: uma leitura do direito administrativo

A abordagem dos incentivos fiscais acaba enfrentando tormentosas dificuldades no âmbito do direito tributário em razão dos limites temáticos dados pelos institutos específicos relacionados à obrigação tributária, ao lançamento e ao crédito tributário. Um aporte teórico com potencial de contribuições para o estudo dos incentivos fiscais pode ser obtido a partir dos avanços do direito administrativo. No entanto, deve-se ponderar inicialmente quanto à viabilidade de aplicação de institutos e métodos próprios desse ramo para o âmbito da tributação. Em primeiro lugar, a função de incentivo e, na espécie, os incentivos fiscais qualificam-se, na órbita da Administração Pública, como atividade de fomento.

> A obrigação do Estado de promover e orientar os agentes privados de modo a que desenvolvam suas atividades de maneira a que seus benefícios sejam maximizados e aproveitados por toda a sociedade e a constatação de que as atividades de política e de serviço não são adequadas ao desempenho dessa atividade de promoção, orientação e estímulo dos agentes privados levaram à criação dessa nova e importante atividade estatal: a atividade de fomento.[49]

48. Paulo Caliendo, "Limitações constitucionais ao poder de tributar com finalidade extrafiscal", *Nomos*, Revista do Programa de Pós-Graduação em Direito da UFC, cit., p. 177.

49. Lucas Rocha Furtado, *Curso de Direito Administrativo*, 3ª ed., Belo Horizonte, Fórum, 2012, p. 622.

Assim, ao lado dos serviços públicos e da atividade de polícia, a atividade de fomento, através de incentivos, também se insere no objeto de estudo do direito administrativo. Uma peculiaridade dos incentivos fiscais, típica do sistema jurídico tributário, é a de que, embora comportem decisões do Poder Executivo, eles são necessariamente disciplinados por meio de lei. Ocorre que a noção de legalidade nesse tema guarda pertinência com a ideia de legitimação democrática, a demandar autorização dos representantes do povo quanto à cobrança a ser feita pelo Poder Executivo. "Por outro lado, é da essência de nosso regime republicano que as pessoas só devem pagar os tributos em cuja cobrança consentirem."[50] Não é à toa, portanto, que é de iniciativa privativa do Chefe do Poder Executivo a propositura de leis em matéria tributária (Constituição, art. 61, § 1º, II, "b"), bem como a edição de medidas provisórias, com força de lei, na mesma matéria (art. 62).

Deve-se levar em consideração que os projetos de lei de iniciativa do Executivo, em regra, são acompanhados de uma mensagem com exposição dos motivos que fundamentam a proposta. De mais a mais, forçoso também ressaltar a aproximação entre as atividades executiva e legislativa com o retorno do constitucionalismo, a vincular juridicamente a atuação do próprio legislador. "O Estado de Direito limita os poderes públicos, isto é, concretiza-se numa proibição de agir em desfavor das pessoas. Por isso, nele, (...) a Constituição vincula não só o administrador e o juiz, mas o próprio legislador."[51] Nesse sentido, entende-se possível importar, tomados os devidos cuidados, aspectos do direito administrativo para o exame da atividade tributária consistente nos atos que propõem leis de incentivos fiscais.

Avançando no estudo, retoma-se mais uma vez a discussão da competência tributária, como aquele espaço de relativa autonomia no qual o ente federativo deve realizar o interesse público, segundo os limites já previamente definidos na Constituição e em consonância com o ordenamento jurídico (especialmente com as leis complementares). No âmbito dos incentivos fiscais, desponta com mais clareza a distinção entre o interesse público primário, associado à extrafiscalidade –

50. Roque Antonio Carrazza, *Curso de Direito Constitucional Tributário*, 29ª ed., São Paulo, Malheiros Editores, 2013, p. 276.

51. Idem, ibidem, p. 271.

aos valores incentivados ou às metas que se busca alcançar –, e o interesse público secundário, aquele meramente arrecadatório.[52]

Há que se observar, portanto, a existência de uma margem decisória da autoridade pública a quem é conferido o exercício da competência. E aqui, especialmente no exercício da competência legislativa, encontra-se a morada do exercício da discricionariedade no âmbito do direito tributário – em contraposição à atividade tributária vinculada como previsto no art. 3º do Código Tributário Nacional. Acontece que a discricionariedade, em sede de Administração Pública, vem paulatinamente sendo objeto de cada vez maior sindicância pelo Direito. Revisitando a legalidade, vê-se que a atuação do poder público, em todos os seus Poderes, deve guardar respeito às normas consagradas principalmente na Constituição. Fala-se, assim, em princípio da constitucionalidade ou princípio da juridicidade, para traduzir a mudança de paradigma de atuação e, por conseguinte, de controle da Administração Pública.[53]

Em termos menos genéricos, verificam-se oportunidades de ampliação no controle jurídico das leis de incentivos fiscais no que concerne ao exame dos motivos, o que pode ser feito a partir do cotejo da lei com sua mensagem, que deve conter as justificativas para a iniciativa legislativa, e ao exame do objeto, para ser examinado com base na finalidade específica da lei. Há uma boa oportunidade de melhoria no sistema jurídico mediante a ampliação de regras sobre o processo legislativo dos incentivos fiscais. Em ambos os exames, deve-se verificar a compatibilidade com as autorizações constitucionais específicas para a realização desses incentivos.

Por outro lado, tratando-se de órgãos de controle, como o Poder Legislativo, as Cortes de Contas e o Poder Judiciário, ainda é tormentosa qualquer tentativa de sindicância do mérito da decisão política inserida na lei de incentivo fiscal. Ao que escapa do controle dos limites dados pela Constituição e pela legislação complementar, bem como ao exame da conveniência e oportunidade em torno da coerência e validade dos motivos e do objeto, de acordo também com os parâ-

52. Renato Alessi, *Instituciones de Derecho Administrativo*, trad. de Buenaventura Pellisé Prats, t. 1, Barcelona, Bosch, 1970, pp. 184-185.

53. Germana de Oliveira Moraes, *Controle Jurisdicional da Administração Pública*, 2ª ed., São Paulo, Dialética, 2004, pp. 27-29.

metros dados pelo ordenamento, não podem invadir a esfera exclusiva da autonomia da autoridade competente, sob risco de violação da separação de poderes.

Demais disso, o princípio da eficiência (Constituição, art. 37, *caput*) dá ensanchas para uma avaliação da eficácia das leis tributárias e das de incentivo fiscal. Não que se deva exigir a solução que seja a que gere o maior bem-estar social, mas que permita tolher soluções manifestamente ineficazes para atingir o objetivo proposto.[54] Noutro aspecto da eficiência, o art. 11 da LRF, ao colocar como elemento essencial da responsabilidade na gestão fiscal "a instituição, previsão e efetiva arrecadação de todos os tributos da competência constitucional do ente da Federação", pode sugerir exigir, numa interpretação forte da legislação complementar, que a instituição dos tributos implique a previsão de todas as hipóteses de incidência possíveis, sendo a princípio irresponsável afastar situações que não se enquadrem na condição de não incidência – previamente antecipada pelo texto constitucional, ao definir, através de conceitos jurídicos relativamente genéricos, a matéria tributável de cada tributo (renda e proventos de qualquer natureza, produtos industrializados, propriedade territorial rural) – e nas hipóteses de isenção por incapacidade econômica.

Um último aspecto relacionado com o direito administrativo, que pode repercutir na órbita dos incentivos fiscais, é o que afeta àqueles incentivos que, concedidos por lei, são posteriormente anulados pelas autoridades jurisdicionais ou revogados por lei posterior de iniciativa do Poder Executivo. Em cenários dessa natureza, emerge na discussão o princípio geral da boa-fé no âmbito da Administração Pública,[55] a tutelar a confiança legítima das expectativas do contribuinte em relação ao Fisco.[56] É incompreensível que o contribuinte beneficiado com um incentivo fiscal, uma vez criado por lei e concedido àquele, e desde

54. Lucas Rocha Furtado, *Curso de Direito Administrativo*, cit., pp. 898-900; Diogo de Figueiredo Moreira Neto, *Legitimidade e Discricionariedade: Novas Reflexões sobre os Limites e Controle da Discricionariedade*, 3ª ed., Rio de Janeiro, Forense, 1998, p. 77.

55. Jesús González Pérez, *El Principio General de la Buena Fe en el Derecho Administrativo*, 5ª ed., Madrid, Civitas, 2009.

56. Humberto Bergmann Ávila, "Benefícios fiscais inválidos e a legítima expectativa dos contribuintes", *Revista Diálogo Jurídico*, Salvador, n. 13, pp. 1-17, abr.-maio 2002, disponível em <http://www.direitopublico.com.br/pdf_13/DIALOGO-JURIDICO-13-ABRIL-MAIO-2002-HUMBERTO-AVILA.pdf>, acesso em 30.6.2014, pp. 5-6.

que não seja de flagrante inconstitucionalidade, seja prejudicado posteriormente, especialmente quando tenha realizado vultosos investimentos para, por exemplo, a instalação de uma fábrica num determinado ponto do território nacional. A boa-fé exige que o Estado respeite os direitos adquiridos (Constituição, art. 5º, XXXVI),[57] sendo incoerente a conduta estatal que dá com uma mão e tira com outra. Ademais, são complicadas as discussões que envolvem a configuração de culpa ou má-fé do contribuinte, que somente devem comportar um exame no caso concreto, com possibilidade de imputação de sanções penais.[58] Ao mesmo tempo, a supressão do incentivo oriunda da revogação ou anulação pode ensejar a reparação dos investimentos realizados e dos lucros cessantes através da responsabilidade objetiva do Estado (Constituição, art. 37, § 6º).

6. *O princípio da capacidade contributiva como limite para o exercício da função de incentivo através dos tributos*

De tudo quanto exposto conclui-se que, por diversos aspectos, aos incentivos fiscais deve ser conferida a condição de regras excepcionais ao dever de tributar, segundo interesse público que justifique um tratamento diferenciado. No entanto, não é possível conferir acreditação a um interesse público que não leve em consideração o respeito aos direitos fundamentais e, mais especificamente no âmbito da tributação, à propriedade privada, também albergada nos princípios da ordem econômica (Constituição, art. 170, II). É por essa razão que se justifica uma limitação interna do próprio sistema tributário para legitimar os incentivos de natureza tributária. E tal limitação é conferida pela exigência de graduação segundo a capacidade econômica, também conhecida como princípio da capacidade contributiva (Constituição, art. 145, § 1º).[59]

57. José Souto Maior Borges, *Teoria Geral da Isenção Tributária*, cit., p. 76.

58. Hugo de Brito Machado Segundo, "Guerra fiscal e efeitos das decisões do STF", in Valdir de Oliveira Rocha (coord.), *Grandes Questões Atuais do Direito Tributário*, vol. 16, São Paulo, Dialética, 2012, pp. 175-177.

59. Regina Helena Costa, *Princípio da Capacidade Contributiva*, São Paulo, Malheiros Editores, 1993, p. 104; Klaus Tipke e Douglas Yamashita, *Justiça Fiscal e o Princípio da Capacidade Contributiva*, São Paulo, Malheiros Editores, 2002; Amílcar de Araújo Falcão, *Fato Gerador da Obrigação Tributária*, 6ª ed., Rio de Janeiro, Forense,

Nesse sentido, discorda-se do ponto de vista que sustenta uma diferenciação forte no uso dos incentivos fiscais, de forma que se apliquem princípios não idênticos aos da tributação.[60] É porque, como já visto no item 3, os efeitos globais da concessão de incentivos fiscais, enquanto renúncia de receitas, distinguem-se necessariamente daqueles oriundos das despesas públicas, porque excepcionam um sistema arrecadatório e, nessa lógica, tendem a ser regressivos. Em razão disso, há uma exigência para que o regime jurídico dos incentivos fiscais seja incluído dentro do sistema tributário, daí por que se cuida de trabalhar a capacidade contributiva como mecanismo de acoplamento estrutural para ingresso no sistema tributário.

A despeito de posições contrárias à aplicação jurídica do princípio da capacidade contributiva, no sentido de que seria uma regra de direito natural e sua juridicização implica a constitucionalização do equívoco,[61] sustenta-se a possibilidade de uma construção jurídico-teórica de densidade para referido princípio. Mais que isso, também se sustenta a necessidade de se trabalhar os incentivos fiscais a partir da capacidade contributiva, diversamente do que sustentam outras teorias, que pretendem ponderá-la diante dos outros interesses estatais que justificam os incentivos.[62] A tributação de acordo com a capacidade econômica do contribuinte traduz-se na existência de riqueza passível de apropriação estatal legítima, ainda que presumida,[63] devendo ser considerada o princípio estrutural da tributação, com eficácia irradiante para todo o Sistema Tributário Nacional,[64] e galgada, na sua espinha dorsal, nos valores da garantia das liberdades civis

1999, pp. 27-31; Dino Jarach, *O Fato Imponível: Teoria Geral do Direito Tributário Substantivo*, 2ª ed., trad. de Dejalma de Campos, São Paulo, Ed. RT, 2004, pp. 100-124.

60. José Casalta Nabais, *O Dever Fundamental de Pagar Impostos: Contributo para a Compreensão Constitucional do Estado Fiscal Contemporâneo*, cit., p. 648.

61. Alfredo Augusto Becker, *Teoria Geral do Direito Tributário*, cit., pp. 484-494.

62. Paulo Caliendo, "Limitações constitucionais ao poder de tributar com finalidade extrafiscal", *Nomos*, Revista do Programa de Pós-Graduação em Direito da UFC, cit., p. 199.

63. Aliomar Baleeiro, *Uma Introdução à Ciência das Finanças*, atualizado por Hugo de Brito Machado Segundo, 17ª ed., Rio de Janeiro, Forense, 2010, p. 334; Alfredo Augusto Becker, *Teoria Geral do Direito Tributário*, cit., p. 263; Maria Rita Ferragut, *Presunções no Direito Tributário*, São Paulo, Dialética, 2001, p. 88.

64. Humberto Bergmann Ávila, *Teoria dos Princípios: da Definição à Aplicação dos Princípios Jurídicos*, 15ª ed., São Paulo, Malheiros Editores, 2014, p. 127.

(e empresariais) e da proteção da propriedade privada, ainda que estes passem por necessárias mutações funcionais, sociais e ambientais.

Em se tratando de incentivos fiscais, o que leva ao afastamento de situações de exonerações em virtude de ausência de capacidade econômica (isenções fiscais), aplica-se o parâmetro de isonomia tributária, ou seja, a vedação de tratamento desigual entre contribuintes (Constituição, art. 150, II). A igualdade tributária tem seu fundamento no próprio princípio da capacidade contributiva,[65] e tem como uma de suas facetas, na perspectiva econômica, a neutralidade fiscal. No âmbito da ordem econômica, propõe-se que o princípio da neutralidade fiscal guarde pertinência direta com o princípio da livre concorrência (art. 170, IV),[66] de modo que os incentivos fiscais devam entrar na cadeia produtiva de mercadorias e serviços apenas para restabelecer uma situação de concorrência desleal, corrigindo falhas de mercado.

Nesse ponto se inserem de forma bastante convincente os incentivos fiscais como instrumento para internalizar externalidades positivas[67] decorrentes de soluções empresariais, como, por exemplo, a redução de custos de produtos e serviços ambientalmente sustentáveis e cujo processo produtivo é mais custoso. Com a redução do peso da tributação, as empresas podem competir em pé de igualdade com as empresas de produção economicamente eficiente. No mesmo sentido, os incentivos fiscais concedidos a pequenas empresas (microempresas e empresas de pequeno porte), pela simplificação dos tributos mediante o Simples, prestam-se a reduzir custos de conformação e de administração financeira, tornando os produtos mais competitivos no mercado e estimulando a livre-iniciativa e a liberdade de empresa no País.

Outra perspectiva de aplicação da isonomia tributária, quando não seja o caso de realização da livre concorrência, ou seja, fora daqueles

65. Paulo Caliendo, "Limitações constitucionais ao poder de tributar com finalidade extrafiscal", *Nomos*, Revista do Programa de Pós-Graduação em Direito da UFC, cit., p. 194.

66. Paulo Caliendo, "Princípio da livre concorrência em matéria tributária", *Interesse Público*, Belo Horizonte, ano 13, n. 67, pp. 216-217, maio-jun. 2011; Fellipe Cianca Fortes e Marlene Kempfer Bassoli, "Análise econômica do direito tributário: livre iniciativa, livre concorrência e neutralidade fiscal", *Scientia Iuris*, Londrina, v. 14, pp. 240-241, nov. 2010.

67. Paul Krugman e Robin Wells, *Introdução à Economia*, Rio de Janeiro, Elsevier, 2006, pp. 394-411; Nicholas Gregory Mankiw, *Introdução à Economia*, 2ª ed., Rio de Janeiro, Campus, 2001, pp. 205-221.

tributos incidentes sobre a cadeia econômica, pode ser observada através de incentivos premiais como forma de estimular comportamentos que realizam fins públicos, equivalendo mais aproximadamente à realização de despesas públicas. Nesses casos, a conduta do contribuinte a se premiar com uma exoneração fiscal seria a que realiza interesse público cuja competência seria do próprio Estado, desde que se fundamente a política de incentivos a partir da minimização dos impactos econômicos nas finanças públicas. Através do respeito a essas duas premissas, os incentivos fiscais podem adquirir maior legitimidade e, em consequência, maior força normativa e eficiência na realização de políticas públicas.

Considerações finais

Se é possível fazer uma nota de arremate final sobre o tema dos incentivos fiscais, é a de que se cuida de um instituto que ainda vem a merecer muita atenção dos estudiosos do direito tributário, em virtude dos inúmeros impactos negativos que seu uso pode ocasionar. Não quer dizer que se trata de um instituto inválido ou inconstitucional, mas de uma ferramenta que confere muito poder para o Estado e que, por conta disso, deve ser objeto de maiores limitações para um uso republicano e isonômico.

Diante do que foi exposto, é possível apresentar as seguintes teses:

a) estudar os incentivos fiscais pelo prisma jurídico exige que sejam analisados sob um duplo enfoque teórico, a saber, o estrutural e o funcional, não se podendo perder de vista a necessidade de diálogo entre as duas abordagens;

b) sob o aspecto psicológico, os incentivos fiscais comportam-se como instrumentos bastante instáveis, podendo implicar consequências contrárias às que se deseja atingir, o que demanda um uso consciente e responsável dessa ferramenta, sob pena de criação de verdadeiros microssistemas tributários específicos para cada segmento de mercado;

c) os incentivos fiscais devem ser apartados dos incentivos financeiros e econômicos, sendo um verdadeiro equívoco, no âmbito da ciência do Direito, pensar em aproximar renúncia de receitas com realização de despesas públicas, tendo em conta peculiaridades que distinguem uns de outros;

d) não existe um fundamento constitucional para a realização de incentivos em matéria tributária, mas autorizações pontuais, relacionadas a determinados tributos e a determinadas finalidades que devem ser buscadas, inserindo-se o sistema tributário como parte do sistema econômico, segundo a função de incentivo do Estado;

e) tal função de incentivo também se configura como a atividade de fomento, portanto passível de exame pelo direito administrativo, que traz boas contribuições no que concerne ao controle da discricionariedade, ao princípio da eficiência e ao princípio da boa-fé na atuação tributária;

f) os incentivos fiscais, porque inseridos na própria ideia de tributos, devem ser contemplados a partir do princípio da capacidade contributiva, considerado o núcleo duro do sistema tributário, implicando, dessa forma, que os incentivos fiscais sejam concedidos para neutralizar falhas de mercado e premiar aqueles contribuintes que internalizam custos de externalidades e que realizam fins públicos que também são de competência do próprio Estado.

Bibliografia

ALESSI, Renato. *Instituciones de Derecho Administrativo*. Trad. de Buenaventura Pellisé Prats. t. 1. Barcelona, Bosch, 1970.

ALMEIDA, Francisco Carlos Ribeiro de. "Uma abordagem estruturada da renúncia de receita pública federal". *Revista do Tribunal de Contas da União*. Brasília, v. 31, n. 84, pp. 62-19, abr.-jun. 2000. Disponível em: <http://portal2.tcu.gov.br/portal/pls/portal/docs/2055468.PDF>. Acesso em: 30.6.2014.

ÁVILA, Humberto Bergmann. "Benefícios fiscais inválidos e a legítima expectativa dos contribuintes". *Revista Diálogo Jurídico*. Salvador, n. 13, pp. 17-1, abr.-maio 2002. Disponível em: <http://www.direitopublico.com.br/pdf_13/DIALOGO-JURIDICO-13-ABRIL-MAIO-2002-HUMBERTO-AVILA.pdf>. Acesso em: 30.6.2014.

________. *Teoria dos Princípios: da Definição à Aplicação dos Princípios Jurídicos*. 15ª ed. São Paulo, Malheiros Editores, 2014.

AVI-YONAH, Reuven S. "The three goals of taxation". *Tax Law Review*. New York, v. 60, n. 1, pp. 2006 ,28-1. Disponível em: <http://repository.law.umich.edu/cgi/viewcontent.cgi?article=1039&context=articles>. Acesso em: 1º.7.2014.

BALEEIRO, Aliomar. *Uma Introdução à Ciência das Finanças*. Atualizado por Hugo de Brito Machado Segundo. 17ª ed. Rio de Janeiro, Forense, 2010.

BECKER, Alfredo Augusto. *Teoria Geral do Direito Tributário*. 3ª ed. Porto Alegre, Lejus, 2002.

BOBBIO, Norberto. *Da Estrutura à Função: Novos Estudos de Teoria do Direito*. Trad. de Daniela Beccaccia Versiani. Barueri, Manole, 2007.

BORGES, José Souto Maior. *Teoria Geral da Isenção Tributária*. 3ª ed. São Paulo, Malheiros Editores, 2001.

BRASIL. Supremo Tribunal Federal. Ação Direta de Inconstitucionalidade 3-1.750/DF. Tribunal Pleno. j. em 18.6.1998. *Ementário 1-2073*, pp. 174-154.

________. ________. Ação Direta de Inconstitucionalidade 3-1.750/DF. Tribunal Pleno. j. em 30.9.2006. *Ementário 1-2251*, pp. 39-32.

CALIENDO, Paulo. "Limitações constitucionais ao poder de tributar com finalidade extrafiscal". *Nomos*, Revista do Programa de Pós-Graduação em Direito da UFC. Fortaleza, v. 33.2, pp. 206-171, jul.-dez. 2013. Disponível em: <http://mdf.secrel.com.br/index.php?option=com_docman&task=cat_view&gid=34&Itemid=>. Acesso em: 30.6.2014.

________. "Princípio da livre concorrência em matéria tributária". *Interesse Público*. Belo Horizonte, ano 13, n. 67, pp. 227-205, maio-jun. 2011.

CARRAZZA, Roque Antonio. *Curso de Direito Constitucional Tributário*. 29ª ed. São Paulo, Malheiros Editores, 2013.

CARRIÓ, Genaro. *Notas sobre Derecho y Lenguaje*. 4ª ed. Buenos Aires, Abeledo-Perrot, 1994.

COSTA, Regina Helena. *Princípio da Capacidade Contributiva*. São Paulo, Malheiros Editores, 1993.

DE PLÁCIDO E SILVA, Oscar Joseph. *Vocabulário Jurídico*. 17ª ed. Rio de Janeiro, Forense, 2000.

FALCÃO, Amílcar de Araújo. *Fato Gerador da Obrigação Tributária*. 6ª ed. Rio de Janeiro, Forense, 1999.

FERRAGUT, Maria Rita. *Presunções no Direito Tributário*. São Paulo, Dialética, 2001.

FLEMING, Nic. "The bonus myth: how paying for results backfire". *New Scientist*. London, v. 210, i. 2.807, pp. 9 ,43-40 apr. 2011.

FORTES, Fellipe Cianca; BASSOLI, Marlene Kempfer. "Análise econômica do direito tributário: livre-iniciativa, livre concorrência e neutralidade fiscal". *Scientia Iuris*. Londrina, v. 14, pp. 253-235, nov. 2010.

FREITAS, Juarez. *Sustentabilidade: Direito ao Futuro*. 2ª ed. Belo Horizonte, Fórum, 2012.

FURTADO, Lucas Rocha. *Curso de Direito Administrativo*. 3ª ed. Belo Horizonte, Fórum, 2012.

GRAU, Eros Roberto. *A Ordem Econômica na Constituição de 16 .1988ª* ed. São Paulo, Malheiros Editores, 2014.

JARACH, Dino. *O Fato Imponível: Teoria Geral do Direito Tributário Substantivo*. 2ª ed., trad. de Dejalma de Campos. São Paulo, Ed. RT, 2004.

KAHNEMAN, Daniel. *Rápido e Devagar: Duas Formas de Pensar*. Rio de Janeiro, Objetiva, 2012.

KOHN, Alfie. *Punished by Rewards: the Trouble with Gold Stars, Incentive Plans, a's, Praise, and Other Bribes*. Boston; New York, Houghton Mifflin, 1993.

KRUGMAN, Paul; WELLS, Robin. *Introdução à Economia*. Rio de Janeiro, Elsevier, 2006.

MACHADO, Hugo de Brito. *Curso de Direito Tributário*. 36ª ed. São Paulo, Malheiros Editores, 2015.

________. *Uma Introdução ao Estudo do Direito*. São Paulo, Dialética, 2000.

MACHADO JR., José Teixeira; REIS, Heraldo da Costa. *A Lei 4.320 Comentada: e a Lei de Responsabilidade Fiscal*. 31ª ed. Rio de Janeiro, IBAM, 2003/2002.

MACHADO SEGUNDO, Hugo de Brito. "Guerra fiscal e efeitos das decisões do STF". In ROCHA, Valdir de Oliveira (coord.). *Grandes Questões Atuais do Direito Tributário*. vol. 16. São Paulo, Dialética, 2012, pp. 181-167.

________; MORAIS JR., Victor Hugo Cabral de. "Notas em torno da 'tributação ideal'". In MURTA, Antônio Carlos Diniz; BALTHAZAR, Ubaldo Cesar; FEITOSA, Raymundo Juliano Rego (coords.). *Direito Tributário: XXIII Encontro Nacional do CONPEDI*. Florianópolis, CONPEDI, 2014, pp. 27-7.

MANKIW, Nicholas Gregory. *Introdução à Economia*. 2ª ed. Rio de Janeiro, Campus, 2001.

MARTINS, Ives Gandra da Silva; NASCIMENTO, Carlos Valder do. *Comentários à Lei de Responsabilidade Fiscal*. São Paulo, Saraiva, 2001.

MORAES, Germana de Oliveira. *Controle Jurisdicional da Administração Pública*. 2ª ed. São Paulo, Dialética, 2004.

MOREIRA NETO, Diogo de Figueiredo. *Legitimidade e Discricionariedade: Novas Reflexões sobre os Limites e Controle da Discricionariedade*. 3ª ed. Rio de Janeiro, Forense, 1998.

MÜLLER, Andreas; LACERDA, Ricardo; GARATTONI, Bruno. "Quanto custa um país". *Superinteressante*. São Paulo, n. 321, pp. 75-70, ago. 2013. Disponível em: <http://super.abril.com.br/cotidiano/quanto-custa-pais-759943.shtml>.

MURPHY, Liam; NAGEL, Thomas. *O Mito da Propriedade: os Impostos e a Justiça*. Trad. de Marcelo Brandão Cipolla. São Paulo, Martins Fontes, 2005.

NABAIS, José Casalta. *O Dever Fundamental de Pagar Impostos: Contributo para a Compreensão Constitucional do Estado Fiscal Contemporâneo*. Coimbra, Almedina, 2009.

OLIVEIRA, Phelippe Toledo Pires de. "Desafios do direito tributário contemporâneo – em busca da legitimidade social do tributo, da eficiência da gestão tributária e de uma maior cooperação entre fisco e contribuintes". *Revista Fórum de Direito Tributário*. Belo Horizonte, ano 12, n. 68, pp. 172-159, mar.-abr. 2014.

PÉREZ, Jesús González. *El Principio General de la Buena Fe en el Derecho Administrativo*. 5ª ed. Madrid, Civitas, 2009.

PINK, Daniel H. *Drive: the Surprising Truth about What Motivates Us*. Toronto, Riverhead, 2009.

PRICEWATERHOUSECOOPERS; THE WORLD BANK/IFC. "Paying Taxes 2014: the global picture; a comparison of tax systems in 189 economies worldwide". London, PwC, 2013. Disponível em: <http://www.doingbusiness.org/~/media/GIAWB/Doing20%Business/Documents/Special-Reports/Paying-Taxes-2014.pdf>. Acesso em: 8.12.2013.

SCHOUERI, Luís Eduardo. *Direito Tributário*. 2ª ed. São Paulo, Saraiva, 2012. Livro digital.

TIPKE, Klaus. *Moral Tributaria del Estado y de los Contribuyentes*. Trad. de Pedro M. Herrera Molina. Madrid, Marcial Pons, 2002.

________; YAMASHITA, Douglas. *Justiça Fiscal e o Princípio da Capacidade Contributiva*. São Paulo, Malheiros Editores, 2002.

LIMITES FORMAIS À CONCESSÃO DE INCENTIVOS FISCAIS

EDUARDO DE MORAES SABBAG

1. Introdução. 2. Os incentivos fiscais e o princípio da legalidade tributária. 3. O princípio da uniformidade geográfica e a ressalva da desoneração. 4. O princípio da proibição das isenções heterônomas. 5. A desoneração da Zona Franca de Manaus. 6. Os convênios do ICMS. 7. Os incentivos fiscais e a redução das desigualdades sociais e regionais.

1. Introdução

É da competência comum da União, dos Estados, do Distrito Federal e dos Municípios combater as causas da pobreza e os fatores de marginalização, promovendo a integração social dos setores desfavorecidos, conforme a dicção do art. 23, X, da CF. Trata-se de um corolário do art. 3º, III, da CF, em cuja disposição se estatui que erradicar a pobreza e a marginalização e reduzir as desigualdades sociais e regionais constituem objetivos fundamentais da República Federativa do Brasil.

O *incentivo fiscal* é uma das formas legitimadas pelo Estado para a consecução dos propósitos constitucionais destacados em epígrafe. Situado no espectro jurídico da *extrafiscalidade*, o mecanismo tem por escopo estimular o desenvolvimento econômico de determinada região ou setor de atividade, mediante a outorga de redução ou desoneração da exação tributária.

Com efeito, "o próprio incentivo pode estipulativamente qualificar-se como *fiscal* – se concedido em função da incapacidade contributiva, ex., isenção do imposto territorial rural incidente sobre pequenas glebas rurais (CF, art. 153, § 4º, *in fine*) ou *extrafiscal*, se outorgado em razão de política econômica, *e.g.*, desenvolvimento industrial (CF, art. 155, § 2º, XII, 'a')".[1]

Em regra, os benefícios fiscais serão concedidos pelo ente tributante que se dota da *competência tributária* para a instituição do encargo, de forma a efetivar sua autonomia fiscal. *Ipso facto*, a dispensa total ou parcial do tributo será provida por aquele Estado detentor da competência tributária definida politicamente na Constituição Federal.

A propósito, Leandro Paulsen aduz que

> as pessoas políticas que compõem a Federação recebem diretamente da Constituição – e só dela – as suas parcelas do poder fiscal. A Constituição é que define a competência tributária de cada uma, mediante normas concessivas de competência tributária e normas proibitivas de tributação (imunidades). A competência tributária é o produto da aplicação simultânea de tais normas: as primeiras autorizam; as últimas, restringem.[2]

Ainda quanto ao seu conceito,

> os incentivos fiscais são instrumentos de desoneração tributária, aprovados pelo próprio ente político autorizado à instituição do tributo, através de veículo legislativo específico, com o propósito de estimular o surgimento de relações jurídicas de cunho econômico. Trata-se de uma suspensão parcial ou total, mas sempre provisória, do poder que lhe é inerente, a fim de confrontar determinadas situações, diferindo a tributação para o momento em que a captação de riquezas (imposição fiscal) possa ser efetuada de maneira mais efetiva, eficiente e justa.[3]

Sob o aspecto político, os incentivos têm a finalidade de propiciar, por determinado lapso temporal, subsídios financeiros para que futu-

1. José Souto Maior Borges, "Sobre as isenções, incentivos e benefícios fiscais relativos ao ICMS", *Revista Dialética de Direito Tributário*, São Paulo, n. 6, pp. 69-73 (p. 69), mar. 1996 (grifos do autor).

2. Leandro Paulsen, *Direito Tributário: Constituição e Código Tributário à Luz da Doutrina e da Jurisprudência*, 14ª ed., Porto Alegre, Livraria do Advogado/ESMAFE, 2012, p. 145.

3. Marcos André Vinhas Catão, *Regime Jurídico dos Incentivos Fiscais*, Rio de Janeiro, Renovar, 2004, p. 13.

ramente a região incentivada possa retribuir o Estado com arrecadação integral do tributo. Nesse sentido, Marcos André Vinhas Catão aduz:

> E antes, portanto, de se traduzir em antinomia política fiscal que não gere arrecadação, quando pelo inverso a esta tendenciosamente renuncie em um primeiro momento, estamos na verdade diante da conjugação de elementos inerentes ao exercício juspolítico de reordenação do Estado. Presta-se, por exemplo, à formação de poupança interna (pela sua não tributação), para que atingidos padrões mínimos ou objetivados, somente em segundo momento a tributação se concretize em sua plenitude.[4]

2. Os incentivos fiscais e o princípio da legalidade tributária

Os benefícios fiscais submetem-se ao campo da reserva legal. Desse modo, a lei concessiva da norma desonerativa que lhes dá lastro deve ser editada pela pessoa política que detém a competência tributária para instituir o tributo.

O art. 150, § 6º, da CF atrela a *lei específica* os variados benefícios fiscais, a saber, isenção, anistia, remissão, concessão de crédito presumido, redução de base de cálculo e subsídios. Ademais, a lei é uma exigência literalmente prevista no CTN para a isenção, anistia e remissão, conforme se nota nos comandos abaixo indicados, com grifos nossos:

> Art. 176. A *isenção*, ainda quando prevista em contrato, é sempre decorrente de *lei* que especifique as condições e requisitos exigidos para a sua concessão, os tributos a que se aplica e, sendo caso, o prazo de sua duração.
>
> Art. 180. A *anistia* abrange exclusivamente as infrações cometidas anteriormente à vigência da *lei* que a concede, não se aplicando:
>
> Art. 172. A *lei* pode autorizar a autoridade administrativa a conceder, por despacho fundamentado, *remissão* total ou parcial do crédito tributário, (...):

Nesse rumo, o STF julgou inconstitucional a Lei 6.489/2002 (art. 25), a qual autorizou o Governador do Pará a conceder, por "regula-

4. Idem, ibidem, p. 26.

mento", remissão, anistia e outros benefícios fiscais. No ato, reputaram-se afrontados os princípios da separação de Poderes e da reserva absoluta de lei em sentido formal em matéria tributária (art. 150, § 6º, da CF). Observemos a esclarecedora ementa:

> Ementa: (...) 1. A adoção do processo legislativo decorrente do art. 150, § 6º, da CF, tende a coibir o uso desses institutos de desoneração tributária como moeda de barganha para a obtenção de vantagem pessoal pela autoridade pública, pois a fixação, pelo mesmo Poder instituidor do tributo, de requisitos objetivos para a concessão do benefício tende a mitigar arbítrio do Chefe do Poder Executivo, garantindo que qualquer pessoa física ou jurídica enquadrada nas hipóteses legalmente previstas usufrua da benesse tributária, homenageando-se aos princípios constitucionais da impessoalidade, da legalidade e da moralidade administrativas (art. 37, *caput*, CF). 2. A autorização para a concessão de remissão e anistia, a ser feita "na forma prevista em regulamento" (art. 25 da Lei n. 6.489/2002), configura delegação ao Chefe do Poder Executivo em tema inafastável do Poder Legislativo. 3. Ação julgada procedente (ADI 3.462, rel. Min. Cármen Lúcia, Pleno, j. 15.9.2010).

Frise-se que a lei veiculadora de benefícios fiscais, como regra, será a ordinária. Por outro lado, é possível cogitar-se de favores fiscais previstos em *lei complementar*. Entendemos que, se há tributos instituídos por lei complementar, deverão ser eles isentos ou remitidos, por exemplo, por idêntica lei complementar. É o que deve ocorrer com o *imposto sobre grandes fortunas* (após o exercício de sua competência tributária – se isso ocorrer, é claro); com os empréstimos compulsórios, com as residuais contribuições da seguridade social e, por fim, com os impostos residuais.

A parte final do art. 150, § 6º, da CF – combinada com o art. 155, § 2º, XII, "g", da CF – traz a ressalva para as desonerações do ICMS. Com efeito, as isenções de ICMS fogem, em princípio, à regra da legalidade anteriormente mencionada, na medida em que os Estados e o Distrito Federal, pretendendo conceder benefícios fiscais afetos a esse imposto, deverão, previamente, firmar convênios entre si, celebrados no âmbito do Conselho Nacional de Política Fazendária – CONFAZ –, órgão com representantes de cada Estado e do Distrito Federal, indicados pelo respectivo Chefe do Executivo.

É importante evidenciar, desde já, que o poder de desonerar é correlato ao poder de criar tributos, devendo haver uma simetria no plano da competência tributária, na esteira da dicotomia "instituir-desonerar". Assim, a União, por exemplo, pode instituir os tributos federais e isentá-los, no plano da correlação lógica que se estabelece entre a competência privativa para instituir esses gravames e a idêntica competência para proceder legalmente à sua desoneração por meio da norma isencional.

Quanto à participação do Poder Executivo no procedimento concessivo dos benefícios fiscais, o art. 179 do CTN, no âmbito da *isenção*, avoca esclarecimentos. Notemos seu teor:

> Art. 179. A *isenção*, quando não concedida em caráter geral, é efetivada, em cada caso, *por despacho da autoridade administrativa*, em requerimento com o qual o interessado faça prova do preenchimento das condições e do cumprimento dos requisitos previstos em *lei* ou contrato para sua concessão (...) (grifos nossos).

O *caput* do dispositivo supramencionado, referindo-se de modo latente à *isenção individual*, atrela o reconhecimento do benefício a um despacho da autoridade administrativa, em requerimento do interessado contendo a prova de preenchimento das condições previstas em lei ou contrato para a sua concessão. Tal despacho, possuindo natureza meramente declaratória, tem a finalidade exclusiva de reconhecer administrativamente o direito à isenção, uma vez que a concessão do benefício é matéria sob expressa reserva de lei, conforme o art. 176 do CTN c/c o art. 150, § 6º, da CF. Idêntica conclusão pode ser estendida à anistia e à remissão, conforme os dispositivos do CTN, abaixo destacados, com grifos nossos:

> Art. 182. A *anistia*, quando não concedida em caráter geral, é efetivada, em cada caso, *por despacho da autoridade administrativa*, em requerimento com a qual o interessado faça prova do preenchimento das condições e do cumprimento dos requisitos previstos em *lei* para sua concessão.
>
> Art. 172. A *lei* pode autorizar a autoridade administrativa a conceder, *por despacho fundamentado*, *remissão* total ou parcial do crédito tributário (...):

Desse modo, o despacho apenas ratifica (efetivando) o que a lei autoriza (concedendo). É o primado da legalidade no âmbito dos benefícios fiscais.

3. O princípio da uniformidade geográfica e a ressalva da desoneração

Compete à União instituir tributos federais de modo uniforme em todo o Brasil, em absoluta ratificação do *princípio da isonomia*, sem embargo do fundamento no *princípio federativo*. Observemos o dispositivo:

> Art. 151. É vedado à União:
> I – instituir tributo que não seja uniforme em todo o território nacional ou que implique distinção ou preferência em relação a Estado, ao Distrito Federal ou a Município, em detrimento de outro, admitida a concessão de incentivos fiscais destinados a promover o equilíbrio do desenvolvimento socioeconômico entre as diferentes regiões do País.

O postulado refere-se, assim, a todas as espécies de tributos federais, entre os quais estão os impostos.[5] Portanto, o tributo federal deve conter a mesma alíquota em toda a extensão territorial do País. Essa é a razão por que se intitula o indigitado princípio de *postulado da defesa da identidade de alíquotas*.

A propósito, Kiyoshi Harada[6] discorre sobre o princípio constitucional com clareza:

> Esse princípio decorre da unidade política do Estado Federal Brasileiro, que faz com que o território nacional se apresente como um todo do ponto de vista econômico. Uniformidade de tributo federal não

5. À guisa de associação, relembremos a lista de *impostos federais* previstos nos arts. 153 e 154 da CF: Imposto de Importação, Imposto de Exportação, IPI, IOF, IR, ITR, Imposto sobre Grandes Fortunas, Imposto Extraordinário de Guerra (art. 154, II, da CF) e os Impostos Residuais (art. 154, I, da CF).

6. Kiyoshi Harada, *Direito Financeiro e Tributário*, 7ª ed., São Paulo, Atlas, 2001, p. 296.

> significa que não possa haver discriminações, isto é, que todos devem pagar exatamente igual. O que o referido princípio veda é a discriminação de tributo federal em virtude do lugar da ocorrência do fato gerador. Isto quer dizer, por exemplo, que o imposto sobre a renda, que incide sobre os ganhos de capital, deve ser o mesmo no Estado de São Paulo, no Estado do Paraná e em outros, em termos de base de cálculo e alíquota. Entretanto, a Carta Política de 1988, ao contrário das anteriores, ressalva a outorga de incentivos fiscais destinados a promover o desenvolvimento socioeconômico integrado do território nacional como um todo (...).

Em termos práticos, no caso de aumento de alíquotas de tributos federais, essa majoração deverá incidir em todo o Brasil; do contrário, estar-se-á ferindo o princípio constitucional da uniformidade tributária, corolário do *federalismo de equilíbrio*, vigente em nosso território, como núcleo imodificável da Carta Política, comumente rotulado de *cláusula pétrea* (art. 60, § 4º, I, da CF).

Sobre o *federalismo*, discorre acertadamente Dirley da Cunha Jr.,[7] sinalizando que

> o Estado Federal é aquele que possui mais de um governo, vale dizer, aquele que se compõe de mais de uma organização política, todas elas politicamente autônomas em consonância com a própria Constituição. Em razão disso, no Estado Federal a autonomia dos governos locais (Estados-membros, Distrito Federal e, no Brasil, Municípios) está a salvo das incursões do governo central (União), tendo em vista que a autonomia dos entes federados ou federativos está assegurada pela própria Magna Carta.

Assim, almeja-se com a regra a paridade entre as entidades componentes de nossa Federação, proibindo-se a hierarquização. Os Estados-membros são, por exemplo, parificados, e não hierarquizados. Dessa feita, o princípio em comento não derroga o princípio federativo; pelo contrário, corrobora-o.

7. Dirley da Cunha Jr., *Curso de Direito Constitucional*, 2ª ed., Salvador, JusPodivm, 2008, p. 802.

Por outro lado, frise-se que há relevante exceção no próprio dispositivo para incentivos fiscais específicos, ou seja, aqueles destinados a promover o equilíbrio socioeconômico entre as diferentes regiões do País (art. 151, I, *in fine*, c/c o art. 43, § 2º, III, ambos da CF). Nesse caso, será possível a existência de tributos federais com alíquotas diferenciadas. Um dado chama a atenção: não se trata de qualquer "incentivo fiscal". Deve haver o cumprimento do elemento finalístico, de índole geográfica, que lhe dá lastro. Exemplo: uma isenção de IPI para empresas que se estabelecessem em pobre localização da região Nordeste; as conhecidas diferenciações estabelecidas para a Zona Franca de Manaus; entre outros casos.

Com a didática que lhe é peculiar, Ruy Barbosa Nogueira[8] assevera:

> O art. 151, I, dispõe sobre a uniformidade dos tributos federais em todo o território nacional e admite a concessão de incentivos fiscais destinados a promover o equilíbrio do desenvolvimento socioeconômico entre as diferentes regiões do País. Esta exceção à uniformidade tributária em razão de diferenciações regionais é a dos chamados incentivos fiscais geográficos.

Desse modo, o incentivo fiscal para certa região só pode estar justificado na exceção constante do dispositivo constitucional citado, exsurgindo da real necessidade de equilíbrio do desenvolvimento socioeconômico entre as diferentes regiões do País.

Conquanto o art. 151, I, *in fine*, da CF não permita o estabelecimento de regimes tributários diversos entre as várias regiões, por outro lado, busca-se a extensão da benesse apenas a algumas delas, aquelas mais necessitadas de recursos e benefícios. "Note-se que tal figura supõe uma política de fomento, em que se exigem de seu destinatário certas ações. Diferenças tributárias sem que se verifique o fomento, mesmo que referidas a regiões menos favorecidas, são inconstitucionais."[9]

Para Ruy Barbosa Nogueira,[10] ainda, "a isenção permitida pelo parágrafo único do art. 176 do CTN é exatamente para compensar

8. Ruy Barbosa Nogueira, *Curso de Direito Tributário*, 14ª ed., São Paulo, Saraiva, pp. 126-127.

9. Hamilton Dias de Souza, in Ives Gandra da Silva Martins (coord.), *Comentários ao Código Tributário Nacional*, vol. 1, São Paulo, Saraiva, 1998, pp. 8-9.

10. Ruy Barbosa Nogueira, *Curso de Direito Tributário*, cit., pp. 170-171.

desigualdades em função de condições peculiares", não podendo se chocar com as limitações previstas nos arts. 151, I, e 152 da Constituição Federal, quais sejam a uniformidade geográfica da tributação federal e a proibição de barreiras alfandegárias dentro do País.

Da mesma forma, entendemos que devem ser interpretados os dispositivos afetos à anistia e à remissão, com grifos nossos:

> Art. 181. A *anistia* pode ser concedida:
>
> (...)
>
> II – limitadamente:
>
> (...)
>
> c) a *determinada região do território da entidade tributante*, em função de condições a ela peculiares;
>
> Art. 172. A lei pode autorizar a autoridade administrativa a conceder, por despacho fundamentado, *remissão* total ou parcial do crédito tributário, atendendo:
>
> (...)
>
> V – a condições peculiares *a determinada região do território da entidade tributante*.

Não se pode deixar de registrar que qualquer tipo de benesse fiscal tem a "ponta da discriminação", porquanto toda tentativa de igualar os iguais, na relativização da isonomia, provocará uma desigualação entre esses iguais e outros, porventura, desiguais. Explicando de outra forma: se há um intuito de promover uma determinada região a partir da concessão de incentivos fiscais, a fim de que isso atraia vultosos investimentos e o fluxo de grandes negócios, é possível que tal benesse não se torne factível para uma dada empresa, que até gostaria de para lá migrar, porém não possui recursos bastantes para financiar o deslocamento necessário. Daí se dizer que o incentivo fiscal iguala as "grandes investidoras", todavia as desiguala perante as "pequenas empresas". É o paradoxo do incentivo fiscal: incentiva, igualando, de um lado; discrimina, desigualando, de outro.

Por fim, esclareça-se que, para o STF, as autoridades públicas, buscando a implementação de suas políticas fiscais e econômicas, poderão conceder isenções fundadas no juízo de conveniência e oportunidade. Ademais, ao Poder Judiciário não é permitido estender isenção a quem reputar justo ou adequado, haja vista a benesse ter fundamento legal, estando a depender de vontade do legislador. Observe-se a jurisprudência:

> Ementa: Recurso Extraordinário – IPI – Concessão de benefícios – Alíquotas regionalizadas – Lei 8.393/91 – Decreto 2.501/98 – Admissibilidade. 1. Incentivos fiscais concedidos de forma genérica, impessoal e com fundamento em lei específica. Atendimento dos requisitos formais para sua implementação. 2. A Constituição na parte final do art. 151, I, admite a "concessão de incentivos fiscais destinados a promover o equilíbrio do desenvolvimento socioeconômico entre as diferentes regiões do país". 3. A concessão de isenção é ato discricionário, por meio do qual o Poder Executivo, fundado em juízo de conveniência e oportunidade, implementa suas políticas fiscais e econômicas e, portanto, a análise de seu mérito escapa ao controle do Poder Judiciário. Precedentes: RE 149.659 e AI 138.344-AgR. 4. Não é possível ao Poder Judiciário estender isenção a contribuintes não contemplados pela lei, a título de isonomia (RE 159.026). 5. Recurso extraordinário não conhecido (RE 344.331/PR, 1ª T., rel. Min. Ellen Gracie, j. 11.2.2003).

4. O princípio da proibição das isenções heterônomas

O art. 151, III, da CF veda à União a concessão de isenção de tributos que refogem a seu plano de competência tributária. Em termos simples – e confirmando a ideia de simetria no plano das competências impositivas –, quer-se proibir que a União venha atuar em seara competencial alheia, o que lhe é defeso em virtude da privatividade que demarca o plano da competência tributária, quer na vertente de instituição do tributo, quer na de sua exoneração.

As isenções são classificadas em *autonômicas* (ou *autônomas*) e *heterônomas* e estão situadas no campo infraconstitucional. As *autonômicas* correspondem à "regra" no campo isencional, uma vez que são concedidas pela pessoa política abalizada para instituir o tributo. Já as isenções *heterônomas* se originam de lei instituída por ente político destituído da competência tributária, sendo essa modalidade uma medida excepcional. Observemos o dispositivo que proíbe as isenções heterônomas:

> Art. 151. É vedado à União: (...)
>
> III – instituir isenções de tributos da competência dos Estados, do Distrito Federal ou dos Municípios.

A chamada *isenção heterônoma* é concedida por entidade política diversa daquela que detém a competência tributária. Nesse passo, será heterônoma uma isenção de IPVA ou IPTU concedida pela União. A heteronomia nas isenções é vedada, devendo prevalecer a regra afeta às isenções autonômicas (ou autônomas). Exemplos: Estados e Distrito Federal devem isentar os tributos estaduais; Municípios e Distrito Federal devem isentar os tributos municipais; e, finalmente, a União deve isentar os tributos federais.

Hugo de Brito Machado[11] relembra que o art. 151, III "(...) impede que a União isente de tributos da competência dos Estados, do Distrito Federal ou dos Municípios. Essa regra também tem apenas o mérito de eliminar controvérsias, eis que na verdade bastaria o silêncio constitucional, posto que competente para isentar é o titular da competência para tributar (...)".

Em verdade, trata-se de mais uma garantia que guarnece o pacto federativo quando obsta a interferência de entes maiores no plano arrecadatório dos menores, colocando em xeque sua autonomia. Tal intromissão foi negada no dispositivo constitucional à exclusiva situação de isenção, nada obstando a que estendamos a proibição a outros institutos desonerativos, os quais a vedação também deve abranger – *v.g.*, anistia, remissão, concessão de crédito presumido etc.

Em tempo, o dispositivo se endereça tão somente à União, não nos impedindo, igualmente, de vê-lo estendido aos Estados-membros, por exemplo, com relação aos tributos municipais. A lógica jurídica deve prevalecer. Com efeito, "os Estados, embora não estejam expressamente proibidos de dar isenção de tributos municipais, nem por isso podem fazê-lo".[12]

De mais a mais, diga-se que a intimidade do postulado com o *pacto federativo* rechaça a possibilidade de alteração da matéria por emenda constitucional, por força do art. 60, § 4º, I, da CF.

11. Hugo de Brito Machado, *Curso de Direito Tributário*, 36ª ed., São Paulo, Malheiros Editores, 2015, p, 297.

12. Luciano Amaro, *Direito Tributário Brasileiro*, 14ª ed., São Paulo, Saraiva, 2008, p. 138.

Enfrentando o plano histórico, o texto atual da Carta Magna trouxe uma inovação no dispositivo. Conforme dispunha o § 2º do art. 19 da Constituição anterior, mediante lei complementar e atendendo a relevante interesse social ou econômico nacional, a União podia conceder isenções de impostos estaduais e municipais. Era uma interferência, então permitida, na competência tributária dos entes periféricos. Agora o inciso III do art. 151 da Carta Política de 1988 veio, expressamente, proibir à União instituir isenções de tributos da competência dos Estados, do Distrito Federal ou dos Municípios. Essa medida constitucional, necessariamente, fortalece a competência tributária dos entes periféricos.

A ressalva à proibição da heteronomia das isenções deve encontrar justificação no texto constitucional, sob pena de irremissível inconstitucionalidade. Observemos os casos de ressalva à vedação da heteronomia das isenções:

1. *Art. 156, § 3º, II, da CF*: trata da possibilidade de concessão pela União, por lei complementar (art. 2º, I, da LC 116/2003), de isenção heterônoma do ISS nas exportações de serviços. O entendimento majoritário é o de que se trata de exceção à regra da vedação de prática de isenção heterônoma. A nosso sentir, é um bom exemplo, se não for o único, de heteronomia expressa no texto constitucional.

2. *Art. 155, § 2º, XII, "e", da CF*: cuidava da isenção heterônoma de ICMS, concedida pela União, por lei complementar (art. 3º, II, da LC n. 87/1996), incidente sobre as operações com serviços e outros produtos destinados ao exterior, além dos mencionados no art. 155, § 2º, X, "a", da Carta Política. Ocorre que, a partir da EC 42/2003, tais desonerações passaram a ser mais generalizantes, o que lhes avocou, com precisão técnica, mais o timbre de *imunidade tributária*, e menos o rótulo de isenção (ou de isenção heterônoma). A nosso ver, tal constatação esvazia, de certo modo, o conteúdo do art. 155, § 2º, XII, "e", da CF, segundo o qual dispõe depender de lei complementar a exclusão "da incidência do imposto, nas exportações para o exterior, serviços e outros produtos além dos mencionados no inciso X, 'a'". Observe-se o dispositivo, atualizado pela EC 42/2003:

> Art. 155. (...)
>
> § 2º. O imposto previsto no inciso II atenderá ao seguinte: (...)

X – não incidirá:

a) sobre operações que destinem mercadorias para o exterior, nem sobre serviços prestados a destinatários no exterior, assegurada a manutenção e o aproveitamento do montante do imposto cobrado nas operações e prestações anteriores; (...)

3. *Tratados e convenções internacionais (exceção não prevista de maneira expressa na CF)*: acolhida como ressalva ao princípio pela doutrina e jurisprudência do STF, refere-se à possibilidade de concessão de isenção de tributos estaduais e municipais pela via do *tratado internacional*. Como é cediço, a União, ao celebrar o tratado, não se mostra como pessoa política de Direito Público Interno, mas como pessoa política internacional ou sujeito de direito na ordem internacional, passando ao largo da restrição constitucional. Em tempo, o Presidente da República firma tais acordos à frente dos interesses soberanos da nação, e não na defesa de seus restritos propósitos como entidade federada. Daí se assegurar que a concessão da isenção na via do tratado não se sujeita à vedação da concessão de isenção heterônoma. Observemos a jurisprudência do STF:

Ementa: Constitucional – Tributário. (...) Âmbito de aplicação do art. 151, CF é o das relações das entidades federadas entre si. Não tem por objeto a União quando esta se apresenta na ordem externa. (...) (ADI 1.600/UF, Pleno, rel. Min. Sydney Sanches, rel. p/ ac. Min. Nelson Jobim, j. 26.11.2001).

Aliás, em 2007, o STF ratificou que "o Presidente da República não subscreve tratados como Chefe de Governo, mas como Chefe de Estado, o que descaracteriza a existência de uma isenção heterônoma, vedada pelo art. 151, inc. III, da Constituição" (RE 229.096/RS, Pleno, rel. Min. Ilmar Galvão, rel. p/ o acórdão Min. Cármen Lúcia, j. 16.8.2007).

Nessa medida,

tratados internacionais podem legitimamente isentar ou reduzir tributos estaduais, distritais e municipais, uma vez que quem atua, na espé-

> cie, é a própria República Federativa do Brasil em relações externas entre Estados soberanos, sendo que as normas constitucionais de definição de competência para isentar, como vedação do artigo 151, *caput*, III, só se aplicam nos relacionamentos internos dos entes da Federação brasileira.[13]

Curiosamente, frise-se que subsistia posicionamento diverso no STJ:

> Ementa: Tributário – Isenção – ICMS – Tratado internacional. 1. O sistema tributário instituído pela CF/1988 vedou a União Federal de conceder isenção a tributos de competência dos Estados, do Distrito Federal e Municípios (art. 151, III). 2. *Em consequência, não pode a União firmar tratados internacionais isentando o ICMS de determinados fatos geradores, se inexiste lei estadual em tal sentido.* 3. A amplitude da competência outorgada à União para celebrar Tratados sofre os limites impostos pela própria Carta Magna. (...) (REsp 90.871/PE, 1ª T., rel. Min. José Delgado, j. 17.6.1997).

Nesse passo, conclui-se que é plenamente crível a concessão de isenção de tributos estaduais e municipais pela via do tratado internacional, até porque "as limitações ao poder de tributar só se aplicam às relações jurídicas internas da União, jamais às relações internacionais (estabelecidas por meio de tratados) das quais a República Federativa do Brasil é parte".[14]

A nosso ver, a *heteronomia* (nas isenções) não encontra guarida, em tempos atuais, fora dos casos de ISS (nas exportações de serviços) e, com certo esforço hermenêutico, nos casos dos tratados internacionais. Em tempo, temos acompanhado a publicação de leis federais que isentam custas (taxas) estaduais, o que parece indicar violação à proibição das isenções heterônomas.

13. Oswaldo Othon de Pontes Saraiva Filho, "O direito internacional e o sistema tributário brasileiro", *RFDT* 25/9, jan.-fev. 2007, *apud* Leandro Paulsen, *Direito Tributário: Constituição e Código Tributário à Luz da Doutrina e da Jurisprudência*, cit., p. 272.

14. Valerio de Oliveira Mazzuoli, *Curso de Direito Internacional Público*, 3ª ed. rev., atual. e ampl., São Paulo, Ed. RT, 2009, p. 353.

Por derradeiro, dois temas extras merecem ser trazidos a este estudo: (1) as isenções heterônomas e os territórios federais e (2) a existência das moratórias heterônomas.

1. *Isenções heterônomas e os territórios*: à guisa de curiosidade, nos territórios, a União poderá isentar todos os tributos cuja competência tributária possui, ou seja, federais, estaduais e municipais, desde que, com relação a estes, os territórios não sejam divididos em municípios. Teremos aqui nítidos casos de isenções autonômicas ou autônomas. A isenção heterônoma só ocorreria se o território viesse a ser dividido em municípios, e a União pretendesse isentar um imposto municipal.

2. *Moratórias heterônomas*: o CTN prevê casos de *moratória heterônoma* (art. 152, I, "b") como aquela concedida pela União quanto a tributos de competência dos Estados, Distrito Federal e Municípios. Trata-se de possibilidade excepcional e inédita na legislação doméstica. Ademais, tal moratória é condicional, uma vez que a União deve conceder, simultaneamente, moratória dos próprios tributos federais e de suas obrigações de direito privado.

A doutrina tem demonstrado hesitação diante do tema. Nessa esteira, José Eduardo Soares de Melo[15] anuncia ser "criticável, todavia, a exclusiva faculdade cometida à União (art. 152, I, "b", do CTN) por não possuir competência para se intrometer no âmbito tributário das demais pessoas de Direito Público". A nosso ver, a moratória concedida pela União quanto a tributo de competência alheia põe em risco a autonomia dos entes menores, em detrimento do pacto federativo, o que reveste o dispositivo de inconstitucionalidade. Além disso, não há notícias de que a União tenha utilizado o exótico expediente.

5. A desoneração da Zona Franca de Manaus

Os incentivos à Zona Franca de Manaus (ZFM) representam um caso típico de desoneração tributária mediante a concessão de benefícios fiscais.

A ZFM foi instituída pela Lei 3.173/1957 como *Porto Livre*. Após dez anos, o Governo Federal, por meio do Decreto-lei 288/1967, ampliou a legislação e estabeleceu um prazo de trinta anos para o desen-

15. José Eduardo Soares de Melo, *Curso de Direito Tributário*, 8ª ed., São Paulo, Dialética, p. 343.

volvimento da região. Com a promulgação da Constituição Federal de 1988, as legislações instituidoras da ZFM foram recepcionadas pela nova Carta Magna, no Ato das Disposições Constitucionais Transitórias (ADCT, art. 40), mantendo as áreas de incentivos com as suas características pelo prazo de 25 anos (até 2013). Em 19.12.2003, foi introduzido o art. 92 ao ADCT pela Emenda Constitucional 42/2003, acrescendo mais dez anos ao prazo do art. 40 do ADCT e estabelecendo o prazo final até 2023.

A propósito, Ives Gandra Martins,[16] em robusto parecer, assim se posiciona:

> A necessidade de proteger a região amazônica e auxiliar seu desenvolvimento está na origem do Decreto-lei n. 288/67, que deu origem à Zona Franca de Manaus e aos incentivos constitucionalizados e hoje estendidos até 2023 pela EC n. 42/03.
>
> Já à época havia um movimento mundial para a internacionalização da região, como patrimônio da humanidade. (...)
>
> O DL 288/67 nasceu como decreto-lei, mas é considerado pelos doutrinadores, após a EC n. 1/69, com eficácia de lei complementar, pois cuida simultaneamente de matéria tributária envolvendo todos os entes federativos. (...)
>
> E assim foi recepcionada a referida lei pela Constituição de 1988, mas em patamar mais elevado, de vez que foram constitucionalizados os dispositivos do DL 288/67. Vale dizer, todos os seus dispositivos passaram a ser norma constitucional de exceção, com garantia, inicialmente, de assim permanecerem até 2013 e, pela EC 42/03, até 2023.

A título de complemento, a Emenda Constitucional 83, promulgada em 5.8.2014, acrescentou o art. 92-A ao ADCT, acrescentando mais 50 anos ao prazo fixado pelo art. 92.

16. Ives Gandra da Silva Martins, "Empresa sediada na Zona Franca de Manaus que usufrui benefícios fiscais da Lei Amazonense n. 2.826/03 – Autuação indevida da depositante de mercadorias da região, pelo Estado de São Paulo que, inclusive, estendeu a responsabilidade solidária à controladora da empresa amazonense – Ilegalidades e inconstitucionalidades do auto lavrado, à luz do artigo 40 do ADCT da Constituição Federal", *Revista de Estudos Tributários*, São Paulo, n. 85, pp. 219-245, maio-jun. 2012 (Parecer jurídico – Seção Especial).

A ZFM é administrada pela Suframa – Superintendência da Zona Franca de Manaus –, cujo objetivo é administrar, fiscalizar e aprovar os projetos considerados relevantes para a região. Nesse contexto, Ives Gandra Martins complementa:

> A função da Suframa, portanto, passou a ser de promotora dos investimentos, identificando todas as alternativas econômicas da região, atraindo empreendimentos e objetivando a geração de empregos e renda.
>
> Nesta função, a autarquia criada pelo DL n. 288/1967 ganhou relevância de tal ordem, que a Zona Franca, em todos os aspectos tributários, administrativos, financeiros e econômicos, tornou-se dependente da Superintendência criada por este diploma legislativo. (...)
>
> O DL n. 288/1967 e o art. 40 do ADCT não ofertaram ao Ministério da Fazenda outros poderes, senão aqueles de fiscalizar o rigoroso cumprimento das condições impostas pela Suframa para gozo dos benefícios.[17]

Como área de exceção tributária, o objetivo da ZFM reside no desenvolvimento econômico da região, bem como na integração da região incentivada às demais regiões do País, em harmonia com o teor dos arts. 3º, III, e 151, I, ambos da Carta Magna.

Nessa medida, a desoneração tributária das remessas de mercadorias à ZFM é verdadeira *imunidade tributária*, uma vez que toda legislação correspondente foi recepcionada pela Constituição Federal de 1988, em homenagem aos princípios norteadores da República que objetivam promover a redução das desigualdades sociais. Ademais, as remessas de mercadorias à ZFM são comparadas a verdadeiras *exportações*, a teor do disposto no art. 4º do Decreto-lei 288/1967. A propósito, nessa linha, segue Nelson Monteiro Neto,[18] para quem

> *a exportação de mercadorias de origem nacional para consumo ou industrialização na Zona Franca de Manaus* equivale, para efeitos fiscais, *a*

17. Ives Gandra da Silva Martins, "Teleologia dos incentivos fiscais aprovados pela Suframa", *Revista Dialética de Direito Tributário*, São Paulo, n. 194, pp. 74-80 (pp. 78-79), nov. 2011.

18. Nelson Monteiro Neto, "Cofins e PIS – Vendas de produtos nacionais para consumo ou industrialização na Zona Franca de Manaus e estímulos fiscais", *Revista Dialética de Direito Tributário*, São Paulo, n. 86, pp. 91-96 (p. 91), nov. 2002.

> *uma exportação brasileira para o estrangeiro.* Quer dizer: para os fins de estímulo fiscal, como instrumento de política fiscal que é, não tolera o legislador o discrime entre a Zona Franca de Manaus e o exterior do País, no que concerne à venda de produtos nacionais, oriunda de outros Estados-membros do Brasil (grifos do autor).

Note-se que o vetor axiológico da norma imunizante é justamente efetivar os princípios expressos no texto constitucional, cujos valores legitimam o desiderato do constituinte, qual seja o desenvolvimento e a evolução de áreas que carecem de guarida constitucional. Nesse sentido, vale a pena a leitura, à guisa de reforço, de alguns trechos do parecer de Ives Gandra Martins,[19] já mencionado anteriormente, demonstrando a fragilidade de lei federal diante da robustez da norma desonerativa em comento:

> Em outras palavras, tudo, tudo, tudo o que foi outorgado à Zona Franca de Manaus, em 1967, ficou assegurado, como sistema constitucional de exceção, até 2023, fugindo, pois, à normatividade tributária constitucional estatuída no Capítulo I do Título VII da Lei Suprema, no que disponha diversamente (...)
>
> Na própria ação que meu escritório propôs em face da edição da MP n. 2037-24/2000 (ADI 2.348-9-DF) e que teve a medida cautelar concedida por unanimidade, o argumento de contestação foi de que só aqueles tributos existentes à época do DL 288/67 é que estariam protegidos dentro do regime jurídico então existente. (...)
>
> Em outras palavras, argumentaram os defensores da lei atacada, que novos regimes jurídicos e novos tributos não estariam protegidos pelo artigo 40 do ADCT. (...)
>
> A Suprema Corte, portanto, houve por bem não acatar tal argumentação, entendendo, com nitidez, que não só os tributos existentes ao tempo do DL 288/67, mas alterações de seus regimes e mesmo novos tributos,

19. Ives Gandra da Silva Martins, "Empresa sediada na Zona Franca de Manaus que usufrui benefícios fiscais da Lei Amazonense n. 2.826/03 – Autuação indevida da depositante de mercadorias da região, pelo Estado de São Paulo que, inclusive, estendeu a responsabilidade solidária à controladora da empresa amazonense – Ilegalidades e inconstitucionalidades do auto lavrado, à luz do artigo 40 do ADCT da Constituição Federal", *Revista de Estudos Tributários*, cit., pp. 219-245.

encontravam-se abrangidos pelo artigo 40 do ADCT, que teve por escopo assegurar o tratamento diferenciado à Zona Franca de Manaus.

Note-se que o parágrafo único do referido dispositivo só cuidou de autorizar que lei federal que viesse a modificar "critérios de aprovação", ou seja, critérios "que disciplinam ou venham a disciplinar" a "aprovação dos projetos", mas jamais autorizou a modificar "o regime jurídico dos tributos existentes", nem negou "a possibilidade de criação de novos tributos incentivados".

Com fundamento nessa norma, somente aspectos exógenos podem ser alterados, vale dizer, critérios formais de aprovação. Nunca o próprio mérito dos estímulos.

Logo, a norma constitucional desonerativa somente autoriza a lei federal que modifique os critérios que disciplinam a aprovação dos projetos na Zona Franca de Manaus, no entanto não permite que a concessão de incentivos por meio de lei federal atinja competência estadual ou municipal, em observância à cláusula pétrea contida no art. 60, § 4º, da CF/1988. A exceção tributária somente será concedida pela pessoa política dotada de competência tributária para instituição do tributo, vale dizer, somente aquela que exige a exação possui o poder de destituir a imposição tributária.

Para regulamentação dos incentivos fiscais pelo legislador infraconstitucional, devem-se observar os limites estabelecidos pela própria Carta Magna, os quais se encontram pulverizados no texto da Lei maior, requerendo a precisa identificação desses balizamentos para a concretude da pretensão do constituinte.

Os limites constitucionais estão associados ao princípio da supremacia da Constituição, da rigidez constitucional dos princípios norteadores das garantias e direitos fundamentais e podem ser de ordem formal e material.

Os *requisitos formais* dizem respeito aos alicerces que instituem as diversas espécies normativas, compreendidas no art. 59 da Carta Política, ou seja, são aqueles destinados a estabelecer parâmetros que orientam o legislador constitucional no momento da criação da norma. As espécies normativas precisam seguir uma diretriz para a sua criação e devem observar uma forma. Um exemplo típico da atuação dos *limites formais* está disposto no art. 60, I a II, da CF, que trata da forma definida na Lei Maior para propositura de emenda constitucional. A Constituição delimita o campo de atuação das espécies normativas, de forma a regulamentar qual o veículo que tratará de certas matérias, como também estabelece os preceitos para elaboração dessa norma, por exemplo, o modo de aprovação de uma lei complementar (art. 69 da CF).

No que tange ao *aspecto material*, os limites estão definidos pela própria matéria versada, tais como os *direitos fundamentais*, as *cláusulas pétreas* e os *princípios* e as *regras constitucionais*. Em termos resumidos, podemos assim diferenciar:

Os *direitos fundamentais* fragmentados na Constituição, em sua maioria, estão inseridos no art. 5º, os quais possuem aplicação imediata, sendo imprescindível a aferição de compatibilidade da norma nova com os direitos e as garantias ali previstos. As *cláusulas pétreas*, dispostas no art. 60, § 4º, I a IV, da CF, referem-se às limitações à competência legiferante, seja no âmbito constitucional, seja no infraconstitucional. Ademais, revelam as matérias que não poderão ser objeto de deliberação, como a forma federativa de Estado, o voto direto, secreto, universal e periódico, a separação dos Poderes e os direitos e as garantias individuais. Já os *princípios* são vetores que norteiam a ordem jurídica, sendo dotados de abstração e generalidade, diversamente das *regras*, as quais são normas impositivas com baixo grau de abstração e generalidade.

As palavras de José Afonso da Silva[20] trazem autoridade ao raciocínio:

> Essa incompatibilidade vertical de normas inferiores (leis, decretos etc.) com a Constituição é o que, tecnicamente, se chama *inconstitucionalidade das leis ou dos atos do Poder Público*, e que se manifesta sob dois aspectos: (a) *formalmente*, quando tais normas são formadas por autoridade incompetente ou em desacordo com formalidade ou procedimentos estabelecidos pela Constituição; (b) *materialmente*, quando o conteúdo de tais leis ou atos contraria preceito ou princípio da Constituição.

20. José Afonso da Silva, *Curso de Direito Constitucional Positivo*, 22ª ed., São Paulo, Malheiros Editores, 2003, p. 49.

Essa incompatibilidade não pode perdurar, porque contrasta com o princípio da coerência e harmonia das normas do ordenamento jurídico, entendido, por isso mesmo, como *reunião de normas vinculadas entre si por uma fundamentação unitária* (grifos do autor).

E prossegue o doutrinador:[21]

O fundamento dessa inconstitucionalidade está no fato de que do princípio da supremacia da Constituição resulta o da *compatibilidade vertical* das normas da ordenação jurídica de um país, no sentido de que as normas de grau inferior somente valerão se forem compatíveis com as normas de grau superior, que é a Constituição. As que não forem compatíveis com ela são inválidas, pois a *incompatibilidade vertical* resolve-se em favor das normas de grau mais elevado, que funcionam como fundamento de validade das inferiores (grifos do autor).

Por todo o exposto, o legislador infraconstitucional está adstrito aos limites formais e materiais insculpidos pela Constituição quando da regulamentação dos incentivos fiscais, cujo exame ocorre por meio do controle de constitucionalidade das normas preventivo ou repressivo.

6. Os convênios do ICMS

O art. 155, § 2º, XII, "g", da CF estabelece que cabe à lei complementar regulamentar a forma como, mediante deliberação dos Estados e do Distrito Federal, as isenções, os incentivos e os benefícios fiscais, em matéria de ICMS, serão concedidos e revogados.

A menção remete-nos à Lei Complementar 24/1975, que ainda vigora, dispondo, em seu art. 4º, ao Poder Executivo de cada unidade da Federação caberá ratificar ou não, por decreto, o convênio do ICM.[22]

21. Idem, ibidem, p. 49.

22. "Art. 4º. Dentro do prazo de 15 (quinze) dias contados da publicação dos convênios no *Diário Oficial da União*, e independentemente de qualquer outra comunicação, o Poder Executivo de cada Unidade da Federação publicará decreto ratificando ou não os convênios celebrados, considerando-se ratificação tácita dos convênios a falta de manifestação no prazo assinalado neste artigo."

Assim, quando ratificados, os convênios do ICMS terão a natureza formal de decretos (uma *fonte formal principal* do direito tributário), e não de simples norma complementar (*fonte formal secundária*). Aliás, quem ratifica e celebra os convênios são os Estados e o DF (e não os Municípios e a União), em um prazo de quinze dias após a publicação, entrando em vigor no prazo de trinta dias após a ratificação.

Nesse passo, os Estados e o Distrito Federal, querendo conceder isenções de ICMS, devem, previamente, firmar entre si convênios, celebrados no âmbito do Conselho Nacional de Política Fazendária (CONFAZ) – órgão com representantes de cada Estado e do Distrito Federal (dos Municípios, não), indicados pelo respectivo Chefe do Executivo, e um representante do Governo Federal.

Como se afirmou, a LC 24/1975 exige a celebração de convênios para a concessão dos incentivos fiscais em matéria de ICMS, sendo obrigatória a anuência de todos os Estados-membros e Distrito Federal para sua aprovação, conforme o art. 2º, § 2º, com grifos nossos:

> Art. 2º. Os convênios a que alude o art. 1º, serão celebrados em reuniões para as quais tenham sido convocados representantes de *todos* os Estados e do Distrito Federal, sob a presidência de representantes do Governo Federal.
>
> § 2º. A concessão de benefícios dependerá sempre de *decisão unânime dos Estados representados*; a sua revogação total ou parcial dependerá de aprovação de quatro quintos, pelo menos, dos representantes presentes.

Com efeito, a exoneração fiscal sem a existência de consenso das unidades da Federação (o convênio, celebrado no âmbito do CONFAZ) fere frontalmente o disposto nas normas constitucionais, a saber, os arts. 150, § 6º, e 155, § 2º, XII, "g".

Para José Souto Maior Borges,[23]

> a Lei Complementar n. 24/75, art. 1º e seu parágrafo único, com fundamento na Emenda 1/69, art. 23, § 6º, instituiu a reserva do convênio

23. José Souto Maior Borges, "Sobre as isenções, incentivos e benefícios fiscais relativos ao ICMS", *Revista Dialética de Direito Tributário*, cit., pp. 69-73 (p. 69.)

interestadual tanto para as isenções do ICMS, quanto para a redução da base de cálculo, devolução desse tributo e concessão de créditos presumidos. De sorte que o problema da aplicação dessa lei supõe hoje a sua subsunção à CF de 1988, art. 155, § 2º, XII, "g".

Ives Gandra da Silva Martins assevera que "a unanimidade exigida para a concessão de incentivos, estímulos ou benefícios fiscais de todos os Estados e Distrito Federal é (...) cláusula pétrea constitucional, não podendo ser alterada nem por legislação inferior e nem por emenda constitucional, por força do parágrafo 4º, inciso I, do artigo 60, da CF".[24]

Ainda no mesmo sentido, José Souto Maior Borges[25] aproveita para confrontar o fenômeno com o princípio da não cumulatividade no âmbito do ICMS:

> A técnica de incumulatividade do ICMS é incompatível com a concessão unilateral de exonerações fiscais desse tributo. Porque se não houvera o art. 155, § 2º, XII, "g", a guerra fiscal estaria instaurada entre os Estados, pelas exonerações unilaterais do ICMS.
>
> Tudo isso decorre da circunstância de que a circulação de mercadorias não se circunscreve (a) aos limites territoriais de um Município, nem aos (b) dos Estados, nem (c) de uma região determinada, mas se expande ali onde exista qualquer fração do território nacional (d). Circulação de mercadorias é um fenômeno nacional. Incumulativo o tributo, surge o problema da repartição da carga tributária, nas operações interestaduais, entre os Estados ditos produtores e os Estados ditos consumidores. Para evidenciar as inconveniências dessa implantação estadual da competência tributária (politicamente inevitável, contudo), basta atentarmos ao fato de que a atribuição de um imposto não cumulativo à União, o IPI (art. 153, IV, § 3º, II) não causa no particular nenhum problema.

24. Ives Gandra da Silva Martins, *Grandes Questões Atuais do Direito Tributário*, Valdir de Oliveira Rocha (coord.), vol. 16, São Paulo, Dialética, 2012, p. 201.

25. José Souto Maior Borges, "Sobre as isenções, incentivos e benefícios fiscais relativos ao ICMS", *Revista Dialética de Direito Tributário*, cit., p. 72.

Importante lembrar que

> na atual guerra fiscal, são os investidores que negociam e impõem às Secretarias dos Estados sua política, obtida, por se instalarem naqueles que lhes outorgarem maiores vantagens. Tal fato representa, de rigor, que a verdadeira política financeira não é definida pelos governos, mas exclusivamente pelos investidores. E, muitas vezes, gera descompetitividade no próprio Estado para estabelecimentos, já há longo tempo lá estabelecidos, que não poderão dos estímulos se beneficiar.[26]

Logo, acabam sendo as empresas as grandes beneficiárias dos incentivos fiscais. Um verdadeiro contrassenso, pois o ônus da exação tributária, na sistemática da não cumulatividade, é suportado pelo consumidor final. Acerca do tema, observemos as palavras de Aroldo Gomes de Mattos:[27]

> Dir-se-á que, como o ICMS, pelo fenômeno da repercussão tributária, comporta a transferência do seu ônus sucessivamente de uma fase para outra na circulação da mercadoria, o consumidor final é o único que o suporta. Partindo desse inconcusso princípio, segue-se que, em contrapartida, sua exoneração só iria beneficiá-lo –, e não as empresas que participaram do seu ciclo econômico.
>
> Ledo engano. Ocorre que os preços são geralmente ditados pelo mercado, jamais pela vontade unilateral de um comerciante. Assim, se uma determinada mercadoria vale em torno de R$ 1.000,00, com ICMS incluso, a empresa que obtiver sua desoneração, não vai, a toda obviedade, reduzir seu preço, mas sim mantê-lo – e lucrar mais!
>
> Logo os verdadeiros beneficiários da exoneração do ICMS são as empresas que dela se aproveitam, e não o consumidor final. O mesmo acontece com os incentivos financeiros, por motivos óbvios.

26. Ives Gandra da Silva Martins, *Grandes Questões Atuais do Direito Tributário*, cit., p. 199.

27. Aroldo Gomes de Mattos, "A natureza e o alcance dos convênios em matéria do ICMS", *Revista Dialética de Direito Tributário*, São Paulo, n. 79, pp. 7-18 (p. 8), abr. 2002.

Com base nisso, o Tribunal Pleno do STF, em 1º.6.2011 (na emblemática ADI 2.906/RJ, de relatoria do Min. Marco Aurélio), considerou inconstitucional o benefício fiscal relativo ao afastamento de multa e juros, no âmbito do ICMS, no Estado do Rio de Janeiro. A mencionada ADI foi proposta pelo Governador do Estado de São Paulo, com o fito de declarar a inconstitucionalidade da lei fluminense (Lei 3.394/2000, regulamentada pelo Decreto 26.273).

Aplicando a orientação firmada na ADI em epígrafe, em total repúdio à chamada "guerra fiscal" e à prodigalização das isenções e benefícios fiscais no bojo do ICMS, seguiu o STF (Pleno) – e com julgamento no mesmo dia 1º.6.2011 – analisando as seguintes ADIs:

1. ADI 2.376-RJ, de relatoria do Min. Marco Aurélio: considerou-se inconstitucional o benefício fiscal concedido pelo Estado do Rio de Janeiro, relativo à isenção de ICMS para certas operações ligadas às plataformas de petróleo e à navegação nos portos. A mencionada ADI foi proposta pelo Governador do Estado de Minas Gerais, com o fito de declarar a inconstitucionalidade do decreto fluminense (Decreto 26.005/2000).

2. ADI 3.674-RJ, de relatoria do Min. Marco Aurélio: considerou-se inconstitucional o benefício fiscal concedido pelo Estado do Rio de Janeiro, relativo à redução da alíquota de ICMS nas operações internas com querosene de aviação – Programa Rioaerotec. A mencionada ADI foi proposta pelo Governador do Estado do Rio Grande do Norte, com o fito de declarar a inconstitucionalidade das normas fluminenses (Lei 4.181/2003 e Decreto 36.454/2004).

3. ADI 3.413-RJ, de relatoria do Min. Marco Aurélio: considerou-se inconstitucional o benefício fiscal concedido pelo Estado do Rio de Janeiro, relativo à redução da alíquota de ICMS nas operações de importação de equipamento esportivo para atletas e competições pan-americanas, olímpicas e paraolímpicas. A mencionada ADI foi proposta pela Associação Brasileira da Indústria de Máquinas e Equipamentos – Abimaq, com o fito de declarar a inconstitucionalidade das normas fluminenses (Lei 4.163/2003 e Decreto 35.011/2004).

4. ADI 4.457-PR, de relatoria do Min. Marco Aurélio: considerou-se inconstitucional o benefício fiscal concedido pelo Estado do Rio de Janeiro, relativo à redução da base de cálculo do ICMS, na operação de saída

de ônibus de entrada baixa (*low entry*), para empresas concessionárias de serviço público de transporte terrestre coletivo de passageiros de linhas urbanas. A mencionada ADI foi proposta pelo Governador do Estado do Paraná, com o fito de declarar a inconstitucionalidade do decreto fluminense (Decreto 42.241/2010).

5. ADI 3.794-PR, de relatoria do Min. Joaquim Barbosa: considerou-se inconstitucional o benefício fiscal (e financeiro-fiscal) concedido pelo Estado de Mato Grosso do Sul, relativo à redução do saldo devedor do ICMS, aplicável especialmente aos empreendimentos industriais, pelo prazo de cinco anos. A mencionada ADI foi proposta pelo Governador do Estado do Paraná, com o fito de declarar a inconstitucionalidade da norma sul-mato-grossense (LC 93/2001, arts. 6º, 7º e 8º).

6. ADI 2.688-PR, de relatoria do Min. Joaquim Barbosa: considerou-se inconstitucional o benefício fiscal concedido pelo Estado do Paraná, relativo à oferta de "auxílio transporte" aos integrantes das polícias civil e militar, materializável em verdadeira isenção de ICMS na aquisição de um veículo popular para cada policial, zero-quilômetro de fabricação nacional. A mencionada ADI foi proposta pelo Governador do Estado do Paraná, com o fito de declarar a inconstitucionalidade de norma expedida no âmbito desse mesmo ente federativo (Lei 13.561/2002).

7. ADI 1.247-PR, de relatoria do Min. Dias Toffoli: considerou-se inconstitucional o benefício fiscal concedido pelo Estado do Pará, relativo à oferta provisória, independentemente de deliberação do CONFAZ, de desonerações, as quais poderão importar em redução ou exclusão do ICMS. A mencionada ADI foi proposta pelo Procurador-Geral da República, com o fito de declarar a inconstitucionalidade da lei paraense (Lei 5.780/1993, art. 12).

8. ADI 3.702-ES, de relatoria do Min. Dias Toffoli: considerou-se inconstitucional o benefício fiscal concedido pelo Estado do Espírito Santo, relativo ao diferimento de ICMS incidente nas importações, do exterior, de máquinas e equipamentos realizadas por estabelecimentos avicultores, suinocultores ou pelas cooperativas de produtores, desde que destinadas à instalação (ou alterações) de unidades de beneficiamento industrial ou de instalações agropecuárias industriais, relacionados às suas atividades, para o momento de sua desincorporação do ativo permanente. A mencionada ADI foi proposta pela Associação Brasileira da Indústria de Máquinas e Equipamentos – Abimaq, com o fito de declarar a inconstitucionalidade do decreto capixaba (Decreto 1.542-R/2005).

9. ADI 4.152-SP, de relatoria do Min. Cezar Peluso: considerou-se inconstitucional o benefício fiscal concedido pelo Estado de São Paulo a fabricantes, produtores ou laticínios, relativo à redução em 100% da base de cálculo de ICMS nas saídas internas de tais produtos fabricados no Estado, e também relativo à concessão de crédito presumido. A mencionada ADI foi proposta pelo Governador do Estado do Paraná, com o fito de declarar a inconstitucionalidade do decreto paulista (Decreto 52.381/2007).

10. ADI 3.664-RJ, de relatoria do Min. Cezar Peluso: considerou-se inconstitucional o benefício fiscal concedido pelo Estado do Rio de Janeiro, relativo à redução de 2% do ICMS e à concessão de crédito presumido a estabelecimentos industriais com atividade de refino de sal para a alimentação humana. A mencionada ADI foi proposta pelo Governador do Estado do Paraná, com o fito de declarar a inconstitucionalidade do decreto fluminense (Decreto 27.427/2000 – RICMS/RJ).

11. ADI 2.549-DF, de relatoria do Min. Ricardo Lewandowski: considerou-se inconstitucional o benefício fiscal concedido pelo Distrito Federal, o qual foi veiculado por meio de um empréstimo às empresas favorecidas pelo Programa de Promoção do Desenvolvimento Econômico Integrado e Sustentável do Distrito Federal (PRÓ-DF). A mencionada ADI foi proposta pelo Governador do Estado de São Paulo, com o fito de declarar a inconstitucionalidade da lei distrital (Lei 2.483/1999).

E, por fim, no mesmo sentido, com julgamento em 30.6.2011:

12. ADI 2.345-SC, de relatoria do Min. Cezar Peluso: considerou-se inconstitucional o benefício fiscal concedido pelo Estado de Santa Catarina, relativo ao cancelamento de notificações fiscais emitidas com base na Declaração de Informações Econômico-fiscais – DIEF (ano-base 1998) e à consequente restituição dos valores eventualmente recolhidos. A mencionada ADI foi proposta pelo Governador do Estado de Santa Catarina, com o fito de declarar a inconstitucionalidade de norma expedida no âmbito desse mesmo ente federativo (Lei 11.393/2000).

Como é sabido, segundo o art. 150, § 6º, *in fine*, da CF, combinado com o art. 1º, parágrafo único, I a V, da LC 24/1975, ficarão condicionados à autorização por deliberação dos Estados e Distrito Federal, na forma regulada por lei complementar federal (convênios), os seguintes benefícios: isenção, remissão, subsídio, redução de base de cálculo, concessão de crédito presumido, a devolução do tributo (total ou parcial, direta ou indireta, condicionada ou não) ao contribuinte (a responsável ou a terceiros) e quaisquer outros incentivos ou favores fiscais ou financeiro-fiscais.

Em uma perspectiva crítica, é fácil perceber que o convênio de ICMS não se confunde com a "lei", nem o CONFAZ com um "órgão do Legislativo". Assim, os integrantes de tal Conselho – geralmente, Secretários de Fazenda ou de Finanças – não podem, a pretexto de dispor sobre isenções de ICMS, "legislar" a seu respeito no lugar do Poder Legislativo de cada Estado e do Distrito Federal.

Tais convênios apenas integram o processo legislativo necessário à concessão dessas desonerações tributárias, que exsurgem, sim, jurídica e validamente, com o *decreto legislativo* ratificador do convênio interestadual, somente passando a valer como direito interno dos Estados e do Distrito Federal depois da ratificação.

A doutrina parece compartilhar a adotada postura crítica. Nas palavras pontuais de Alcides Jorge Costa, citado por Roque Antonio Carrazza,[28] "os convênios são uma fase peculiar do processo legislativo, em matéria de isenções de ICMS. Fase que limita a competência das Assembleias Legislativas, mas que não pode eliminá-la".

Geraldo Ataliba, também citado por Carrazza,[29] ratifica: "(...) o convênio não dá nem tira direito a nenhuma Fazenda e a nenhum contribuinte. Não cria direito de natureza tributária nem em benefício, nem em detrimento de ninguém. É mero pressuposto de exercício eficaz da competência isentadora dos legisladores ordinários estaduais".

No *iter* procedimental que comumente se adota, percebe-se que os convênios são celebrados pelos representantes do Poder Executivo estadual, cabendo aos chefes desse Poder, os governadores, ratificarem-nos. É evidente a estranheza do procedimento, o que nos faz duvidar de sua constitucionalidade quando se permite a ratificação dos convênios pelo mesmo Poder que os celebra, ferindo inexoravelmente

28. Roque Antonio Carrazza, *Curso de Direito Constitucional Tributário*, 29ª ed., São Paulo, Malheiros Editores, 2013, p. 247.

29. Idem, ibidem, p. 248.

os princípios da (I) *legalidade tributária* e (II) da *separação dos poderes*. Explicando em outros termos: (I) fere o Princípio da Legalidade por ser o poder de isentar correlato ao poder de instituir o tributo, exigindo-se subserviência aos ditames legais (art. 150, I, da CF; e arts. 9º; 97, I e VI; e 178, todos esses do CTN). Desse modo, como regra, somente uma norma jurídica emanada do Poder Legislativo pode isentar o sujeito passivo do pagamento do tributo. Por outro lado, a norma da Lei Complementar 24/1975 agride também o (II) Princípio Constitucional da Separação dos Poderes (art. 2º da CF), porque a separação harmônica dos entes federados não permite que um mesmo Poder (Executivo) possa criar direito e, ao mesmo tempo, homologar seu próprio ato.

Geraldo Ataliba,[30] nesse sentido, aduz:

> (...) Nestas assembleias são gestados os convênios, ou melhor, as "propostas de convênios". Em verdade o conteúdo dos convênios só passa a valer depois que as Assembleias Legislativas – casas onde se faz representar o povo dos Estados – ratificam os convênios prefirmados nas assembleias. Com efeito, não poderia um mero preposto do chefe do Executivo Estadual exercer competência tributária exonerativa. Esta é do ente Político, não é do Executivo nem do seu chefe, muito menos do preposto, destituível *ad nutum*. (...) (grifos do autor).

E arremata o tributarista,[31] discorrendo sobre a possível eiva à *federação*:

> Na verdade, qualquer proposta de que indireta ou remotamente tenda a abolir quer a federação, quer a república é igualmente proibida, inviável e insuscetível de sequer ser posta como objeto de deliberação. Basta enfraquece-las, reduzi-las, tender a esvaziá-las, reduzir-lhes a eficácia e já deve ser fulminada de inconstitucionalidade.

Por derradeiro, impende destacar que a EC 33/2001 previu, como mitigação ao princípio da legalidade tributária, a possibilidade de fixa-

30. Geraldo Ataliba, "Eficácia dos convênios para isenção do ICM", *Revista de Direito Tributário*, São Paulo, v. 11/12, pp. 99-123 (p. 110), 1980.
31. Idem, ibidem, pp. 115-116.

ção de alíquotas do ICMS-Combustível por meio de convênios, no âmbito do CONFAZ. O mandamento parece desvirtuar a competência privativa do Senado Federal, por nítida supressão de competência, na fixação de alíquotas do ICMS em operações interestaduais, bem como na estipulação de alíquotas máximas e mínimas nas operações internas. Em mais um criticável episódio, cogita-se da violação à forma federativa do Estado e à separação dos poderes, com a evidente supressão da competência do Poder Legislativo (Senado Federal), outorgando-se duvidosa chancela à atuação do Executivo.

7. Os incentivos fiscais e a redução das desigualdades sociais e regionais

Com o objetivo de reduzir as desigualdades sociais e regionais, a Constituição dispõe, em diversos comandos normativos, sobre formas tendentes a abolir tais discrepâncias, buscando a tomada de medidas consentâneas com o desenvolvimento socioeconômico do País.

É fato que a vigente Carta Política, em pelo menos *seis* dispositivos (*e.g.*, art. 1º, III; art. 151, I; art. 159, I, "c"; art. 161, II; art. 165, § 7º; e art. 170, VII), recomenda providências objetivando a redução dessas desigualdades existentes no Brasil.

O art. 1º, III, da CF, tratando da *dignidade da pessoa humana*, convalida todos os direitos e garantias fundamentais no ordenamento jurídico. Com efeito, a

> *dignidade da pessoa humana* é um valor supremo que atrai o conteúdo de todos os direitos fundamentais do homem, desde o direito à vida. (...) Daí decorre que a ordem econômica há de ter por fim assegurar a todos existência digna (art. 170), a ordem social visará a realização da justiça social (art. 193), a educação, o desenvolvimento da pessoa e seu preparo para o exercício da cidadania (art. 205) etc., não como meros enunciados formais, mas como indicadores do conteúdo normativo eficaz da dignidade da pessoa humana.[32]

32. José Afonso da Silva, *Curso de Direito Constitucional Positivo*, cit., p. 107 (grifos do autor).

Nesse sentido, a União poderá valer-se de incentivos fiscais como forma de assegurar a dignidade da pessoa humana nas diversas regiões do País, fomentando a economia e, consequentemente, o desenvolvimento como instrumento de inclusão social.

O art. 151, I, da CF também estabelcce uma política de fomento regional objetivando a promoção das regiões hipossuficientes. Conforme se expôs em momento anterior, o *princípio da uniformidade geográfica* impõe a instituição de tributo uniforme em todo o território nacional, admitindo que somente a União poderá conceder incentivos fiscais como veículo de equilíbrio e desenvolvimento socioeconômico.

Em outras palavras,

> o dispositivo não permite o estabelecimento de regimes tributários diversos entre as várias regiões. Consente apenas que para algumas delas, em virtude de suas características, possa haver incentivos. Note-se que tal figura supõe uma *política de fomento*, em que se exigem do seu destinatário certas ações. Diferenças tributárias sem que se verifique o fomento, mesmo que referidas a regiões menos favorecidas, são inconstitucionais.[33]

Nesse passo, o art. 151, I, combinado com o art. 43, § 2º, ambos da CF, são instrumentos capazes de efetivar os objetivos da República insculpidos no art. 3º, III, da CF, considerados princípios fundamentais, os quais visam erradicar a pobreza e a marginalização, bem como reduzir as desigualdades sociais.

Tendo em vista que as regiões Norte, Nordeste e Centro-Oeste apresentam-se como as áreas que mais sofrem marginalização, necessitando de suporte da União para promover o desenvolvimento socioeconômico, o constituinte reservou para essas áreas territoriais parte da arrecadação do *imposto de renda* e do *imposto sobre produtos industrializados*, conforme dispõe o art. 159, I, "c", da CF.

A redação do art. 159, I, da CF requer a disposição de *lei complementar* para estabelecer a forma como os recursos serão distribuídos,

33. Hamilton Dias de Souza, in Ives Gandra da Silva Martins (coord.), *Comentários ao Código Tributário Nacional*, vol. 1, São Paulo, Saraiva, 1998, pp. 8-9 (grifos nossos).

conforme o art. 161, II, da CF, cuja regulamentação foi disposta pela LC 63/1990, em seu art. 7º ("Dos recursos recebidos na forma do inciso II do art. 159 da Constituição Federal, os Estados entregarão, imediatamente, 25% (vinte e cinco por cento) aos respectivos Municípios, observados os critérios e a forma estabelecidos nos arts. 3º e 4º desta Lei Complementar").

Por sua vez, o art. 165, § 7º, da CF dispõe que o orçamento compatibilizado no plano plurianual terá a função de reduzir as desigualdades sociais regionais. Vê-se que o constituinte procurou resguardar benefícios às regiões que necessitam de proteção da União, no intuito de estimular o seu desenvolvimento socioeconômico:

> Art. 165. Leis de iniciativa do Poder Executivo estabelecerão: (...)
>
> III – os orçamentos anuais.
>
> (...)
>
> § 5º. A lei orçamentária anual compreenderá:
>
> I – o orçamento fiscal referente aos Poderes da União, seus fundos, órgãos e entidades da administração direta e indireta, inclusive fundações instituídas e mantidas pelo Poder Público;
>
> II – o orçamento de investimento das empresas em que a União, direta ou indiretamente, detenha a maioria do capital social com direito a voto;
>
> (...)
>
> § 7º. Os orçamentos previstos no § 5º, I e II, deste artigo, compatibilizados com o plano plurianual, *terão entre suas funções a de reduzir desigualdades inter-regionais, segundo critério populacional* (grifos nossos).

E mais: o constituinte julgou oportuno estipular prazo para que essa garantia fosse observada, conforme se depreende do art. 35 do ADCT:

> Art. 35. O disposto no art. 165, § 7º, será cumprido de forma progressiva, *no prazo de até dez anos*, distribuindo-se os recursos entre as regiões macroeconômicas em razão proporcional à população, a partir da situação verificada no biênio 1986-87 (grifos nossos).

Por fim, no que tange aos princípios gerais da atividade econômica, o constituinte também demonstrou preocupação com a redução das desigualdades sociais. O art. 170, VII, da CF assim dispõe:

> Art. 170. A ordem econômica, fundada na valorização do trabalho humano e na livre-iniciativa, tem por fim assegurar a todos existência digna, conforme os ditames da justiça social, observados os seguintes princípios:
>
> (...)
>
> VII – redução das desigualdades regionais e sociais;

A busca da redução dessas discrepâncias é princípio que se revela mais tipicamente como um dos objetivos da ordem econômica,[34] pois visa promover a justiça fiscal de modo a assegurar a existência digna a todos. Dessa forma, a Constituição, com a finalidade de satisfazer o objetivo disposto no art. 3º, III, da CF, em diversos comandos, almeja programaticamente amenizar as diferenças sociais no território nacional.

Os incentivos fiscais tendem a ser mecanismos, quando usados corretamente, capazes de reduzir as injustiças sociais, porquanto atraem empresas às regiões que necessitam de desenvolvimento socioeconômico e, consequentemente, impulsionam o fomento de atividades tendentes a solidificar uma estrutura e inclusão social.

Naturalmente, a execução dos comandos constitucionais que visam à redução das desigualdades sociais deve ser orientada a buscar a *justiça social*. Desse modo, não bastam a concessão de isenções, a redução de alíquotas ou de base de cálculo, a oferta de créditos presumidos, a dispensa de pagamentos ou qualquer outro benefício fiscal, como medidas divorciadas de uma política efetivamente capaz de estimular a atividade econômica e social nas regiões incentivadas. Isso transformará o *incentivo fiscal* em desincentivo ao País e, fundamentalmente, em desvirtuamento da vontade do constituinte.

Bibliografia

AMARO, Luciano. *Direito Tributário Brasileiro*. 14ª ed. São Paulo, Saraiva, 2008.

34. V. José Afonso da Silva, *Curso de Direito Constitucional Positivo*, cit., p. 768.

ATALIBA, Geraldo. "Eficácia dos convênios para isenção do ICM". *Revista de Direito Tributário*. São Paulo, v. 12/11, pp. 1980 ,123-99.

BORGES, José Souto Maior. "Sobre as isenções, incentivos e benefícios fiscais relativos ao ICMS". *Revista Dialética de Direito Tributário*. São Paulo, n. 6, pp. 73-69, mar. 1996.

CARRAZZA, Roque Antonio. *Curso de Direito Constitucional Tributário*. 29ª ed. São Paulo, Malheiros Editores, 2013.

CATÃO, Marcos André Vinhas. *Regime Jurídico dos Incentivos Fiscais*. Rio de Janeiro, Renovar, 2004.

CUNHA JR., Dirley da. *Curso de Direito Constitucional*. 2ª ed. Salvador, JusPodivm, 2008.

HARADA, Kiyoshi. *Direito Financeiro e Tributário*. 7ª ed. São Paulo, Atlas, 2001.

LIMA, Gustavo. "Aprovada PEC que prorroga a Zona Franca de Manaus". *Jornal da Câmara*. Brasília, ano 16, n. 3.161, p. 20 ,3 mar. 2014. Plenário.

MACHADO, Hugo de Brito. *Curso de Direito Tributário*. 36ª ed. São Paulo, Malheiros Editores, 2015.

MARTINS, Ives Gandra da Silva. "Empresa sediada na Zona Franca de Manaus que usufrui benefícios fiscais da Lei Amazonense n. 03/2.826 – Autuação indevida da depositante de mercadorias da região, pelo Estado de São Paulo que, inclusive, estendeu a responsabilidade solidária à controladora da empresa amazonense – Ilegalidades e inconstitucionalidades do auto lavrado, à luz do artigo 40 do ADCT da Constituição Federal". *Revista de Estudos Tributários*. São Paulo, n. 85, pp. 245-219, maio-jun. 2012. (Parecer jurídico – Seção Especial.)

________. *Grandes Questões Atuais do Direito Tributário*. ROCHA, Valdir de Oliveira (coord.). vol. 16. São Paulo, Dialética, 2012.

________. "Teleologia dos incentivos fiscais aprovados pela Suframa". *Revista Dialética de Direito Tributário*. São Paulo, n. 194, pp. 80-74, nov. 2011.

MATTOS, Aroldo Gomes de. "A natureza e o alcance dos convênios em matéria do ICMS". *Revista Dialética de Direito Tributário*. São Paulo, n. 79, pp. 18-7, abr. 2002.

MAZZUOLI, Valerio de Oliveira. *Curso de Direito Internacional Público*. 3ª ed. rev., atual. e ampl. São Paulo, Ed. RT, 2009.

MELO, José Eduardo Soares de. *Curso de Direito Tributário*. 8ª ed. São Paulo, Dialética.

MONTEIRO NETO, Nelson. "Cofins e PIS – Vendas de produtos nacionais para consumo ou industrialização na Zona Franca de Manaus e estímulos fiscais". *Revista Dialética de Direito Tributário*. São Paulo, n. 86, pp. 96-91, nov. 2002.

NOGUEIRA, Ruy Barbosa. *Curso de Direito Tributário*. 14ª ed. São Paulo, Saraiva, 1995.

PAULSEN, Leandro. *Direito Tributário: Constituição e Código Tributário à Luz da Doutrina e da Jurisprudência*. 14ª ed. Porto Alegre, Livraria do Advogado; ESMAFE, 2012.

SARAIVA FILHO, Oswaldo Othon de Pontes. "O direito internacional e o sistema tributário brasileiro". *Revista Fórum de Direito Tributário* (*RFDT*). Belo Horizonte, v. 25, pp. 3-9, jan.-fev. 2007.

SILVA, José Afonso da. *Curso de Direito Constitucional Positivo*. 39ª ed. São Paulo, Malheiros Editores, 2015.

SOUZA, Hamilton Dias de. In MARTINS, Ives Gandra da Silva (coord.). *Comentários ao Código Tributário Nacional*. vol. 1. São Paulo, Saraiva, 1998.

REGIME JURÍDICO DOS INCENTIVOS FISCAIS

GUSTAVO MIGUEZ DE MELLO
LUIZ CARLOS MARQUES SIMÕES

Considerações preliminares. 1. Introdução: 1.1 Incentivos e benefícios fiscais – Conceito, características, técnicas utilizadas na sua concessão – 1.2 Instrumentos ou técnicas para a concessão dos incentivos/benefícios fiscais. 2. Isenções heterônomas e os tratados internacionais. 3. Princípio da igualdade. 4. Respostas às questões.

Considerações preliminares

As diversas questões formuladas versam sobre o regime jurídico dos incentivos e benefícios fiscais, sua conceituação, limites formais e materiais à sua concessão, sua eficácia e legitimidade perante as garantias e princípios constitucionais, principalmente os da legalidade, da igualdade/isonomia e segurança jurídica.

Considerações iniciais sobre o tema são necessárias com vistas à fixação do seu conteúdo e alcance antes de respondermos às questões formuladas.

1. Introdução

1.1 Incentivos e benefícios fiscais – Conceito, características, técnicas utilizadas na sua concessão

1.1.1 Tendo em vista a natureza predominantemente tributária das questões formuladas, ocupar-nos-emos do exame dos benefícios e incentivos fiscais principalmente sob a ótica do direito tributário, levando em consideração sempre as finalidades econômicas e de política fiscal visadas pelo legislador constitucional.

Como ensina Gerald Gunther, "the manner in which taxes are imposed and the way in which revenues are spent have significant regulartory impacts".[1] O tributo não pode ser utilizado invadindo o poder de regular de outro membro da federação. Essa questão é discutida no que concerne aos tributos regulatórios, como, por exemplo, o imposto territorial rural e o imposto de importação. O primeiro, como é sabido, visa induzir o contribuinte a utilizar eficientemente a terra em suas atividades agrícolas e pastoris, sem se descuidar de sua finalidade social. O último visa primordialmente desestimular o contribuinte na importação de bens e mercadorias, adquirindo-os no mercado doméstico e, por via de consequência, estimulando o desenvolvimento da indústria local.

Parece-nos interessante que o tema também seja debatido no caso de incentivos fiscais, os quais, à semelhança do que ocorre com os tributos regulatórios, têm a finalidade de influenciar ou mudar o comportamento do contribuinte. Não seria admissível legitimar um incentivo estadual ou municipal que induzisse o contribuinte a desatender ao disposto no direito civil, matéria de competência privativa da União.

Gustavo Miguez de Mello examinou a questão da utilização de tributos para regular matéria de competência alheia em trabalho publicado pela *International Fiscal Association*, no *Cahiers de Droit Fiscal International*.[2] Por oportuno, transcrevemos suas considerações:

> 3 – CONSTITUTIONAL LIMITATIONS ON THE CREATION OF PROPERTY TAXES HAVING EXTRA FISCAL PURPOSES AND SOME ECONOMIC ASPECTS THEREOF
>
> 3.1 In addition to taxes whose only purpose is to raise revenue, which are known as neutral taxes (currently I would say only neutral tax), and which arise, solely from the tax power, there are of course other taxes of a regulatory nature having non-revenue objectives and which, arise from two, separate, powers, the tax power and the police power.
>
> 3.2 The competence of any specific member of the Federation to levy any regulatory taxes, also known as tax having extra-fiscal purposes, and

1. Gerald Gunther, *Constitucional Law*, 11ª ed., Mineola, New York, the Foundation Press Inc., 1985, p. 192.

2. Vol. 53, t. II, pp. 101-102.

the competence to use taxes which are reserved and of the members of the Federation, as instruments for regulating a particular activity are as we shall see, related problems and were the object of the first tax studies based on the new Brazilian Constitution which came into effect on March 15th, 1967.

3.3 Seligman[3] taught that, particularly in a federal system, each sphere of government may only regulate directly, or through taxation, the use, enjoyment or exercise of rights for whose regulation they had constitutional competence.

3.4 It would be inconceivable to assume that the Constitution granted the power to levy regulatory taxes to a member of the Federation different from the one to whom it granted the original power to regulate the a activity itself any contrary understanding would lead to the absurdity of allowing different members of the same Federation to enact rules with conflicting purposes on the same matter.

3.5 In other words if the Constitution originally granted a particular member of the Federation the police power over a particular subject matter, the utilization by another member of the Federation of the power to enact regulatory taxes would be an invasion of constitutional competence because "the Constitution does not destroy. Consequent, it cannot tolerate an interpretation which annihilates it".[4]

3.6 It is a necessary conclusion that only in those cases where the Constitution has granted both the tax power and police power over a particular activity or right to the same member of the Federation, may such member institute regulatory or extra-fiscal taxes, without prejudice to the remaining constitutional limitations and safeguards.

3.7 If, therefore, the Constitution grants the right to levy a tax to a member of the Federation other than the one competent to regulate the matter, such tax cannot have extra-fiscal or regulatory purposes.

3.8 the power to tax does not imply, by itself, the power to destroy as was supposed; only when both powers are held by the same member of the federation may a situation be destroyed through taxation. (Excede o âmbito do presente trabalho a análise da recente evolução da jurispru-

3. *Essais sur l'impot*, French translation by Louis Suret *apud* Ruy Barbosa Nogueira, *Rev. Direito Administrativo*, v. 89, p. 423.

4. Aliomar Baleeiro, *Uma Introdução à Ciência das Finanças*, 2ª ed., vol. I, n. 237, Rio de Janeiro, Forense, 1958, p. 355.

dência da Suprema Corte americana sobre a matéria. Se o leitor quiser acompanhá-la, poderá recorrer ao artigo de Robert D. Cooter e Neil S. Siegel, disponível em <www.yalelawjournal.org>.)

O legislador constitucional brasileiro demonstrou estar ciente da possibilidade de o exercício do poder de tributar por um membro da federação prejudicar a regulação adequada da matéria por outro. Nesse sentido, a Constituição disciplinou detalhadamente o poder de tributar (ver por exemplo arts. 146 a 156, 194, V, e 195) e o poder de regular (ver por exemplo arts. 21 a 25 e 30) atribuídos aos membros da federação. Por oportuno, ao julgar a Medida Cautelar 1.332/RJ, o Plenário do STF, no voto vencedor proferido pelo Ministro Sydney Sanches, relator, disse: "no que concerne ao requerimento de medida cautelar, devo reportar-me, de início, aos termos da petição inicial da ação direta de inconstitucionalidade".[5] A referida petição adotada como fundamento para o acórdão deixa claro que a finalidade da atribuição à União de instituir imposto sobre crédito, câmbio e seguros não foi a de propiciar competência impositiva ao referido órgão da federação, mas a de retirá-lo aos Estados e Municípios para evitar que o uso mal avisado dela pudesse interferir na competência regulatória federal.[6]

A atenção do legislador constitucional brasileiro para questões de tributar e regular a matéria é também evidenciada pela letra "a", X, § 2º, do art. 155 da Carta Política, que proíbe a incidência do ICMS nas operações que destinem mercadorias para o exterior e do ISS nos serviços prestados a destinatários no exterior.

1.1.2 Benefícios e incentivos fiscais são estímulos com finalidades extrafiscais ou regulatórias muito utilizados no mundo inteiro pelo poder público como instrumento de fomento de suas políticas destinadas principalmente ao desenvolvimento econômico e social. Em nosso País têm sido amplamente empregados pelos quatro entes federados – União, Estados, Distrito Federal e Municípios – nem sempre com a observância rígida dos princípios e normas constitucionais e

5. *RTJ*, v. 164, p. 73. A referida petição foi subscrita por Gustavo Miguez de Mello e Marcos Jorge Caldas Pereira.

6. *RTJ*, v. 164, p. 80.

das regras infraconstitucionais. E por isso mesmo, têm dado origem à denominada guerra fiscal.

A expressividade do montante dessa desoneração tributária em nosso caso foi da ordem de, pelo menos, R$ 203,7 bilhões no ano de 2013 e, no ano de 2012, de R$ 172 bilhões. Estes são dados resultantes de auditoria conduzida pelo Tribunal de Contas da União (TCU), tendo por base relatórios da Receita Federal, conforme notícia divulgada sob o título "Risco para o equilíbrio fiscal" no caderno de economia do jornal *O Globo*, no dia 21 de maio de 2014, p. 19. É o próprio TCU que avalia: "o crescimento dos valores renunciados em consequência dos benefícios tributários concedidos pode apresentar riscos para o equilíbrio fiscal e o alcance de metas e resultados planejados". Com o argumento de que a economia precisa de incentivos para crescer e gerar empregos, o governo tem ampliado significativamente as renúncias tributárias desde a crise de 2008, com destaque para a redução e isenção do Imposto sobre Produtos Industrializados (IPI) de vários segmentos econômicos, bem como a desoneração da folha de pagamentos do setor produtivo. Dentro das citadas cifras foram considerados incentivos tributários já consolidados, como a Zona Franca de Manaus e os investimentos da Superintendência de Desenvolvimento do Nordeste, mas não foram levados em conta benefícios financeiros e creditícios, segundo ainda o TCU.

Muitos renomados economistas consideram os incentivos fiscais um dos pilares da ciência econômica. Asseveram eles que as pessoas adoram e reagem a incentivos. Nas palavras dos economistas da Universidade de Chicago Steven D. Levitt e Stephen J. Dubner, são "a pedra angular da vida moderna e que a economia é, basicamente, o estudo dos incentivos".[7] A apologia desse estímulo fiscal no mundo econômico é tamanha que "o economista em geral acredita que o mundo ainda não inventou um problema que ele não seja capaz de resolver se tiver liberdade para conceber o necessário esquema de incentivos", nas palavras de Michael J. Sandel.[8]

Comecemos situando a matéria no âmbito de nossa Carta Magna. De acordo com o art. 41 do Ato das Disposições Constitucionais Transitórias (ADCT), os poderes executivos dos entes federados reavaliarão

7. Steven D. Levitt e Stephen J. Dubner – páginas iniciais do livro *Freakonomics*.

8. Michael J. Sandel, *O que o Dinheiro não Compra: os Limites Morais do Mercado*, trad. de Clovis Marques, Rio de Janeiro, Civilização Brasileira, 2012, pp. 85-86.

todos os incentivos fiscais setoriais com vistas à proposição aos poderes legislativos de medidas cabíveis, as quais se devem em razão da revogação automática daqueles após dois anos da data de publicação da Constituição. Contudo, dita revogação respeitará os direitos e garantias fundamentais amparados, entre outros, no princípio da segurança jurídica nas vertentes do ato jurídico perfeito, da coisa julgada e do direito adquirido (art. 5º, XXXVI, da CF/1988). Daí a exceção prevista em relação aos incentivos concedidos sob condição e com prazo certo e os concedidos por convênios entre os Estados.[9]

Inobstante a vedação constitucional da concessão de isenção heterônoma (art. 151, III, da CF/1988), exceção é feita na implementação de incentivos fiscais destinados à promoção e ao equilíbrio do desenvolvimento socioeconômico entre as diversas regiões do País.[10] A mesma prerrogativa também existe no caso de ações dentro do mesmo complexo geoeconômico e social voltadas ao desenvolvimento e à redução das desigualdades regionais, cabendo à lei complementar dispor a respeito.[11]

9. "Art. 41. Os Poderes Executivos da União, dos Estados, do Distrito Federal e dos Municípios reavaliarão todos os incentivos fiscais de natureza setorial ora em vigor, propondo aos Poderes Legislativos respectivos as medidas cabíveis.

§ 1º. Considerar-se-ão revogados após dois anos, a partir da data da promulgação da Constituição, os incentivos que não forem confirmados por lei.

§ 2º. A revogação não prejudicará os direitos que já tiverem sido adquiridos, àquela data, em relação a incentivos concedidos sob condição e com prazo certo.

§ 3º. Os incentivos concedidos por convênio entre Estados, celebrados nos termos do art. 23, § 6º, da Constituição de 1967, com a redação da Emenda n. 1, de 17 de outubro de 1969, também deverão ser reavaliados e reconfirmados nos prazos deste artigo."

10. "Art. 151. É vedado à União:

I – instituir tributo que não seja uniforme em todo o território nacional ou que implique distinção ou preferência em relação a Estado, ao Distrito Federal ou a Município, em detrimento de outro, *admitida a concessão de incentivos fiscais destinados a promover o equilíbrio do desenvolvimento socioeconômico entre as diferentes regiões do País.*"

11. "Art. 43. Para efeitos administrativos, a União poderá articular sua ação em um mesmo complexo geoeconômico e social, visando a seu desenvolvimento e à redução das desigualdades regionais.

§ 1º. Lei complementar disporá sobre:

I – as condições para integração de regiões em desenvolvimento;

II – a composição dos organismos regionais que executarão, na forma da lei, os planos regionais, integrantes dos planos nacionais de desenvolvimento econômico e social, aprovados juntamente com estes.

Em consonância com os arts. 70 e 165, § 6º, da Constituição, que dispõem sobre o controle das receitas com vistas a promover o equilíbrio financeiro entre os entes federados, e como forma de disciplinar a concessão desses estímulos, foi promulgada a Lei Complementar 101, de 4.5.2000 (Lei de Responsabilidade Fiscal – LRF), a qual dispõe sobre as regras relacionadas com a instituição, previsão e arrecadação de tributos, bem como sobre as condições e os limites para a renúncia fiscal. Seu art. 14 dispõe sobre as regras para a concessão ou ampliação de incentivo fiscal de que decorra renúncia de receita, cuja enumeração consta de seu § 1º.[12]

Com efeito, a renúncia de receita compreende: anistia, remissão, subsídio, crédito presumido, concessão de isenção em caráter não geral, alteração de alíquota ou modificação de base de cálculo que implique redução discriminada de tributos ou contribuições e outros benefícios que correspondam a tratamento diferenciado.

Sobre renúncia de receita é pertinente o ensinamento de Ives Gandra da Silva Martins e Carlos Valder do Nascimento: "desistência do direito sobre determinado tributo, por abandono ou desistência expressa do ente federado competente para sua instituição".[13]

§ 2º. Os incentivos regionais compreenderão, além de outros, na forma da lei:

I – igualdade de tarifas, fretes, seguros e outros itens de custos e preços de responsabilidade do Poder Público;

II – juros favorecidos para financiamento de atividades prioritárias;

III – isenções, reduções ou diferimento temporário de tributos federais devidos por pessoas físicas ou jurídicas;"

12. "Art. 14. *A concessão ou ampliação de incentivo ou benefício* de natureza tributária de que decorra renúncia de receita deverá estar acompanhada de estimativa do impacto orçamentário-financeiro no exercício em que deva iniciar sua vigência e nos dois seguintes, atender ao disposto na lei de diretrizes orçamentárias e a pelo menos uma das seguintes condições:

I – demonstração pelo proponente de que a renúncia foi considerada na estimativa de receita da lei orçamentária, na forma do art. 12, e de que não afetará as metas de resultados fiscais previstas no anexo próprio da lei de diretrizes orçamentárias;

II – estar acompanhada de medidas de compensação, no período mencionado no *caput*, por meio do aumento de receita, proveniente da elevação de alíquotas, ampliação da base de cálculo, majoração ou criação de tributo ou contribuição.

§ 1º. *A renúncia compreende anistia, remissão, subsídio, crédito presumido, concessão de isenção em caráter não geral, alteração de alíquota ou modificação de base de cálculo que implique redução discriminada de tributos ou contribuições, e outros benefícios que correspondam a tratamento diferenciado.*

(...)."

13. "(...) a desistência do direito sobre determinado tributo, por abandono ou desistência expressa do ente federativo competente para a sua instituição. De sorte

Enquanto órgão normativo e regulador da atividade econômica, o Estado deve promover o desenvolvimento econômico e social, como determina o art. 174 da CF/1988. Tal poder-dever é possível inclusive através da concessão de incentivos fiscais para estimular o desenvolvimento econômico e social em função de situações específicas dos beneficiados. Contudo, a concessão de quaisquer benefícios e incentivos fiscais está condicionada aos ditames constitucionais, à lei complementar e à legislação ordinária, como são exemplos, respectivamente, (a) as imunidades asseguradas aos livros, jornais e o papel destinado à sua impressão; (b) as isenções da Lei Kandir (LC 87/1996), como é o caso do ICMS sobre as mercadorias exportadas; e (c) os benefícios e incentivos estabelecidos pelo Conselho Nacional de Política Fazendária – CONFAZ.

Como aqui já mencionado, para que haja renúncia de receita é imprescindível que os benefícios/incentivos tenham natureza específica, discriminada e tratamento diferenciado. E o vocábulo *benefício* consiste numa "restrição que a lei admite, em certos casos, a fim de favorecer determinadas pessoas com características especiais", conforme o *Dicionário Houaiss Eletrônico da Língua Portuguesa*.[14]

Pode-se inferir que o substantivo *restrição* é característica imanente ao benefício fiscal. Isso porque se fosse de caráter geral não teríamos uma mudança estrutural, mas sim de um benefício para todos os casos específicos com as mesmas características.

Pode-se, ademais, asseverar que se trata efetivamente de um privilégio legítimo, como tantos outros existentes no Direito brasileiro. Entre eles, exemplificamos com a técnica de desoneração obtida com a isenção de tributos. Os fatores motivacionais mais comumente utilizados na concessão dos benefícios fiscais são de natureza social, educacional, política e econômica.

1.1.3 Vejamos agora a orientação jurisprudencial pátria. Pela oportunidade e lição lapidar reproduzimos excerto de manifestação do Supremo Tribunal Federal, de seguinte teor:

que importa sempre num abandono ou numa desistência voluntária, pela qual o titular de um direito deixa de usá-lo ou anuncia que não o quer utilizar. Nesse caso, a renúncia decorre de concessão de incentivos fiscais" (Ives Gandra da Silva Martins e Carlos Valder do Nascimento (orgs.), *Comentários à Lei de Responsabilidade Fiscal*, São Paulo, Saraiva, 2001, p. 94).

14. Antônio Houaiss, *Dicionário Houaiss Eletrônico da Língua Portuguesa*, Rio de Janeiro, Objetiva, 2009.

a concessão desse benefício isencional traduz ato discricionário que, fundado em juízo de conveniência e oportunidade do Poder Público, destina-se, a partir de critérios racionais, lógicos e impessoais estabelecidos de modo legítimo em norma legal, a implementar objetivos estatais nitidamente qualificados pela nota da extrafiscalidade. *A exigência constitucional de lei formal para a veiculação de isenções em matéria tributária atua como insuperável obstáculo à postulação da parte recorrente, eis que a extensão dos benefícios isencionais, por via jurisdicional, encontra limitação absoluta no dogma da separação de poderes. Os magistrados e Tribunais – que não dispõem de função legislativa – não podem conceder, ainda que sob fundamento de isonomia, o benefício da exclusão do crédito tributário em favor daqueles a quem o legislador, com apoio em critérios impessoais, racionais e objetivos, não quis contemplar com a vantagem da isenção.* Entendimento diverso, que reconhecesse aos magistrados essa anômala função jurídica, equivaleria, em última análise, a converter o Poder Judiciário em inadmissível legislador positivo, condição institucional esta que lhe recusou a própria Lei Fundamental do Estado (AI 142.348 AgR, rel. Min. Celso de Mello, j. em 2.8.1994, 1ª Turma, *DJ* de 24.3.1995). AI 744.887 AgR, rel. Min. Ayres Britto, j. em 13.3.2012, 2ª Turma, *DJe* de 12.4.2012; AI 360.461 AgR, rel. Min. Celso de Mello, j. em 6.12.2005, 2ª Turma, *DJe* de 28.3.2008 (grifo nosso).

De maneira clara e proficiente, a referida decisão do STF declara que o benefício fiscal se traduz num regime especial de tributação definindo um favor fiscal exclusivamente àqueles que têm as mesmas características estabelecidas na norma legal, tendo em vista os objetivos extrafiscais ou regulatórios resguardados pelo poder público.

Inobstante o estabelecimento dos contornos jurídicos do benefício fiscal, a distinção entre benefício e incentivo fiscal continua enfrentando dificuldades. Ora se usa o termo *benefício fiscal*, ora se usa *incentivo fiscal*, como podemos constatar das seguintes decisões:

Tributário – Incentivos fiscais – Zona Franca de Manaus – Alteração de regime legal de isenção – Inocorrência – Vigência, ao tempo da concessão da isenção, das exigências impugnadas pela impetrante, a que fazem referência os próprios atos concessivos – Natureza dos bens fabricados pela impetrante. Circunstância de fato controvertida, não passível de elucidação na via mandamental. 1. À época da concessão dos *incentivos fiscais* à impetrante (por Resoluções datadas de 1999 e 2000), já estava em vigor a Lei 8.387, de 20/12/2001, que, em seu artigo 2º, § 3º, impunha como condição para *usufruir do benefício*, entre outras, a aplicação anual de no mínimo cinco por cento do seu faturamento bruto no mercado interno decorrente da comercialização de bens e serviços de informática, deduzidos os tributos correspondentes a tais comercializações, em atividades de pesquisa e desenvolvimento a serem realizadas na Amazônia. 2. A submissão do *incentivo concedido* às exigências da Lei 8.387/91, aliás, constou expressamente dos atos administrativos de concessão. 3. Bem se vê, portanto, que não houve qualquer modificação de regime legal superveniente à concessão *do benefício*. (...) 5. Recurso especial provido (REsp 509.802/AM, rel. Min. José Delgado, rel. p/ acórdão Min. Teori Albino Zavascki, 1ª Turma, j. em 23.8.2005, p. 191) (grifos nossos).

Tributário – Recurso Especial – IPI – Isenção – Importação de mercadorias – Transporte em navio de bandeira estrangeira – Art. 3º, §§ 2º e 3º, do Decreto-lei n. 666/69 – Certificado de liberação de carga, art. 111, inciso II, do CTN. 1. O STJ, orientando-se no sentido de que a isenção do IPI rege-se pela Lei n. 9.000/95 conjugada com o Decreto-lei n. 666/69, firmou entendimento de que o *benefício fiscal* somente seria concedido caso o transporte da mercadoria importada fosse feito em navio brasileiro, e, não sendo possível, em navio de outra bandeira, mediante expressa liberação da Superintendência Nacional da Marinha Mercante, na forma do § 2º do art. 3º do citado decreto-lei. 2. Segundo a exegese do art. 111, inciso II, do CTN, a legislação tributária que outorga a isenção deve ser interpretada literalmente. 3. Recurso especial provido (REsp 297.641/CE, rel. Min. João Otávio de Noronha, 2ª Turma, j. em 6.12.2005, *DJ* de 1º.2.2006, p. 475) (grifos nossos).

Destaque para a manifestação do STF, ao julgar o RE 577.348, sobre o conceito de incentivos fiscais: "incentivos ou estímulos fiscais são todas as normas jurídicas ditadas com finalidades extrafiscais de promoção do desenvolvimento econômico e social que excluem total ou parcialmente o crédito tributário".

Até aqui podemos inferir com segurança que não há no ordenamento jurídico pátrio um conceito do que são benefícios e incentivos fiscais, como existe no direito positivo de alguns países, como é o caso de Portugal. Vejamos o que dispõe a respeito o Estatuto de Benefícios de Portugal.[15]

> Art. 2º. Conceito de benefício fiscal e de despesa fiscal e respectivo controle.
>
> 1. Consideram-se benefícios fiscais as medidas de caráter excepcional instituídas para tutela de interesses públicos extrafiscais relevantes que sejam superiores aos da própria tributação que impedem.
>
> 2. São benefícios fiscais as isenções, as reduções de taxas, as deduções à matéria coletável e à coleta, as amortizações e reintegrações aceleradas e outras medidas fiscais que obedeçam às características enunciadas no número anterior.
>
> 3. Os benefícios fiscais são considerados despesas fiscais, as quais podem ser previstas no orçamento do Estado ou em documento anexo e, sendo caso disso, nos orçamentos das Regiões Autônomas e das autarquias locais.

E no art. 4º do citado Estatuto encontramos o que são os desagravamentos fiscais, que não são benefícios fiscais:

> 1. Não são benefícios fiscais as situações de não sujeição tributária.
>
> 2. Para efeitos do disposto no número anterior, consideram-se, genericamente, não sujeições tributárias as medidas fiscais estruturais de caráter normativo que estabeleçam delimitações negativas expressas da incidência.

Interessante a manifestação da Superintendência de Normas da Receita Pública do Estado de Mato Grosso ao examinar a questão dos benefícios e incentivos fiscais a propósito do Programa de Desenvolvimento do Estado. Após discorrer sobre o tema levando em conta a doutrina, a jurisprudência, as normas constitucionais e infraconstitucionais, especialmente a constante do art. 14 da LRF, a citada Superintendência elaborou parecer designado de Norma Técnica 10/2009, cuja conclusão foi a seguinte:

15. Decreto-lei 215/1989, de 1º.7.1989, republicado pelo Decreto-lei 108, de 26.6.2008.

Benefícios fiscais são medidas de caráter excepcional, relevantes, instituídas para tutelar interesses públicos extrafiscais que sejam superiores aos da própria tributação que impedem. Já incentivos fiscais, também situados no âmbito da extrafiscalidade, consistem na redução do *quantum debeatur* de natureza tributária, ou mesmo na eliminação da exigibilidade. Sua instituição, quando legítima, representa instrumento de ação econômica e social objetivando a concessão do bem comum.

Ainda na dicção da citada Nota Técnica,

Benefício fiscal é toda liberalidade tributária que vise a atender interesse público de qualquer ordem, ao passo que incentivo, sendo benefício específico, é um instrumento capaz de satisfazer interesse de ordem econômica e social, como geração de empregos, aumento de salários, redução de preços de produtos, etc. Resumindo, o incentivo fiscal estimula atividades econômicas em troca de contrapartidas de ordem social.

1.1.4 De todo o exposto, podemos formular as seguintes conclusões:

(a) os vocábulos *incentivo* e *benefício fiscal* são utilizados em nossa legislação de maneira indistinta e simultaneamente num mesmo sentido, não havendo a definição de um e outro, como se pode inferir, inclusive, do art. 155, § 2º, XII, "g", da CF/1988; do art. 1º, IV, da Lei Complementar 24, de 1975; e do art. 14 da LRF. Ambos estão submetidos ao mesmo regime jurídico;

(b) o benefício fiscal é toda norma tributária de natureza liberal, excepcional, relevante, com natureza extrafiscal ou regulatória, destinada a tutelar interesse de qualquer ordem dos entes federados; pode implicar a renúncia de parte ou toda a receita tributária em troca de investimento em atividades ou operações por eles estimuladas; e

(c) o incentivo fiscal tem a mesma natureza e regime do benefício fiscal, porém pode ser diferençado desse último pelo seu caráter específico direcionado ao estímulo de atividade econômica em troca de contrapartida de ordem social. Pode-se ainda dizer que o incentivo é espécie do gênero benefício fiscal, residindo sua diferença na motivação de sua origem.

1.2 Instrumentos ou técnicas para a concessão dos incentivos/benefícios fiscais

Vários são os instrumentos ou técnicas de que dispõem os entes federados para a concessão desses estímulos fiscais para implantação de suas políticas. E seus principais motivos são: (i) social; (ii) cultural e educacional; (iii) filantrópico e humanitário; (iv) político; (v) administrativo; e (vi) econômico.

Antes de discorrermos propriamente sobre tais instrumentos, vejamos inicialmente as normas constitucionais e o Ato das Disposições Constitucionais Transitórias (ADCT) relacionados com: (i) a organização do Estado; (ii) os direitos e garantias fundamentais; (iii) a ordem econômica, social e financeira; e (iv) principalmente as limitações ao poder de tributar.

Como é sabido, encontram-se no mesmo nível das normas constitucionais, que não configurem cláusulas pétreas, aquelas constantes do ADCT. Prescreve o seu art. 41: "Os poderes Executivos da União, dos Estados, do Distrito Federal e dos Municípios reavaliarão todos os incentivos fiscais de natureza setorial ora em vigor, propondo aos Poderes Legislativos respectivos as medidas cabíveis".

Nossa Carta Política atribuiu poderes, entre outros, à União para agir num mesmo complexo geoeconômico e social com a finalidade de seu desenvolvimento e redução das desigualdades regionais, balizando os principais incentivos regionais, a saber: igualdade de tarifas, fretes e seguros; juros favorecidos; isenções ou diferimentos de tributos. Entretanto, sem prejuízo de outras garantias individuais, impôs certas restrições aos entes federados, das quais destacamos: (a) impedimento de instituir imposto sobre determinados bens e pessoas; (b) necessidade absoluta de lei específica dos Poderes Executivos para a concessão de qualquer subsídio, isenção, redução de base de cálculo, anistia ou remissão de tributos, exceto quanto aos benefícios e incentivos de ICMS, os quais requerem lei complementar; (c) proibição à União de conceder isenção heterônoma e a instituição de tributo que não seja uniforme em todo o País ou que estabeleça distinção ou preferência em relação a Estado, ao Distrito Federal ou a Município, em detrimento de outro, excepcionando, no entanto, a concessão desses estímulos para a promoção do equilíbrio do desenvolvimento socioeconômico entre as diferentes regiões geográficas; e (d) vedou aos Estados, ao

Distrito Federal e aos Municípios o estabelecimento de diferenças tributárias entre bens e serviços em razão de sua procedência ou destino.[16]

Determinou ainda a Carta Magna que a União destinasse uma parte da receita do imposto de renda e do IPI para a aplicação em programas do setor produtivo das regiões Norte, Nordeste e Centro-Oeste, cabendo à lei complementar dispor sobre a forma, os meios e os critérios de utilização dos citados recursos com vistas à promoção do

16. "Art. 43. Para efeitos administrativos, a União poderá articular sua ação em um mesmo complexo geoeconômico e social, visando a seu desenvolvimento e à redução das desigualdades regionais.

(...)

§ 2º. Os incentivos regionais compreenderão, além de outros, na forma da lei:

I – igualdade de tarifas, fretes, seguros e outros itens de custos e preços de responsabilidade do Poder Público;

II – juros favorecidos para financiamento de atividades prioritárias;

III – isenções, reduções ou diferimento temporário de tributos federais devidos por pessoas físicas ou jurídicas;

IV – prioridade para o aproveitamento econômico e social dos rios e das massas de água represadas ou represáveis nas regiões de baixa renda, sujeitas a secas periódicas."

"Art. 150. Sem prejuízo de outras garantias asseguradas ao contribuinte, é vedado à União, aos Estados, ao Distrito Federal e aos Municípios:

(...)

VI – instituir impostos sobre:

a) patrimônio, renda ou serviços, uns dos outros;

b) templos de qualquer culto;

c) patrimônio, renda ou serviços dos partidos políticos, inclusive suas fundações, das entidades sindicais dos trabalhadores, das instituições de educação e de assistência social, sem fins lucrativos, atendidos os requisitos da lei;

d) livros, jornais, periódicos e o papel destinado a sua impressão;

§ 6º. *Qualquer subsídio ou isenção, redução de base de cálculo, concessão de crédito presumido, anistia ou remissão, relativos a impostos, taxas ou contribuições, só poderá ser concedido mediante lei específica, federal, estadual ou municipal, que regule exclusivamente as matérias acima enumeradas ou o correspondente tributo ou contribuição, sem prejuízo do disposto no art. 155, § 2º, XII, 'g'*" (grifo não consta do original).

"Art. 151. É vedado à União:

I – instituir tributo que não seja uniforme em todo o território nacional ou que implique distinção ou preferência em relação a Estado, ao Distrito Federal ou a Município, em detrimento de outro, *admitida a concessão de incentivos fiscais destinados a promover o equilíbrio do desenvolvimento socioeconômico entre as diferentes regiões do País.*

(...)

III – *instituir isenções de tributos da competência dos Estados, do Distrito Federal ou dos Municípios.*"

equilíbrio socioeconômico entre Estados e Municípios. Preocupou-se, ademais, com o equilíbrio orçamentário dos entes federados ao estabelecer as diretrizes a serem observadas pelos respectivos poderes executivos, sempre enfatizando a imperiosa necessidade de redução das desigualdades inter-regionais em função do critério populacional.[17]

Ocupar-nos-emos agora propriamente das técnicas ou instrumentos utilizados na concessão dos benefícios/incentivos fiscais, cujos principais compreendem: (i) a isenção em caráter não geral; (ii) a imunidade; (iii) a alteração de alíquota ou modificação de base de cálculo que implique redução discriminada de tributos ou contribuições; (iv) a remissão; (v) o subsídio; (vi) o crédito presumido; e (vii) a anistia.

Isenções – Instituto amplamente utilizado pelos entes federados como instrumento de política voltado principalmente para a promo-

17. "Art. 152. É vedado aos Estados, ao Distrito Federal e aos Municípios estabelecer diferença tributária entre bens e serviços, de qualquer natureza, em razão de sua procedência ou destino."

"Art. 159. A União entregará:

I – do produto da arrecadação dos impostos sobre renda e proventos de qualquer natureza e sobre produtos industrializados quarenta e oito por cento na seguinte forma:

(...)

c) três por cento, para aplicação em programas de financiamento ao setor produtivo das regiões Norte, Nordeste e Centro-Oeste, através de suas instituições financeiras de caráter regional, de acordo com os planos regionais de desenvolvimento, ficando assegurada ao semiárido do Nordeste a metade dos recursos destinados à Região, na forma que a lei estabelecer;"

"Art. 161. Cabe à lei complementar:

(...)

II – estabelecer normas sobre a entrega dos recursos de que trata o art. 159, especialmente sobre os critérios de rateio dos fundos previstos em seu inciso I, objetivando promover o equilíbrio socioeconômico entre Estados e entre Municípios;"

"Art. 165. Leis de iniciativa do Poder Executivo estabelecerão:

I – o plano plurianual;

II – as diretrizes orçamentárias;

III – os orçamentos anuais.

(...)

§ 6º. O projeto de lei orçamentária será acompanhado de demonstrativo regionalizado do efeito, sobre as receitas e despesas, decorrente de isenções, anistias, remissões, subsídios e benefícios de natureza financeira, tributária e creditícia.

§ 7º. Os orçamentos previstos no § 5º, I e II, deste artigo, compatibilizados com o plano plurianual, terão entre suas funções a de *reduzir desigualdades inter-regionais, segundo critério populacional.*"

ção e o desenvolvimento econômico, social, educacional, político. São elas hipóteses de não incidência tributária legalmente qualificada. O legislador tem a faculdade de excluir do campo de incidência do tributo, ou seja, do seu fato gerador, certos fatos ou atos que deixam de ser tributados. Contudo, como previsto no art. 14 da citada LRF, *a isenção somente será considerada como tal se importar em renúncia tributária de caráter não geral.*

Obedientes aos princípios constitucionais, as isenções se sujeitam especialmente aos princípios da legalidade (§ 6º do art. 150 da CF) e da isonomia fiscal com fiel observância do princípio da generalidade da tributação. São exceções à generalidade da tributação, sendo vedadas as isenções injustificadas a pessoas, a determinados grupos ou que deixarem de conformar com outros valores constitucionais. Devem obedecer também aos princípios da anterioridade, irretroatividade e capacidade contributiva, bem como aos critérios de justiça fiscal, razoabilidade e proporcionalidade.

Consoante o art. 179 do Código Tributário Nacional – CTN, as isenções concedidas em caráter não geral, consideradas pela doutrina como especiais, dependem de manifestação da autoridade para sua plena eficácia, após o cumprimento pelo interessado de certas condições e requisitos. Ademais, impõe a Constituição, em seu art. 150, II, barreira à concessão de privilégios destituídos de razoabilidade e sem apoio nos princípios da capacidade contributiva e desenvolvimento econômico, e salienta o dogma encartado no princípio da segurança jurídica, segundo o qual a lei não prejudicará o direito adquirido, o ato jurídico perfeito e a coisa julgada (art. 5º, XXXVI, da CF/1988). São um bom exemplo as isenções tributárias concedidas a termo e condição, ou seja, a prazo determinado e contraprestação do contribuinte, conforme preceitua o art. 178 do CTN, exceção à regra geral de que as isenções podem ser revogadas a qualquer tempo.[18]

Os saudosos doutrinadores Rubens Gomes de Souza, Amilcar de Araújo Falcão e Bernardo Ribeiro de Moraes defendiam que a isenção

18. "Art. 178. A isenção, salvo se concedida por prazo certo e em função de determinadas condições, pode ser revogada ou modificada por lei, a qualquer tempo, observado o disposto no inciso III do art. 104."

"Art. 179. A isenção, quando não concedida em caráter geral, é efetivada, em cada caso, por despacho da autoridade administrativa, em requerimento com o qual o interessado faça prova do preenchimento das condições e do cumprimento dos requisitos previstos em lei ou contrato para sua concessão."

consiste na dispensa legal do pagamento do tributo. Conceito incorporado pelo art. 175, I, do CTN, que considera a isenção uma forma de exclusão do crédito tributário.

Hugo de Brito Machado considera a isenção como a retirada, por lei, de parcela da hipótese de incidência, ou suporte fático da norma de tributação, sendo objeto da isenção a parcela que a lei retira dos fatos que realizam a hipótese de incidência da regra de tributação.[19]

Pontes de Miranda, José Souto Maior Borges e Paulo de Barros Carvalho perfilham uma linha de entendimento segundo a qual pode haver dois tipos de isenções: as totais e as parciais. Estas são deduzidas do percentual do imposto ou do imposto fixo; enquanto aquelas são pré-excludentes da imposição. Paulo de Barros Carvalho salienta, no entanto, que isenção parcial não se confunde com o instituto da isenção, defendendo que a diminuição do crédito quantitativo não é isenção; trata-se de mera providência que reduz o *quantum* do tributo a ser pago.

Diferentemente se posiciona Sacha Calmon Navarro Coêlho ao defender a impossibilidade jurídica de existência de isenção parcial:

> Ocorre, no entanto, que, à luz da teoria da norma jurídica tributária, a denominação de isenção parcial para o fenômeno da redução parcial do imposto a pagar, através das minorações diretas de bases de cálculo e de alíquotas, afigura-se absolutamente incorreta e inaceitável. A isenção ou é total ou não é, porque a sua *essentialia* consiste em ser modo obstativo ao nascimento da obrigação. Isenção é o contrário de incidência. As reduções, ao invés, pressupõem a incidência e a existência do dever tributário instaurado com a realização do fato jurígeno previsto na hipótese de incidência da norma de tributação. As reduções são diminuições monetárias no *quantum* da obrigação, via base de cálculo rebaixada ou alíquota reduzida.[20]

19. Hugo de Brito Machado, *Curso de Direito Tributário*, 36ª ed., São Paulo, Malheiros Editores, 2015.

20. Sacha Calmon Navarro Coêlho, *Curso de Direito Tributário Brasileiro*, 7ª ed. rev. e atual., Rio de Janeiro, Forense, 2004.

No mesmo sentido se posiciona Luciano Amaro.[21]

A figura da isenção parcial não consta da CF/1988. É fato amplamente amparado na jurisprudência e doutrina pátrias que a interpretação literal não é a única nem a mais adequada a todas as situações que requerem avaliação subjetiva de determinada questão jurídica. Contudo, a norma tributária que dispõe sobre isenção deve ser interpretada literalmente como consta do art. 111, II, do CTN. Contudo, saliente-se, não é a única; ao revés, o hermeneuta deve levar em conta também a interpretação sistemática da própria norma e teleológica.

Sua inobservância nos conduziria a uma interpretação absurda. Esta ocorre em matéria tributária quando se distancia do contexto ou quando acarreta consequência demasiadamente gravosa para os contribuintes, como leciona Vittorio Cassone, afirmando:

> Uma hipótese que podemos considerar como interpretação absurda dá-se quando se pretende atribuir os mesmos efeitos jurídico-tributários a dois ou mais institutos relacionados no art. 150, § 6º, da CF, quais sejam: subsídio, isenção, redução da base de cálculo, concessão de crédito presumido, anistia, remissão. Isto porque, se a CF nomeou-os um a um, é óbvio que cada um tem seus traços distintivos próprios e fundamentos constitucionais e infraconstitucionais diferentes.[22]

Na lição do saudoso mestre Carlos Maximiliano, o "princípio hermenêutico de que a lei suprema não pode conter palavras inúteis. Todos os vocábulos que integram a norma têm seu significado e sua densidade ôntica".[23]

Marlon Alberto Weichert, transcrevendo Ricardo Lobo Torres, considera odiosos os privilégios concedidos: (a) sem atender ao ideal da justiça; (b) sem fundamento ético; (c) discriminando iguais e igualando desiguais; (d) de forma excessiva; (e) sem observância dos prin-

21. *Direito Tributário Brasileiro*, São Paulo, Saraiva.

22. Vittorio Cassone, *Interpretação no Direito Tributário: Teoria e Prática*, São Paulo, Atlas, 2004.

23. Carlos Maximiliano, *Hermenêutica e Aplicação do Direito*, 9ª ed., Rio de Janeiro, Forense, 1979, p. 304.

cípios constitucionais da tributação.[24] E resume a sua conclusão para asseverar: a isenção tem que "(i) fundamentar-se na proteção de um valor econômico ou social; (ii) haver pertinência lógica entre o seu fundamento e os elementos que atinge na obrigação tributária; (iii) ser concedida por meio de mecanismos razoáveis e em valores proporcionais ao fim buscado".[25]

Imunidade – É uma limitação constitucional ao poder de tributar; impede a ocorrência do fato gerador. "Trata-se de um obstáculo interposto por uma norma da Constituição que impede a incidência de lei ordinária de tributação sobre determinado fato ou em detrimento de determinada pessoa ou categoria de pessoas", nas palavras de Hugo de Brito Machado.[26] Ou, ainda, segundo Sacha Calmon Navarro Coêlho: "as imunidades dizem o que não pode ser tributado, proibindo ao legislador o exercício de sua competência tributária sobre certos fatos, pessoas ou situações, por expressa determinação da Constituição".[27]

Está subordinada aos princípios constitucionais da legalidade, da anterioridade e irretroatividade, da isonomia fiscal com fiel observância do princípio da generalidade da tributação, bem como ao princípio da capacidade contributiva e os critérios de justiça fiscal e razoabilidade.

Remissão – É a extinção do crédito tributário ou, simplesmente, a dispensa do pagamento da obrigação tributária segundo o art. 156, IV, do CTN. Portanto, é preciso que a obrigação tributária tenha nascido para que seja dispensado o seu pagamento. Diferentemente, no entanto, da isenção, que se trata de uma hipótese legal de não incidência tributária, ou seja, a obrigação tributária sequer chega a surgir, posto que impedido o seu surgimento.

Anistia – É simplesmente a exclusão da aplicação das penalidades pecuniárias.

Alíquota zero – É a mera redução/eliminação do *quantum debeatur; tem como pressuposto a ocorrência do fato gerador da obrigação; age na consequência da norma tributária.* Não há em nossa doutrina um

24. Marlon Alberto Weichert, "Isenções tributárias em face do princípio da isonomia", *Revista de Informação Legislativa*, Brasília, ano 37, n. 145, pp. 241-254, jan.-mar. 2000.

25. Idem, ibidem, p. 251.

26. Hugo de Brito Machado, *Curso de Direito Tributário*, cit.

27. Sacha Calmon Navarro Coêlho, *Curso de Direito Tributário Brasileiro*, cit.

entendimento uniforme sobre essa técnica de incentivação; há autores que entendem se tratar de uma isenção, enquanto outros, de mera exoneração quantitativa interna.

Importantes consequências práticas resultam dependendo de sua qualificação jurídica. Se entendida como uma exoneração quantitativa, dispensa lei que a restaure, podendo assim ser utilizada de imediato a nova alíquota do tributo.

Não incidência – Como o próprio vocábulo sugere, está situada fora do alcance da norma tributária.

Nas palavras de Hugo de Brito Machado, "são todos os fatos que não estão abrangidos pela própria definição legal da hipótese de incidência".[28] Luciano Amaro assevera que "todos os fatos que não têm aptidão de gerar tributos compõem o campo da não incidência".[29]

Sobre as aludidas desonerações tributárias – imunidade, isenção, não incidência, remissão, anistia e alíquota zero –, transcrevemos a lúcida conclusão formulada por Ives Gandra da Silva Martins:

> (a) na imunidade não nasce nem obrigação tributária, nem o crédito correspondente, por força da vedação absoluta da Carta Magna ao poder de tributar; (b) na não incidência não nasce nem obrigação tributária, nem o crédito respectivo, por força de não exercício da capacidade – ou na linguagem constitucional – da competência a que tem direito o Poder Tributante; (c) na isenção nasce a obrigação tributária mas não nasce o crédito tributário, em face de estímulo legal expresso; (d) na alíquota zero nascem a obrigação tributária e o crédito tributário, que ficam, todavia, reduzidos à expressão nenhuma. Todas as citadas formas desonerativas implicam idêntica exclusão de ônus fiscal para o sujeito passivo da relação tributária, mas têm conformação jurídica distinta.[30]

Alteração de alíquota ou modificação de base de cálculo que implique redução discriminada de tributos ou contribuições – Técnica utilizada para a diminuição da carga fiscal de determinados segmentos da

28. Hugo de Brito Machado, *Curso de Direito Tributário*, cit.
29. Luciano Amaro, *Direito Tributário Brasileiro*, São Paulo, Saraiva.
30. Ives Gandra da Silva Martins, *Direito Empresarial – Pareceres*, 2ª ed., Rio de Janeiro, Forense, 1986, p. 305.

economia. Nas palavras de Sacha Calmon Navarro Coêlho, "deveriam ser sempre de natureza parcial, posto que as exonerações totais são obtidas através das isenções e imunidades, distinguindo-se as duas últimas da redução de base de cálculo, posto que nesta verifica-se a ocorrência do fato gerador, nascimento da obrigação tributária e a constituição do crédito. Há apenas uma diminuição do crédito a ser recolhido aos cofres públicos. Enquanto as isenções são modo obstativo ao nascimento da obrigação tributária".[31] Argumenta ainda o citado tributarista que não há que se falar em isenção parcial; isenção é total ou não é isenção.

Do ponto de vista prático, se entendida como exoneração, não há necessidade de lei que a restaure; a aplicação da nova alíquota do tributo é automática. Contudo, há autores que discordam dessa linha de pensamento por entenderem se tratar de mera isenção.

Entretanto, para que se configure uma renúncia fiscal nos termos do já aludido art. 14 da LRF é imprescindível (i) que haja a discriminação do tributo; (ii) que o ato que implique renúncia de receita deve estar amparado de minucioso planejamento, de sorte a identificar seus efeitos imediatos e mediatos sobre a arrecadação, inclusive atendimento ao disposto na Lei de Diretrizes Orçamentárias; e (iii) que deve contemplar as medidas compensatórias cabíveis.

Em conclusão, podemos afirmar com segurança que para a concessão de anistia, remissão, subsídio e crédito presumido não são estabelecidas condições para considerá-los renúncia de receita, exceto quanto ao cumprimento de suas próprias medidas legais; enquanto para as hipóteses de isenção, redução de alíquota e base de cálculo e outros benefícios a renúncia de receita ocorre somente quando há tratamento específico e discriminado de tributos. São exemplos de inocorrência de renúncia de receita as imunidades tributárias, as isenções de ICMS contempladas na Lei Kandir e os benefícios e incentivos fiscais estabelecidos pelo CONFAZ.

Redução de base de cálculo – Em mudança radical de entendimento consolidado há mais de uma década, o Plenário do STF, no julgamento do RE 174.478/SP, passou a *considerar a redução de base de cálculo do ICMS equivalente a uma isenção parcial*. De extrema impor-

31. Sacha Calmon Navarro Coêlho, *Curso de Direito Tributário Brasileiro*, 6ª ed., Rio de Janeiro, Forense, 1999, n. 5.11, p. 166.

tância para os contribuintes, pelos seus efeitos negativos, a mudança de entendimento ora introduzida, posto que admitiu como constitucionais os dispositivos legais da legislação paulista, cuja consequência acarretou alentado prejuízo para o contribuinte.

Como é sabido, o princípio constitucional da não cumulatividade do ICMS (art. 155, § 2º, I) deve ser interpretado de forma literal; não comporta entendimentos doutrinários ou jurisprudenciais que restrinjam ou ampliem o seu alcance. Apenas duas exceções se aplicam de acordo com a norma constitucional sobre a não incidência e a isenção: se as aquisições de insumos para revenda se derem ao amparo da isenção e não incidência tributária, o contribuinte não tem direito de se creditar do imposto para compensá-lo com o valor devido nas operações subsequentes; e no caso de saídas isentas e não incidentes que acarretarão o estorno ou a anulação do crédito relativo às operações anteriores tributadas. Essas exceções já são por si mesmas incompatíveis com os princípios da razoabilidade e da proporcionalidade, provocando um efeito semelhante ao da incidência do tributo em cascata. Estender as citadas exceções, como de fato foram estendidas, é algo que sequer o legislador constitucional derivado poderia fazer.

Em decisão na qual ficou vencido o Ministro Marco Aurélio, o STF entendeu como constitucionais as referidas normas sobre ICMS – a consolidada orientação anterior era no sentido da sua inconstitucionalidade –, ampliando assim um conceito constitucional com claro e evidente prejuízo ao contribuinte ao não admitir a manutenção dos créditos de ICMS na situação em exame. Ademais, invadiu a prerrogativa exclusiva do Poder Legislativo ao legislar sobre matéria restrita à competência deste.

Concluindo, portanto, ousamos divergir dos eminentes membros do Excelso Pretório, para seguir o princípio por eles mesmos reiteradamente adotado, segundo o qual deve prevalecer a autoridade do argumento sobre o argumento de autoridade.

Diferimento – Instrumento ou técnica utilizados na concessão do incentivo fiscal, cuja tônica é o seu caráter temporário. O pagamento do tributo é suspenso temporariamente, porém a sua obrigação de pagá-lo é feita em prazo posterior dilatado. Os regimes especiais aduaneiros são um bom exemplo, em que temos a suspensão dos impostos de importação e de produtos industrializados na importação de bens e/ou mercadorias destinados aos entrepostos industriais.

Crédito presumido de imposto – Prerrogativa assegurada ao contribuinte de se creditar do tributo nas aquisições anteriores, independentemente de se tratar de produtos isentos ou não tributados.

Crédito financeiro para pagamento do tributo – O ente federado, como regra geral, por intermédio de organismos financeiros de que faz parte, concede empréstimo ao contribuinte a fim de que ele possa pagar a sua obrigação tributária. Esta é quitada e ele passa a ter uma dívida em condições diferenciadas, com custo financeiro e prazo de pagamento via de regra favorecidos.

1.2.1 *Incentivos regionais e setoriais* – Política também bastante utilizada para incentivar setores econômicos, bem como regiões localizadas em áreas subdesenvolvidas social e economicamente. Destaques para os setores industriais e agronegócios como estratégia para a realização de objetivos econômicos, reduzindo ou corrigindo essas diferenças, erradicando a pobreza e desigualdades sociais e regionais, como inclusive preconizado na Constituição, em seu art. 3º.

Zona Franca de Manaus (ZFM)

A ZFM foi criada como uma espécie de "porto franco" pela Lei 3.173, de 6.6.1957, em consonância com o Plano de Valorização Econômica da Amazônia, regulamentada pelo Decreto 47.757, de 2.12.1960. Contudo, somente com o advento do Decreto-lei 288, de 28.2.1967, iniciou efetivamente as suas atividades, tendo a Superintendência da Zona Franca de Manaus (SUFRAMA) como sua gestora.

A continuidade da ZFM e seu prazo de existência foram recepcionados pelo art. 40 do ADCT. Com a Emenda 42, de 19.12.2003, foi introduzido o art. 92 ao ADCT, para adicionar mais dez anos, estendendo-se a duração da ZFM até 2023.[32] Em 5.8.2014 foi promulgada a Emenda Constitucional 83, incluído o art. 92-A ao ADCT, acrescentando mais 50 anos a esse prazo.[33]

32. "Art. 40. É mantida a Zona Franca de Manaus, com suas características de área livre de comércio, de exportação e importação, e de incentivos fiscais, pelo prazo de vinte e cinco anos, a partir da promulgação da Constituição.

Parágrafo único. Somente por lei federal podem ser modificados os critérios que disciplinaram ou venham a disciplinar a aprovação dos projetos na Zona Franca de Manaus."

33. "Art. 92-A. São acrescidos 50 (cinquenta) anos ao prazo fixado pelo art. 92 deste Ato das Disposições Constitucionais Transitórias."

Nas palavras autorizadas de Celso Ribeiro Bastos, "a ZFM ganhou *status* constitucional, o que significa dizer, tornou-se um direito consagrado com força própria da supremacia constitucional, o que repele qualquer normatividade que a ofenda e até mesmo a interpretação que não leve em conta as diretrizes básicas da hermenêutica".[34]

Na lição de Ives Gandra da Silva Martins, citando Alexandre de Moraes, critérios na concessão de incentivos fiscais podem ser alterados pelo legislador; enquanto os incentivos, jamais. "Nova jurisprudência do STF sobre a matéria não permite veleidades exegéticas. Incentivos fiscais outorgados no âmbito da ZFM antes e depois de 1988, não poderão ser retirados até 2023, visto que a dicção do art. 40 é de 'manutenção' de 'incentivos fiscais' para aquela área livre de comércio, exportação e importação", nas palavras abalizadas de Alexandre de Moraes.[35]

Toda razão assiste a Ives Gandra ao assinalar também: "lei inconstitucional que viola o direito do contribuinte, uma vez declarada como tal, tem seus efeitos fulminados *ex tunc*, devendo a norma que fora por ela revogada regular os efeitos produzidos no período de vigência da lei considerada inválida".[36]

Consoante o Regulamento Aduaneiro (Decreto 6.759/2009 – art. 505 e § 2º), às empresas localizadas na ZFM são concedidos os benefícios fiscais de isenção do imposto de importação e do imposto sobre produtos industrializados na importação de insumos. Embora tratado como isenção, estamos diante de um caso de diferimento (comumente tratado como suspensão) do imposto de importação, o qual será exigido quando e se ocorrer a saída da mercadoria da ZFM, nas hipóteses previstas em lei, assegurando inclusive uma redução de 88% dos tributos.

Ocorre ainda a suspensão da Contribuição ao PIS/PASEP e da COFINS sobre a importação de insumos empregados em processo de industrialização na ZFM, bem como nas remessas de insumos nacionais para aquele polo industrial, em razão de essas últimas assumirem

34. Sacha Calmon Navarro Coêlho, *Curso de Direito Tributário Brasileiro*, cit. ("Incentivos Fiscais – Zona Franca de Manaus – Parecer", *Revista Tributária e de Finanças Públicas*, São Paulo, Ed. RT, v. 22, p. 167, jan. 1998).

35. Alexandre de Moraes, *Constituição do Brasil Interpretada e Legislação Constitucional*, São Paulo, Atlas, 2007, p. 2.332.

36. Ives Gandra da Silva Martins, *Revista Dialética de Direito Tributário*, n. 185, p. 144.

a condição de uma exportação ficta, como prescreve o art. 506 do Decreto 6.759/2009, bem como o art. 4º do Decreto-lei 288, de 1967.

Com efeito, as remessas de mercadorias de origem nacional para a ZFM são uma exportação ficta, conforme prescrevem os dispositivos constitucionais: art. 153, § 3º, III; art. 155, § 2º, X, "a"; art. 149, § 2º, I; art. 156, § 3º, II. Consequentemente, a desoneração dos produtos nacionais enviados à ZFM assume a condição de imunidade.

2. Isenções heterônomas e os tratados internacionais

2.1 As isenções heterônomas foram introduzidas em nossa CF de 1967; e a de 1988 as restringiu radicalmente, conforme o art. 151, III, sendo, entretanto, previstas exceções, conforme os arts. 155, XII, "e", e 156, § 3º, II, todas requerendo lei complementar para sua concessão.[37]

As citadas exceções dizem respeito às isenções de ICMS sobre exportações para o exterior de serviços de transporte e de comunicação e de mercadorias que não forem produtos industrializados e do Imposto sobre Serviços de Qualquer Natureza (ISS) incidente sobre a exportação de serviços ao exterior. Contudo, mesmo na hipótese excepcional do ICMS, a isenção heterônoma somente pode ser concedida mediante convênios celebrados pelos Estados (CONFAZ).[38]

37. O art. 151 da Constituição veda à União:

"(...) III – instituir isenções de tributos da competência dos Estados, do Distrito Federal ou dos Municípios".

38. "Art. 155. Compete aos Estados e ao Distrito Federal instituir impostos sobre: (...)

II – Operações relativas à circulação de mercadorias e sobre prestações de serviços de transporte interestadual e intermunicipal e de comunicação, ainda que as operações e as prestações se iniciem no exterior. (...)

§ 2º. O imposto previsto no inciso II atenderá ao seguinte: (...)

XII – cabe à lei complementar: (...)

e) *excluir da incidência do imposto, nas exportações para o exterior, serviços e outros produtos além dos mencionados no inciso X, 'a';* (...)

g) *regular a forma como, mediante deliberação dos Estados e do Distrito Federal, isenções, incentivos e benefícios fiscais serão concedidos e revogados.*"

"Art. 156. Compete aos Municípios instituir impostos sobre:

III – serviços de qualquer natureza, não compreendidos no art. 155, II, definidos em lei complementar: (...)

§ 3º. Em relação ao imposto previsto no inciso III do *caput* deste artigo, *cabe à lei complementar*:

À lei complementar cabe dispor como serão as isenções objeto de deliberação e concessão em convênios interestaduais. Nesse sentido, a Lei Complementar 24/1975, ao dispor que as isenções de ICMS são concedidas ou revogadas nos termos de convênios celebrados e ratificados pelos Estados e pelo Distrito Federal.[39]

Ante o exposto, podemos inferir que a lei complementar não isenta; ao convênio cabe fazê-lo, entendimento esse não pacífico em nossa doutrina. Contudo, há quem entenda que nem a lei ordinária, nem o convênio têm a prerrogativa de conceder a isenção, mas sim o decreto legislativo ratificador do convênio.

De salientar, contudo, que, com o advento da LRF, não se pode mais asseverar que os convênios têm a natureza impositiva – entendimento inclusive esposado pelo STF –, tendo em vista as restrições impostas por aquela; eles passaram a ser apenas autorizativos. Com efeito, os Estados, para concederem isenções, além do cumprimento das regras constitucionais e das estabelecidas pelo CONFAZ, estão ainda obrigados (a) ao cumprimento das metas de resultados fiscais;

I – fixar as suas alíquotas máximas e mínimas;

II – excluir da sua incidência exportações de serviços para o exterior;

III – regular a forma e as condições como isenções, incentivos e benefícios fiscais serão concedidos e revogados."

39. "Art. 1º. As isenções do Imposto sobre Operações relativas à Circulação de Mercadorias serão concedidas ou revogadas nos termos de convênios celebrados e ratificados pelos Estados e pelo Distrito Federal, segundo esta Lei.

Parágrafo único. O disposto neste artigo também se aplica:

I – à redução da base de cálculo;

II – à devolução total ou parcial, direta ou indireta, condicionada ou não, do tributo, ao contribuinte, a responsável ou a terceiros;

III – à concessão de créditos presumidos;

IV – a quaisquer outros incentivos ou favores fiscais ou financeiro-fiscais, concedidos com base no Imposto de Circulação de Mercadorias, dos quais resulte redução ou eliminação, direta ou indireta, do respectivo ônus;

V – as prorrogações e às extensões das isenções vigentes nesta data.

Art. 2º. Os convênios a que alude o art. 1º, serão celebrados em reuniões para as quais tenham sido convocados representantes de todos os Estados e do Distrito Federal, sob a presidência de representantes do Governo Federal.

§ 1º. As reuniões se realizarão com a presença de representantes da maioria das Unidades da Federação;

§ 2º. A concessão de benefícios dependerá sempre de decisão unânime dos Estados representados; a sua revogação total ou parcial dependerá de aprovação de quatro quintos, pelo menos, dos representantes presentes."

ou (b) a que haja previsão de medidas compensatórias por meio de aumento de receita pela majoração ou criação de tributo.

Observada a referida mudança introduzida com a LRF, entendemos que os convênios podem instituir isenções sem a necessidade de ratificação por decreto legislativo, tendo em vista a norma do § 6º do art. 150 da CF. A necessidade de prévia aprovação da isenção por convênio objetiva fundamentalmente evitar a chamada "guerra fiscal", que tantos malefícios acarreta ao Poder Executivo e aos contribuintes.

2.2 Crescentes têm sido os movimentos voltados à criação de mercados comuns, zonas de livre comércio ou simples tratados comerciais, a exemplo dos blocos econômicos: a União Europeia, o Mercosul e a Alca. Daí a importância das normas do direito tributário sobre a livre concorrência dentro desses blocos econômicos, tendo em vista a harmonização dos tributos incidentes sobre a movimentação desses produtos. Ademais, em razão da autonomia tributária dos entes federados, a situação fica particularmente complicada em face do regime jurídico dos tratados internacionais.

A Constituição é silente quanto à hierarquia das normas dos tratados internacionais no plano do direito interno. Conquanto seja o direito internacional aceito como fonte parcial de direito interno, a ele é negada a condição de fonte de direito para as normas complementares e constitucionais; tem paridade normativa com o ordenamento infraconstitucional; sujeita-se, por conseguinte, às normas constitucionais.

A orientação do STF é no sentido de que os tratados não poderão ter força de normas constitucionais nem mesmo nas hipóteses do § 2º do art. 5º da CF. Tampouco revogam ou criam normas constitucionais ou complementares. Contudo, importante salientar a exceção constante do art. 5º, § 3º, da CF/1988 (acrescido pela EC 45/2004) na hipótese de direitos humanos, em que os tratados e as convenções são equivalentes às emendas constitucionais.

Como é sabido, o § 2º do art. 5º da CF dispõe que "os direitos e garantias expressos nesta Constituição não excluem outros decorrentes do regime e dos princípios por ela adotados, ou dos tratados internacionais em que a República Federativa do Brasil seja parte". Gustavo Miguez de Mello, com fundamento no referido dispositivo, mantém, data máxima vênia, a sua convicção, já manifestada a propósito do

Pacto de São José da Costa Rica,[40] no sentido de que os direitos individuais consagrados em tratados recepcionados pela Lei Maior têm *status* jurídico de cláusulas constitucionais pétreas.

Nossa doutrina não é uniforme sobre a matéria. Ao revés, há autores que defendem a submissão das normas internacionais em face das normas do direito pátrio; enquanto outros se posicionam no sentido de que as normas internacionais têm prevalência sobre as normas internas, oferecendo como fundamento inclusive o art. 98 do CTN; art. 5º, § 2º, art. 84, VIII, e art. 49, I, da CF. E concluem que lei complementar que disponha sobre matéria tributária tem força para contrariar o tratado.

Salientamos, entretanto, que a jurisprudência pátria tem sido receptiva às isenções previstas em tratados. O *General Agreement on Traffics and Trade* – GATT – e, em menor proporção, o Mercosul são bons exemplos. O assunto já é inclusive objeto da Súmula 575 do STF, segundo a qual "à mercadoria importada de país signatário do GATT, ou membro da Alalc, estende-se a isenção do Imposto de Circulação de Mercadorias concedida a similar nacional". A Súmula 20 do STJ reitera o tratamento previsto naquela.

Há na doutrina quem entenda que a criação de uma nova isenção esbarraria necessariamente no obstáculo da hierarquia das normas. Ela se equipararia a uma imunidade tributária, norma materialmente constitucional. Os tratados ainda não são fontes de direito interno para as normas complementares e constitucionais. E, por via de consequência, seria o benefício da isenção inconstitucional. Aliás, há os que apontam a inconstitucionalidade do GATT, argumentando não ter sido o mesmo recepcionado pela CF/1988.

Especificamente quanto ao GATT e ao Mercosul, notar que não criam isenções ou imunidades novas. Somente a garantia de que as existentes são estendidas aos signatários dos tratados. Portanto, sem qualquer prejuízo às finanças dos entes federados e, tampouco, interferência à competência tributária, que continua podendo ser livremente exercida. Por conseguinte, inexistiria afronta à ordem constitucional.

40. *Direito Fundamental à Vida*, obra coordenada por Ives Gandra da Silva Martins, São Paulo, Quartier Latin e Centro de Extensão Universitária – CEU, 2005, p. 272.

Entendemos que as isenções heterônomas concedidas por tratado internacional escapam à vedação do art. 151, III, da CF, deixando assim de existir qualquer irregularidade, qualquer vício; o princípio federativo teria sido observado com a manutenção da competência para revogar a isenção concedida no plano interno. Não haveria redução na competência tributária; o tratado seria válido. E a principal razão que nos leva a assim entender reside no fato de que os tratados internacionais são celebrados com o Estado Federal Brasileiro, titular de direito público internacional. Consequentemente empenha a vontade de toda a nação, vinculando todos os seus entes federados, nomeadamente União, Estados, Distrito Federal e Municípios, sobrelevando o interesse nacional sobre os interesses daqueles.

O Pretório Excelso já se manifestou no sentido de que a "concessão de isenções heterônomas – é inoponível ao Estado Federal Brasileiro (vale dizer à República Federativa do Brasil) incidindo unicamente no plano das relações institucionais domésticas que se estabelecem entre as pessoas políticas de direito público interno" (Ag. Reg. no Recurso Extraordinário 543.943/PR, 30.11.2010).

3. *Princípio da igualdade*

O princípio da isonomia ou igualdade, no que concerne a tributo, está insculpido no art. 150, II, da Constituição, cujo objetivo é vedar aos entes federados "instituir tratamento desigual entre contribuintes que se encontrem em situação equivalente, proibida qualquer distinção em razão de ocupação profissional ou função por eles exercida, independentemente da denominação jurídica dos rendimentos, títulos ou direitos". É ainda reiterado na determinação constitucional do respeito à capacidade econômica do contribuinte (§ 1º do art. 145) e de prevalência da "equidade na forma de participação do custeio" da Previdência Social (inciso V do art. 194).

Nas palavras de Humberto Ávila,

> Esse tratamento jurídico diferenciado tem dois objetivos: o primeiro é o de implantar a justiça tributária, tendo em conta a capacidade contributiva, presumidamente menor das microempresas e das empresas

de pequeno porte: e o segundo, o de implementar finalidades extrafiscais de desenvolvimento de setores e atividades não devidamente desenvolvidas, por meio do estímulo ao crescimento das atividades dessas empresas.[41]

Outrossim, é a própria Carta Magna, em seu art. 151, *in fine*, *que admite exceção à regra geral – de vedação imposta à União de instituir tributo que não seja uniforme em todo o território nacional ou que implique distinção ou preferência em relação a Estado, ao Distrito Federal ou a Município, em detrimento de outro – para admitir a concessão de incentivos fiscais destinados a promover o equilíbrio do desenvolvimento socioeconômico entre as diferentes regiões do País.*

Por questão didática, podemos dividir os incentivos fiscais em duas espécies: os que causam impacto sobre a receita e o orçamento – comumente considerados incentivos onerosos – e os concedidos a custo zero, que não causam impacto sobre as finanças do ente federativo. Consequentemente, no tocante aos incentivos não onerosos, podemos inferir que o art. 14 da LRF não se aplica aos mesmos para efeito de receita tributária. Daí a sua compatibilidade com o art. 151 da CF.

Os Municípios têm autonomia financeira, administrativa e política. Não há na CF/1988 nada que impeça o Município de dispor de sua receita, desde que respeitado o bem comum. Há naturalmente a barreira (qualificada) imposta pelo art. 14 da LRF. Admitir a aplicação da LC 24/1975 para os Municípios, cuja autonomia é ampla e sem qualquer restrição, seria o mesmo que impor restrição por lei infraconstitucional.

Indiscutível o fato de que o incentivo, no ICMS, nas operações interestaduais, acarreta impacto tributário em outro Estado. Já a concessão de estímulos fiscais pelos Municípios diz respeito apenas à própria política do Município, não impactando dessa maneira sobre outro Município.

O art. 155, § 2º, XII, "g", refere-se exclusivamente a incentivos fiscais e não financeiros no que tange ao ICMS. Consequentemente, os

41. Humberto Ávila, *Sistema Constitucional Tributário*, 4ª ed., São Paulo, Saraiva, 2010.

recursos provenientes de estímulos financeiros – e não fiscais – não se submetem às mesmas restrições e/ou impedimentos.

Por oportuna e esclarecedora a intervenção de Ives Gandra Martins quando da discussão da PEC 41/2003, que resultou na EC 42/2003, o qual sugeriu que "se acrescentasse à letra 'g' o vocábulo *financeiros*, passando o dispositivo a ser assim redigido: '(...) benefícios fiscais e financeiros (...)'. Tal proposta foi rejeitada pelos congressistas que entendiam que ela poderia encerrar a guerra fiscal entre Estados, e não havia vontade política para que os parlamentares, representantes dos Estados, o fizessem (EC 42/2003, projeto relatado por Virgílio Guimarães). Ora, se os próprios constituintes derivados fazem a distinção entre incentivos fiscais e financeiros, não há de que maneira se pretender tratar de incentivos financeiros, como se fiscais fossem". E conclui ele: o art. 9º da LC 24/75 apesar de ter sido recepcionada para efeitos da competência impositiva dos Estados, não o foi para os municípios, visto que sua autonomia financeira é hoje absoluta, sem restrições na Lei Suprema.

> Os incentivos fiscais e financeiros podem ser concedidos, devendo sempre estarem vinculados a um determinado objetivo que claramente beneficie a população do próprio burgo; não devem gerar impacto negativo no orçamento, ou se houver, seja tal impacto compensado por arrecadação adicional para zerar a concessão de incentivo com arrecadação tributária predefinida; observada ainda as limitações constitucionais no que tange à alíquota mínima.[42]

4. Respostas às questões

> ***1. O que são incentivos fiscais?***
>
> *1.1 Incentivos fiscais, benefícios fiscais, alívios fiscais, são todas expressões sinônimas?*

Não há no nosso direito positivo um conceito de incentivos e benefícios fiscais. Ambos são utilizados num mesmo sentido de maneira

42. Ives Gandra da Silva Martins, Parecer, disponível em <*www.gandramartins.adv.br/project/ives-gandra/public/.../0727-10.doc*>

indistinta e simultaneamente pela nossa legislação e jurisprudência; estão submetidos ao mesmo regime jurídico. Contudo, com base na jurisprudência e na doutrina, encontramos referências sobre suas características e contornos jurídicos que nos permitem formular um conceito sobre os mesmos. Benefícios e incentivos são estímulos monetários utilizados como instrumentos discricionários, excepcionais, relevantes, extrafiscais ou regulatórios, calcados no poder de tributar e regular de que dispõem os entes federados para promover o desenvolvimento econômico e social. Estão subordinados aos ditames constitucionais, à lei complementar e à ordinária, e implicam a renúncia parcial ou total do crédito tributário ou mesmo de criar a incidência do tributo.

A diferençá-los podemos dizer que os benefícios fiscais são liberalidades de caráter excepcional, relevantes, instituídas para tutelar interesses públicos extrafiscais ou regulatórios de qualquer ordem dos entes federados; enquanto os incentivos fiscais são medidas específicas direcionadas a estimular determinada atividade econômica em troca de contrapartida de ordem social; reduzem ou eliminam o *quantum debeatur* da obrigação tributária ou impedem a própria incidência do tributo. Trata-se o incentivo de espécie do gênero benefício fiscal.

Não identificamos uma manifestação legislativa ou jurisprudencial a respeito da conceituação dos alívios fiscais.

1.2 A redução da base de cálculo é uma isenção parcial?

1.2.1 A lei pode conceder isenção parcial?

1.2.2 Seria adequado falar de isenção parcial?

Não há na doutrina pátria um entendimento uniforme sobre a matéria. Ao revés, o que há é o dissenso. Com efeito, (i) há quem entenda que a redução de base de cálculo é uma isenção parcial; (ii) enquanto outros defendem se tratar de mera diminuição monetária do *quantum* da obrigação tributária. Filiamo-nos a essa última corrente, e as razões que nos levam a assim entender constam de nossas considerações introdutórias.

Entretanto, o Plenário do STF, em radical mudança de orientação pacificada há anos, passou a privilegiar o entendimento indicado em (i), conforme decisão proferida no julgamento do RE 174.478/SP. Atualmente, entende aquela Corte que a redução de base de cálculo é uma isenção parcial.

Respondemos negativamente às Questões 1.2.1 e 1.2.2. Pensamos que o legislador carece de base jurídica para conceder uma isenção parcial por absoluta falta de amparo da Constituição e do CTN. Naturalmente que ele tem a prerrogativa de atingir os mesmos efeitos daquela, porém se utilizando de outro instituto jurídico próprio, com fiel observância dos princípios constitucionais, como, por exemplo, a redução de base de cálculo do tributo ou mesmo de sua própria alíquota.

1.3 A isenção é um incentivo fiscal? E a alíquota zero? A imunidade? A redução da base de cálculo? São incentivos ou possíveis meios para concedê-los?

Os institutos da isenção, alíquota zero, imunidade e redução de base de cálculo são formas desonerativas tributárias. São técnicas ou instrumentos, os meios de que se valem os entes federados para tutelar interesses de ordem pública materializados na concessão dos incentivos fiscais.

Relativamente à alíquota zero, ocorre-nos ainda destacar que, no que tange ao IPI, que é seletivo por excelência, é imprescindível que o legislador respeite o princípio da essencialidade (art. 153, § 3º, da CF); quanto ao ICMS, podendo também ser seletivo, o referido princípio poderá ser respeitado pelo legislador (art. 155, § 2º, III, da CF). Salientamos, no entanto, que nos casos de produtos de máxima essencialidade, o legislador deveria se utilizar da alíquota zero, privilegiando assim a seletividade do tributo, respeitando o princípio constitucional da não cumulatividade e, por via de consequência, assegurando a manutenção dos créditos de ambos os tributos pagos nas operações anteriores. Orientação do legislador contrária ao que se afirma implicaria tributar menos onerosamente os produtos de menor essencialidade em flagrante contradição ao princípio da essencialidade e desrespeito ao princípio da capacidade contributiva, pois os citados créditos tributários são pacificamente aceitos.

Notar que nos casos de aplicação obrigatória ou facultativa dos princípios constitucionais da seletividade e da essencialidade e da necessária observância à capacidade econômica do contribuinte, não estamos diante de estímulos fiscais, e por isso mesmo não devendo ser aplicado o regime jurídico de tais incentivos.

1.4 Uma redução do ônus tributário decorrente da ausência de capacidade contributiva, como limite de isenção estabelecido para imóveis residenciais de pequeno valor, por exemplo, é um incentivo fiscal?

1.4.1 E a redução estabelecida em função de algum mal sofrido pelo contribuinte, como uma doença?

Respondemos negativamente a ambas as perguntas. Não atendem à conformação jurídica de incentivo fiscal. Trata-se ambos, quando muito, de um alívio financeiro para determinada pessoa ou grupos de pessoas, em cumprimento do preceito constitucional que determina o respeito à capacidade econômica do contribuinte.

1.5 Há diferença entre incentivos fiscais e incentivos financeiros?

São dois tipos distintos de estímulos: os fiscais são de natureza tributária; os financeiros, de natureza financeira. Assim são inclusive tratados pela Constituição, respectivamente nos arts. 155, XII, "g", e 163 a 169.

Ainda a diferençá-los, podemos dizer que, no incentivo fiscal, o estímulo é concedido sem que tenha ocorrido o fato gerador do tributo; enquanto no incentivo financeiro o crédito tributário surge e é extinto com o pagamento do tributo; há o ingresso de recursos nos cofres estatais para saírem depois a título de financiamento ao contribuinte. O primeiro está subordinado às regras do direito tributário; o último, do direito financeiro.

2. *Limites formais à concessão de incentivos fiscais*

2.1 Todo incentivo fiscal deve ser concedido por lei do ente tributante competente para a instituição do tributo correspondente?

2.1.1 Qual a natureza de disposições como as que constam do art. 155, § 2º, XII, "e", e do art. 156, § 3º, II, da CF/1988?

2.1.2 São imunidades?

2.1.3 Excepcionais hipóteses em que se faz possível a concessão de isenções heterônomas?

2.1 Respondemos afirmativamente a esta pergunta e acrescentamos a necessidade de o ente federado concedente do incentivo observar estritamente os princípios e as demais normas constitucionais e infraconstitucionais, as diretrizes orçamentárias e orçamentos anuais e, em especial, as regras introduzidas pela Lei Complementar 101, de 4.5.2000 (Lei de Responsabilidade Fiscal), que passou a disciplinar a instituição, previsão e arrecadação de tributos, assim como as condições e os limites para a renúncia fiscal.

2.1.1 Trata-se de exceções à regra proibitiva de concessão de isenção heterônoma inserida no art. 151, III, da Constituição. Como medida de proteção do pacto federativo, a isenção heterônoma busca evitar interferências indevidas de um ente federativo na esfera de atuação do outro, sem prejuízo da plena eficácia das exceções mencionadas na pergunta. Requerem lei complementar para sua implantação eficaz.

2.1.2 Entendemos que se trata de efetivas imunidades.

2.1.3 Respondemos afirmativamente a esta pergunta.

2.2 Os tratados internacionais podem estabelecer incentivos fiscais, inclusive quando relativos a tributos que seriam devidos a Estados e Municípios?

Respondemos afirmativamente a esta pergunta. Os tratados são celebrados com o Estado Brasileiro, pessoa jurídica de direito internacional público, e não com a União, como inadvertidamente alguns possam admitir. O próprio Supremo Tribunal Federal já se manifestou sobre assunto para dizer que a norma do art. 151, III, da Constituição é inoponível ao Estado Brasileiro.

> *2.3 A desoneração tributária dada à remessa de mercadorias para a Zona Franca de Manaus é caso de isenção ou de imunidade?*
>
> *2.3.1 A lei federal pode regular tal desoneração mesmo quando relativa a tributos de competência estadual ou municipal?*

2.3 A desoneração tributária em questão assume a condição de imunidade na medida em que as remessas de mercadorias de origem nacional correspondem a uma exportação ficta, estando, por conseguinte, amparada pelos dispositivos constitucionais: art. 149, § 2º, I; art. 153, § 3º, III; art. 155, § 2º, X, "a"; art. 156, § 3º, II.

2.3.1 Respondemos afirmativamente a esta pergunta.

> *2.4 Há limites a serem observados pelo legislador infraconstitucional, quando da regulamentação de norma da Constituição referente a incentivos fiscais?*
>
> *2.4.1 É possível regulamentar uma faculdade prevista no texto constitucional de sorte a tornar praticamente impossível o seu exercício?*
>
> *2.4.2 É o que se dá, por exemplo, com a exigência de unanimidade prevista na LC 24/1975, como condição para a concessão de incentivos fiscais em matéria de ICMS?*

2.4 Respondemos afirmativamente a esta pergunta e negativamente à do item 2.4.1. A não observância pelo legislador infraconstitucional do propósito preconizado pelo Constituinte em suas políticas voltadas para o desenvolvimento econômico e social de interesses do País importaria em absoluta contrariedade às normas constitucionais. E por isso mesmo absolutamente ineficaz a norma infraconstitucional que dispusesse sobre incentivos fiscais que se tornassem inviáveis.

2.4.2 Embora na prática é o que se constata da LC 24/1975 relativamente à concessão dos incentivos fiscais de ICMS, não devemos perder de vista os interesses maiores preconizados pelo Estado brasileiro. A observância estrita das normas de incentivacão constantes dos convênios celebrados entre os entes federados vai ao encontro da norma constitucional, além de evitar a denominada guerra fiscal, que tantos malefícios e inconvenientes acarreta aos contribuintes.

Em outras palavras, há que se admitir que a citada lei complementar está em harmonia com os ditames constitucionais.

2.5 É certo que a vigente Constituição Federal, em pelo menos seis dispositivos, a saber, art. 1º, III; art. 151, I; art. 159, I, "c"; art. 161, II; art. 165, § 7º, e art. 170, VII, preconiza providências objetivando a redução das desigualdades regionais existentes no País?

2.5.1 Esse fato deve ter, ou não, alguma influência na interpretação e na aplicação de leis a respeito de incentivos fiscais que tenham por objetivo atrair empresas para regiões pobres?

2.5 Respondemos afirmativamente. O objetivo dos citados dispositivos constitucionais é a redução das desigualdades existentes no País, entre outros. Sua exegese não poderia ser outra sob pena de contrariar os princípios e as regras constitucionais, bem como as normas do pacto federativo.

2.5.1 Indubitavelmente funcionam como os balizadores, as diretrizes indispensáveis na concessão dos incentivos fiscais, sob pena de tais estímulos contrariarem as normas constitucionais e infraconstitucionais. Como é sabido, interpretar é fixar o sentido e o alcance da lei, e esse último não pode ultrapassar os limites nem ser incompatível com as finalidades visadas pelo legislador constitucional.

3. Limites ou parâmetros materiais para a concessão de incentivos fiscais

3.1 Em quais hipóteses a concessão de incentivo fiscal a determinado contribuinte, ou grupo de contribuintes, será compatível com o princípio da igualdade?

Como regra geral, todo e qualquer incentivo fiscal concedido deve obedecer aos princípios e às regras constitucionais, bem como às normas infraconstitucionais aplicáveis. Consequentemente, serão compatíveis com o princípio da igualdade sempre que não afrontarem os citados ditames. Em outras palavras, tratando igualmente os iguais e desigualmente os desiguais na medida que se desigualam, conforme lição inclusive de Rui Barbosa, em sua *Oração aos Moços*, e do Plenário do STF, na célebre decisão do ISS das sociedades de advogados, em acórdão unânime da lavra do eminente Ministro Carlos Mário Velloso.

Contudo, foi o próprio constituinte que abrandou a observância do princípio da igualdade ao quebrar o princípio da uniformidade do imposto em todo o território nacional, excepcionando a outorga de incentivos fiscais para promover o equilíbrio do desenvolvimento socioeconômico entre as diferentes regiões do País (art. 151, I, da CF).

Com efeito, os incentivos não onerosos ou a custo zero, sem impacto no orçamento do ente concedente, com vistas ao atendimento da parte final excepcionada pelo referido inciso I do art. 151, não afrontam o princípio da igualdade; ao contrário, são compatíveis com o mesmo e, tampouco, contrariam o também já citado art. 14 da LRF.

3.2 A localização de uma empresa em região menos desenvolvida do território nacional seria um critério de discrímen apto a legitimar incentivos fiscais?

Respondemos afirmativamente. Contudo, tal legitimidade tem que estar em absoluta consonância com as regras constitucionais e infraconstitucionais preconizadas.

3.3 Caso o contribuinte destinatário do incentivo tenha capacidade contributiva igual à de outro contribuinte, não beneficiado com o incentivo, há, só por isso, invalidade ou violação ao princípio da igualdade?

Não necessariamente. A violação existirá quando o estímulo fiscal deixar de cumprir as regras específicas aqui já citadas.

3.3.1 É possível estabelecer, validamente, tratamento desigual a contribuintes, tomando de critério diverso de sua capacidade contributiva?

Respondemos afirmativamente a esta pergunta.

3.3.2 Quais critérios seriam esses?

Os critérios relativos ao atendimento dos objetivos fundamentais do Estado brasileiro elencados no art. 3º da Lei Maior. Assim, por exemplo, o contribuinte que colaborar mais decididamente para o desenvolvimento nacional poderá receber um incentivo fiscal não atrelado à capacidade contributiva.

3.4 Deve haver coerência nas políticas públicas relacionadas aos incentivos fiscais?

Respondemos afirmativamente. A ausência de coerência conduziria à situação de anarquia, desequilibrando e afetando a harmonia entre os entes federados, além de ir de encontro aos preceitos defendidos pela Constituição para o desenvolvimento econômico e a correção das desigualdades sociais.

3.4.1 Qual a consequência jurídica, por exemplo, de o Governo Federal incentivar determinada ação, por meio de tributos, e outros órgãos do próprio Governo Federal, ou dos Governos Estadual ou Municipal adotarem políticas destinadas a desestimular essa mesma ação?

Cabe salientar desde logo que devem prevalecer as ações praticadas pelo órgão da federação que tiver competência para regular a matéria. Na hipótese de atos discrepantes entre órgãos do mesmo membro da federação, deverá prevalecer a princípio administrativo da hierarquia. Consequentemente, do ponto de vista jurídico, são nulas ou anuláveis tais ações que não se conformarem com o que dissemos.

3.5 A quem cabe a decisão a respeito da concessão de incentivos fiscais?

Aos entes federados dentro de suas estritas competências tributárias e regulatórias atribuídas pela Constituição.

3.5.1 Ao Legislador e ao Executivo apenas, quando da criação ou da alteração de leis ou atos infralegais?

Respondemos afirmativamente a esta pergunta.

3.6 Diante de um incentivo fiscal formalmente válido, seria lícito ao Poder Judiciário tomar decisões relacionadas ao seu "mérito", por não se considerar, por exemplo, necessário ou adequado incentivar determinada atividade ou setor da economia?

A resposta a esta pergunta é obviamente negativa. A Constituição exige lei formal para a concessão do incentivo fiscal em razão da estrita separação de poderes. Os magistrados e tribunais – que não dispõem de função de legislador positivo – não têm competência para a concessão do incentivo fiscal. Na qualidade de legislador negativo, cabe ao Poder Judiciário apreciar a constitucionalidade do ato, inclusive a razoabilidade e a proporcionalidade, o que, de forma indireta, pode levar em consideração o mérito quando incompatível com a Constituição.

3.7 Existiria alguma outra instância de controle da legitimidade ou da conveniência da concessão de incentivos fiscais?

A legitimidade de sua concessão pode e deve ser apreciada pelo Judiciário, bem como pelo próprio Tribunal de Contas da União, conforme Súmula 347 do STF, cujo teor é o seguinte: "O Tribunal de Contas, no exercício de suas atribuições, pode apreciar a constitucionalidade das leis e dos atos do poder público".

4. *Incentivos fiscais e segurança jurídica*

4.1 É possível a revogação de um incentivo fiscal?

A norma concedente de um incentivo fiscal é passível de revogação, bastando que interesses públicos existam. Contudo, para a extinção dos seus correspondentes efeitos é imprescindível a observância dos princípios constitucionais, em especial o da segurança jurídica. A matéria constitui objeto do art. 178 do Código Tributário Nacional e da Súmula 544 do STF. Entretanto, ao procurar explicitar as normas constitucionais aplicáveis, o legislador do CTN deveria dispor que as condições para a irrevogabilidade dos efeitos jurídicos das isenções são alternativas e não cumulativas, como consta do texto da norma, ou seja, concedidas a prazo certo e em função de determinadas condições. Não seria constitucional, por exemplo, a revogação dos efeitos de uma isenção fruída por um contribuinte pelo prazo de quinze anos antes do término do mesmo.

4.1.1 Há diferença caso tenham sido exigidas contrapartidas, a serem implementadas pelo contribuinte, como condição para sua concessão?

Sem dúvida que as contrapartidas implementadas pelo contribuinte na obtenção do incentivo fiscal devem ser observadas; fazem toda a diferença.

4.1.2 É relevante, ainda, que o incentivo tenha sido concedido por prazo certo?

A concessão de incentivo a prazo certo é relevante, o que não impede a revogação da norma concessiva do mesmo, se assim for julgado de interesse público pelo órgão concedente. Entretanto, o que não pode ocorrer é a extinção dos efeitos daquela para o contribuinte beneficiado antes do término do prazo certo.

4.2 A resposta dada à questão anterior é a mesma caso, em vez de revogação, tenha-se a nulidade do incentivo, posteriormente reconhecida no âmbito administrativo ou judicial?

Não seria a mesma. Mas, novamente, o contribuinte que agisse de boa-fé não poderia sofrer as consequências desastradas decorrentes de sua implementação pelo ente federado.

4.2.1 Pode a entidade tributante que houver editado lei concedendo incentivo cobrar o tributo correspondente em razão da inconstitucionalidade posteriormente declarada da lei que ela própria editou?

Respondemos negativamente a esta pergunta. Nos termos do art. 146 do CTN, a modificação introduzida de ofício ou em consequência de uma decisão administrativa ou judicial, nos critérios jurídicos adotados pela autoridade administrativa no exercício do lançamento, somente pode ser efetivada, em relação a um mesmo sujeito passivo, quanto a fato gerador ocorrido posteriormente à sua introdução. A regra se aplica também no caso de lançamento negativo do tributo.

5. Há algum outro aspecto relevante, relativo aos incentivos fiscais, não abrangido pelas questões anteriores?

Parece-nos oportuno tecer alguns comentários sobre a necessidade, para a criação de incentivos fiscais, de o membro da federação que o instituir também dispor dos poderes de tributar e regular a matéria. Nesse particular, discorremos sobre o assunto no item 1.1 deste trabalho.

Referências

AMARO, Luciano. *Direito Tributário Brasileiro*. São Paulo, Saraiva.

ÁVILA, Humberto. *Sistema Constitucional Tributário*.4ª ed. São Paulo, Saraiva, 2010.

BALEEIRO, Aliomar. *Uma Introdução à Ciência das Finanças*. 2ª ed., vol. I, n. 237. Rio de Janeiro, Forense, 1958.

CASSONE, Vittorio. *Interpretação no Direito Tributário: Teoria e Prática*. São Paulo, Atlas, 2004.

COÊLHO, Sacha Calmon Navarro. *Curso de Direito Tributário Brasileiro*. 6ª ed. Rio de Janeiro, Forense, 1999.

________. *Curso de Direito Tributário Brasileiro*. 7ª ed. rev. e atual. Rio de Janeiro, Forense, 2004.

GUNTHER, Gerald. *Constitucional Law*. 11ª ed., vol. 53, t. II. Mineola, New York, the Foundation Press Inc, 1985.

HOUAISS, Antônio. *Dicionário Houaiss Eletrônico da Língua Portuguesa*. Rio de Janeiro, Objetiva, 2009.

MACHADO, Hugo de Brito. *Curso de Direito Tributário*. 36ª ed. São Paulo, Malheiros Editores, 2015.

MARTINS, Ives Gandra da Silva. *Direito Empresarial – Pareceres*. 2ª ed. Rio de Janeiro, Forense, 1986.

________ (coord.). *Direito Fundamental à Vida*. São Paulo, Quartier Latin e Centro de Extensão Universitária – CEU, 2005.

________; NASCIMENTO, Carlos Valder do (orgs.). *Comentários à Lei de Responsabilidade Fiscal*. São Paulo, Saraiva, 2001.

MAXIMILIANO, Carlos. *Hermenêutica e Aplicação do Direito*. 9ª ed. Rio de Janeiro, Forense, 1979.

MORAES, Alexandre de. *Constituição do Brasil Interpretada e Legislação Constitucional*. São Paulo, Atlas, 2007.

SANDEL, Michael J. *O que o Dinheiro não Compra: os Limites Morais do Mercado*. Trad. de Clovis Marques. Rio de Janeiro, Civilização Brasileira, 2012.

WEICHERT, Marlon Alberto. "Isenções tributárias em face do princípio da isonomia". *Revista de Informação Legislativa*. Brasília, ano 37, n. 145. pp. 254-241, jan.-mar. 2000.

O REGIME JURÍDICO DOS INCENTIVOS FISCAIS

HUGO DE BRITO MACHADO

1. Introdução

Com o objetivo de prestar modesta contribuição em mais uma pesquisa realizada pelo Instituto Cearense de Estudos Tributários – ICET, agora abordaremos o tema sugerido pelo Professor Hugo de Brito Machado Segundo, regime jurídico dos incentivos fiscais, com a abordagem ampla sugerida pelas perguntas que nos foram colocadas, que consideramos de grande importância para os que lidam com a tributação em nosso País.

Sabemos existirem profundas controvérsias em torno de incentivos fiscais – especialmente daqueles concedidos com o objetivo de atrair empreendimentos industriais –, que são levadas ao Poder Judiciário, e que na verdade nascem de interesses contrariados na disputa por tais empreendimentos. Tais controvérsias fazem com que a abordagem do assunto se torne mais importante, sobretudo porque o estudo dos incentivos fiscais envolve temas que são, especificamente, objeto daquelas controvérsias.

Seguindo a ordem das questões formuladas, começaremos pelo estudo do conceito de incentivos fiscais, com o exame de elementos que podem influir, ou não, nesse importante conceito do direito tributário. Depois examinaremos a existência de limites formais à concessão de incentivos fiscais, incursionando no estudo de dispositivos constitucionais relativos a imunidades e isenções tributárias, e, ainda, a especialíssima questão de saber se é válida a regra infraconstitucional que, a pretexto de estabelecer condições para a concessão de incentivos fiscais, a rigor proíbe tal concessão. E ainda, a questão de saber se o fato de haver a Constituição Federal albergado pelo menos seis dispositivos preconizando providências para a redução das desigualdades regionais deve ser, ou não, considerado na interpretação da legislação pertinente.

Em seguida examinaremos os limites ou parâmetros materiais para a concessão de incentivos fiscais, começando com a questão da relação entre o incentivo fiscal e o princípio da isonomia que se impõe em matéria tributária e indo até a questão do controle da legitimidade e da conveniência da concessão de incentivos fiscais.

Mais adiante, por fim, examinaremos possíveis relações entre a concessão de incentivos fiscais, especialmente considerando a questão da contraprestacionalidade destes, e de sua concessão por prazo determinado. A distinção entre a revogação e o anulamento e a possibilidade, ou não, da cobrança do tributo que não fora pago em razão do incentivo.

2. Conceito e espécies de incentivo fiscal

2.1 O que é um incentivo fiscal

Conceituar geralmente não é fácil.

No caso de que se cuida, porém, tanto a palavra *incentivo* como a palavra *fiscal*, no contexto em que estão colocadas, indicam significados razoavelmente claros, e isso nos permite formular uma definição com boa margem de segurança. Assim, Schubert de Farias Machado e eu definimos:

> ***Incentivo fiscal*** – É a isenção, ou outra qualquer vantagem fiscal, concedida por lei como forma de estimular ou desestimular determinado comportamento na ordem econômica.[1]

Na expressão *incentivo fiscal*, a palavra *incentivo* tem o mesmo significado que tem na linguagem comum. Significa estímulo. E a palavra *fiscal* nessa expressão está a indicar o instrumento com o qual é concedido o incentivo ou estímulo. Incentivo fiscal é o estímulo concedido através de um instrumento cuja utilização caracteriza o que denominamos fisco, vale dizer, o tributo.

O incentivo, ou estímulo, caracteriza-se pelo tratamento favorecido, diferenciado para melhor, em razão do atendimento da condição colocada para sua obtenção. E pode ser designado por palavras com sentido idêntico, tais como benefícios ou alívios.

2.2 Elementos quantitativos do tributo

A obrigação de pagar tributo nasce com a ocorrência de fato previsto em lei como gerador dessa obrigação. Por exemplo, a obtenção de renda. E seu objeto, vale dizer, o tributo, é quantificado a partir de elementos que a lei indica para tal finalidade, vale dizer, a base de cálculo e a alíquota. A base de cálculo, no caso em referência, é o montante da renda auferida em determinado período, e a alíquota é o percentual que a lei estabelece, a ser aplicado sobre a base de cálculo, para ter como resultado o valor do tributo.

Em princípio, qualquer forma de redução do valor do tributo, concedida para pessoas ou para situações especificamente indicadas, é um incentivo fiscal, sendo que o nome mais comum dado a esse tratamento é o de isenção, que podemos definir como exceção legalmente feita à hipótese de incidência tributária. Em outras palavras, a lei define

1. Hugo de Brito Machado e Schubert de Farias Machado, *Dicionário de Direito Tributário*, São Paulo, Atlas, 2011, p. 109.

uma hipótese em que, se e quando concretizada, nascerá a obrigação de pagar o tributo. E pode estabelecer exceção, que configura a isenção tributária.

Assim entendida, a isenção diz respeito sempre à totalidade do tributo, não nos parecendo adequado falar de isenção parcial. Melhor é dizer redução do tributo, em vez de isenção parcial. E a redução do tributo, concedida excepcionalmente em razão de circunstâncias específicas, pessoais ou materiais do caso, pode configurar, sim, uma espécie de incentivo fiscal.

2.3 Finalidade da isenção e da alíquota zero

A isenção geralmente é uma forma de incentivo fiscal. E alíquota zero, como vem sendo tratada em nosso País, também. Mas não podemos deixar de esclarecer que alíquota zero é na verdade uma expressão inadequada e contraditória, pois a palavra *alíquota* significa o número de vezes que a parte está contida no todo, e zero não pode ser alíquota, porque, multiplicado por qualquer número, terá sempre zero como resultado. Assim, sem atropelarmos os conceitos da matemática, a expressão *alíquota zero* deve ser evitada.

Esclarecemos que o uso da expressão *alíquota zero* generalizou-se como forma de burla, pelo Poder Executivo, de uma limitação constitucional. Sobre o tema, Schubert de Farias Machado e eu já escrevemos:

> ***Alíquota zero*** – É uma forma encontrada pelas autoridades da administração tributária para fugir ao princípio da legalidade, segundo o qual a isenção somente por lei pode ser concedida. Ocorre que a Constituição Federal faculta ao Poder Executivo, atendidas as condições e os limites estabelecidos em lei, alterar as alíquotas de diversos impostos federais (CF/88, art. 153, § 1º). Assim, com fundamento nesse dispositivo constitucional, têm sido alteradas alíquotas desses impostos, chegando-se à *alíquota zero*. É uma fórmula que tem sido utilizada para conceder isenções. Na verdade, sendo a alíquota uma expressão matemática que indica o número de vezes que a parte está contida no todo, a expressão alíquota zero encerra uma contradição em seus próprios termos porque zero certamente não indica o número de vezes que a parte está contida no todo. Zero não é expressão de parte. Não indica relação nenhuma.[2]

2. Idem, ibidem, p. 10.

2.4 A imunidade tributária e a redução da base de cálculo

A imunidade tributária, por seu turno, é uma limitação constitucional do poder de tributar. A Constituição, hierarquicamente superior, impõe limites ao legislador, e entre estes está a imunidade tributária. A regra da Constituição, dizendo que algo ou alguém é imune ao tributo, está proibindo o legislador de fazer com que alguém, ou alguma coisa, fique sujeito ao tributo. Se tal acontece com a finalidade de estimular determinada atividade, pode configurar incentivo fiscal, mas geralmente não é isso que acontece.

Exemplo recente de imunidade tributária que pode ser considerada um incentivo fiscal é o estabelecido pela Emenda Constitucional 75, de 15.10.2013, que introduziu a alínea "e" no inciso VI do art. 150, da vigente Constituição Federal, vedando à União, aos Estados, ao Distrito Federal e aos Municípios, a instituição de impostos sobre:

> fonogramas e videofonogramas musicais produzidos no Brasil contendo obras musicais ou literomusicais de autores brasileiros e/ou obras em geral interpretadas por artistas brasileiros bem como os suportes materiais ou arquivos digitais que os contenham, salvo na etapa de replicação industrial de mídias óticas de leitura a laser.

A redução da base de cálculo, assim como a redução da alíquota, são formas de redução do valor do tributo que o legislador eventualmente pode estabelecer, e podem configurar, sim, formas de incentivo fiscal.

2.5 A finalidade como elemento caracterizador do incentivo fiscal

Ocorre que nem toda redução ou isenção de tributo deve ser considerada incentivo fiscal, porque este, repita-se, se caracteriza pela finalidade, que é estimular determinado comportamento. E existe, sim, isenção que é concedida, mas não como forma de estimular comportamento.

Ressalte-se, assim, que a finalidade é o elemento caracterizador do incentivo fiscal, qualquer que seja a forma pela qual seja o mesmo concedido. Como a própria expressão indica, incentivo fiscal é o tratamento tributário favorecido concedido com a finalidade de estimular determinado comportamento.

2.6 O fiscal e o financeiro

O tributo e o crédito são elementos do incentivo.

Quando o elemento utilizado para incentivar é o tributo, o incentivo caracteriza-se como fiscal. Quando o elemento utilizado para incentivar é o crédito ou financiamento, o incentivo caracteriza-se como financeiro.

2.7 Respostas às questões formuladas

Em face das considerações expendidas, respondemos às questões que nos foram formuladas, assim:

> ***1. O que são incentivos fiscais***
>
> *1.1 Incentivos fiscais, benefícios fiscais, alívios fiscais, são todas expressões sinônimas?*

Resposta: Sim.

> *1.2 A redução da base de cálculo é uma isenção parcial? A lei pode conceder isenção parcial? Seria adequado falar de isenção parcial?*

Resposta: Não, mas pode ser um incentivo fiscal. Não nos parece que a lei possa conceder nem nos parece adequado falar em isenção parcial. Tem-se, em tais casos, redução do tributo, que pode ser, sim, uma forma de incentivo fiscal.

> *1.3 A isenção é um incentivo fiscal? E a alíquota zero? A imunidade? A redução da base de cálculo? São incentivos ou possíveis meios para concedê-los?*

Resposta: A isenção não é necessariamente um incentivo fiscal, embora geralmente seja um meio para concedê-lo. Da mesma forma a alíquota zero. Já a imunidade, embora geralmente não seja, pode eventualmente configurar uma forma de incentivo fiscal. A redução da base de cálculo também pode ser uma forma de conceder incentivo fiscal.

> *1.4 Uma redução do ônus tributário decorrente da ausência de capacidade contributiva, como o limite de isenção estabelecido para imóveis residenciais de pequeno valor, por exemplo, é um incentivo fiscal? E a redução estabelecida em função de algum mal sofrido pelo contribuinte, como uma doença?*

Resposta: Seguramente, não. Nem a isenção, nem a redução, nos casos indicados na pergunta, são formas de incentivo fiscal.

> *1.5 Há diferença entre incentivos fiscais e incentivos financeiros?*

Resposta: Seguramente, sim. Diferença que decorre do meio utilizado para incentivar. Nos incentivos fiscais, o meio é o tributo. Nos incentivos financeiros, o meio é o crédito ou financiamento.

3. Limites formais à concessão de incentivos fiscais

3.1 Imunidade condicionada ou isenção heterônoma

No art. 155, § 2º, XII, "e", vista a remissão feita nesse dispositivo, consta que o ICMS atenderá às prescrições que passa a enunciar, e adiante, no inciso XII, alínea "e", diz caber à lei complementar excluir da incidência do imposto, nas exportações para o exterior, serviços e outros produtos além dos mencionados no inciso X, alínea "a".

Antes da Emenda Constitucional 42, de 19.2.2003, no referido inciso X, alínea "a", estava dito que o ICMS não incidirá "sobre operações que destinem ao exterior produtos industrializados, excluídos os semi-elaborados definidos em lei complementar". A imunidade, portanto, era apenas para os produtos industrializados, e a lei complementar ainda podia excluir da imunidade os semielaborados que indicasse. Assim, justificava-se a regra constante do art. 155, § 2º, XII, "e", que dizia caber à lei complementar excluir da incidência do imposto, vale dizer, cabia à lei complementar estender a imunidade a serviços e outros produtos além daqueles cuja imunidade estava estabelecida pelo inciso X, "e".

Com o advento da Emenda Constitucional 42/2003, restou inteiramente esvaziada a regra do art. 155, § 2º, XII, "e", porque a imunidade passou a abranger todas as mercadorias exportadas para o exterior e ficou garantido ao exportador o crédito do imposto incidente nas operações anteriores. Em outras palavras, temos que a Constituição estabelece a imunidade ao ICMS para "operações que destinem mercadorias para o exterior, nem sobre serviços prestados a destinatários no exterior, assegurada a manutenção e o aproveitamento do montante do imposto cobrado nas operações e prestações anteriores".[3]

Admitindo, porém, para efeito de argumentação, que não tivesse ocorrido a referida alteração decorrente da Emenda Constitucional 42/2003, e fosse necessária, portanto, lei complementar para excluir a incidência do ICMS nas exportações de certos produtos semielaborados, aí sim poder-se-ia colocar a questão de saber se tal exclusão do ICMS seria *imunidade condicionada à lei complementar ou caso de isenção heterônoma*. E a nosso ver a exclusão do ICMS, por lei complementar, em tais situações configura isenção heterônoma.

Relativamente ao art. 156, § 3º, II, segundo o qual cabe à lei complementar excluir a incidência do ISS nas exportações de serviços para o exterior, não podemos deixar de ressaltar, por primeiro, que nos parece estranha a ideia de exportar serviços. O serviço, como fato gerador do ISS, não é uma coisa. É uma atividade. É difícil, portanto, admitir que pode ser exportado. Mesmo assim, admitindo que o serviço pode ser exportado, diremos que a exclusão da incidência do ISS em tal caso configura uma isenção heterônoma.

3.2 Isenção concedida por tratado internacional

Ao cuidar do processo legislativo, a vigente Constituição Federal diz que o mesmo compreende a elaboração dos atos que menciona. E indica os sete atos legislativos, entre os quais não coloca os tratados

3. Constituição Federal de 1988, art. 155, § 2º, X, "a".

internacionais.[4] Nem podia ser diferente, porque os tratados internacionais não são produzidos pelo Poder Legislativo brasileiro.

A desconsideração da natureza específica dos tratados internacionais tem gerado muitas divergências. Hoje, porém, firmou-se já a jurisprudência do Supremo Tribunal Federal no sentido de que a regra do tratado internacional prevalece sobre a legislação tributária interna, e de que a União pode, mediante tratado internacional, conceder isenção de tributos estaduais e municipais. Sobre as isenções heterônomas, aliás, já tivemos oportunidade de discorrer em artigo publicado na *Revista Dialética de Direito Tributário* n. 93, de junho de 2003, e nas páginas 301 a 308 do nosso *Curso de Direito Constitucional Tributário*, onde em conclusão escrevemos:

> Em julgamento que teve início em 14.12.1988, quando sua 1ª Turma decidiu remeter o caso ao Tribunal Pleno, o STF, a final, decidiu pela prevalência dos tratados internacionais sobre a lei interna, acolhendo, assim, a norma do art. 98 do CTN. Considerou que o referido dispositivo tem caráter nacional e que é válida a concessão de isenção de tributo estadual pela União, mediante tratado internacional.
>
> Aliás, não fosse assim, o Brasil não teria como negociar isenções tributárias com outras Nações para a celebração de tratados, até porque o imposto mais significativo em ônus sobre a comercialização, em nosso País, é o ICMS.[5]

Podemos considerar que, no caso de isenção de tributo estadual ou municipal mediante tratado internacional, configura-se isenção heterônoma. Entretanto, a rigor, não se trata de isenção heterônoma como geralmente tal expressão é entendida. Trata-se, isso sim, de situação peculiar, porque a União, ao firmar um tratado internacional, não atua da mesma forma que atua no plano interno. Ela não é uma pessoa jurídica integrante da Federação, da qual são parte os Estados e os Municípios. Atuando no plano internacional, a União, ao firmar um tratado, é legítima representante de todo o País. Age, portanto, como representante dos Estados e dos Municípios.

4. Constituição Federal de 1988, art. 59.

5. Hugo de Brito Machado, *Curso de Direito Constitucional Tributário*, São Paulo, Malheiros Editores, 2012, p. 308.

3.3 Questão relativa à Zona Franca de Manaus

A questão de saber se a desoneração tributária dada à remessa de mercadorias para a Zona Franca de Manaus configura isenção, ou imunidade, deve ser examinada tendo em vista o que estabeleceu a vigente Constituição Federal relativamente à Zona Franca de Manaus, e ainda o fato de que a delimitação do território nacional não é feita pela Constituição Federal, embora essa delimitação seja decisiva na configuração do que se deve entender por exportação, inclusive para o fim da incidência da regra imunizante.

A vigente Constituição Federal estabelece expressamente que é mantida a Zona Franca de Manaus, com as características de área de livre comércio, de exportação e importação, e de incentivos fiscais, pelo prazo de vinte e cinco anos. Tal prazo foi prorrogado por mais dez anos, pela Emenda Constitucional 42, de 19.12.2003, de sorte que ainda hoje subsiste a referida Zona Franca de Manaus, e por isso mesmo é que se justifica a questão posta, de saber se a desoneração tributária dada à remessa de mercadorias para aquela área configura isenção ou imunidade.

Nas repartições fazendárias estaduais é comum o entendimento de que a exoneração do ICMS nas remessas de mercadorias de produção nacional para a Zona Franca de Manaus implica isenção, e por isso mesmo tal exoneração não se aplica à remessa de mercadorias que não sejam de produção nacional. Argumenta-se que a regra de isenção teria de ser interpretada literalmente.

A nosso ver, todavia, não se trata de isenção. Como a Constituição Federal de 1988 manteve expressamente a Zona Franca de Manaus, com suas características de área de livre comércio, de exportação e importação, e de incentivos fiscais, as exonerações tributárias foram, indiscutivelmente, alçadas ao patamar constitucional e dessa forma postas fora do alcance do legislador ordinário. Em outras palavras, tais exonerações ganharam a natureza jurídica de imunidade tributária.

Sendo assim, as leis federais que concederam desonerações de tributos passaram a ter a natureza de regras da Constituição Federal e nessa condição obrigam Estados e Municípios. A questão de saber se lei federal pode regular desoneração de tributos estaduais e municipais pode ser desconsiderada, posto que somente se justifica em face da possível resposta à questão anterior, que afirmasse ter a desoneração tributária dado às remessas de mercadorias para a Zona Franca a natureza de isenção.

3.4 *Incentivos fiscais e a Lei Complementar 24/1975*

Saber se há limites a serem observados pelo legislador infraconstitucional, quando da regulamentação da norma da Constituição referente a incentivos fiscais, é de certa forma semelhante a saber se há limites a serem observados pelo titular do poder regulamentar na edição de um regulamento para fiel execução da lei. Assim como o regulamento não pode inviabilizar a aplicação de uma regra existente na lei ordinária, porque se o fizer não será um regulamento para fiel execução da lei, o legislador infraconstitucional não pode regulamentar uma faculdade prevista no texto constitucional de sorte a tornar praticamente impossível o seu exercício.

A vigente Constituição preconiza providências para a redução das desigualdades regionais, e, ao tratar dos Impostos dos Estados e do Distrito Federal, na Seção IV do capítulo em que trata do Sistema Tributário Nacional, estabelece regras especificamente para o Imposto sobre Operações Relativas à Circulação de Mercadorias e Serviços,[6] entre as quais a que diz caber à lei complementar regular a forma como, mediante deliberação dos Estados e do Distrito Federal, isenções, benefícios e incentivos fiscais serão concedidos.[7] E a Lei Complementar 24, de 7.1.1975, já regulava a matéria de tal forma a tornar praticamente impossível a concessão de incentivos fiscais estaduais, exigindo unanimidade de votos dos representantes dos Estados e ainda permitindo aos Estados, presentes ou não à reunião que aprovou a concessão do incentivo, a não ratificação do convênio, tornando-o sem validade.

Sobre o tema já escrevemos:

> Não é razoável a exigência de unanimidade, pois nos órgãos colegiados deve prevalecer o princípio majoritário. Pior, ainda, é que aos Estados seja facultada a não ratificação do convênio. Inconstitucionais, portanto, são os dispositivos da LC 24/1975, e não as leis estaduais que concedem

6. Constituição Federal de 1988, art. 155, § 2º.
7. Constituição Federal de 1988, art. 155, § 2º, XII, "g".

incentivos fiscais para a realização de objetivo preconizado pela Constituição Federal.[8]

Com mais rigor na terminologia jurídica, diremos que os dispositivos da Lei Complementar 24/1975, que tornam inviável a concessão de incentivos fiscais em matéria de ICMS, para a redução das desigualdades regionais, não foram recepcionados pela vigente Constituição Federal. Não foram recepcionados exatamente porque, a pretexto de regulamentar uma faculdade expressamente prevista no texto constitucional, tornam o exercício dessa faculdade praticamente impossível.

3.5 Redução das desigualdades regionais

A Constituição Federal de 1988 tem pelo menos seis dispositivos preconizando a redução das desigualdades regionais. Vejamos cada um desses dispositivos:

> Art. 3º. Constituem objetivos fundamentais da República Federativa do Brasil:
>
> (...)
>
> III – erradicar a pobreza e a marginalização e *reduzir as desigualdades sociais e regionais*;
>
> Art. 151. É vedado à União:
>
> I – instituir tributo que não seja uniforme em todo o território nacional ou que implique distinção ou preferência em relação a Estado, ao Distrito Federal ou a Município, em detrimento de outro, *admitida a concessão de incentivos fiscais destinados a promover o equilíbrio do desenvolvimento socioeconômico entre as diferentes regiões do País*;
>
> Art. 159. A União entregará:
>
> I – do produto da arrecadação dos impostos sobre renda e proventos de qualquer natureza e sobre produtos industrializados, quarenta e oito por cento na seguinte forma:

8. "Proibição da Guerra Fiscal e a Redução das Desigualdades Regionais", in Valdir de Oliveira Rocha (coord.), *Grandes Questões Atuais do Direito Tributário*, vol. 15, São Paulo, Dialética, 2011, p. 129.

(...)

c) três por cento, para aplicação em programas de financiamento ao setor produtivo das Regiões Norte, Nordeste e Centro-Oeste, através de suas instituições financeiras de caráter regional, de acordo com os planos regionais de desenvolvimento, ficando assegurada ao semiárido do Nordeste a metade dos recursos destinados à Região, na forma que a lei estabelecer;

Art. 161. Cabe à lei complementar:

(...)

II – estabelecer normas sobre a entrega dos recursos de que trata o art. 159, especialmente sobre os critérios de rateio dos fundos previstos em seu inciso I, *objetivando promover o equilíbrio socioeconômico entre Estados e entre Municípios;*

Art. 165. Leis de iniciativa do Poder Executivo estabelecerão:

(...)

§ 7º. Os orçamentos previstos no § 5º, I e II, deste artigo, compatibilizados com o plano plurianual, terão entre suas funções a de *reduzir desigualdades inter-regionais, segundo critério populacional.*

Art. 170. A ordem econômica, fundada na valorização do trabalho humano e na livre-iniciativa, tem por fim assegurar a todos existência digna, conforme os ditames da justiça social, observados os seguintes princípios:

(...)

VII – *redução das desigualdades regionais e sociais;*

Como se vê, existem na vigente Constituição Federal nada menos do que seis dispositivos preconizando expressamente a redução das desigualdades regionais. E entre eles está o que considera ser a redução das desigualdades regionais um objetivo fundamental da República Federativa do Brasil.

Não é razoável, portanto, considerar válida uma regra jurídica de hierarquia inferior, que exige a concordância unânime dos Estados, pois tal exigência inviabiliza a concessão de incentivos fiscais para a realização daquele objetivo. Isso porque não é razoável esperar que os Estados ricos admitam que Estados pobres concedam incentivos fiscais capazes de atrair investimentos empresariais para seus territórios, vale dizer, incentivos fiscais capazes de realizar aquele objetivo fundamental da República Federativa do Brasil, que é reduzir as desigualdades regionais.

Trata-se realmente de um dilema de difícil superação, que vem sendo motivo de conflitos intermináveis, nos quais tem prevalecido o poder dos Estados ricos.

3.6 Respostas às questões formuladas

Em face das considerações expendidas, respondemos às questões que nos foram formuladas, assim:

> ***2. Limites formais à concessão de incentivos fiscais***
>
> *2.1 Todo incentivo fiscal deve ser concedido por lei do ente tributante competente para a instituição do tributo correspondente? Qual a natureza de disposições como as que constam do art. 155, § 2º, XII, "e", e do art. 156, § 3º, II, da CF/1988? São imunidades? Excepcionais hipóteses em que se faz possível a concessão de isenções heterônomas?*

Resposta: Em princípio, sim. A disposição constante do art. 155, § 2º, XII, "e", restou esvaziada com a redação dada pela EC 42/2003 à alínea "a" do inciso X do mesmo art. 155 da CF/1988. E quanto ao art. 156, § 3º, II, podemos dizer que a exclusão do ISS por lei complementar configura uma isenção heterônoma.

> *2.2 Os tratados internacionais podem estabelecer incentivos fiscais, inclusive quando relativos a tributos que seriam devidos a Estados e Municípios?*

Resposta: Sim. Temos, então, hipótese que se pode considerar de isenção heterônoma, embora a União, nesse caso, não seja uma parte da Federação, mas representante de toda ela, operando, assim, em nome dos Estados e dos Municípios.

> *2.3 A desoneração tributária dada à remessa de mercadorias para a Zona Franca de Manaus é caso de isenção ou de imunidade? A lei federal pode regular tal desoneração mesmo quando relativa a tributos de competência estadual ou municipal?*

Resposta: A desoneração tributária dada à remessa de mercadorias para a Zona Franca de Manaus é caso de imunidade, e com certeza a lei federal que tenha concedido tal exoneração obriga, sim, Estados e Municípios.

> *2.4 Há limites a serem observados pelo legislador infraconstitucional quando da regulamentação de norma da Constituição referente a incentivos fiscais? É possível regulamentar uma faculdade prevista no texto constitucional de sorte a tornar praticamente impossível o seu exercício? É o que se dá, por exemplo, com a exigência de unanimidade prevista na LC 24/1975, como condição para a concessão de incentivos fiscais em matéria de ICMS?*

Resposta: Sim. Não é possível regulamentar o exercício de uma faculdade prevista no texto constitucional de sorte a tornar praticamente impossível o seu exercício. E foi isso, sim, que se deu com a Lei Complementar 24/1975, que praticamente proibiu a concessão de incentivos fiscais em matéria de ICMS.

> *2.5 É certo que a vigente Constituição Federal, em pelo menos seis dispositivos, a saber, art. 1º, III; art. 151, I; art. 159, I, "c"; art. 161, II; art. 165, § 7º, e art. 170, VII, preconiza providências objetivando a redução das desigualdades regionais existentes no País? Esse fato deve ter, ou não, alguma influência na interpretação e na aplicação de leis a respeito de incentivos fiscais que tenham por objetivo atrair empresas para regiões pobres?*

Resposta: Sim. Existem na vigente Constituição Federal pelo menos seis dispositivos preconizando providências para a redução das desigualdades regionais em nosso País. E esse fato deve, sim, ter influência na interpretação e na aplicação de leis a respeito de incentivos fiscais que tenham por objetivo atrair empresas para regiões pobres, porque essa é certamente a melhor forma de realizar o mencionado objetivo.

4. Limites materiais para a concessão de incentivos fiscais

4.1 Incentivos fiscais e isonomia

A questão de saber em quais hipóteses a concessão de incentivo fiscal a determinado contribuinte, ou grupo de contribuintes, é compatível com o princípio da igualdade deve ser enfrentada a partir do estudo desse princípio, que tem sido objeto de intermináveis controvérsias.

Comecemos, pois, com o estudo desse importante princípio jurídico.

Nas palavras de Léon Duguit,

> ... l'égalité véritable, celle qui consiste, suivant une vieille formule, à traiter également les choses égales et inégalemet les choses inégales. L' égalité absolue, mathématique des hommes, comprise à la manière de 1793, est, on l'a dit très justement, le paradoxe de l'égalité; elle aboutit, en réalité, à l'inégalité.[9]

Para Duguit, realmente,

> a igualdade absoluta de todos os homens, que constitui premissa lógica da doutrina individualista, revela-se contraditória na prática. Os homens, muito longe de serem iguais, são essencialmente diferentes entre si, e essas diferenças, por sua vez, acentuam-se conforme o grau de civilização da sociedade.[10]

A verdadeira igualdade consiste precisamente em tratar desigualmente os desiguais, na medida de suas desigualdades. Esse é o sábio

9. Léon Duguit, *Traité de Droit Constitutionnel*, 30ª ed., vol. III, Paris, Fontemoing, 1930, p. 629.

10. Léon Duguit, *Fundamentos do Direito*, trad. de Márcio Pugliesi, 2ª ed., São Paulo, Ícone, 2006, p. 16.

ensinamento de Duguit, reproduzindo pensamento de Aristóteles e divulgado no Brasil por Rui Barbosa, nestes termos:

> A regra da igualdade não consiste senão em quinhoar desigualmente aos desiguais, na medida em que se desigualam. Nesta desigualdade social, proporcionada à desigualdade natural, é que se acha a verdadeira lei da igualdade. Tratar com desigualdade a iguais, ou a desiguais com igualdade, seria desigualdade flagrante, e não igualdade real. Os apetites humanos conceberam inverter a norma universal da criação, pretendendo, não dar a cada um, na razão do que vale, mas atribuir o mesmo a todos, como se todos se equivalessem.[11]

E a igualdade de tratamento, ou tratamento isonômico, depende de saber qual é o fim ou objetivo visado na relação que se tem com o destinatário desse tratamento. Em sua notável monografia sobre o conteúdo jurídico do princípio da isonomia, Celso Antônio Bandeira de Mello, no final do capítulo em que estuda a consonância da discriminação com os interesses protegidos na Constituição, escreve:

> À guisa de conclusão deste tópico, fica sublinhado que não basta a exigência de pressupostos fáticos diversos para que a lei distinga situações sem ofensa à isonomia. Também não é suficiente o poder-se arguir fundamento racional, pois não é qualquer fundamento lógico que autoriza desequiparar, mas tão só aquele que se orienta na linha de interesses prestigiados na ordenação jurídica máxima. Fora daí ocorrerá incompatibilidade com o preceito igualitário.[12]

Podemos, portanto, afirmar que a concessão de incentivo fiscal é compatível com o princípio da igualdade, quando tem por finalidade a realização de objetivos preconizados por nossa Constituição Federal.

11. Rui Barbosa, *Oração aos Moços*, Rio de Janeiro, Casa de Rui Barbosa, 1949, pp. 33-34.

12. Celso Antônio Bandeira de Mello, *Conteúdo Jurídico do Princípio da Igualdade*, 3ª ed., 14ª tir., São Paulo, Malheiros Editores, 2014, p. 43.

4.2 Critérios para a definição da isonomia

A capacidade contributiva é, sem nenhuma dúvida, o critério que deve presidir a definição dos encargos tributários. Todo cidadão deve pagar tributos, na medida de sua capacidade contributiva. Nesse sentido é a lição de Klaus Tipke, que ensina:

> O princípio da capacidade contributiva é mundialmente e em todas as disciplinas da ciência da tributação reconhecido como princípio fundamental da imposição justa.[13]

Como todo bom doutrinador, entretanto, Tipke registra o argumento contrário:

> Contra o princípio da capacidade contributiva é todavia objetado que é muito ambíguo, para se poder dele tirar soluções concretas. Essa opinião desconhece caráter e hierarquia do princípio da capacidade contributiva: ele marca o Direito Tributário da mesma forma pela qual o princípio da autonomia privada marca o Direito Civil.[14]

E conclui afirmando que:

> Nenhum civilista aproveitaria a ocasião da necessidade de concretização ou de restrição para discutir a autonomia privada como princípio portador de sistema do Direito Civil. Não é outro o caso com o princípio da capacidade contributiva: ele fornece o ético-juridicamente sensato valor indicativo, que para o ordenamento do Direito Tributário não é menos necessário do que a autonomia privada para o ordenamento do Direito Civil. Para o princípio da capacidade contributiva não existe nenhuma alternativa a de um mais apropriado princípio fundamental; existe somente a alternativa da indigência de princípios fundamentais.[15]

13. Klaus Tipke, *Direito Tributário*, trad. de Luiz Dória Furquim da 18ª edição alemã, Porto Alegre, Sergio Fabris, 2008, pp. 200-201.
14. Idem, ibidem, p. 201.
15. Idem, ibidem, pp. 201-202.

Nessa linha, os tributaristas brasileiros também preconizam o princípio da capacidade contributiva como critério para realização da isonomia na tributação. Ruy Barbosa Nogueira, por exemplo, afirma com inteira propriedade que:

> A Constituição Federal consagrando o princípio de que os tributos serão regulados segundo a capacidade econômica do contribuinte, não só ditou uma regra a ser obedecida pelo legislador, mas reconheceu que a lei tributária é de conteúdo econômico e que o conceito de igualdade jurídico-tributária está relacionado com a capacidade econômica.[16]

É importante, porém, registrarmos que essa doutrina reporta-se à tributação dita fiscal, vale dizer, ao tributo como instrumento para a obtenção, pelo Poder Público, dos recursos financeiros dos quais necessita para a realização de suas atividades. Não se presta, assim, como fundamento para enfrentarmos uma questão jurídica que se coloca no âmbito dos incentivos fiscais, em que o tributo é utilizado como instrumento para interferência do Estado na atividade econômica.

Em outras palavras, podemos dizer que a doutrina segundo a qual o princípio da isonomia impõe que se considere o princípio da capacidade contributiva como o melhor critério para a tributação justa, ou tributação isonômica, diz respeito ao tributo em sua função fiscal. Essa doutrina não impede que outro critério seja considerado melhor, ou juridicamente mais adequado, nos casos em que o tributo é utilizado como instrumento de interferência do Estado na atividade econômica, vale dizer, não diz respeito ao tributo em sua função extrafiscal.

4.3 Capacidade contributiva e tributação extrafiscal

Para afastar qualquer dúvida, buscamos a doutrina do próprio Klaus Tipke, para quem não se coloca a questão de conciliar o princípio da capacidade contributiva com a figura da tributação extrafiscal. Para ele:

16. Ruy Barbosa Nogueira, *Da Interpretação e da Aplicação das Leis Tributárias*, 2ª ed., São Paulo, Ed. RT, 1965, pp. 127-128.

> O princípio da capacidade contributiva é o critério comparativo para normas de fim fiscal; para normas de fim social valem princípios, que são apropriados para justificar derrogações do princípio da capacidade contributiva.[17]

Na medida em que o tributo é utilizado em sua função extrafiscal, fica afastada a capacidade contributiva como critério para a realização da isonomia. A não ser assim, o tributo não poderia ter essa importante função, denominada função extrafiscal.

Em sua excelente monografia sobre o "conteúdo jurídico do princípio da igualdade", Celso Antônio Bandeira de Mello ensina:

> O ponto nodular para exame da correção de uma regra em face do princípio isonômico reside na existência ou não de correlação lógica entre o fator erigido em critério de discrímen e a discriminação legal decidida em função dele.
>
> (...) Com efeito, há espontâneo e até inconsciente reconhecimento da juridicidade de uma norma diferençadora quando é perceptível a congruência entre a distinção de regimes estabelecida e a desigualdade de situações correspondente.
>
> De revés, ocorre imediata e intuitiva rejeição de validade à regra que, ao apartar situações, para fins de regulá-las diversamente, calça-se em fatores que não guardam pertinência com a desigualdade de tratamento jurídico dispensado.[18]

Assim, devemos identificar os fatores que guardam pertinência com a desigualdade de tratamento tributário decorrente do incentivo fiscal, para sabermos se realizam, ou não, o princípio da isonomia, que a rigor consiste em tratar desigualmente os desiguais na medida de suas desigualdades. Uma regra jurídica que institui incentivo fiscal para atrair empresas para regiões mais pobres do território brasileiro é, sem dúvida, uma regra jurídica válida, porque é instrumento de realização de um objetivo fundamental de nossa República Federati-

17. Klaus Tipke, *Direito Tributário*, cit., p. 203.

18. Celso Antônio Bandeira de Mello, *Conteúdo Jurídico do Princípio da Igualdade*, cit., p. 37.

va.[19] Além de atender ao que preconiza nossa Constituição Federal também em cinco outros de seus dispositivos (veja-se item 3.5, *supra*).

Realmente, é indiscutível que os incentivos fiscais que tenham por objetivo a correção das desigualdades regionais realizam valores que a vigente Constituição Federal coloca em plano superior, ao estabelecer que constituem objetivo fundamental da República Federativa Brasileira.

4.4 Coerência nas políticas públicas

Uma forma de melhorar a eficácia dos incentivos fiscais é evitar incoerências entre órgãos governamentais no que concerne a práticas relativas àquilo que se pretende incentivar.

Podemos citar como objeto de incoerência a exportação de mercadorias para o exterior. A União Federal incentiva as exportações, não cobrando o imposto federal correspondente[20] e se valendo de sua competência para, por lei complementar, legislar sobre o ICMS, estabelecendo que o imposto não incide sobre "operações e prestações que destinem ao exterior mercadorias, inclusive produtos primários e produtos industrializados semielaborados, ou serviços". Nas repartições fazendárias estaduais, todavia, como visto no item 3.5, acima, é comum a oposição de restrições a esse incentivo fiscal.

Outra incoerência nas políticas públicas consubstanciadas em incentivos fiscais, aliás a mais flagrante de todas, ocorre na utilização do ICMS como instrumento de incentivo para a redução das desigualdades regionais. Incoerência que se explica pelo conflito de interesses entre as unidades federativas, acrescido com a malsinada não cumulatividade desse imposto.

Seja como for, é indiscutível que a falta de coerência entre órgãos governamentais, no que concerne a um incentivo fiscal, tem como consequência a redução da eficácia daquele incentivo.

4.5 Competência para a concessão de incentivos fiscais

Tendo em vista o princípio da legalidade, temos de considerar que a concessão de incentivos fiscais deve ser feita por lei. Assim, a questão

19. Constituição Federal de 1988, art. 3º, III.
20. Constituição Federal de 1988, art. 153, I.

de saber a quem cabe a decisão a respeito da concessão de incentivos fiscais é a mesma questão de saber a quem cabe, em nosso País, a competência para legislar. E não temos dúvida de que essa competência é do legislador e, sob alguns aspectos, do Poder Executivo, que pode tomar a iniciativa de apresentar ao Congresso Nacional, e pode vetar, projetos de lei.

Assim, podemos afirmar que, ao menos do ponto de vista jurídico formal, a decisão a respeito da concessão de incentivos fiscais cabe aos Poderes Executivo e Legislativo.

4.6 O Judiciário e o critério motivador do incentivo fiscal

Ocorre que na atualidade tem sido muito forte a ideia da judicialização de todas as questões, entre as quais eventualmente pode estar a concessão de um incentivo fiscal. Assim é que foi levada ao Poder Judiciário, entre outras, a questão da validade da concessão, pela União Federal, da redução de alíquotas do Imposto sobre Produtos Industrializados como forma de incentivo fiscal para a instalação de empresas industriais em determinada região do País.

A respeito do tema, depois de nos referirmos ao registro de decisão do Supremo Tribunal Federal, feito por Hugo de Brito Machado Segundo, escrevemos:

> O Tribunal Regional Federal da 4ª Região julgou legítima a instituição de alíquotas regionalizadas do IPI incidente sobre o açúcar extraído de cana, e essa decisão motivou o recurso extraordinário no qual a recorrente, uma cooperativa agropecuária, pretendia a extensão dos benefícios concedidos aos produtores das regiões Norte e Nordeste, invocando os princípios constitucionais, entre os quais o da isonomia e da uniformidade de tributos federais.[21]

E adiante sustentamos a inaplicabilidade do princípio da uniformidade dos tributos federais em face da exceção expressamente feita a

21. Hugo de Brito Machado, "Proibição da guerra fiscal e a redução das desigualdades regionais", in Valdir de Oliveira Rocha (coord.), *Grandes Questões Atuais do Direito Tributário*, cit., pp. 132-133.

tal princípio, no próprio dispositivo que o consagra. E ainda, quanto ao princípio da isonomia, aplaudimos a decisão do Supremo Tribunal Federal tendo em vista que o critério relevante, no caso, para justificar o tratamento favorável, é o da redução das desigualdades regionais, preconizado pela Constituição Federal como um dos objetivos fundamentais de nossa República Federativa.[22]

Seja como for, não nos parece que o Poder Judiciário tenha competência para decidir sobre o mérito da concessão de incentivos fiscais. Pode, é certo, declarar a inconstitucionalidade formal de uma lei que concede incentivo fiscal, vale dizer, pode invalidar a concessão de um incentivo fiscal, mesmo sendo formalmente válida a lei que o concedeu. Não podemos, todavia, confundir a inconstitucionalidade material da lei com a questão de mérito do incentivo fiscal. Para invalidar a concessão de um incentivo fiscal, o Judiciário – o Supremo Tribunal Federal – terá de afirmar que a lei está em conflito com uma norma da Constituição.

4.7 Outra instância de controle da legitimidade dos incentivos fiscais

Nesse contexto coloca-se, ainda, a questão de saber se existiria alguma outra instância de controle da legitimidade ou da conveniência da concessão de incentivos fiscais. Questão que a nosso ver deve ser respondida negativamente porque, ao menos até onde conhecemos os conflitos surgidos nessa matéria, não nos consta a existência de qualquer outra instância competente para o exercício desse controle.

4.8 Respostas às questões formuladas

Em face das considerações expendidas, respondemos às questões que nos foram formuladas, assim:

3. *Limites ou parâmetros materiais para a concessão de incentivos fiscais*

3.1 Em quais hipóteses a concessão de incentivo fiscal a determinado contribuinte, ou grupo de contribuintes, será compatível com o princípio da igualdade?

22. Idem, ibidem, p. 133.

Resposta: Nas hipóteses nas quais o incentivo fiscal tenha por finalidade a realização de objetivos preconizados pela Constituição Federal.

> *3.2 A localização de uma empresa em região menos desenvolvida do território nacional seria um critério de discrímen apto a legitimar incentivos fiscais?*

Resposta: Sim. Com ele estará sendo realizado um objetivo fundamental de nossa República Federativa, expressamente estabelecido em nossa Constituição Federal (art. 3º, III).

> *3.3 Caso o contribuinte destinatário do incentivo tenha capacidade contributiva igual à de outro contribuinte, não beneficiado com o incentivo, há, só por isso, invalidade ou violação ao princípio da igualdade? É possível estabelecer, validamente, tratamento desigual a contribuintes, tomando de critério diverso de sua capacidade contributiva? Quais critérios seriam esses?*

Resposta: Não, porque o princípio da capacidade contributiva só se presta como critério para a realização da isonomia em se tratando de tributo em sua função fiscal. Em se tratando da utilização do tributo com sua função extrafiscal, é possível, sim, estabelecer, validamente, tratamento desigual a contribuintes, utilizando critérios diversos da capacidade contributiva. Esses critérios são os que realizam objetivos preconizados pela Constituição.

> *3.4 Deve haver coerência nas políticas públicas relacionadas aos incentivos fiscais? Qual a consequência jurídica, por exemplo, de o Governo Federal incentivar determinada ação, por meio de tributos, e outros órgãos do próprio Governo Federal, ou dos Governos Estadual ou Municipal, adotarem políticas destinadas a desestimular essa mesma ação?*

***Resposta*:** Sim. É evidente que deve haver coerência nas políticas públicas relacionadas aos incentivos fiscais. E a falta dessa coerência em relação a um incentivo fiscal tem como consequência a redução de sua eficácia

> *3.5 A quem cabe a decisão a respeito da concessão de incentivos fiscais? Ao Legislador e ao Executivo apenas, quando da criação ou da alteração de leis ou atos infralegais?*

***Resposta*:** A decisão a respeito da concessão de incentivos fiscais cabe aos Poderes Executivo e Legislativo, competentes que são para legislar.

> *3.6 Diante de um incentivo fiscal formalmente válido, seria lícito ao Poder Judiciário tomar decisões relacionadas ao seu "mérito", por não se considerar, por exemplo, necessário ou adequado incentivar determinada atividade ou setor da economia?*

***Resposta*:** Não. Ao Poder Judiciário cabe apenas o controle da validade da lei, que pode ser considerada inconstitucional e, assim, desprovida de validade. E mesmo quando se trate de inconstitucionalidade material, terá de haver conflito entre o que a lei estabelece e alguma norma da Constituição.

> *3.7 Existiria alguma outra instância de controle da legitimidade ou da conveniência da concessão de incentivos fiscais?*

***Resposta*:** Pensamos que não.

5. Incentivos fiscais e segurança jurídica

5.1 Isenção condicionada e a prazo certo

Conforme estabelecido pelo Código Tributário Nacional, a isenção, salvo se concedida por prazo certo e em função de determinadas condições, pode ser revogada ou modificada por lei, a qualquer tempo.[23] E sobre o assunto já escrevemos:

> Realmente, no art. 178 do Código Tributário Nacional está feita uma ressalva expressa à regra da revogabilidade da lei que concede isenção tributária. Se a isenção é concedida por prazo certo, ou mediante o atendimento de condições que de algum modo implicam ônus para o interessado, não se admite a revogação.[24]

Sendo assim, coloca-se a questão de saber se diante da revogação da lei, no caso diante da declaração de inconstitucionalidade das leis que concederam benefícios fiscais, o contribuinte prejudicado tem direito à indenização, relativa ao período restante do prazo de vigência do incentivo fiscal que o levou a instalar-se em Estado pobre, arcando com os ônus daí decorrentes.

É inegável que a opção feita pelo empresário que se instalou em Estado pobre em razão de incentivos fiscais implicou ônus que não suportaria instalando-se em Estado economicamente desenvolvido. Assim, em face da revogação da lei que o concedeu, a ocorrência de prejuízos deve ser apurada, tendo em vista especialmente o período ainda restante do prazo de vigência do incentivo.

A tese segundo a qual as isenções concedidas por prazo certo ou mediante o atendimento de determinadas condições que implicam ônus para o interessado não podem ser revogadas é uma incontestável decorrência da ideia de que o Estado há de ser confiável. Não pode oferecer algo em troca de determinado comportamento do particular e depois, consumado aquele comportamento, suprimir o que havia oferecido. É na verdade um direito distinto da isenção apenas porque é possível isenção sem prazo determinado ou sem exigência de condições onerosas, e nesse caso não existirá o direito à irrevogabilidade.

A isenção é um direito. Ou, se pretendermos dizer assim, é uma situação jurídica subjetiva. Tal situação, porém, em princípio pode ser alterada. O direito à inalterabilidade é algo que se acrescenta em razão

23. Código Tributário Nacional, art. 178.

24. Hugo de Brito Machado, *Comentários ao Código Tributário Nacional*, 2ª ed., vol. III, São Paulo, Atlas, 2009, pp. 582-583.

de haver sido a isenção concedida por prazo certo ou em razão de determinadas condições onerosas para o interessado.

É sabido que a relação de tributação não tem natureza contratual. Decorre diretamente da lei, sendo irrelevante em sua formação a vontade das partes. Não obstante, a ideia subjacente nas relações contratuais, segundo a qual as partes contratantes têm o dever de fidelidade recíproca, está presente também na relação tributária, embora não se trate de relação contratual. É uma ideia inerente a toda e qualquer forma de relacionamento humano. E assim está presente na relação de tributação, a impedir que o Estado, por ser titular de poder, inclusive do poder de legislar, possa trair o contribuinte prometendo-lhe isenção por determinado prazo a fim de que este adote certos comportamentos, atenda a certas condições para a obtenção da isenção, e depois revogue a lei que a concedera.

A irrevogabilidade da lei que concede uma isenção por prazo certo ou em função de determinadas condições tem fundamento no princípio da segurança jurídica, que o direito há de preservar. Sobre o assunto já escrevemos:

> É possível explicar-se a irrevogabilidade da lei que concede isenção por prazo certo ou em função de determinadas condições com fundamento no princípio da segurança jurídica. Assim, ainda que se prefira colocar a questão no plano estritamente objetivo, sem qualquer cogitação relativa à ideia de contrato, e ao fundamento ético do comportamento do Estado legislador, é indiscutível que a necessidade de segurança jurídica justifica plenamente a tese pela qual as isenções desse tipo não podem ser revogadas.[25]

Vejamos, então, se podemos chegar a conclusão diferente em se tratando de anulamento em vez de revogação do incentivo fiscal.

5.2 Revogação e anulamento do incentivo fiscal

Os termos *revogação* e *anulamento* têm, na linguagem jurídica, significados bem distintos, embora possam ter efeitos semelhantes em muitas situações. No âmbito do direito tributário e em especial em se

25. Idem, ibidem, p. 586.

tratando de incentivos fiscais, a distinção começa pela competência para a prática de um e do outro.

Na verdade, *anulamento* e *revogação*, como assevera Miguel Reale, são coisas distintas, mas

> são institutos que facilmente se confundem, tanto na doutrina como na jurisprudência, inclusive porque, assim no Brasil como no estrangeiro, persiste o emprego impreciso do termo *revogar* em sentido genérico, para indicar o ato pelo qual a Administração cassa outro ato seu, quer por vício de legalidade, quer por motivos de conveniência ou oportunidade, ou seja, por motivos de mérito, tomando este termo na acepção estrita que lhe atribuo.
>
> De fundamental importância é distinguir cuidadosamente as duas apontadas figuras jurídicas, que compõem o instituto da "revisão dos atos administrativos", partindo-se desta noção fundamental: anula-se um ato por nele se descobrir vício ou defeito suscetível de caracterizar-lhe a invalidade desde a sua emanação (razões de legalidade); revoga-se um ato válido, mesmo quando isento de quaisquer vícios, por motivos de conveniência ou oportunidade (razões de mérito).[26]

Indo ao ponto que diretamente nos interessa neste estudo, podemos dizer que um incentivo fiscal poderá ser revogado, ou mais precisamente, a lei que concede um incentivo fiscal pode ser revogada por questão de conveniência pelo órgão competente para legislar, vale dizer, pelo próprio órgão que o concedeu. Não se coloca nesse contexto a questão da validade da lei, mas a questão de sua conveniência.

Diversamente, o anulamento pode dar-se por questão de invalidade da lei que concedeu o incentivo. O anulamento é da competência do órgão ao qual caiba o controle da validade da lei. Órgão do Poder Judiciário, portanto.

5.3 Inconstitucionalidade da lei que concede incentivo fiscal

A declaração de inconstitucionalidade da lei é na verdade uma forma de anulamento desta, por contrariar norma de hierarquia superior.

26. Miguel Reale, *Revogação e Anulamento do Ato Administrativo*, Rio de Janeiro, Forense, 1968, p. 71.

Importante, porém, é observar que não é admissível imputar ao contribuinte responsabilidade pelo defeito que ensejou a declaração de inconstitucionalidade. Daí por que não se pode admitir que em face da declaração de inconstitucionalidade da lei venha a entidade tributante a cobrar o tributo que deixou de ser pago em decorrência do incentivo fiscal. Na verdade, salvo em casos excepcionais, a responsável pelo defeito que fez inválida a concessão do incentivo fiscal é sempre a entidade tributante.

Hugo de Brito Machado Segundo, em excelente estudo sobre o assunto, firma duas conclusões incensuráveis, a saber:

> (...) os Estados-membros, mesmo tendo declarada a inconstitucionalidade das leis em função das quais concederam incentivos fiscais, não deverão exigir dos contribuintes os tributos que deixaram de ser pagos em virtude delas.
>
> Quanto ao período posterior à anulação dos incentivos, dependendo do grau das contrapartidas já atendidas, e do lapso de tempo em que o incentivo ainda poderia ser usufruído, é devido ao contribuinte a correspondente reparação, a ser buscada por meio da ação própria.[27]

Aliás, além de não ser obrigado a pagar o tributo que se fez indevido em decorrência do incentivo fiscal, o contribuinte, prejudicado com a declaração de inconstitucionalidade deste, tem os mesmos direitos que teria no caso de revogação de isenção por prazo certo ou em função de determinadas condições.

Assim, ocorrendo a declaração de inconstitucionalidade de lei que concedeu os incentivos fiscais em razão dos quais o contribuinte instalou-se em um Estado pobre, tem ele direito à indenização pelos prejuízos decorrentes da declaração de inconstitucionalidade, relativamente ao período restante do prazo de vigência do incentivo fiscal abolido.

5.4 Anulamento do ato administrativo

Em se tratando de anulamento do incentivo fiscal, existe uma hipótese que, mesmo não sendo de ocorrência frequente, merece exame neste contexto.

27. Hugo de Brito Machado Segundo, "Guerra fiscal e efeitos das decisões do STF", in Valdir de Oliveira Rocha (coord.), *Grandes Questões Atuais do Direito Tributário*, vol. 16, São Paulo, Dialética, 2012, p. 181.

As isenções podem ser concedidas em caráter geral ou em caráter específico, e nesse último caso dependem de requerimento do interessado, com o qual faça prova do preenchimento das condições e do preenchimento dos requisitos previstos na lei.[28] E pode ocorrer que o interessado, ao requerer a isenção, ofereça prova falsa do preenchimento dos requisitos para o exercício do direito que pretende. Isso ocorrendo, o despacho que concede a isenção é nulo. E, uma vez reconhecida tal nulidade, o suposto beneficiário da isenção deve ser obrigado a pagar o tributo que não pagou em razão dela, sem prejuízo de outras sanções que lhe podem ser impostas.

5.5 Respostas às questões formuladas

Em face das considerações expendidas, respondemos às questões que nos foram formuladas, assim:

4.1 É possível a revogação de um incentivo fiscal? Há diferença caso tenham sido exigidas contrapartidas, a serem implementadas pelo contribuinte, como condição para a sua concessão? É relevante, ainda, que o incentivo tenha sido concedido por prazo certo?

Resposta: Sim, é possível. Entretanto, há diferença, sim, se o incentivo fiscal é concedido em razão de contrapartidas a serem implementadas pelo contribuinte, e por prazo certo. Isso é relevante e faz nascer para o contribuinte o direito de ser indenizado dos prejuízos decorrentes da revogação.

4.2 A resposta dada à questão anterior é a mesma caso, em vez de revogação, tenha-se a nulidade do incentivo, posteriormente reconhecida no âmbito administrativo ou judicial? Pode a entidade tributante que houver editado lei concedendo incentivo cobrar o tributo correspondente em razão da inconstitucionalidade posteriormente declarada da lei que ela própria editou?

Resposta: Sim. Caso, em vez de revogação, tenha-se a nulidade do incentivo, reconhecida no âmbito administrativo ou judicial, terá o

28. Código Tributário Nacional, art. 179.

contribuinte direito a indenização. A entidade tributante que houver editado lei concedendo incentivo não poderá cobrar o tributo correspondente em razão da inconstitucionalidade posteriormente declarada da lei que ela própria editou. Entretanto, em se tratando de isenção cujo reconhecimento ocorre em cada caso, diante de requerimento do interessado, se tal reconhecimento se deu em função de provas falsas oferecidas pelo contribuinte, do anulamento do ato administrativo deve decorrer para o contribuinte, sem prejuízo de outras sanções, o dever de pagar o tributo que não pagou em virtude da isenção.

Bibliografia

BANDEIRA DE MELLO, Celso Antônio. *Conteúdo Jurídico do Princípio da Igualdade.* 3ª ed., 23ª tir. São Paulo, Malheiros Editores, 2014.

BARBOSA, Rui. *Oração aos Moços.* Rio de Janeiro, Casa de Rui Barbosa, 1949.

DUGUIT, Léon. *Fundamentos do Direito.* 2ª ed., trad. de Márcio Pugliesi. São Paulo, Ícone, 2006.

________. *Traité de Droit Constitutionnel.* 30ª ed., vol. III. Paris, Fontemoing, 1930.

MACHADO, Hugo de Brito. *Comentários ao Código Tributário Nacional.* 2ª ed., vol. III. São Paulo, Atlas, 2009.

________. *Curso de Direito Constitucional Tributário.* São Paulo, Malheiros Editores, 2012.

________. "Proibição da guerra fiscal e a redução das desigualdades regionais". In ROCHA, Valdir de Oliveira (coord.). *Grandes Questões Atuais do Direito Tributário.* vol. 15. São Paulo, Dialética, 2011.

________; MACHADO, Schubert de Farias. *Dicionário de Direito Tributário.* São Paulo, Atlas, 2011.

MACHADO SEGUNDO, Hugo de Brito. "Guerra fiscal e efeitos das decisões do STF". In ROCHA, Valdir de Oliveira (coord.). *Grandes Questões Atuais do Direito Tributário.* vol. 16. São Paulo, Dialética, 2012.

NOGUEIRA, Ruy Barbosa. *Da Interpretação e da Aplicação das Leis Tributárias.* 2ª ed. São Paulo, Ed. RT, 1965.

REALE, Miguel. *Revogação e Anulamento do Ato Administrativo.* Rio de Janeiro, Forense, 1968.

ROCHA, Valdir de Oliveira (coord.). *Grandes Questões Atuais do Direito Tributário.* vol. 15. São Paulo, Dialética, 2011.

TIPKE, Klaus. *Direito Tributário.* Trad. de Luiz Dória Furquim da 18ª edição alemã. Porto Alegre, Sergio Fabris, 2008.

REGIME JURÍDICO DOS INCENTIVOS FISCAIS

HUGO DE BRITO MACHADO SEGUNDO

Introdução

Questionamentos em torno dos incentivos fiscais não são recentes. Apesar disso, eles continuam despertando a atenção dos que se ocupam do direito tributário, seja porque se revisitam questões antigas por diferentes enfoques, seja porque novos desdobramentos do tema são suscitados. Discussões antes centradas em aspectos ligados à validade formal dos incentivos, aos requisitos do ato normativo que os veicula etc. vêm sendo renovadas e acrescidas de reflexões ligadas a facetas mais substanciais do tema, a exemplo daquelas relacionadas aos fins almejados com os incentivos, à sua legitimidade e à segurança jurídica daqueles que se beneficiam deles em troca de alguma contrapartida.

Todas essas reflexões aparecem, de forma abrangente e atual, nas perguntas formuladas pelo Prof. Hugo de Brito Machado, na coordenação de mais este volume da Coleção de Estudos Tributários editada anualmente pelo Instituto Cearense de Estudos Tributários – ICET. Com o propósito de submeter o tema "incentivos fiscais" a estudo detido e abrangente, levado a efeito por pesquisadores das mais diversas partes do Brasil, formularam-se perguntas de difícil equacionamento, que envolvem desde aspectos conceituais e teóricos até problemas práticos e concretos relacionados aos incentivos.

Da mesma forma como se fez quando de nossa participação em volumes anteriores desta coleção, neste artigo optou-se por adotar fielmente, como roteiro, a sequência de perguntas formuladas pela coordenação do livro, que vão respondidas diretamente, de sorte a facilitar a consulta do leitor interessado apenas na solução de um ou outro problema específico ou na comparação entre as soluções que os diversos autores deste volume dão ao mesmo questionamento. Apesar disso, é igualmente possível ao leitor proceder à leitura, do início ao fim, de todo o trabalho, tendo em vista a forma sistematizada como as perguntas foram organizadas.

1. O que são incentivos fiscais

Não existem significados "naturais" para palavras e expressões, dados, de maneira *a priori*, pela natureza ou por alguma entidade não humana. É inadequado, por isso, discutir em torno do significado "correto" desta ou daquela palavra, a ser definido com absoluta precisão. O sentido de uma palavra ou expressão é atribuído por quem a ouve ou lê, mas isso tampouco deve conduzir à conclusão segundo a qual as pessoas lhes podem atribuir *qualquer* sentido, o que inviabilizaria a própria comunicação. Sem entrar em considerações mais detidas de Filosofia da Linguagem, que não seriam pertinentes aqui, importa lembrar apenas que esse sentido, conquanto atribuído pelos sujeitos que venham a interpretar as palavras ou expressões, é determinado à luz do contexto em que empregadas e de uma série de outros fatores, como experiências anteriores do intérprete, o contexto histórico e cultural em que ele está inserido etc., os quais auxiliam o intérprete a atribuir um ato intencional a quem usou a palavra ou a expressão, identificando-o.

Feito esse esclarecimento, pode-se dizer que por *incentivo fiscal* usualmente se designa o tratamento diferenciado e favorecido, no âmbito tributário, concedido a determinado contribuinte ou grupo de contribuintes, destinado a estimular ou favorecer que certo comportamento seja adotado, ou determinada atividade seja exercitada. Por outras palavras, é o tratamento tributário mais vantajoso que tem por propósito estimular o contribuinte a adotar condutas e, com isso, atingir ou atender certos objetivos.

1.1 Incentivos fiscais, benefícios fiscais, alívios fiscais, são todas expressões sinônimas?

Não. Essas expressões podem eventualmente ser usadas de forma imprecisa, em situações em que essa precisão não seja necessária, mas a rigor há situações ou figuras distintas que são por cada uma delas mais propriamente designadas.

Por "incentivos fiscais", já se disse na resposta à questão anterior, entende-se o tratamento fiscal diferenciado, favorecido, que visa a incentivar a prática de determinadas condutas, estados ou situações, de sorte a que certos objetivos sejam atendidos.

"Benefício fiscal", embora possa eventualmente ser usada para designar essas mesmas figuras ou situações rotuladas de forma mais precisa com a expressão "incentivos fiscais", é de significação mais ampla ou genérica, envolvendo toda sorte de tratamento favorecido, inclusive aqueles que não têm por objetivo estimular a prática de certas condutas. É o caso, por exemplo, de isenções ou reduções tributárias concedidas a pessoas doentes ou deficientes, pois naturalmente não se pretende, com tais benefícios, *incentivar* as pessoas a contrair tais moléstias ou a se tornarem deficientes.[1]

"Alívio fiscal", por sua vez, é expressão que denota simplesmente a redução de carga tributária, não necessariamente ligada à intenção de beneficiar certo grupo de contribuintes ou ao estímulo de certas condutas ou situações. É o que ocorre, por exemplo, quando são reduzidas, indistintamente, as alíquotas de um tributo.

1.2 A redução da base de cálculo é uma isenção parcial? A lei pode conceder isenção parcial? Seria adequado falar de isenção parcial?

Entende-se por isenção o recorte de parcela da hipótese de incidência de uma norma de tributação. A norma de tributação tem hipótese de incidência mais ampla, envolvendo, por exemplo, toda operação relativa à circulação de mercadorias. A norma de isenção, diante disso, retira do âmbito da primeira uma parcela (*v.g.*, operações com itens da cesta básica ou operações realizadas por microempresas), a qual, em razão do critério da especialidade, deixa de ser tributável.

1. Confira-se, a propósito, Renata Figueiredo Brandão, *Incentivo Fiscal Ambiental: Parâmetros e Limites para sua Instituição à Luz da Constituição de 1988*, 2013, tese de Doutorado em Direito Econômico e Financeiro, Universidade de São Paulo, *passim*.

Diante disso, não parece adequado falar em isenção parcial. O que pode haver é uma desoneração parcial, levada a efeito não por uma isenção, mas por uma alteração em uma das variáveis utilizadas para a determinação do montante devido (alíquota ou base de cálculo). A lei pode fazer isso desde que editada pela entidade competente para a criação do tributo, e observadas as demais disposições da Constituição e do CTN pertinentes ao tema, mas, repita-se, não se trata, a rigor, de uma "isenção parcial", expressão que parece contraditória em si mesma.

1.3 A isenção é um incentivo fiscal? E a alíquota zero? A imunidade? A redução da base de cálculo? São incentivos ou possíveis meios para concedê-los?

Não. Isenção, alíquota zero, imunidade e redução de base de cálculo não são incentivos fiscais. São ferramentas por meio das quais se pode reduzir o ônus tributário incidente sobre determinada pessoa ou situação, figurando, assim, como *possíveis meios* para a concessão de incentivos fiscais.

Observe-se, porém, que isenções, imunidades, reduções de base de cálculo etc. também podem ser usadas para fins diversos daqueles inerentes ao estímulo a condutas ou atividades. É o caso de isenções concedidas relativamente a situações nas quais não há capacidade contributiva, referentes ao chamado "mínimo existencial". O mesmo pode ser dito de diversas imunidades, como a recíproca ou a sindical, que não visam propriamente a estimular a criação de sindicatos ou de entidades federativas, mas apenas a evitar que, por meio do tributo, tais figuras sejam perseguidas e embaraçadas em suas atividades ou, no caso das entidades federativas, em sua autonomia.

1.4 Uma redução do ônus tributário decorrente da ausência de capacidade contributiva, como o limite de isenção estabelecido para imóveis residenciais de pequeno valor, por exemplo, é um incentivo fiscal? E a redução estabelecida em função de algum mal sofrido pelo contribuinte, como uma doença?

Essa pergunta representa uma decorrência da resposta dada aos questionamentos 1.1. e 1.3, e de certa forma já se acha esclarecida. A redução de ônus decorrente da ausência de capacidade contributiva não é um incentivo nem um benefício. Não é incentivo, porque não visa a estimular as pessoas a permanecerem carentes de capacidade contributiva. Também não é benefício, porque não consiste em favor ou em vantagem. Trata-se de decorrência, como a pergunta explicita, do princípio da capacidade contributiva. Ausente a capacidade contributiva, não se pode exigir o tributo, em atenção ao que se acha disposto no art. 145, § 1º, da CF/1988.

No caso de doença, pela mesma razão, não se pode cogitar de incentivo, pois não se pretende estimular as pessoas a contraírem a doença, mas auxiliar ou favorecer aqueles que já têm de lidar com as dificuldades – que não são apenas financeiras – decorrentes de uma moléstia grave.

1.5 Há diferença entre incentivos fiscais e incentivos financeiros?

Sim. Incentivos fiscais consistem em tratamento tributário diferenciado e favorecido, com a finalidade de estimular certas condutas ou atividades, para alcançar objetivos constitucionalmente relevantes. Já os incentivos financeiros, embora possam ter por escopo ou objetivo a consecução das mesmas finalidades, por meio do estímulo às mesmas condutas, o fazem por meio de tratamento favorecido no âmbito financeiro, e não tributário, a saber, por meio da concessão de empréstimos ou financiamentos de longo prazo e com critérios de atualização diferenciados etc. Por outras palavras, enquanto o incentivo fiscal implica redução da receita, o incentivo financeiro enseja maior despesa pública.

Essa distinção, porém, embora possa ser estabelecida com clareza no plano ideal, nem sempre se mostra tão nítida quando se desce à concretude, sempre mais rica, complexa e repleta de zonas cinzentas, que as imagens que os estudiosos formam dela. Há Estados-membros, por exemplo, que, por meio de empréstimos, "financiam" parte do tributo devido pelo contribuinte que pretendem incentivar, criando figura híbrida entre os incentivos fiscais e os financeiros tão (aparentemente) bem diferenciados no parágrafo anterior.

2. *Limites formais à concessão de incentivos fiscais*

Os principais questionamentos formulados em torno dos incentivos fiscais, notadamente nas três últimas décadas do Século XX, dizem respeito a aspectos formais, a saber, ligados à natureza e à estrutura dos atos normativos que os veiculam. Conquanto se venha reconhecendo a insuficiência do debate voltado apenas para elas, parece indiscutível que são, de uma forma ou de outra, questões importantes, das quais cuidam os subitens a seguir.

2.1 Todo incentivo fiscal deve ser concedido por lei do ente tributante competente para a instituição do tributo correspondente? Qual a natureza de disposições como as que constam do art. 155, § 2º, XII, "e", e do art. 156, § 3º, II, da CF/1988? São imunidades? Excepcionais hipóteses em que se faz possível a concessão de isenções heterônomas?

Em princípio, sim, todo incentivo fiscal deve ser concedido por lei do ente tributante para a instituição do tributo. Trata-se de consequência do princípio da reserva de lei (CF/1988, art. 150, I), pois, se somente a lei poderá veicular a norma de tributação, somente uma lei poderá veicular eventuais exceções a ela.

Há casos, porém, em que o incentivo pode ser veiculado sem a necessidade de lei. É o caso da fixação de alíquotas dos impostos ditos "flexíveis", como os impostos aduaneiros, o Imposto sobre Produtos Industrializados (IPI) e o Imposto sobre Operações Financeiras (IOF), cujas alíquotas podem ser fixadas por ato do Poder Executivo (CF/1988, art. 153, § 1º). Dessa forma, em tese, é possível conceder incentivo fiscal consistente em tratamento favorecido, relativamente a um desses impostos, sem a necessidade de edição de lei específica para esse fim.

Existem, por outro lado, imunidades tributárias que podem ser consideradas instrumentos para a materialização de incentivos fiscais, como aquelas referentes à Zona Franca de Manaus, assunto do qual se tratará a seguir.

Quanto às disposições constantes dos arts. 155, § 2º, XII, "e", e 156, § 3º, II, da CF/1988, elas consistem em exceções constitucionais à própria regra de competência tributária, o que permitiria considerá-las imunidades. O fato de ser necessária a regulamentação em lei complementar não lhes modificaria essa natureza, transformando-as em isenções heterônomas. De qualquer modo, caso de isenção heterônoma se tratasse, o fato de se encontrarem previstas expressamente no texto constitucional faria com que não se lhes aplicasse a vedação constante do art. 151, III, da CF/1988.

Merece referência, finalmente, o fato de que a permissão constante da letra "e" do art. 155, § 2º, XII, da CF/1988 esvaziou-se completamente em razão da redação que a EC 42/2003 deu ao inciso X, "a", do mesmo parágrafo, estendendo a imunidade a toda operação que destinar mercadorias ao exterior e todo serviço prestado a destinatário no exterior, não havendo mais espaço para que a lei complementar indique quais dessas operações ou prestações não estariam sujeitas ao imposto.

2.2 Os tratados internacionais podem estabelecer incentivos fiscais, inclusive quando relativos a tributos que seriam devidos a Estados e Municípios?

Sim, em princípio, tratados podem estabelecer a desoneração de certas pessoas ou atividades, como forma de alcançar determinados fins. Podem também, o que é mais comum, determinar que eventuais incentivos concedidos em relação a produtos nacionais sejam estendidos a seus equivalentes importados de países signatários.

Quanto a essa desoneração alcançar tributos estaduais e municipais, um possível óbice seria representado pelo art. 151, III, da CF/1988, segundo o qual é vedado à União conceder isenções relativamente a tributos estaduais e municipais. Essa vedação, porém, não se aplica aos tratados internacionais, pois estes não são celebrados pela União, enquanto pessoa jurídica de direito público interno, mas pela República Federativa do Brasil, integrada também por Estados e Municípios. Esse foi o entendimento adotado pelo Supremo Tribunal Federal, que, julgando o RE 229.096, consignou que "a norma inscrita no art. 151, III, da CF (...), limita-se a impedir que a União institua, no âmbito de sua competência interna federal, isenções de tributos estaduais, distritais ou municipais, não se aplicando, portanto, às hipóteses em que a União atua como sujeito de direito na ordem internacional".

2.3 A desoneração tributária dada à remessa de mercadorias para a Zona Franca de Manaus é caso de isenção ou de imunidade? A lei federal pode regular tal desoneração mesmo quando relativa a tributos de competência estadual ou municipal?

Quando originalmente instituída, a desoneração em comento até poderia ter natureza de isenção, porquanto concedida por norma infraconstitucional que excepcionava a hipótese de incidência das regras de tributação de igual hierarquia. Entretanto, com o advento da Constituição Federal de 1988, notadamente dos arts. 40 e 92 do Ato das Disposições Constitucionais Transitórias – ADCT –, parece-nos que a figura assumiu natureza de imunidade tributária, podendo, inclusive, abranger tributos de competência estadual e municipal.

É que o art. 40 do ADCT estabelece ter sido "mantida a Zona Franca de Manaus, com suas características de área livre de comércio, de exportação e importação, e de incentivos fiscais, pelo prazo de vinte e cinco anos, a partir da promulgação da Constituição", prazo ao qual a Emenda Constitucional 42/2003, por meio do art. 92 do mesmo ADCT, adicionou dez anos. O parágrafo único do art. 40 do ADCT ressalva que os critérios usados para a aprovação de projetos na Zona Franca podem ser alterados por lei federal, mas, frise-se, isso diz respeito às condições para a aprovação do projeto, e não à natureza da Zona Franca como área de livre comércio ou aos incentivos concedidos a quem tem projetos aprovados na área. É natural que os critérios possam ser alterados, pois a natureza das atividades empresariais merecedoras de incentivo pode se modificar com a evolução da tecnologia e as mutações no mercado, mas a lei não pode suprimir os incentivos concedidos nos termos da legislação que vigorava quando o art. 40 do ADCT entrou em vigor, podendo-se dizer que as disposições infraconstitucionais anteriores, pertinentes ao tema, foram por ele "constitucionalizadas".

Ao fazer alusão aos incentivos fiscais previamente concedidos em relação à Zona Franca de Manaus, e estabelecer um prazo dentro do qual eles não poderão ser modificados, o mencionado artigo do ADCT fez com que somente por outra emenda constitucional tais incentivos pudessem ser reduzidos ou suprimidos. Daí por que não se trata, mais, de mera exceção infraconstitucional à norma de tributação, vale dizer, isenção, mas verdadeiro recorte às normas constitucionais de competência tributária, ou seja, imunidade tributária, não sendo sequer lícito aos entes federativos editar leis com o propósito de tributar os fatos compreendidos no âmbito do art. 40 do ADCT.

2.4 Há limites a serem observados pelo legislador infraconstitucional, quando da regulamentação de norma da Constituição referente a incentivos fiscais? É possível regulamentar uma faculdade prevista no texto constitucional de sorte a tornar praticamente impossível o seu exercício? É o que se dá, por exemplo, com a exigência de unanimidade prevista na LC 24/1975, como condição para a concessão de incentivos fiscais em matéria de ICMS?

Naturalmente, sempre haverá limites ao labor do legislador infraconstitucional, notadamente quando se tratar da regulamentação de uma norma constitucional específica. Pelo teor da pergunta, porém, presume-se que ela se reporta a um determinado tipo de limite, a saber, aquele relacionado à impossibilidade de o legislador exigir requisitos tão rigorosos a ponto de tornar inviável o exercício do direito que supostamente estaria sendo regulamentado. Nesse caso, parece claro que o limite existe, e o legislador, de fato, não pode, ao regulamentar um direito reconhecido na Constituição, fazê-lo de sorte a obliquamente inviabilizar o exercício desse direito. Trata-se de uma forma indireta, mas igualmente inválida, de contrariar a norma que estaria a ser apenas regulamentada.

Esse parece ser o caso da exigência de unanimidade contida na LC 24/1975, como condição para que Estados-membros façam uso do ICMS de forma extrafiscal, como instrumento de concessão de incentivos fiscais. Aliás, não se exige apenas a unanimidade, como se dá poder de veto ao que tiver sido deliberado, mesmo unanimemente, por parte de representantes de Estados que não tenham comparecido à reunião do CONFAZ ratificadora de algum incentivo (art. 4º, § 2º).

Em se tratando de incentivos fiscais destinados a atrair investimentos a regiões mais pobres do território nacional, de sorte a dar cumprimento a disposições constitucionais como a constante do art. 1º, III, ou do art. 170, VII, é natural que os Estados mais ricos se posicionem contrariamente à sua concessão, pelo que a forma como a LC 24/1975 regulamentou o assunto nos parece, realmente, contrária ao disposto no próprio art. 150, § 6º, da CF/1988, pois, em vez de dispor como os incentivos podem ser concedidos, o legislador afirmou, por via transversa, que eles não podem ser concedidos.[2]

Registre-se que em nenhum momento, para finalidade alguma, o texto constitucional exige unanimidade. Seja para emendar a Constituição, seja para um Tribunal afirmar que uma emenda constitucional é inconstitucional, não se exige unanimidade. Por isso, não se pode interpretar o "silêncio" da Constituição quanto ao quórum de deliberação como uma alusão "implícita" à unanimidade.[3]

Na verdade, a exigência de unanimidade em uma deliberação é contrária ao princípio majoritário e à própria ideia de democracia, pois permite que a vontade de um prevaleça sobre a de todos os demais. Isso fica ainda mais claro quando se trata da possibilidade de uma deliberação, mesmo unânime, ser tornada sem efeito pela mera oposição posterior de alguém que sequer exerceu o direito de comparecer ao debate.[4]

2. Hugo de Brito Machado Segundo e Raquel Cavalcanti Ramos Machado, "Algumas notas sobre o regime jurídico dos incentivos fiscais", in Valdir de Oliveira Rocha (org.), *Grandes Questões Atuais do Direito Tributário*, vol. 17, São Paulo, Dialética, 2013, pp. 121-131.

3. É o que faz, por exemplo, com todo o respeito, Ives Gandra da Silva Martins, "A unanimidade consensual de Estados e Distrito Federal como requisito para concessão de isenções, incentivos e benefícios fiscais de ICMS – Princípio constitucional fundamental para manutenção do pacto federativo, o que o transforma em cláusula imodificável da Lei Suprema", *Revista Fórum de Direito Tributário – RFDT*, Belo Horizonte, n. 59, pp. 177-193, set./out. 2012.

4. Veja-se, a esse respeito: Evaldo de Souza da Silva, "O conflito entre a Lei Complementar n. 24/1975 e o princípio da democracia", *Revista IOB de Direito Público*, São Paulo, n. 29, pp. 16-33, set./out. 2000. E, no âmbito do STF, motivada pela tese defendida no aludido estudo doutrinário, merece registro a ADPF 198/DF (ainda

2.5 É certo que a vigente Constituição Federal, em pelo menos seis dispositivos, a saber, art. 1º, III; art. 151, I; art. 159, I, "c"; art. 161, II; art. 165, § 7º, e art. 170, VII, preconiza providências objetivando a redução das desigualdades regionais existentes no País? Esse fato deve ter, ou não, alguma influência na interpretação e na aplicação de leis a respeito de incentivos fiscais que tenham por objetivo atrair empresas para regiões pobres?

Sim, os dispositivos indicados na pergunta preconizam, todos, providências que tenham por objetivo a redução das desigualdades regionais existentes no País. Neles não se indicam quais condutas devem ser adotadas para se chegar a essa finalidade, pressupondo-se que são preconizadas, por eles, todas aquelas adequadas, necessárias e proporcionais em sentido estrito para esse fim. Pela mesma razão, disposições outras, como as relativas a incentivos fiscais, devem ser entendidas à luz de tais dispositivos, de sorte a que se prestem, também, à consecução dos mencionados fins.

Essa é mais uma razão pela qual se afigura inválida a exigência de unanimidade ou, mais ainda, o poder de veto do Estado ausente a uma deliberação unânime de que cuida a LC 24/1975, como condição praticamente intransponível para que o ICMS possa ser utilizado como instrumento para que se alcancem as metas indicadas nos aludidos dispositivos constitucionais.

3. *Limites ou parâmetros materiais para a concessão de incentivos fiscais*

Ao lado de fatores ou aspectos formais ligados à natureza do ato normativo que os concede, sua estrutura, hierarquia etc., é possível perquirir, no que tange aos incentivos fiscais, relativamente a aspectos materiais, ou substanciais, pertinentes ao seu conteúdo. Trata-se de aspecto ainda pouco explorado na literatura do direito tributário, mas que, pouco a pouco, com seu amadurecimento epistemológico e afas-

não apreciada pela Corte), na qual se questiona a constitucionalidade da exigência da unanimidade veiculada na LC 24/1975.

tamento de uma visão excessivamente reducionista do fenômeno jurídico,[5] começa a ser enfrentado. As perguntas que se seguem giram em torno de alguns deles.

3.1 Em quais hipóteses a concessão de incentivo fiscal a determinado contribuinte, ou grupo de contribuintes, será compatível com o princípio da igualdade?

Como se sabe, o princípio da igualdade não impõe que todos sejam tratados de forma absolutamente igual sempre. Isso, aliás, seria inconciliável com a própria existência do Direito, cujas normas vinculam certas consequências apenas a quem tenha provocado a sua incidência, realizando a conduta descrita no seu antecedente normativo ou em sua hipótese de incidência. Não se pode vincular à mesma consequência, por exemplo, a conduta de uma pessoa que tira a vida de outro propositalmente e por motivo fútil e a de outra que o faz por acidente, ou, pior ainda, a daquela que para diante da cena do crime para tentar socorrer a vítima agonizante. Se a ordem jurídica tem por finalidade a promoção de certos valores, os quais levam a que certas condutas sejam tornadas proibidas, facultadas ou obrigatórias, é inevitável que as pessoas sejam tratadas de forma diferente. Toda a questão, na verdade, gira em torno do critério usado para determinar essas diferenciações.[6]

Essa ideia, como se sabe, não é nova. Está subjacente à afirmação de Aristóteles segundo a qual a verdadeira igualdade consiste em tratar igualmente os iguais, e desigualmente os desiguais, na medida em que se desigualam, ensinamento reproduzido em célebres passagens de Duguit e Ruy Barbosa. Em matéria tributária, é o que consta no art. 150, II, da CF/1988, que proíbe a atribuição de tratamento tributário diferente a contribuintes que estejam em situação equivalente. Essa afirmação, contudo, bem entendida, é vazia, e, sozinha, não complementada com algum conteúdo, não diz absolutamente nada. Com

5. Veja-se, a propósito, André Folloni, "O papel da ciência do direito tributário no desenvolvimento nacional", in Antônio Carlos Diniz Murta, Ubaldo Cesar Balthazar e Raymundo Juliano Rego Feitosa (orgs.), *Direito Tributário*, vol. 1, Florianópolis, Conpedi, 2014, pp. 191-212.

6. Ver, a propósito, Humberto Ávila, *Teoria da Igualdade Tributária*, 2ª ed., São Paulo, Malheiros Editores, 2009, *passim*.

efeito, a igualdade é um princípio vazio, não no sentido de que seja desimportante ou inócuo, mas no de que deve ser preenchido pelas demais disposições do ordenamento.

De fato, não existem pessoas iguais, em tudo. Todos são iguais, em alguma coisa. E desiguais, em muitas outras. Entre os estudantes em uma sala, todos são diferentes. Mas há os que torcem pelo mesmo time. Há os que têm a mesma orientação sexual, os que têm o mesmo peso, a mesma religião, a mesma cor de cabelo... São infinitos os critérios em face dos quais duas ou mais pessoas podem ser comparadas, para que se afira se, à luz daquele critério, são iguais ou não. Aliás, como já afirmado, as normas jurídicas são produto da valoração de fatos, e por isso mesmo através delas se procura evitar que alguns fatos aconteçam, do mesmo modo como se tenta fazer com que outros venham a acontecer. Algumas condutas são premiadas, outras castigadas, a outras se é indiferente... Tratá-las todas igualmente seria incompatível com a própria ideia de direito e de disciplinamento jurídico.

O primeiro problema, portanto, que antecede a aplicação do princípio da igualdade reside na identificação do critério ou da medida de comparação que se vai utilizar.[7] Igual ou desigual *em quê*? Mas não só. A definição do critério não pode ser vista de forma divorciada de outra questão, relativa a saber *para que* ele será levado em conta. A ideia é premiar em função do que alguém possui de desigual (*v.g.*, maior mérito)? Punir (*v.g.*, presença de dolo)? O tratamento desigual deve ter por objetivo promover finalidade prestigiada ou não vedada pelo texto constitucional, e o critério de desigualdade eleito deve guardar relação direta com isso.[8] É preciso perquirir *para que* se faz a diferenciação. Toda diferenciação é feita como um *meio* para se atingir um *fim*, sendo necessário, para que seja válida, tanto que seja a diferenciação um meio adequado, necessário e proporcional em sentido estrito para atender a esse fim, como que esse fim seja constitucionalmente

7. É o que Celso Antônio Bandeira de Mello identifica como *critério de discrímen*, expressão que também é utilizada na pergunta em comento. Cf. Celso Antônio Bandeira de Mello, *Conteúdo Jurídico do Princípio da Igualdade*, 3ª ed., 23ª tir., São Paulo, Malheiros Editores, 2014, p. 37.

8. Afinal, observa Humberto Ávila, "não se compara por comparar; compara-se por algum motivo" (*Teoria da Igualdade Tributária*, cit., p. 40). E a análise desse motivo é importante, pois "não basta ter existência para que a medida de comparação seja válida. É preciso que, além disso, ela seja pertinente à finalidade que justifica sua utilização" (idem, ibidem, p. 45).

determinado, facultado ou não vedado, vale dizer, não contrário a outros fins igualmente previstos constitucionalmente.

Assim, no caso de incentivos fiscais, um importante critério é a realização de condutas que de algum modo prestigiam finalidades constitucionalmente indicadas como merecedoras de promoção. É o caso da instalação de empreendimento econômico em região pouco desenvolvida do território nacional, algo que promove os fins indicados no art. 1º, III, da CF/1988, ou da utilização de tecnologia ecologicamente correta, o que estaria a otimizar as metas indicadas no art. 170, VI, apenas para citar dois exemplos.

Em resumo, quando se cogita da aplicação do princípio da igualdade, "aquele que quer tratar pessoas ou fatos de formas diferentes deve procurar justificar essa decisão com razões capazes de obter um consenso",[9] as quais devem ser hauridas a partir dos demais princípios prestigiados no texto constitucional, que por meio da igualdade, ou das diferenciações nela amparadas, realizam-se.

3.2 A localização de uma empresa em região menos desenvolvida do território nacional seria um critério de discrímen apto a legitimar incentivos fiscais?

Sim, até por força dos artigos mencionados na pergunta 2.5, *supra*, que preconizam o atendimento de finalidades que atuam no preenchimento do conteúdo do princípio da igualdade, nos termos explicados na resposta à pergunta anterior, 3.1.

Esse, por certo, não precisa, nem deve, ser o único critério, mas, combinado com outros, pode seguramente ser utilizado como fator determinante de um tratamento mais benéfico ao contribuinte. Essa ressalva, aliás, está expressamente contida na parte final do art. 151, I, da CF/1988, em face da qual o STF considerou válida a fixação de alíquotas diferentes para o IPI em face da região do território em que ocorridas as operações tributáveis (alíquotas "regionalizadas").[10]

9. Reinhold Zippelius, *Introdução ao Estudo do Direito*, trad. de Gercélia Batista de Oliveira Mendes, Belo Horizonte, Del Rey, 2006, p. 47.

10. STF, 1ª T., RE 344.331/PR, rel. Min. Ellen Gracie, j. em 11.2.2003, *DJ* 14.3.2003, p. 40.

3.3 Caso o contribuinte destinatário do incentivo tenha capacidade contributiva igual à de outro contribuinte, não beneficiado com o incentivo, há, só por isso, invalidade ou violação ao princípio da igualdade? É possível estabelecer, validamente, tratamento desigual a contribuintes, tomando de critério diverso de sua capacidade contributiva? Quais critérios seriam esses?

A resposta a esse questionamento, de alguma forma, já se acha contida no texto dedicado ao enfrentamento da Questão 3.1, *supra*.

No âmbito tributário, a capacidade econômica do contribuinte é o principal critério de discriminação a ser usado quando se cogita de tratar igualmente os iguais, e desigualmente os desiguais, notadamente quando se trata de utilizar o tributo em sua principal função, que é a fiscal. Esse é o motivo, aliás, pelo qual às vezes se associa ou mesmo confunde, em matéria tributária, igualdade e capacidade contributiva. A rigor, porém, a última é um dos critérios a serem utilizados na aplicação da primeira, de sorte a justificar, por exemplo, que o sujeito que recebe salário mensal de R$ 30.000,00 seja devedor de maior quantia de imposto de renda que aquele cuja remuneração é R$ 3.000,00.

Mas, além da capacidade contributiva, há outros critérios que podem ser utilizados para orientar a tributação. É o caso de quando se utiliza o tributo com função extrafiscal, oportunidade na qual fatores como a proteção da indústria nacional, a redução das desigualdades regionais ou a proteção do meio ambiente podem ser usados como critério. É precisamente o caso, portanto, dos incentivos fiscais.

A jurisprudência do Supremo Tribunal Federal já enfrentou algumas situações concretas nas quais critérios diversos da capacidade contributiva foram utilizados como parâmetro para a atribuição de tratamento diferenciado a contribuintes, oferecendo exemplos bastante ilustrativos de distinções feitas pelo legislador tributário de forma nem sempre compatível com a Constituição. No julgamento do RE 239.937/MG, por exemplo, discutia-se a validade da isenção da "taxa florestal" concedida apenas às empresas que promovessem o reflorestamento. O critério, bem se vê, não se calca na capacidade contributiva nem na intensidade com que se utiliza um serviço público ou provoca o exercício do poder de polícia, mas foi, não obstante, considerado válido, "por razões óbvias, diante do incentivo fiscal, em forma de redução do tributo, previsto para as indústrias que comprovarem a realização de reflorestamento proporcional ao seu consumo de carvão vegetal".[11] A preservação ambiental, vale lembrar, é determinada por normas da Constituição, do mesmo modo que a proteção à capacidade contributiva, a confirmar o que se disse, linhas acima, a respeito do caráter vazio (carente de preenchimento por outros princípios) do princípio da igualdade.

3.4 Deve haver coerência nas políticas públicas relacionadas aos incentivos fiscais? Qual a consequência jurídica, por exemplo, de o Governo Federal incentivar determinada ação, por meio de tributos, e outros órgãos do próprio Governo Federal, ou dos Governos Estadual ou Municipal, adotarem políticas destinadas a desestimular essa mesma ação?

Sim. Essa coerência parece ausente, por exemplo, quando se coteja o estímulo dado pelo Governo Federal à produção e à venda de automóveis, com a redução do IPI sobre eles incidente, de um lado, com as restrições, tributárias e não tributárias, que Estados e Municípios começam – acertadamente – a impor à propriedade desses veículos, a exemplo da limitação das vagas de garagem em imóveis residenciais.

Trata-se de problema inevitável em federações nas quais se distribui o exercício da competência tributária, e, com ela, a faculdade de se utilizar o tributo com sua função extrafiscal.

Em princípio, o fato de tributos federais serem usados com função extrafiscal visando a um objetivo, e tributos estaduais ou municipais serem empregados com essa função extrafiscal, mas objetivando metas diversas ou mesmo contraditórias com a federal, por si só, não seria motivo para a invalidade de um ou de outro desses incentivos. Entretanto, como tais incentivos devem buscar a realização de fins constitucionalmente determinados, e estes devem ser conciliados proporcionalmente, de sorte a que não haja incoerências no texto constitucional, esse conflito pode ser um indicativo de que um desses incentivos não representa meio adequado, necessário e proporcional, em sentido estrito, para a realização dos fins a que se destina, sendo, por isso, inconstitucional.

11. STF, 1ª T., RE 239.397/MG, rel. Min. Ilmar Galvão, j. em 21.3.2000, v. u., *DJ* 28.4.2000, p. 98.

3.5 A quem cabe a decisão a respeito da concessão de incentivos fiscais? Ao Legislador e ao Executivo apenas, quando da criação ou da alteração de leis ou atos infralegais?

Em princípio, a decisão deve ser calcada em critérios, fins, objetivos e limites constitucionalmente determinados, não sendo, portanto, inteiramente livre – ainda que caiba, primordialmente, ao Poder Legislativo, por meio da edição de leis em sentido estrito. Naturalmente, o Poder Executivo tem, também, papel importante, notadamente no âmbito federal, no que tange aos tributos cujas alíquotas pode alterar por ato infralegal. Mas, mesmo nesse caso, convém lembrar que a alteração deve ocorrer *respeitados os limites e as condições* que a lei estabelecer (CF/88, art. 153, § 1º). A decisão cabe, portanto, preponderantemente, ao Poder Legislativo, cuja competência, constitucionalmente determinada, abre espaço para razoável exercício de liberdade sobre a concessão de um incentivo e suas características.

3.6 Diante de um incentivo fiscal formalmente válido, seria lícito ao Poder Judiciário tomar decisões relacionadas ao seu "mérito", por não se considerar, por exemplo, necessário ou adequado incentivar determinada atividade ou setor da economia?

Essa questão toca em ponto sensível da separação dos poderes, que tem se tornado mais problemático, no Brasil, com o reconhecimento da positividade de disposições constitucionais antes tidas como "meramente programáticas" e, com isso, um aumento das possibilidades de o Poder Judiciário efetuar o controle de constitucionalidade de atos dos demais poderes, sobretudo do Legislativo.

É preciso lembrar, porém, que, se por um lado a Constituição tem essas disposições, que apontam fins, objetivos, metas e propósitos, as quais não são mais vistas como "meramente programáticas", por outro lado tem outras que sugerem ser do Congresso Nacional a competência para editar as leis através das quais esses fins, metas, objetivos e propósitos serão implementados. Naturalmente, caso a regra veiculada por meio da lei não se afigure meio adequado, necessário e proporcional em sentido estrito para que tais metas sejam alcançadas, será inconstitucional, mas é preciso cuidado nessa análise e rigor na verificação do (des)atendimento de tais requisitos, que não podem ser apenas mencionados vagamente na decisão correspondente. Do contrário, o Judiciário assumirá funções que são tipicamente atribuídas aos demais Poderes.

3.7 Existiria alguma outra instância de controle da legitimidade ou da conveniência da concessão de incentivos fiscais?

Além do controle judicial, que, no que tange ao mérito dos incentivos, não pode se imiscuir demasiadamente nele sob pena de tornar-se o Juiz um político, legislador ou administrador, a principal forma de controle é política, a qual deve ser exercitada por aqueles insatisfeitos com os incentivos atualmente existentes. Essa, aliás, deve ser a forma de controle da maior parte das leis e demais atos normativos cujo conteúdo, conquanto não possa ser considerado inconstitucional, nos desagrada.[12] Necessário se faz, portanto, que a sociedade participe mais intensamente de debates em torno de questões públicas, a exemplo da conveniência de se estimular a produção de automóveis ou, ao contrário, o uso do transporte público, ou de bicicletas, os quais, se não devem ser conduzidos livre e arbitrariamente pelo Legislativo, tampouco serão resolvidos caso apenas se transfira a discussão para o âmbito do Poder Judiciário.

4. Incentivos fiscais e segurança jurídica

Finalmente, além dos aspectos conceituais, formais e substanciais, há também aqueles ligados ao direito intertemporal e à segurança jurídica, atrelados ao direito adquirido, à confiança, à previsibilidade e à proteção da não surpresa, relativamente aos incentivos fiscais. É do que se ocupam as questões em que se divide este item 4.

12. John Hart Ely, *Democracia e desconfiança – Uma teoria do controle judicial de constitucionalidade*, trad. de Juliana Lemos, São Paulo, Martins Fontes, 2010, *passim*.

4.1 É possível a revogação de um incentivo fiscal? Há diferença caso tenham sido exigidas contrapartidas, a serem implementadas pelo contribuinte, como condição para a sua concessão? É relevante, ainda, que o incentivo tenha sido concedido por prazo certo?

Sim, é possível a revogação de um incentivo fiscal.

Para que se enfrentem os demais desdobramentos da pergunta, porém, é preciso diferenciar duas figuras, que indistintamente são designadas pela expressão "incentivo fiscal".

A primeira delas é a norma jurídica, geral e abstrata, ou, mais propriamente, hipotética, que prevê situações em seu antecedente e as vincula à redução ou ao total afastamento do ônus tributário como consequente. Esta pode, sim, ser revogada a qualquer tempo, a critério do legislador, desde que por norma de igual ou superior hierarquia à que a veicula.

A segunda é a relação jurídica, no plano da concreção, surgida por conta da incidência da primeira, mencionada no parágrafo anterior. Tal relação, se concedida sem a exigência de condições onerosas, e sem prazo certo, desaparece tão logo revogada a norma que lhe serve de fundamento. Simplesmente os fatos praticados depois da revogação da norma concessiva do incentivo deixam de ser "geradores" do direito ao incentivo, que desaparece. O tributo volta a se fazer devido, em virtude da ocorrência desses mesmos fatos, que retornam à hipótese de incidência da regra de tributação, da qual haviam sido excluídos pela regra concessiva do incentivo. Entretanto, se concedido o incentivo mediante a exigência de contrapartidas, onerosas e por prazo certo, o cumprimento das contrapartidas faz com que a norma isentiva incida, gerando, no momento de sua incidência, para o contribuinte, o direito à fruição do incentivo por todo o período nela indicado. Nesse caso, mesmo a posterior revogação da norma não é suficiente para que o incentivo desapareça, em relação a quem já o estiver fruindo em razão de já cumprir os requisitos legalmente exigidos. A revogação, nesse caso, apenas impedirá a concessão a novos contribuintes que venham a cumprir os requisitos depois da revogação.

Trata-se, aliás, de decorrência de noções básicas de Teoria do Direito. Se a norma não exige o cumprimento de condições onerosas e não fixa prazo para a fruição do direito, por exemplo, a uma isenção, entende-se que a cada fato ocorrido, nos moldes nela previstos, sua incidência se opera de sorte a impedir a incidência da norma de tributação. Revogada a norma isentiva, a norma de tributação passa automaticamente a incidir sobre tais fatos, quando praticados a partir de então, pois estes voltam a compor a sua mais abrangente hipótese de incidência. Diversamente, se a norma isentiva exige o cumprimento de condições onerosas, e em decorrência delas reporta-se ao direito à isenção por determinado prazo, sua incidência, em face do cumprimento dos tais requisitos, faz nascer para o contribuinte, em sua relação com o fisco no plano da concreção, o direito de não se submeter à norma de tributação por todo aquele prazo. Mesmo revogada a norma isentiva, há o direito adquirido à isenção por todo o período.

Registre-se que a necessidade de se respeitar o direito adquirido, motivadora da disposição constante do *caput* do art. 178 do CTN, é decorrência do disposto no art. 5º, XXXVI , da CF/1988, e foi observada até mesmo pelo poder constituinte originário, responsável pela feitura da Constituição vigente. Mesmo ilimitado, pelo menos sob a ótica jurídico-positiva, ele ressaltou o direito daqueles beneficiados com incentivos compatíveis com a Constituição de 1967, mas incompatíveis com a nova ordem constitucional, de usufruí-los por todo o prazo de sua concessão (art. 41, § 2º, do ADCT).

4.2 A resposta dada à questão anterior é a mesma caso, em vez de revogação, tenha-se a nulidade do incentivo, posteriormente reconhecida no âmbito administrativo ou judicial? Pode a entidade tributante que houver editado lei concedendo incentivo cobrar o tributo correspondente em razão da inconstitucionalidade posteriormente declarada da lei que ela própria editou?

Para o enfrentamento dessa questão, novamente a distinção estabelecida na resposta anterior, quanto à norma que concede o incentivo e à relação jurídica decorrente de sua incidência, é relevante para uma maior clareza na resposta.

Caso a invalidade se verifique na relação concreta, fruto da incidência de uma lei válida, em virtude, por exemplo, de erro de fato, naturalmente que o incentivo não só pode como deve ser anulado – e não revogado, como impropriamente, nesse caso, aludem os arts. 155 e 178 do CTN. É o caso de quando os requisitos *de fato* exigidos por lei não são cumpridos (contribuinte diz estar estabelecido em uma determinada parcela do território, ou realizar determinada atividade, e em seguida se constata que isso não é verdade), falta que posteriormente vem a ser constatada pela autoridade administrativa: o incentivo deve ser anulado, com o lançamento de todas as quantias que, em virtude dele, não foram recolhidas, respeitado o prazo decadencial.

Entretanto, caso o contribuinte tenha respeitado fielmente a lei concessiva do incentivo, e a relação jurídica dela decorrente, sendo a invalidade posteriormente reconhecida em juízo, algo que contamina *a lei*, no plano hipotético, a solução deve ser diversa. Isso porque a lei existia, e incidiu sobre os fatos nela previstos, não podendo a declaração de sua inconstitucionalidade, que leva ao restabelecimento da regra de tributação em toda a sua inteireza, fazer com que esta última seja aplicável retroativamente aos fatos antes submetidos aos efeitos da norma anterior, tida por inválida.

Não procede, aqui, o argumento segundo o qual, se a lei concessiva do incentivo é inválida, sua retirada do mundo jurídico opera efeitos *ex tunc*, devendo, sim, haver a cobrança retroativa do tributo, sem qualquer distinção relativamente à situação de erro de fato na obtenção de incentivo previsto em lei válida, mencionada no início desta resposta.

Primeiro, porque não foi o contribuinte quem editou a lei depois considerada inconstitucional. Ele apenas se submeteu aos seus efeitos. Quem a editou foi a pessoa jurídica de direito público que, em seguida, fosse possível a cobrança do tributo, estaria a se locupletar de sua própria torpeza. Segundo, porque o reconhecimento do "efeito repristinatório" de uma decisão que declara uma lei inválida, o qual leva ao restabelecimento da lei anterior, revogada ou derrogada, que se declara inconstitucional, deve ser conciliado com a garantia da irretroatividade das leis. Haveria forte abalo à segurança jurídica, do qual a vedação à edição de leis retroativas é uma decorrência, se esse efeito repristinatório pudesse levar, em regra, à retroatividade da lei restabelecida, mesmo nas situações em que esta seja mais gravosa ao cidadão que cumprira a lei anterior.[13] Como se isso não bastasse, o art. 146 do CTN[14] impediria a cobrança do tributo, porquanto no período anterior ao reconhecimento da invalidade da lei que concedeu o incentivo (que é uma questão de direito), a Fazenda entendia que o tributo não seria devido, ou seria devido em montante menor, não podendo, senão relativamente a fatos geradores posteriores à introdução do novo critério, exigir o tributo correspondente.

Em suma, em relação a quaisquer incentivos, o Poder Público não pode exigir o tributo que, em virtude deles, deixou de ser pago, em razão de o Poder Judiciário reconhecer a invalidade da norma na qual se fundou sua isenção, relativamente ao período passado.

Caso, porém, se trate de incentivo concedido a prazo certo, e mediante condições onerosas, coloca-se a questão de saber se, apesar da invalidade, seria o caso de respeitá-lo durante o prazo correspondente, em relação àqueles que já estivessem a fruir dele. A resposta, nesse caso, é afirmativa, em respeito à segurança jurídica.

Imagine-se, por exemplo, um incentivo fiscal concedido para promover a redução das desigualdades regionais, em face do qual um contribuinte se instala em região pobre e afastada. O ônus decorrente da maior distância da mão-de-obra especializada, do mercado consumidor, dos principais portos e aeroportos etc., é calculado como sendo compensado pelo bônus inerente ao incentivo fiscal. Para o ente público, por sua vez, o ônus representado pela perda de arrecadação[15]

13. Dalton Dallazem, "As 'agroindústrias' e as contribuições sociais devidas em função da declaração de inconstitucionalidade da Lei 8.870/94", em *Repertório IOB de Jurisprudência* 16/98, 2ª quinzena de agosto/1998, c. 1, p. 387, texto 1/12.564; Reinaldo Chaves Rivera, "Ação Direta de Inconstitucionalidade – Efeitos – A Cobrança de Contribuições Previdenciárias das Agroindústrias", em *RDDT* 32/61. Hugo de Brito Machado, "Contribuição Previdenciária das agroindústrias – Declaração de inconstitucionalidade do § 2º do art. 25 da Lei n. 8.870/94 – Seu alcance. Inexistência de efeitos retroativos em prejuízo do contribuinte", em *RDDT* 56/89; Hugo de Brito Machado Segundo, *Processo Tributário*, 6ª ed., São Paulo, Atlas, 2012, pp. 519-520.

14. "Art. 146. A modificação introduzida, de ofício ou em consequência de decisão administrativa ou judicial, nos critérios jurídicos adotados pela autoridade administrativa no exercício do lançamento somente pode ser efetivada, em relação a um mesmo sujeito passivo, quanto a fato gerador ocorrido posteriormente à sua introdução."

15. Uma perda de arrecadação que é muito, mas muito relativa, sobretudo em se tratando de Estado-membro pobre. Afinal, sem a concessão do incentivo, a indústria não se instalaria em seu território, pelo que a receita decorrente dos impostos que pagaria, de uma forma ou de outra, não seria recebida por tal Estado.

decorrente do incentivo é contrabalançado pelo bônus advindo do maior desenvolvimento da região, da geração de empregos e, inclusive, de uma maior arrecadação, indiretamente obtida com o maior consumo gerado pelo aumento da riqueza na região. Esse sinalagma é quebrado, de forma desigual, se, feitos os investimentos, o posterior reconhecimento da invalidade da norma concessiva do benefício autorizasse o ente público, autor do ato inválido, a exigir o tributo correspondente.

Registre-se que mesmo diante de incentivos inconstitucionais, porque contrários ao texto promulgado em 1988, o poder constituinte tolerou que fossem usufruídos por todo o prazo de sua concessão, quando onerosos e por prazo certo, a teor do já referido art. 41, § 2º, do ADCT. Embora relativo a situação diferente, trata-se de importante indicativo da importância atribuída à proteção da confiança daqueles que instalam empreendimentos e realizam investimentos na expectativa de gozarem de determinado benefício por prazo determinado.[16]

5. *Há algum outro aspecto relevante, relativo aos incentivos fiscais, não abrangido pelas questões anteriores?*

Certamente sim. Vários. Do ponto de vista epistemológico, sabe-se que o conhecimento é marcado pela imperfeição, pela incompletude e pela provisoriedade, decorrentes das limitações cognitivas do ser humano, de ordem biológica, cultural, histórica etc. Esse questionamento não ignora isso, por certo, sendo formulado, na verdade, para que os autores dos textos deste volume, caso tenham conhecimento de tais aspectos, ou desejem tratar de quaisquer assuntos ligados aos incentivos e não mencionados anteriormente, possam fazê-lo com liberdade. Não nos ocorre, contudo, ao tempo da elaboração deste artigo, a existência de nuances ou desdobramentos do tema dignos de nota, que não tenham sido percorridos pelos questionamentos anteriores.

16. Com o propósito de não repetir aqui o que já se acha escrito em outro texto, remete-se o leitor para Hugo de Brito Machado Segundo, "Guerra Fiscal e efeitos das decisões do STF", em Valdir de Oliveira Rocha (Org.), *Grandes Questões Atuais do Direito Tributário*, vol. 16, São Paulo, Dialética, 2012, pp. 167-181.

Bibliografia

ÁVILA, Humberto. *Teoria da Igualdade Tributária*. 2ª ed. São Paulo, Malheiros Editores, 2009.

BANDEIRA DE MELLO, Celso Antônio. *Conteúdo Jurídico do Princípio da Igualdade*. 3ª ed., 23ª tir. São Paulo, Malheiros Editores, 2014.

BRANDÃO, Renata Figueiredo. *Incentivo Fiscal Ambiental: Parâmetros e Limites para sua Instituição à Luz da Constituição de 1988*. Tese de Doutorado em Direito Econômico e Financeiro, Universidade de São Paulo, 2013.

DALLAZEM, Dalton. "As 'agroindústrias' e as contribuições sociais devidas em função da declaração de inconstitucionalidade da Lei 94/8.870". *Repertório IOB de Jurisprudência* 2 ,98/16ª quinzena de agosto/1998, c. 1, p. 387, texto 12.564/1;

ELY, John Hart. *Democracia e desconfiança – Uma teoria do controle judicial de constitucionalidade*. Trad. de Juliana Lemos. São Paulo, Martins Fontes, 2010.

FEITOSA, Raymundo Juliano Rego (org.). *Direito Tributário*. vol. 1. Florianópolis, Conpedi, 2014.

FOLLONI, André. "O papel da ciência do direito tributário no desenvolvimento nacional". In MURTA, Antônio Carlos Diniz; BALTHAZAR, Ubaldo Cesar; FEITOSA, Raymundo Juliano Rego (orgs.). *Direito Tributário*. vol. 1. Florianópolis, Conpedi, 2014, p. 212-191.

MACHADO, Hugo de Brito. "Contribuição Previdenciária das agroindústrias – Declaração de inconstitucionalidade do § 2º do art. 25 da Lei n. 94/8.870 – Seu alcance. Inexistência de efeitos retroativos em prejuízo do contribuinte". *RDDT* 89/56;

MACHADO SEGUNDO, Hugo de Brito. *Processo Tributário*. 6ª ed. São Paulo, Atlas, 2012.

__________. "Guerra Fiscal e efeitos das decisões do STF". em OLIVEIRA ROCHA, Valdir de (Org.). *Grandes Questões Atuais do Direito Tributário*, vol. 16. São Paulo, Dialética, 2012, pp. 181-167.

__________, e MACHADO, Raquel Cavalcanti Ramos. "Algumas notas sobre o regime jurídico dos incentivos fiscais". In ROCHA, Valdir de Oliveira (org.). *Grandes Questões Atuais do Direito Tributário*. vol. 17. São Paulo, Dialética, 2013, pp. 131-121.

MARTINS, Ives Gandra da Silva. "A unanimidade consensual de Estados e Distrito Federal como requisito para concessão de isenções, incentivos e benefícios fiscais de ICMS – Princípio constitucional fundamental para manutenção do pacto federativo, o que o transforma em cláusula imodificável da Lei Suprema". *Revista Fórum de Direito Tributário – RFDT*. Belo Horizonte, n. 59, pp. 193-177, set./out. 2012.

RIVERA, Reinaldo Chaves. "Ação Direta de Inconstitucionalidade – Efeitos – A Cobrança de Contribuições Previdenciárias das Agroindústrias". *RDDT* 61/32.

SILVA, Evaldo de Souza da. "O conflito entre a Lei Complementar n. 1975/24 e o princípio da democracia". *Revista IOB de Direito Público*. São Paulo, n. 29, pp. 33-16, set./out. 2000.

ZIPPELIUS, Reinhold. *Introdução ao Estudo do Direito*. Trad. de Gercélia Batista de Oliveira Mendes. Belo Horizonte, Del Rey, 2006.

ISENÇÕES, INCENTIVOS E BENEFÍCIOS FISCAIS NO ICMS EM FACE DA DENOMINADA GUERRA FISCAL ENTRE ESTADOS

Ives Gandra da Silva Martins

Honrado pelo convite de meu eminente amigo Hugo de Brito Machado para escrever estudo sobre o § 2º, XII, "g", do art. 155 da CF, decidi abordar assunto que tem sido objeto de minhas reflexões, qual seja o impacto dos incentivos concedidos, à margem das deliberações do CONFAZ, por inúmeros Estados.

Principio, pois, este estudo com rápidas considerações sobre a natureza jurídica do ICMS.

Trata-se de tributo que deveria ser, no Sistema Brasileiro, um tributo federal ou centralizado, como ocorre na esmagadora maioria dos países que adotam a técnica do valor agregado.[1]

Embora o regime adotado seja o da "não cumulatividade" – que guarda apenas semelhanças com a técnica e com o princípio do valor agregado, para o fim de viabilizar a desoneração da tributação das operações anteriores nas posteriores –, esse tributo de "vocação nacional" foi regionalizado, com a EC 18/1965, o CTN e nas Constituições

1. "Jean Jacques Philippe, em seu *La Taxe sur la Valeur Ajoutée* (Ed. Berger-Levrault), ao dizer: 'Impôt moderne, la TVA est cependant l'héritière d'une histoire déjà longue' (p. 21), enumera, embora de forma perfunctória, a evolução desde 1917, passando pelas 'Taxes Générales sur les affaires et taxes uniques spéciales (1917-1936)', 'la taxe sur les paiements (1917-1920)', 'l'impôt sur chiffre d'affaires (1920-1936)', 'les taxes uniques (1925-1936)', 'la taxe à la production (1937-1954)' até chegar à lei francesa n. 54.404, de 10/4/1954, que instituiu a primeira TVA, substituída posteriormente pela lei de 6/1/1966, que passou a vigorar a partir de 1/1/1968."

de 1967 e 1988.[2] Não adotou, o País, a compensação de base contra base, mas do imposto contra o imposto, em apuração periódica, conforme determina o art. 155, § 2º, I, da CF, assim redigido:

> Art. 155. Compete aos Estados e ao Distrito Federal instituir impostos sobre: (Redação dada pela Emenda Constitucional n. 3, de 1993)
>
> (...)
>
> II – operações relativas à circulação de mercadorias e sobre prestações de serviços de transporte interestadual e intermunicipal e de comunicação, ainda que as operações e as prestações se iniciem no exterior; (Redação dada pela Emenda Constitucional n. 3, de 1993)
>
> (...)
>
> § 2º. O imposto previsto no inciso II atenderá ao seguinte: (Redação dada pela Emenda Constitucional n. 3, de 1993)

2. Bernardo Ribeiro de Moraes lembra a luta pela implantação do imposto sobre o valor agregado:

"Conforme se verifica, o imposto sobre as vendas, do tipo em cascata, criado como instrumento de rápida e volumosa receita pública para os países que sentiam o impacto do após-guerra, recebeu nova técnica, com o propósito exclusivo de eliminar certas repercussões econômicas inconvenientes ao Estado moderno, passando a denominar-se *Imposto sobre o valor. Acrescido* (sobre o valor 'acrescentado', 'acumulado', 'agregado', 'somado' ou 'juntado').

Esta nova denominação representa o mesmo imposto geral sobre as vendas, sendo uma modalidade deste, agora mais aperfeiçoado tecnicamente, mais 'enobrecido', como diria Ricardo Calle Saiz.

A luta para o aperfeiçoamento do imposto sobre vendas, do tipo em cascata, objetivando evitar certos inconvenientes do imposto cumulativo, nasceu juntamente com a ideia da criação do referido imposto. Em 1918, na Alemanha, quando se pensava no estabelecimento do imposto sobre as vendas, de incidência múltipla (*Umsatzsteuer*), forte oposição ao projeto foi feita pelo conselheiro Friedrich Von Siemens, que propôs, então, a utilização de um imposto sobre o valor acrescido, o que não foi aceito. No ano seguinte, quando Von Siemens recomendou o enobrecimento do imposto alemão sobre vendas, de incidência múltipla, com a alíquota de 1%, substituindo-o por um gravame sobre o valor acrescido, o Conselho Econômico do Reich reconheceu que a proposta permitia suprimir os inconvenientes da tributação múltipla sobre as vendas, embora não aceita diante das necessidades da Fazenda em auferir maior receita. Desta forma, o governo alemão deixou de aceitar uma inovação fiscal que, posteriormente, triunfaria em quase todos os países" (*O Fato Gerador do ICM, Caderno de Pesquisas Tributárias*, vol. 3, coordenação minha, coed. Ed. Resenha Tributária/Centro de Extensão Universitária, 1978, pp. 40-41).

> I – será não cumulativo, compensando-se o que for devido em cada operação relativa à circulação de mercadorias ou prestação de serviços com o montante cobrado nas anteriores pelo mesmo ou outro Estado ou pelo Distrito Federal;
>
> (...).

Em outras palavras, por entender o nosso constituinte, à luz das lições dos especialistas que elaboraram os anteprojetos dos dois primeiros diplomas citados, que os Estados deveriam ter receita própria de impostos, regionalizaram o tributo, nada obstante o indiscutível impacto que isso causaria, nas operações interestaduais, para os Estados vinculados à operação.[3]

Sem me aprofundar nas razões que levaram a essa solução – Gilberto de Ulhôa Canto, um dos pais do atual sistema, contou-me que Rubens Gomes de Souza, autor do anteprojeto de CTN, confidenciara-lhe, durante os trabalhos preparatórios, que, com o "ICM", iria acabar a guerra fiscal do IVC, imposto sobre vendas e consignações –, o certo é que o problema da guerra fiscal permaneceu e foi exacerba-

3. Aliomar Baleeiro lembra:

"III. A transformação da Emenda n. 18. – Do ponto de vista econômico, o I.C.M. é o mesmo I.V.C., que concorria com cerca de 3/4 partes da receita tributária dos Estados-membros. Arguia-se que só diferia do imposto de consumo e do imposto de indústrias e profissões sobre comerciantes e industriais, pelo *nomen juris*, pois os três sangravam a mesma realidade econômica: – a introdução da mercadoria no circuito comercial.

A Emenda 18, pretendendo remediar essa contingência daquela realidade, inventou novas normas e formulou o fato gerador de modo diverso, confundindo quase o imposto de consumo e o I.V.C. Pela Constituição de 1946, o fato gerador do I.V.C. era o contrato de compra e venda, o negócio jurídico, no qual figuravam, como vendedores, os comerciantes e produtores, inclusive industriais, e só eles.

A Emenda n. 18 e a Emenda n. 1/1969 deram para fato gerador do I.C.M. o mesmo que o legislador ordinário fixara há muitos anos, para o imposto de consumo, que estes diplomas rebatizaram de imposto de produtos industrializados; – o momento ou fato de a mercadoria sair do estabelecimento do contribuinte para negócio. Mas o I.P.I. incide também na saída da alfândega ou depois do leilão das mercadorias importadas abandonadas. – Acontece praticamente o mesmo com o I.C.M. O art. 8º, do A.C. 36/67, que revogou expressamente o inciso II do art. 52, *caput*, do CTN, foi por sua vez revogado pelo art. 1º, II, do Decr.-lei 406/68. Este restabeleceu o inciso II do art. 52, fazendo o I.C.M. incidir sobre a entrada de mercadoria estrangeira no estabelecimento de quem a importou" (*Direito Tributário Brasileiro*, 10ª ed., Rio de Janeiro, Forense, 1981, pp. 218-219).

do, após a CF de 1988, quando a União, por ter perdido receita de IPI e de I. Renda para Estados e Municípios, deixou de praticar políticas regionais.[4]

Interessam-me, para este estudo, os incisos IV, V e VI do § 2º do art. 155, assim redigidos:

> § 2º. O imposto previsto no inciso II atenderá ao seguinte: (Redação dada pela Emenda Constitucional n. 3, de 1993)
>
> (...)
>
> IV – resolução do Senado Federal, de iniciativa do Presidente da República ou de um terço dos Senadores, aprovada pela maioria absoluta de seus membros, estabelecerá as alíquotas aplicáveis às operações e prestações, interestaduais e de exportação;
>
> V – é facultado ao Senado Federal:
>
> *a*) estabelecer alíquotas mínimas nas operações internas, mediante resolução de iniciativa de um terço e aprovada pela maioria absoluta de seus membros;
>
> *b*) fixar alíquotas máximas nas mesmas operações para resolver conflito específico que envolva interesse de Estados, mediante resolução de iniciativa da maioria absoluta e aprovada por dois terços de seus membros;
>
> VI – salvo deliberação em contrário dos Estados e do Distrito Federal, nos termos do disposto no inciso XII, "g", as alíquotas internas, nas operações relativas à circulação de mercadorias e nas prestações de serviços, não poderão ser inferiores às previstas para as operações interestaduais;
>
> (...).

4. O interessante, todavia, é que no projeto da Comissão Revisora do anteprojeto de Rubens, o imposto continuava como IVC e assim foi enviado pelo Ministro Osvaldo Aranha à Presidência:

"Art. 34. O imposto sobre vendas e consignações efetuadas por comerciantes e produtores, inclusive industriais, (Const., art.) tem como fato gerador:

I – a venda assim entendida a transmissão, por ato entre vivos, da propriedade de coisa móvel, contra pagamento de preço em dinheiro;

II – a consignação, assim entendida a remessa de coisa móvel a outrem, para que este a venda" (*Codificação do Direito Tributário, Contribuição do Inst. Bras. de Direito Financeiro ao Estudo do Projeto de Código Tributário Nacional*, Rio de Janeiro, ed. IBDF, 1955, p. 332).

Houve por bem, o constituinte, fortalecendo o princípio desenhado na Lei Complementar 24/1975 – de canhestra redação –, estabelecer, conforme o § 2º, IV, V e VI, do art. 155 da CF, todo um sistema de controle da determinação de alíquotas estaduais e interestaduais pelo Senado Federal, objetivando: a) eliminar os riscos de que incentivos outorgados por um Estado tivessem impacto de descompetitividade em relação a Estados que dele recebessem mercadorias com ICM estimulado, mediante a exigência de aprovação de alíquotas mínimas para as operações internas e máximas nas mesmas operações, em caso de conflito entre os Estados; b) estabelecer as alíquotas aplicáveis para as operações interestaduais e de exportação; c) exigir a unanimidade de Estados e Distrito Federal para aprovar tratamento mais favorável às operações internas – e, implicitamente, para as externas; d) exigir que as alíquotas internas não fiquem abaixo das previstas para as operações interestaduais, salvo acordo de todos os Estados e Distrito Federal.[5]

E ao falar em Estados e Distrito Federal no que concerne a isenções, incentivos e benefícios, impôs a necessidade de votação unânime, para não provocar favorecimento que desse a qualquer um deles maior competitividade no mercado interno, o que resta reforçado pela disposição de que as alíquotas internas não sejam inferiores às definidas para as operações interestaduais. *E a unanimidade decorre de não ter o constituinte estabelecido quórum menor para aprovação dos estímulos fiscais.*

5. José Afonso da Silva lembra que:
"Resoluções do Senado Federal e o ICMS. O Senado Federal, por via de resoluções aprovadas ora por maioria absoluta, ora por dois terços de seus membros, desempenha papel importante na prevenção de conflitos tributários. Não é novidade da Constituição vigente. Desde a de 1934 ele vem recebendo incumbências nessa área, o que se acentuou com a Constituição de 1967.

O campo de atuação das resoluções do Senado Federal em matéria tributária circunscreve-se ao disposto no art. 155, § 2º, IV e V, e VI. O primeiro prevê que resolução do Senado Federal, de iniciativa do Presidente da República ou de um terço dos senadores, aprovada pela maioria absoluta de seus membros, estabelecerá as alíquotas aplicáveis às operações e prestações, interestaduais e de exportação. Aqui, a resolução do Senado é requerida de modo peremptório. É, porém, facultativo o estabelecimento de alíquotas mínimas, mediante resolução de iniciativa de um terço e aprovada por maioria absoluta de seus membros; assim também a fixação de alíquotas máximas, nas mesmas operações, para resolver conflito específico que envolva interesse de Estados, mediante resolução de iniciativa da maioria absoluta e aprovada por dois terços de seus membros" (*Comentário Contextual à Constituição*, 9ª ed., São Paulo, Malheiros Editores, 2014, pp. 685-686).

O inciso VI, portanto, determina que só pela deliberação unânime dos Estados as alíquotas internas podem ser *inferiores* às interestaduais, muito embora para a definição das alíquotas interestaduais e de exportação – *idênticas para Estados e Distrito Federal* – o Senado, por maioria absoluta, determinará quais são as alíquotas aplicáveis.

Repito, para alíquotas internas diferenciadas, ou seja, estimuladas entre Estados e Distrito Federal, falou o constituinte em "Estados e Distrito Federal", o que representa unanimidade, pois não oferta exceções deliberativas nem a possibilidade de exclusões de Estados ou do Distrito Federal. Não se referiu a *2/3 ou maioria de tais entidades federativas*, como ocorre nas deliberações do Senado, quanto ao voto dos Senadores representantes dos Estados. Vale dizer, tal deliberação terá que ser dos Estados, ou seja, todos eles mais o Distrito Federal. Isso ocorre porque, concedidos sem autorização unânime, poderiam provocar descompetitividade. Para a definição de uma alíquota *uniforme* entre Estados, basta a maioria absoluta do Senado, pois nenhuma descompetitividade será gerada; não havendo mercadorias menos ou mais oneradas, por força de incentivos dados. As alíquotas seriam idênticas, mesmo levando em consideração a existência de regiões diversas de Estados e Distrito Federal, pois haveria alíquotas uniformes para cada uma delas. Para tal definição, basta, pois, a maioria do Senado, que é a Casa Legislativa da Federação, com representação equalitária de todos os Estados.[6]

Se houver, de qualquer forma, conflito entre os Estados para alíquotas internas – não interestaduais –, apenas por 2/3 o Senado poderá deliberar para fixar *alíquotas máximas*, ou seja, as alíquotas válidas para todos os Estados e Distrito Federal, que não poderão ser ultrapassadas, lembrando-se sempre que as alíquotas internas não podem ser inferiores às aplicáveis às operações interestaduais.

Nesse caso, o Senado age em nome da Federação, prevalecendo, pois, a possibilidade de quórum inferior à unanimidade.

6. Manoel Gonçalves Ferreira Filho, ao comentar o inciso IV, lembra:

"Resolução do Senado. Como é sabido, a Constituição atribui ao Senado Federal a função de representar os Estados e o Distrito Federal (v., acima, art. 46, *caput*). Em razão disso, segundo já estava no direito anterior (Emenda n. 1/69, art. 23, § 52, com a redação dada pela Emenda n. 23/83), cabe ao Senado, *no interesse de todos esses entes*, fixar por meio de resolução as alíquotas relativas às operações e prestações interestaduais e de exportação" (grifos meus) (*Comentários à Constituição Brasileira de 1988*, vol. 2, São Paulo, Saraiva, 1999, p. 126).

No caso de acordo entre os Estados, não, pois cada Estado fala em nome próprio, razão pela qual a unanimidade é requisito essencial. É de lembrar que o inciso VI referiu-se expressamente à letra "g" do inciso XII do § 2º do art. 155 referente a estímulos fiscais.

Por essa razão, interpreto que a unanimidade, que para incentivos fiscais é exigida do CONFAZ, não é senão um reflexo infraconstitucional do regime de fixação de alíquotas imposto pela Constituição ao Senado Federal, ou seja, a) unanimidade deliberativa dos Estados e Distrito Federal para alíquotas estimuladas e diferenciadas internas, sem o piso das alíquotas interestaduais; b) maioria absoluta do Senado para as alíquotas aplicáveis às operações e prestações interestaduais e de exportação; c) maioria absoluta do Senado para estabelecer alíquotas interestaduais; d) 2/3 dos senadores para fixar alíquotas máximas em caso de conflito; e e) as alíquotas internas não poderão ser inferiores às interestaduais.

Em outras palavras, o inciso VI estabelece regra de unanimidade para evitar descompetitividade nas deliberações de Estados e Municípios. Por isso, o constituinte não fala em maioria nem em 2/3, como nos incisos anteriores para definição das alíquotas internas *que poderão ser inferiores às alíquotas interestaduais*, mas em unanimidade, ou seja, a deliberação de todos os entes regionais.[7]

7. No mesmo espírito, leia-se a ementa da ADI 3.936:

"Caráter normativo autônomo e abstrato dos dispositivos impugnados. Possibilidade de sua submissão ao controle abstrato de constitucionalidade. (...) ICMS. Guerra fiscal. Artigo 2º da Lei n. 10.689/1993 do Estado do Paraná. Dispositivo que traduz permissão legal para que o Estado do Paraná, por meio de seu Poder Executivo, desencadeie a denominada 'guerra fiscal', repelida por larga jurisprudência deste Tribunal. Precedentes. Artigo 50, XXXII e XXXIII, e §§ 36, 37 e 38 do Decreto estadual n. 5.141/2001. Ausência de convênio interestadual para a concessão de benefícios fiscais. Violação ao art. 155, § 2º, XII, *g*, da CF/88. *A ausência de convênio interestadual viola o art. 155, § 2º, incisos IV, V e VI, da CF*. A Constituição é clara ao vedar aos Estados e ao Distrito Federal a fixação de alíquotas internas em patamares inferiores àquele instituído pelo Senado para a alíquota interestadual. Violação ao art. 152 da CF/88, que constitui o princípio da não diferenciação ou da uniformidade tributária, que veda aos Estados, ao Distrito Federal e aos Municípios estabelecer diferença tributária entre bens e serviços, de qualquer natureza, em razão de sua procedência ou destino" (grifos meus) (ADI 3.936-MC, rel. Min. Gilmar Mendes, j. 19.9.2007, Plenário, *DJE*, de 9.11.2007) (*Constituição do Brasil Interpretada e Legislação Constitucional*, 8ª ed., São Paulo, Atlas, 2011, p. 1.755).

Concluo esta parte do estudo dizendo que o texto constitucional, quando se refere à deliberação dos Estados e Distrito Federal no tocante a estímulos fiscais outorgados, necessariamente impõe a deliberação de todos os Estados e Distrito Federal, *visto que não estabeleceu qualquer quórum mínimo*.

Por essa linha de raciocínio, entendo que a unanimidade exigida pelo CONFAZ não decorre da legislação infraconstitucional, mas, sim, à luz da Constituição de 1988, do próprio texto supremo, tese, aliás, fortalecida com a interpretação que agora darei do art. 146-A da Lei Suprema.

Reza o art. 146-A da CF:

> Art. 146-A. Lei complementar poderá estabelecer critérios especiais de tributação, com o objetivo de prevenir desequilíbrios da concorrência, sem prejuízo da competência de a União, por lei, estabelecer normas de igual objetivo. (Incluído pela Emenda Constitucional n. 42, de 19.12.2003)[8]

Embora aplicável a todos os tributos previstos na Lei Suprema, diz respeito especialmente ao ICMS, onde mais aguda se faz a descompetitividade, e vem, definitivamente, reforçar a interpretação que ofertei aos retro incisos IV, V e VI, ou seja, de que apenas a concordância unânime de todos os Estados e do Distrito Federal pode justificar isenções, incentivos ou benefícios fiscais diferenciados, a privilegiar um Estado, na competitividade de seus produtos, em relação a outros.

8. Nada obstante a pouca clareza do texto, aliás apontada por José Afonso da Silva, teve um caráter sinalizador de justa política tributária. Diz José Afonso: "3. PREVENÇÃO DE DESEQUILÍBRIOS DA CONCORRÊNCIA. A Emenda Constitucional 42/2003 criou também o art. 146-A, com a pretensão de prevenir desequilíbrios da concorrência. O texto não é muito claro, porque, para tanto, autoriza (é simples faculdade) à lei complementar estabelecer critérios especiais de tributação, sem prejuízo da competência da União, por lei, de estabelecer normas de igual objetivo. Texto confuso, como se vê, porque a lei complementar também é da competência da União. O que o dispositivo quer dizer é que a lei complementar, no caso, situada no âmbito do sistema tributário, não exclui a competência que o art. 173, § 42, dá à lei ordinária, já existente, de reprimir o abuso do poder econômico que vise à dominação dos mercados, à eliminação da concorrência e ao aumento arbitrário dos lucros" (*Comentário Contextual à Constituição*, cit., p. 660).

O artigo, porém, dá valor especial à lei complementar como veículo de prevenção à "descompetitividade tributária", reforçando a interpretação que desde a década de 1960 tenho dado a esse instrumento legislativo, de que, quando cuidando de normas gerais em matéria tributária, obriga todas as entidades da Federação: é uma lei nacional, uma lei da Federação, produzida pelo aparelho legislativo da União e emprestada a todas as entidades federativas.[9]

Tanto é que abre espaço, o constituinte, para a União estabelecer lei federal com igual teor, à evidência, obrigando apenas a própria União.

Admitir que a lei federal produzida poderia, também, obrigar Estados e Municípios nulificaria a produção de lei complementar, pois tanto uma quanto outra poderiam ter a mesma eficácia no mesmo campo de abrangência. Vale dizer, promulgaria a União uma lei complementar ou uma lei ordinária e seus efeitos seriam os mesmos!!! Por respeito ao constituinte, não posso admitir tal exegese.

O que o dispositivo torna claro é que aos Estados, ao Distrito Federal e aos Municípios não foi outorgada a mesma faculdade de produzir uma norma geral capaz de obrigar toda a federação, a fim de evitar a descompetitividade.

Nitidamente, o art. 146-A consagra o princípio da "livre concorrência", esculpido no inciso IV do art. 170, assim redigido:

> Art. 170. A ordem econômica, fundada na valorização do trabalho humano e na livre-iniciativa, tem por fim assegurar a todos existência

9. Escrevi: "Em direito tributário, como, de resto, na grande maioria das hipóteses em que a lei complementar é exigida pela Constituição, tal veículo legislativo é explicitador da Carta Magna. Não inova, porque senão seria inconstitucional, mas complementa, esclarecendo, tornando clara a intenção do constituinte, assim como o produto de seu trabalho, que é o princípio plasmado no Texto Supremo.

É, portanto, a lei complementar norma de integração entre os princípios gerais da Constituição e os comandos de aplicação da legislação ordinária, razão pela qual, na hierarquia das leis, posta-se acima destes e abaixo daqueles. Nada obstante alguns autores entendam que tenha campo próprio de atuação – no que têm razão –, tal esfera própria de atuação não pode, à evidência, nivelar-se àquela outra pertinente à legislação ordinária. A lei complementar é superior à lei ordinária, servindo de teto naquilo que é de sua particular área mandamental" (Celso Bastos e Ives Gandra Martins, *Comentários à Constituição do Brasil*, 2ª ed., vol. 6, t. I, São Paulo, Saraiva, 2001, p. 79).

> digna, conforme os ditames da justiça social, observados os seguintes princípios:
>
> (...)
>
> IV – livre concorrência;

que, à evidência, poderia desaparecer – embora, a meu ver, esteja implícito em vários pontos da Lei Suprema – se não fosse explicitado pela Emenda Constitucional 45/2004.[10]

O art. 146-A é principiológico, sendo, a meu ver, de aplicação imediata, muito embora, com o advento da lei complementar explicitadora, sua aplicação virá a ganhar forma procedimental.

Ocorre com o art. 146-A o que ocorreu com o art. 102, I, "a", da Lei Suprema:

> Art. 102. Compete ao Supremo Tribunal Federal, precipuamente, a guarda da Constituição, cabendo-lhe:
>
> I – processar e julgar, originariamente:
>
> *a*) a ação direta de inconstitucionalidade de lei ou ato normativo federal ou estadual e a ação declaratória de constitucionalidade de lei ou ato normativo federal; (...). (*Redação dada pela EC 3/1993*)

em que, apesar de a Lei 9.868/1999 só ter surgido onze anos depois de promulgada a Constituição, isso não impediu que mais de mil ações diretas fossem propostas e julgadas por rito regimental do próprio STF, dando à norma constitucional aplicação imediata. Só com a Lei

10. Celso Ribeiro Bastos ensina: "A livre concorrência é indispensável para o funcionamento do sistema capitalista. Ela consiste essencialmente na existência de diversos produtores ou prestadores de serviços. É pela livre concorrência que se melhoram as condições de competitividade das empresas, forçando-as a um constante aprimoramento dos seus métodos tecnológicos, à diminuição dos seus custos, enfim, na procura constante da criação de condições mais favoráveis ao consumidor. Traduz-se portanto numa das vigas mestras do êxito da economia de mercado. O contrário da livre concorrência significa o monopólio e o oligopólio, ambos situações privilegiadoras do produtor, incompatíveis com o regime de livre concorrência" (Celso Bastos e Ives Gandra Martins, *Comentários à Constituição do Brasil*, 2ª ed., vol. 7, São Paulo, Saraiva, 2000, p. 27).

9.868/1999 é que o rito atual tornou-se obrigatório; mas a ausência de lei por onze anos não impediu a aplicação do preceito constitucional.[11]

Assim, para o ICMS – antes ICM –, a própria Constituição anterior, como demonstrei na primeira parte deste estudo, já proibia a descompetitividade ao exigir a unanimidade dos Estados e Distrito Federal para autorização de instituição de incentivos fiscais. É que sua concessão por um Estado, sem o aval dos demais, poderia tornar seu produto menos oneroso, devido à carga de ICMS menor, por força da não cumulatividade, de observância obrigatória pelo Estado receptor de mercadorias.[12]

É de se lembrar que qualquer política para reequilibrar desequilíbrios regionais, em matéria tributária, só pode ser de responsabilidade da União, como se verifica da leitura do art. 151, I, da Lei Suprema:

> Art. 151. É vedado à União:
>
> I – instituir tributo que não seja uniforme em todo o território nacional ou que implique distinção ou preferência em relação a Estado, ao Distri-

11. Gilmar Mendes e eu publicamos o livro *Controle Concentrado de Constitucionalidade*, em três edições pela Saraiva, em que mostramos que a Lei 9.868/1999 inovou pouco em relação ao rito anterior, nada obstante algumas novidades, como a inclusão do *amicus curiae*.

Por divergência de interpretação no que concerne à Lei 12.063/2009 (declaração de inconstitucionalidade por omissão), deixamos de publicar novas edições.

12. Escrevi no artigo "A unanimidade no CONFAZ" que:

"(...) Em outras palavras, sempre que um Estado concede incentivos fiscais ou financeiros, dispensando o recolhimento do tributo ou devolvendo-o após um pagamento meramente escritural, gera, nas operações interestaduais, um crédito que terá que ser suportado pelo Estado para onde o produto é remetido, que só poderá cobrar o diferencial entre o valor do referido crédito e o valor do débito ocorrido em seu território.

Desta forma, se a saída de uma mercadoria dentro do Estado sofre tributação à alíquota de 18% e a mesma mercadoria vinda de um Estado estimulador chega 'sem tributo pago' na origem, à alíquota de 7% ou 12%, conforme a região, este produto terá uma carga tributária de 6% ou 11%, contra os 18% do produto fabricado no Estado de destino.

Para evitar esta guerra fratricida é que foi criado o CONFAZ e promulgada a Lei Complementar n. 24/75, que permite ao Estado de destino, prejudicado em sua arrecadação e competitividade, anular os créditos correspondentes às operações interestaduais provenientes de Estados, que, independente de Convênio, concedem incentivos à revelia dos demais. Por decisão da Suprema Corte, essa lei foi considerada recepcionada pela Constituição de 1988. (...)" (*O Estado de São Paulo*, 16.6.2012, A2 – Espaço Aberto).

> to Federal ou a Município, em detrimento de outro, *admitida a concessão de incentivos fiscais destinados a promover o equilíbrio do desenvolvimento socioeconômico entre as diferentes regiões do País*; (grifos meus)
>
> (...).[13]

Nem Estados, nem Municípios têm tal responsabilidade, a não ser que concordem, por unanimidade, com uma política comum de incentivos.

Sabiamente assim agiu o constituinte, pois tem a União – e agora mais do que em 1988, por força das contínuas elevações de alíquotas de COFINS e PIS, tributos não partilháveis – maiores recursos tributários e pode fazer política nacional de estímulos, sendo *essa a única hipótese de descompetitividade tributária* admitida pela Lei Suprema, que não fere o art. 150, II, da CF, assim redigido:

> Art. 150. Sem prejuízo de outras garantias asseguradas ao contribuinte, é vedado à União, aos Estados, ao Distrito Federal e aos Municípios:
>
> (...)

13. Por essa razão, foi recepcionada a Lei Complementar 24/1975.
Leia-se na ADI 2.549 a parte da ementa que transcrevo:
ADI 2.549, rel. Min. Ricardo Lewandowski, Tribunal Pleno, j. em 1º.6.2011:
"(...) VII – O art. 155, § 2º, inciso XII, 'g', da Constituição Federal dispõe competir à lei complementar, mediante deliberação dos Estados-membros e do Distrito Federal, a regulamentação de isenções, incentivos e benefícios fiscais a serem concedidos ou revogados, no que diz respeito ao ICMS. Evidente necessidade de consenso entre os entes federativos, justamente para evitar o deflagramento da perniciosa 'guerra fiscal' entre eles. *À lei complementar restou discricionária apenas à forma pela qual os Estados e o Distrito Federal implementarão o ditame constitucional. A questão, por sua vez, está regulamentada pela Lei Complementar 24/1975, que declara que as isenções a que se faz referência serão concedidas e revogadas nos termos dos convênios celebrados e ratificados pelos Estados e pelo Distrito Federal.* VIII – Necessidade de aprovação pelo CONFAZ de qualquer política extrafiscal que implique na redução ou qualquer outra forma de desoneração do contribuinte em relação ao ICMS. Precedentes do STF. IX – O Decreto 20.957, de 13 de janeiro de 2000 teve os seus efeitos integralmente exauridos, enquanto que os Decretos 21.077/00, 21.082/00 e 21.107/00 foram revogados, fato que implicou na carência superveniente da ação. Interesse processual. X – Parcial procedência da ação para declarar a inconstitucionalidade do artigo 2º, inciso I e seus §§ 2º e 3º; do artigo 5º, seus incisos I, II e III e seu parágrafo único, inciso I; do artigo 6º, na sua integralidade; e dos parágrafos 1º e 2º, do artigo 7º, todos da Lei 2.483, de 19 de novembro de 1999" (grifos meus).

II – instituir tratamento desigual entre contribuintes que se encontrem em situação equivalente, proibida qualquer distinção em razão de ocupação profissional ou função por eles exercida, independentemente da denominação jurídica dos rendimentos, títulos ou direitos; (...).[14]

Em outras palavras, apenas e exclusivamente a União pode fazer políticas que afetem a competitividade, em prol de desenvolver regiões mais pobres do País. Essa é a única forma de descompetitividade que é considerada constitucional e que não fere nem o inciso II do art. 150,

14. Escrevi sobre o princípio o seguinte:

"Equivalente é um vocábulo de densidade ôntica mais abrangente do que 'igual'. A igualdade exige absoluta consonância em todas as partes, o que não é da estrutura do princípio da equivalência. Situações iguais na equipolência, mas diferentes na forma, não podem ser tratadas diversamente. A equivalência estende à similitude de situações a necessidade de tratamento igual pela política impositiva, afastando a tese de que os desiguais devem ser tratados, necessariamente, de forma desigual. Os desiguais, em situação de aproximação, devem ser tratados, pelo princípio da equivalência, de forma igual em matéria tributária, visto que a igualdade absoluta, na equivalência não existe, mas apenas a igualdade na equiparação de elementos (peso, valor etc.). Qual foi a razão para tal elasticidade ofertada pelo constituinte, para proteção dos contribuintes, vedando ao Poder Tributante adoção de técnica diversa?

A tradição brasileira de pouco respeito aos direitos dos cidadãos em matéria tributária – o Presidente Collor acaba de pedir ao Congresso a redução dos direitos dos contribuintes para fazer uma reforma tributária, que tem na essência o princípio de 'maiores tributos, menores direitos' –, certamente levou o constituinte a amarrar os poderes tributantes (três sobre o mesmo 'pagador de tributos') aos grilhões seguros do princípio da igualdade, evitando simultaneamente: a) que, a título de tratamento desigual dos desiguais, se multiplicassem as hipóteses de situações diversas para neutralização do princípio da igualdade; b) servisse a redução legislativa do princípio da igualdade como forma de tratamento aplicável às perseguições fiscais em relação a setores, que estivessem em conflito com os governos.

Entendo ter sido esta a razão fundamental que levou o constituinte, em relação ao princípio da igualdade, seja em seu aspecto subjetivo, seja naquele objetivo, a proteger todos os contribuintes contra o tratamento desigual, exigindo que este tratamento deva ser igual não apenas para situações iguais, mas para situações equiparadas, equivalentes, com núcleo comum de identidade. Compreende-se assim porque o discurso do inc. II é concluído com a afirmação de que a situação equivalente será detectada independentemente da denominação jurídica dos rendimentos, títulos ou direitos dos contribuintes.

Em outras palavras, quaisquer que sejam os contribuintes, quaisquer que sejam os fatos imponíveis, o tratamento isonômico se impõe, vedada qualquer forma de atuação discriminatória" (*Caderno de Pesquisas Tributárias*, coedição CEU/Resenha Tributária, n. 17, pp. 19-21, 1992).

nem o inciso IV do art. 170, porque viabiliza alcançar o objetivo previsto no art. 3º, III, da CF e se coaduna com as regras do art. 155, § 2º, IV, V e VI, da Lei Maior.[15]

Por essa razão, com sede na Constituição – e exclusivamente na Constituição – é que entendo que a unanimidade dos Estados para autorizar incentivos, estímulos e benefícios no ICMS, que possam reduzir o peso do tributo nas operações internas e interestaduais, gerando, pois, descompetitividade tributária, é elemento fundamental. Está a Lei Complementar 24/1975, portanto, recepcionada. Qualquer outra que venha a ser produzida *dentro das fronteiras previamente estabelecidas* pela Lei Suprema não poderá fugir desse preceito. A unanimidade do apoio de Estados e Distrito Federal a qualquer tipo de estímulo fiscal a ser instituído no âmbito do ICMS é, a meu ver, princípio fundamental, porque destinado a evitar a descompetitividade interestadual e a preservar a Federação.[16]

15. Já entendi, em passado distante, fiel ao princípio da livre concorrência, que a própria competência da União em fazer políticas regionais poderia gerar desequilíbrios, em inteligência que hoje me parece excessivamente radical:

"O novo Texto, se, de um lado, abre a possibilidade de tratamento diferencial, em outro dispositivo proíbe tal tratamento (art. 150, II), com o que o conflito evidente poderá desembocar na solução do direito alemão, de considerar um dos dispositivos inconstitucional.

Isto porque a concessão de incentivos não está adstrita à competência da União, nem será veiculada por lei complementar, de tal forma que a igualdade constitucional pode ficar maculada, por inteiro, com essa amplidão concessiva outorgada, transformando-se o inc. II do art. 150 em letra morta e inútil no Texto.

Em uma interpretação sistemática, poder-se-á entender que os incentivos fiscais apenas serão concedidos desde que não impliquem tratamento desigual que privilegie atividades mais oneradas em outras regiões, decididamente sendo inaplicável ao menor sintoma de que o tratamento desigual não esteja estabelecendo equilíbrio, mas desequilíbrio, que atinja contribuintes em situações diversas" (*Comentários à Constituição do Brasil*, cit., pp. 251-252).

16. ADI 3.664, rel. Min. Cezar Peluso, Tribunal Pleno, j. em 1º.6.2011:

"1. *Inconstitucionalidade* – Ação direta – Objeto – Admissibilidade – Impugnação de decreto autônomo, que institui benefícios fiscais – Caráter não meramente regulamentar – Introdução de novidade normativa – Preliminar repelida – Precedentes. Decreto que, não se limitando a regulamentar lei, institua benefício fiscal ou introduza outra novidade normativa, reputa-se autônomo e, como tal, é suscetível de controle concentrado de constitucionalidade. 2. *Inconstitucionalidade* – Ação direta – Decreto n. 27.427/00, do Estado do Rio de Janeiro – Tributo – Imposto sobre Circulação de Mercadorias e Serviços – ICMS – Benefícios fiscais – Redução de alíquota e concessão de crédito presumido, por Estado-membro, mediante decreto – Inexis-

O art. 155, § 2º, "g", do inciso XII da Constituição Federal, assim redigido:

> Art. 155. Compete aos Estados e ao Distrito Federal instituir impostos sobre: (Redação dada pela Emenda Constitucional n. 3, de 1993)
>
> (...)
>
> XII – cabe à lei complementar:
>
> (...)
>
> *g*) regular a forma como, mediante deliberação dos Estados e do Distrito Federal, isenções, incentivos e benefícios fiscais serão concedidos e revogados.
>
> (...),[17]

não pode, portanto, quebrar tal preceito fundamental, que permitiu que um tributo de vocação nacional fosse regionalizado, sem que unidades federativas viessem a ser prejudicadas quando contrárias à concessão de estímulos. Vale dizer, que não tenham seus produtos sujeitos à concorrência predatória, em virtude de incentivos concedidos por outras unidades da federação, para os mesmos produtos nelas produzidos.[18]

tência de suporte em convênio celebrado no âmbito do CONFAZ, nos termos da LC 24/75 – *Expressão da chamada 'guerra fiscal'. Inadmissibilidade. Ofensa aos arts. 150, § 6º, 152 e 155, § 2º, inc. XII, letra 'g', da CF* – Ação julgada procedente – Precedentes. Não pode o Estado-membro conceder isenção, incentivo ou benefício fiscal, relativos ao Imposto sobre Circulação de Mercadorias e Serviços – ICMS, de modo unilateral, mediante decreto ou outro ato normativo, sem prévia celebração de convênio intergovernamental no âmbito do CONFAZ" (grifos meus).

17. Escrevi: "O atual dispositivo estende a deliberação, além das isenções, para outras formas de estímulo, com o que os benefícios e incentivos fiscais passam a ser também de competência da deliberação conjunta.

Parece-me mais adequado o texto da nova Constituição que o da anterior, posto que a isenção é uma das formas de estímulo fiscal, mas não é a única" (*O Sistema Tributário na Constituição*, 6ª ed., São Paulo, Saraiva, 2007, p. 656).

18. ADI 3.674, rel. Min. Marco Aurélio, Tribunal Pleno, j. em 1º.6.2011:

"Ação Direta de Inconstitucionalidade – Tratamento tributário preferencial – Ausência de consenso das unidades da federação – Adequação. *Mostra-se adequada a ação direta de inconstitucionalidade quando há tratamento tributário diferenciado em lei da unidade da Federação, sem remissão a consenso entre os demais Estados.* Tributo – Princípio da legalidade – Delegação ao Poder Executivo – Alíquota – Impropriedade. *Surge discrepante da Constituição Federal lei por meio da qual se delega ao Poder Execu-*

E isso me leva à observação final deste estudo, ou seja, de que tal preceito é uma cláusula pétrea.

Reza o art. 60, § 4º, I, da Lei Suprema que:

> Art. 60. A Constituição poderá ser emendada mediante proposta:
>
> I – de um terço, no mínimo, dos membros da Câmara dos Deputados ou do Senado Federal;
>
> II – do Presidente da República;
>
> III – de mais da metade das Assembleias Legislativas das unidades da Federação, manifestando-se, cada uma delas, pela maioria relativa de seus membros. (...)
>
> § 4º. Não será objeto de deliberação a proposta de emenda tendente a abolir:
>
> I – a forma federativa de Estado; (...).

Como se pode verificar, o dispositivo falou em "abolir", significando que o sistema federativo é assegurado como cláusula imodificável da Lei Suprema.

É que o sistema federativo poderia restar modificado e sensivelmente desfigurado, passando a ser apenas formalmente federativo, se emendas constitucionais ou leis infraconstitucionais reduzissem a expressão quase nenhuma a autonomia política, financeira ou administrativa das unidades federativas.

Na autonomia financeira é de se compreender inserta a liberdade de decidir sobre seus destinos conforme as regras constitucionais. Não podem, a Constituição ou outras leis, criar condições que retirem das entidades federativas o direito de exercer tal autonomia.[19]

tivo fixação de alíquota de Imposto sobre Circulação de Mercadorias e Serviços – ICMS, pouco importando a previsão, na norma, de teto relativo à redução. Processo objetivo – Ação Direta de Inconstitucionalidade – Atuação do advogado-geral da União. Consoante dispõe a norma imperativa do § 3º do artigo 103 da Constituição Federal, incumbe ao Advogado-Geral da União a defesa do ato ou texto impugnado na ação direta de inconstitucionalidade, não lhe cabendo emissão de simples parecer, a ponto de vir a concluir pela pecha de inconstitucionalidade. Tributo – 'Guerra fiscal'. Consubstancia 'guerra fiscal' o fato de a unidade da Federação reduzir a alíquota do ICMS sem a existência de consenso, mediante convênio, entre os demais Estados" (grifos meus).

19. Américo Lacombe explica: "O Pacto Federativo é, portanto, como vimos acima, decorrência da nossa Constituição, que fixa princípios a serem respeitados, tais

Na autonomia financeira dos Estados, é o ICMS a sua grande fonte de receita, tributo cuja estadualização implica a existência de regras na Lei Suprema destinadas a evitar que os Estados sejam privados do direito de dirigir suas políticas regionais ou que sejam pressionados a conceder benefícios, por autênticos "leilões" provocados por investidores que escolhem o local de sua instalação em função dos benefícios que este ou aquele Estado lhes ofereçam.

Na atual guerra fiscal, são os investidores que negociam e impõem às Secretarias dos Estados sua política, obtida por se instalarem naqueles que lhes outorgarem maiores vantagens. Tal fato representa, de rigor, que a verdadeira política financeira não é definida pelos governos, mas exclusivamente pelos investidores. E, muitas vezes, gera descompetitividade no próprio Estado para estabelecimentos, já há longo tempo lá estabelecidos, que não poderão dos estímulos se beneficiar.

Ora, é exatamente esse tipo de "leilão" que a Suprema Corte atalhou recentemente, exigindo que, para a concessão de estímulos no âmbito do ICMS, haja unanimidade autorizativa dos 26 Estados e do Distrito Federal, em clara sinalização de que agir de forma contrária, sobre ferir a Constituição, *diretamente*, feriria, também, o sistema federativo do Estado Brasileiro.[20]

É que, sem autonomia financeira, a autonomia política fica reduzida e a administrativa limitada. A Federação, fragilizada, manter-se-ia

como: *a não intervenção, a discriminação de competências e a discriminação de rendas, e a imunidade tributária recíproca, a participação dos Estados-membros na vontade federal, e a inexistência do direito de secessão*" (grifos meus) (*Princípios Constitucionais Relevantes*, Lex Magister/Fecomércio, Porto Alegre, 2012, p. 162).

20. ADI 2.688, rel. Min. Joaquim Barbosa, Tribunal Pleno, j. em 1º.6.2011:

"Ementa: Tributário – Imposto Sobre Circulação de Mercadorias e Prestação de Serviços de Comunicação e de Transporte Intermunicipal e Interestadual – Isenção concedida a título de auxílio-transporte aos integrantes da Polícia Civil e Militar em atividade ou inatividade – Ausência de prévio convênio interestadual – Permissão genérica ao Executivo – Inconstitucionalidade – Lei 13.561/2002 do estado do Paraná. 1. *A concessão de benefício ou de incentivo fiscal relativo ao ICMS sem prévio convênio interestadual que os autorize viola o art. 155, § 2º, XII, g da Constituição.* 2. Todos os critérios essenciais para a identificação dos elementos que deverão ser retirados do campo de incidência do tributo (regra-matriz) devem estar previstos em lei, nos termos do art. 150, § 6º, da Constituição. A permissão para que tais elementos fossem livremente definidos em decreto do Poder Executivo viola a separação de funções estatais prevista na Constituição. Ação Direta de Inconstitucionalidade julgada procedente" (grifos meus).

apenas por força de um formalismo legal e não de uma autêntica realidade, construída, a duras penas, desde 1891 com a 1ª Constituição Republicana.

Se um Estado sofre, na Federação, desfiguração tributária devido à sistemática não cumulativa do ICMS, sendo obrigado a reconhecer créditos presumidos, mas inexistentes, concedidos por outros Estados, *sem a sua concordância*, as empresas estabelecidas em seu território tornam-se descompetitivas e sem condições concorrenciais, dada a invasão de produtos estimulados, à margem do consenso unânime. Nitidamente, o pacto federativo torna-se uma farsa; e a Federação, um sistema debilitado, restando a tríplice autonomia (política, administrativa e financeira) seriamente maculada.[21]

Por essa razão, entendo que a expressão *abolir* deve ser entendida como abrangendo todas as situações em que o verdadeiro sistema federativo é fragilizado por atos que ponham em xeque a tríplice autonomia de que gozam as unidades federativas, a ponto de se digladiarem, sem objetivo comum, e ficarem à mercê dos interesses dos investidores, e não de seu povo ou seu governo para o atendimento do interesse público.

A meu ver, retirar o direito de – dentro das regras constitucionais de que os Estados não estão obrigados a suportar políticas destinadas a promover o reequilíbrio regional, cabendo essa atribuição exclusivamente à União – o Estado opor-se a incentivos fiscais de ICMS de outra unidade que lhe prejudiquem diretamente é abolir o verdadeiro pacto federativo, mantendo-se uma Federação apenas formal, o que, manifestamente, não desejaram os constituintes ao instituírem a regra da unanimidade em nível de Lei Suprema, hoje com conformação legislativa infraconstitucional e jurisprudencial.

A unanimidade exigida para a concessão de incentivos, estímulos ou benefícios fiscais de todos os Estados e Distrito Federal é, a meu ver,

21. Lembro questão que formulei ao comentar este dispositivo sobre a corrente predominante sobre o pacto federativo:

"A primeira delas é a de que o inc. I cuida da Federação Brasileira como foi plasmada pela Constituição, e qualquer alteração em seu perfil é forma de reduzir o sistema federativo, atingindo norma pétrea que não poderia ser modificada. Não de qualquer sistema federativo, mas do sistema federativo brasileiro, cuida a 'norma pétrea', e este sistema, como plasmado foi em 1988, é o que não pode ser modificado" (Celso Bastos e Ives Gandra Martins, *Comentários à Constituição do Brasil*, 3ª ed., vol. 4, t. I, São Paulo, Saraiva, 2002, p. 405).

cláusula pétrea constitucional, não podendo ser alterada nem por legislação inferior, nem por emenda constitucional, por força do § 4º, I, do art. 60 da CF.[22]

Bibliografia

BALEEIRO, Aliomar. *Direito Tributário Brasileiro.* 10ª ed. Rio de Janeiro, Forense, 1981.

BASTOS, Celso; MARTINS, Ives Gandra da Silva. *Comentários à Constituição do Brasil.* 2ª ed., vol. 6, t. I. São Paulo, Saraiva, 2001.

________. *Comentários à Constituição do Brasil.* 2ª ed., vol. 7. São Paulo, Saraiva, 2000.

________. *Comentários à Constituição do Brasil.* 3ª ed., vol. 4, t. I. São Paulo, Saraiva, 2002.

CANOTILHO, J. J. Gomes. *Direito Constitucional e Teoria da Constituição.* 3ª ed. Coimbra, Almedina, 1999.

FERREIRA FILHO, Manoel Gonçalves. *Comentários à Constituição Brasileira de 1988.* vol. 2. São Paulo, Saraiva, 1999.

LACOMBE, Américo. *Princípios Constitucionais Relevantes.* MARTINS, Ives Gandra da Silva (coord.). Porto Alegre, Lex Magister/Fecomércio, 2012.

MARTINS, Ives Gandra da Silva. "A unanimidade no CONFAZ". *O Estado de São Paulo.* 16.6.2012, A2, Espaço Aberto.

________. *O Sistema Tributário na Constituição.* 6ª ed. São Paulo, Saraiva, 2007.

________; MENDES, Gilmar. *Controle Concentrado de Constitucionalidade.* 3ª ed. São Paulo, Saraiva, 2009.

MORAES, Alexandre de. *Constituição do Brasil Interpretada e Legislação Constitucional.* 8ª ed. São Paulo, Atlas, 2011.

SILVA, José Afonso da. *Comentário Contextual à Constituição.* 9ª ed. São Paulo, Malheiros Editores, 2014.

22. J. J. Gomes Canotilho sobre as cláusulas imodificáveis leciona:

"Limites expressos ou textuais são os limites previstos no próprio texto constitucional. As constituições selecionam um leque de matérias, consideradas como o cerne material da ordem constitucional, e furtam essas matérias à disponibilidade do poder de revisão. Exemplo característico e muito significativo é o art. 288º da Constituição portuguesa (cfr., também, art. 8º/2 da Constituição de 1911).

Outras vezes, as constituições não contêm quaisquer preceitos limitativos do poder de revisão, mas entende-se que há limites não articulados ou tácitos, vinculativos do poder de revisão. Esses limites podem ainda desdobrar-se em limites textuais implícitos, deduzidos do próprio texto constitucional, e limites tácitos imanentes numa ordem de valores pré-positiva, vinculativa da ordem constitucional concreta" (*Direito Constitucional e Teoria da Constituição*, 3ª ed., Coimbra, Almedina, pp. 994-995).

REGIME JURÍDICO DOS INCENTIVOS FISCAIS

IVO CÉSAR BARRETO DE CARVALHO

Introdução

O tema proposto no presente estudo é um verdadeiro desafio aos estudiosos do direito tributário, tanto pelas polêmicas discussões doutrinárias e jurisprudenciais quanto pela efetiva influência na vida das pessoas, bem como pelos reflexos econômicos e financeiros nas relações jurídicas entre as empresas e a Administração Pública dos entes federados.

No Estado contemporâneo, de forte cunho fiscalista, a questão dos incentivos fiscais é um dos tópicos mais áridos atualmente. A dificuldade encontrada no presente estudo parte, inicialmente, da natureza epistemológica do termo "incentivo", passa por diversos fenômenos e institutos correlatos, chegando por desembarcar nos controversos efeitos práticos causados na sociedade, nas pessoas e no Estado.

A proposta metodológica deste artigo parte de um roteiro de indagações propostas pelo Instituto Cearense de Estudos Tributários – ICET, na presidência do Professor Hugo de Brito Machado, mas, não se cingindo apenas a esse rol, procuraremos fixar outros conceitos e premissas, bem como suscitar outras dúvidas (sem a pretensão de exauri-las todas) acerca do regime jurídico de incentivos fiscais.

1. O que são incentivos fiscais

1.1 Incentivos fiscais, benefícios fiscais, alívios fiscais, são todas expressões sinônimas?

A riqueza vocabular do nosso léxico é, particularmente, de nos encher de orgulho, tendo em vista a mais diversificada gama de palavras e termos a definirem as expressões, os sentimentos, a linguagem e a cultura de um povo. *A priori*, não há grandes distinções de ordem prática entre incentivo, benefício ou alívio.

Incentivar é "dar incentivo a; despertar o ânimo, o interesse, o brio de; encorajar, estimular, incitar", e mais "empenhar-se para que (algo) seja criado, realizado ou intensificado; impulsionar, promover".[1] O incentivo fiscal é uma medida tomada pela própria Administração Tributária com o intuito de despertar o interesse, encorajar ou estimular determinado comportamento ou atividade econômica, promovendo o desenvolvimento de determinado setor ou região.

Beneficiar é conferir um proveito, uma vantagem ou uma proteção. Na acepção jurídica da palavra, o benefício serve tanto para "impor uma medida de exceção legal" como "para conferir um privilégio ou outorgar uma concessão, seja para designar o ato de liberalidade ou de renúncia praticado por outrem a favor do beneficiado".[2] Assim, o benefício fiscal é uma medida excepcional, prevista em lei, a qual confere um privilégio, uma concessão ou vantagem fiscal a determinada pessoa física ou jurídica.

Aliviar é "tornar leve ou mais leve, diminuir o peso de; alijar; (...) desoprimir, dar alívio a; atenuar, suavizar, (...); desobrigar(-se), isentar(-se)".[3] Destarte, o alívio fiscal seria uma forma de desobrigar-se tributariamente, ou seja, de amenizar o peso da carga tributária.

Do que fora exposto, entende-se o termo *benefício fiscal* ser mais abrangente que os demais, pois engloba tanto os *incentivos fiscais* (medidas para encorajar, estimular determinada atividade econômica) como os *alívios fiscais* (desonerações da carga tributária). Não há utilidade prática, a princípio, em classificar as expressões aludidas, razão pela qual utilizaremos como gênero, para os fins deste trabalho, aquela que parece conferir um sentido mais amplo – *benefícios fiscais*.

1. Antônio Houaiss e Mauro de Salles Villar, *Dicionário Houaiss da Língua Portuguesa*, Rio de Janeiro, Objetiva, 2001, p. 1.592.

2. De Plácido e Silva, *Vocabulário Jurídico*, atualizado por Nagib Slaibi Filho e Gláucia Carvalho, Rio de Janeiro, Forense, 2005, p. 204.

3. Antônio Houaiss e Mauro de Salles Villar, *Dicionário Houaiss da Língua Portuguesa*, cit., p. 159.

Por fim, vale salientar que as expressões utilizadas são medidas tomadas pela Administração Tributária dos entes políticos e não se confundem com outro plano de análise: o normativo. Neste, serão estudadas as imunidades, isenções, não incidência, redução de base de cálculo e alíquota zero.

1.2 A isenção é um incentivo fiscal? E a alíquota zero? A imunidade? A redução da base de cálculo? São incentivos ou possíveis meios para concedê-los?

Preliminarmente, com o intuito de responder à indagação proposta, é preciso distinguir os institutos jurídico-tributários da imunidade, isenção e alíquota zero. Acrescenta-se, por oportuno, a figura da não incidência tributária, de modo a completar o raciocínio dos temas correlatos.

1.2.1 *Imunidade*

Variados são os conceitos de imunidade encontrados na doutrina nacional, razão pela qual é necessário um exame acurado das mais diversas perspectivas abordadas.

Segundo Hugo de Brito Machado, a imunidade impede a incidência da lei tributária e caracteriza-se por ser uma regra jurídica de categoria superior, *verbis:*

> Pode ainda ocorrer que a lei de tributação esteja proibida, por dispositivo da Constituição, de incidir sobre certos fatos. Há, neste caso, imunidade. A regra constitucional impede a incidência da regra jurídica de tributação. Caracteriza-se, portanto, a imunidade pelo fato de decorrer de regra jurídica de categoria superior, vale dizer, de regra jurídica residente na Constituição, que impede a incidência da lei ordinária de tributação.[4]

Não difere muito deste o entendimento de Luciano Amaro quanto ao tema:

4. Hugo de Brito Machado, *Curso de Direito Tributário*, 36ª ed. rev., atual. e ampl., São Paulo, Malheiros Editores, 2015, p. 199.

A imunidade tributária é, assim, a qualidade da situação que não pode ser atingida pelo tributo, em razão de norma constitucional que, à vista de alguma especificidade pessoal ou material dessa situação, deixou-a fora do campo sobre que é autorizada a instituição do tributo.[5]

Bastante perspicaz a interpretação de Sacha Calmon Navarro Coêlho sobre o instituto da imunidade. O ilustre tributarista mineiro bem observa que a doutrina comumente confunde o instituto com um de seus efeitos: o de limitar o poder de tributar. Para ele, as imunidades são "congênitas à Constituição" e desenham situações que normalmente estariam incluídas na norma tributária, não fosse a previsão constitucional expressa de sua intributabilidade.[6]

Criticando as definições tradicionais do instituto, Paulo de Barros Carvalho faz uma profunda avaliação crítica e rebate todos os aspectos que formam o conceito clássico de imunidade. Afirma que a imunidade não é uma limitação constitucional às competências tributárias, diante da inexistência de cronologia entre os institutos. Tanto a regra imunizante como a regra de competência nascem ao mesmo tempo no texto constitucional.

Aduz, também, que a regra de imunidade não se configura como uma norma de exclusão ou supressão do poder tributário, tendo em vista a própria etimologia das palavras. Não se pode excluir ou suprimir algo que nunca esteve incluído. Noutros termos, a imunidade tributária não exclui nem suprime poder tributário, pois tanto aquela como as normas de competência já demarcam previamente o Sistema Tributário Nacional inaugurado pela Constituição Federal de 1988.

Argumenta, ainda, que a equiparação das normas de imunidade como hipóteses de não incidência constitucionalmente qualificadas é um verdadeiro absurdo. Isso porque as normas imunizantes e as normas jurídicas de incidência tributária encerram estruturas inteiramente diversas: as primeiras são de estrutura; as últimas, de conduta. Por fim, o citado jurista recorta o conceito de imunidade tributária como:

5. Luciano Amaro, *Direito Tributário Brasileiro*, 10ª ed., São Paulo, Saraiva, 2004, pp. 148-149.

6. Sacha Calmon Navarro Coêlho, *Curso de Direito Tributário Brasileiro*, 9ª ed. rev. e atual., Rio de Janeiro, Forense, 2007, p. 288.

> (...) a classe finita e imediatamente determinável de normas jurídicas, contidas no texto da Constituição Federal, e que estabelecem, de modo expresso, a incompetência das pessoas políticas de direito constitucional interno para expedir regras instituidoras de tributos que alcancem situações específicas e suficientemente caracterizadas.[7]

Em suma, chega-se à conclusão de que imunidade tributária é norma constitucional estruturante, que tem por funções a delimitação do campo competencial negativo da tributação e a formatação de parâmetros para a criação e produção de normas jurídicas tributárias.

Fixado o conceito de imunidade tributária, pode-se chegar à primeira premissa: as normas de imunidade são direitos fundamentais dos contribuintes. É certo que não se encontram explícitos no rol do art. 5º do texto constitucional. Mas apressa-se a lembrar que o citado dispositivo, em seu § 2º, estendeu tais direitos e garantias a outros decorrentes de regimes e princípios adotados pela Constituição.

Partindo do pressuposto de que as normas imunizantes são regras de estrutura, e não de comportamento, tem-se que elas formam o campo competencial do Sistema Tributário Constitucional, reduzindo as dimensões do espectro de atuação dos entes políticos tributantes. As normas de imunidade são daquelas que determinam como outras normas (que instituem os tributos) devem ser criadas.

Por se tratar também as imunidades tributárias de normas constitucionais de eficácia plena e aplicabilidade imediata, infere-se possuírem posição de destaque no ordenamento jurídico brasileiro. Já dizia Aliomar Baleeiro que as "imunidades tornam inconstitucionais as leis ordinárias que as desafiam".[8] Nem mesmo as emendas constitucionais podem anular ou restringir as hipóteses de imunidades previstas na *Lex Magna.*

Em relação aos contribuintes, além dos princípios constitucionais expressos no art. 5º, *caput*, I, XI, XII, XXII, XXIII, XXXIII, XXXIV, XXXV, LV, LXVIII, LXIX e LXXVIII; art. 150, I a V, encontram-se também, como direitos fundamentais, as imunidades tributárias previstas

7. Paulo de Barros Carvalho, *Curso de Direito Tributário*, 22ª ed., São Paulo, Saraiva, 2010, p. 234.

8. Aliomar Baleeiro, *Direito Tributário Brasileiro*, 11ª ed., atualizado por Misabel Abreu Machado Derzi, Rio de Janeiro, Forense, 2004, p. 113.

no art. 150, VI, da CF. Em suma, tais normas, por se tratar de conquistas históricas dos cidadãos, tendo resultado na fixação de verdadeiros pilares de sustentação de um Estado Democrático de Direito, constituem-se como direitos fundamentais dos contribuintes (cláusulas pétreas tributárias – art. 60, § 4º, IV, da CF).

1.2.2 *Isenção*

O termo *isenção* sofreu profundas modificações interpretativas na doutrina tributária ao longo dos anos, o que contribuiu para o acirramento das discussões em torno do tema, ao mesmo tempo que se demonstra sua complexidade. Além da própria posição legal que o instituto ocupa no sistema jurídico brasileiro – como um dos modos de exclusão do crédito tributário (art. 175, I, do CTN) –, da publicação do Código Tributário Nacional até hoje, a isenção tributária abrangeu as mais diversas especulações jurídicas e oscilações semânticas.

A isenção já foi entendida como a "dispensa do pagamento do tributo",[9] como "hipótese de não incidência qualificada",[10] como "fato impeditivo à tributação",[11] como "suspensão da eficácia da norma de incidência"[12] ou como "normas que mutilam um ou mais critérios da norma-padrão de incidência tributária".[13] Interessante e necessário aprofundar a evolução conceitual da isenção para firmar um posicionamento definitivo sobre esse instituto jurídico.

Para Alfredo Augusto Becker, a regra da isenção incide justamente para negar a incidência da regra jurídica tributária:

> Poderia parecer que a regra jurídica tributária, que estabelece a *isenção* do tributo, estaria estruturada com regra desjuridicizante total, isto é,

9. Ruy Barbosa Nogueira, *Curso de Direito Tributário*, 15ª ed., São Paulo, Saraiva, 1999, p. 167.

10. José Souto Maior Borges, *Teoria Geral da Isenção Tributária*, 3ª ed., São Paulo, Malheiros Editores, 2001, p. 155.

11. Ideia tanto sustentada por Alfredo Augusto Becker (*Teoria Geral do Direito Tributário*, 3ª ed., São Paulo, Lejus, 1998, pp. 305-306) como por Sacha Calmon Navarro Coêlho (*Curso de Direito Tributário Brasileiro*, cit., p. 850).

12. Ricardo Lobo Torres, *Curso de Direito Financeiro e Tributário*, 10ª ed., Rio de Janeiro, Renovar, 2003, p. 280.

13. Paulo de Barros Carvalho, *Curso de Direito Tributário*, cit., p. 560.

haveria uma *anterior* relação jurídica tributária atribuindo ao sujeito passivo a obrigação de pagar o tributo; a incidência da regra jurídica de isenção teria como consequência o desfazimento daquela preexistente relação jurídica tributária. Aliás, este é o entendimento de grande parte da doutrina tributária, a qual costuma conceituar a isenção do seguinte modo: "Na isenção, o tributo é devido, porque existe a obrigação, mas a lei dispensa o seu pagamento; por conseguinte, a isenção pressupõe a incidência, porque é claro que só se pode dispensar o pagamento de um tributo que seja efetivamente devido". A lógica desta definição estará certa *apenas no plano pré-jurídico da Política Fiscal quando o legislador raciocina para criar a regra jurídica de isenção.*

(...)

Na verdade, não existe aquela anterior relação jurídica e respectiva obrigação tributária que seriam desfeitas pela incidência da regra jurídica de isenção. Para que pudesse existir aquela anterior relação jurídica tributária, seria indispensável que, antes da incidência da regra jurídica de isenção, houvesse ocorrido a incidência da regra jurídica da tributação. Porém, esta nunca chegou a incidir porque faltou, ou excedeu, um dos elementos da composição de sua hipótese de incidência, sem o qual ou com o qual, ela não se realiza. Ora, aquele elemento faltante, ou excedente, é justamente o elemento que, entrando na composição da hipótese de incidência da regra jurídica de isenção, permitiu diferençá-la da regra jurídica de tributação, de modo que aquele elemento sempre realizará uma única hipótese de incidência: a da isenção, e desencadeará uma única incidência: a da regra jurídica da isenção, cujo efeito jurídico é negar a existência de relação jurídica tributária. A regra jurídica de isenção incide para que a de tributação não possa incidir.[14]

Não obstante a brilhante argumentação do jurista gaúcho, é imperioso discordar, respeitosamente, sobre o parâmetro utilizado por ele para diferençar a regra jurídica tributária da regra jurídica de isenção. A norma de isenção não impede a incidência da norma de tributação. O fenômeno jurídico da incidência ou não incidência deve ser analisado sob o mesmo plano normativo, mas sem que haja, necessariamente, um critério cronológico balizador da pretensa separação

14. Alfredo Augusto Becker, *Teoria Geral do Direito Tributário*, cit., pp. 305-306.

entre elas. É o que Paulo de Barros Carvalho chama de princípio da simultaneidade da dinâmica normativa.[15]

Noutros termos, a norma jurídica da isenção possui a mesma natureza da norma de tributação, ou seja, são normas de conduta ou de comportamento. Tais normas, postas validamente no sistema jurídico, devem ser interpretadas e aplicadas segundo os próprios critérios inerentes a esse sistema. De sorte que, existindo uma regra de isenção e uma de tributação, a aplicação normativa deve se dar a partir da confluência de ambas. Por isso que Paulo de Barros Carvalho, Sacha Calmon Navarro Coêlho e Roque Antonio Carrazza preconizam que as normas não derivam de textos legais isolados, mas da combinação de normas dentro do sistema.

Paulo de Barros Carvalho, a despeito da premissa interpretativa acima posta, entende que a isenção é uma regra de estrutura, e não de comportamento, pois tem por objetivo prescrever o relacionamento que as normas de conduta devem manter entre si.[16] No entanto, assevera que o fenômeno da isenção consiste no encontro da norma jurídica de incidência tributária com aquela outra, de modo que um dos critérios da regra-matriz de incidência tributária seja suprimido ou mutilado.

Roque Antonio Carrazza, inovando e evoluindo na construção do conceito de isenção, afirma que esta é

> uma limitação legal do âmbito de validade da norma jurídica tributária, que impede que o tributo nasça ou faz com que surja de modo mitigado (*isenção parcial*). Ou, se preferirmos, é a nova configuração que a lei dá à norma jurídica tributária, que passa a ter seu âmbito de abrangência restringido, impedindo, assim, que o tributo nasça *in concreto* (evidentemente, naquela hipótese descrita na lei isentiva).[17]

Em suma, entende-se que a isenção consiste exatamente nessa norma jurídica, seja com o caráter impeditivo, seja com o efeito miti-

15. Paulo de Barros Carvalho, *Curso de Direito Tributário*, cit.
16. Idem, ibidem, pp. 558-559.
17. Roque Antonio Carrazza, *Curso de Direito Constitucional Tributário*, 2ª ed. rev., ampl. e atual., São Paulo, Malheiros Editores, 2013, p. 1001.

gador da incidência tributária, de modo a dar nova conformação à norma jurídica tributária.

1.2.3 *Alíquota zero*

Seguindo com base na teoria da regra-matriz de incidência tributária, tratar de alíquota zero é abordar um dos elementos do critério quantitativo daquela norma-padrão. Tendo em vista que a alíquota é elemento necessário para quantificar o *quantum debeatur*, ou seja, está intimamente ligada à composição numérica da dívida, ela não afeta o vínculo obrigacional entre os sujeitos ativo e passivo.

Quando determinada prescrição normativa estabelece uma alíquota com um elemento numérico igual a zero, isso quer dizer que o resultado da dívida equivalerá a zero. Noutros termos, não há dívida a pagar, pois a expressão numérica zero corresponde a nenhum desembolso de recurso financeiro. Não obstante, o vínculo obrigacional entre sujeito ativo e passivo remanesce.

Alíquota zero não equivale a isenção. Ricardo Lobo Torres corrobora essa distinção ao afirmar que na "alíquota zero a norma de incidência permanece íntegra e há apenas suspensão de um dos seus elementos quantitativos".[18] Tal instituto jurídico-tributário é bastante utilizado no caso do imposto de importação e no imposto sobre produtos industrializados, como reflexo claro da extrafiscalidade inerente a esses tributos federais.[19] Por outro lado, a isenção produz um efeito mitigador da incidência tributária, de modo a dar nova conformação à norma jurídica tributária, o que não ocorre no fenômeno da alíquota zero.

1.2.4 *Não incidência*

A discussão acerca da norma jurídica e da incidência tributárias parte, necessariamente, do princípio da legalidade. Em matéria tributária, tal pilar do Sistema Tributário Nacional firma-se nas fortes amarras da legalidade estrita, tendo como corolário o princípio da tipicidade fechada ou cerrada.

18. Ricardo Lobo Torres, *Curso de Direito Financeiro e Tributário*, cit., p. 280.
19. Vide art. 153, § 1º, da CF.

Desta feita, de acordo com o princípio da legalidade, a previsão e a exigência de qualquer tributo devem estar delimitadas em uma norma jurídica específica. O sentido mais completo do princípio em comento revela que todos os elementos necessários à determinação da relação jurídico-tributária, notadamente da obrigação tributária principal, devem estar presentes na lei. A lei que institui ou aumenta o tributo deve alojar todos os elementos da regra-matriz de incidência tributária: hipótese de incidência, sujeitos passivo e ativo, base de cálculo e alíquota.

A incidência tributária pressupõe a realização de todos os elementos da hipótese contida na regra-matriz de incidência tributária (critérios material, espacial e temporal). A não incidência, por sua vez, significa que não ocorreu o fato abstratamente previsto na norma ou que ocorreu um acontecimento estranho (insuficiente ou excedente[20]) à realização da hipótese de incidência da norma jurídica.

Não se pode concordar com a teoria de José Souto Maior Borges, que, ao explanar sobre o instituto da não incidência, explica que esta pode ser:

> I) *pura e simples*, a que se refere a fatos inteiramente estranhos à regra jurídica de tributação, a circunstâncias que se colocam fora da competência do ente tributante;
>
> II) *qualificada*, dividida em duas subespécies: a) não incidência por determinação constitucional ou imunidade tributária; b) não incidência decorrente de lei ordinária – a regra jurídica de isenção (total).[21]

Entende-se a não incidência apenas como o fenômeno puro e simples de um fato estranho à regra jurídica da tributação, pois nunca esteve, ontologicamente, dentro da hipótese de incidência possível do tributo.[22] Classificar os institutos da imunidade e da isenção como não incidências qualificadas é partir de premissas equivocadas quanto ao fenômeno em si da incidência tributária e da natureza das normas jurídicas envolvidas.

20. De acordo com os contornos traçados por Alfredo A. Becker sobre a não incidência tributária (*Teoria Geral do Direito Tributário*, cit., p. 305).

21. José Souto Maior Borges, *Teoria Geral da Isenção Tributária*, cit., p. 155.

22. Roque Antonio Carrazza, *Curso de Direito Constitucional Tributário*, cit., p. 847.

1.3 A redução da base de cálculo é uma isenção parcial? A lei pode conceder isenção parcial? Seria adequado falar de isenção parcial?

A base de cálculo é um dos elementos ou critérios da regra-matriz (norma-padrão) de incidência tributária. A base de cálculo serve para mensurar a materialidade do fato jurídico tributário. Além dessa função, Paulo de Barros Carvalho chama a atenção para outra função da base de cálculo, qual seja "confirmar ou afirmar o verdadeiro critério material das hipóteses endonormativas tributárias".[23]

Segundo a mencionada doutrina tributarista, a regra-matriz de incidência consiste em dois elementos: hipótese (antecedente) e consequente. A hipótese de incidência reúne todos os elementos referentes ao fato jurídico tributável, ou seja, o critério material (núcleo da conduta), o critério espacial (âmbito de aplicação da norma jurídica) e o critério temporal (âmbito de vigência da norma jurídica). No consequente da norma jurídica tributária, o critério pessoal delimita os sujeitos ativo (ente político tributante) e o passivo (contribuinte e/ou responsável). Por fim, no critério quantitativo da norma se estabelece a base de cálculo (elemento quantificador da obrigação tributária) e a alíquota (elemento necessário para quantificar o *quantum debeatur*).

Em suma, a base de cálculo tem como funções: a) dimensionar o critério material da hipótese de incidência tributária; b) confirmar e afirmar o verdadeiro critério material da hipótese normativa. Estes são (ou deveriam ser) dois parâmetros seguros a nortear o legislador na construção normativa.

Tratando-se de um elemento afirmador e dimensionador da materialidade da hipótese de incidência tributária, deve a base de cálculo refletir o núcleo da conduta tributável. A carga de determinado tributo pode ser aliviada, diminuindo exatamente um dos elementos do critério quantitativo – base de cálculo ou alíquota. Não importa qual desses elementos será modificado por uma redução, pois o resultado será o mesmo: a diminuição do *quantum debeatur*.

23. Paulo de Barros Carvalho, *Teoria da Norma Tributária*, São Paulo, Max Limonad, 2002, p. 176.

Por ter a norma de isenção um efeito mitigador da incidência tributária (e não mutilador), de modo a dar nova conformação à norma jurídica tributária, a redução da base de cálculo, por diminuir a dimensão da materialidade da hipótese de incidência tributária, resulta na redução do *quantum debeatur*, podendo assim ser considerada uma isenção parcial de um tributo.

A lei pode conceder uma isenção parcial, entendida essa expressão como a mitigação de um dos elementos da regra-matriz de incidência tributária. Como bem explicado por Roque Antonio Carrazza, ao mitigar um dos elementos da norma-padrão de incidência tributária, a exemplo da base de cálculo, o legislador confere nova feição normativa, que nem sempre é cronologicamente posterior à criação do tributo, podendo inclusive ser concomitante (no mesmo diploma normativo).

1.4 Uma redução do ônus tributário decorrente da ausência de capacidade contributiva, como o limite de isenção estabelecido para imóveis residenciais de pequeno valor, por exemplo, é um incentivo fiscal? E a redução estabelecida em função de algum mal sofrido pelo contribuinte, como uma doença?

Partindo da premissa de que os incentivos fiscais consistem em medidas tomadas pela própria Administração Tributária com o intuito de despertar o interesse, encorajar, estimular determinado comportamento ou atividade econômica, promovendo o desenvolvimento de determinado setor ou região, responde-se negativamente às duas perguntas.

Na primeira indagação, pode-se ilustrar o caso de uma redução do ônus tributário decorrente da ausência de capacidade contributiva, como o limite de isenção estabelecido para imóveis residenciais de pequeno valor, uma previsão normativa do imposto sobre propriedade predial e territorial urbana (IPTU) no Município de Fortaleza. A Lei Complementar Municipal 159, de 23.12.2013 (Código Tributário Municipal – CTM), determinou em seu art. 281 um rol de isenções ao referido imposto, do qual se destaca:

> III – o imóvel de propriedade de viúvo ou viúva, órfão menor de pai e mãe, aposentado ou aposentada, pensionista ou de pessoa inválida para

> o trabalho em caráter permanente, comprovadamente pobre, que nele resida, não possua outro imóvel no Município e o valor venal do imóvel seja de até R$ 70.000,00 (setenta mil reais);

O CTM do Município de Fortaleza esclarece, ainda, que para os fins dessa isenção considera-se pobre "(...) o contribuinte que tiver renda mensal familiar inferior ou igual a 3 (três) salários mínimos nacional, vigente na data do lançamento do imposto" (art. 281, § 1º). Assim, com base no exemplo do dispositivo normativo isentivo aludido, não se deve entender como um incentivo (estímulo ou encorajamento a determinado comportamento ou atividade econômica) o fato de alguém ter isenção por possuir ou ser proprietário de imóvel residencial de pequeno valor. Tal hipótese isentiva poderia ser considerada, no máximo, uma situação de isonomia material ou justiça social.

Igual raciocínio vale para aquele contribuinte que sofre uma doença. A redução do ônus tributário em face dessa condição não pode se configurar como um incentivo fiscal. O mesmo paralelo ilustrativo pode ser feito com algumas disposições normativas relativas ao imposto sobre a renda e proventos de qualquer natureza, previstas na Lei Federal 7.713, de 22.12.1988. O art. 6º dessa lei prevê um rol de isenções referentes ao IRPF, entre eles os rendimentos

> percebidos pelos portadores de moléstia profissional, tuberculose ativa, alienação mental, esclerose múltipla, neoplasia maligna, cegueira, hanseníase, paralisia irreversível e incapacitante, cardiopatia grave, doença de Parkinson, espondiloartrose anquilosante, nefropatia grave, hepatopatia grave, estados avançados da doença de Paget (osteíte deformante), contaminação por radiação, síndrome da imunodeficiência adquirida (...) (inciso XIV).

Sinceramente, não se pode crer que qualquer pessoa se sinta estimulada a contrair quaisquer das doenças elencadas no dispositivo normativo mencionado como forma de obter o incentivo fiscal.

1.5 Há diferença entre incentivos fiscais e incentivos financeiros?

Já restou definido o "incentivo fiscal" como medida tomada pela própria Administração Tributária com o intuito de despertar o interesse, encorajar ou estimular determinado comportamento ou atividade econômica, promovendo o desenvolvimento de determinado setor ou região. É possível, então, depreender que os incentivos fiscais são medidas que afetam, de certo modo, a *receita pública*, tendo em vista que diminuem ou mutilam parte do campo exacional da Administração Tributária.

Por outro lado, os "incentivos financeiros" derivam de vínculos obrigacionais celebrados entre a Administração Pública e a pessoa física ou jurídica, via repasse orçamentário, ou seja, mediante devolução de verba pública. Assim, é possível inferir que os incentivos financeiros são medidas que afetam a *despesa pública*.

A matéria é bastante controversa na doutrina, pois seu estudo se assenta exatamente nas divisas entre o direito tributário e o direito financeiro. Para Sacha Calmon Navarro Coêlho,[24] o incentivo financeiro não está na seara do direito tributário, razão pela qual seus contornos jurídicos são diversos:

> A devolução de tributo pago sem haver razão para a restituição, a não ser o intuito de exonerar total ou parcialmente o contribuinte, é considerada pela doutrina matéria estranha ao Direito Tributário. Alega-se estar no capítulo da *despesa pública*, já na área do Direito Financeiro, a sua sede jurídica. O entendimento é inobjetável (grifos no original).

Em direção oposta, Pedro Guilherme Accorsi Lunardelli[25] sustenta que os incentivos financeiros são uma tentativa de desvio da matéria do âmbito das relações tributárias, não devendo, contudo, perder-se

24. Sacha Calmon Navarro Coêlho, *Teoria Geral do Tributo, da Interpretação e da Exoneração Tributária*, São Paulo, Dialética, 2003, p. 202, *apud* Ricardo Soneghet Batalha, *Incentivos Fiscais e Financeiros-Fiscais: uma Análise Jurídica sob a Ótica do Desenvolvimento Regional: o Caso Fundap*, dissertação de Mestrado, Faculdade de Direito de Campos, 2005.

25. Pedro Guilherme Accorsi Lunardelli, *Isenções Tributárias*, São Paulo, Dialética, 1999, p. 134, *apud* Ricardo Soneghet Batalha, *Incentivos Fiscais e Financeiros-Fiscais: uma Análise Jurídica sob a Ótica do Desenvolvimento Regional: o Caso Fundap*, cit.

de vista a necessidade e o interesse de seu estudo como categoria jurídico-tributária:

> A celebração de eventual contrato entre o contribuinte e o Poder Público que, por exemplo, imponha-lhe a prestação de ter esta ou aquela conduta, não permite sustentar que esta característica (a contratualidade) transfira-se para o âmbito das isenções tributárias.
>
> O contrato, quando celebrado, gera recíprocos direitos e deveres para a Administração Pública e o particular, os quais estarão sendo regulados pelas diretrizes do direito administrativo. Em outras palavras, este contrato consiste no conjunto de enunciados a partir dos quais verificamos fato e relação jurídica, ambos subordinados às regras daquele *ramo* do direito (grifo no original).

A distinção entre incentivos fiscais e incentivos financeiros é meramente de natureza jurídico-formal. A concessão de incentivos fiscais atua no campo da receita pública, enquanto os incentivos financeiros se aplicam no âmbito da despesa pública; em ambos os casos, as medidas têm por objetivo a diminuição dos custos do contribuinte e a redução dos recursos oriundos dos cofres públicos. Nesse mesmo sentido é a conclusão de Ricardo Lobo Torres[26] sobre as duas modalidades de incentivos:

> (...) operam na vertente da receita, estão em simetria e podem ser convertidos em privilégios financeiros, a gravar a despesa pública. A diferença entre eles é apenas jurídico-formal. A verdade é que a receita e a despesa são entes de relação, existindo cada qual em função do outro, donde resulta que tanto faz diminuir-se a receita pela isenção ou dedução, como aumentar-se a despesa, pela restituição ou subvenção, que a mesma consequência será obtida: o empobrecimento do ente público e o enriquecimento do contribuinte.

26. Ricardo Lobo Torres, *Os Direitos Humanos e a Tributação*, Rio de Janeiro, Renovar, 1995, pp. 293-294, *apud* Ricardo Soneghet Batalha, *Incentivos Fiscais e Financeiros-Fiscais: uma Análise Jurídica sob a Ótica do Desenvolvimento Regional: o Caso Fundap*, cit.

Em suma, a despeito das distinções jurídico-formais entre incentivos fiscais e incentivos financeiros, na prática os dois institutos têm rigorosamente os mesmos objetivos: a diminuição dos custos do contribuinte (pela desoneração da receita pública) e a redução de recursos públicos (mediante subvenção da despesa pública).

2. *Limites formais à concessão de incentivos fiscais*

2.1 Todo incentivo fiscal deve ser concedido por lei do ente tributante competente para a instituição do tributo correspondente? Qual a natureza de disposições como as que constam do art. 155, § 2º, XII, "e", e do art. 156, § 3º, II, da CF/1988? São imunidades? Excepcionais hipóteses em que se faz possível a concessão de isenções heterônomas?

Partindo da premissa de que os incentivos fiscais consistem em medidas tomadas pela própria Administração Tributária com o intuito de despertar o interesse, encorajar ou estimular determinado comportamento ou atividade econômica, promovendo o desenvolvimento de determinado setor ou região, tais medidas devem ser concedidas por lei do próprio ente tributante competente para a instituição do tributo correspondente. Quem detém a competência para tributar detém a prerrogativa de conceder incentivo, benefício ou alívio fiscal.

No caso das isenções, estas são, via de regra, autonômicas, ou seja, devem ser concedidas pelo mesmo ente político competente para a instituição do tributo correspondente. Tal situação decorre exatamente do princípio federativo e da autonomia dos entes políticos, consoante disposto no art. 151, III, da Carta Magna: "é vedado à União instituir isenções de tributos da competência dos Estados, do Distrito Federal ou dos Municípios".

Contudo, o Sistema Tributário Nacional prevê, expressamente, hipóteses de isenções heteronômicas ou heterônomas, ou seja, isenções concedidas por pessoa jurídica de direito público diversa daquela que tem a competência constitucional para instituir o tributo, por meio de lei complementar. Tais situações excepcionais estão previstas constitucionalmente (e não poderia ser diferente, pois somente a Carta Magna teria o poder para excepcionar o campo competencial tributário dos entes políticos), a exemplo dos arts. 155, § 2º, XII,"e",[27] e 156, § 3º, II.[28] Em suma, vale salientar que as referidas isenções heterônomas serão estabelecidas mediante lei complementar, de acordo com os referidos comandos constitucionais.

2.2 Os tratados internacionais podem estabelecer incentivos fiscais, inclusive quando relativos a tributos que seriam devidos a Estados e Municípios?

No ordenamento jurídico brasileiro, os tratados internacionais ocupam uma posição de bastante relevo. Tratando de matéria relativa a direitos humanos, obedecidos os quóruns de votação e aprovação previstos no art. 5º, § 3º, da CF, serão equivalentes às emendas constitucionais. Noutros casos, os tratados internacionais deverão ser celebrados pelo(a) Presidente da República, sujeitos a referendo do Congresso Nacional (art. 49, I, c/c art. 84, VIII, da CF), integrando-se no ordenamento jurídico pátrio por meio dos decretos legislativos (art. 59, VI, da CF).

O Código Tributário Nacional dispõe especificamente sobre os tratados internacionais em matéria tributária, estabelecendo a possibilidade de revogação ou modificação da legislação interna (art. 98), resultado da adoção da teoria monista de direito internacional.[29] Assim, é possível inferir ser cabível a celebração de tratados internacionais em matéria tributária, incluídos em seu conteúdo tributos federais, estaduais, distritais ou municipais. Nesses acordos internacionais podem ser estabelecidas disposições que eliminem ou diminuam a carga tributária incidente sobre pessoas físicas ou jurídicas entre dois ou mais países. Do contrário, não haveria sentido em celebrar tratados internacionais em matéria tributária.

27. Em relação ao ICMS, cabe à lei complementar "excluir da incidência do imposto, nas exportações para o exterior, serviços e outros produtos além dos mencionados no inciso X, 'a'".

28. Em relação ao imposto sobre serviços de qualquer natureza (ISSQN), cabe à lei complementar "excluir da sua incidência exportações de serviços para o exterior".

29. Edison Carlos Fernandes, *Sistema Tributário do Mercosul: o Processo de Harmonização das Legislações Tributárias*, 3ª ed. rev. e ampl., São Paulo, Ed. RT, 2001, pp. 44-45.

Destarte, os tratados internacionais podem estabelecer incentivos, benefícios e isenções fiscais, não havendo fundamento constitucional para a restrição de sua incidência apenas a tributos federais. Isso porque o tratado internacional é celebrado pelo(a) Presidente da República enquanto Chefe de Estado, e não Chefe de Governo, ainda sendo sujeitos a referendo do Congresso Nacional (Poder Legislativo dotado de representantes de todos os entes políticos federados). Nesse mesmo sentido, Hugo de Brito Machado entende que o tratado internacional não deve ser colocado no plano das normas que regulam relações internas, pois são atos de soberania externa praticados pelo Estado brasileiro.[30]

Em sentido contrário, Roque Antonio Carrazza defende a competência tributária e a autonomia dos outros entes políticos, não podendo os Estados, o Distrito Federal e os Municípios se submeterem a tratados internacionais que versem sobre tributos de sua competência. Com base na supremacia constitucional, o tributarista paulista afirma que "o tratado internacional não pode obrigar os Estados, os Municípios e o Distrito Federal a abrirem mão de parte ou da totalidade de suas competências tributárias. Nem mesmo quando aprovado, ratificado ou promulgado".[31]

Em suma, não se vislumbra usurpação de competência dos Estados, Distrito Federal e dos Municípios, pois os tratados internacionais, uma vez celebrados, estão no plano normativo internacional, fruto da soberania nacional, e não federal. Pensar o contrário seria desconstituir de todo conteúdo e força os tratados internacionais em matéria tributária.

2.3 A desoneração tributária dada à remessa de mercadorias para a Zona Franca de Manaus é caso de isenção ou de imunidade? A lei federal pode regular tal desoneração mesmo quando relativa a tributos de competência estadual ou municipal?

30. Hugo de Brito Machado, *Curso de Direito Constitucional Tributário*, São Paulo, Malheiros Editores, 2012, p. 305.

31. Roque Antonio Carrazza, *Curso de Direito Constitucional Tributário*, cit., p. 1012.

A Zona Franca de Manaus foi criada pela Lei 3.173, de 6.6.1957, tendo sido esta revogada pelo Decreto-lei 288, de 28.2.1967. O art. 1º desse decreto-lei define claramente aquela área:

> Art. 1º. A Zona Franca de Manaus é uma área de livre comércio de importação e exportação e de incentivos fiscais especiais, estabelecida com a finalidade de criar no interior da Amazônia um centro industrial, comercial e agropecuário dotado de condições econômicas que permitam seu desenvolvimento, em face dos fatores locais e da grande distância, a que se encontram os centros consumidores de seus produtos.

O dispositivo legal citado revela, de modo transparente, o conteúdo e a finalidade da Zona Franca de Manaus, qual seja o legislador procurou buscar alternativas de políticas de desenvolvimento para aquela região, propiciando condições para investimento e geração de trabalho à região tão distante dos centros consumidores tradicionais do País.

Entretanto, vale destacar o entendimento de Edison Carlos Fernandes[32] sobre a natureza jurídica da chamada "Zona Franca de Manaus", diante dos diversos institutos jurídicos previstos no direito internacional para esses locais onde os Estados renunciam alguns direitos aduaneiros e fiscais:

> Portanto, a Zona Franca de Manaus, que, apesar do nome, é uma área aduaneira especial, tem benefícios fiscais por todas as mercadorias e produtos que ingressam nesse território para comercialização ou industrialização. Vindo a mercadoria ou o produto do exterior terá isenção do imposto de importação; vindo do próprio território nacional, haverá isenção de ICMS e suspensão do IPI. No caso de esses bens serem negociados, diretamente, da Zona Franca de Manaus ao exterior (exportação), não haverá encargos a título desses impostos.
>
> Com esses incentivos à área aduaneira especial, estamos tratando apenas daqueles que são fiscais. Há, ainda, como dissemos, outros incentivos

32. Edison Carlos Fernandes, *Sistema Tributário do Mercosul: o Processo de Harmonização das Legislações Tributárias*, cit., pp. 173-174.

governamentais não restritos à matéria fiscal, mas que alcançam normas comerciais, trabalhistas ou outras.

É importante termos em mente, para facilitar nosso entendimento quanto aos benefícios concedidos à Zona Franca de Manaus – extensivo a todas as áreas aduaneiras especiais –, que ela "não foi criada com função principal de servir como instrumento ao comércio exterior. O motivo de sua constituição foi, e continua sendo, servir como alavanca do desenvolvimento econômico e social da região de Manaus".[33]

Prosseguindo com a política desenvolvimentista, o art. 40 do Ato das Disposições Constitucionais Transitórias da CF/1988 deu continuidade àquela zona de livre comércio e incentivos fiscais pelo prazo de 25 anos, a partir da promulgação da Constituição Federal. A Emenda Constitucional 42/2003 acrescentou o art. 92 ao ADCT, adicionando 10 anos ao prazo fixado no anterior art. 40. A Emenda Constitucional 83, de 5.8.2014, prorrogou esse prazo por mais 50 anos (art. 92-A do ADCT).

Em estudo sobre o tratamento diferenciado na Zona Franca de Manaus, Guilherme Cezaroti assim abordou o tema:

> O objetivo do art. 40 do ADCT foi o de prosseguir com a política de governos anteriores de incentivar a ocupação econômica e populacional da região amazônica mediante a criação de um polo industrial local. Somente com o estabelecimento de condições econômicas apropriadas é que a população teria condições para se fixar no local, com atividades além das extrativistas.
>
> Verifica-se, portanto, que há todo um arcabouço constitucional para a política de redução das desigualdades socioeconômicas entre as diferentes regiões do País, bem como uma referência expressa a Zona Franca de Manaus como região destinatária de um regime tributário diferenciado que atraia investimento para o local.[34]

33. Aurélio Pitanga Seixas Filho, "Portos francos – Zonas francas – Depósitos francos", *Revista de Direito Administrativo* 137/417, p. 420, 1979, *apud* Edison Carlos Fernandes, *Sistema Tributário do Mercosul: o Processo de Harmonização das Legislações Tributárias*, cit., p. 174.

34. Guilherme Cezaroti, "Argumentação jurídica e o direito ao crédito presumido de IPI dos insumos e matérias-primas isentos adquiridos na Zona Franca de Manaus", *Revista Dialética de Direito Tributário* 221, São Paulo, Dialética, p. 47, set. 2014.

Aliás, esse tratamento diferenciado à região amazônica, e especificamente à Zona Franca de Manaus, já foi inclusive objeto de consideração do Supremo Tribunal Federal, em voto da lavra do Min. Marco Aurélio no julgamento da ADI 2.348-MC:

> Em última instância, qual a razão de ser da Zona Franca de Manaus? Por que tanto se investiu em região tão longínqua se tão próximo fervilham problemas e mais problemas? Porque, além do atendimento a comando constitucional no sentido da correção das desigualdades em todo território brasileiro, o legislador sensibilizou-se pela necessidade de uma política demográfica mais eficaz, visando à proteção das fronteiras nacionais. É como se o legislador dissesse: fomos agraciados com esse imenso tesouro desguardado, exposto a toda sorte de cobiça: precisamos defendê-lo – e não há maior proteção, de acordo com a velha máxima popular – que o "olho do dono". Decidiu-se, então, criar empregos – o melhor chamariz para assentar populações de uma forma responsável, ou, no dizer dos economistas, de forma "sustentada". Dando-se-lhes meios de se sustentarem, ao tempo em que guardariam a floresta amazônica – a maior reserva biológica do mundo –, também a preservariam, não sendo necessário dela se valerem para sobreviver. Mesmo em se considerando esse enorme esforço, cujos resultados hoje ninguém ignora, convivemos, os brasileiros, todos os dias, com as notícias das incontáveis agressões às nossas fronteiras promovidas por aeronaves e embarcações a serviço do contrabando e do tráfico internacional de drogas, sem falar nas guerrilhas quase corriqueiras que assolam os países limítrofes, nem no famoso plano americano de combate ao narcotráfico, com suporte específico à Colômbia, lembrando também que o Peru e o Equador também já contam com bases americanas de apoio. Parece insofismável que parece um verdadeiro contrassenso abandonar a região à própria sorte (...).[35]

Em verdade, a redução das desigualdades sociais e regionais é um dos objetivos fundamentais da República Federativa do Brasil (art. 3º, III, da CF) e um dos princípios gerais da atividade econômica (art.

35. STF, ADI 2.348-MC, rel. Min. Marco Aurélio, Pleno, votação unânime, j. em 7.12.2000, *DJ* 7.11.2003, disponível em <www.stf.jus.br>, acesso em 29.6.2014.

170, VII, da CF). O art. 40 do ADCT tão somente se aplica a um caso específico, ao garantir a continuidade da Zona Franca de Manaus, àquele objetivo e princípio constitucional.

Quanto à sua natureza jurídica, não se vislumbra ser a desoneração tributária na Zona Franca de Manaus, na forma como prevista no art. 40 do ADCT, uma imunidade tributária. Como já afirmado e assentado, as normas imunizantes têm a natureza de normas de estrutura, pois possuem dupla função: a) delimitação do campo competencial negativo da tributação; e b) formatação de parâmetros para a criação e produção de normas jurídicas tributárias. O dispositivo constitucional que sustenta aquela área de livre comércio na região amazônica tem nítido caráter transitório, portanto não poderia delimitar apenas "temporariamente" o campo competencial negativo da tributação, nem formatar parâmetros constitucionais para a criação e produção de outras normas jurídicas.

Também não se vislumbra como uma norma de isenção tributária. Como norma de conduta ou de comportamento, a isenção consiste exatamente nessa norma jurídica, seja com o caráter impeditivo, seja com o efeito mitigador da incidência tributária, de modo a dar nova conformação à norma jurídica tributária. O art. 40 do ADCT, *a priori*, não dá nova conformação a qualquer norma jurídica tributária específica nem se remete a qualquer tributo particularmente. Assim, não se pode afirmar que aquele dispositivo constitucional transitório exerça qualquer efeito mitigador de uma norma de incidência tributária.

E qual é, portanto, sua natureza jurídica? O art. 40 do ADCT é uma regra de incentivo fiscal especial de cunho constitucional. Aliás, a norma de isenção está expressa apenas no art. 3º do Decreto-lei 288/1967, ao estabelecer:

> Art. 3º. A entrada de mercadorias estrangeiras na Zona Franca, destinadas a seu consumo interno, industrialização em qualquer grau, inclusive beneficiamento, agropecuária, pesca, instalação e operação de indústrias e serviços de qualquer natureza e a estocagem para reexportação, será isenta dos impostos de importação, e sobre produtos industrializados.

Entretanto, resta claro que esse incentivo fiscal especial somente se refere a tributos federais, mais precisamente aos impostos de importação e sobre produtos industrializados, tendo em vista a própria natureza do citado decreto-lei.[36] A lei federal não poderia regular tal desoneração quando relativa a tributos de competência estadual ou municipal, sob pena de invasão às competências tributárias dos Estados e dos Municípios. Se houver isenção de ICMS, por exemplo, esse benefício fiscal deverá ser concedido pelos instrumentos normativos próprios do ente estatal, de acordo com os parâmetros constitucionais aplicáveis.

> *2.4 Há limites a serem observados pelo legislador infraconstitucional, quando da regulamentação de norma da Constituição referente a incentivos fiscais? É possível regulamentar uma faculdade prevista no texto constitucional de sorte a tornar praticamente impossível o seu exercício? É o que se dá, por exemplo, com a exigência de unanimidade prevista na LC 24/1975, como condição para a concessão de incentivos fiscais em matéria de ICMS?*

As normas constitucionais referentes a incentivos fiscais possuem limites a serem observados pelo legislador infraconstitucional, quando de sua regulamentação. Tais limites estão previstos, inicialmente, na própria Constituição Federal, não apenas no âmbito do Sistema Tributário Nacional, mas também noutros capítulos do Texto Magno.

Os valores sociais do trabalho e da livre-iniciativa são fundamentos da República Federativa do Brasil (art. 1º, IV), bem como princípios gerais da atividade econômica (art. 170, *caput*). Ambos devem ser observados como limites na concessão de incentivos fiscais, pois não podem ser um estímulo demasiado e descabido a determinada empresa ou setor bastante específico (em que haja monopólios ou oligopólios) a ponto de violar aqueles princípios.

Entre os objetivos fundamentais da República Federativa do Brasil estão a erradicação da pobreza e a marginalização e redução das

36. O Decreto-lei 288/1967 foi alterado pelo Decreto-lei 1.435, de 16.12.1975, pelo Decreto-lei 1.455, de 7.4.1976, pela Lei 8.387, de 30.12.1991, pela Lei 10.176, de 11.1.2001, pela Lei 11.196, de 21.11.2005, e pela Lei 12.431, de 24.6.2011.

desigualdades sociais e regionais (art. 3º, III), sendo esse último também princípio geral da ordem econômica (art. 170, VII). Portanto, na concessão de incentivos fiscais, o legislador deve balizar as normas que instituam tais benefícios de modo a buscar o cumprimento dos objetivos constitucionais supramencionados e garantir pleno desenvolvimento nacional.

Ademais, são limites constitucionais tributários aplicáveis aos incentivos fiscais os princípios da legalidade (art. 150, I), da isonomia (art. 150, II), da irretroatividade (art. 150, III, "a"), da anterioridade (art. 150, III, "b" e "c"), da vedação à limitação ao tráfego de pessoas ou bens (art. 150, V) e da capacidade contributiva (art. 145, § 1º). Cumpre ressaltar ainda que no campo das limitações constitucionais ao poder de tributar há limites específicos previstos no art. 150, § 6º, da CF.[37] Ressalvado o caso do ICMS, que dispõe de outra regra específica, a concessão de incentivos fiscais somente poderá ser feita mediante edição de lei do próprio ente político tributante.

A regulamentação das normas referentes à concessão de incentivos fiscais encontra, portanto, as balizas no próprio texto constitucional. Outrossim, cumpre salientar que a regulamentação desses incentivos fiscais não pode ser feita de sorte a tornar praticamente impossível o seu exercício. Seria um contrassenso a previsão constitucional da possibilidade de incentivos fiscais e, de outro lado, a regulamentação de tais benefícios ser extremamente rígida e proibitiva no alcance de seu desiderato. Conceder um benefício fiscal com uma mão e tirá-lo com outra é de uma inutilidade prática incomensurável.

Em matéria de ICMS, cabe à lei complementar regular a forma como, mediante deliberação dos Estados e do Distrito Federal, isenções, incentivos e benefícios fiscais serão concedidos e revogados (art. 155, § 2º, XII, "g", da CF). Então, no caso desse tributo estadual, não se deve seguir o parâmetro geral do art. 150, § 6º, ou seja, lei específica do ente tributante, mas deve-se partir de uma norma geral referente ao ICMS.

37. Art. 150, § 6º: "Qualquer subsídio ou isenção, redução de base de cálculo, concessão de crédito presumido, anistia ou remissão, relativos a impostos, taxas ou contribuições, só poderá ser concedido mediante lei específica, federal, estadual ou municipal, que regule exclusivamente as matérias acima enumeradas ou o correspondente tributo ou contribuição, sem prejuízo do disposto no art. 155, § 2º, XII, 'g'".

Não custa lembrar que o papel das leis complementares tributárias está muito bem delineado no art. 146 da Constituição Federal. Pode-se inferir, portanto, que a função da lei complementar que disponha sobre a forma de concessão de isenções, incentivos e benefícios fiscais é justamente evitar um conflito de competência entre os Estados e o Distrito Federal (inciso I), estabelecendo assim as normas gerais em torno do tema (inciso III).

A Lei Complementar 24, de 7.1.1975 (art. 1º), dispõe sobre os convênios para a concessão de isenções do ICM (à época), hoje ICMS. Em verdade, referido diploma normativo também se aplica a outros benefícios fiscais e financeiros (parágrafo único), tais como redução da base de cálculo (inciso I), devolução total ou parcial, direta ou indireta, condicionada ou não, do tributo, ao contribuinte, a responsável ou a terceiros (inciso II), concessão de créditos presumidos (inciso III), quaisquer outros incentivos ou favores fiscais ou financeiro-fiscais dos quais resulte redução ou eliminação, direta ou indireta, do ônus do referido tributo estadual (inciso IV) e as prorrogações e extensões das isenções até então vigentes (inciso V).

O primeiro problema está na questão relativa à criação do Conselho Nacional de Política Fazendária – Confaz. A LC 24/1975 não o criou nem há nenhuma lei (em sentido estrito) que o tenha feito. O Confaz não possui personalidade jurídica, pois não fora criado por lei, mas pelos próprios Estados, sob a presidência do Ministro da Fazenda. Apenas no dia 12.12.1997, ou seja, doze anos após a LC 24/1975, que dispõe sobre a concessão de isenções, benefícios e incentivos fiscais, o Convênio 133 criou o regimento interno do Confaz.

O segundo problema está no procedimento e no quórum de deliberação e aprovação de convênios para a concessão de isenções, benefícios e incentivos fiscais de ICMS, conforme estabelecido no art. 2º da referida lei complementar:

> Art. 2º. Os convênios a que alude o art. 1º, serão celebrados em reuniões para as quais tenham sido convocados representantes de todos os Estados e do Distrito Federal, sob a presidência de representantes do Governo federal.
>
> § 1º. As reuniões se realizarão com a presença de representantes da maioria das Unidades da Federação.

> § 2º. *A concessão de benefícios dependerá sempre de decisão unânime dos Estados representados*; a sua revogação total ou parcial dependerá de aprovação de quatro quintos, pelo menos, dos representantes presentes (grifamos).

Ora, qualquer decisão que exija unanimidade é incompatível com um Estado Democrático de Direito. Inexiste, absolutamente, qualquer dispositivo constitucional que estabeleça um quórum de unanimidade para aprovação de uma matéria, seja ela na esfera do Poder Executivo, Poder Legislativo ou Poder Judiciário.

A título ilustrativo, eis alguns exemplos na Carta Magna: (i) para a convocação extraordinária do Congresso Nacional, a ser feita pelo Presidente da República, pelos Presidentes da Câmara dos Deputados e do Senado ou a requerimento da *maioria* dos membros de ambas as Casas, em caso de urgência ou interesse público relevante, em todas as hipóteses deve ser com a aprovação da *maioria absoluta* de cada uma das Casas do Congresso Nacional (art. 57, § 6º, II); (ii) para a aprovação de emendas constitucionais, a proposta será discutida e votada em cada Casa do Congresso Nacional, em dois turnos, considerando-se aprovada se obtiver, em ambos, *três quintos* dos votos dos respectivos membros (art. 60, § 2º); (iii) para eleição do Presidente da República, será considerado eleito o candidato que obtiver a *maioria absoluta* de votos, não computados os em branco e os nulos (art. 77, § 2º).

Verifica-se, nos casos apontados – indiscutivelmente de altíssima relevância nacional –, que os quóruns estabelecidos são de maioria simples, maioria absoluta ou de três quintos, nunca de unanimidade. Isso porque a unanimidade é antidemocrática por essência, por isso mesmo tal quórum não deveria ser aplicado aos casos de deliberação sobre as isenções, benefícios e incentivos fiscais de ICMS.

Por outro lado, Ives Gandra da Silva Martins defende a unanimidade exigida para a concessão de incentivos fiscais em matéria de ICMS como verdadeira cláusula pétrea constitucional, portanto imutável:

> A meu ver, retirar o direito de – dentro das regras constitucionais de que os Estados não estão obrigados a suportar políticas destinadas a promover o reequilíbrio regional, cabendo esta atribuição exclusivamente à União – o Estado opor-se a incentivos fiscais de ICMS de outra unidade

> que lhe prejudiquem diretamente, é abolir o verdadeiro pacto federativo, mantendo-se uma Federação apenas formal, o que, manifestamente, não desejaram os constituintes, ao instituírem a regra da unanimidade em nível de Lei Suprema, hoje com conformação legislativa infraconstitucional e jurisprudencial.
>
> A unanimidade exigida para a concessão de incentivos, estímulos ou benefícios fiscais de todos os Estados e Distrito Federal é, a meu ver, cláusula pétrea constitucional, não podendo ser alterada nem por legislação inferior e nem por emenda constitucional, por força do § 4º, inciso I, do artigo 60 da CF/88.[38]

Não se deve entender o quórum de unanimidade para a concessão de incentivos fiscais em matéria de ICMS como uma cláusula pétrea. Pelo contrário, o respeito ao pacto federativo passa necessariamente pela autonomia inerente aos Estados-membros. Qualquer quórum de unanimidade é antidemocrático, por natureza, por não respeitar as minorias. Pensamento diametralmente oposto sobre a relevância do quórum de unanimidade é o de Alcides Jorge Costa, segundo o qual essa deliberação é imprescindível para preservar a autonomia dos Estados, pois, do contrário, "qualquer Estado ficaria subordinado à decisão dessa maioria, ainda que contrária aos seus interesses".[39]

No caso específico do ICMS, não se pode pressupor, *a priori*, a inconstitucionalidade de atos normativos expedidos por Estados-membros ao concederem incentivos fiscais referentes àquele tributo estadual. Uma vez posta no ordenamento jurídico, tal norma existe e é válida no sistema até ulterior manifestação do Poder Judiciário.

Eis, portanto, o motivo da crítica que se faz ao quórum de unanimidade para a deliberação de incentivos fiscais de ICMS. Nesse mesmo sentido é a análise de Paulo de Barros Carvalho sobre o tema:

> O art. 2º § 2º, da LC n. 24/75, estatui que a concessão de benefícios fiscais seja feita por aprovação unânime dos Estados. Tal regime tem gerado

38. Paulo de Barros Carvalho e Ives Gandra da Silva Martins, *Guerra Fiscal: Reflexões sobre a Concessão de Benefícios no Âmbito do ICMS*, São Paulo, Noeses, 2012, p. 22.

39. Alcides Jorge Costa, "Guerra fiscal e modulação dos efeitos das decisões do STF", in Valdir de Oliveira Rocha (coord.), *Grandes Questões Atuais do Direito Tributário*, vol. 16, São Paulo, Dialética, 2012, pp. 9-11.

obstáculos, em face dos interesses dissonantes e, muitas vezes, contrapostos, dos entes federados. Solução razoável seria reduzir o quórum de aprovação, tanto para que se conceda, como para que se revoguem benefícios fiscais, para dois terços, nas situações relativas a empreendimentos localizados em unidades federativas com déficit econômico-produtivo, estabelecendo-se quesitos objetivos e claros para a concessão.[40]

Em suma, o quórum de unanimidade para a aprovação de concessões de benefícios fiscais em matéria de ICMS é antidemocrático, fere a autonomia dos Estados-membros e do Distrito Federal, além de instituir uma condição, verdadeiramente um obstáculo, praticamente impossível de se atingir, a não ser através de pressões políticas ou concessões mútuas de duvidosa legitimidade.

2.5 É certo que a vigente Constituição Federal, em pelo menos seis dispositivos, a saber, art. 1º, III; art. 151, I; art. 159, I, "c"; art. 161, II; art. 165, § 7º, e art. 170, VII, preconiza providências objetivando a redução das desigualdades regionais existentes no País? Esse fato deve ter, ou não, alguma influência na interpretação e na aplicação de leis a respeito de incentivos fiscais que tenham por objetivo atrair empresas para regiões pobres?

A redução das desigualdades sociais e regionais existentes no País é um dos objetivos da República Federativa do Brasil, além de ser um dos vetores da atividade econômica, como já afirmado anteriormente. Além dos dispositivos constitucionais mencionados na resposta do subitem anterior, essa diretriz constitucional é encontrada como: a) vedação à União para instituir tributo que não seja uniforme em todo o território nacional, admitida a concessão de incentivos fiscais destinados a promover o equilíbrio do desenvolvimento socioeconômico entre as diferentes regiões do País (art. 151, I); b) regra de repartição de receitas tributárias, devendo a União entregar 3% (dos 48% do produto da arrecadação do IR e IPI) para aplicação em programas de financiamento ao setor produtivo das Regiões Norte, Nordeste e

40. Paulo de Barros Carvalho e Ives Gandra da Silva Martins, *Guerra Fiscal: Reflexões sobre a Concessão de Benefícios no Âmbito do ICMS*, cit., p. 92.

Centro-Oeste (art. 159, I, "c"), na forma de lei complementar (art. 161, II); c) parâmetro de compatibilização dos orçamentos, sendo uma de suas funções a redução das desigualdades inter-regionais (art. 165, § 7º).

Não há dúvidas de que esse fato deve ter influência na interpretação e na aplicação de leis a respeito de incentivos fiscais que tenham por objetivo atrair empresas para regiões pobres. O legislador constituinte foi sábio ao reconhecer a realidade nacional – o incontestável subdesenvolvimento característico da nação – e ao querer enfrentar o problema através de inúmeras regras constitucionais que traçam diretrizes para a realização de políticas públicas nesse sentido.

Eros Roberto Grau assevera que esse objetivo fundamental republicano é um princípio constitucional impositivo (nos dizeres de Canotilho) ou diretriz (nas lições de Dworkin), ou, como prefere, norma-objetivo dotada de caráter constitucional conformador:

> O enunciado do princípio expressa, de uma banda, o reconhecimento explícito de marcas que caracterizam a realidade nacional: pobreza, marginalização e desigualdades, sociais e regionais. Eis um quadro de subdesenvolvimento, incontestado, que, todavia, se pretende reverter. Essa reversão nada tem, porém, em relação aos padrões do capitalismo, de subversiva. É revolucionária apenas enquanto voltada à modernização do próprio capitalismo. Dir-se-á que a Constituição, aí, nada mais postula, no seu caráter de Constituição dirigente, senão rompimento do processo de subdesenvolvimento no qual estamos imersos e, em cujo bojo, pobreza, marginalização e desigualdades, sociais e regionais, atuam em regime de causação circular acumulativa – são causas e efeitos de si próprias.[41]

Assim, resta transparente que as supramencionadas normas constitucionais estão todas jungidas ao mesmo objetivo fundamental (redução das desigualdades sociais e regionais), tendo em vista o seu caráter conformador da realidade nacional, razão pela qual os incentivos fiscais são medidas que devem ser interpretadas e aplicadas de modo a atender a esse objetivo constitucional.

41. Eros Roberto Grau, *A Ordem Econômica na Constituição de 1988*, 16ª ed. rev. e atual., São Paulo, Malheiros Editores, 2014, p. 215.

3. *Limites ou parâmetros materiais para a concessão de incentivos fiscais*

3.1 Em quais hipóteses a concessão de incentivo fiscal a determinado contribuinte, ou grupo de contribuintes, será compatível com o princípio da igualdade?

A justiça é um valor essencial no Direito, devendo estar presente em toda relação jurídica. O valor da justiça se traduz nas relações jurídicas com a ideia de isonomia. Lei isonômica é lei justa, o contrário reflete a injustiça.

Por isso o princípio da igualdade é tão caro aos ordenamentos jurídicos, notadamente aqueles pautados num Estado Democrático de Direito. No Brasil, o princípio da igualdade foi erigido ao patamar de direito fundamental (art. 5º, *caput*, da CF) e como princípio limitador do poder de tributar dos entes políticos (art. 150, II, da CF).

Desta feita, deve-se partir da premissa balizadora constitucional de que é vedado aos entes políticos instituir tratamento desigual entre contribuintes que se encontrem em situação equivalente. No entanto, esse princípio constitucional deve ser interpretado de modo sistemático, no bojo do ordenamento jurídico brasileiro, mormente da Carta Magna.

Assim, para o princípio da igualdade deve ser utilizado um critério de discrímen que traduza um tratamento desigual de contribuintes que se encontrem em condições desiguais e um tratamento igual para contribuintes que se encontrem rigorosamente nas mesmas condições. Ademais, não se pode olvidar que o citado princípio deve se compatibilizar com: (i) a função extrafiscal dos tributos (estimulando ou desestimulando certas condutas ou atividades econômicas), de modo alcançar a todos os contribuintes de determinado setor econômico a ser estimulado/desestimulado; (ii) o princípio da capacidade contributiva (art. 145, § 1º, da CF), devendo-se levar em conta o patrimônio, os rendimentos e a capacidade econômica do contribuinte.

Para conceder incentivos fiscais a determinados contribuintes ou0 grupo de contribuintes, a legislação deve prever critérios bastante claros que levem em consideração os princípios constitucionais acima elencados.

3.2 A localização de uma empresa em região menos desenvolvida do território nacional seria um critério de discrímen apto a legitimar incentivos fiscais?

O critério geográfico é um critério de discrímen apto a legitimar incentivos fiscais, pois este consiste exatamente num dos objetivos constitucionais ou, como prefere Eros Roberto Grau, norma-objetivo dotada de caráter constitucional conformador. Como já afirmado, esse princípio ou diretriz constitucional espraia-se por diversas passagens da Carta Magna, razão pela qual deve ser plenamente observada.

Se determinada empresa se localiza em região menos desenvolvida do território nacional – na região Norte ou Nordeste, por exemplo –, esse fato já poderia ser levado em consideração para legitimar a existência de incentivos fiscais. Não obstante, há de se destacar que esse não deve ser o único critério para a simples concessão do referido incentivo, mas outros podem ser levados em conta, tais como: geração de empregos pela utilização de mão de obra na própria região, realização de programas socioambientais na comunidade, vocação regional para determinada atividade ou serviço, impactos ambientais daquela atividade ou setor a ser beneficiado, atividades que fomentem a pesquisa e o desenvolvimento de inovação tecnológica, entre outros.

3.3 Caso o contribuinte destinatário do incentivo tenha capacidade contributiva igual à de outro contribuinte, não beneficiado com o incentivo, há, só por isso, invalidade ou violação ao princípio da igualdade? É possível estabelecer, validamente, tratamento desigual a contribuintes, tomando de critério diverso de sua capacidade contributiva? Quais critérios seriam esses?

Conforme já ressaltado no presente trabalho, deve haver uma convergência de critérios para uma definição mais bem elaborada de parâmetros seguros para a concessão de incentivos fiscais. Destarte, a lei que conceda tais benefícios deve deixar transparecer todos os requisitos necessários para a obtenção da desoneração tributária.

O simples fato de um contribuinte destinatário do incentivo ter capacidade contributiva igual à de outro contribuinte, não beneficiado com o incentivo, não o invalida, por si só, nem viola necessariamente o princípio da igualdade. Outros critérios legais podem ser utilizados para um "tratamento desigual" na concessão de incentivos fiscais, tais como: geração de empregos pela utilização de mão de obra na própria região, realização de programas socioambientais na comunidade, vocação regional para determinada atividade ou serviço, impactos ambientais daquela atividade ou setor a ser beneficiado, atividades que fomentem a pesquisa e o desenvolvimento de inovação tecnológica,[42] entre outros.

3.4 Deve haver coerência nas políticas públicas relacionadas aos incentivos fiscais? Qual a consequência jurídica, por exemplo, de o Governo Federal incentivar determinada ação, por meio de tributos, e outros órgãos do próprio Governo Federal, ou dos Governos Estadual ou Municipal, adotarem políticas destinadas a desestimular essa mesma ação?

Em princípio, deveria haver coerência nas políticas públicas relacionadas aos incentivos fiscais, de modo a criar um ambiente plenamente propício ao alcance dos objetivos constitucionais referentes ao desenvolvimento nacional e à diminuição das desigualdades sociais e regionais.

Contudo, é preciso também salientar que esses objetivos da República Federativa do Brasil (art. 3º, II e III, da CF) devem se compatibilizar com o princípio federativo e a autonomia dos entes políticos. Não há, *a priori*, como obrigar que os incentivos fiscais concedidos pelo Governo Federal sejam medidas também adotadas no âmbito estadual e municipal. Do contrário, estar-se-ia legitimando uma pressão política do ente federal sobre os demais entes políticos. A cooperação é a palavra de ordem num país em que se pretenda consolidar o federalismo, tão combalido nos últimos anos.

Por esse motivo, necessário voltar ao tema do Confaz, que, em matéria de ICMS, deveria ser o órgão legitimado para a deliberação

42. Este é um excelente critério utilizado pela Lei Federal 11.196, de 21.11.2005 (que dispõe sobre incentivos fiscais para inovação tecnológica, entre outras providências), bem como pelo Decreto 5.798, de 7.6.2006 (que regulamenta os incentivos fiscais às atividades de pesquisa tecnológica e desenvolvimento de inovação tecnológica).

acerca das isenções, benefícios e incentivos fiscais. Uma vez sanado o vício de origem (ausência de lei criadora), não se veem problemas na competência desse órgão de deliberação sobre aspectos específicos do ICMS, desde que também se modificasse o quórum para aquela deliberação e aprovação das isenções, benefícios e incentivos fiscais do tributo estadual.

Em suma, a concessão de incentivos fiscais não deve resultar de pressão política do Governo Federal sobre os Governos Estadual e Municipal, cujo resultado é hoje o que se vê na chamada "guerra fiscal", mas de efetiva coordenação para a realização de políticas públicas sérias e eficientes que garantam o desenvolvimento nacional e tenham por objetivo a diminuição das desigualdades sociais e regionais no Brasil.

3.5 A quem cabe a decisão a respeito da concessão de incentivos fiscais? Ao Legislador e ao Executivo apenas, quando da criação ou da alteração de leis ou atos infralegais?

A concessão de incentivos, benefícios ou alívios fiscais deve ser feita mediante instrumento normativo pertinente, oriundo da autoridade competente para tanto. Aliás, a validade de toda e qualquer norma jurídica pressupõe, exatamente, estes dois critérios: relação de pertinência com o sistema e a autoridade competente para expedir a norma.

Seguindo essa premissa, a decisão a respeito da concessão de incentivos fiscais deve partir do Legislador – tendo em vista ser o poder competente para produzir a lei em sentido estrito –, podendo o projeto de lei ser oriundo do Executivo – haja vista que a condução de políticas públicas, notadamente aquelas voltadas para o desenvolvimento de determinada região com o objetivo de estimular certas atividades ou setores econômicos, é um instrumento mais afeito aos gestores públicos.

Cumpre sempre salientar que, se a criação de tributos (oneração fiscal) requer necessariamente a obediência ao princípio estrito da legalidade, a criação de incentivos, benefícios ou alívios fiscais (desoneração) passa também pelo mesmo crivo da legalidade tributária. Os atos normativos infralegais não têm o condão de alterar ou inovar a relação jurídica tributária – seja na criação de tributos ou de incentivos fiscais, servindo de suporte para prescrever regras de conteúdo procedimental ou de conteúdo material, desde que passem ao largo da regra-matriz de incidência tributária.

3.6 Diante de um incentivo fiscal formalmente válido, seria lícito ao Poder Judiciário tomar decisões relacionadas ao seu "mérito", por não se considerar, por exemplo, necessário ou adequado incentivar determinada atividade ou setor da economia?

Como dito alhures, a questão da validade de toda e qualquer norma jurídica pressupõe dois critérios: relação de pertinência com o sistema e a autoridade competente para expedir a norma. A norma é válida quando estabelece uma relação de pertinência com o sistema (dentro de uma ordem hierárquica), tendo sido criada pela autoridade competente. Esses são os requisitos formais para avaliar o plano da validade das normas jurídicas.

Contudo, com a evolução das sociedades, passou-se a requerer do Estado a cada dia mais a concretização dos direitos. Não é mais suficiente apenas a existência desses direitos como mera previsão no ordenamento jurídico estatal, urge a sua efetiva concretização, de modo que os indivíduos pudessem usufruir, de maneira eficiente, tais direitos. Daí a necessidade de se examinar também o plano normativo da eficácia (produção de efeitos jurídicos).

Destarte, há forte crescimento do entendimento doutrinário acerca do controle jurisdicional das políticas públicas, de modo a garantir, por meio de ações dos poderes públicos, a efetivação dos direitos fundamentais, especialmente os de segunda e terceira geração. O Poder Judiciário passa a desenvolver forte influência nas decisões relacionadas ao mérito dessas políticas públicas, superando o tradicional exame jurídico-formal do ordenamento jurídico.

Seguindo esse entendimento, são preciosas as lições de Nagibe de Melo Jorge Neto sobre o controle jurisdicional das políticas públicas:[43]

43. Nagibe de Melo Jorge Neto, *O Controle Jurisdicional das Políticas Públicas: Concretizando a Democracia e os Direitos Sociais Fundamentais*, Salvador, JusPodivm, 2008, p. 166.

> (...) o controle das políticas públicas pelo Poder Judiciário não só é possível, mas é também exigível. O Judiciário, que antes desempenhava um papel muito reservado de dizer o direito, bem interpretar a lei, papel que cabia perfeitamente na fórmula romana do jurisconsulto, é chamado a assumir uma nova função. Cumpre-lhe oxigenar a democracia, potencializar a representatividade democrática mediante o debate constante, a diuturna prestação de contas e funcionando como canal que aproxima o povo dos poderes que o representam.
>
> As teorias acerca da decisão judicial merecem também atualização. A decisão judicial não mais se concebe como fruto da vontade do julgador, resultante do livre convencimento motivado, mas como resultado de um discurso racional democrático onde atuam, diretamente, no caso específico do controle das políticas públicas, os poderes públicos e os representantes da sociedade e, indiretamente, toda a sociedade por meio do diálogo que se estabelece entre toda a coletividade por intermédio das decisões judiciais dos mais diversos órgãos jurisdicionados, juízos, Tribunais de segundo grau e Cortes Superiores.

Com base nessas premissas, pode-se afirmar que a decisão dos Poderes Legislativo e Executivo na condução de políticas públicas voltadas para o desenvolvimento social e regional, por meio da concessão de incentivos, isenções e benefícios fiscais, pode sofrer o controle jurisdicional do Poder Judiciário, que terá competência para examinar o "mérito" daquele incentivo, isenção ou benefício fiscal, tendo em vista os parâmetros e princípios constitucionais multicitados neste estudo.

3.7 Existiria alguma outra instância de controle da legitimidade ou da conveniência da concessão de incentivos fiscais?

Em relação aos incentivos fiscais, partindo da premissa de que se tratam de renúncia de receitas tributárias, necessário trazer a lume a questão da responsabilidade fiscal. Depreende-se da legislação brasileira que o objetivo do legislador, tanto do constituinte como do ordinário, foi estabelecer a previsão da competência para criação e arrecadação dos tributos, de modo que se pudesse propiciar aos entes políticos tributantes a plena possibilidade de exercício dessas competências.

Por isso que o art. 11 da Lei de Responsabilidade Fiscal (Lei Complementar 101, de 4.5.2000) estabelece: "Constituem requisitos essenciais da responsabilidade na gestão fiscal a instituição, previsão e efetiva arrecadação de todos os tributos da competência constitucional do ente da Federação".[44]

Preliminarmente, entende-se que a concessão de incentivos resulta de prerrogativa do Chefe do Executivo, sendo-lhe atribuída a conveniência na iniciativa do projeto legislativo, em face de suas atribuições relativas ao planejamento financeiro estatal e das políticas públicas. Ao passo que ao Legislativo caberá a legitimidade para deliberar, votar e aprovar ou não aquele projeto de lei referente à concessão de incentivos fiscais.

No entanto, a opção dos Poderes Executivo e Legislativo pela renúncia de receitas é medida excepcional prevista no art. 14 da LC 101/2000, desde que obedecidos pelo menos um dos seguintes requisitos: (i) demonstração de que a renúncia foi considerada na estimativa de receita da lei orçamentária, desde que esta não afete as metas de resultados fiscais; (ii) estar acompanhada de medidas de compensação, por meio do aumento de outras receitas. Tomadas essas cautelas, não haverá problemas na previsão de renúncia de receitas, estando obedecida a lei de diretrizes orçamentárias.

Cumpre salientar, ainda, que o próprio art. 14 da LRF, em seu § 1º, confere um conceito bem abrangente do que se considera renúncia de receita:

> § 1º. A renúncia compreende anistia, remissão, subsídio, crédito presumido, concessão de isenção em caráter não geral, alteração de alíquota ou modificação de base de cálculo que implique redução discriminada de tributos ou contribuições, e outros benefícios que correspondam a tratamento diferenciado.

44. Para Régis Fernandes de Oliveira, tal dispositivo legal está dizendo nada mais do que tem que ser feito, de modo que cada ente federado exerça sua competência tributária, a fim de abastecer seus cofres, sem depender do das outras entidades (*Curso de Direito Financeiro*, 3ª ed. rev. e atual., São Paulo, Ed. RT, 2010, p. 464). Enquanto para Roque Antonio Carrazza a referida norma é inconstitucional, pois, na medida em que obriga a instituição de todos os tributos da competência constitucional dos entes da Federação, essa lei complementar afronta o princípio federativo, violando a autonomia municipal e distrital (*Curso de Direito Constitucional Tributário*, cit., p. 637).

Em suma, resta claro que qualquer incentivo, isenção ou benefício fiscal, para os fins da Lei de Responsabilidade Fiscal, é considerado renúncia de receita do ente tributante, e fica, ainda, sujeito ao controle e à fiscalização dos Tribunais de Contas, nos termos dos arts. 70, 71 e 75 da Constituição Federal.

4. *Incentivos fiscais e segurança jurídica*

4.1 *É possível a revogação de um incentivo fiscal? Há diferença caso tenham sido exigidas contrapartidas, a serem implementadas pelo contribuinte, como condição para a sua concessão? É relevante, ainda, que o incentivo tenha sido concedido por prazo certo?*

Para responder à primeira indagação, mister retomar distinções feitas preliminarmente neste estudo. Os incentivos, benefícios e alívios fiscais são medidas tomadas pela Administração Tributária dos entes políticos e não se confundem com outro plano de análise: o normativo. Nesse plano, encontram-se as imunidades, as isenções, a não incidência, a redução de base de cálculo e a alíquota zero.

A revogação é, nas lições de José dos Santos Carvalho Filho, "o instrumento jurídico através do qual a Administração Pública promove a retirada de um ato administrativo por razões de conveniência e oportunidade".[45] É um poder inerente à Administração, que analisará os critérios acima apontados, cabendo-lhe avaliação para a retirada do ato administrativo do mundo jurídico.

Destarte, é possível a revogação de um incentivo fiscal, mediante análise da conveniência e oportunidade da Administração Pública competente – ou seja, da mesma que concedeu referido benefício –, retirando aquele incentivo do mundo jurídico, desde que o instrumento normativo seja igualmente adequado (lei em sentido estrito).

Em relação aos efeitos causados pela revogação dos incentivos fiscais, há diferenças caso tenham sido exigidas ou não contrapartidas, a serem implementadas pelo contribuinte, como condição para a sua concessão. Aliás, outros tipos de benefícios fiscais (meras reduções de

45. José dos Santos Carvalho Filho, *Manual de Direito Administrativo*, 12ª ed. rev., ampl. e atual., Rio de Janeiro, Lumen Juris, 2005, p. 156.

base de cálculo ou de alíquota, isenções simples e desonerações com finalidades extrafiscais) geralmente não estão acompanhados de requisitos condicionantes.

Quando os incentivos fiscais são concedidos mediante contrapartida (tais como investimentos para a construção de uma creche ou escola, geração de empregos utilizando-se da mão de obra local, entre outros), o caráter oneroso do acordo revela direitos e obrigações acordados entre as partes: o ente público e a pessoa física ou jurídica (contribuinte). Tais ônus são uma compensação ao Poder Público pelo não ingresso da receita pública; ao passo que, para o contribuinte, esta é uma garantia de que o Poder Público honrará com o compromisso ajustado e os investimentos realizados.

Necessário concluir, portanto, que, se o incentivo fiscal, concedido onerosamente, for revogado pela Administração Pública, caberá ao contribuinte o direito à reparação pelos prejuízos que lhe foram causados, nos termos em que fora pactuado. Se o incentivo fiscal fora concedido por prazo certo, essa é, sem dúvida, uma das cláusulas acordadas entre a Administração Pública e o contribuinte, razão pela qual deve ser resguardada, sob pena de ferir a segurança jurídica e o princípio da proteção à confiança[46] e prejudicar um direito adquirido, *v.g.*, as disposições contidas no art. 41, § 2º, do ADCT relativas aos incentivos concedidos sob condição e com prazo certo antes do advento da CF/1988.

Para Humberto Ávila, o poder de revisão dos benefícios fiscais, por parte da Administração Pública, deve ser analisado conjugando os princípios constitucionais e os direitos fundamentais do contribuinte:

> O exame do ordenamento constitucional, de acordo com sua interpretação pelos Tribunais Superiores, revela que o princípio da legalidade deve ser conjugado com outros princípios constitucionais de igual hierarquia. Essa harmonização leva ao entendimento de que a administração, mesmo diante de benefícios fiscais inválidos, não tem poder ilimitado para decidir a respeito de sua anulação ou revogação.

46. Juliana Gilioli, "A 'guerra fiscal' e a proteção da confiança", *Cadernos de Pós-Graduação em Direito/UFRGS*, ano 2012, v. VII, n. 1, disponível em <seer.ufrgs.br/ppgdir/article/download/35290/23590>, acesso em 30.6.2014.

O poder de revisão de benefícios fiscais, sobre ser limitado substancialmente pelos direitos fundamentais, só pode ser exercido por meio de procedimento que permita uma justa harmonização do dever de observar a forma com o dever de respeitar a confiança. A mera desconsideração, por irregularidades formais, das relações formadas em função de comportamentos anteriores do próprio Poder Público é incompatível com os princípios fundamentais do Estado de Direito. O valor da obediência à forma, antes mesmo de prevalecer sobre o valor da confiança, deve ser com ele harmonizado por meio de procedimentos que permitam a ponderação de todos os interesses em conflito.[47]

4.2 A resposta dada à questão anterior é a mesma caso, em vez de revogação, tenha-se a nulidade do incentivo, posteriormente reconhecida no âmbito administrativo ou judicial? Pode a entidade tributante que houver editado lei concedendo incentivo cobrar o tributo correspondente em razão da inconstitucionalidade posteriormente declarada da lei que ela própria editou?

Pela teoria das nulidades, ato nulo é aquele inválido por não ter obedecido aos requisitos jurídico-formais: relação de pertinência com o sistema e a autoridade competente para expedir a norma. A norma é válida quando estabelece uma relação de pertinência com o sistema (dentro de uma ordem hierárquica), tendo sido criada pela autoridade competente. Esses são os requisitos formais para avaliar o plano da validade das normas jurídicas.

Passando para a análise do plano da eficácia, necessário examinar os efeitos da invalidação de um ato ou norma jurídica. Para Celso Antônio Bandeira de Mello:[48]

Os *efeitos* da invalidação consistem em fulminar *ab initio*, portanto, retroativamente, o ato viciado e seus efeitos. Vale dizer: a anulação opera

47. Humberto Ávila, "Benefícios fiscais inválidos e a legítima expectativa do contribuinte", *Revista Diálogo Jurídico*, Salvador, CAJ – Centro de Atualização Jurídica, n. 13, abr.-maio 2002, disponível em <http://www.direitopublico.com.br>, acesso em 30.6.2014.

48. Celso Antônio Bandeira de Mello, *Curso de Direito Administrativo*, 31ª ed. rev. e atual., São Paulo, Malheiros Editores, 2014, p. 474.

ex tunc, desde então. Ela fulmina o que já ocorreu, no sentido de que se negam hoje os efeitos de ontem.

Em relação aos atos normativos que concedem incentivos fiscais, há grandes divergências doutrinárias. Alcides Jorge Costa entende que as decisões proferidas pelo STF no caso de incentivos e benefícios fiscais concedidos unilateralmente por Estados julgados inconstitucionais tenham efeito *ex tunc*:

> A segurança jurídica exige que os efeitos das decisões sejam *ex tunc*. Caso contrário, os Estados continuarão com esta prática, fiados em que, no futuro, outras decisões do STF serão moduladas, com base nos mesmos argumentos que ora se usam.[49]

Entendimento contrário é o de Hugo de Brito Machado Segundo, que afirma, pautado na tricotomia dos planos normativos (existência, validade e eficácia), ser uma lei inconstitucional uma lei inválida. Portanto, se essa lei existe, pode ter produzido efeitos que não se pode ignorar, razão pela qual a decisão que declara a inconstitucionalidade não deve ter necessariamente efeitos *ex tunc*.[50] Corrobora-se o entendimento desse brilhante tributarista cearense, pois nada obsta que o STF determine a modulação dos efeitos da declaração de inconstitucionalidade dos incentivos fiscais, de modo a preservar a boa-fé do contribuinte beneficiário do incentivo e a presunção de constitucionalidade das leis produzidas pelo ente tributante que concedera tal benefício.

No caso de terem existido contrapartidas, como necessárias à concessão dos incentivos fiscais, caso estes sejam anulados, o contribuinte beneficiário do incentivo fará jus a uma reparação por parte do ente tributante. Eis, portanto, o mais curioso em relação à modulação dos efeitos nas declarações de inconstitucionalidade.

Caso os efeitos sejam *ex tunc*, o benefício fiscal será invalidado *ab initio*, de modo a retroagir a situação ao *status quo ante*. Destarte, anu-

49. Alcides Jorge Costa, "Guerra fiscal e modulação dos efeitos das decisões do STF", in Valdir de Oliveira Rocha (coord.), *Grandes Questões Atuais do Direito Tributário*, cit., pp. 10-11.

50. Hugo de Brito Machado Segundo, "Guerra fiscal e efeitos das decisões do STF", in Valdir de Oliveira Rocha (coord.), *Grandes Questões Atuais do Direito Tributário*, cit., pp. 171-172.

lado o benefício, todo o montante do tributo (com os respectivos acréscimos legais) deverá ser recolhido àquele ente tributante que concedera o incentivo fiscal "irregularmente" (sua sanção será receber receitas tributárias antes renunciadas), enquanto para o contribuinte (independentemente de ter agido de boa ou má-fé, pois isso é irrelevante em face da presunção de legitimidade e constitucionalidade das leis) caber-lhe-á o direito à reparação por todos os investimentos e contrapartidas efetuadas em face da concessão daquele benefício fiscal, a ser cobrado do ente político tributante.

Caso os efeitos sejam *ex nunc* (portanto, com modulação de efeitos), o benefício fiscal será invalidado a partir da declaração de inconstitucionalidade por parte do STF ou de outra data que estipular, tendo em vista a preservação de situações jurídicas já perfeitas e realizadas, cujos efeitos, nalguns casos, são impossíveis de se desfazer. Ademais, a fim de preservar a segurança jurídica, os investimentos realizados pelo contribuinte beneficiário do incentivo, a título de contrapartida, poderão ser examinados, sendo-lhes analisado o grau de depreciação e utilização por parte da comunidade local, podendo ser bem menor o montante do prejuízo eventualmente a ser ressarcido.

Em suma, não restam dúvidas de que a ponderação e a razoabilidade devem ser os melhores parâmetros para a tomada de decisões pelo STF, na análise da constitucionalidade dos benefícios, isenções e incentivos fiscais, devendo ser examinados os casos de per si, ante a possibilidade de modulação dos efeitos dessas decisões.

5. Há algum outro aspecto relevante, relativo aos incentivos fiscais, não abrangido pelas questões anteriores?

Outro aspecto relevante, relativo aos incentivos fiscais, não tratado diretamente nas questões anteriores, mas que se subsume do bojo deste estudo, é a ausência de um regramento geral no ordenamento jurídico brasileiro sobre o regime jurídico dos incentivos, benefícios e alívios fiscais.

Não obstante o pacto federativo e a necessidade de garantia da autonomia dos entes políticos tributantes, entende-se que esse vácuo legislativo poderia ser preenchido com a edição de um diploma normativo geral (lei complementar) que traçasse um regime jurídico único para o País, com a uniformização dos institutos jurídicos aplicáveis, de sua natureza, de seu alcance, de seus efeitos e de requisitos gerais para a sua concessão. Desta feita, talvez se pudesse estar dando um grande passo para evitar novos conflitos de competência entre os entes federados tributantes.

Bibliografia

AMARO, Luciano. *Direito Tributário Brasileiro*. 10ª ed. São Paulo, Saraiva, 2004.

ÁVILA, Humberto. "Benefícios fiscais inválidos e a legítima expectativa do contribuinte". *Revista Diálogo Jurídico*. Salvador, CAJ – Centro de Atualização Jurídica, n. 13, abr./maio 2002. Disponível em: <http://www.direitopublico.com.br>. Acesso em: 30.6.2014.

BALEEIRO, Aliomar. *Direito Tributário Brasileiro*. 11ª ed. Atualizadora: Misabel Abreu Machado Derzi. Rio de Janeiro, Forense, 2004.

BATALHA, Ricardo Soneghet. *Incentivos Fiscais e Financeiros-Fiscais: uma Análise Jurídica sob a Ótica do Desenvolvimento Regional: o Caso Fundap*. Dissertação de Mestrado. Faculdade de Direito de Campos, 2005.

BECKER, Alfredo Augusto. *Teoria Geral do Direito Tributário*. 3ª ed. São Paulo, Lejus, 1998.

BORGES, José Souto Maior. *Teoria Geral da Isenção Tributária*. 3ª ed. São Paulo, Malheiros Editores, 2001.

CARRAZZA, Roque Antonio. *Curso de Direito Constitucional Tributário*. 29ª ed. rev., ampl. e atual. São Paulo, Malheiros Editores, 2013.

CARVALHO, Paulo de Barros. *Curso de Direito Tributário*. 22ª ed. São Paulo, Saraiva, 2010.

________. *Teoria da Norma Tributária*. São Paulo, Max Limonad, 2002.

________; MARTINS, Ives Gandra da Silva. *Guerra Fiscal: Reflexões sobre a Concessão de Benefícios no Âmbito do ICMS*. São Paulo, Noeses, 2012.

CARVALHO FILHO, José dos Santos. *Manual de Direito Administrativo*. 12ª ed. rev., ampl. e atual. Rio de Janeiro, Lumen Juris, 2005.

CEZAROTI, Guilherme. "Argumentação jurídica e o direito ao crédito presumido de IPI dos insumos e matérias-primas isentos adquiridos na Zona Franca de Manaus". *Revista Dialética de Direito Tributário* 221. São Paulo, Dialética, pp. 52-42, set. 2014.

COÊLHO, Sacha Calmon Navarro. *Curso de Direito Tributário Brasileiro*. 9ª ed. rev. e atual. Rio de Janeiro, Forense, 2007.

COSTA, Alcides Jorge. "Guerra fiscal e modulação dos efeitos das decisões do STF". In ROCHA, Valdir de Oliveira (coord.). *Grandes Questões Atuais do Direito Tributário*. vol. 16. São Paulo, Dialética, 2012, pp. 11-9.

FERNANDES, Edison Carlos. *Sistema Tributário do Mercosul: o Processo de Harmonização das Legislações Tributárias*. 3ª ed. rev. e ampl. São Paulo, Ed. RT, 2001.

GILIOLI, Juliana. "A 'guerra fiscal' e a proteção da confiança". *Cadernos de Pós-Graduação em Direito/UFRGS*. Ano 2012, v. VII, n. 1. Disponível em: <seer. ufrgs.br/ppgdir/article/download/23590/35290>. Acesso em: 30.6.2014.

GRAU, Eros Roberto. *A Ordem Econômica na Constituição de* 16 .*1988*ª ed. rev. e atual. São Paulo, Malheiros Editores, 2014.

HOUAISS, Antônio; VILLAR, Mauro de Salles. *Dicionário Houaiss da Língua Portuguesa*. Rio de Janeiro, Objetiva, 2001.

JORGE NETO, Nagibe de Melo. *O Controle Jurisdicional das Políticas Públicas: Concretizando a Democracia e os Direitos Sociais Fundamentais*. Salvador, JusPodivm, 2008.

MACHADO, Hugo de Brito. *Curso de Direito Constitucional Tributário*. São Paulo, Malheiros Editores, 2012.

________. *Curso de Direito Tributário*. 36ª ed. rev., atual. e ampl. São Paulo, Malheiros Editores, 2015.

MACHADO SEGUNDO, Hugo de Brito. "Guerra fiscal e efeitos das decisões do STF". In ROCHA, Valdir de Oliveira (coord.). *Grandes Questões Atuais do Direito Tributário*. vol. 16. São Paulo, Dialética, 2012, pp. 181-167.

MELLO, Celso Antônio Bandeira de. *Curso de Direito Administrativo*. 31ª ed. ver. e atual. São Paulo, Malheiros Editores, 2014.

NOGUEIRA, Ruy Barbosa. *Curso de Direito Tributário*. 15ª ed. São Paulo, Saraiva, 1999.

OLIVEIRA, Régis Fernandes de. *Curso de Direito Financeiro*. 3ª ed. rev. e atual. São Paulo, Ed. RT, 2010.

SEIXAS FILHO, Aurélio Pitanga. "Portos francos – Zonas francas – Depósitos francos". *Revista de Direito Administrativo* 417/137, p. 1979 ,420.

SILVA, De Plácido e. *Vocabulário Jurídico*. Atualizadores: Nagib Slaibi Filho e Gláucia Carvalho. Rio de Janeiro, Forense, 2005.

STF. ADI 2.348-MC, rel. Min. Marco Aurélio, Pleno, votação unânime, j. em 7.12.2000, *DJ* 7.11.2003. Disponível em: <www.stf.jus.br>. Acesso em: 29.6.2014.

TORRES, Ricardo Lobo. *Curso de Direito Financeiro e Tributário*. 10ª ed. Rio de Janeiro, Renovar, 2003.

________. *Os Direitos Humanos e a Tributação*. Rio de Janeiro, Renovar, 1995.

DOS INCENTIVOS FISCAIS À FALÊNCIA

José Alberto Rôla

Apresentação. 1. Regime jurídico dos incentivos fiscais: 1.1 O incentivo fiscal – 1.2 A compreensão do termo. 2. A igualdade constitucional. 3. O entendimento adotado. 4. Regime jurídico das falências: 4.1 A falência – 4.2 A doutrina falimentar – 4.3 A recuperação – 4.4 Efeitos da sentença declaratória. Considerações finais. Conclusões.

Apresentação

O dinamismo criativo e a inquietação doutrinária do Professor Hugo de Brito Machado nos brindam com mais uma louvável iniciativa, oferecendo para estudos um interessante desafio sobre o *regime jurídico dos incentivos fiscais*, tema instigante e atual, provocado por um abrangente questionário.

Essa provocação ocorreu na reunião do Instituto Cearense de Estudos Tributários (ICET), onde o Mestre lançou uma série de curiosas, importantes e atuais indagações, sintetizadas em quatro perguntas principais, a saber:

1 – O que são incentivos fiscais?; 2 – Limites formais à concessão de incentivos fiscais; 3 – Limites materiais para a concessão de incentivos fiscais; e 4 – Incentivos fiscais e segurança jurídica.

Por isso decidi repetir, servilmente, o mesmo roteiro de artigo escrito anteriormente, com o qual participei de outro estudo do ICET.

E o fiz pelo fato de, praticamente, o Professor Hugo de Brito Machado ter esgotado o assunto com todas as perguntas e subperguntas pertinentes à matéria, mas, no final, arrematou com a última delas, para nada escapar: "Há algum outro aspecto relevante, relativo aos incentivos fiscais, não abrangido pelas questões anteriores?"

Então, lembrei:

E se a empresa beneficiada com o incentivo enfrentasse uma grave crise econômico-financeira?

E se, por isso, não conseguisse superá-la e tivesse decretada sua *falência*, ou procurasse a *recuperação*, continuaria no gozo desse benefício?

Quais os efeitos da Sentença Declaratória nos incentivos fiscais?

É esse, pois, o outro aspecto considerado relevante, embora não abrangido pelo enfoque oferecido, o qual será abordado aqui de uma maneira, tanto quanto possível, informal e superficial.

Assim, serão vistos, de início, alguns aspectos relativos ao regime jurídico dos incentivos fiscais, seguindo-se a linha indicada no questionário, cujo enfoque é por demais objetivo e didático.

Em seguida, far-se-á uma abordagem, também de leve, nas peculiaridades do direito falimentar – de todos conhecidas –, bem como nos efeitos especiais da Sentença Declaratória, de modo a analisar o caso da insolvência de uma empresa beneficiada por incentivos fiscais.

Por último, em considerações conclusivas, será revelado como se entende o problema proposto, com muita propriedade, pelo Instituto Cearense de Estudos Tributários – ICET, através de seu incansável Presidente, o Professor Hugo de Brito Machado.

1. Regime jurídico dos incentivos fiscais

1.1 O incentivo fiscal

O incentivo fiscal é um benefício concedido pelo Estado ao contribuinte para pagar o tributo de modo diferenciado, tendo em vista um interesse socioeconômico relevante, como, por exemplo, dentre vários, assegurar o equilíbrio competitivo interno de determinada região.

O Estado do Ceará, muito antes da Constituição de 1988, já o concedia por lei, dentro de sua competência tributária (p. ex., a Lei 9.422, de 11.11.1970) e segundo diretrizes adotadas em convênios (Convênio de Fortaleza, de 22.2.1967), com o objetivo de atrair indústrias novas, sem similar no Estado.

Hoje, a Constituição Federal, no art. 150, especifica:

> § 6º. Qualquer subsídio ou isenção, redução de base de cálculo, concessão de crédito presumido, anistia ou remissão, relativos a impostos, taxas ou contribuições, só poderá ser concedido mediante lei específica, federal, estadual ou municipal, que regule exclusivamente as matérias acima enumeradas ou o correspondente tributo ou contribuição, sem prejuízo do disposto no art. 155, § 2º, XII, "g".

Pela regra constitucional acima transcrita, pode-se constatar a cautela e o cuidado do legislador ao disciplinar a matéria. Com precisão, como se vê, foram fixadas restrições de ordem pública para a concessão dos chamados incentivos fiscais. Afinal, trata-se de uma exceção.

Assim, o favor fiscal somente poderá ser concedido por meio de lei específica, que discipline, exclusivamente, a matéria pretendida, sendo vedado fazê-lo através de emendas a outras leis.

Apesar disso, têm-se verificado abusos na sua utilização, gerando a chamada "guerra fiscal", socialmente nociva, como se verá adiante.

A propósito, o Professor Eduardo Domingos Bottallo, nas considerações iniciais de seu artigo "Notas sobre a 'guerra fiscal' do ISS", bem desenhou o problema quando o resumiu nas seguintes palavras:

> A expressão "guerra fiscal entre Municípios" está fortemente associada ao exercício abusivo por parte de alguns destes entes políticos, da competência que lhes foi outorgada pelo art. 156, III, da Constituição, para instituir o ISS – imposto sobre serviços de qualquer natureza.
>
> Deveras, a pretexto de atrair investimentos e de estimular a geração de empregos em seus territórios, Municípios oferecem a potenciais interessados que se disponham a instalar-se em seus territórios isenções, reduções e/ou outras modalidades de estímulos fiscais. Não raro, a adesão é puramente formal, com a proliferação de sedes e/ou estabelecimentos apenas "de fachada".[1]

É preciso, pois, ter cautela com os empreendimentos "de fachada", pela nocividade social dessas iniciativas que desvirtuam o incentivo concedido.

1. Eduardo Domingos Bottallo, "Notas sobre a 'guerra fiscal' do ISS", in Valdir de Oliveira Rocha, *Grandes Questões Atuais do Direito Tributário*, vol. 11, São Paulo, Dialética, 2007, p. 55.

Aliás, tem-se visto proliferar, indesejavelmente, a transferência de sedes de grandes empresas para pequenos Municípios, sem maiores justificações.

Hugo de Brito Machado, em aula, no ICET, verberou, entusiasmado, contra o uso desses expedientes, manifestando-se, também, contra a "guerra fiscal". Criticou a unanimidade exigida pela LC 24/1975, relativa ao ICMS, um condenável artifício usado pelos Estados mais poderosos contra os interesses dos menos favorecidos.

E o interesse público em eliminar as desigualdades regionais vai dormitar, tranquilamente, nas prateleiras do esquecimento.

Apesar disso, há quem veja a questão por outro prisma, como o faz Tiziane Maria Onofre Machado, especialista em Direito Tributário pelo Centro de Extensão Universitária (SP):

> Ora, o Brasil deu-se ao luxo, desde a Constituição de 1967, de manter dois tributos circulatórios não cumulativos (IPI e ICM/ICMS), um de competência da União e outro de competência dos Estados, gerando a partir daquela data, a denominada "guerra fiscal", que outra coisa não é do que a liberdade de cada entidade federativa usar de sua autonomia financeira para agir como considere mais adequado para os interesses de sua comunidade.[2]

É um entendimento sério e merecedor de atenção e cuidadosa análise, pois a Autora, continuando seu discurso, afirma:

> A Constituição Federal de 1988, no seu art. 155, § 2º, inciso XII, alínea "g", colocou como matéria de Lei Complementar, regular a forma como os Estados-membros e o Distrito Federal poderão conceder e revogar as isenções, incentivos e benefícios fiscais.
>
> Entretanto, sob o guante do Princípio Federativo, os Estados-membros, dispondo de autonomia financeira, concedem incentivos financeiros, passando ao largo da regra contida no dispositivo constitucional acima mencionado.[3]

2. Tiziane Maria Onofre Machado, "Isenções tributárias e os princípios constitucionais", *Tributo*, Revista do ICET, Hugo de Brito Machado (org.), n. 3, pp. 213-251, jul. 2001-2002.

3. Idem, ibidem, pp. 213-251.

Ora, apesar de esse entendimento ser um complicador para nossa compreensão, não se pode deixar de refletir a respeito do mesmo para uma conclusão adequada.

1.2 A compreensão do termo

Como é sabido, *incentivo* é, segundo os dicionaristas, estímulo; e incentivar significa estimular, beneficiar, aliviar ou facilitar. Já a palavra *fiscal* é relativa ao tributo.

O incentivo fiscal difere completamente dos chamados incentivos financeiros, pois sua natureza é tributária e sua finalidade é de interesse socioeconômico do Estado, portanto, de ordem pública.

No precioso *Dicionário Jurídico da Academia Brasileira de Letras Jurídicas*, de autoria do saudoso Professor J. M. Othon Sidou, lê-se:

> Incentivo Fiscal. Direito Tributário – estímulo na forma de isenção tributária facultado por lei, tendo em mira o equilíbrio do desenvolvimento socioeconômico entre as diferentes regiões do País. CF art. 150.[4]

Aí está uma noção clara e exata da expressão *incentivo fiscal*.

Contudo, na intocável lição de Hugo de Brito Machado Segundo, escrevendo em parceria com Raquel Cavalcanti Ramos Machado, tem-se uma visão técnica bem mais adequada:

> Pode-se dizer que Incentivo fiscal é o tratamento tributário diferenciado conferido ao contribuinte com o propósito de o estimular a adotar uma conduta desejável à luz da ordem jurídica mas que, de outro modo (sem o incentivo) provavelmente não seria adotado, ou não o seria com a mesma intensidade.[5]

4. J. M. Othon Sidou, *Dicionário Jurídico da Academia Brasileira de Letras Jurídicas*, 4ª ed., Rio de Janeiro, Forense Universitária, 1997.

5. Hugo de Brito Machado Segundo e Raquel Cavalcanti Ramos Machado, "Algumas notas sobre o regime jurídico dos incentivos fiscais", in Valdir de Oliveira Rocha (coord.), *Grandes Questões Atuais do Direito Tributário*, vol. 17, São Paulo, Dialética, 2013, pp. 121-131.

Temos aí, então, um perfeito balizamento para uma compreensão desejável da expressão *incentivo fiscal.*

Dessa forma, é impossível confundi-lo com *isenção* (CTN, art. 176) ou anistia (CTN, art. 180), embora ambas excluam o crédito tributário. por uma forma diferenciada de suportar o ônus da imposição fiscal.

Sacha Calmon Navarro Coelho estudou a matéria sob o enfoque da "Teoria da Exoneração Tributária", sintetizando seu pensamento em excelente esquema didático, por ele denominado "Tipologia Exonerativa", interessante de ser consultado.

Mas não estudou expressamente os incentivos fiscais, muito embora tenha referido

> entre nós, o fenômeno é comum, mormente quando aparecem consorciadas diversas modalidades ou espécies exonerativas. Exemplo temos no "pacote de incentivos" que era dado à exportação de manufaturados nas áreas do IPI e ICM antes da CF/88.[6]

Por sua vez, o Procurador Fiscal do Município de São Paulo, Kiyoshi Harada, doutrinador respeitado, em seu longo estudo "A Constituição de 1988 e os privilégios fiscais no âmbito municipal", apresentado à Mesa Semanal de Debates do Instituto Brasileiro de Direito Tributário, abordou a questão em profundidade.

Dele colhemos uma afirmação deveras curiosa:

> (...) o incentivo fiscal é um conceito próprio da Ciência das Finanças. Sinteticamente, pode-se dizer que é um instrumento do dirigismo econômico: visa desenvolver economicamente determinada região ou um certo setor da atividade.[7]

Na verdade, é muito difícil subtrair o estudo dos incentivos fiscais do âmbito do direito tributário.

6. Sacha Calmon Navarro Coelho, *Teoria Geral do Tributo, da Interpretação e da Exoneração Tributária*, 3ª ed., São Paulo, Dialética, 2003.

7. Kiyoshi Harada, "A Constituição de 1988 e os privilégios fiscais", *Direito Tributário Atual*, São Paulo, Editora Resenha Tributária, n. 10, pp. 2.661-2.701, 1990.

Pelo *incentivo* permite-se uma tributação diferenciada, isto é, o tributo vai ser atendido em conformidade com o favor fiscal concedido.

Já a norma de natureza financeira disciplina essa atividade do Estado, definindo a previsão orçamentária de sua Receita e Despesa e a execução de seu orçamento.

A respeito, o Professor Hugo de Brito Machado (o pai) explica qual a diferença entre ambos em uma feliz síntese:

> Em resumo, é possível afirmar que:
>
> O direito tributário regula a atividade financeira do Estado no pertinente à tributação;
>
> O direito financeiro regula toda a atividade financeira do Estado, menos a que se refere à tributação.[8]

Ora, tendo em vista essa lição e depois dela, nenhuma dúvida pode haver a respeito da submissão do estudo dos incentivos fiscais às regras do direito tributário e não do direito financeiro.

Daí ter achado curiosa a afirmação do Professor Kiyoshi Harada.

De qualquer forma, não se pode esquecer a nocividade social da chamada "guerra fiscal", danosa a todos, sob todos os aspectos.

A propósito, é oportuno referir o Acórdão unânime do Egrégio Supremo Tribunal Federal, na ADI 3.803/PR, TP, rel. Min. Cezar Peluso, *DJE* 5.10.2011 (Revista *Magister* 41, p. 136) de onde se extraiu o seguinte trecho:

> A concessão de incentivos fiscais (bem como isenções e benefícios) em matéria de ICMS, deve, por imperativo constitucional, ser precedida da celebração de convênio entre todos os Estados e o Distrito Federal. A deliberação por meio de convênio é, pois, constitucionalmente necessária como meio de evitar a "guerra fiscal".

Vê-se aí o STF referindo um obstáculo para dificultar os desvios havidos, como no caso julgado pelo acórdão mencionado, no qual foi

8. Hugo de Brito Machado, *Curso de Direito Tributário*, 36ª ed., São Paulo, Malheiros Editores, 2015, p. 56.

declarada a inconstitucionalidade de uma lei estadual que instituiu benefício de forma incorreta.

2. *A igualdade constitucional*

Com o tratamento diferenciado concedido ao contribuinte – poder-se-ia dizer – surge, inevitavelmente, um conflito com o princípio constitucional da igualdade jurídica, embora aquele, como prescreve expressamente o citado dispositivo, só possa ser concedido por meio de lei específica, regulando, exclusivamente, a matéria e o tributo a ser incentivado.

Devemo-nos convencer, porém, de não estar o estudo dos incentivos fiscais desafiando o princípio constitucional da igualdade jurídica, com o qual deve conviver em harmonia.

Na verdade, estabelecendo uma condição diferenciada para o pagamento do tributo, na qual o contribuinte será beneficiado tendo em vista certas condições estabelecidas na lei, haveria, certamente, ofensa a esse princípio constitucional.

Ora, se um contribuinte recebe tratamento diferenciado em função de certas condições definidas pelo incentivo fiscal, certamente haveria desigualdade, pois irá pagar sua obrigação tributária de forma favorecida, não importando se em atenção a um interesse público.

Mas não é bem assim.

De forma completa e profunda, o Professor José Afonso da Silva trata do problema da igualdade, com sua habitual clareza, quando afirma:

> O que se quer é a igualdade jurídica que embase a realização de todas as desigualdades humanas e as faça suprimento ético de valores poéticos que o homem possa desenvolver. As desigualdades naturais são saudáveis, como são doentes aquelas sociais e econômicas, que não deixam alternativas de caminhos singulares a cada ser humano único.[9]

A igualdade jurídica – por aí se vê – não é absoluta, pois reconhece as desigualdades sociais.

9. José Afonso da Silva, *Curso de Direito Constitucional Positivo*, 38ª ed., São Paulo, Malheiros Editores, 2015, p. 215.

Por isso mesmo, mais adiante, nessa mesma obra, dissertando sobre a igualdade perante a tributação, o citado Professor ensina:

> O *princípio da igualdade tributária* relaciona-se com a justiça distributiva em matéria fiscal. Diz respeito à repartição do ônus fiscal do modo mais justo possível. Fora disso, a igualdade será puramente formal.[10]

Desse modo, por ser um tratamento tributário diferenciado, poder-se-ia ver caracterizada uma ofensa ao princípio constitucional da igualdade, mas assim não é, pela finalidade socioeconômica que procura justificar a concessão do incentivo.

Aliás, a noção de igualdade jurídica tem sido um problema para a doutrina, principalmente pela multiplicidade de interpretações.

O Professor Hugo de Brito Machado Segundo, já aqui citado, admitindo que "É complexo, contudo, determinar o significado da palavra igualdade", esclareceu:

> (...) igualdade não significa um mesmo tratamento em termos absolutos. A igualdade é sempre relativa, pois sua aferição liga-se a um critério. Um critério para o estabelecimento de diferenças.[11]

Não é demasia invocar a lição de Alexandre de Moraes, para esclarecer se os incentivos fiscais ferem ou arranham o princípio da igualdade, com um tratamento diferenciado ao contribuinte:

> (...) o que se veda são as diferenciações arbitrárias, as discriminações absurdas, pois, o tratamento desigual dos casos desiguais, na medida em que se desigualam, é exigência tradicional do próprio conceito de Justiça, pois o que realmente protege são certas finalidades, somente se tendo por lesado o princípio constitucional quando o elemento discriminador não se encontra a serviço de uma finalidade acolhida pelo direito.[12]

10. Idem, ibidem, p. 223.

11. Hugo de Brito Machado Segundo e Raquel Cavalcanti Ramos Machado, "Algumas notas sobre o regime jurídico dos incentivos fiscais", in Valdir de Oliveira Rocha (coord.), *Grandes Questões Atuais do Direito Tributário*, cit., pp. 121-131.

12. Alexandre de Moraes, *Direito Constitucional*, 12ª ed., São Paulo, Atlas, 2002.

Aí está, bem clara, a explicação da inexistência de ofensa à Carta Magna.

Mas, na página seguinte, o Mestre, acostando-se a Celso Antônio Bandeira de Mello, completa de forma conclusiva sua magistral lição, de uma maneira bem objetiva e direta:

> Assim, os tratamentos normativos diferenciados são compatíveis com a Constituição Federal quando verificada a existência de uma finalidade razoavelmente proporcional ao fim visado.[13]

Por fim, não se pode deixar de invocar a lição oportuna e profunda do Professor Paulo Bonavides, em seu monumental *Curso de Direito Constitucional*, a quem me acosto para demonstrar a razão e a força dos princípios constitucionais:

> A ideia de princípio, segundo Luis Díez Picazo, deriva da linguagem da geometria, "onde designa as verdades primeiras". Logo acrescenta o mesmo jurista que exatamente por isso são "princípios", ou seja, "porque estão ao princípio", sendo "as premissas de todo um sistema que se desenvolve *more* geométrico.
>
> (...) os princípios são verdades objetivas, nem sempre pertencentes ao mundo do ser, senão do dever ser, na qualidade de normas jurídicas dotadas de vigência, validez e obrigatoriedade.[14]

Portanto, tendo presente esse entendimento, não se pode deixar de admitir sua íntima vinculação com a igualdade jurídica, mas se deve concluir por sua perfeita compatibilidade com o Texto Constitucional.

3. O entendimento adotado

Em face dessa argumentação, pode-se admitir, sem vacilações, ser possível a convivência harmônica do *incentivo fiscal* com a *igualdade constitucional.*

13. Idem, ibidem.

14. Paulo Bonavides, *Curso de Direito Constitucional*, 30ª ed., São Paulo, Malheiros Editores, 2015.

Realmente, como se viu, a igualdade constitucional não pode ser considerada em termos absolutos, e a doutrina é pacífica nesse sentido.

E essa é a lição, dentre outros, de Kiyoshi Harada, já aqui referido quando, depois de afirmar ser salutar a vedação do art. 150, II, da CF, afirmou:

> É oportuno ressaltar que, quando o tratamento diferenciado, dispensado pelas normas jurídicas, guardar relação de pertinência lógica com a razão diferencial (motivo do tratamento discriminatório), não há que falar em afronta ao princípio da isonomia.[15]

Só isso bastaria para demonstrar a consistência da afirmação. Mas a lição de Yoshiaki Ichihara deve, também, ser lembrada:

> Essa igualdade não quer significar a igualdade de fato, mas a igualdade jurídica, no sentido da notória afirmação de Aristóteles de que "a igualdade consiste em tratar igualmente os iguais e desigualmente os desiguais".[16]

Portanto, os incentivos fiscais hoje existentes, apesar de revelarem um tratamento diferenciado, não ofendem o princípio da igualdade constitucional, exatamente pela destinação socioeconômica dos mesmos.

Vejamos, agora, o segundo termo de nossa equação, isto é, o regime jurídico das falências.

4. Regime jurídico das falências

4.1 A falência

A falência é um estado jurídico. É, simplesmente, o estado jurídico no qual se transformou o estado de fato da insolvência do devedor empresário, depois de ter sido reconhecido pela Sentença Declaratória.

15. Kiyoshi Harada, *Direito Financeiro e Tributário*, 14ª ed., São Paulo, Atlas, 2005.

16. Yoshiaki Ichihara, *Direito Tributário*, 11ª ed., São Paulo, Atlas, 2002.

F. a Sentença Declaratória é o ato solene e formal do juiz, o qual, ao reconhecer a manifestação dos pressupostos legais da falência, ou seja, o estado de fato da insolvência de um devedor empresário, o declara oficialmente.

Com a SD, completa-se a manifestação dos pressupostos legais da falência, isto é, a *insolvência* (estado de fato caracterizado pela incapacidade de solver obrigações, por inexistirem bens), o *devedor empresário* (no sistema restritivo é qualidade necessária para a falência) e a *declaração judicial* (ato solene pelo qual o juiz reconhece a insolvência e transforma o estado de fato no estado de direito, isto é, no estado jurídico da falência).

Daí em diante, inicia-se um processo especial, com seus efeitos *erga omnes*. Afirmar, então, de uma maneira tão simplista, como se iniciou esta dissertação, pode até afrontar a doutrina, para a aqual a falência sempre foi considerada uma anomalia, ou seja, uma manifestação patológica na economia creditícia, complexa por sua própria natureza.

Mas, na verdade, aqui se pretende tão somente criar condições para analisar a hipótese de uma empresa beneficiada com incentivo fiscal obter a recuperação do art. 47 da Lei 11.101, de 9.2.2005, ou a decretação da falência do art. 75 do mesmo diploma legal.

Vamos tentar explicar, então, examinando pronunciamentos abalizados de respeitados doutrinadores, de ontem e de hoje, para encontrar a resposta procurada.

4.2 A doutrina falimentar

Para alguns, a falência seria apenas um processo de execução coletiva dos bens do devedor insolvente.

É como a vê José da Silva Pacheco, processualista por excelência: "A falência é processo de execução coletiva universal, abrangente de todos os credores e de todos os bens do devedor".[17]

O clássico J. C. Sampaio de Lacerda segue o mesmo rumo: "É a falência, simplesmente, um processo de execução coletiva, instituído por força de lei em benefício dos credores".[18]

17. José da Silva Pacheco, *Processo de Falência e Concordata*, 12ª ed., Rio de Janeiro, Forense, 2001.

18. J. C. Sampaio de Lacerda, *Manual de Direito Falimentar*, 10ª ed., Rio de Janeiro, Livraria Freitas Bastos, 1978.

Antes dele, o respeitado Trajano de Miranda Valverde tinha uma genial visão de vanguarda quando registrou

> O instituto da falência é o complexo de regras jurídicas, técnicas ou construtivas que definem e regulam uma situação especial, de ordem econômica, a falência.
>
> Juridicamente, a falência se caracteriza por atos ou fatos que denotam, comumente, um desequilíbrio no patrimônio do devedor.[19]

Há, porém, entre os modernos, quem siga a mesma linha de pensamento, como Rubens Requião, quando ensina: "A falência é, em nosso entender, a solução judicial da situação jurídica do devedor comerciante que não paga no vencimento obrigação líquida".[20]

A lição de Walter T. Álvares, cuja obra, na época, causou um impacto pela forma singular e ousada de dissertar, assim se manifesta: "A falência, portanto, não é um estado, não é um fenômeno econômico de espécie alguma, mas um mecanismo, um engenho jurídico, um artifício, um remédio para enfrentar a insolvência ou inadimplência, por processo coletivo, com proteção do crédito".[21]

Entre os mais modernos vê-se, também, a predominância da natureza processual, como está em Gladston Mamede: "Falência é o procedimento pelo qual se declara a insolvência empresarial (insolvência do empresário ou sociedade empresária) e se dá solução à mesma, liquidando o patrimônio ativo e saldando, nos limites da força deste o patrimônio passivo do falido".[22]

Da mesma forma é o pensamento de Fábio Ulhoa Coelho: "A falência é, assim, o processo judicial de execução concursal do patrimônio do devedor empresário, que, normalmente, é uma pessoa jurídica

19. Trajano de Miranda Valverde, *Comentários à Lei de Falências*, 2ª ed., vol. 1, Rio de Janeiro, Forense, 1955.

20. Rubens Requião, *Curso de Direito Falimentar*, 17ª ed., vol. 1, São Paulo, Saraiva, 1998.

21. Walter T. Álvares, *Direito Falimentar*, 2ª ed., vol. I, São Paulo, Sugestões Literárias, 1968.

22. Gladston Mamede, *Falência e Recuperação de Empresas*, São Paulo, Atlas, 2006.

revestida de forma de sociedade por quotas de responsabilidade limitada ou anônima".[23]

Para finalizar, o magistério de Sérgio Campinho não podia faltar: "A falência revela-se como o conjunto de atos ou fatos que exteriorizam, ordinariamente, um desequilíbrio no patrimônio do devedor".[24]

A amostragem já basta e já se pode passar à abordagem da recuperação da empresa, objetivo relevantíssimo da Lei 11.101/2005.

4.3 *A recuperação*

O enfoque acima, como se disse, já bastou para demonstrar a divergência de pensamento dos Doutores sobre a simples conceituação da falência.

Vejamos, porém, em breve síntese, a *recuperação de empresas*, tal como desenhada pela Lei. 11.101, de 9.2.2005 (regula a recuperação judicial, a falência e a recuperação extrajudicial do empresário e da sociedade empresária).

Procurando evitar o mal maior da falência, a lei eliminou a antiga concordata e criou uma figura nova, com perfil jurídico, objetivos e meios inteiramente diversos.

Já tive oportunidade de anotar, em comentários ao art. 47 da Lei de Insolvência Empresarial, o seguinte:

> O panorama da revogada lei falimentar alterou-se, totalmente, como consequência direta da positivação da teoria da Empresa, pelo Código Civil. A necessidade de preservação da atividade empresarial inspirou a redação deste artigo. Com o saudável propósito de viabilizar a superação da crise econômico-financeira do devedor, o legislador pretendeu assegurar, aqui, a) a manutenção da fonte produtora de riqueza social; b) o emprego dos trabalhadores; e c) o interesse dos credores.[25]

23. Fábio Ulhoa Coelho, *Comentários à Nova Lei de Falências e de Recuperação de Empresas*, São Paulo, Saraiva, 2005.

24. Sérgio Campinho, *Falência e Recuperação de Empresa*, 2ª ed., São Paulo, Renovar, 2006.

25. José Alberto Rôla, *Recuperação de Empresas e Falências*, notas de aula, Fortaleza, Imprece Editorial, Faculdade de Direito da Universidade Federal do Ceará, 2011, p. 453.

Manifesta-se a recuperação em duas espécies (*judicial, art. 47, e extrajudicial, art. 161*) com as quais o legislador acreditou ter encontrado um remédio eficiente para o saneamento da empresa em crise, mas economicamente viável.

Vejamos, então, como as duas espécies se revelam e se caracterizam, na prática.

A *recuperação judicial* é um procedimento requerido pelo devedor, ao juiz, depois de demonstrar ter atendido a determinados requisitos legais e apresentar um Plano de Recuperação, tendo a lei sido pródiga nos meios oferecidos aos devedores para contornar a crise.

O já citado Gladston Mamede abordou o assunto afirmando ser

> a recuperação judicial de empresas, instituto e mecanismo que, segundo a definição do artigo 47 da já citada Lei 11.101/05 tem por objetivo viabilizar a superação da situação de crise econômico-financeira do devedor, a fim de permitir a manutenção da fonte produtora, do emprego dos trabalhadores e dos interesses dos credores, promovendo, assim, a preservação da empresa, sua função social e o estímulo à atividade econômica. Trata-se de uma definição rica e que deve ser explorada pelo intérprete em face de suas múltiplas possibilidades hermenêuticas.[26]

Já a *recuperação extrajudicial* é um acordo feito com os credores e homologado pelo juiz, também com o mesmo objetivo.

Waldo Fazzio Jr., com habilidade, assim a sintetiza: "A recuperação extrajudicial é um negócio, um acordo que pode ser celebrado entre o devedor e alguns credores ou entre o devedor e todos os credores".[27]

Não seria um absurdo privilegiar uma empresa em reconhecido estado de crise econômico-financeira?

É o que se responderá, adiante, depois de analisados os efeitos especiais da Sentença Declaratória da Falência.

26. Gladston Mamede, *Falência e Recuperação de Empresas*, cit.

27. Waldo Fazzio Jr., *Nova Lei de Falências e Recuperação de Empresas*, São Paulo, Atlas, 2005.

4.4 Efeitos da sentença declaratória

A Sentença Declaratória da Falência tem peculiaridades (*como tudo no processo falimentar*) que lhe dão natureza jurídica diversa daquela do processo ordinário.

Segundo dizia o CPC, no art. 162, § 1º, "sentença é o ato pelo qual o juiz põe termo ao processo, decidindo ou não o mérito da causa" (*hoje, modificado pela Lei 11.232, de 22.12.2005*, "é o ato do juiz que implica alguma das situações previstas nos arts. 267 e 269 desta Lei").

Disseram a mesma coisa por caminhos mais complicados.

Mas na Sentença Declaratória da Falência, pelo contrário, o juiz inicia o processo, o qual produz efeitos *erga omnes* não apenas entre os litigantes, como no processo ordinário, pois atinge o *direito do falido*, em sua pessoa, bens e contratos, o *direito dos credores* e o *direito de terceiros*.

Isso certamente se reflete na capacidade jurídica do devedor, que sofre restrições na administração de seus bens, que são arrecadados, e em seus contratos, que ficarão submetidos aos interesses da Massa.

Também quanto aos credores, que terão condições inexistentes fora da falência, e até com relação a terceiros, que terão revistos certos atos praticados antes da decretação da falência.

Em face de tantas restrições, indaga-se: poderia a empresa beneficiada com um incentivo fiscal continuar a usufruí-lo, depois de falida?

Evidentemente, não.

Contudo, apesar de a nova Lei da Insolvência Empresarial ter perdido suas características liquidatórias/solutórias do passado, seu art. 75 "visa a preservar e otimizar a utilização produtiva dos bens", vale dizer, predominará, sempre, o interesse da Massa.

Portanto, não vejo um dispositivo cuidando expressamente dos incentivos fiscais, e, acredito, nem poderia haver.

Considerações finais

Os efeitos da Sentença Declaratória da Falência são *erga omnes*, como já se disse, atingindo toda a coletividade, em função do novo interesse criado com a SD, na qual predomina, agora, o dos credores, convivendo com o da preservação da empresa, economicamente viável.

A empresa, em gozo de qualquer tipo de incentivo fiscal, será, certamente, atingida, pois não mais funcionará normalmente.

Realmente, ao afastar o devedor de suas atividades, a lei "visa a preservar e otimizar a utilização produtiva" de seus ativos (art. 75), mas para liquidar suas obrigações.

Há, assim, a predominância de atos exclusivamente executórios, embora se diga não mais existir o propósito executório/solutório, mas, de qualquer forma, foram eliminadas as condições para continuar a vigência do incentivo fiscal, sobretudo pelo interesse do Fisco.

Quanto à recuperação (*judicial* ou *extrajudicial*), poder-se-ia pensar na possibilidade de uma existência harmônica com o incentivo fiscal, mas seu aspecto subjetivo impediria, se o Fisco já não o tiver feito.

Basta ler a dissertação de Ricardo Negrão sobre "Crise econômico-financeira" para concluir-se, também, sobre a impossibilidade da sobrevivência do incentivo fiscal, se a empresa entrar em recuperação (*judicial* ou *extrajudicial*): "Prolongando-se a crise, sem a remoção de suas causas e a satisfação dos créditos dos fornecedores e demais credores, inviável se torna a continuação do negócio, arrastando o empresário a irreversível estado falimentar".[28]

Daí é de concluir-se pela impossibilidade de a empresa beneficiada com o incentivo fiscal continuar a usufruí-lo nos casos de falência ou de recuperação (*judicial* ou *extrajudicial*).

Por oportuno e pertinente, transcreve-se parte dos esclarecimentos do Eminente Ministro Gilmar Mendes, quando do julgamento da ADI 3.803/PR, acima referido:

> Talvez nós precisássemos de uma gestão processual inteligente, em matéria de ADI – no contexto da chamada "guerra fiscal" –, que permitisse sinalizar, realmente, um novo pronunciamento do Tribunal em relação a esse tema. Porque é óbvio que, como se sabe, a questão é muito mais complexa e demanda, talvez, a condução política disso. Nós sabemos que há vários impasses que envolvem a própria reforma tributária. Nós sabemos que muitos Estados adotam o modelo do benefício *contra legem*,

28. Ricardo Negrão, *Aspectos Objetivos de Recuperação de Empresas e de Falência*, São Paulo, Saraiva, 2005.

porque outros Estados o fazem, quer dizer, acaba ocorrendo esse tipo de medida que chamam de legítima defesa (*Revista Magister*, n. 41, p. 144).[29]

Conclusões

Tendo em vista a argumentação desenvolvida nesta dissertação, pode-se concluir:

1 – O *incentivo fiscal* é o tratamento tributário diferenciado dado ao contribuinte como estímulo para praticar um ato de interesse público, e tem seu fundamento no art. 150, § 6º, da Constituição.

2 – Só pode ser concedido por meio de lei específica, regulando, expressamente, a matéria (*no caso do ICMS; por exemplo, através de convênios*).

3 – Apesar de ser um tratamento diferenciado dado ao contribuinte, não ofende o princípio da igualdade constitucional, pela finalidade pública pretendida.

4 – O seu emprego tem sido desviado abusivamente, gerando a chamada "guerra fiscal", em que os mais fortes dominam os menos favorecidos, desvirtuando o objetivo originário.

5 – Há quem afirme, com foros de verdade, ter a Constituição autorizado os Estados a concederem incentivos a quem se instalar em seu território, para o desenvolvimento regional ou outros interesses de ordem pública; tudo dentro de sua autonomia financeira.

Bibliografia

ÁLVARES, Walter T. *Direito Falimentar.* 2ª ed., vol. I. São Paulo, Sugestões Literárias, 1968.

BONAVIDES, Paulo. *Curso de Direito Constitucional.* 30ª ed. São Paulo, Malheiros Editores, 2015.

BOTTALLO, Eduardo Domingos. "Notas sobre a 'guerra fiscal' do ISS". In ROCHA, Valdir de Oliveira. *Grandes Questões Atuais do Direito Tributário*. vol. 11. São Paulo, Dialética, 2007, p. 55.

29. Supremo Tribunal Federal, acórdão un. na ADI 3.803/PR, TP, rel. Min. Cezar Peluso, *DJE* 5.10.2011, *Revista Magister de Direito Empresarial, Concorrencial e do Consumidor*, n. 41, pp. 136-145.

CAMPINHO, Sérgio. *Falência e Recuperação de Empresa.* 2ª ed. São Paulo, Renovar, 2006.

COELHO, Fábio Ulhoa. *Comentários à Nova Lei de Falências e de Recuperação de Empresas.* São Paulo, Saraiva, 2005.

COELHO, Sacha Calmon Navarro. *Teoria Geral do Tributo, da Interpretação e da Exoneração Tributária.* 3ª ed. São Paulo, Dialética, 2003.

FAZZIO JR., Waldo. *Nova Lei de Falências e Recuperação de Empresas.* São Paulo, Atlas, 2005.

HARADA, Kiyoshi. "A Constituição de 1988 e os privilégios fiscais". *Direito Tributário Atual.* São Paulo, Editora Resenha Tributária, n. 10, pp. 1990 ,2.701-2.661.

________. *Direito Financeiro e Tributário.* 14ª ed. São Paulo, Atlas, 2005.

LACERDA, J. C. Sampaio de. *Manual de Direito Falimentar.* 10ª ed. Rio de Janeiro, Livraria Freitas Bastos, 1978.

MACHADO, Hugo de Brito. *Curso de Direito Tributário.* 36ª ed. São Paulo, Malheiros Editores, 2015.

MACHADO, Tiziane Maria Onofre. "Isenções tributárias e os princípios constitucionais". *Tributo,* Revista do ICET. Organizador: Hugo de Brito Machado, n. 3, pp. 251-213, jul. 2002-2001.

MACHADO SEGUNDO, Hugo de Brito; MACHADO, Raquel Cavalcanti Ramos. "Algumas notas sobre o regime jurídico dos incentivos fiscais". In ROCHA, Valdir de Oliveira (coord.). *Grandes Questões Atuais do Direito Tributário.* vol. 17. São Paulo, Dialética, 2013, pp. 131-121.

MAMEDE, Gladston. *Falência e Recuperação de Empresas.* São Paulo, Atlas, 2006.

MORAES, Alexandre de. *Direito Constitucional.* 12ª ed. São Paulo, Atlas, 2002.

NEGRÃO, Ricardo. *Aspectos Objetivos de Recuperação de Empresas e de Falência.* São Paulo, Saraiva, 2005.

PACHECO, José da Silva. *Processo de Falência e Concordata.* 12ª ed. Rio de Janeiro, Forense, 2001.

REQUIÃO, Rubens. *Curso de Direito Falimentar.* 17ª ed., vol. 1. São Paulo, Saraiva, 1998.

RÔLA, José Alberto. *Recuperação de Empresas e Falências.* Notas de aula. Fortaleza, Imprece Editorial, Faculdade de Direito da Universidade Federal do Ceará, 2011, p. 453.

SIDOU, J. M. Othon. *Dicionário Jurídico da Academia Brasileira de Letras Jurídicas.* 4ª ed. Rio de Janeiro, Forense Universitária, 1997.

SILVA, José Afonso da. *Curso de Direito Constitucional Positivo.* 38ª ed. São Paulo, Malheiros Editores, 2015.

SUPREMO TRIBUNAL FEDERAL. Acórdão un. na ADI 3.803/PR. TP. Rel. Min. Cezar Peluso, *DJE* 5.10.2011, *Revista Magister de Direito Empresarial, Concorrencial e do Consumidor*, n. 41, pp. 145-136.

YOSHIAKI, Ichihara. *Direito Tributário*. 11ª ed. São Paulo, Atlas, 2002.

VALVERDE, Trajano de Miranda. *Comentários à Lei de Falências*. 2ª ed., vol. 1. Rio de Janeiro, Forense, 1955.

REGIME JURÍDICO DOS INCENTIVOS FISCAIS

José Eduardo Soares de Melo

1. *O que são incentivos fiscais?*
1.1 Incentivos fiscais, benefícios fiscais, alívios fiscais, são todas expressões sinônimas?

Incentivos fiscais são situações desonerativas de ônus tributários previstos na Constituição Federal, na legislação ordinária ou decorrentes de atos praticados pela Administração Pública, consistentes em imunidades, isenções, reduções de base de cálculo, créditos-prêmios, créditos outorgados.

Objetivam estimular o contribuinte à adoção de determinados procedimentos tendo em vista diversificados interesses nacionais, estaduais, municipais e distritais.

Devem sujeitar-se a regime jurídico especial, situado no campo da extrafiscalidade, com o emprego dos instrumentos tributários para fins não fiscais, mas ordinatórios (isto é, para condicionar comportamentos de virtuais contribuintes), e não, propriamente, para abastecer os cofres públicos (Roque Carrazza).

O direito à utilização, fruição ou realização dos incentivos – em termos lógicos e jurídicos – não pode ter vinculação ou atinência estrita ao regime jurídico de tributação, uma vez que, na referida relação jurídica, o contribuinte é o credor (sujeito ativo), enquanto o poder público qualifica-se como devedor (sujeito passivo). A relação eminentemente tributária consubstancia situação nitidamente oposta, ou seja, o poder público é o sujeito ativo, enquanto o contribuinte é o sujeito passivo.

Os incentivos representam dispêndio para o poder público e benefício para os contribuintes, em razão do que só podem ser enquadrados em regime jurídico distinto do tributário, em que não ocorre o auferimento de receitas públicas (tributos). O *peculiar regime financeiro* não se encontra adstrito à rigidez dos inúmeros princípios de natureza constitucional, havendo discricionariedade na aplicação dos estímulos fiscais, com a manutenção dos direitos dos contribuintes.

O direito premial denota peculiar característica jurídica no sentido de que os benefícios e as recompensas são concedidos, regulados e operacionalizados sem a rigidez normativa pautada pelos critérios de conveniência e oportunidade.

A elasticidade na concessão de quaisquer incentivos fiscais em absoluto implica desrespeito, menoscabo ou desprezo ao consagrado postulado da legalidade, significando peculiarmente que os princípios e critérios norteadores desses benefícios (natureza financeira) não se revestem da mesma dogmaticidade das normas fiscais (natureza tributária).

Incentivos fiscais, benefícios fiscais e alívios fiscais constituem expressões dotadas de polissemia, mas de natureza assemelhada, consistentes na concessão de vantagens ou estímulos concedidos a contribuintes ou à coletividade, sendo utilizados sem um preciso rigor terminológico, embora possam implicar ou ocasionar distintos reflexos de natureza econômica, financeira ou social.

1.2 A redução da base de cálculo é uma isenção parcial? A lei pode conceder isenção parcial? Seria adequado falar de isenção parcial?

A *base de cálculo* é um aspecto da estrutura dos tributos, tendo por objetivo quantificar o objeto da imposição fiscal, constituindo elemento integrante da hipótese de incidência tributária.

É lógica e imprescindível a vinculação da matéria tributária à base imponível. A grandeza econômica do tributo, transformada em expressão numérica, somente é possível pelo conhecimento preciso da base imponível, que – aplicada à alíquota – caracteriza o *quantum* devido pelo contribuinte.

Exemplos: (a) IR (montante real, arbitrado ou presumido); (b) IPI (valor da operação relativa a produto industrializado); (c) ITR (valor fundiário do imóvel); (d) ICMS (valor da operação mercantil e preço dos serviços de transporte e de comunicação); (e) IPVA (valor do veículo); (f) IPTU (valor venal do imóvel).

A circunstância de a Constituição Federal nem sempre indicar os elementos quantificadores dos tributos não significa que o legislador ordinário tenha liberdade para instituí-los de modo discricionário. Injustificado o comportamento aberto do legislador em escolher índices, magnitudes e parâmetros valorativos da base de cálculo que não tenham íntima correlação com o princípio da capacidade econômica e com a materialidade específica do tributo.

A *isenção* (doutrina estrangeira) tem sido enquadrada como (a) delimitação negativa do suposto das normas tributárias; fato impeditivo da obrigação tributária; (b) valor jurídico autônomo, objeto de tutela legal específica, diversamente das exclusões, segundo critério extrajurídico, que configuraria mera expressão de irrelevância jurídica de determinados fatos.

Os juristas nacionais trilharam por vias diversas: (a) exclusão do tributo que poderia ser decretado constitucionalmente; (b) omissão do ente público que tem competência para cobrar determinados tributos do exercício de sua competência; (c) norma jurídica não juridicizante; (d) hipótese de não incidência legalmente qualificada; (e) dispensa legal do pagamento do tributo devido; (f) fórmula inibitória da operatividade funcional da regra-matriz, impedindo a irradiação de seus efeitos, porque a relação obrigacional não se instaura.

A *isenção*, veiculada por legislação ordinária, delimita a regra de incidência tributária, impedindo que ocorra o nascimento do respectivo fato gerador, diferenciando-se da *imunidade*, que consiste na exclusão da própria competência tributária, originária da própria Constituição Federal; enquanto a *não incidência* significa que atos, situações, estados e negócios jurídicos não se enquadram no tipo tributário.

Na isenção, exclui-se da tributação o fato que naturalmente geraria a obrigação tributária. Assim, a saída de produtos industrializados do estabelecimento industrial é fato gerador do IPI, mas o legislador estabelece que são isentas desse imposto as operações com soro antiofídico.

Redução de base de cálculo não significa "isenção parcial", porque a base de cálculo qualifica-se como elemento da estrutura do tributo; ao passo que a isenção concerne a uma espécie de desoneração tributária.

A própria Lei Complementar 24, de 7.1.1975, disciplinadora dos convênios para a concessão de isenções do ICM/ICMS (previsto no art. 1º), traça distinção no que tange à redução da base de cálculo (referida no inciso I do parágrafo único do art. 1º).

Todavia, relativamente à aplicação do princípio da não cumulatividade, o STF passou a decidir que os créditos relativos à entrada de insumos usados em industrialização de produtos cujas saídas foram realizadas com "redução de base de cálculo" caracterizam "isenção parcial", sendo constitucional a previsão de estorno proporcional (RE 174.478, Pleno, rel. p/acórdão Min. Cezar Peluso, j. 17.3.2005, *DJU* 1 30.9.2005).

Ressalva-se caso excepcional em que o STF não aplicara a referida diretriz, convalidando a manutenção dos créditos de ICMS (Medida Cautelar em Ação Cautelar 1.753-0/RN, decisão do rel. Min. Cezar Peluso, em 27.8.2007, *DJU* 1 10.9.2007, p. 44). Tratou-se da inaplicabilidade do entendimento contido no RE 174.478, uma vez que a operação se referia à remessa de insumos para industrialização, cujo produto final tinha redução de base de cálculo; e que, no caso, a entrada de mercadorias, que teria gerado o direito ao crédito integral, consistiria na aquisição de produto já acabado para consumo.

A legislação tem considerado "isenção" e "reduções do imposto" como se se tratasse de categorias distintas de desonerações tributárias, o que poderia significar a utilização adequada do vocábulo "isenção" para a desoneração total do tributo (Decreto federal 6.759/2009, arts. 114 e seguintes – Regulamento Aduaneiro).

Como exemplo, é concedida "isenção de caráter geral" aos bens que acompanham a bagagem do viajante procedente do exterior, que observem o limite de valor global de US$ 500,00 (quinhentos dólares dos Estados Unidos da América); podendo ser compreendida como isenção parcial (até o referido valor), porque os bens que superam o referido montante sofreriam incidência tributária.

Não vejo impedimento normativo para que a lei conceda isenção parcial, e nenhum problema de natureza jurídica utilizar a referida expressão para tributação parcial de uma determinada atividade ou negócio jurídico. Na realidade, o que tem sido considerado é o efeito de índole financeira.

1.3 A isenção é um incentivo fiscal?

A isenção é um incentivo porque tanto objetiva a concessão de benefícios fiscais (eliminação ou diminuição de ônus tributários) à coletividade e às pessoas necessitadas (gêneros alimentícios, veículos para portadores de deficiência física) quanto almeja estimular a coletividade à adoção de determinados comportamentos (redução de IPI na venda de veículos).

1.4 E a alíquota zero? A imunidade? A redução da base de cálculo? São incentivos ou possíveis meios para concedê-los?

Alíquota é o percentual aplicável sobre a base de cálculo para quantificar o montante do tributo, competindo à legislação ordinária estabelecer referido elemento, exceto em situações contempladas na Constituição Federal.

A menção à *alíquota zero* só pode significar total desoneração tributária, e não flexibilidade para aumentar o gravame fiscal. É o que ocorre relativamente a determinados tributos (Impostos sobre Importação; Exportação, Produtos Industrializados; Operações de Crédito, Câmbio, Seguro, Títulos e Valores Mobiliários), em que se faculta ao Poder Executivo, atendidas as condições e os limites estabelecidos em lei, alterar as respectivas alíquotas (incisos I, II, IV e V do art. 153).

Exemplificativamente, os produtos de vestuários, originalmente, sujeitavam-se a determinada tributação, passando a viger a alíquota "0" (capítulos da posição 61.01 da Tabela de Incidência do Imposto sobre Produtos Industrializados), o que possibilita a majoração do ônus fiscal e decorrentes flexionamentos a qualquer momento.

A circunstância de o STF haver expedido a Súmula 576 ("É lícita a cobrança do ICM sobre produtos importados sob o regime da alíquota zero") não pode constituir dogma jurídico nem verdade sagrada, inquestionável ou perpétua, porque a edição pretoriana enfocada ocorreu há várias décadas, tendo sido integralmente alterada a composição do Plenário, no apontado lapso de tempo.

Em termos recentes, o Tribunal proferira decisão no sentido de que, "embora a isenção e alíquota zero tenham naturezas jurídicas diferentes, a consequência é a mesma, em razão da desoneração do tributo" (RE 475.551/PR, Pleno, rel. p/ acórdão Min. Cármen Lúcia, j. 6.5.2009, *DJ* 13.11.2009).

A Lei federal 8.032, de 12.4.1990 (prevista no Regulamento Aduaneiro/2009, art. 93), veio dispor que "os bens importados com alíquotas zero do Imposto de Importação estão sujeitos aos tributos internos, nos termos das respectivas legislações" (art. 7º), o que também seria altamente questionável em face do princípio da autonomia constitucional dos Estados.

Alíquota zero, em termos jurídicos, significa forma de desoneração de carga tributária.

Imunidade significa exclusão de competência constitucional de tributação, como medida de preservação de valores considerados de superior interesse nacional, como a manutenção das entidades federadas, o exercício das atividades religiosas, da democracia, das instituições educacionais, assistenciais e de filantropia, o acesso às informações etc.

Veda a atuação do legislador ordinário na instituição de determinados tributos, tendo em vista as precisas materialidades e as pessoas participantes das relações jurídicas, aplicando-se aos impostos (CF, art. 150, VI), às taxas (CF, art. 5º, XXXIV, LXXIV, LXXVI e LXXVII) e às contribuições sociais (CF, arts. 149, § 2º, II, e 195, § 7º).

Representa incentivo fiscal porque, mediante a desoneração tributária, a Constituição possibilita aos particulares: (i) a aquisição de livros, jornais e periódicos; (ii) o desenvolvimento de atividades assistenciais e educacionais; (iii) a exportação de bens, mercadorias e produtos; (iv) a realização de operações interestaduais com petróleo, combustíveis, energia elétrica; (v) a prestação de serviços de radiodifusão.

A *redução da base de cálculo* constitui incentivo fiscal na medida em que a sua estipulação legal possibilitará um incremento nas aquisições de mercadorias de diversas espécies, em razão da diminuição da carga tributária.

É o que se verifica no âmbito do ICMS, nos casos seguintes: (i) operações internas com leite em pó, resultando no percentual de 7%; (ii) saída interna de gás liquefeito de petróleo e gás natural, resultando em 12%; (iii) redução em 60% da base de cálculo nas saídas interestaduais de insumos agropecuários (inseticida, fungicida etc.); (iv) fornecimento de medicamentos e cosméticos (redução aproximada de 9%) etc.

1.5 Há diferença entre incentivos fiscais e incentivos financeiros?

Os incentivos podem implicar as distinções hauridas do âmbito do ICMS, a saber:

a) *fiscais*: isenção do imposto para novas empresas, sem produção similar no Estado, válida por determinado período de tempo; isenção ou redução do imposto para as micro e pequenas empresas; redução da alíquota do imposto para situações e produções especiais; postergação dos prazos de pagamento, adiamento do pagamento do imposto por longo prazo; isenção ou redução do imposto sobre produtos específicos;

b) *financeiros*: aquisição de ativos fixos; formação ou recomposição de capital de trabalho; financiamento do pagamento do imposto; participação acionária; financiamento para empresas de turismo.

A distinção também decorre dos preceitos mencionados na Lei Complementar 24/1975, ao dispor que o disposto no art. 1º (necessidade de convênios pra concessão ou revogação de isenções do ICMS) também se aplica "a quaisquer outros incentivos ou favores fiscais ou financeiro-fiscais, concedidos com base no imposto de circulação de mercadorias, dos quais resulte redução ou eliminação, direta ou indireta, do respectivo ônus" (inciso IV do parágrafo único do art. 1º).

Embora a inobservância do diploma normativo, regra geral, possa acarretar a nulidade do ato e a ineficácia do crédito fiscal atribuído ao estabelecimento recebedor da mercadoria, na prática os efeitos podem ser limitados, pelas razões seguintes: (a) o crédito presumido apropriado (sem base em convênio) pelo vendedor das mercadorias pode ser apurado e glosado de modo direto, mediante simples exame da escrituração fiscal; enquanto (b) o incentivo financeiro, concedido de modo indireto, nem sempre apurável com facilidade, não tem plena condição de ser exigido em razão de inexistir liquidez e certeza de que tenha usufruído por terceiro.

Exemplificativamente, a denominada "guerra dos portos" consistira na concessão de incentivos criados por determinados Estados, relativamente às importações, consistentes em sistemáticas diferenciadas como suspensão ou diferimento do ICMS nas operações de entrada de mercadorias do exterior; ou concessão de crédito outorgado ou presumido nas operações de saída de mercadorias dos Estados.

Em termos objetivos não exigem o imposto nos desembaraços aduaneiros (18%), e deixavam de cobrar o imposto nas operações interestaduais (12% ou 7%), outorgando um crédito simbólico (75% do valor da operação). O resultado significa uma efetiva carga tributária a menor (3%).

O produto estrangeiro era tributado em 18%, sendo 12% no local onde ocorre o desembaraço aduaneiro (Estado "de origem") e 6% no Estado ("de destino") onde seria vendido ou consumido.

Mediante a concessão de "crédito presumido" o Estado "de origem" concede uma espécie de subsídio ("crédito presumido"), que acarreta a devolução de 75% do imposto pago. Em consequência, a alíquota de 12% cobrada na origem diminui para 3%.

A Resolução 13, de 25.4.2012, do Senado Federal, de modo indireto teria procurado solucionar o conflito tributário ao estabelecer a alíquota de 4% (quatro por cento) de ICMS, nas operações interestaduais com bens e mercadorias importados do exterior, que, após o seu desembaraço aduaneiro, observassem determinadas condições.

2. *Limites formais à concessão de incentivos fiscais*

2.1 Todo incentivo fiscal deve ser concedido por lei do ente tributante competente para a instituição do tributo correspondente? Qual a natureza de disposições como as que constam do art. 155, § 2º, XII, "e", e do art. 156, § 3º, II, da CF/1988? São imunidades? Excepcionais hipóteses em que se faz possível a concessão de isenções heterônomas?

O princípio da legalidade constitui uma das garantias do Estado de Direito, desempenhando função de proteção dos direitos dos cidadãos, insculpido como autêntico dogma jurídico pela circunstância especial de a Constituição Federal haver estabelecido, como direito e garantia individual, que "ninguém será obrigado a fazer ou deixar de fazer alguma coisa senão em virtude de lei" (art. 5º, II).

Somente com a expedição de normas editadas pelos representantes do povo (Legislativo) é que têm nascimento, modificação ou extinção os direitos e obrigações, competindo à Administração Pública a expressa obediência ao princípio da legalidade (art. 37 da CF).

O ordenamento jurídico contempla a reserva formal da lei, mediante a fixação precisa e determinada do órgão titular competente para sua expedição; e a reserva material da lei, com a característica de ordem abstrata, geral e impessoal.

A instituição, majoração e extinção dos tributos (art. 150, I e III, "a" e "b", da Constituição), bem como os casos de subsídio, isenção, redução de base de cálculo, concessão de crédito presumido, anistia ou remissão, relativos a impostos, taxas ou contribuições (art. 150, § 6º), devem ser sempre previstos em "lei", compreendidos como espécie normativa editada pelo Legislativo (excepcionalmente pelo Executivo, nos casos de medidas provisórias, previstas no art. 62 da Constituição), contendo preceitos vinculantes.

O princípio da legalidade consubstancia os valores de certeza e segurança jurídica, sendo o vetor dos vetores, princípio constitucional carregado de carga valorativa, de transcendental importância ao Estado de Direito, e atina, também, e sobretudo, à imunização dos administrados contra as próprias leis; coarcta a discricionariedade do legislador.[1]

Os incentivos (desonerações, vantagens, prêmios etc.) devem ser veiculados por lei (manifestação dos representantes do povo, traduzindo o princípio do consentimento), situação em que o próprio poder público abdica do percebimento de valores tributários.

Entretanto, os incentivos previstos no âmbito do ICMS observam uma sistemática peculiar, introduzida pela Lei Complementar 24/1975 (expedida na vigência da Constituição de 1967), decorrendo de "convênios" celebrados pelos Estados e Distrito Federal (Confaz), que constituem os instrumentos jurídicos pertinentes das regras desonerativas.

Por força do Ato das Disposições Constitucionais Transitórias (art. 34, §§ 4º e 5º), a mencionada lei complementar e os convênios que dela decorreram foram recepcionados pela vigente ordem constitucional, sendo reconfirmadas centenas de convênios (§ 3º do art. 34 do ADCT) e expedidas outras centenas de convênios.

1. Lúcia Valle Figueiredo, "Princípio da proteção ao contribuinte. Princípio da segurança jurídica", *RDT* 47, p. 561.

Entretanto, normalmente os convênios não têm sido ratificados pelo Legislativo, mas objeto de decretos e demais atos administrativos. Não se tem conhecimento de impugnação judicial à inexistência de lei, talvez pelo fato de que as desonerações tributárias normalmente interessem os contribuintes. Tenho conhecimento de ação popular promovida por cidadão impugnando incentivo (anistia parcial) que fora concedido por meros atos administrativos, para bares e restaurantes.

Entendo que todo incentivo deveria ser concedido por lei, mesmo no caso de ICMS, porque os convênios (atos do Executivo) não passam de acordos administrativos que necessitariam da autorização do Legislativo para integrar a ordem jurídica (estadual e distrital), como ocorre com os tratados e convenções internacionais (celebrados pelo Executivo e homologados pelo Legislativo).

Por outro lado, as disposições constitucionais mencionadas questão preceituam o seguinte:

> Art. 155, § 2º – âmbito do ICMS.
>
> XII – cabe à lei complementar:
>
> (...)
>
> *e*) excluir da incidência do imposto, nas exportações para o exterior, serviços e outros produtos além dos mencionados no inciso X, "a":
>
> Art. 156 – âmbito do ISS.
>
> (...)
>
> § 3º. Em relação ao imposto previsto no inciso III do *caput* deste artigo, cabe à lei complementar:
>
> (...)
>
> II – excluir da sua incidência exportações de serviços para o exterior.

Trata-se de normas que não possuem eficácia plena, imediata e integral, demandando a veiculação de normas infraconstitucionais, como é o caso das Leis Complementares 87, de 13.9.1996 (ICMS), e 116, de 31.7.2003 (ISS).

Penso que as desonerações tributárias não se encontram estabelecidas na Constituição Federal (de modo categórico e exaustivo), que apenas dispõe sobre o diploma competente (no caso, lei complementar), que, por sua vez, poderá (ou não) dispor sobre os benefícios fiscais.

Entendo que não se trata de imunidade, uma vez que os incentivos não são concedidos pela própria Constituição, que estaria excluindo a competência das pessoas políticas. Ao contrário, podem (ou não) ser concedidos por lei complementar. Os aludidos preceitos não revestem a natureza de norma imunitória.

2.2 Os tratados internacionais podem estabelecer incentivos fiscais, inclusive quando relativos a tributos que seriam devidos a Estados e Municípios?

Os tratados (inclusive convenções e atos internacionais) são celebrados pelo Presidente da República, ou seus auxiliares, sujeitos a referendo do Congresso Nacional, nos casos que acarretem encargos ou compromissos gravosos ao patrimônio nacional (arts. 84, VIII, e 49, I, da CF). Mediante a promulgação ocorre a integração de seus preceitos no ordenamento jurídico nacional, passando a constituir o próprio direito interno, com aptidão para produzir efeitos jurídicos.

Aos tratados são conferidos os mesmos atributos concernentes às demais normas de direito positivo interno; e, em princípio, podem implicar supressão ou alteração das regras já existentes no contexto jurídico nacional.

A aplicabilidade das normas constantes dos tratados decorre do superior postulado da soberania (art. 1º, I, da CF), cujo conceito complexo e flutuante no decorrer da evolução histórica revela um caráter de supremacia, concernente ao poder jurídico ou à qualidade distintiva do Estado dirigida a toda a coletividade de seu território, e também relações recíprocas entre os Estados.

A soberania nunca pode ser absoluta, por encontrar-se limitada pelo próprio ordenamento legal (a) interno (direitos e garantias individuais) e (b) externo (ordem jurídica internacional). Em realidade, emana do povo, em nome de quem é exercida nos limites da Constituição, sendo que "as leis, atos e sentenças de outro país, bem como quaisquer declarações de vontade, não terão eficácia no Brasil, quando ofenderem a *soberania nacional*, a ordem pública e os bons costumes" (Lei de Introdução às Normas do Direito Brasileiro, art. 17).

Aceito a teoria dualista mediante a existência de distintas ordens jurídicas, com a necessidade de lei interna que reproduza os preceitos dos tratados internacionais.

Normalmente, os tratados celebrados em matéria tributária colimam evitar a dupla incidência do imposto de renda, a eliminação de direitos alfandegários e restrições não tarifárias à circulação de produtos, bem como medidas objetivando o livre trânsito de bens, serviços e fatores produtivos entre os países signatários.

Questionável tem sido a manutenção da eficácia do CTN (art. 98), dispondo que "os tratados e as convenções internacionais revogam ou modificam a legislação tributária interna, e serão observados pela que lhes sobrevenha", relativamente a tributos internos que não sejam de exclusiva competência da União, sob o fundamento básico de que a esta é vedado "instituir isenções de tributos da competência dos Estados, do Distrito Federal ou dos Municípios" (art. 151, III, da CF).

Essa matéria foi apreciada pelo Judiciário relativamente a imposto estadual (ICM/ICMS), tendo o STF solidificado o entendimento de que "À mercadoria importada de país signatário do GATT, ou membro da Alalc, estende-se a isenção do imposto de circulação de mercadorias concedida a similar nacional" (Súmula 575), com posterior assentimento do STJ (Súmulas 29 e 71). Essa postura prestigia a segurança jurídica nas relações entre as nações, conferindo à União a representatividade da totalidade do Estado brasileiro, com plena soberania e prevalecimento do interesse nacional sobre os interesses internos.

O STF firmou a diretriz seguinte:

> Ementa: Direito Tributário – Recepção pela Constituição da República de 1988 do Acordo Geral de Tarifas e Comércio – Isenção de Tributo Estadual prevista em tratado internacional firmado pela República Federativa do Brasil – Artigo 151, inciso III, da Constituição da República – Artigo 98 do Código Tributário Nacional – Não caracterização de isenção heterônoma – Recurso Extraordinário conhecido e provido.
>
> 1. A isenção de tributos estaduais prevista no Acordo Geral de Tarifas e Comércio para as mercadorias importadas dos países signatários quando o similar nacional tiver o mesmo benefício foi recepcionada pela Constituição da República de 1988.

2. O artigo 98 do Código Tributário Nacional "possui caráter nacional com eficácia para a União, os Estados e os Municípios" (voto do eminente Ministro Ilmar Galvão).

3. No direito internacional apenas a República Federativa do Brasil tem competência para firmar tratados (art. 52, § 2º, da Constituição da República), dela não dispondo a União, os Estados-membros ou os Municípios. O Presidente da República não subscreve tratados como Chefe de Governo, mas como Chefe de Estado, o que descaracteriza a existência de uma isenção heterônoma, vedada pelo art. 151, inc. III, da Constituição.

4. Recurso extraordinário conhecido e provido (RE 229.096/RS, Plenário, rel. p/ acórdão Min. Cármen Lúcia, j. 16.8.2007, *DJU* 1 11.4.2008).

Situações peculiares demonstram que a simples existência de tratado não pode constituir causa suficiente para eliminar ou minorar a carga tributária incidente na importação, eis que deve existir similaridade com o produto nacional, principalmente no que tange à sua destinação, conforme se contém das diretrizes jurisprudenciais seguintes:

A mercadoria importada de país signatário do Gatt é isenta do ICM, quando contemplado com esse favor o similar nacional (STJ – Súmula 20).

O bacalhau importado de país signatário do Gatt é isento do ICM (STJ – Súmula 71).

Todavia, argumenta-se em sentido oposto, porque a União – quer representando o Estado brasileiro, quer atuando como pessoa política interna – não pode obrigar Estados e Municípios a observarem regras ajustadas com demais países, porque acarretaria violação dos princípios federativo e da autonomia municipal. Existe absoluta igualdade entre a União e os Estados/Distrito Federal – e até mesmo os Municípios –, delineando-se a natureza isonômica das pessoas de direito público, e nenhuma hierarquia, mas apenas distintas faixas de competência.

Louvados em tais assertivas, as isenções tributárias e os incentivos fiscais previstos no Tratado do Mercosul (por exemplo) acompanham o entendimento de que não poderiam vincular os Estados, os Municípios e o Distrito Federal, salvo se o fizerem por meio dos instrumentos jurídicos adequados – leis ordinárias locais ou, no caso do ICMS, convênios ratificados pelas respectivas Casas Legislativas (Roque Carrazza).

Os tratados internacionais somente poderiam estabelecer incentivos exclusivamente no âmbito de tributos federais, carecendo de embasamento jurídico para impor aos Estados e Municípios regras de desonerações tributárias, em razão dos princípios federativo e da autonomia das pessoas de direito público interno.

2.3 A desoneração tributária dada à remessa de mercadorias para a Zona Franca de Manaus é caso de isenção ou de imunidade? A lei federal pode regular tal desoneração mesmo quando relativa a tributos de competência estadual ou municipal?

Os incentivos concedidos às operações relativas à Zona Franca de Manaus foram introduzidos pelo Decreto-lei 288, de 28.2.1967 (com alterações), na forma seguinte:

> Art. 1º. *A Zona Franca de Manaus é uma área de livre comércio de* importação e *exportação e de incentivos fiscais especiais*, estabelecida com a finalidade de criar no interior da Amazônia um centro industrial, comercial e agropecuário dotado de condições econômicas que permitam seu desenvolvimento, em face dos fatores locais e da grande distância, a que se encontram, os centros consumidores de seus produtos.

No que concerne à questão em exame, preceitua o seguinte:

> Art. 4º. A exportação de mercadorias de origem nacional para consumo ou industrialização na Zona Franca de Manaus, ou reexportação para o estrangeiro, será para todos os efeitos fiscais, constantes da legislação em vigor, equivalente a uma exportação brasileira para o estrangeiro.

No âmbito do IPI, a legislação (Decreto 7.212, de 15.6.2010) estabelece o seguinte:

> Art. 81. São isentos do imposto:
>
> (...)

III – os produtos nacionais entrados na Zona Franca de Manaus, para seu consumo interno, utilização ou industrialização, ou ainda, para serem remetidos, por intermédio de seus entrepostos, à Amazônia Ocidental, excluídos as armas e munições, perfumes, fumo, automóveis de passageiros e bebidas alcoólicas, (...).

Art. 84. A remessa dos produtos para a Zona Franca de Manaus far-se-á com suspensão do imposto até a sua entrada naquela área, quando então se efetivará a isenção de que trata o inciso III do art. 81.

Na esfera do ICMS, fora concedida isenção (convênios firmados pelos Secretários de Fazenda dos Estados e Distrito Federal) "na saída de produto industrializado de origem nacional para comercialização ou industrialização nos Municípios de Manaus, Rio Preto da Eva e Presidente Figueiredo, exceto de açúcar de cana, armas e munições, perfume, fumo, bebida alcoólica, automóvel de passageiros ou de produto semielaborado (...)", desde que:

a) o estabelecimento destinatário esteja situado nos referidos Municípios;

b) haja comprovação da entrada efetiva do produto no estabelecimento destinatário;

c) seja abatido do preço da mercadoria o valor equivalente ao imposto que seria devido se não houvesse a isenção;

d) o abatimento previsto no inciso anterior seja indicado, de forma detalhada, no documento fiscal.

Embora o DL 288/1967 tenha considerado "operação equiparada à exportação", não há fundamento jurídico para caracterizar-se a imunidade tributária, porque reveste a natureza de diploma infraconstitucional que não é dotado de atributo para excluir a competência tributária.

Assim, no âmbito constitucional a imunidade para o IPI – "produtos industrializados destinados ao exterior" (art. 153, § 3º, III) – e ICMS – "operações que destinem mercadorias para o exterior" – (art. 155, 2º, X, "a") – somente poderá ser considerada para remessas dos referidos bens para o estrangeiro (fora do território nacional).

A desoneração prevista para as operações com a Zona Franca de Manaus (DL 288/1967) somente pode ser considerada autêntica "isenção" (competência dos entes federativos). O fato de equiparar a operação (remessa) a uma exportação brasileira para o estrangeiro não tem o condão de alterar a natureza jurídica da desoneração tributária (de imunidade para isenção).

Firmado nessa premissa, forçoso concluir que a regra contida no DL 288/1967 dispõe sobre isenção, requisitos, condições, deveres acessórios etc., porque dizem respeito a operações internas (dentro do território nacional).

Todavia, em face da aplicação do regime federativo e da autonomia municipal, o DL 288/1967 não pode ser imposto aos tributos de competência estadual ou municipal. Assim, relativamente ao ICMS, os Estados/DF não ficam compelidos a aplicar referidas regras de natureza federal, que, por sua vez, não podem regular a desoneração tributária (ICMS).

2.4 Há limites a serem observados pelo legislador infraconstitucional, quando da regulamentação de norma da Constituição referente a incentivos fiscais? É possível regulamentar uma faculdade prevista no texto constitucional de sorte a tornar praticamente impossível o seu exercício? É o que se dá, por exemplo, com a exigência de unanimidade prevista na LC 24/1975, como condição para a concessão de incentivos fiscais em matéria de ICMS?

A Constituição Federal outorga competências para que as pessoas políticas (União, Estados, Distrito Federal, Municípios) possam instituir/alterar/extinguir os tributos, bem como dispor sobre os incentivos fiscais de diversificada natureza (isenção, redução de base de cálculo, crédito presumido) etc.

O legislador (complementar e ordinário), à obviedade, encontra-se obrigado a observar os inúmeros princípios dispostos na Carta Magna, que representam diretrizes estabelecidas pelo constituinte, e que balizam, limitam e fixam os parâmetros do exercício da atividade tributária (ou de sua desoneração).

Assim, estão compelidos a observar rigorosamente inúmeros princípios como o federativo, republicano, da legalidade, anterioridade, irretroatividade, igualdade, liberdade de tráfego etc.

Os decretos e regulamentos somente podem ser expedidos para a fiel execução das leis (art. 84, IV, da Constituição), sendo certo que o conteúdo e o alcance dos decretos restringem-se aos das leis em função das quais sejam expedidos (art. 99 do CTN).

Salvo expressas previsões constitucionais, o Executivo não tem o poder de inovar a ordem jurídica, nem a faculdade de estabelecer normas que, por exemplo, agridam os princípios da legalidade (ignorando o Legislativo), anterioridade (dispondo sobre efeito imediato da revogação de isenção) etc.

Também não se pode condicionar a concessão de incentivos à obediência a inúmeras condições, como, por exemplo, impor aos favorecidos (empresários) a obrigação de manter um número excessivo de empregos, efetuar doações, ampliar o parque industrial de modo sobremodo oneroso etc.

A seu turno, a Lei Complementar 24, de 7.1.1975, estabelece que "*a concessão de benefícios dependerá sempre de decisão unânime dos Estados representados*; a sua revogação total ou parcial dependerá de aprovação de quatro quintos, pelo menos, dos representantes presentes" (§ 2º do art. 2º).

Argumenta-se que a unanimidade tem se constituído numa tormentosa condição para a estatuição dos incentivos, porque sempre um (ou alguns) dos Estados não consente a concessão de benefícios que deverá beneficiar uma determinada região do País e prejudicar um (ou alguns) Estado, com evidente queda de arrecadação do ICMS. Essa situação, segundo consta, deve ocorrer naturalmente com o Estado do Amazonas, em razão dos benefícios (constitucionais) considerados para a Zona Franca de Manaus para considerável lapso de tempo.

Todavia, desde 1975 foram celebradas centenas de convênios observando-se o requisito da unanimidade, o que demonstra que evidencia a possibilidade da obter unanimidade das entidades federadas.

Entendo que o legislador infraconstitucional deve, necessariamente, observar os princípios e as diretrizes constitucionais ao regular as desonerações tributárias. Não pode criar condições que tornem onerosa a prática dos incentivos (caso de fixação de número significativo de empregados); mas pode permanecer a exigência de unanimidade para aprovação de convênios interestaduais em razão da observância do princípio federativo, salvo no caso de mercadorias que revelem natural importância e interesse apenas para determinadas regiões do País.

2.5 É certo que a vigente Constituição Federal, em pelo menos seis dispositivos, a saber, art. 1º, III; art. 151, I; art. 159, I, "c"; art. 161, II; art. 165, § 7º, e art. 170, VII, preconiza providências objetivando a redução das desigualdades regionais existentes no País? Esse fato deve ter, ou não, alguma influência na interpretação e na aplicação de leis a respeito de incentivos fiscais que tenham por objetivo atrair empresas para regiões pobres?

Os dispositivos constitucionais mencionados tratam do seguinte:

Art. 1º. A República Federativa do Brasil, formada pela união indissolúvel dos Estados e Municípios e do Distrito Federal, constitui-se em Estado Democrático de Direito e tem como fundamentos:

(...)

III – a dignidade da pessoa humana.

Art. 151. É vedado à União:

I – instituir tributo que não seja uniforme em todo o território nacional ou que implique distinção ou preferência em relação a Estado, ao Distrito Federal ou a Município, em detrimento de outro, admitida a concessão de incentivos fiscais destinados a promover o equilíbrio do desenvolvimento socioeconômico entre as diferentes regiões do País.

Art. 159. A União entregará:

I – do produto da arrecadação dos impostos sobre renda e proventos de qualquer natureza e sobre produtos industrializados quarenta e oito por cento na seguinte forma:

(...)

c) três por cento, para aplicação em programas de financiamento ao setor produtivo das Regiões Norte, Nordeste e Centro-Oeste, através de suas instituições financeiras de caráter regional, de acordo com os planos regionais de desenvolvimento, ficando assegurada ao semiárido do Nordeste a metade dos recursos destinados à Região, na forma que a lei estabelecer.

Art. 161. Cabe à lei complementar:

(...)

> II – estabelecer normas sobre a entrega dos recursos de que trata o art. 159, especialmente sobre os critérios de rateio dos fundos previstos em seu inciso I, objetivando promover o equilíbrio socioeconômico entre Estados e entre Municípios.
>
> Art. 165. Leis de iniciativa do Poder Executivo estabelecerão:
>
> (...)
>
> § 7º. Os orçamentos previstos no § 5º, I e II, deste artigo, compatibilizados com o plano plurianual, terão entre suas funções a de reduzir desigualdades inter-regionais, segundo critério populacional.
>
> Art. 170. A ordem econômica, fundada na valorização do trabalho humano e na livre-iniciativa, tem por fim assegurar a todos existência digna, conforme os ditames da justiça social, observados os seguintes princípios:
>
> (...)
>
> VII – redução das desigualdades regionais e sociais.

Os preceitos transcritos constituem normas programáticas apontando as diretrizes dispostas no texto constitucional do nosso País, objetivando promover – na medida do possível – uma igualdade para todos os seus habitantes.

Entendo que não padece dúvida de que a consideração dos incentivos fiscais, por parte das autoridades julgadoras administrativas e judiciais, deveria nortear-se pelas apontadas diretrizes, próprias de nações civilizadas e democráticas.

A interpretação e a aplicação das leis não devem pautar-se somente por um sentido frio, insensível e meramente formal do conteúdo nelas contido.

É cediço que a interpretação constitui um processo mental de compreensão, integração e aplicação do discurso normativo, objetivando desentranhar o aludido conteúdo do preceito, não se podendo conferir proeminência aos aspectos meramente lógicos ou semânticos dos vocábulos contidos no discurso normativo.

O pluralismo metodológico deve ser o norte do comportamento do intérprete, sendo certo que a interpretação deve ser realizada sem qualquer preconceito, desprovida de ideologias, sem apego ao positivismo, jusnaturalismo e influência das teorias sociais, políticas, econômicas etc., para que as normas possam se tornar operativas e eficazes.

Embora os diversos métodos (gramatical, histórico, teleológico, sistemático etc.) sejam sobremodo importantes, o hermeneuta também deve aplicar o plano constitucional e seus objetivos fundamentais (no caso, as igualdades regionais).

Sempre se procurou atrair investidores para regiões mais pobres, como é o caso do Nordeste ou Norte, mediante a concessão de incentivos disciplinados pela SUDAM (Superintendência da Região Amazônica) e SUDENE (Superintendência do Desenvolvimento do Nordeste).

Ressalvo que, relativamente ao ICMS, essa postura não tem condição de ser concretizada de modo tranquilo, tendo em vista a formalidade preconizada em sua sistemática (Lei Complementar 24/1975), não se vislumbrando nas decisões judiciais uma postura que considere as apontadas desigualdades regionais.

3. *Limites ou parâmetros materiais para a concessão de incentivos fiscais*

3.1 *Em quais hipóteses a concessão de incentivo fiscal a determinado contribuinte, ou grupo de contribuintes, será compatível com o princípio da igualdade?*

A regra da isonomia ("tratar os iguais de forma igual e os desiguais de modo desigual, na medida das suas desigualdades") também pode ser adequada, e necessária, para justificar a concessão de incentivos fiscais.

O presente cenário econômico justifica essa postura, como se colhe do exemplário veiculado na imprensa (*O Estado de S. Paulo*, de 23.5.2014), a saber:

a) Brasil Maior (2.8.2011) – Desoneração da folha de pagamentos de *quatro setores* (indústrias de couro e calçados, confecções e empresas de *call center* e de tecnologia de informação), criação do programa Reintegra, de devolução imediata de crédito tributário à indústria exportadora.

b) Folha de pagamentos (2.4.2012, 5.4.2013) – Desoneração da Folha de pagamentos mediante a substituição para a contribuição sobre a receita, *para quinze setores*.

c) Veículos (*Indústria automotiva*) – Banco Central libera R$ 18 bilhões do depósito compulsório dos bancos para financiamento de carros novos, redução do IPI, nova redução de IOF que incide sobre o crédito ao consumidor, de 2,5% para 1,5%.

d) *Setor químico* (23.4.2013) – Redução de 5,6% para 1% da alíquota do PIS/Cofins para os fabricantes de matérias-primas para a indústria química.

e) Etanol (23.4.2013) – Governo zera o Pis/Cofins dos *fabricantes do produto*, e mantém o crédito presumido das usinas com o Fisco.

No caso do *setor automotivo*, justifica-se a concessão de benefícios em razão da crise nas vendas, manutenção de estoques, paralisação da produção, o que implicaria demissões, férias coletivas, licença remunerada ou *lay-off* (suspensão temporária do contrato de trabalho).

Nas hipóteses de surtos econômicos específicos, a concessão de incentivo fiscal a determinado contribuinte, ou grupo de contribuintes, revela-se plenamente compatível com o princípio da igualdade.

3.2 A localização de uma empresa em região menos desenvolvida do território nacional seria um critério de discrímen apto a legitimar incentivos fiscais?

Região pobre, com sérias e manifestas dificuldades de atendimento das necessidades básicas de uma população carente, cuja maioria vive em situação de penúria, sujeita à insalubridade, doenças etc., naturalmente deve e pode ser beneficiada por incentivos de diversificada natureza.

A redução e/ou eliminação de cargas tributárias (IR, IPI, PIS/Cofins etc.) poderão possibilitar aos empresários redirecionar seus recursos para a mão de obra, aquisição de bens, melhoria de atendimento; e para que a população possa ter acesso aos serviços e bens de qualquer natureza.

3.3 Caso o contribuinte destinatário do incentivo tenha capacidade contributiva igual à de outro contribuinte, não beneficiado com o incentivo, há, só por isso, invalidade ou violação ao princípio da igualdade? É possível estabelecer, validamente, tratamento desigual a contribuintes, tomando de critério diverso de sua capacidade contributiva? Quais critérios seriam esses?

Capacidade "econômica" pode ser compreendida como a existência de patrimônio, abrangendo bens e direitos de qualquer natureza, que o contribuinte tem para arcar com parcela dos custos das atividades empresariais, distinguindo-se da capacidade "financeira", entendida como a existência de numerário suficiente para arcar com os encargos societários, fiscais etc., e que não guarda nenhuma adequação com a mensuração do tributo.

O contribuinte não deve arcar com determinado volume tributário simplesmente porque tem dinheiro para tanto; é imprescindível que a exigência fiscal deva corresponder a um percentual do fato imponível (traduzido monetariamente).

A capacidade contributiva deveria estar subjacente em qualquer espécie tributária, revelada pelo valor do objeto (materialidade). Tendo em vista que a tributação quantifica-se por uma base de cálculo (à qual se aplica uma alíquota), salvo os casos excepcionais de tributo fixo, e como esta nada mais é do que o próprio valor (econômico) da materialidade, sempre será possível medir a intensidade (econômica) de participação do contribuinte no montante do tributo.

A cláusula *sempre que possível* não poderia jamais vislumbrar a eventual impossibilidade de tal mensuração (como se poderia cogitar); ou seja, casos em que nem sempre é possível avaliar o cunho pessoal e o envolvimento econômico do devedor do imposto. Como a estrutura da norma tributária sempre revela a intensidade econômica do ônus imputado ao contribuinte, forçoso defluir o entendimento de que sempre é possível apreender o caráter pessoal e a capacidade econômica do contribuinte. O que nem sempre será possível é obter, com absoluta segurança e certeza, o caráter eminentemente pessoal e a exata capacidade econômica.

Além do mais, a questão afeta à capacidade deve ser examinada com relação a cada espécie tributária. No imposto sobre a renda é mais fácil aferir a capacidade de contribuir, pela circunstância de tomar como fato imponível o acréscimo do patrimônio da pessoa dentro de um quadro comparativo no início e ao final de um determinado período de tempo. A condição pessoal do contribuinte é elemento significativo da regra de tributação.

É difícil aceitar que nos tributos denominados indiretos, ou objetivos – como é o caso do IPI –, a verificação da riqueza não considera a pessoa (sujeito passivo), mas os negócios envolvendo as operações com produtos industrializados, muito embora se tenha entendido que a Constituição determina que o IPI seja seletivo em função da essencialidade dos produtos (art. 153, § 3º, I), realizando, de certo modo, o princípio da capacidade contributiva.[2]

Não é fácil penetrar no universo das atividades privadas ou empresariais dos contribuintes, conhecer complexos aspectos societários ou sua intimidade pessoal, com o fito de avaliar a adequada carga fiscal, conquanto seja possível, nos lindes da economia, em um determinado momento histórico do País, aquilatar o limite máximo econômico, que possa ser suportável pelos contribuintes.

A expressão *sempre que possível* deve significar o ingente e exaustivo esforço a ser pautado pelo legislador, para disciplinar o ônus tributário, com a maior segurança (possível) e com a menor margem de engano (também possível), a fim de que o contribuinte participe das necessidades coletivas (interesse público), com suportável parcela do seu patrimônio.

Embora o princípio da "capacidade contributiva" mantenha plena vinculação, ou harmonia, com o princípio da "igualdade", não deve se cogitar de invalidade na concessão de incentivo para contribuintes que revelem assemelhada capacidade, porque o benefício pode levar em consideração outros elementos distintos da capacidade, como é o caso de específicos produtos, bens.

Essa postura significa a adoção de distinto e específico critério para a outorga do incentivo – no caso relativo a determinadas mercadorias, cuja desoneração tributária objetiva minorar o respectivo preço, tornando-se mais acessível à coletividade, e que não tem nenhuma pertinência com a capacidade dos contribuintes.

3.4 Deve haver coerência nas políticas públicas relacionadas aos incentivos fiscais? Qual a consequência jurídica, por exemplo, de o Governo Federal incentivar determinada ação, por meio de tributos, e outros órgãos do próprio Governo Federal, ou dos Governos Estadual ou Municipal, adotarem políticas destinadas a desestimular essa mesma ação?

2. Hugo de Brito Machado, *Os Princípios Jurídicos da Tributação na Constituição de 1988*, São Paulo, Dialética, 2004, p. 75.

Para que houvesse uniformidade de tratamento jurídico/tributário no âmbito dos estímulos e decorrentes vantagens tributárias, seria adequado que todas as esferas de governo se pautassem por idênticos procedimentos.

Todavia, as competências e as autonomias da União, Estado/Distrito Federal e Municípios conferem direitos específicos e exclusivos a cada entidade (para tributar ou para desonerar). A circunstância de ser concedida isenção de IPI para determinado produto não significa que o Estado também deva conceder isenção de ICMS; o fato de o legislador beneficiar o importador do Imposto de Importação e IPI também impede que os Estados mantenham a incidência do ICMS.

Entendo que a coerência deveria ser a pauta de procedimentos adotados e observados pelos entes fiscais, o que nem sempre se verifica no mundo real.

Não vislumbro nenhuma consequência jurídica decorrente da falta de coerência (ou uniformidade) no tratamento fiscal, em razão mesmo de a Constituição conferir distintas competências de natureza tributária.

3.5 A quem cabe a decisão a respeito da concessão de incentivos fiscais? Ao Legislador e ao Executivo apenas, quando da criação ou da alteração de leis ou atos infralegais?

Considerando que o princípio da estrita legalidade em matéria tributária deve ser obedecido até suas últimas consequências, parece inquestionável entender que cabe ao legislador a decisão a respeito da concessão de incentivos, em razão mesmo do princípio do consentimento.

Na medida em que o Legislativo representa o povo, e entende adequado renunciar a receitas tributárias em prol de demais objetivos de natureza econômica, social etc., por decorrência lógica somente a esse Poder compete manifestar-se pela concessão de incentivos.

Atos infralegais são praticados pela Administração Pública apenas para fiel execução das leis. Aqueles atos não podem dispor sobre a outorga de incentivos; não podem decidir sobre desonerações tributárias; somente podem conferir a respectiva operacionalidade.

3.6 Diante de um incentivo fiscal formalmente válido, seria lícito ao Poder Judiciário tomar decisões relacionadas ao seu "mérito", por não se considerar, por exemplo, necessário ou adequado incentivar determinada atividade ou setor da economia?

O Judiciário deve ater-se ao exame dos aspectos formais da legislação instituidora dos incentivos. No caso do ICMS, a decisão fica adstrita à necessidade de convênios firmados pelos Estados e Distrito Federal. Declara a inconstitucionalidade, em controle concentrado (ADI), pela ausência dos requisitos formais, sem adentrar o mérito que constitui matéria de política fiscal adstrita a critérios discricionários. Não pode adentrar o mérito dos incentivos.

3.7 Existiria alguma outra instância de controle da legitimidade ou da conveniência da concessão de incentivos fiscais?

Ao Judiciário compete, com exclusividade, decidir acerca do controle da constitucionalidade das normas, em razão da propositura de específicas medidas judiciais:

a) Ação Cível Originária – Cabimento nas causas e nos conflitos entre a União e os Estados, a União e o Distrito Federal ou entre uns e outros, inclusive as respectivas entidades da administração indireta (art. 102, I, "f", da CF).

A competência originária concedida ao STF diz respeito somente àqueles litígios que possam provocar situações caracterizadoras de conflito confederativo (STF, Pleno, *RTJ* 181/1.002), conforme decidido em ação envolvendo a Assembleia Legislativa e a autarquia federal.

Caracterizando-se como tribunal da federação, tem a atribuição e o poder de dirimir as controvérsias que culminam, perigosamente, por antagonizar as unidades federativas. Nesse sentido, tem o dever de zelar pelo equilíbrio harmonioso das relações políticas entre as pessoas estatais, razão pela qual, ao interpretar a norma de competência inscrita no art. 102, I, "f", da CF, veio a proclamar que "o dispositivo constitucional invocado visa a resguardar o equilíbrio federativo" (*RTJ* 81/330-331, rel. Min. Xavier de Albuquerque).

b) Ação Declaratória de Inconstitucionalidade – A Constituição Federal preceitua que compete ao STF processar e julgar, originariamente, a ação declaratória de constitucionalidade de lei ou ato normativo federal (art. 102, I, "a"), tendo a Lei federal 9.868, de 10.11.1999, disposto sobre o respectivo processo de julgamento perante o STF.

Entende-se que, no âmbito de "lei ou ato normativo", enquadram-se as disposições constitucionais, as leis (ordinárias, complementares), as medidas provisórias, os decretos legislativos (de integração de tratados e de suspensão de execução de ato do Executivo), os decretos que promulgam os tratados e convenções, os atos normativos editados por pessoas jurídicas de direito público etc.

c) Ação Direta de Inconstitucionalidade – É competência do STF processar e julgar, originariamente, a ação direta de inconstitucionalidade de lei ou ato normativo federal ou estadual, tendo a Lei federal 9.868, de 10.11.1999, disposto sobre o respectivo processo e julgamento. Nessa competência inclui-se o controle de constitucionalidade por omissão que possa afetar a efetividade da norma constitucional, no caso de inércia ou mora do legislador, tomando a providência legislativa.

O desrespeito à CF tanto pode ocorrer mediante ação estatal quanto em razão da inércia governamental, podendo derivar de um comportamento ativo do Poder Público (agindo em desacordo com o previsto na Constituição); ou quando deixa de editar as medidas provisórias necessárias à realização concreta dos preceitos constitucionais, incidindo em violação negativa, resultando em inconstitucionalidade por omissão (Med. Caut. em ADI 1.439-1, j. 22.5.1996, *DJU* 1 30.5.2003, pp. 28-29).

Evidente que qualquer instância judicial também tem competência para apreciar e decidir matéria constitucional, como é o caso dos Tribunais de Justiça, Tribunais Regionais Federais, Superior Tribunal de Justiça.

O Estado/Distrito Federal que se sentir prejudicado pelo fato de as disposições normativas violarem o texto constitucional, no caso da concessão de incentivos fiscais, não tem legitimidade para decretar a respectiva inconstitucionalidade, sequer promover medidas indiretas que resultem em prejudicar os incentivos.

Não pode o Estado destinatário de mercadorias que tenham recebido incentivo no Estado de origem exigir o respectivo valor tributário na entrada das mercadorias em seu território ou proceder a glosas de créditos de ICMS proporcionais ao aludido incentivo.

4. *Incentivos fiscais e segurança jurídica*

4.1 É possível a revogação de um incentivo fiscal? Há diferença caso tenham sido exigidas contrapartidas, a serem implementadas pelo contribuinte, como condição para a sua concessão? É relevante, ainda, que o incentivo tenha sido concedido por prazo certo?

O incentivo fiscal pode ser concedido em razão de distintos objetivos (desenvolvimento industrial, incremento de vendas de determinados produtos etc.); com maior ou menor amplitude (específicas atividades fabris, específicas regiões); e também sob modalidades distintas (isenção, suspensão de tributos, créditos-prêmios, depreciação acelerada etc.).

A extinção do incentivo pode ocorrer pelo decurso de prazo, implementação de condições etc., bem como pela revogação da norma de sua instituição (lei ou ato administrativo específico, como decreto, resolução etc.).

O incentivo pode ser outorgado sem que a norma tenha estipulado qualquer espécie de condição ou requisito, como é o caso da venda de veículos com redução de IPI, situação em que não é atribuída ao beneficiário qualquer específico requisito ou obrigação suplementar.

Também pode ser concedido mediante o atendimento de específicas condições, como é o caso de importação de bens sob o regime de *drawback* (modalidade de suspensão de tributos aduaneiros), em que o importador encontra-se obrigado a apresentar plano operacional relativo à importação específica de determinados insumos, emprego em processo industrial e respectiva exportação dos decorrentes produtos industrializados num determinado período de tempo.

Também a legislação pode dispor sobre incentivo fiscal (isenção) relativo a fornecimento de produtos a empresas com o objetivo de instalar plantas industriais destinadas à fabricação de determinados bens, desde que a respectiva implementação ocorra num lapso de tempo, as aquisições sejam efetuadas com recursos obtidos por entidades financeiras nacionais e decorrentes de licitação internacional ou acordo de participação com entidades de classe.

Embora seja da natureza das normas (legislativas ou administrativas) a revogação, o incentivo fiscal não poderia ser revogado porque causaria prejuízos e frustrações práticas e operacionais para as pessoas privadas, e até mesmo descrédito por parte da coletividade, acarretando práticas do poder público com violação dos princípios da moralidade, transparência, segurança jurídica etc.

O CTN preceitua que a isenção, salvo se concedida por prazo certo e em função de determinadas condições, pode ser revogada ou modificada por lei, a qualquer tempo, observado o disposto no inciso III do art. 104 do CTN (art. 178 do mesmo Código).

O STF consagrou a diretriz seguinte: "Isenções tributárias concedidas, sob condição onerosa, não podem ser livremente suprimidas" (Súmula 544).

No caso de o legislador outorgar isenção de impostos municipais, por um período de tempo (dez anos), terá de cumprir essa regra no referido prazo, pois, se proceder à sua revogação antes do referido lapso temporal, causará prejuízos aos beneficiados, que poderão socorrer-se do Judiciário para obter o reconhecimento de seus direitos à referida desoneração tributária.

O STJ examinara questionamento referente ao prevalecimento de isenção de imposto de importação, concedido há mais de sessenta anos. Nesse sentido, decidiu que "admitir-se a irrevogabilidade de uma isenção concedida por prazo indeterminado é aceitar que o legislador de 1945 pudesse suprimir a competência legislativa de todas as legislaturas futuras com relação à matéria o que, a toda evidência, infringe princípios básicos da Democracia Representativa e do Estado Republicano" (REsp 575.806/PE, 2ª T., rel. Min. Herman Benjamin, j. 11.9.2007, *DJU* 1 19.11.2007, p. 217).

O direito de proceder à livre revogação, que não esteja condicionada a prazo, implica obediência ao princípio constitucional da anterioridade (art. 150, III, "b"), que veda a cobrança dos tributos no mesmo exercício financeiro em que haja sido publicada a lei que os instituiu ou os aumentou, em razão do que, ao revogar uma isenção de ISS em maio de 2014, referido tributo só poderá voltar a ser exigido a partir de 1º de janeiro de 2015.

Esse mandamento também deveria ser aplicado ao ICMS, uma vez que a exceção do cânone da anterioridade só é considerada para os impostos de importação, exportação, produtos industrializados, operações de crédito, câmbio, seguro ou relativa a títulos e valores mobiliários e de guerra (art. 150, § 1º, da CF). Todavia, o STF consagrou que o princípio da anualidade (anterioridade) não se aplica à revogação de isenção do antigo ICM (Súmula 615).

> *4.2 A resposta dada à questão anterior é a mesma caso, em vez de revogação, tenha-se a nulidade do incentivo, posteriormente reconhecida no âmbito administrativo ou judicial? Pode a entidade tributante que houver editado lei concedendo incentivo cobrar o tributo correspondente em razão da inconstitucionalidade posteriormente declarada da lei que ela própria editou?*

A revogação do incentivo pode decorrer da discricionariedade do legislador ou do ato administrativo, segundo critérios de conveniência e oportunidade. O órgão fazendário pode entender que não há mais interesse nos projetos industriais ou mesmo interromper a continuidade dos incentivos.

A extinção ou paralisação do incentivo em razão de sua nulidade (inconstitucionalidade, inexistência de convênios entre as unidades federativas, no caso de ICMS), decretada no âmbito administrativo ou judicial, implica distinta conotação jurídica. Significa a ausência de legitimidade, não se tratando de discricionariedade, mas, ao contrário, de ato vinculado que consiste na retirada da norma (veiculadora do incentivo) do ordenamento jurídico.

A nulidade declara a invalidade do incentivo, tendo o condão de prejudicar qualquer efeito jurídico. Não havendo sido preenchidos os indispensáveis pressupostos jurídicos, o ato veiculador da nulidade terá a virtude jurídica de eliminar as vantagens decorrentes dos benefícios fiscais.

Todavia, havendo sido decretada a inconstitucionalidade de norma que dispusera a respeito de incentivo fiscal, em tese, a entidade tributante deveria promover a cobrança dos valores tributários (incentivos usufruídos) dos contribuintes localizados no mesmo Estado, abrangendo o período dos últimos cinco anos, no caso de a decisão judicial definitiva ter sido proferida com efeitos *ex tunc*.

É o caso da decisão do STF que, relativamente aos benefícios fiscais concedidos pelo Estado do Pará, imputou efeito retroativo, anulando a legislação desde 2002 (ADI 3.246, Pleno, rel. Min. Carlos Ayres Britto, j. 19.4.2006, *DJU* 1º.9.2006).

Entretanto, no caso de virem a ser cobrados os valores atinentes aos referidos incentivos, os contribuintes poderão apresentar a devida impugnação, sob o fundamento de que a Administração Pública não pode *venire contra factum próprio*, porque violaria os princípios da moralidade (art. 37 da CF), lealdade administrativa, razoabilidade, segurança jurídica, evitação de surpresa.

Havendo editado lei dispondo sobre incentivos, os administrados só poderiam conceber a sua validade e legitimidade, colaborando com os interesses da Administração Pública, não podendo sofrer a imputação de penalidades pela sua observância, o que seria uma absurda contradição.

Não se trata de cogitar da singela consideração do princípio da indisponibilidade do crédito tributário, mas da aplicação do CTN (art. 100), preceituando que a observância das normas administrativas exclui a imposição de penalidades, a cobrança de juros de mora e a atualização do valor monetário da base de cálculo.

Embora juridicamente o crédito tributário passe a ser legitimado, em razão da declaração de inconstitucionalidade, e houvesse fundamento para a sua cobrança, há que se considerar a manifesta violação aos princípios da moralidade, lealdade e segurança jurídica, que não consente a exigibilidade de terceiros que agiram de acordo com a lei posta.

Bibliografia

FIGUEIREDO, Lúcia Valle. "Princípio da proteção ao contribuinte. Princípio da segurança jurídica". *RDT* 47. p. 561.

MACHADO, Hugo de Brito. *Os Princípios Jurídicos da Tributação na Constituição de 1988*. São Paulo, Dialética, 2004.

ACERCA DOS INCENTIVOS FISCAIS

JUVÊNCIO VASCONCELOS VIANA
MATTEUS VIANA NETO

1. Noções preliminares. 2. Incentivos fiscais e institutos afins. 3. Limites formais à concessão de incentivos fiscais. 4. Limites materiais. 5. Incentivos e segurança jurídica.

1. Noções preliminares

Incentivo, etimologicamente, significa algo que estimula, incita. Se falamos em incentivo fiscal, estamos falando de algo que objetiva dar algum estímulo a certa postura, conduta do contribuinte.

Incentivos fiscais integram o conjunto de políticas econômicas de um dado ente federativo, buscando facilitar o aporte de capitais em uma dada área mediante a cobrança de menos tributos ou de sua não cobrança, visando ao aquecimento econômico do respectivo território, principalmente com capitais exógenos.

Vê-se, pois, que incentivo fiscal é um conceito originário da Ciência das Finanças, que, no âmbito do direito tributário, adquiriu diversas denominações em razão dos elementos utilizados em sua configuração.

Às vezes, tributos são empregados como instrumento de intervenção ou de regulação. Nesse instante, sua função primária (fiscal) é posta de lado em favor de funções extrafiscais. A técnica tributária é adaptada e dirigida em prol do desenvolvimento de determinada política.[1]

1. Apesar de parecer uma tendência "moderna", existem antigos registros de tributos sendo empregados com a finalidade de intervenção nas atividades econômicas (cf. Hugo de Brito Machado, *Curso de Direito Tributário*, 36ª ed., São Paulo, Malheiros Editores, 2015, p. 69).

O tema dos incentivos, pois, situa-se no campo da *extrafiscalidade* e implica redução da receita pública de natureza compulsória ou a supressão da exigibilidade desta.

A política econômica (num plano interno, entenda-se) consiste no conjunto de ações governamentais que são planejadas para atingir determinadas finalidades relacionadas com a situação econômica de um país ou de região deste. Não podemos esquecer que a política fiscal faz parte dessa ideia maior, que é a de política econômica.

Assim, o incentivo fiscal é um instrumento do dirigismo econômico;[2] visa desenvolver economicamente determinada região ou certo setor de atividade.

Seu modo mais frequente de criação se dá através de isenções. No entanto, outros elementos da hipótese de incidência do tributo, às vezes, são utilizados para tal fim, *v.g.*, redução de base de cálculo ou de alíquotas ou, ainda, mediante elementos externos à regra matriz de incidência, como diferimento, crédito presumido, prazo de pagamento alongado etc.

2. *Incentivos fiscais e institutos afins*

Existem no sistema tributário institutos que guardam certa semelhança com os incentivos fiscais. São a mesma coisa? Guardam entre si alguma relação?

Não são sinônimos, diga-se de logo.

Não devemos confundir incentivo fiscal com benefício fiscal. Este se constitui em renúncia fiscal, pura e simples, e possui múltiplos significados. É quando o ente federativo deixa de "cobrar" (arrecadar) algum tributo, sem qualquer motivo específico.

No incentivo fiscal, por sua vez, espera o Estado uma contrapartida. Ele (Estado) deixa de exigir o pagamento de algum tributo, condicionando, *e.g.*, ao aumento ou à manutenção de postos de trabalho ou da atividade econômica, ou que o valor seja destinado a alguma outra finalidade prevista em lei, tais como criação de escolas, geração de postos de trabalho, projetos culturais e outros.

2. O nível de imposição tributária ou a concessão de incentivos fiscais não se inserem na seara do direito tributário, mas no campo da política tributária.

Portanto, o gênero "benefícios fiscais" é ato de voluntariedade estatal praticado por uma razão ou outra (uma razão social, por exemplo), não necessariamente querendo extrair um resultado qualquer do destinatário, senão simplesmente beneficiá-lo.

Alívio fiscal não constitui instituto próprio do direito tributário, sendo muito mais uma expressão (termo) do senso comum. Pode ser relacionado com momentânea redução da carga tributária objetivando um resultado econômico, amplo ou meramente setorial, ou, como indica a expressão, um benefício fiscal provisório para que o seu destinatário possa se refazer, se recompor ou não ter dificuldades ainda maiores em sua atividade econômica.

A isenção, podendo possuir característica tanto de incentivo quanto de benefício fiscal, é conceituada pela doutrina abalizada de Souto Maior Borges como hipótese de não incidência tributária legalmente qualificada. Após descrever o fato gerador da obrigação tributária, hipótese legal de incidência do tributo, o legislador retira desse campo de incidência certos fatos ou atos que passam a ser insuscetíveis de tributação.[3]

Ela implica modificação do aspecto nuclear do fato gerador da obrigação tributária, ou seja, da norma legal que define a hipótese tributária.[4] Seja como for, tudo indica que o Código Tributário Nacional prestigiou a doutrina clássica ao incluir a isenção no rol do art. 175 do CTN, elegendo-a como hipótese de exclusão do crédito tributário.[5]

Há algumas espécies de condicionantes utilizadas na concessão de isenção.[6] São as isenções concedidas:

3. José Souto Maior Borges, *Teoria Geral da Isenção Tributária*, 3ª ed., São Paulo, Malheiros Editores, 2007, p. 101.

4. A doutrina clássica costuma conceituar a isenção como dispensa do pagamento do tributo devido, conceituação essa violentamente combatida pela doutrina moderna em termos de teoria geral do direito, porque não seria possível pressupor prévia incidência de norma jurídica de tributação para, ao depois, incidir a norma jurídica de isenção. Dessa forma, ela se confundiria com a não incidência expressamente prevista em lei, para alterar parcialmente o conteúdo da hipótese de tributação.

5. Tese essa seguida pelo STF, diga-se de passagem. As isenções, vale acrescentar, são interpretadas de forma literal (art. 111 do CTN), exatamente porque são uma exceção à regra geral de tributação.

6. Apesar de serem referidas normalmente à isenção, as condições arroladas podem estar presentes tanto nos incentivos quanto nos benefícios fiscais. Tal se dá em razão da inexistência de norma jurídica restringindo a sua utilização.

a) em caráter individual – por lei, mediante solicitação do sujeito passivo, o qual terá de cumprir alguns requisitos constantes na norma outorgante;

b) em caráter geral – também depende de lei, mas é genérica e não traz requisitos a serem cumpridos pelo sujeito passivo.

Pode ser ainda:

a) condicionada – quando concedida mediante o cumprimento de determinados requisitos exigidos pela lei;

b) incondicionada – quando a lei apenas descreve a hipótese de concessão da isenção;

c) por prazo certo – se a lei determina o prazo no qual o sujeito passivo terá direito à isenção. A isenção por prazo certo tem origem contratual. Há um pacto entre o sujeito passivo e o sujeito ativo no sentido de o primeiro desenvolver determinadas atividades no território do segundo, objetivando a expansão da economia local ou regional;[7]

d) por prazo indeterminado – se a lei não define o prazo de concessão do benefício.

Da simples análise das condições mencionadas, infere-se que estas tanto podem ser inseridas nos incentivos quanto nos benefícios fiscais. Tanto um quanto o outro, bem como a isenção concedida sob condição onerosa, não podem ser livremente suprimidos (Súmula 544 do STF).

A isenção tributária não é, de princípio, um instrumento de intervenção na economia. Diferiria do incentivo fiscal, quer quanto ao seu campo de abrangência, quer quanto à sua motivação.

7. É comum, por exemplo, o ente tributante conceder isenção de tributos municipais por dez anos ou mais para as empresas industriais se localizarem em seu território, com vistas ao crescimento da produção, geração de empregos, expansão da economia e consequente aumento da arrecadação tributária direta e indireta. Não raras vezes, o Município arca, ainda, com os custos de implantação da indústria não só financiando os maquinários e equipamentos necessários, como também doando a área do terreno para construção do parque industrial. Essas isenções têm feição contratual na medida em que a lei específica deverá detalhar as condições para sua fruição, discriminando os tributos por elas abrangidos, bem como assinalando o prazo de sua duração, nos termos do art. 176 do CTN (cf. Kiyoshi Harada, "Incentivos fiscais em face da Lei de Responsabilidade Fiscal", in Ives Gandra da Silva Martins, André Elali e Marcelo Magalhães Peixoto (orgs.), *Incentivos Fiscais – Questões Pontuais nas Esferas Federal, Estadual e Municipal*, São Paulo, MP Editora, 2007, pp. 243-245).

Ela é concedida em função de certos bens (isenção objetiva) ou de certas pessoas (isenção subjetiva), mas sempre em função do interesse público.

A finalidade da isenção não é a de desenvolver determinada região do País nem a de incrementar certa atividade econômica, como ocorre com o incentivo fiscal. A motivação da isenção, pode-se dizer, é semelhante à da imunidade, pela qual a Constituição retira o poder tributário em relação a certos bens, serviços ou pessoas.

Parte importante da doutrina entende que quando "a motivação da isenção coincide com a do incentivo fiscal é porque estamos diante não de uma isenção pura, mas de isenção condicional, sujeita a termo certo de vigência" (Harada).[8] Mas, a nosso sentir, a isenção se configuraria como algo *bifronte*, quer aparecendo como mero benefício fiscal, quer figurando, às vezes, como incentivo fiscal, nesse último caso, objetivando um determinado resultado econômico.

Falar em "isenção parcial", a rigor, soa-nos como uma *contradictio in terminis*. Em termos rigorosamente técnicos, a mesma não existe. A expressão somente teria algum sentido quando referida a uma certa parte do *quantum* do crédito tributário. Assim, quando se fala em isenção parcial sem se referir a um montante, o acréscimo do adjetivo *parcial* em nada acrescenta ao instituto. Por exemplo, não concordamos com a posição do STF, o qual entende existir a isenção parcial na hipótese de redução da base de cálculo do imposto. Na redução, verifica-se a ocorrência do fato gerador, o nascimento da obrigação tributária e a formalização do crédito, havendo apenas uma diminuição valorativa do montante a ser utilizado para cálculo do imposto.

Assim, apesar da diferença técnico-tributária, a redução da base de cálculo tanto pode ser utilizada pelo Estado como um benefício quanto como um incentivo. Nesse aspecto, especificamente, guardaria similitude com a isenção.

A imunidade não deve ser confundida com incentivo ou benefício fiscal em razão da total impossibilidade de obtenção de receita tributária sobre os fatos ou aspectos protegidos pelo instituto. O incentivo ou benefício fiscal pressupõe a renúncia de receita, enquanto na imunidade simplesmente não existe hipótese de incidência, o que impede cogitar-se de qualquer receita.

8. É a isenção com as feições contratuais, na qual o sujeito passivo tem que arcar com ônus determinados. Daí a irrevogabilidade desse tipo de isenção.

São várias as espécies do gênero renúncia de receita pública.[9] A anistia está regulada nos arts. 180 a 182 do CTN. Significa perdão do crédito tributário e da infração tributária. A remissão, que pode ser total ou parcial, nos termos do art. 172 do CTN, significa perdão apenas do crédito tributário. Subsídio é a quantia ou o auxílio que o Estado dá ao particular por força de convênio ou acordo para desenvolvimento de atividade de interesse social. Crédito presumido é o valor estimativo, fixado pelo poder público a favor do contribuinte de imposto de natureza não cumulativa em função dos insumos e da combinação de fatores de produção (matérias-primas, materiais secundários consumidos no processo de industrialização, energia consumida etc.) que entram na produção final de bens ou serviços.[10] A devolução total ou parcial do tributo. A alteração de alíquota ou redução da base de cálculo. Todas elas encontram-se sob reserva de lei, em razão do art. 150, § 6º, da Constituição Federal, o qual estabelece que qualquer subsídio ou isenção, redução de base de cálculo, concessão de crédito presumido, anistia ou remissão, relativos a impostos, taxas ou contribuições, só poderá ser concedido mediante lei específica, federal, estadual ou municipal.

Temos ainda a tributação por alíquota zero, que surte o mesmo efeito de uma isenção.

Não se deve confundir incentivos fiscais e incentivos financeiros, haja vista que esse último é conceito do campo exclusivamente econômico. Por exemplo, no estado do Ceará, o Fundo de Desenvolvimento Industrial – FDI, em sua versão original, se constituía em incentivo financeiro, realizado mediante contrato de mútuo para pagamento do imposto devido.

3. Limites formais à concessão de incentivos fiscais

Como vimos, o incentivo fiscal tem lugar quando algum ente federativo (Município, Estado, Distrito Federal ou União Federal) conce-

9. A renúncia de receita corresponde à "desistência do direito sobre determinado tributo por abandono ou desistência expressa do ente federativo competente para sua instituição" (Carlos Valder do Nascimento e Ives Gandra da Silva Martins, *Comentários à Lei da Responsabilidade Fiscal* (orgs.), 5ª ed., São Paulo, Saraiva, 2011, p. 135).

10. Cf. Kiyoshi Harada, "Incentivos fiscais em face da Lei de Responsabilidade Fiscal", in Ives Gandra da Silva Martins, André Elali e Marcelo Magalhães Peixoto, *Incentivos Fiscais – Questões Pontuais nas Esferas Federal, Estadual e Municipal*, cit., p. 245.

de a alguém a possibilidade de obtenção de vantagens, recursos ou condições especiais no âmbito tributário, para a prática de uma conduta objetivando um determinado resultado definido em norma jurídica.

Gera uma redução ou eliminação – direta ou indireta – de encargo tributário, para a obtenção daquele resultado previsto na norma específica.

Todo incentivo fiscal deve ser concedido por lei do ente tributante competente para a instituição do tributo correspondente e, tratando-se do ICMS, a Constituição Federal adiciona mais uma condição: a celebração de acordo entre os Estados conforme o art. 155, § 2º, XII, "g".

É sabido que, no passado, à luz da anterior Constituição, era comum as três entidades federativas (União, Estados e Municípios) concederem incentivos fiscais em sede de lei genérica, a qual cuidava de diversas matérias.[11]

Não havia, pois, transparência nesse tipo de renúncia de receita pública, que nem sempre atendia ao interesse público.

Hoje, não mais. O incentivo ou benefício fiscal, por previsão constitucional,[12] há de vir por *lei específica*, da lavra *do ente tributante* competente.

O art. 150, § 6º, da CF apenas excepciona os benefícios ou incentivos fiscais do ICMS que devem seguir a prescrição da lei complementar, conforme disposto no art. 155, § 2º, XII, "g", da Lei Maior.[13]

Fala-se em *lei específica*... Somente lei específica pode conceder incentivos fiscais ou tributários,[14] no viso de buscar a transparência e a segurança jurídica (comprometidas no passado, v. supra), livrando o aplicador da lei da tarefa de manusear infindáveis normas "soltas" na

11. Isso propiciava certas manobras, especialmente por parte daqueles que se interessavam, de alguma forma, na redução da carga tributária.

12. Veja-se o art. 150 da CF, em seu § 6º: "Qualquer subsídio ou isenção, redução de base de cálculo, concessão de crédito presumido, anistia ou remissão, relativos a impostos, taxas ou contribuições, só poderá ser concedido mediante lei específica, federal, estadual ou municipal, que regule exclusivamente as matérias acima enumeradas ou o correspondente tributo ou contribuição, sem prejuízo do disposto no art. 155, § 2º, XII, 'g'".

13. E, nesse ponto, entrará em cena a Lei Complementar 24, de 7.1.1975, a qual dispõe sobre convênios para a concessão de incentivos e benefícios do ICMS.

14. De igual, a revogação do incentivo, quando cabível, também deve ser feita por lei específica.

legislação. Lei específica significa ato normativo com fim próprio, com ementa indicando, em destaque, o incentivo ou benefício fiscal objeto de concessão.

Do ente tributante competente... Sim, soa lógico que, correlata à outorga constitucional da competência tributária do ente, corresponda a atribuição *daquele mesmo ente* quanto à concessão da isenção ou de qualquer outro incentivo ou benefício fiscal.

Nesse ponto, vale recordar a norma do art. 151, III, da CF, ao dizer: "Art. 151. É vedado à União: (...) III – instituir isenções de tributos *da competência dos Estados, do Distrito Federal ou dos Municípios*".

A exigência de lei específica para aqueles fins na verdade amplia a vedação contida no art. 151 da CF, a qual não passa de mera inferência do próprio princípio da legalidade.

A legalidade, sabemos, constitui uma das ideias básicas da tributação (ao menos quando diante de um Estado de Direito). Constitui uma das "travas mestras" do nosso direito tributário; uma "das mais importantes colunas sobre as quais se assenta o edifício do Direito tributário".[15]

Ora, estando a disciplina dos tributos sob o princípio da reserva de lei, a disciplina dos incentivos e benefícios fiscais, da mesma forma, há de estar igualmente vinculada ao princípio da legalidade.[16]

O princípio da legalidade da tributação não tem eficácia apenas sob o lado positivo, da imposição do tributo, mas também sob o aspecto negativo, da exoneração fiscal. Se inexiste tributo sem que a lei o institua, tampouco existe incentivo ou benefício fiscal sem lei que o determine.

Seguindo, qual a natureza de disposições como as que constam do art. 155, § 2º, XII, "e", e do art. 156, § 3º, II, da CF/1988?

Vamos por partes. Analisemos o art. 155, § 2º, XII, "e", inicialmente:

> § 2º. O imposto [*ICMS*] previsto no inciso II atenderá ao seguinte:
>
> (...)
>
> XII – cabe à lei complementar:

15. Roque Antonio Carrazza, *Curso de Direito Constitucional Tributário*, 29ª ed., São Paulo, Malheiros Editores, 2013, pp. 271 e 275.

16. Veja-se, quanto à legalidade, o art. 151, I, da CF.

(...)

e) excluir da incidência do imposto, nas exportações para o exterior, serviços e outros produtos além dos mencionados no inciso X, "a";

Quanto à primeira situação relacionada ao ICMS, é de se atentar para o art. 155, § 2º, X, "a" – sobre operações que destinem mercadorias para o exterior, nem sobre serviços prestados a destinatários no exterior, assegurada a manutenção e o aproveitamento do montante do imposto cobrado nas operações e prestações anteriores.[17] No primeiro caso (art. 155, § 2º, XII, "e", da CF), inseridas no texto constitucional como estão, tais situações de não incidência são verdadeiras imunidades, e não hipóteses especiais de possíveis isenções heterônomas, como se pode deduzir da própria disposição contida no art. 155, § 2º, XII, "e".

É que a alteração realizada no art. 155, § 2º, X, "a" (EC 42/2003) não se fez acompanhar da necessária supressão da alínea "e" do art. 155, § 2º, XII, situação essa que permite inferir, equivocadamente, que através de lei complementar a União poderia excluir da incidência do ICMS nas exportações para o exterior serviços e outros produtos além dos mencionados no inciso X, "a", configurando essa autorização verdadeira isenção heterônoma. Essa interpretação estava correta quando eram tributadas as exportações de produtos primários e semielaborados para o exterior, dos quais se poderiam excluir outros. Inexistindo tributação, em razão da imunidade imposta pela EC 42/2003, perde sentido a afirmação da possibilidade de existência de isenção heterônoma nas operações e prestações destinadas ao exterior do País. A norma de não incidência do ICMS nesse caso é, induvidosamente, uma imunidade.

O mesmo não se pode afirmar em relação ao Imposto Sobre Serviços de Qualquer Natureza – ISS, com fundamento no art. 156, § 3º, II: "§ 3º. Em relação ao imposto previsto no inciso III [*ISS*] do *caput* deste artigo, cabe à lei complementar: (...) II – excluir da sua incidência exportações de serviços para o exterior".

Aqui, ao contrário do ICMS em relação às operações e prestações para o exterior, que são imunes, constatamos uma faculdade atribuída à União de isentar do ISS exportações de serviços para o exterior, com evidente característica de isenção heterônoma. Quais os limites dessa

17. Com redação trazida pela EC 42/2003.

exclusão? Qual o critério a ser utilizado na escolha dos serviços? O interesse a predominar deve ser o da União ou do Município?

Essas e outras indagações podem ser formuladas sem que a Constituição Federal ofereça qualquer critério seguro de discrímen a ser utilizado em resposta a tais perguntas. O que ela oferece é a proteção ao exercício da competência tributária plena prevista no art. 150, § 6º, que para os municípios poderá vir a ser mitigada quando a União exercitar a faculdade que lhe é conferida pela norma prevista no art. 156, § 3º, II. Nessa situação de não incidência, com aparência de imunidade, temos uma hipótese especial de isenção heterônoma, cujo exercício pela União importará, invariavelmente, em restrição a competência tributária municipal, ainda que fundada em critério de razoabilidade.

Aliás, a própria Constituição Federal, em seu art. 156, III, ao remeter para a lei complementar a definição de serviços a serem tributados pelo ISS, pode induzir o intérprete a pensar que o campo de incidência daquele imposto pode ser reduzido ou ampliado pelo legislador infraconstitucional. E foi precisamente o que foi feito através da Lei Complementar 116/2003, na qual se constata na lista de serviços anexa a supressão ou acréscimos de serviços que originariamente deveriam ou não estar previstos. Nessa hipótese, ainda que não se trate de benefícios fiscais, mas de imposição tributária, o exercício dessa determinação viola a competência tributária plena do respectivo titular.

O fato é que determinada pela Constituição em diversas passagens a regulamentação dos tributos em seus aspectos gerais pela União, há limites a serem observados pelo legislador infraconstitucional quando da regulamentação dessas normas, inclusive em relação a incentivos ou benefícios fiscais, sob pena de violação a princípios fundamentais da nossa Lei Maior, como será evidenciado adiante.

Vimos acima que o próprio texto constitucional coloca limites formais e materiais para aquele fim, a serem observados pelo legislador infraconstitucional quando da regulamentação de norma da Constituição referente a incentivos fiscais. Veja-se, para tanto, o art. 155, § 2º, XII, "g":

> § 2º. O imposto previsto no inciso II atenderá ao seguinte:
>
> (...)
>
> XII – cabe à lei complementar:

(...)

g) regular a forma como, mediante deliberação dos Estados e do Distrito Federal, isenções, incentivos e benefícios fiscais serão concedidos e revogados.

A regulamentação da norma pela União deverá necessariamente respeitar os limites traçados pela própria Constituição quanto ao exercício da competência tributária. Quando o art. 150, § 6º, veda expressamente a concessão de qualquer incentivo ou benefício fiscal senão por parte do titular da respectiva competência, fixa claramente os limites a serem obedecidos pela lei complementar. Se a atribuição para conceder qualquer incentivo ou benefício fiscal é do titular da competência tributária, não é possível regulamentar uma faculdade prevista no texto constitucional de sorte a tornar praticamente impossível o seu exercício. Eventuais limitações precisam guardar margem de razoabilidade, de modo a não inibir o exercício de uma competência tributária plena, assegurada em diversas normas da Constituição Federal.

No caso da exigência de unanimidade prevista na LC 24/1975, lei essa recepcionada pelo art. 155, § 2º, XII, "g", como condição para a concessão de incentivos fiscais em matéria de ICMS, temos uma autêntica confirmação "às avessas" dessa usurpação.

Vale recordar que se cuida de uma norma legal aprovada bem antes da Constituição de 1988, período no qual a União, amparada nas normas constitucionais vigentes, podia limitar ou restringir o exercício das competências, inclusive tributária, dos entes da Federação. É preciso reconhecer a obsolescência dessa disciplina geral, cunhada no auge da centralização do autoritarismo militar, e por isso mesmo produto de um federalismo orgânico em que a figura da União predominava sobre a autonomia estadual.

Importante ressaltar que nesse período as forças políticas predominantes se localizavam no Sul e Sudeste do País, regiões que possuíam nível de desenvolvimento econômico muito superior às demais regiões. E àquelas forças não interessava o desenvolvimento dos seus mercados consumidores, como não interessa até hoje. Era e é, até hoje, a reprodução das relações econômicas internacionais entre países produtores e consumidores no território brasileiro no que se refere aos seus Estados.

Fácil imaginar, a partir dessa perspectiva de dominação de mercados consumidores, que as forças políticas predominantes se utilizassem de todos os meios, diretos e indiretos, para manter cativos seus mercados. Não fora a ousadia de alguns governos estaduais das regiões consumidoras do Brasil (Norte, Nordeste e Centro-Oeste), certamente que a dominação econômica seria total.

Ora, de forma indireta foram criados mecanismos de manutenção do *status quo*, como a cobrança do ICM (hoje ICMS) na origem, recentemente a denominada Lei de Responsabilidade fiscal e a exigência de unanimidade dos Estados, simplesmente inviabilizando a possibilidade de criação de incentivo ou benefício que não interesse àquelas regiões desenvolvidas, o que tem feito os Estados consumidores ignorá-los, gerando a chamada "guerra fiscal".

Sim, o quórum ali exigido fere a razoabilidade.[18]

É certo que a regra prevista no art. 155, § 2º, XII, da CF visa à proteção do regime federativo, com o objetivo de resguardar o que alguns denominam "princípio da conduta amistosa federativa", de modo a evitar danos à economia de outros Estados.

Contudo, diante do princípio da proporcionalidade, uma restrição à autonomia local só seria legítima na medida necessária à preservação da própria federação.

Seria, pois, absolutamente razoável afastar a exigência do convênio em relação: a) a meros benefícios fiscais não relacionados com a concorrência desleal, mas baseados na baixa capacidade contributiva e não ligados ao fomento de empreendimentos econômicos com possibilidade de violar o regime econômico da livre-iniciativa, fundado no princípio da livre concorrência (igual competitividade) entre os contribuintes situados em Estados diversos;[19] b) a benefícios vinculados à

18. O Distrito Federal, por exemplo, provocou o STF quanto à regra do art. 2º, § 2º, da LC 24/1975 ajuizando a ADPF 198 sob o fundamento de que aquela previsão seria antidemocrática, por exigir um quórum bem superior ao previsto para alterar a Constituição. Projetos de Lei são levados ao Congresso Nacional visando alterar aquele quórum, para que o CONFAZ passe a aprovar incentivos fiscais pela maioria de seus integrantes e, ainda, que os incentivos já concedidos sejam convalidados.

19. Nesse sentido, o STF, na ADI 3.421/PR, relatada pelo ministro Marco Aurélio, considerou constitucional a Lei 14.586/2004 do estado do Paraná, que concedeu isenção de ICMS sobre o serviço público de água, luz, telefone e gás sobre os imóveis destinados a templo de qualquer culto. No caso em questão, questionava-se a legitimidade

exploração de atividade que, pelas suas características, não poderia ser efetivada em outro Estado; c) a benefícios destinados a consumidor final em razão de sua hipossuficiência econômica, *v.g.*, fixação de alíquotas reduzidas a produtos da cesta básica.

Exigir a unanimidade entre os Estados para a aprovação de qualquer benefício fiscal equivale mesmo a inviabilizar toda e qualquer proposta desoneradora, exigência essa que viola princípios fundamentais da Constituição. É preciso encontrar o meio-termo: coibir a guerra fiscal, mas, ao mesmo tempo, permitir uma política tributária com incentivos e atração de investimentos, sem a qual estes findam por se concentrar nas regiões mais ricas, pela força de atração que possuem, mantendo-se a desigualdade social e econômica entre as diversas regiões do Brasil.

O princípio federativo exige que o ente central respeite a autonomia local, a fim de que as entidades periféricas possam eleger as suas prioridades com base no interesse regional ou local e na busca do desenvolvimento econômico e na superação das desigualdades regionais a partir de seus esforços, e não apenas na atitude paternalista da União.

A Constituição Federal, em pelo menos seis dispositivos, preconiza providências objetivando a redução das desigualdades regionais existentes no País, a saber:

> Art. 1º. A República Federativa do Brasil, formada pela união indissolúvel dos Estados e Municípios e do Distrito Federal, constitui-se em Estado Democrático de Direito e tem como fundamentos:
>
> (...)
>
> III – a dignidade da pessoa humana;
>
> Art. 151. É vedado à União:
>
> I – instituir tributo que não seja uniforme em todo o território nacional ou que implique distinção ou preferência em relação a Estado, ao Distrito Federal ou a Município, em detrimento de outro, admitida a conces-

da norma em face da ausência de convênio, tendo o tribunal, em decisão unânime, dispensado a exigência do convênio sob o entendimento de que na situação concreta não se estava diante do estímulo à atração do contribuinte de direito ao desempenho de determinada atividade econômica, mas de benefício dirigido ao contribuinte de fato, já contemplado pela imunidade dos templos nas situações em que pratica o fato gerador.

são de incentivos fiscais destinados a promover o equilíbrio do desenvolvimento socioeconômico entre as diferentes regiões do País;[20]

Art. 159. A União entregará:

I – do produto da arrecadação dos impostos sobre renda e proventos de qualquer natureza e sobre produtos industrializados quarenta e oito por cento na seguinte forma:

(...)

c) três por cento, para aplicação em programas de financiamento ao setor produtivo das Regiões Norte, Nordeste e Centro-Oeste, através de suas instituições financeiras de caráter regional, de acordo com os planos regionais de desenvolvimento, ficando assegurada ao semiárido do Nordeste a metade dos recursos destinados à Região, na forma que a lei estabelecer;

Art. 161. Cabe à lei complementar:

(...)

II – estabelecer normas sobre a entrega dos recursos de que trata o art. 159, especialmente sobre os critérios de rateio dos fundos previstos em seu inciso I, objetivando promover o equilíbrio socioeconômico entre Estados e entre Municípios;

Art. 165. Leis de iniciativa do Poder Executivo estabelecerão:

I – o plano plurianual;

II – as diretrizes orçamentárias;

III – os orçamentos anuais.

(...)

§ 7º. Os orçamentos previstos no § 5º, I e II, deste artigo, compatibilizados com o plano plurianual, terão entre suas funções a de reduzir desigualdades inter-regionais, segundo critério populacional.

Art. 170. A ordem econômica, fundada na valorização do trabalho humano e na livre-iniciativa, tem por fim assegurar a todos existência digna, conforme os ditames da justiça social, observados os seguintes princípios:

20. Esse princípio, vale ressaltar, tem aplicação nos âmbitos estadual e municipal, por força do princípio da simetria. O que não se quer são as denominadas "guerras fiscais", as quais findam por agravar os desníveis regionais (v. infra).

(...)

VII – redução das desigualdades regionais e sociais;

Essas normas principiológicas, acrescidas ao poder de exercício pleno da competência tributária, devem necessariamente influenciar a criação, interpretação e aplicação de leis a respeito de incentivos fiscais e benefícios que tenham por objetivo atrair empresas para regiões pobres. Sem a menor dúvida, deve existir sim uma relação direta entre aquelas normas e as normas infraconstitucionais derivadas do Sistema Tributário Nacional.

Não podemos ignorar que a desigualdade econômica é o principal problema que afeta a maioria dos países, mas principalmente os países menos desenvolvidos – e, no plano interno destes, suas regiões –, o que se dá principalmente pela distribuição desigual de sua renda. Embora não se possa ignorar que existam outros fatores a colaborar com aquele "mal", *v.g.*, a má formação educacional e o investimento ineficiente em áreas sociais.

Para abrir mão de receita tributária, em aparente contradição com o princípio da generalidade (todos devem pagar impostos) e com o princípio da universalidade (todos os bens, serviços e rendas devem ser tributados), que regem o fenômeno tributário, é preciso que esteja presente o interesse público direcionando a ação do governante no sentido de renunciar à parcela de receita para consecução do bem comum.

Isso fica claro ao olharmos para os dispositivos constitucionais antes invocados.

A renúncia tributária, na qual se insere a tradicional isenção, é um instrumento de planejamento e intervenção das finanças públicas cujo fim não é beneficiar o seu destinatário, que apenas usufrui desse benefício por via indireta,[21] mas a coletividade.

Quando a Constituição abraça o princípio da dignidade humana como fundamento e objetivo da redução das desigualdades regionais existentes, o faz com o firme propósito de que os meios necessários

21. Lamentavelmente, na prática, a ação de lobistas de diversos setores da economia tem conduzido a uma política de favorecimento tributário deste ou daquele setor, inclusive, quebrando a espinha dorsal do regime econômico da livre-iniciativa, fundado no princípio da livre concorrência (art. 170, IV, da CF).

sejam utilizados para tanto, e não que os instrumentos legais sejam instrumentos de manutenção das desigualdades.

Esses aspectos devem ser levados em conta na *elaboração*, *interpretação* e *aplicação* de leis de incentivos fiscais.

Voltaremos a esse ponto adiante (v. infra).

A partir da perspectiva de dominação de mercado consumidor, afirmamos que as forças políticas predominantes se utilizavam de todos os meios, diretos e indiretos, para manter cativos seus mercados. Podemos identificar esse tipo de conduta nas limitações infraconstitucionais à concessão de benefícios fiscais.

É o que vemos, por exemplo, em sede da Lei de Responsabilidade Fiscal – LRF (LC 101, de 4.5.2000), no momento em que regula, mais amplamente, o tema da renúncia fiscal.

A Lei de Responsabilidade Fiscal foi criada no sistema jurídico com um caráter extremamente moralizante, transparente, objetivando, de forma firme, a redução do déficit público e a estabilização do montante da dívida pública dos entes da Federação. Visava então sedimentar, no País, o regime da gestão fiscal responsável.

Constitui a LRF um autêntico "código de conduta gerencial" a ser observado na condição da coisa pública.[22]

Não por menos, assevera que

> a responsabilidade na gestão fiscal pressupõe a ação planejada e transparente, em que se previnem riscos e corrigem desvios capazes de afetar o equilíbrio das contas públicas, mediante o cumprimento de metas de resultados entre receitas e despesas e a *obediência a limites e condições no que tange a renúncia de receita*, geração de despesas com pessoal, da seguridade social e outras, dívidas consolidada e mobiliária, operações de crédito, inclusive por antecipação de receita, concessão de garantia e inscrição em Restos a Pagar (vide § 1º, art. 1º, da LRF).

Nessa linha, vieram também, ali, normas voltadas ao tema da arrecadação tributária e da concessão (até ali desenfreada) de incentivos tributários. Faz isso em seu art. 14, quando diz:

22. Carlos Valder do Nascimento e Ives Gandra da Silva Martins (orgs.), *Comentários à Lei da Responsabilidade Fiscal*, cit., p. 45.

Art. 14. A concessão ou ampliação de incentivo ou benefício de natureza tributária da qual decorra renúncia de receita deverá estar acompanhada de estimativa do impacto orçamentário-financeiro no exercício em que deva iniciar sua vigência e nos dois seguintes, atender ao disposto na lei de diretrizes orçamentárias e a pelo menos uma das seguintes condições:

I – demonstração pelo proponente de que a renúncia foi considerada na estimativa de receita da lei orçamentária, na forma do art. 12, e de que não afetará as metas de resultados fiscais previstas no anexo próprio da lei de diretrizes orçamentárias;

II – estar acompanhada de medidas de compensação, no período mencionado no *caput*, por meio do aumento de receita, proveniente da elevação de alíquotas, ampliação da base de cálculo, majoração ou criação de tributo ou contribuição.

§ 1º. A renúncia compreende anistia, remissão, subsídio, crédito presumido, concessão de isenção em caráter não geral, alteração de alíquota ou modificação de base de cálculo que implique redução discriminada de tributos ou contribuições, e outros benefícios que correspondam a tratamento diferenciado.

§ 2º. Se o ato de concessão ou ampliação do incentivo ou benefício de que trata o *caput* deste artigo decorrer da condição contida no inciso II, o benefício só entrará em vigor quando implementadas as medidas referidas no mencionado inciso.

§ 3º. O disposto neste artigo não se aplica:

I – às alterações das alíquotas dos impostos previstos nos incisos I, II, IV e V do art. 153 da Constituição, na forma do seu § 1º;

II – ao cancelamento de débito cujo montante seja inferior ao dos respectivos custos de cobrança.

Como se vê, o art. 14 da LRF, objetivando alcançar as metas previstas no art. 1º da mesma lei, por meio de uma gestão fiscal responsável, planejada e transparente, impôs limites à concessão de benefícios ou incentivos fiscais. E ao estabelecer as condições para a concessão, exige, em seu inciso II, a adoção de medidas compensatórias, no período mencionado no *caput*, por meio do aumento de receita, proveniente da elevação de alíquotas, ampliação da base de cálculo, majoração ou criação de tributo ou contribuição.

A exigência de medidas compensatórias, para os entes da Federação com a economia ainda em fase de desenvolvimento, inviabiliza a concessão do benefício ou incentivo fiscal. É que o aumento da carga tributária para outros setores da economia reduz a sua capacidade competitiva em relação a concorrentes situados em Estado diverso. Desse modo, o benefício fiscal concedido a alguns implica o aumento da carga tributária em relação a outros.

4. Limites materiais

Vimos acima a importância do princípio da legalidade em relação aos incentivos. Mas, em tema de incentivos fiscais, este não está só.

O princípio da igualdade há de ser outro parâmetro.

À exigência do princípio da legalidade tributária pertinente às isenções soma-se outra – tão prévia quanto aquela –, qual seja a harmonização da atividade legiferante com o princípio da isonomia. Ambas (legalidade e isonomia) devem ser aferidas para investigar a validade da norma exonerativa.

Mas em quais hipóteses a concessão de incentivo fiscal a determinado contribuinte, ou grupo de contribuintes, será compatível com o princípio da igualdade?

O princípio da igualdade é de ampla aplicação no campo do Direito (como um todo, diga-se de passagem).

Trata-se de princípio com amplo "raio de ação", bem superior ao universo do direito tributário, o qual se esparrama pela ordem jurídica como um todo.

Em matéria tributária, a lei, em princípio, não deve dar tratamento desigual a contribuintes que se encontrem em situação equivalente (CF, art. 150, II). A União, os Estados, o Distrito Federal e os Municípios não poderão instituir tratamento tributário desigual entre contribuintes que se encontrem na mesma situação.

Mas não se pode esquecer de que o que se busca, acima de tudo, é a isonomia material, não apenas a formal.

Por exemplo, pode haver tratamento diferenciado nas Microempresas (ME), nas Empresas de Pequeno Porte (EPP) e nas Cooperativas, porque estão em situações diferentes das outras empresas. Ainda, como não recordar o tributo progressivo (com alíquotas crescentes por faixas de renda)?

São situações que não ferem, a nosso ver, o princípio da isonomia.

Assim, não ferem o princípio da isonomia incentivos ou isenções de caráter não geral destinados a promover o equilíbrio do desenvolvimento regional, nos moldes dos vários dispositivos que colhemos e apontamos linhas acima (*v.g.*, art. 151, I; art. 159, I, "c"; art. 161, II; art. 165, § 7º, e art. 170, VII, da CF).

Como não poderia deixar de ser, a razoabilidade funcionará na análise do discrímen empregado para aquele fim.[23]

Criar na lei situações de incentivos ou isenções é algo que não traduz, por si, violação ao princípio da igualdade.

Gerado de forma atenta aos limites formais e materiais aqui debatidos, não há como ver o tema dos incentivos como algo violador da isonomia; muito ao contrário, atentos à legalidade e razoabilidade, aqueles *confirmam e realizam* a ideia de isonomia.

Fica claro que criar incentivos ou benefícios fiscais não é algo fruto de mera "liberalidade" do ente tributante, nem significa ação de constituir privilégio ou favor legal a contribuintes.

Os incentivos ou benefícios fiscais encontrarão fundamento de legitimidade, sem dúvida, quando focarem na busca da igualdade material e, ainda, se lastrearem em valores constitucionais, *v.g.*, fomento ao emprego, desenvolvimento regional, proteção ambiental, cultural etc.

Por tais razões é possível estabelecer, validamente, tratamento desigual a contribuintes, tomando critério diverso de sua capacidade contributiva.

Já podemos perceber até aqui que não viola a garantia da igualdade do tributo a criação de situações diferenciadas que impliquem tratamento desigual se estas afinam-se como motivações razoáveis e lógicas, voltadas ao cumprimento dos propósitos de bem comum, apontados pela própria Constituição (v. supra).

23. Mostrando que não serão aceitas discriminações ou isenções que não correspondam a critérios razoáveis e compatíveis com a Constituição, cf. Aliomar Baleeiro, *Limitações Constitucionais ao Poder de Tributar*, 7ª ed., Rio de Janeiro, Forense, 1997, pp. 520-521.

É possível ao legislador adotar tratamento "desigual" utilizando outros critérios, *v.g.*, sociais, geográficos, culturais, sem violar o princípio da isonomia.

A localização de uma empresa em região menos desenvolvida do território nacional é, por exemplo, um critério de discrímen apto a legitimar incentivos fiscais. A existência numa certa região de manifestação cultural em vias de desaparecer autoriza o discrímen sem que ocorra violação ao princípio da isonomia.

A decisão a respeito da concessão de incentivos ou benefícios fiscais cabe ao Executivo, o qual tem a iniciativa do processo legislativo que envolva assunção de despesa ou renúncia de receita. E essa decisão deve estar amparada em critérios valorativos de modo a possibilitar ao Legislativo a análise e, sendo o caso, a aprovação da lei proposta.

Em certos casos, desde que autorizado por lei, outras instâncias prévias de controle da legitimidade ou da conveniência da concessão de incentivos deverão se manifestar, como o Conselho de Desenvolvimento Econômico nos casos do Fundo de Desenvolvimento Industrial, no Ceará –FDI, utilizando-se de critérios valorativos, expressamente mencionados no ato de concessão.

5. Incentivos e segurança jurídica

A segurança jurídica dos incentivos fiscais requer, de um lado, o controle de finalidade daquele e, de outro, a preservação da expectativa de confiança legítima.

Em uma primeira aproximação nesse ponto de análise, podemos perceber a importância da natureza jurídica do benefício e as consequências daí advindas. É que, sendo o benefício caracterizado como hipótese de suspensão da norma de incidência, a sua revogação implicará nova hipótese de incidência sujeitando-se ao princípio da anterioridade.

Em sentido oposto, o STF e o STJ entendem que a isenção se constitui em exclusão do crédito tributário, ocorrendo o fato gerador e a dispensa legal do tributo, aplicando-se as disposições contidas nos arts. 178 e 104, III, do CTN (Súmula 615 do STF), podendo o imposto ser exigido imediatamente. Vê-se que a opção doutrinária repercute diretamente na eficácia da norma tributária.

Entretanto, caso tenham sido exigidas contrapartidas a serem implementadas pelo contribuinte como condição para a sua concessão, a qualificação da natureza jurídica é irrelevante quanto à revogação do benefício. É que irá prevalecer a condição ou o prazo certo previstos na norma exonerativa.

Para fins de revogação, por conveniência ou oportunidade, importante distinguir se esse incentivo é daqueles concedido por tempo certo, resultante de negócio jurídico entre o sujeito ativo e o sujeito passivo do tributo, gerador de contrapartidas (tudo, destaque-se, no pressuposto de que tal ajuste atende ao interesse público, fruto de um incentivo regularmente constituído).

Assim, havendo prazo certo, sendo o incentivo de índole contratual, com contrapartidas ao contribuinte, não pode o ente tributante, nesses casos, simplesmente revogar o incentivo.

A empresa favorecida pelo incentivo fiscal, por tempo certo, tem direito adquirido à sua fruição até o final do termo previsto na lei, sem que possa o ente tributante deixar de cumprir a parte que lhe cabe.

A recusa do ente político em cumprir as suas obrigações decorrentes da lei específica de isenção por tempo certo e do ato jurídico subsequente abrirá caminho para a empresa prejudicada pleitear na Justiça o seu direito adquirido.

Nessas hipóteses, havendo revogação ilegítima, caberá ao contribuinte, numa forma de tutela específica, pugnar pela permanência do incentivo até seu termo final ou mesmo, subsidiariamente, pelo pagamento de respectiva indenização por lesões sofridas em decorrência daquele ato discricionário. Afinal, prejudica-se o contribuinte ou empresário que confiou, pactuou, fez investimentos, tudo contando com os incentivos assegurados legal e contratualmente.

Solução diversa se dá se estivermos diante de nulidade do incentivo, posteriormente reconhecida no âmbito administrativo ou judicial.

Se a nulidade se deu na constituição ou outorga do incentivo, deverá cessar por completo a sua eficácia.

Diante de vício de ilegalidade (ou mesmo de inconstitucionalidade – v. infra), declarada a nulidade do incentivo fiscal, a eficácia de tal reconhecimento será *ex tunc*, ou seja, com eficácia retroativa à data da (indevida) concessão e fruição do incentivo, sendo cabível, pois, buscar-se o tributo devido.

Mas o contribuinte poderia aduzir a sua boa-fé, alegando que simplesmente confiou no que lhe foi "garantido" pelo ente tributante, e assim exigir a sua manutenção ou reparação pelo presumido dano sofrido.

É fato, mas isso não fará desaparecer o dever de pagar o tributo devido. Será razoável, contudo, que, nesses casos, não haja ônus maior para o contribuinte, ou seja, que não lhe sejam cobrados encargos moratórios, mas apenas o valor do tributo e a atualização monetária deste.

Vamos a um passo a mais no problema: e se estivermos diante de vício de inconstitucionalidade da lei de concessão do incentivo? Mais ainda: poderá a entidade tributante que houver editado lei concedendo incentivo cobrar o tributo correspondente em razão da inconstitucionalidade posteriormente declarada da lei que ela própria editou?

Vejamos, pois.

Vamos, para a análise de tal questão, tomar por "laboratório" o caso – bem presente – da inconstitucionalidade de concessão, sem prévia aprovação em convênio em sede do CONFAZ, de qualquer incentivo fiscal em matéria de ICMS.

O STF, ainda em 2011, julgou várias ADIs – *v.g.*, 3.794/PR, 4.152/SP e 2.549/DF – sobre o tema, todas resolvidas no sentido da inconstitucionalidade daqueles incentivos não aprovados pelo CONFAZ. Vários Estados recorreram (via embargos de declaração) pugnando pela modulação dos efeitos das decisões, para que se dissesse a partir de quando os incentivos deixariam de ser tidos como válidos.

Esses julgamentos das várias ADIs estão inspirando e servindo de fundamento à elaboração de Súmula Vinculante sobre a matéria.

O STF discute proposta de Súmula Vinculante (69) cuja redação sugere inconstitucional a concessão, sem prévia aprovação em convênio celebrado no âmbito do CONFAZ, de qualquer benefício fiscal em matéria de ICMS.

A Súmula Vinculante 69 viria com o seguinte teor: "Qualquer isenção, incentivo, redução de alíquota ou de base de cálculo, crédito presumido, dispensa de pagamento ou outro benefício relativo ao ICMS, concedido sem prévia aprovação em convênio celebrado no âmbito do CONFAZ, é inconstitucional".

Como resultado prático, tal súmula, vinculante também da Administração Pública, levaria os Estados a cobrar dos contribuintes o tributo que deixou de ser recolhido em razão dos benefícios antes concedidos e, agora, tidos por inconstitucionais.

É certo que alguns argumentos já são erigidos no sentido da impossibilidade de os Estados poderem cobrar aqueles valores retroativamente, ainda que diante de decisão que declare a inconstitucionalidade da norma pelo STF.

Admitir-se isso, vai-se dizer, seria violar o princípio da segurança, o princípio da razoabilidade, a proteção da confiança legítima do contribuinte (o qual agiu conforme lei em vigor no momento da ocorrência dos fatos geradores). Ainda, estar-se-ia a permitir cobrança sem a possibilidade de abatimento de créditos, violando a não cumulatividade, além da natureza indireta do ICMS, o qual traz a possibilidade de repasse ao consumidor final.

Como sabido, tratando-se de Súmula Vinculante, seu enunciado haverá de ser aplicado a todos os casos concretos pendentes de julgamento.

Nascerá, então, uma via de impugnação bastante célere, qual seja a reclamação. Partes (normalmente, Estados "concorrentes") que se vejam prejudicadas poderão reclamar diretamente ao STF, alegando o descumprimento da súmula, um caminho bastante rápido e eficiente para afastar o incentivo (inconstitucionalmente) deferido.

A proposta está, como visto, a esperar o pronunciamento da Corte Suprema sobre o tema. Fica a dúvida se apenas a resposta jurídica bastará à solução do problema.

A confirmação (e generalização) do entendimento, com a aprovação da súmula, não resolverá com plenitude o problema, especialmente sob a perspectiva social e econômica. Somente o advento da citada súmula vinculante não é a resposta definitiva para o problema da "guerra fiscal".

Viriam, sim, prejuízos para ambos os lados: para o contribuinte, o risco de seu investimento, a possibilidade de pagar o imposto anteriormente objeto do incentivo; para os Estados, o comprometimento de sua arrecadação, impacto grave na sua capacidade de investimento, iriam embora as empresas responsáveis pelo crescimento de sua economia, desemprego, perda de tecnologia.

Daí, sujeitos que estavam lado a lado, agora, iriam para polos antagônicos; sairíamos de uma situação de parceria, colaboração, para uma outra de conflito; de parceiros a contendores.

No final, a Súmula Vinculante (sem a modulação de seus efeitos) talvez traga muito mais um desserviço a toda a situação, cristalizando ou aumentando o problema existente de desigualdades regionais.

Em arremate, tomando-se aquela pergunta primeira, temos que sim, poderá o ente tributante responsável pelo incentivo cobrar o tributo correspondente ante o reconhecimento posterior da inconstitucionalidade da lei respectiva (que ele próprio outorgou). Será razoável que, nesses casos, a exemplo do que vimos acima, não sejam cobrados do contribuinte encargos moratórios, mas apenas o valor do tributo e a atualização monetária deste, e, no caso dos impostos indiretos, comprovada a não repercussão, poderiam os contribuintes pleitear a sua inexigibilidade.

O ideal seria que o STF se valesse do mecanismo da modulação dos efeitos do pronunciamento de inconstitucionalidade (vide art. 27 da Lei 9.868/1999). Tal mecanismo, inspirado em institutos semelhantes do direito português e alemão, visa exatamente dar certo "temperamento" (Barroso) aos efeitos da decisão de inconstitucionalidade. Faz-se, assim, uma "ponderação" entre a norma violada e as normas constitucionais que protegem os efeitos produzidos pela lei infraconstitucional.[24]

Aquela possibilidade "modulatória", vale recordar, também é possível[25] em sede da elaboração da Súmula Vinculante (art. 4º da Lei 11.417/2006).[26]

Uma e outra postura, seja em sede das respectivas ADIs, seja quando da elaboração da Súmula Vinculante referida, colaborariam – e muito – à solução de vários problemas, os quais, como vimos, extrapolam o plano meramente jurídico-formal.

Bibliografia

BALEEIRO, Aliomar. *Limitações Constitucionais ao Poder de Tributar.* 7ª ed. Rio de Janeiro, Forense, 1997.

24. Cf. Luís Roberto Barroso, *O Controle de Constitucionalidade no Direito Brasileiro*, 3ª ed., São Paulo, Saraiva, 2009, pp. 199-200.

25. Sobre essa possibilidade legal (com olhar bastante crítico), cf. André Ramos Tavares, *Nova Lei da Súmula Vinculante*, 2ª ed., São Paulo, Método, 2007, pp. 66-67.

26. A Procuradoria-Geral da República, atuando no procedimento de elaboração da Súmula Vinculante referida, manifestou-se pela aprovação quanto à proposta da Súmula, mas, infelizmente, foi pela não modulação dos seus efeitos.

BARROSO, Luís Roberto. *O Controle de Constitucionalidade no Direito Brasileiro*. 3ª ed. São Paulo, Saraiva, 2009.

BORGES, José Souto Maior. *Teoria Geral da Isenção Tributária*. 3ª ed. São Paulo, Malheiros Editores, 2007.

CARRAZZA, Roque Antonio. *Curso de Direito Constitucional Tributário*. 29ª ed. São Paulo, Malheiros Editores, 2013.

HARADA, Kiyoshi. "Incentivos fiscais em face da Lei de Responsabilidade Fiscal". In MARTINS, Ives Gandra da Silva; ELALI, André; PEIXOTO, Marcelo Magalhães (orgs.). *Incentivos Fiscais – Questões Pontuais nas Esferas Federal, Estadual e Municipal*. São Paulo, MP Editora, 2007, pp. 245-243.

MACHADO, Hugo de Brito. *Curso de Direito Tributário*. 36ª ed. São Paulo, Malheiros Editores, 2015.

NASCIMENTO, Carlos Valder do; MARTINS, Ives Gandra da Silva (orgs.). *Comentários à Lei da Responsabilidade Fiscal*. 5ª ed. São Paulo, Saraiva, 2011.

TAVARES, André Ramos. *Nova Lei da Súmula Vinculante*. 2ª ed. São Paulo, Método, 2007.

REGIME JURÍDICO DOS INCENTIVOS FISCAIS

MARCIANO SEABRA DE GODOI
LEONARDO VARELLA GIANNETTI

> ***1. O que são incentivos fiscais***
>
> *1.1 Incentivos fiscais, benefícios fiscais, alívios fiscais, são todas expressões sinônimas?*
>
> *1.2 A redução de base de cálculo é uma isenção parcial? A lei pode conceder isenção parcial? Seria adequado falar de isenção parcial?*
>
> *1.3 A isenção é um incentivo fiscal? E a alíquota zero? A imunidade? A redução da base de cálculo? São incentivos ou possíveis meios para concedê-los?*

> *1.4 Uma redução do ônus tributário decorrente da ausência de capacidade contributiva, como o limite de isenção estabelecido para imóveis residenciais de pequeno valor, por exemplo, é um incentivo fiscal? E a redução estabelecida em função de algum mal sofrido pelo contribuinte, como uma doença?*
>
> *1.5 Há diferença entre incentivos fiscais e incentivos financeiros?*

As respostas que formularemos às questões acima partem de uma visão *jurídico-positiva* dos temas propostos. A indagação "incentivos fiscais, benefícios fiscais, alívios fiscais, são todas expressões sinônimas?", por exemplo, pode ser respondida de modos muito diferentes, conforme sejam adotados determinados marcos teóricos da ciência econômica ou da ciência das finanças. Como a presente obra consiste num estudo coletivo sobre o *regime jurídico* dos incentivos fiscais, julgamos que seu marco teórico apropriado deve ser o do direito positivo brasileiro, tal como interpretado e compreendido pela doutrina e pela jurisprudência.

Sendo assim, diremos que determinadas expressões são sinônimas caso designem realidades normativas para as quais vigore um mesmo regime jurídico. E diremos que determinadas expressões não são sinônimas caso designem realidades normativas para as quais não vigore o mesmo regime jurídico.

Comecemos pela análise das três expressões mencionadas acima – incentivos fiscais, benefícios fiscais e alívios fiscais. Do ponto de vista da ciência das finanças, poder-se-ia dizer que *incentivos fiscais* remetem à ideia de desonerações que visam provocar determinado comportamento nos contribuintes (de fato ou de direito), enquanto *benefícios* e *alívios fiscais* remetem à ideia de desonerações ou minorações da carga tributária não necessariamente voltadas a influenciar o comportamento dos contribuintes.

Seguindo essa senda, poder-se-ia dizer que a redução a zero da alíquota do IPI relativa aos automóveis operada pelo Poder Executivo federal após a crise financeira mundial de 2008 é exemplo de *incentivo fiscal*, enquanto a isenção do imposto sobre a renda relativo aos rendimentos de aposentadoria recebidos por portadores de doença grave é exemplo de *alívio* ou *benefício fiscal*. No segundo caso, a desoneração não se destina a provocar qualquer mudança de comportamento nos contribuintes.

Contudo, do ponto de vista do regime jurídico aplicável, em muitas situações haverá equivalência total entre incentivos, benefícios e alívios fiscais. Vejamos, por exemplo, o conteúdo do art. 150, § 6º, da Constituição.

- *Incentivos, benefícios e alívios fiscais à luz do art. 150, § 6º, da Constituição*

A vedação de exigir ou aumentar tributo sem lei que o estabeleça (legalidade especificamente *tributária*) não é uma novidade da Constituição de 1988 (art. 150, I). Essa norma já constava expressamente da redação original da Carta de 1967 (arts. 20, I, e 150, § 29) e de sua redação modificada pela Emenda Constitucional 1/1969 (arts. 19, I, e

153, § 29). Também nos textos constitucionais anteriores a legalidade tributária figurava expressamente.[1]

Mas a norma do art. 150, § 6º, da Constituição de 1988 representou uma novidade para o direito constitucional tributário. Em sua redação original, o dispositivo determinava que "qualquer anistia ou remissão que envolva matéria tributária ou previdenciária só poderá ser concedida através de lei específica, federal, estadual ou municipal". Em 1993, a vedação foi ampliada, e o dispositivo passou a dispor que

> qualquer subsídio ou isenção, redução de base de cálculo, concessão de crédito presumido, anistia ou remissão, relativos a impostos, taxas ou contribuições, só poderá ser concedido mediante lei específica, federal, estadual ou municipal, que regule exclusivamente as matérias acima enumeradas ou o correspondente tributo ou contribuição, sem prejuízo do disposto no art. 155, § 2º, XII, "g".

Aliomar Baleeiro já mencionava a existência de limitações que se endereçam ao *poder de não tributar*,[2] e esse dispositivo do art. 150, § 6º, se insere nessa linha de vedações, do mesmo modo que o previsto no art. 151, III, da Constituição, que veda à União instituir isenções de tributos de competência de outros entes federativos.

O objetivo do art. 150, § 6º, é duplo: por um lado, ao deixar expresso que a reserva de lei formal também se aplica ao exercício do poder de não tributar em suas mais diversas formas e modalidades, impede que o legislador delegue à discricionariedade do Poder Executivo a tarefa de conceder desonerações tributárias. Não cabe aqui ao intérprete distinguir entre desonerações que configurem incentivo, benefício ou alívio. Toda e qualquer desoneração deve ser determinada por lei em sentido formal, a não ser que outra norma específica da Constituição determine uma hipótese de exceção (como a norma que permite ao Executivo Federal alterar as alíquotas dos impostos aduaneiros, do IOF e do IPI – art. 153, § 1º, da Constituição).

Por outro lado, o art. 150, § 6º, impede que o legislador insira normas de exoneração tributária (sejam de que tipo forem) em leis

1. Aliomar Baleeiro, *Direito Tributário Brasileiro*, atualização de Misabel Abreu Machado Derzi, 12ª ed., Rio de Janeiro, Forense, 2010, pp. 81-84.

2. Idem, ibidem, p. 3.

que tratam de outros temas. O ex-ministro do STF Nelson Jobim, que foi também deputado federal constituinte, observou que a norma do art. 150, § 6º, visou combater o hábito do parlamento brasileiro de "introduzir em qualquer tipo de lei um artigo específico concedendo anistia ou isenção, que servia inclusive no processo de negociação legislativa como instrumento de coação ou de barganha".[3]

A literalidade do dispositivo indica a necessidade de a desoneração tributária ser veiculada por lei específica, que regule *exclusivamente* o tema da desoneração ou do imposto abrangido pela mesma. A jurisprudência do STF, contudo, flexibilizou consideravelmente essa exigência. Segundo seu entendimento, que se desvia da literalidade do texto constitucional, não é necessário que a lei regule exclusivamente a desoneração tributária; basta que o tema da desoneração tributária se ache "inter-relacionado ao objetivo da lei" para que se considere "atendido o requisito da especificidade".[4] Num precedente recente, o STF voltou a decidir que o dispositivo constitucional não exige que a matéria da desoneração seja o assunto exclusivo de uma lei, bastando que exista alguma pertinência entre a desoneração e o tema da lei, e que a desoneração não tenha sido camuflada no texto legal, passando despercebida durante os debates parlamentares.[5]

Em conclusão, para fins de aplicação do art. 150, § 6º, da Constituição, consideramos que são todas sinônimas as expressões *incentivos fiscais*, *benefícios fiscais* e *alívios fiscais*.

- *Sinonímia entre incentivos, benefícios e alívios fiscais à luz dos arts. 155, § 2º, XII, "g", e 156, § 3º, III, da Constituição, bem como à luz do art. 88, II, do ADCT*

Algumas normas da Constituição de 1988 foram elaboradas de modo a deixar muito clara a sinonímia (no sentido de equiparação de regimes jurídicos) entre incentivos, benefícios e alívios fiscais. Tal é o caso da norma que determina que a lei complementar regule a forma como as desonerações do ICMS serão concedidas e revogadas (art. 155, § 2º, XII, "g"); e da norma que dispõe do mesmo modo em relação ao ISSQN (art. 156, § 3º, III).

3. ADI 155, *DJ* de 8.9.2000, fl. 130.
4. ADI 1.376-9, *DJ* de 31.8.2001, voto do Ministro Ilmar Galvão, fl. 180.
5. ADI 4.033, *DJ* de 7.2.2011, fl. 12-13.

Referida sinonímia fica ainda mais marcada no texto do art. 88, II, do ADCT. Após fixar em 2% a alíquota mínima do ISSQN, o constituinte determinou que esse imposto "não será objeto de concessão de isenções, incentivos e benefícios fiscais, que resulte, direta ou indiretamente, na redução da alíquota mínima" do imposto.

• *A caracterização da isenção como incentivo ou benefício fiscal. O problema da isenção parcial*

Há dois modos básicos de conceituar a isenção.[6] De acordo com a visão tradicional, a isenção consiste na dispensa legal do pagamento do tributo. De acordo com essa visão, a isenção não impede a ocorrência do fato gerador, dá-se simplesmente a exclusão do crédito tributário por força da incidência de norma legal. Essa é a visão de autores como Rubens Gomes de Sousa[7] e Amílcar de Araújo Falcão,[8] tendo sido também adotada pelo Código Tributário Nacional, que situa a isenção entre as hipóteses de exclusão do crédito tributário (arts. 175 a 179).

A visão da franca maioria da doutrina brasileira é distinta. Segundo ela, resulta da isenção uma situação em que determinado fato ou situação deixa de ser considerado, por força de comando legal, hipótese tributável, não havendo assim nem ocorrência de fato gerador, nem nascimento da obrigação tributária. Essa é, com algumas variações entre os autores, a visão de Souto Maior Borges,[9] Paulo de Barros Carvalho[10] e Sacha Calmon Navarro Coêlho.[11]

Tanto numa quanto noutra concepção, a isenção consiste numa desoneração tributária, e pode, portanto, ser considerada, *grosso modo*, um incentivo, benefício ou alívio fiscal. Contudo, a adoção de uma

6. Sobre o tema, vide a resenha de Misabel Derzi em suas notas de atualização à obra de Aliomar Baleeiro, fazendo um paralelo entre a teoria da isenção tributária e a teoria do tipo penal (Aliomar Baleeiro, *Direito Tributário Brasileiro*, cit., pp. 1.346-1.354).

7. Rubens Gomes de Sousa, *Compêndio de Legislação Tributária*, edição póstuma, São Paulo, Resenha Tributária, 1975, p. 97.

8. Amílcar de Araújo Falcão, *Fato Gerador da Obrigação Tributária*, 6ª ed., Rio de Janeiro, Forense, 1995, p. 65.

9. José Souto Maior Borges, *Isenções Tributárias*, São Paulo, Sugestões Literárias, 1969.

10. Paulo de Barros Carvalho, *Curso de Direito Tributário*, 19ª ed., São Paulo, Saraiva, 2007, pp. 516-533.

11. Sacha Calmon Navarro Coêlho, *Curso de Direito Tributário Brasileiro*, 9ª ed., Rio de Janeiro, Forense, 2007, pp. 177-188.

visão ou de outra traz consequências bem distintas no que toca ao regime jurídico aplicável à anterioridade tributária na hipótese de revogação da isenção. Caso se aceite a visão tradicional adotada no Código Tributário Nacional, a revogação da isenção não equivalerá à instituição de um tributo que antes não incidia, não se aplicando ao caso a regra constitucional da anterioridade tributária,[12] tal como decidido pelo STF em diversas ocasiões.[13] Caso se adote a visão oposta, segundo a qual a isenção afeta o âmbito de aplicação da norma de incidência tributária, então a revogação da isenção terá de se submeter à regra constitucional da anterioridade.[14]

A ideia da isenção parcial somente faz sentido para a corrente doutrinária que vê na isenção uma dispensa legal do pagamento devido: se a dispensa é parcial, tem-se então a hipótese de *isenção parcial*. A redução legal da base de cálculo do tributo é equiparada pela doutrina tradicional à figura da isenção parcial. Baleeiro chamava de *isenção parcial* até mesmo a hipótese de redução de alíquota: "A isenção decorre da lei e dirige-se à autoridade administrativa excluindo do tributo decretado determinadas situações pessoais ou reais. (...) Outras vezes, a lei estatui reduções da alíquota para certos casos. Aí, existe isenção parcial".[15]

Caso se considere que a isenção obsta o nascimento da obrigação tributária, então não tem sentido a expressão *isenção parcial*. Nas palavras de Sacha Calmon, "a isenção ou é total ou não é".[16]

12. Segundo essa visão, a norma do art. 104, III, do CTN (que determina que a extinção ou redução da isenção somente entre em vigor no primeiro dia do exercício seguinte) não decorre da regra constitucional da anterioridade, e por isso se aplica tão somente aos impostos ali mencionados, sobre a renda e sobre o patrimônio. Para a visão contrária, a norma do art. 104, III, do CTN é simples decorrência da anterioridade tributária prevista na Constituição, devendo aplicar-se a todos os tributos sujeitos constitucionalmente à anterioridade, e não somente aos impostos sobre o patrimônio e à renda.

13. Vide o RE 97.455 (2ª Turma, rel. Moreira Alves, *DJ* de 10.12.1982), a Súmula 615/1984 ("O princípio constitucional da anualidade (§ 29 do art. 153 da Constituição Federal) não se aplica à revogação de isenção de ICM") e, após a Constituição de 1988, o RE 204.062 (2ª Turma, rel. Carlos Velloso, *DJ* de 19.12.1996).

14. Cf. Luís Eduardo Schoueri, *Direito Tributário*, 2ª ed., São Paulo, Saraiva, 2012, pp. 619-623.

15. Aliomar Baleeiro, *Direito Tributário Brasileiro*, cit., p. 1.340.

16. Sacha Calmon Navarro Coêlho, *Curso de Direito Tributário Brasileiro*, cit., p. 196.

A adoção de uma ou outra posição a respeito do fenômeno da *isenção parcial* tem uma importante consequência prática quanto ao ICMS. A Constituição de 1988 dispõe que a isenção do ICMS numa determinada operação não implica crédito para compensação com o montante devido nas operações ou prestações seguintes, e provoca a anulação do crédito relativo às operações anteriores (art. 155, § 2º, II). Caso se considere que a redução da base de cálculo numa determinada operação configura isenção parcial, o legislador está autorizado a exigir o estorno parcial dos créditos relativos às operações anteriores, na linha do que decidiu o STF no RE 174.478.[17]

• *Isenção e alíquota zero*

Nos impostos em que a Constituição autoriza o Executivo a, dentro de determinados limites e sob determinadas condições postas em lei, alterar alíquotas por decreto, é muito comum a figura da alíquota zero. É o caso do imposto sobre produtos industrializados e do imposto de importação de produtos estrangeiros.

Misabel Derzi defende que "alíquota zero é o mesmo que isenção", e, por conseguinte, "aplicam-se à revogação da alíquota zero os princípios da legalidade e da anterioridade, inerentes à isenção".[18] Discordamos de tal afirmativa por razões nem tanto teóricas (teorias formais sobre a norma tributária), mas sim constitucionais. Ora, se a própria Constituição prevê um regime em que o Executivo pode variar por decreto as alíquotas do imposto, e se a faixa de variação estabelecida pelo Legislativo se inicia com a alíquota zero, parece-nos claro que tal regime é bem distinto do regime da isenção, que se vincula muito mais rigidamente à lei em sentido formal.

Basta mirar a legislação do imposto sobre produtos industrializados para perceber a distinção. Há muito mais produtos com alíquota zero do que produtos isentos. E a razão é simples. No caso de produtos isentos, o legislador decretou uma desoneração de caráter permanente e duradouro; para que o produto volte a ser tributado, é necessário que o próprio legislador assim disponha, devendo ser percorrido o trâmite complexo e demorado do processo legislativo. Já para a miríade

17. Pleno, rel. p/ o acórdão Cezar Peluso, *DJ* de 30.9.2005.
18. Aliomar Baleeiro, *Direito Tributário Brasileiro*, cit., p. 1.354.

de produtos com alíquota zero, trata-se de desoneração relativa a uma política conjuntural do Executivo, que pode passar a tributar o produto sem ter que percorrer o longo *iter* do processo legislativo. No caso do IOF e do imposto sobre importação de produtos estrangeiros, o aumento da alíquota tampouco se sujeita à regra da anterioridade (art. 150, § 1º, da Constituição).

Quanto à jurisprudência sobre o tema, o STF sempre reconheceu a distinção de regime jurídico entre isenção e alíquota zero.[19] O STF teve muitas vezes que adentrar o tema, visto que é comum encontrarem-se normas segundo as quais a isenção do imposto de importação de produtos estrangeiros provoca também a isenção do imposto sobre circulação de mercadorias. Em casos como esse, o STF entendeu que "o fato de uma norma das tarifas de alfândega indicar alíquota zero para certas mercadorias não significa, de modo nenhum, que se achem elas isentas do imposto de importação".[20]

• *Imunidade como incentivo fiscal?*

Parece-nos que a imunidade não pode ser juridicamente caracterizada como *incentivo fiscal*, dado que, como é cediço, supõe ausência de competência para tributar determinada conduta ou determinada pessoa.[21] Ora, se não há sequer competência tributária, não há falar em *incentivo fiscal* no sentido em que vimos empregando essa expressão no presente estudo.

• *Isenções técnicas e isenções próprias*

O item 1.4 acima indaga se "uma redução do ônus tributário decorrente da ausência de capacidade contributiva, como o limite de isenção estabelecido para imóveis residenciais de pequeno valor, por exemplo, é um incentivo fiscal".

A lógica subjacente à pergunta é a seguinte: se os impostos têm por critério básico de incidência e repartição a capacidade contributiva,

19. Vide, por exemplo, o RE 73.986 (2ª Turma, rel. Bilac Pinto, *DJ* de 17.8.1972).

20. RE 82.573, 1ª Turma, rel. Antonio Neder, *DJ* de 24.5.1977.

21. Nas palavras de Misabel Derzi, "a imunidade é regra constitucional expressa (ou implicitamente necessária), que estabelece a não competência das pessoas políticas da federação para tributar certos fatos e situações, de forma amplamente determinada, delimitando negativamente, por meio de redução parcial, a norma de atribuição de poder tributário" (Aliomar Baleeiro, *Direito Tributário Brasileiro*, cit., p. 115).

as desonerações que favorecem situações que indicam pouca ou nenhuma capacidade contributiva devem, mesmo assim, ser consideradas *autênticas* desonerações? As isenções que tomam por critério a capacidade contributiva, ou melhor, a ausência de capacidade contributiva, são chamadas pela doutrina alemã de *isenções técnicas*. Na explicação de Schoueri, "nesse caso, a isenção nada mais serve que para formar bases de cálculo comparáveis. Tem-se, em verdade, não obstante a técnica da isenção, mero contorno da incidência".[22] O exemplo dado por Schoueri para as isenções técnicas é o da isenção do IPTU para imóveis residenciais de pequenas dimensões, ocupado por família que não possua outro imóvel, exemplo bastante similar ao utilizado na pergunta acima.

Diferentes das *isenções técnicas* seriam as *isenções próprias*, ou seja, desonerações fundadas em outro critério que não o da capacidade contributiva. Nessa categoria entrariam, por exemplo, as isenções de cunho extrafiscal, como as voltadas à defesa do meio ambiente (art. 170, VI, da Constituição), em que o critério de diferenciação não é a menor capacidade econômica, e sim o maior potencial poluidor de determinado produto ou atividade.

Consideramos que essa distinção entre isenções técnicas e isenções próprias tem o seu valor, principalmente para efeito de orientar as escolhas político-econômicas do legislador no processo legislativo, e para efeito de orientar o intérprete/aplicador na interpretação das normas isencionais. Contudo, como a classificação não foi adotada pelo direito positivo brasileiro, não nos parece que a mesma possa servir para excluir da categoria jurídica das isenções as hipóteses de isenções técnicas. Até porque haverá muitos casos em que será discutível e duvidoso se a isenção de fato foi ou não concedida com base no critério da capacidade contributiva, como a isenção do imposto sobre a renda em relação aos rendimentos de aposentadoria ou de pessoas portadoras de doenças graves.

Portanto, não importa que o legislador tenha sido motivado aparentemente pela capacidade contributiva: sempre que a lei definir uma hipótese de incidência tributária ampla e paralelamente identificar situações que recortam negativamente esse campo de incidência, ter-se-

22. Luís Eduardo Schoueri, *Direito Tributário*, cit., p. 232.

-á a figura jurídica da isenção, pelo menos segundo a concepção mais moderna de isenção, já que para a concepção tradicional (adotada pelo CTN e pelo STF, como visto acima) a isenção nada tem a ver com o recorte do âmbito de incidência do tributo.

• *Incentivos fiscais e financeiros*

Nos termos da Lei de Responsabilidade Fiscal (LC 101/2000), compreende-se como *renúncia de receita* toda concessão ou ampliação de incentivo ou benefício de natureza tributária, tais como "anistia, remissão, subsídio, crédito presumido, concessão de isenção em caráter não geral, alteração de alíquota ou modificação de base de cálculo que implique redução discriminada de tributos ou contribuições, e outros benefícios que correspondam a tratamento diferenciado" (art. 14, § 1º, da LC 101/2000).

Sendo assim, pode-se dizer que o conceito amplo de *incentivos fiscais* corresponde ao que a Lei de Responsabilidade Fiscal denomina *renúncia de receita*. Vale lembrar que essa Lei de Responsabilidade Fiscal exige que a concessão ou ampliação de renúncia de receita seja "acompanhada de estimativa do impacto orçamentário-financeiro no exercício em que deva iniciar sua vigência e nos dois seguintes". Além disso, a renúncia deve atender à Lei de Diretrizes Orçamentárias e a pelo menos uma das seguintes condições: a) a renúncia foi considerada na estimativa de receita da lei orçamentária e não afetará as metas de resultados fiscais; b) a renúncia foi acompanhada de medidas de compensação por meio do aumento de receitas tributárias (elevação de alíquotas, ampliação de base de cálculo, majoração ou criação de tributo).

A expressão *incentivos financeiros* costuma ser utilizada para designar o que a Lei de Responsabilidade Fiscal designa "destinação de recursos públicos para o setor privado" (arts. 26 a 28).[23] Se, por exemplo, para atrair a instalação de uma fábrica em seu território, um Estado doa a uma empresa determinado terreno, ou a essa empresa concede empréstimo ou financiamento, tem-se um *incentivo financeiro*, viabilizado pelo lado da *despesa pública*.

23. Vide Matheus Carneiro Assunção, "Incentivos fiscais em tempos de crise: impactos econômicos e reflexos financeiros", *Revista da Procuradoria da Fazenda Nacional*, n. 1, pp. 99-121, 2011.

2. *Limites formais à concessão de incentivos fiscais*

2.1 Todo incentivo fiscal deve ser concedido por lei do ente tributante competente para a instituição do tributo correspondente? Qual a natureza de disposições como as que constam do art. 155, § 2º, XII, "e", e do art. 156, § 3º, II, da CF/1988? São imunidades? Excepcionais hipóteses em que se faz possível a concessão de isenções heterônomas?

O art. 150, § 6º, da Constituição Federal é categórico quanto à necessidade de edição de lei específica para fins de criação de qualquer tipo de incentivos fiscais (isenção, subsídio, crédito presumido, redução de base de cálculo), anistia e remissão, ressalvando-se, no caso do ICMS, a adicional necessidade prévia de edição de convênio aprovado pelo CONFAZ.

A redação atual do dispositivo foi dada pela EC 3/1993, pois o texto anterior se limitava apenas à anistia e à remissão, além de ainda distinguir entre "matéria tributária ou previdenciária". O alcance limitado do texto podia induzir ao entendimento equivocado de que outras formas de exoneração tributária poderiam ser criadas por decretos ou atos do Executivo. A Emenda, assim, aperfeiçoou a redação do texto e estendeu o princípio da legalidade específica às outras formas de benefícios fiscais.

Cabe à lei estabelecer as bases jurídicas do incentivo fiscal (o tipo, quem possui o direito ou poderá usufruí-lo, forma de cálculo etc.), não podendo a lei delegar ao Executivo tal tarefa. Em vários precedentes do STF, decidiu-se corretamente que a autorização existente na lei estadual para a concessão de remissão e anistia, a ser feita "na forma prevista em regulamento", configurava delegação (inconstitucional) ao chefe do Poder Executivo.[24]

No caso do ICMS, é ainda necessária a existência de prévios convênios interestaduais. Sua ausência, caracterizadora das chamadas "guerras fiscais", tem levado o STF a insistentemente declarar a inconstitucionalidade de leis e decretos estaduais, mesmo que editados como

24. ADI 3.462, rel. Min. Cármen Lúcia, *DJE* de 15.2.2011. No mesmo sentido: ADI 2.688, rel. Min. Joaquim Barbosa, *DJE* de 26.8.2011; ADI 4.152, rel. Min. Cezar Peluso, *DJE* de 21.9.2011; ADI 155, rel. Min. Octavio Gallotti, *DJ* de 8.9.2000.

retaliação ou medida de proteção contra os efeitos de benefícios irregulares concedidos por outros Estados.[25]

De qualquer forma, mesmo havendo o convênio interestadual, é necessária a edição de ato do Poder Legislativo estadual para instituir, dentro do território, o benefício fiscal.[26]

Quanto à natureza das disposições constitucionais como as que constam do art. 155, § 2º, XII, "e", e do art. 156, § 3º, II, trata-se de excepcionais autorizações para a eventual edição, por lei complementar, de *isenções*. Não se trata de casos de imunidade, visto que os entes tributantes continuam com competência impositiva sobre tais situações. Vale lembrar a posição de Paulo de Barros Carvalho sobre o tema: "Curioso observar que a previsão do art. 156, § 3º, da CR, que parecer ser, à primeira vista, caso de imunidade, não se configura como tal, precisamente porque remete à lei complementar e, como vimos, a proibição deve exaurir-se no altiplano da Constituição".[27] A jurisprudência também considera que se trata de isenções, e não de imunidades.[28]

25. Vide o acórdão da ADI 2.377, rel. Sepúlveda Pertence, *DJ* de 7.11.2003, em que se afirma corretamente que "(...) As normas constitucionais, que impõem disciplina nacional ao ICMS, são preceitos contra os quais não se pode opor a autonomia do Estado, na medida em que são explícitas limitações. O propósito de retaliar preceito de outro Estado, inquinado da mesma balda, não valida a retaliação: inconstitucionalidades não se compensam".

26. "ICMS – Benefício fiscal – Ausência de lei específica internalizando o convênio firmado pelo Confaz. Jurisprudência desta Corte reconhecendo a imprescindibilidade de lei em sentido formal para dispor sobre a matéria. As razões deduzidas pela agravante equivocam-se quanto às razões de decidir do juízo monocrático. Não ficara assentada naquela decisão a impossibilidade de o convênio autorizar a manutenção dos créditos escriturais. O que se reconhecera fora a impossibilidade de o benefício fiscal ser implementado à margem da participação do Poder Legislativo. Os convênios são autorizações para que o Estado possa implementar um benefício fiscal. Efetivar o beneplácito no ordenamento interno é mera faculdade, e não obrigação. A participação do Poder Legislativo legitima e confirma a intenção do Estado, além de manter hígido o postulado da separação de poderes concebido pelo constituinte originário" (RE 630.705-AgR, rel. Dias Toffoli, 1ª Turma, *DJE* de 13.2.2012).

27. Paulo de Barros Carvalho, *Direito Tributário, Linguagem e Método*, 4ª ed., São Paulo, Noeses, 2011, p. 382.

28. "(...) 3. A jurisprudência do STJ sedimentou o entendimento de que a isenção prevista no art. 3º, II, da LC 87/1996 tem por finalidade a desoneração do comércio exterior como pressuposto para o desenvolvimento nacional com a diminuição das desigualdades regionais pelo primado do trabalho. Precedente: EREsp 710.260/RO, rel. Min. Eliana Calmon, Primeira Seção, j. em 27.2.2008, *DJe* de 14.4.2008. (...)" (REsp 1.125.059/SC, rel. Eliana Calmon, 2ª Turma, *DJe* de 15.12.2009).

2.2 Os tratados internacionais podem estabelecer incentivos fiscais, inclusive quando relativos a tributos que seriam devidos a Estados e Municípios?

Na Carta de 1967 e sua Emenda 1, de 1969 (art. 19, § 2º), a União estava autorizada a, mediante lei complementar e atendendo a relevante interesse social ou econômico nacional, conceder isenções de impostos estaduais e municipais. Na Constituição de 1988, seguindo seu movimento de descentralização política e fortalecimento da autonomia financeira dos entes locais, esse quadro é alterado, e as chamadas isenções heterônomas passam a ser vedadas nos termos do art. 151, III. A partir da nova ordem constitucional, somente tem competência para isentar aquele ente político que também é competente para instituir o imposto, salvo exceções previstas no próprio texto constitucional, como as estudadas no item anterior.

Em relação às isenções heterônomas concedidas pela União em legislação nacional anteriormente à entrada em vigor da Constituição de 1988, aplica-se, quando se tratar de isenção aplicável a determinados setores econômicos, a regra do art. 41 do Ato das Disposições Constitucionais Transitórias, segundo a qual os Poderes Executivos da União, do Distrito Federal e dos Municípios reavaliarão todos os incentivos fiscais de natureza setorial então em vigor, propondo aos Poderes Legislativos respectivos as medidas cabíveis, considerando-se tais incentivos "revogados após dois anos, a partir da data da promulgação da Constituição, os incentivos que não forem confirmados por lei" (art. 41, § 1º, do ADCT).

Em relação a dispositivos da legislação nacional responsável por definir normas gerais sobre o ISSQN, o STF entendeu que as regras que definem regimes específicos para quantificação do imposto (caso dos serviços prestados sob a forma de trabalho pessoal do próprio contribuinte e de determinadas profissões liberais) não constituem regra de isenção parcial, e sendo assim a eles não se aplica o disposto no art. 151, III, da Constituição (vide RE 236.604, *DJ* de 6.8.1999).

No Recurso Especial 90.871 (*DJ* de 20.10.1997), o Superior Tribunal de Justiça decidiu que "não pode a União firmar tratados internacionais isentando o ICMS de determinados fatos geradores, se inexiste lei estadual em tal sentido" (item 2 da ementa oficial). Decidiu-se que os tratados ratificados pelo Brasil que importem em isenções de tributos estaduais ou municipais não teriam sido recepcionados pela Constituição de 1988, que vedou as chamadas isenções heterônomas em seu art. 151, III.

Tratados como o do GATT vêm sendo interpretados de longa data pelo STF (Súmula 575) e pelo STJ (Súmulas 20 e 71) no sentido de que, uma vez concedida isenção do ICMS a determinado produto navcional, deve ser estendida tal isenção a seu similar importado de país signatário do tratado, para manter-se a paridade de tratamento determinada no acordo internacional. A prevalecer o entendimento do REsp 90.871, tratados como o do GATT deixariam de ter tal funcionalidade, pois a extensão da isenção estadual estabelecida pelo tratado internacional estaria ocorrendo em conflito com o art. 151, III, da Constituição. Da mesma forma, qualquer integração regional como a do Mercosul, que implicasse isenção de impostos estaduais ou municipais via tratado, teria de ser aprovada por lei de cada uma das entidades federativas envolvidas, algo muito pouco provável.

Essa posição adotada pelo STJ, a par de promover uma brutal e inoportuna restrição das prerrogativas do Estado brasileiro em termos de política convencional e de integração econômica, aplicava o art. 151, III, da Constituição a hipóteses não previstas naquela norma. A *ratio* do art. 151, III, da Constituição de 1988 foi a descentralização do federalismo brasileiro, com a vedação das isenções de impostos estaduais ou municipais anteriormente determinadas por lei complementar da União sempre que esse ente central quisesse atender a um "relevante interesse social ou econômico nacional" (as chamadas isenções heterônomas eram autorizadas no art. 19, § 2º, da Emenda Constitucional 1, de 1969).

O atual texto constitucional, ao afastar a prática das chamadas isenções heterônomas, teve por objetivo limitar as prerrogativas da União Federal como ente central da federação, e não limitar as prerrogativas do Estado brasileiro, da República Federativa do Brasil como pessoa de direito internacional público.

Mas não é só isso. A Constituição Federal de 1988, nada obstante ter retirado da lei complementar a prerrogativa de criar isenções de impostos estaduais e municipais, manteve no papel da lei complementar "excluir da incidência" do ICMS e do ISSQN produtos e serviços destinados ao exterior (arts. 155, § 2º, XII, "e", e 156, § 3º, II, da Constituição). Ora, se a política comercial da nação, da República Federativa do Brasil, foi tão importante a ponto de a Constituição de 1988 permitir que a lei complementar excluísse da incidência dos principais impostos dos Estados e Municípios as operações ligadas ao comércio exterior, é forçoso admitir que a mesma Constituição não cria empecilhos para que o Estado brasileiro (e não a União em sentido estrito) se comprometa internacionalmente a garantir determinadas isenções de impostos estaduais e municipais como forma de estreitar laços comerciais com outras nações ou mesmo integrar-se em blocos econômicos regionais.

Por outro lado, revelar-se-ia certamente inconstitucional (o que poderia ser apurado em sede de controle abstrato ou difuso) qualquer tratado comercial que criasse isenções de tamanha envergadura que pusessem em risco a autonomia financeira de Estados e Municípios, valor constitucional que tem muito mais peso que uma eventual integração econômica regional. Mas nesse caso não se teria uma vulneração ao art. 151, III, do Texto Maior, e sim ao próprio federalismo, cláusula pétrea da Constituição nos termos de seu art. 60, § 4º, I.

Essa questão dos tratados internacionais que concedem isenções de impostos municipais ou estaduais veio a ser decidida de forma unânime pelo Plenário do STF no RE 229.096 (*DJ* de 11.4.2008), cujas sessões de julgamento tardaram nada menos do que nove anos para terminar. Todos os Ministros entenderam que o art. 151, III, da Constituição se aplica a atos normativos internos da União Federal como ordem jurídica parcial, como uma das pessoas políticas da federação, mas não a atos de direito internacional, em que o sujeito é o Estado Federal (ordem jurídica total), a República Federativa do Brasil, dotada de soberania.

Essa conclusão sobre o alcance do art. 151, III, da Constituição já constava do voto do Ministro Nelson Jobim na ADI 1.600 (*DJ* de 20.6.2003), figurando inclusive na ementa oficial do acórdão, mas nos votos proferidos na ADI 1.600 não houve maior aprofundamento sobre o tema, o que veio a se dar somente no acórdão do referido RE 229.096, inteiramente voltado para essa questão.

2.3 A desoneração tributária dada à remessa de mercadorias para a Zona Franca de Manaus é caso de isenção ou de imunidade? A lei federal pode regular tal desoneração mesmo quando relativa a tributos de competência estadual ou municipal?

A Zona Franca de Manaus foi criada na década de 1950 do século XX como medida para fomentar a ocupação e o desenvolvimento econômico da região Norte do País. Sua criação ocorreu em 1957 por meio da Lei 3.173, que foi regulada pelo Decreto 47.757/1960, que qualificou a Zona Franca como *serviço estatal delegado pelo Governo Federal.*

Houve alteração do regime em 1967, com a edição do Decreto-lei 288, que revogou a Lei 3.173/1957 e estabeleceu que "a Zona Franca de Manaus é uma área de livre comércio de importação e exportação e de incentivos fiscais especiais, estabelecida com a finalidade de criar no interior da Amazônia um centro industrial, comercial e agropecuário dotado de condições econômicas que permitam seu desenvolvimento (...)".[29] Pelo art. 3º do referido Decreto-lei, "a entrada de mercadorias estrangeiras na Zona Franca, destinadas a seu consumo interno, industrialização em qualquer grau, inclusive beneficiamento, agropecuária, pesca, instalação e operação de indústrias e serviços de qualquer natureza e a estocagem para reexportação, será isenta dos impostos de importação, e sobre produtos industrializados". E, segundo o art. 4º do mesmo diploma, "a exportação de mercadorias de origem nacional para consumo ou industrialização na Zona Franca de Manaus, ou reexportação para o estrangeiro, será para todos os efeitos fiscais, constantes da legislação em vigor, equivalente a uma exportação brasileira para o estrangeiro".

Até os dias atuais, referido Decreto-lei é o que estabelece a base jurídica da ZFM. A utilização de incentivos fiscais para viabilizar políticas públicas é medida tradicional e bastante utilizada pelos governos para atender a diversos objetivos previstos no ordenamento jurídico. Utilizando-se das palavras do Ministro Marco Aurélio, "é a forma mais usual de intervenção no domínio econômico ou social para criar me-

29. Em 1967, ao criar a ZFM, o governo militar tinha como lema: *integrar para não entregar!*

lhores condições ao desenvolvimento de certas regiões geográficas ou setores da atividade produtiva".[30]

No caso da ZFM, o constituinte originário a previu e manteve expressamente, tendo o art. 40 do ADCT determinado que ela teria continuidade por 25 anos contados da promulgação da Constituição. Posteriormente, seu prazo de vigência foi prorrogado de 2013 para 2023 por meio da Emenda Constitucional 42/2003. A Emenda Constitucional 83, de 5.8.2014, incluiu o art. 92-A ao ADCT, prorrogando esse prazo por 50 anos.

O que existe, portanto, é uma área de livre comércio de importação, exportação e *incentivos fiscais especiais*, com a finalidade de criar no interior da Amazônia um centro industrial, comercial e agropecuário dotado de condições econômicas que permitam a ocupação e o desenvolvimento da região. Esse modelo de incentivos fiscais específicos[31] foi recepcionado pela ordem constitucional inaugurada em 1988. Não se vislumbra, portanto, uma norma de imunidade, mas apenas a adoção de um regime transitório de incentivos fiscais (notadamente de *isenções*), que, mesmo passível de críticas,[32] vem sendo mantido em razão da importância ao desenvolvimento particular da região Norte.

O art. 40 do ADCT não pode ser entendido como um dispositivo constitucional que interfere na competência tributária dos entes tributantes, notadamente da União. Ele assegura um regime fiscal benéfico em razão da existência de regras de isenções criadas há décadas. Apesar de o regime de incentivos ter sido mantido pelo art. 40 do ADCT, o direito subjetivo à isenção não decorre diretamente do texto constitucional, mas da legislação infraconstitucional que irá ser considerada na construção da hipótese de incidência da norma de tributação.

30. Vide ADI 2.348-MC, rel. Min. Marco Aurélio, *DJ* de 7.11.2003.

31. A legislação federal versa, em regra, de hipóteses de *isenção* quando se trata da ZFM. Vide, por exemplo, o art. 3º do Decreto-lei 288/1967; o Regulamento do IPI (Decreto 7.212/2010), que, ao dispor sobre a ZFM, a inclui no capítulo "Dos Regimes Fiscais Regionais"; e o Regulamento Aduaneiro (Decreto 6.759/2009), que trata da ZFM no título denominado "Dos Regimes Aduaneiros Aplicados em Áreas Especiais".

32. Confira-se estudo feito por Ricardo Nunes de Miranda, "Zona Franca de Manaus: desafios e vulnerabilidades", Núcleo de Estudos e Pesquisas do Senado Federal, abr. 2013, disponível em <http://www12.senado.gov.br/publicacoes/estudos-legislativos/tipos-de-estudos/textos-para-discussao/td-126-zona-franca-de-manaus-desafios-e-vulnerabilidades>, acesso em 12.6.2014.

Uma particularidade importante merece ser ressaltada. Restou visto que o texto constitucional recepcionou um modelo de incentivo fiscal cuja estrutura estava forjada em normas infraconstitucionais editadas no período militar. Entretanto, o art. 40 do ADCT não se limitou a esse ponto. Ele também garantiu um regime *mínimo* de incentivos. Isso porque esse dispositivo expressamente manteve a Zona Franca de Manaus com suas *características* de área livre de comércio, de exportação e importação, e de *incentivos fiscais*. Em outras palavras, o modelo recepcionado pelo texto constitucional não poderia ter seu alcance *reduzido* pela legislação infraconstitucional posterior.

Há um precedente do STF que caminha no rumo dessas conclusões. Apesar de o Tribunal, ao apreciar o pedido de medida cautelar na ADI 2.348,[33] não ter discutido se o art. 40 do ADCT veiculava uma imunidade ou uma isenção, o fato é que a posição do relator, Ministro Marco Aurélio, seguida pelos demais ministros, conferiu ao art. 40 do ADCT uma eficácia *direta* para invalidar leis infraconstitucionais que busquem *reduzir ou diminuir o alcance dos benefícios fiscais* vinculados à ZFM.

No caso, a ADI proposta pelo Governador do Estado do Amazonas questionava alguns dispositivos da Medida Provisória 2.037-24, entre os quais o art. 14, § 2º, I, que excluía do campo da isenção da COFINS as receitas provenientes de vendas efetuadas para empresas estabelecidas na ZFM. No caso, o autor alegava que, para preservar a própria estrutura de benefícios da ZFM, aceita e fixada pela Constituição, essas receitas deveriam ser isentas e, assim, ter o mesmo tratamento daquelas auferidas em razão de exportação para o exterior.

Pois bem, retirar do campo da *isenção* e permitir a tributação dessas receitas, para o STF, é medida legislativa que viola o art. 40 do ADCT, tendo em vista que esse dispositivo *estabiliza e confere eficácia ao regime criado pelo Decreto-lei 288/1967*, que deve ser observado pela legislação infraconstitucional posterior como referencial. Há, para o Tribunal, um regime fiscal diferenciado e qualificado constitucionalmente, tendo em vista a importância de manter os fins e objetivos que levaram à criação da ZFM. Segundo o Ministro Marco Aurélio, "a

33. A decisão liminar foi dada na sessão de 7.12.2000. Entretanto, em 10.2.2005, a referida ADI foi julgada prejudicada por perda de objeto, pois a MP atacada foi objeto de reedições sucessivas, não tendo ocorrido aditamento à inicial.

ilação que se tira do sistema constitucional é a de que não se pode agasalhar política de renúncia fiscal a beneficiar indistintamente as empresas, pouco importando a região geográfica em que localizadas".

O Ministro Nelson Jobim também seguiu esse raciocínio. Segundo ele, o regime estipulado pelos arts. 3º, 4º e 5º do Decreto-lei 288/1967 criou um "mecanismo de incentivos" que foi consolidado no art. 40 do ADCT. Assim, em razão do citado dispositivo constitucional, esse sistema legal "foi congelado pela Constituição (...) não podendo ser alterado porque é mantida a Zona Franca com a modelagem vigente à época da Constituição".

Essa decisão manteve o entendimento dado pelo STF no início dos anos 1990, quando do julgamento da medida cautelar na ADI 310, no qual se examinavam alguns convênios interestaduais do ICMS firmados no âmbito do CONFAZ, que *excluíam* alguns produtos do benefício da não incidência do imposto estadual em remessa para a Zona Franca de Manaus. O Ministro Sepúlveda Pertence foi o relator do referido precedente, cujo pronunciamento sintetiza o raciocínio ora desenvolvido:

> De fato, constituída essencialmente a Zona Franca pelo conjunto de incentivos fiscais indutores do desenvolvimento regional e mantida, *com esse caráter*, pelas Disposições Constitucionais Transitórias, pelo prazo de vinte e cinco anos, admitir-se que os preceitos infraconstitucionais reduzam ou eliminem os favores fiscais existentes parece, à primeira vista, interpretação que esvazia de eficácia real o preceito constitucional.

Dessa forma, entende-se que o mencionado art. 40 do ADCT não veicula uma norma de imunidade, mas apenas resguarda a aplicação do regime de incentivos fiscais por um determinado período de tempo.

Contudo, merece ser destacado que há um precedente do STF que analisa a questão da ZFM e menciona o termo *imunidade* na sua ementa.[34] No caso, o STF apreciou um recurso extraordinário inter-

34. "Ementa: Agravo regimental no recurso extraordinário – Alegação de ofensa ao art. 97 da Constituição Federal – Argumento novo – Zona Franca de Manaus – Imunidade – ADI n. 2.348-MC – Medida Provisória n. 2.037-24/2000 – Eficácia suspensa – Entendimento mantido. (...) O Supremo Tribunal Federal, no julgamento da ADI n. 2.348-MC, Relator o Ministro Marco Aurélio, *DJ* de 7.11.03, apreciando a

posto pela União contra acórdão proferido pelo TRF da 4ª Região, que assegurou o direito do contribuinte à compensação dos valores recolhidos indevidamente a título de contribuição ao PIS e COFINS incidentes sobre as receitas provenientes de venda de mercadorias para a Zona Franca de Manaus. O recurso extraordinário não foi conhecido por não existir afronta direta ao texto constitucional. E quanto ao art. 40 do ADCT, entendeu-se que a decisão do Tribunal Regional estava em sintonia com a jurisprudência do STF.

Nesse caso, duas reflexões merecem ser feitas. Primeiramente, não há nenhuma linha no voto do relator para justificar o motivo pelo qual se afirmou que o referido art. 40 alberga uma imunidade. Esse fato é suficiente para não considerar esse precedente como formador de uma posição do Tribunal sobre a matéria.

Em segundo lugar, nota-se certa contradição no voto do Ministro Dias Toffoli, ao lançar mão do termo *imunidade*. Se o direito do contribuinte de não ser tributado decorre da lei *infraconstitucional*, e se a Turma entendeu que, na questão em discussão, *não há violação direta* ao texto constitucional (no caso, ao art. 40 do ADCT), como falar em imunidade, se esta radica, justamente, na Constituição?[35]

Por fim, quanto à possibilidade de lei federal regular a desoneração vinculada à ZFM mesmo que relativa a tributos de competência estadual ou municipal, deve-se enfrentar o tema tomando como base o parágrafo único do art. 40 do ADCT, que prevê que "somente por *lei federal* podem ser modificados os critérios que disciplinaram ou venham a disciplinar a aprovação dos projetos na Zona Franca de Manaus".

A questão é saber qual o alcance desse dispositivo, e se o mesmo pode se compatibilizar com o art. 151, III, da própria CF/1988. Para tanto, uma análise sistêmica é necessária para atestar a importância da lei federal para tratar do tema.

questão, afastou a eficácia de dispositivos da MP n. 2.037-24/2000, à luz do art. 40 do ADCT, no intuito de preservar a imunidade tributária constitucionalmente deferida à Zona Franca de Manaus. 4. Agravo regimental não provido" (RE 524.499 AgR, rel. Dias Toffoli, 1ª Turma, *DJe* de 21.2.2013).

35. Consta no voto do Ministro Dias Toffoli o seguinte: "Conforme decidido, a jurisprudência da Corte é pacífica no sentido de que *as discussões relativas à isenção concedida na venda de produtos destinados à Zona Franca de Manaus, à luz do Decreto-lei n. 288/97, ensejam reinterpretação de normas infraconstitucionais*, o que pode resultar, tão somente, na constatação de que houve ofensa reflexa à Constituição, impassíveis de reexame em sede extraordinária".

A ZFM foi criada justamente para reduzir desvantagens em razão da localização e propiciar condições que possibilitem o processo de desenvolvimento da região Norte do País. A criação e elaboração desses planos *é da competência da União*. Isso porque, segundo o art. 21, IX, da CF/1988, compete à União elaborar e executar planos nacionais e regionais de ordenação do território e de desenvolvimento econômico e social, e cabe ao Congresso Nacional, com a sanção do Presidente da República, dispor sobre todas as matérias de competência da União, especialmente sobre planos e programas nacionais, regionais e setoriais de desenvolvimento (art. 48, IV, da CF/1988). Além disso, às Comissões (permanentes ou temporárias) do Congresso Nacional compete apreciar programas de obras, planos nacionais, regionais e setoriais de desenvolvimento e sobre eles emitir parecer (art. 58, VI, da CF/1988). Ou seja, não há dúvida de que o papel da lei federal e a figura dos incentivos fiscais são centrais nesse assunto.

No caso da ZFM, trata-se de um modelo de desenvolvimento assentado em incentivos fiscais e extrafiscais, instituídos com objetivo de reduzir desvantagens em razão da localização e propiciar condições que possibilitem o processo de desenvolvimento da região Norte do País. Não há como separar a ZFM dos incentivos fiscais. Uma de suas características é justamente ser uma área beneficiada com um regime específico de isenções. Essa característica é importante, pois, como já visto neste estudo, o art. 40 do ADCT pode bloquear atos normativos que esvaziem ou restrinjam o programa estabelecido pelo Governo Federal para a ZFM. Ou seja, a preocupação em se manter eficaz uma política pública criada pela União e amparada em instrumentos fiscais de desoneração pode afetar o exercício da competência tributária dos entes federados. A decisão dos casos discutidos nas ADI 310 e 2.348 atesta isso.

Entretanto, o art. 151, III, da CF/1988 é categórico ao vedar à União instituir isenções de tributos da competência dos Estados, do Distrito Federal ou dos Municípios. Não há no texto constitucional dispositivo equiparado ao art. 20, § 2º, da CF/1967, que autorizava a União, mediante lei complementar, e atendendo a relevante interesse nacional, a conceder isenção de impostos estaduais e municipais. Como bem aponta Sacha Calmon, "a vantagem da Constituição de 1988 é ter precisado os casos em que pode ser utilizada a isenção heterônoma por lei complementar do Congresso Nacional".[36] É o caso do art. 156, § 3º, II, da CF/1988, já tratado no presente estudo.

No caso da ZFM, a União não está agindo como representante da República Federativa do Brasil, tal qual argumentado no caso envolvendo os tratados internacionais, mas como ente federativo competente apenas para estabelecer o plano que busque promover o equilíbrio econômico e social do País.

Não há dúvida de que o componente fiscal é muito importante na configuração desse plano, e que a atividade de indução e fomento é legítima e autorizada pelo texto constitucional.[37] Todavia, a atividade promocional deve se dar *dentro da esfera de competência delimitada pela Constituição*, e o inciso III do art. 151 da CF justamente amputa esse poder. Além disso, a Constituição Federal, quando autorizou a União a excluir produtos e serviços destinados ao exterior da incidência do ISS e do ICMS, exigiu *lei complementar.* Assim, o art. 40, parágrafo único, da Constituição não outorga competência à União para tratar de matéria tributária de competência privativa dos Estados e Municípios.

2.4 Há limites a serem observados pelo legislador infraconstitucional, quando da regulamentação de norma da Constituição referente a incentivos fiscais? É possível regulamentar uma faculdade prevista no texto constitucional de sorte a tornar praticamente impossível o seu exercício? É o que se dá, por exemplo, com a exigência de unanimidade prevista na LC 24/1975, como condição para a concessão de incentivos fiscais em matéria de ICMS?

Há limites a serem observados pelo legislador infraconstitucional quando da regulamentação de normas constitucionais referentes a incentivos fiscais, e certamente não é válido regulamentar uma facul-

36. Sacha Calmon Navarro Coêlho, *Curso de Direito Tributário Brasileiro*, cit., p. 360.

37. Art. 174 da CF: "Como agente normativo e regulador da atividade econômica, o Estado exercerá, na forma da lei, as funções de fiscalização, incentivo e planejamento, sendo este determinante para o setor público e indicativo para o setor privado.

§ 1º. A lei estabelecerá as diretrizes e bases do planejamento do desenvolvimento nacional equilibrado, o qual incorporará e compatibilizará os planos nacionais e regionais de desenvolvimento".

dade prevista no texto constitucional de sorte a tornar praticamente impossível o seu exercício. Contudo, tal não é o caso da norma do art. 2º da Lei Complementar 24/1975, cujo § 2º dispõe que "a concessão de benefícios dependerá sempre de decisão unânime dos Estados representados; a sua revogação total ou parcial dependerá de aprovação de quatro quintos, pelo menos, dos representantes presentes". A norma que exige unanimidade para a concessão de benefícios no âmbito do ICMS não é desarrazoada, visto que a Constituição atribuiu extrema importância ao mercado interno (art. 219 da Constituição) e à proteção da concorrência, sendo essencial "à ordem constitucional brasileira que esse imposto tenha elevado grau de uniformidade, para afastar a guerra fiscal".[38]

Além disso, lembre-se de que a regra da unanimidade não "torna praticamente impossível o exercício" da faculdade prevista no art. 155, § 2º, XII, "g", da Constituição. Nada disso. Centenas de benefícios fiscais do ICMS já foram acordados pela unanimidade dos Estados no âmbito do CONFAZ.

Pode-se defender que a regra da unanimidade é um tanto *exagerada*, não é a mais *adequada*. Mas então o caminho a percorrer seria a alteração da regra pelo Congresso Nacional, que tem total competência para editar nova lei complementar e estabelecer quórum menos rígido para a aprovação dos convênios. O Poder Judiciário não tem competência para se imiscuir nessa questão, sendo que a tese da inconstitucionalidade da regra da unanimidade nos parece um meio enviesado de buscar convalidar a guerra fiscal, em indisfarçável afronta à Constituição.

2.5 É certo que a vigente Constituição Federal, em pelo menos seis dispositivos, a saber, art. 1º, III; art. 151, I; art. 159, I, "c"; art. 161, II; art. 165, § 7º, e art. 170, VII, preconiza providências objetivando a redução das desigualdades regionais existentes no País? Esse fato deve ter, ou não, alguma influência na interpretação e na aplicação de leis a respeito de incentivos fiscais que tenham por objetivo atrair empresas para regiões pobres?

38. Luís Eduardo Schoueri, *Direito Tributário*, cit., p. 231.

Sim, em todos os dispositivos mencionados a Constituição preconiza providências objetivando a redução das desigualdades regionais existentes no País. Aliás, pode-se dizer sem sombra de dúvida que, ao longo dos 25 anos de vigência da Constituição de 1988, esse objetivo foi satisfatoriamente alcançado.[39]

A existência desse objetivo deve, sim, influenciar na interpretação e aplicação de leis que criam incentivos fiscais para atrair empresas para regiões pobres. Contudo, a existência desse nobre objetivo constitucional naturalmente não pode servir de justificativa para que Estados instituam benefícios fiscais do ICMS em contrariedade com a Constituição e com a Lei Complementar 24/1975.

Ou seja, a redução das desigualdades regionais não pode servir de justificativa para a guerra fiscal. Não se pode respaldar o descumprimento frontal de regras constitucionais específicas mediante o apelo a objetivos constitucionais genéricos.

Que jurista defenderia que determinado tributo, mesmo tendo sido cobrado sem lei que o autorizasse, seria, não obstante, válido e constitucional, haja vista que os recursos com ele arrecadados se destinariam ao nobre objetivo de "construir uma sociedade livre, justa e solidária"? Certamente nenhum. Mas é exatamente esse raciocínio que subsidia a tese segundo a qual os benefícios fiscais de ICMS criados pelos Estados ao arrepio da regra da legalidade estrita e/ou ao arrepio da regra da necessidade de acordo unânime dos Estados seriam, não obstante, válidos, visto que seguem o objetivo *nobre* e *solidário* de reduzir as desigualdades regionais...

3. Limites ou parâmetros materiais para a concessão de incentivos fiscais

3.1 Em quais hipóteses a concessão de incentivo fiscal a determinado contribuinte, ou grupo de contribuintes, será compatível com o princípio da igualdade?

3.2 A localização de uma empresa em região menos desenvolvida do território nacional seria um critério de discrímen apto a legitimar incentivos fiscais?

39. Marciano Seabra de Godoi, "Tributação e orçamento nos 25 anos da Constituição de 1988", *Revista de Informação Legislativa*, Brasília, n. 200, pp. 137-151, 2013.

3.3 Caso o contribuinte destinatário do incentivo tenha capacidade contributiva igual à de outro contribuinte, não beneficiado com o incentivo, há, só por isso, invalidade ou violação ao princípio da igualdade? É possível estabelecer, validamente, tratamento desigual a contribuintes, tomando de critério diverso de sua capacidade contributiva? Quais critérios seriam esses?

3.4 Deve haver coerência nas políticas públicas relacionadas aos incentivos fiscais? Qual a consequência jurídica, por exemplo, de o Governo Federal incentivar determinada ação, por meio de tributos, e outros órgãos do próprio Governo Federal, ou dos Governos Estadual ou Municipal, adotarem políticas destinadas a desestimular essa mesma ação?

O direito à igualdade constante do *caput* do art. 5º da Constituição não significa que o Estado ou as leis devam conferir a todas as pessoas o mesmo tratamento, um tratamento *igual*. Na verdade, em todos os ramos da legislação há a definição de regimes jurídicos distintos para diversas categorias e situações. O direito à igualdade não consiste, pois, em assegurar a todos um tratamento *igual*, mas sim um tratamento *igualitário*.

O direito à igualdade, enquanto direito fundamental, significa que as pessoas têm o direito de não serem diferenciadas segundo critérios ou parâmetros desproporcionais, arbitrários ou discriminatórios. No caso de concessão de benefícios ou incentivos fiscais a determinada categoria de pessoas, há um tratamento diferenciado, que pode ou não ser discriminatório. Para averiguar se uma diversidade de tratamento é ou não discriminatória, deve-se analisar, além do critério de diferenciação, em que contexto o trato diferenciado está inserido. Por exemplo: não viola o direito à igualdade utilizar o critério do rendimento familiar *per capita* para diferenciar as pessoas no contexto ou para fins de concessão de bolsas de estudo para acesso ao ensino superior, mas seria atentatório à igualdade utilizar esse mesmo critério para diferenciar as pessoas no contexto da atribuição do direito de votar e de ser votado (voto censitário).

No direito tributário, a importância do direito à igualdade salta aos olhos, afinal a tributação consiste, em última instância, na definição de quais pessoas arcarão com o ônus econômico de custear as despesas públicas e na definição de como esse ônus econômico será distribuído entre cada uma daquelas pessoas.

No período do absolutismo, na etapa anterior ao Estado de Direito, o ônus tributário era distribuído com base nos estamentos sociais: os indivíduos da nobreza e do clero eram poupados do dever de pagar tributos, os quais recaíam exclusivamente sobre os servos e a burguesia. No Estado de Direito surgido com a eclosão das revoluções liberais do século XVIII, o tributo adquire o caráter da generalidade, deixando de ser um ônus exclusivo de determinadas classes sociais. A partir de então, o critério básico a presidir a distribuição dos ônus tributários passou a ser o critério da capacidade econômica dos contribuintes. Na Declaração dos Direitos do Homem e do Cidadão (1793), que se seguiu à Revolução Francesa, constava (art. 13) que os tributos deveriam ser "igualmente repartidos entre todos os cidadãos em razão das suas faculdades [*econômicas*]". A mesma disposição (tributo como obrigação geral informada pela capacidade econômica) foi adotada por nossa primeira Constituição: "ninguém será isento de contribuir para as despesas do Estado em proporção dos seus haveres" (art. 179, XV, da Constituição Política do Império do Brasil).

Ocorre que a capacidade econômica, apesar de ser o critério básico, não é o único parâmetro apto a presidir a distribuição igualitária do ônus tributário entre os contribuintes.[40] Quando se trata de uma *tributação extrafiscal*, ou seja, de uma tributação que persegue objetivos distintos do mero levantamento de recursos para satisfação dos gastos públicos, é natural que o critério da capacidade econômica dê lugar a outros parâmetros de divisão e distribuição da carga tributária. Um bom exemplo desse fenômeno é a legislação do Imposto Territorial Rural (ITR), previsto no art. 153, VI, da Constituição: se o imposto fosse estruturado segundo a capacidade econômica dos contribuintes, os proprietários dos imóveis produtivos e lucrativos seriam mais onerados do que os proprietários dos imóveis improdutivos; contudo, como o principal objetivo do imposto não é o de arrecadar recursos e sim o de "desestimular a manutenção de propriedades improdutivas" (art. 153, § 4º, I, da Constituição), a legislação que regula o imposto (vide Lei 9.393, de 1996) determina que os contribuintes

40. Sobre o tema, vide Marciano Seabra de Godoi, *Justiça, Igualdade e Direito Tributário*, São Paulo, Dialética, 1999, pp. 173-259.

mais onerados são exatamente os proprietários dos imóveis menos produtivos e lucrativos.

Para averiguar se um incentivo ou benefício fiscal que se desvia do critério da capacidade econômica é ou não compatível com a norma da igualdade, é preciso avaliar se o objetivo buscado com a tributação encontra ou não respaldo na Constituição, e se os meios utilizados para atingir os objetivos são ou não proporcionais. Ocorre o mesmo com normas que, ao contrário do que se passa nos incentivos tributários, agravam determinada tributação. A tributação mais onerosa de produtos altamente poluidores do meio ambiente, por exemplo, encontra respaldo no art. 170, VI, da Constituição, que institui a defesa do meio ambiente como princípio da ordem econômica e autoriza tratamento diferenciado conforme o impacto ambiental de produtos e serviços. Já uma eventual tributação mais onerosa de determinados filmes considerados pelo legislador ou pelo Poder Executivo vulgares ou violentos, reservando-se uma tributação menos onerosa para filmes considerados edificantes ou moralmente sadios, seria inconstitucional por se chocar, ainda que indiretamente, com o direito fundamental à livre expressão da atividade artística (art. 5º, IX, da Constituição).

• *Tratamento do tema da igualdade tributária na Constituição de 1988*

O tema da igualdade ou isonomia especificamente no âmbito tributário nunca havia sido regulado expressamente no texto constitucional até o advento da Constituição de 1988, que, em seu art. 150, II, dispôs ser vedado aos entes federativos "instituir tratamento desigual entre contribuintes que se encontrem em situação equivalente, proibida qualquer distinção em razão de ocupação profissional ou função por eles exercida, independentemente da denominação jurídica dos rendimentos, títulos ou direitos".

O dispositivo merece ser analisado em duas partes. Na primeira parte, o texto é uma paráfrase da conhecida máxima de que os iguais devem ser tratados igualmente, e os desiguais desigualmente, na medida de suas desigualdades. A questão é saber em que casos pode-se validamente considerar que dois contribuintes estão em *situação equivalente*, e em que casos suas situações não se equivalem. É o legislador (e não o chefe do Executivo ou o juiz) o responsável por avaliar e decidir se determinadas situações são ou não equivalentes para fins de tratamento tributário. O legislador desfruta de ampla liberdade nessa decisão, e nisso consiste a definição da política tributária de um país, de um Estado-membro ou de determinado Município. Mas essa liberdade do legislador, ainda que ampla, não é total. Um exemplo extraído da jurisprudência do STF: o legislador tributário pode ou não determinar que os veículos automotores dedicados ao transporte escolar tenham isenção do IPVA, mas não pode determinar que a isenção se restrinja somente aos veículos automotores dedicados ao transporte escolar que sejam membros de determinada cooperativa (vide ADI 1.655, *DJ* de 2.4.2004).

Quando se depara com casos em que a política tributária exercida pelo legislador provoca tratamentos distintos entre determinadas categorias de contribuintes, o STF geralmente indaga se há ou não motivos razoáveis ou plausíveis para o trato diferenciado. Vejamos alguns exemplos. Na ADI 1.276 (*DJ* de 29.11.2002), o Tribunal considerou válido o tratamento favorecido, no âmbito do IPVA, concedido a empresas cujos empregados com 40 anos ou mais representassem no mínimo 30% da mão de obra total da empresa. Entendeu-se que o legislador utilizou-se do potencial extrafiscal do imposto para, abrindo mão de parte de sua arrecadação, estimular uma conduta socialmente desejável (oferecer empregos a pessoas mais velhas) e tentar equilibrar uma situação de desigualdade real (vantagem dos jovens em relação aos mais velhos no contexto competitivo do mercado de trabalho). Já na ADI 3.260 (*DJ* de 29.6.2007), o Tribunal considerou um "privilégio injustificado" a isenção de toda e qualquer taxa estadual concedida por uma lei potiguar aos membros do Ministério Público do Estado do Rio Grande do Norte.

A segunda parte do art. 150, II, da Constituição tem uma explicação histórica concreta, relacionada à legislação do imposto sobre a renda das pessoas físicas. A Carta de 1967-69, ao instituir a competência federal para cobrar o imposto sobre a renda, dispunha que essa competência não incluía a tributação de "ajuda de custo e diárias pagas pelos cofres públicos na forma da lei" (art. 21, IV). Com base nessa ressalva constitucional, diplomas legislativos instituíram isenções do imposto de renda relativamente a diversos tipos de proventos recebidos por prestigiosas categorias de servidores públicos, como magistrados, legisladores e militares. Um exemplo é a norma do art. 2º do Decreto-lei 2.019/1983, que determinou a não incidência do imposto sobre a renda relativamente às verbas de representação dos magistrados.

Foi exatamente para revogar esses privilégios do regime anterior que a segunda parte do art. 150, II, da Constituição vedou expressamente o estabelecimento de distinções tributárias "em razão de ocupação profissional ou função" exercida pelos contribuintes, bem como o estabelecimento de distinções levando em conta a denominação jurídica dos rendimentos, títulos ou direitos. Com efeito, a legislação do regime anterior era pródiga em conceder isenções do imposto de renda levando em conta simplesmente a denominação "verba de representação", ou "diária", relativamente à remuneração de determinados servidores públicos.

Mas não se deve dar uma interpretação estritamente literal a essa segunda parte do art. 150, II, da Constituição, pois em alguns casos poderá ser justificada uma diferenciação tributária em função da ocupação profissional dos contribuintes. Isso ocorreu no julgamento da ADI 1.643 (*DJ* de 14.3.2003), em que o STF considerou válido que a legislação que confere tratamento tributário favorecido e facilitado às micro e pequenas empresas (SIMPLES) exclua desse tratamento os indivíduos e as sociedades que se dediquem às profissões liberais (advogados, médicos etc.). Segundo a decisão da maioria do STF, o trato diferenciado estaria justificado, pois os profissionais liberais não sofrem, como os micro e pequenos comerciantes, o impacto do domínio do mercado pelas grandes empresas, não estão inseridos na economia informal e não necessitam de uma especial assistência do Estado para disputar o mercado de trabalho.

Não há dúvida de que a localização de uma empresa em região menos desenvolvida do território nacional é um critério apto a legitimar incentivos fiscais. Esse critério, além de ser plenamente compatível com as numerosas normas constitucionais (art. 1º, III; art. 151, I; art. 159, I, "c"; art. 161, II; art. 165, § 7º, e art. 170, VII) que determinam a redução das desigualdades regionais existentes no País, é explicitamente contemplado pela Constituição no art. 151, I, que, após dispor sobre a necessidade de a tributação federal ser uniforme em todo o território nacional, admite a "concessão de incentivos fiscais destinados a promover o equilíbrio do desenvolvimento socioeconômico entre as diferentes regiões do País".

Tais normas da Constituição estão a apontar, claramente, que é possível estabelecer, validamente, tratamento desigual a contribuintes, tomando critério diverso de sua capacidade contributiva. O critério explicitamente adotado por essas normas é a capacidade de o trato diferenciado provocar desenvolvimento socioeconômico em regiões menos desenvolvidas, reduzindo assim as desigualdades regionais.

Quanto à questão da coerência das políticas públicas relacionadas aos incentivos fiscais, é preciso esclarecer alguns pontos. Em primeiro lugar, a avaliação quanto à coerência das políticas públicas é tarefa que cabe, precipuamente, aos próprios formuladores das políticas públicas, notadamente ao legislador e ao Poder Executivo. Além da necessidade de respeito à separação dos poderes e à legitimidade da representação política, não se deve perder de vista que o Legislativo e o Executivo têm muito mais informações (econômicas, fiscais, sociais, políticas) do que o Judiciário para avaliar se determinada medida é ou não coerente ou em que grau se mostra mais ou menos coerente com outras medidas já implementadas. Aqui cabe relembrar a clássica distinção entre *questões de princípio* e *questões de política*, cabendo ao Judiciário atuar com preeminência em relação às primeiras, mas não em relação às últimas.

Em segundo lugar, é preciso distinguir entre a necessidade de coerência no bojo das políticas públicas de um mesmo ente federativo e a necessidade de coerência entre as medidas de um ente em relação às medidas de outro ente federativo. A exigência de coerência no primeiro caso será muito mais forte do que no segundo. Por exemplo: se a União Federal estimula, com uma redução de IPI, a compra de veículos automotores, visando à manutenção do nível de emprego no importante setor automotivo, não deve determinar, ao mesmo tempo, a incidência agravada de IOF sobre financiamentos para a aquisição dos mesmos bens. Uma política seria incoerente com a outra, uma medida atuaria para afastar o alcance dos objetivos da outra. Contudo, o incentivo fiscal da redução do IPI para automóveis não implica a necessidade de os Estados serem *coerentes* e também criarem incentivos para o setor, por meio da legislação do ICMS ou do IPVA.

3.5 A quem cabe a decisão a respeito da concessão de incentivos fiscais? Ao Legislador e ao Executivo apenas, quando da criação ou da alteração de leis ou atos infralegais?

3.6 Diante de um incentivo fiscal formalmente válido, seria lícito ao Poder Judiciário tomar decisões relacionadas ao seu "mérito", por não se considerar, por exemplo, necessário ou adequado incentivar determinada atividade ou setor da economia?

3.7 Existiria alguma outra instância de controle da legitimidade ou da conveniência da concessão de incentivos fiscais?

As perguntas são muito oportunas, pois nem sempre se dá a devida importância ao fato de que a tributação envolve tanto questões de princípio quanto questões de política. A decisão por criar, ampliar, restringir ou extinguir incentivos fiscais é eminentemente política, e por isso deve ser tomada por quem tem legitimidade popular e informações técnicas, econômicas e sociais para perseguir com eficiência e segurança os objetivos a que o benefício/incentivo se propõe.

Essa decisão política é do legislador e, nos casos em que a Constituição o permite, também do Executivo (alteração de alíquotas dos tributos extrafiscais como o IPI, IOF e os impostos aduaneiros).

É claro que, no exercício dessa política tributária de incentivos e benefícios fiscais, o legislador ou o Executivo poderão contrariar determinada norma constitucional, notadamente o princípio da igualdade.[41] E nesse caso caberá ao Judiciário agir para eventualmente identificar um trato arbitrário, cujos fins ou cujos meios se mostrem ilegítimos. Mas essa atuação nada tem a ver com o exame da conveniência ou da oportunidade da política fiscal subjacente ao incentivo.

4. *Incentivos fiscais e segurança*

4.1 É possível a revogação de um incentivo fiscal? Há diferença caso tenham sido exigidas contrapartidas, a serem implementadas pelo contribuinte, como condição para sua concessão? É relevante, ainda, que o incentivo tenha sido concedido por prazo certo?

41. Vide Marciano Seabra de Godoi, "Extrafiscalidad y sus límites constitucionales", *Revista Internacional de Direito Tributário da Associação Brasileira de Direito Tributário*, n. 1, pp. 219-262, 2004.

Não obstante a importância reconhecida das medidas de desoneração extrafiscal na implementação e concretização de direitos fundamentais[42] ou para prestigiar determinada meta existente no texto constitucional[43] ou no ordenamento legal,[44] nada impede sua revogação, desde que seja por lei específica (respeitando-se o limite formal estabelecido pelo art. 150, § 6º, da Constituição) e realizada por quem possui a devida competência tributária.

A concessão do benefício por prazo certo ou a exigência de contrapartidas para sua fruição são aspectos que interferem no direito do ente público de revogar a lei que criou o incentivo fiscal. A preocupação com a segurança jurídica, da qual é derivada a proteção à confiança legítima e à boa-fé do contribuinte, justifica o disposto no art. 178 do CTN, a dispor que "a isenção, salvo se concedida por prazo certo e em função de determinadas condições, pode ser revogada ou modificada por lei, a qualquer tempo, observado o disposto no inciso III do art. 104".

A hipótese de concessão de isenções condicionadas ou onerosas é frequente, tais como as que ocorrem naqueles casos em que o Poder Público busca incentivar a criação de investimentos econômicos em determinada região ou atrair determinada empresa para o seu território, nos quais a fruição do benefício possui como contrapartida a construção de uma planta industrial e o exercício de uma nova atividade econômica, com alta demanda por empregos e elevação da arrecadação tributária no longo prazo.

Em regra, a doutrina não diverge sobre a impossibilidade de revogação de isenção quando concedida por prazo certo e sujeita a condições onerosas como investimentos e gastos do contribuinte. Nessa hipótese, é recorrente a invocação da proteção da boa-fé e da confiança legítima do contribuinte.[45] Como bem lembra Aliomar Baleeiro,[46] a

42. Como isenções específicas para fomentar programas voltados para assegurar a dignidade da pessoa humana, a isonomia, a saúde ou a educação.

43. Como eventuais medidas tributárias para atender ao art. 218 da CF/1988 ("Art. 218. O Estado promoverá e incentivará o desenvolvimento científico, a pesquisa e a capacitação tecnológicas").

44. O Estatuto da Cidade (Lei 10.257/2001) prevê, no seu art. 4º, que para os fins desta Lei, serão utilizados, entre outros instrumentos, os institutos tributários e financeiros, entre os quais se destacam os incentivos e benefícios fiscais e financeiros.

45. Vide Aliomar Baleeiro, *Direito Tributário Brasileiro*, cit., 2010, pp. 1.377-1.378, e Ricardo Lodi Ribeiro, *A Segurança Jurídica do Contribuinte. Legalidade, não Surpresa e Proteção à Confiança Legítima*, Rio de Janeiro, Lumen Juris, 2008, pp. 251-252.

46. Aliomar Baleeiro, *Direito Tributário Brasileiro*, cit., p. 1.376.

isenção, nesses casos, conduziu o contribuinte a uma atividade que ele não empreenderia se estivesse sujeito aos tributos da época.

Por outro lado, o Poder Público deve se portar de forma leal e transparente nas relações travadas com os particulares, buscando preservar as expectativas legítimas do contribuinte que foram embasadas em seus compromissos firmados. São posturas esperadas e inerentes ao Estado Democrático de Direito. Como bem sintetiza Humberto Ávila,[47] quando um ato normativo, com validade presumida, cria, na esfera jurídica do particular, uma razoável expectativa quanto ao seu cumprimento, há incidência do princípio da proteção da confiança.[48] Deve-se dizer, ainda, que a boa-fé prevista no Código Civil[49] irradia efeitos nessas situações bilaterais travadas entre o Poder Público e o contribuinte.

Isso quer dizer que a lei que instituiu a isenção poderá ser revogada ou alterada, *mas essa lei nova não alterará a situação anterior já estabelecida em prol do contribuinte.* Há uma relação de bilateralidade que exige do Poder Público o dever de seguir e observar as regras originalmente previstas quando da criação do estímulo fiscal.

Tal exigência decorre, inclusive, da previsão constitucional da proteção ao direito adquirido (art. 5º, XXXVI, da CF), evitando o grave prejuízo que o contribuinte teria caso lhe fosse retirado direito já incorporado ao seu patrimônio jurídico.[50]

A questão envolvendo o art. 178 do CTN já foi apreciada pelos Tribunais Superiores. O STF, no final de 1969, editou a Súmula 544: "Isenções tributárias concedidas, sob condição onerosa, não podem ser livremente suprimidas". Por sua vez, o Superior Tribunal de Justiça possui diversos precedentes[51] reconhecendo o direito do contribuinte

47. Humberto Ávila, "Benefícios fiscais inválidos e a legítima expectativa do contribuinte", *Revista Diálogo Jurídico*, Salvador, CAJ – Centro de Atualização Jurídica, n. 13, abr.-maio 2002, disponível em <http://www.direitopublico.com.br>, acesso em 10.5.2014.

48. Idem, ibidem.

49. "Art. 422. Os contratantes são obrigados a guardar, assim na conclusão do contrato, como em sua execução, os princípios de probidade e boa-fé."

50. Nesse sentido, Ricardo Lodi Ribeiro, *A Segurança Jurídica do Contribuinte. Legalidade, não Surpresa e Proteção à Confiança Legítima*, cit., p. 251.

51. Conferir o AgRg no REsp 835.466/PE, rel. Min. José Delgado, j. em 12.9.2006, *DJ* de 16.10.2006, p. 315, julgado que analisa o art. 178 do CTN e se apoia em diversos precedentes do STJ e no Enunciado 544 da Súmula do STF para assegurar o direito do contribuinte à isenção.

à manutenção do benefício concedido em razão de contrapartidas e por prazo certo, merecendo destaque um precedente que analisou o art. 178 do CTN e reconheceu que "a isenção fiscal deve ser revogada tão logo desapareça o interesse público que a motivou", mas ressalvou que, "se o benefício foi outorgado como incentivo a determinado projeto empresarial, é defeso revogá-la, enquanto se mantiver em execução o projeto", pois, "do contrário, haveria reprovável deslealdade, que não se deve permitir ao Estado".[52]

Dessa forma, em resposta às perguntas, pode-se afirmar que *é possível* a revogação de um incentivo fiscal a qualquer tempo, *desde que* ele não tenha sido concedido de forma onerosa (condicionada) e por prazo certo. A exigência de contrapartida, bem como a previsão de prazo para sua fruição, são elementos configuradores do direito ao benefício enquanto estiverem presentes os requisitos previstos na lei, impedindo, portanto, que a revogação surta efeitos imediatos. Sua inobservância pelo Poder Público viola a segurança jurídica, seja na ótica do direito adquirido do contribuinte, seja na forma da proteção à confiança legítima e da boa-fé do contribuinte.[53]

4.2 A resposta dada à questão anterior é a mesma caso, em vez de revogação, tenha-se a nulidade do incentivo, posteriormente reconhecida no âmbito administrativo ou judicial? Pode a entidade tributante que houver editado lei concedendo incentivo cobrar o tributo correspondente em razão da inconstitucionalidade posteriormente declarada da lei que ela própria editou?

O tema da segurança jurídica deve ser retomado para analisar a questão proposta, que envolve incentivos fiscais posteriormente declarados nulos. A questão envolve outros elementos a serem considerados, pelo que não é possível transferir automaticamente a resposta dada ao item 4.1 para o questionamento ora proposto.

52. REsp 1.073/SP, rel. Min. Demócrito Reinaldo, rel. p/ acórdão Min. Humberto Gomes de Barros, 1ª Turma, j. em 18.12.1991, *DJ* de 22.6.1992, p. 9.723.

53. Não se fará neste texto, até por não ser o seu objetivo, a diferenciação entre os princípios da confiança e da boa-fé. Sobre o tema, cfr. Misabel Abreu Machado Derzi, *Modificações da Jurisprudência no Direito Tributário*, São Paulo, Noeses, 2009, pp. 378-383.

No caso de anulação/revogação do incentivo por ato da Administração Pública em razão de vício de ilegalidade ou inconstitucionalidade, merece ser destacado que o seu poder de autotutela, externado nas Súmulas 346[54] e 473 do STF,[55] não é absoluto, sendo atenuado em razão da proteção à confiança legítima e à boa-fé do cidadão.

Essa questão vem sendo estudada de forma pioneira pelo direito administrativo, especialmente porque esse ramo foi bastante influenciado pelo direito constitucional, no movimento que se convencionou chamar de constitucionalização do direito público. Como ressalta Gustavo Binenbojm, o direito administrativo ficou, durante muito tempo, atrelado à ideia de que "administrar é aplicar a lei de ofício" (mera reprodução ou aplicação mecânica da lei). Caminha-se hoje para uma vinculação da atividade administrativa ao ordenamento jurídico como um todo (bloco de legalidade), não a uma espécie normativa específica (lei formal). A Constituição da República (com suas regras e princípios) "passa a ser o elo de unidade a costurar todo o arcabouço normativo que compõe o regime jurídico administrativo. A superação do paradigma da legalidade administrativa só pode ocorrer com a substituição da lei pela Constituição como cerne da vinculação administrativa à juridicidade".[56]

Ao superar o entendimento de que o Direito não se restringe à lei formal, e avançar para a compreensão de que se deve compreender o princípio da legalidade como *juridicidade*,[57] a ilegalidade de uma lei ou de um ato administrativo não será justificativa suficiente para anular todos os atos praticados sob sua vigência. Afinal, mesmo ilegal, ele gerou efeitos na esfera patrimonial de terceiros.[58]

54. Súmula 346/STF: "A administração pública pode declarar a nulidade dos seus próprios atos".

55. Súmula 473/STF: "A administração pode anular seus próprios atos, quando eivados de vícios que os tornam ilegais, porque deles não se originam direitos; ou revogá-los, por motivo de conveniência ou oportunidade, respeitados os direitos adquiridos, e ressalvada, em todos os casos, a apreciação judicial".

56. Gustavo Binenbojm, *Uma Teoria do Direito Administrativo*, Rio de Janeiro, Renovar, 2008, pp. 140-141.

57. Conferir, entre outros, João Batista Gomes Moreira, *Direito Administrativo: da Rigidez Autoritária à Flexibilidade Democrática*, Belo Horizonte, Fórum, 2008; Raquel Melo Urbano de Carvalho, *Curso de Direito Administrativo*, Salvador, JusPodivm, 2008; e Ricardo Lodi Ribeiro, *A Segurança Jurídica do Contribuinte. Legalidade, não Surpresa e Proteção à Confiança Legítima*, Rio de Janeiro, Lumen Juris, 2008.

58. Vide, por exemplo, a posição de Edilson Pereira Nobre Júnior: "a sujeição à legalidade não motiva o afastamento do Poder Público das exigências da boa-fé, jus-

É por isso que o direito administrativo admite, em algumas situações, a *convalidação do ato administrativo inicialmente ilegal*. Essa convalidação, muitas vezes, é justificada na necessária proteção da confiança legítima e da boa-fé do administrado. E esse dever de atenção ao princípio da *boa-fé* é agravado em razão de sua conjugação com o *princípio da moralidade*, a ser sempre observado por qualquer órgão do Poder Público.[59]

E essa linha de compreensão vem sendo acolhida pela jurisprudência do STJ,[60] merecendo destaque o decidido no RMS 407[61] e RMS 6.518,[62] precedentes da década de 1990, mas que ainda são bem atuais, pois retiram o rigor do poder de autotutela e legitimam a manutenção de atos originalmente viciados em razão da necessária proteção à segurança jurídica.

Essas premissas geram efeitos também no estudo do direito tributário. O âmbito de aplicação do princípio da proteção da confiança

tamente porque, numa perspectiva mais larga e atual, o cânon da legalidade exprime a concepção de conformidade ao Direito (universo sabidamente mais vasto do que o dos atos legislativos e regulamentares), ou como sentenciam Eduardo García de Enterría & Tomás Rámon Fernandes, 'os atos e disposições da Administração, todos devem 'submeter-se ao Direito', devem ser 'conformes' ao Direito'" (*O Princípio da Boa-fé e sua Aplicação no Direito Administrativo Brasileiro*, Porto Alegre, Sérgio Antônio Fabris Editor, 2002, pp. 308-309).

59. Essa posição é acompanhada pelo STJ (RMS 6.183/MG, rel. Min. Ruy Rosado de Aguiar, *DJU* de 8.12.1995) e por estudiosos do direito civil: "A proteção da expectativa legitimamente criada pela contraparte é de exponencial relevância também no Direito Administrativo, pois a conduta da Administração Pública, para além da adstrição ao princípio constitucional da moralidade pública, vem ainda revestida pela presunção de legalidade dos atos administrativos" (Judith Martins-Costa, *Diretrizes Teóricas do Novo Código Civil Brasileiro*, São Paulo, Saraiva, 2002, p. 206).

60. STJ, REsp 36.120-6/SP, 3ª Turma, rel. Min. Waldemar Zveiter, j. em 21.9.1993, *RT* 705/241; STJ, REsp 141.879/SP, 4ª Turma, rel. Min. Ruy Rosado de Aguiar, j. em 17.3.1998, *Lex JSTJ* e *TRF* 111/187; REsp 162.424/ES, rel. Min. Vicente Leal, j. em 14.4/1998, *DJ* de 11.5.1998, p. 173.

61. "A regra enunciada no verbete n. 473 da Súmula do STF deve ser entendida com algum temperamento: no atual estágio do direito brasileiro, a Administração pode declarar a nulidade de seus próprios atos, desde que, além de ilegais, eles tenham causado lesão ao Estado, sejam insuscetíveis de convalidação e não tenham servido de fundamento a ato posterior praticado em outro plano de competência" (STJ, RMS 407, 1ª Turma, rel. Min. Humberto Gomes de Barros, *RDA* 184/113).

62. "(...) Na avaliação da nulidade do ato administrativo, é necessário temperar a rigidez do princípio da legalidade, para que ele se coloque em harmonia com os princípios da estabilidade das relações jurídicas, da boa-fé e outros valores essenciais à perpetuação do Estado de Direito (...)" (STJ, RMS 6.518, 1ª Turma, rel. Min. Humberto Gomes de Barros, *RDA* 184/134).

não abrange apenas atos praticados com amparo em leis ou outros atos normativos válidos que tenham sido modificados, no qual o particular poderá alegar, em seu benefício, as garantias do direito adquirido, do ato jurídico perfeito e da coisa julgada.

Partindo desse raciocínio, Humberto Ávila afirma que a proteção derivada da confiança alcança também "atos, concluídos ou iniciados, praticados com base em atos normativos que se revestiam de legalidade meramente aparente, *ou nem isso*, e cuja anulação desde o início causaria frustração da expectativa individual sobre eles lançada" (destacamos).[63] Discordamos do autor quanto ao trecho em itálico, em que se dá pouca importância – ou pelo menos uma importância menor do que consideramos devida – ao fato de o ato normativo não ter aparência de legalidade.

Humberto Ávila propõe a existência de três formas fundamentais de proteção das expectativas dos contribuintes: a *proteção procedimental, a proteção substancial e a proteção compensatória.*

A proteção procedimental exige que o controle realizado pela Administração Pública seja feito observando a *cláusula do devido processo legal*, dando oportunidade de o contribuinte se manifestar antes mesmo de qualquer ato impositivo por parte do Fisco. Realmente, por se tratar de um ato administrativo que repercute na esfera individual, é *vedada a revisão unilateral* pela Administração Tributária.

A necessidade de ser instaurado um *processo administrativo* para legitimar a revisão de atos administrativos (controle de legalidade) é tema debatido constantemente nos Tribunais, merecendo destaque decisão proferida pelo STF em 2011 que, analisando recurso extraordinário com repercussão geral reconhecida,[64] decidiu que o Estado possui a faculdade de revogar os atos que repute ilegalmente praticados, "porém, se de tais atos já decorreram efeitos concretos, seu desfazimento deve ser precedido de regular processo administrativo".

No caso, o Estado de Minas Gerais buscava rever a contagem de tempo de serviço, o cancelamento de quinquênios e pretendia a *devolução de valores* tidos por indevidamente recebidos pelo servidor. O

63. Humberto Ávila, *Teoria da Segurança Jurídica*, 3ª ed., São Paulo, Malheiros Editores, 2014, p. 376.

64. Tema 138: *Anulação de ato administrativo pela Administração, com reflexo em interesses individuais, sem a instauração de procedimento administrativo* (RE 594.296, rel. Min. Dias Toffoli, Tribunal Pleno, j. em 21.9.2011, *DJe* de 10.2.2012).

STF deixou bem claro que a pretensão estatal apenas poderia ser imposta ao cidadão *depois de submetida a questão ao devido processo administrativo* em que se mostra de *obrigatória* observância o respeito ao princípio do contraditório e da ampla defesa.

Ultrapassada a questão procedimental, deve-se enfrentar o tema sob a ótica da proteção à confiança. Não há dúvida de que os atos administrativos podem gerar expectativas para o contribuinte, seja no que diz respeito à sua validade, seja quanto à realização concreta daquilo que preveem. A proteção à confiança, entretanto, não é automática. Ela decorre das condutas tomadas pela parte e depende da fonte geradora dessa expectativa, qual seja de um ato normativo geral e abstrato ou de um ato individual ou concreto.

A face subjetiva do princípio da confiança legítima faz com que sua aplicação dependa de provas concretas, ou seja, do contexto fático, pois ele visa garantir um direito *individual* do contribuinte.

Nos casos em que o Poder Público edita atos normativos gerais e abstratos (leis, regulamentos, portarias) que possuem presunção de validade, não há dúvida de que esses atos criam expectativas aos contribuintes, justificando, em princípio mas não sempre, a proteção da confiança legítima e da boa-fé.

Por sua vez, em se tratando de ato individual ou concreto (como a hipótese do art. 179 do CTN), cria-se uma relação jurídica concreta entre o Fisco e o contribuinte que gera expectativas, não podendo a confiança estabelecida ser quebrada em momento futuro e por parte do Fisco simplesmente em razão de posterior constatação de ilegalidade na concessão do benefício.

Ou seja, o simples fato de o ato normativo (abstrato ou individual) ser revogado em razão de sua ilegalidade ou inconstitucionalidade *não é justificativa suficiente* para legitimar em todos os casos a cobrança retroativa do tributo não pago pelo contribuinte. Não ficará sem proteção o contribuinte que, por longo tempo, adota determinada conduta por confiar nas promessas ou por indução do próprio Estado, despendendo dinheiro, de forma a não ser mais possível reverter o quadro atual em que se encontra após a revogação do ato que gerou a base da confiança.

Todavia, a avaliação da *base de confiança*, ou seja, das normas que serviram de justificativa para o comportamento ativo ou omissivo do contribuinte, não é tarefa fácil, pois *ela depende de diversos elementos*, tais como o *grau de vinculação* da norma, de sua *permanência* ou *duração*, da *onerosidade* imposta ou resultante de sua observância, de sua *eficácia* no tempo, da sua maior ou menor *aparência de legalidade* e de seu caráter indutor e de fomento. Humberto Ávila assim retrata a situação estudada:

> (...) um termo de acordo oneroso e com finalidade extrafiscal que consolide uma estreita relação de cooperação entre o Estado e o contribuinte na realização de finalidades públicas e induza o comportamento do contribuinte de tal modo que os atos já praticados e os gastos já realizados o coloquem em uma situação de fato irreversível reclama a aplicação dos princípios de liberdade e de propriedade, de um lado, e de moralidade, de outro. Quanto maior a relação de cooperação do cidadão com o Estado, tanto maior será a pretensão de permanência dos reflexos jurídicos da sua ação.[65]

O esforço doutrinário atual não se pauta por uma análise dicotômica ou dual sobre a *base de confiança* (se a norma é *válida/inválida*; *legal/ilegal*), mas por uma verificação do *grau do exercício da confiança*, no qual são relevantes tanto o comportamento do contribuinte como o do Fisco. Quanto à análise de Humberto Ávila, parece-nos que o autor não dá a devida importância ao grau de aparência de legalidade do ato. Segundo sua proposta, a confiança pode proteger até mesmo aquelas situações relativas a atos com manifesta ilicitude, como é o caso de benefícios fiscais do âmbito do ICMS concedidos sem qualquer supedâneo nos convênios exigidos pela Lei Complementar 24/1975. Não concordamos com essa posição do autor, que nesse particular parece destoar francamente da própria base teórica alemã em que o autor baseia seu trabalho.[66]

Em síntese, a resposta ao problema não se dará a partir da simples ilegalidade do ato normativo posteriormente revogado. Pela doutrina, em regra, quanto maior a onerosidade (maiores encargos impostos ou incorridos pelo contribuinte), maior o tempo de duração e eficácia do ato normativo, e quanto maior for a irreversibilidade dos efeitos produzidos, maior será a necessidade de proteger a confiança legítima e a

65. Humberto Ávila, *Teoria da Segurança Jurídica*, cit., pp. 383-384.
66. Idem, ibidem, pp. 375-381.

boa-fé do contribuinte, mesmo que em detrimento da simples legalidade formal. Ou seja, há muitos outros elementos envolvidos para justificar a aplicação do princípio da confiança legítima e manter os atos praticados sob a égide de um ato ou lei posteriormente reputado ilegal ou inconstitucional. Diante dessa conclusão, Ricardo Lodi Ribeiro ilustra com o seguinte exemplo:

> Por outro lado, no juízo de ponderação com a legalidade, a dignidade da proteção é reforçada quando o beneficiário consumiu as prestações patrimoniais, como salários, pensões, ou as recebeu em contrapartida ao cumprimento de obrigações, como a construção de fábricas. Nessa avaliação entre os interesses contrapostos, recomenda-se, em geral, que as prestações passadas *não sejam restituídas, em nome da dignidade da proteção da confiança*, mas que não prossiga com o seu pagamento ou gozo, em favor da legalidade. (...)
>
> Uma maior proteção se dará aos benefícios fiscais condicionados, onde a dignidade da proteção se faz mais intensa, em razão das obrigações que o contribuinte teve que cumprir para ter direito ao favor legislativo.[67]

Outro elemento importante na avaliação da manutenção dos atos praticados pelo contribuinte está na necessária análise da existência ou não de prejuízo à coletividade. Mesmo sendo ilegal o ato normativo que regrava a relação jurídica entre o Fisco e o contribuinte, se a finalidade legal foi atingida e não houve prejuízo ao Poder Público ou à coletividade, não há justificativa para a cobrança retroativa. Não é fácil aferir a ausência de prejuízo, mas essa premissa decorre da diretriz comumente aceita de que não se declara a nulidade se não houver prejuízo.[68]

Assim, no processo administrativo instaurado para verificação dos efeitos decorrentes da fruição de um benefício posteriormente declarado ilegal devem-se avaliar, de forma bem ampla, todas as suas

67. Ricardo Lodi Ribeiro, *A Segurança Jurídica do Contribuinte*, cit., pp. 236 e 245.

68. Nesse sentido, Humberto Ávila, *Segurança Jurídica. Entre Permanência, Mudança e Realização no Direito Tributário*, cit., pp. 359-360, e Humberto Ávila, "Benefícios fiscais inválidos e a legítima expectativa do contribuinte", *Revista Diálogo Jurídico*, cit., pp. 4-5.

implicações do mencionado benefício, especialmente quando ele for concedido de forma condicionada ou onerosa. Ou seja, o Fiscal de tributos não pode simplesmente desconsiderar os efeitos e efetuar o lançamento de ofício. Em se tratando de avaliação de benefícios fiscais, é possível que o agente fiscal, isoladamente, não tenha condições de verificar todas as suas dimensões (econômicas, sociais, e não apenas tributárias), motivo pelo qual a atividade fiscal será bem mais complexa, independentemente da ilegalidade/inconstitucionalidade do ato normativo criador do incentivo legal.[69]

Referências

ASSUNÇÃO, Matheus Carneiro. "Incentivos fiscais em tempos de crise: impactos econômicos e reflexos financeiros". *Revista da Procuradoria da Fazenda Nacional*. n. 1, pp. 1120 ,121-99.

ÁVILA, Humberto. "Benefícios fiscais inválidos e a legítima expectativa do contribuinte". *Revista Diálogo Jurídico*. Salvador, CAJ – Centro de Atualização Jurídica, n. 13, abr.-maio 2002. Disponível em: <http://www.direitopublico.com.br>. Acesso em: 10.5.2014.

________. *Teoria da Segurança Jurídica*. 3ª ed. São Paulo, Malheiros Editores, 2014.

BALEEIRO, Aliomar. *Direito Tributário Brasileiro*. Atualização de Misabel Abreu Machado Derzi. 12ª ed. Rio de Janeiro, Forense, 2010.

BINENBOJM, Gustavo. *Uma Teoria do Direito Administrativo*. Rio de Janeiro, Renovar, 2008.

BORGES, José Souto Maior. *Isenções Tributárias*. São Paulo, Sugestões Literárias, 1969.

CARVALHO, Paulo de Barros. *Curso de Direito Tributário*. 19ª ed. São Paulo, Saraiva, 2007.

________. *Direito Tributário, Linguagem e Método*. 4ª ed. São Paulo, Noeses, 2011.

CARVALHO, Raquel Melo Urbano de. *Curso de Direito Administrativo*. Salvador, JusPodivm, 2008.

COÊLHO, Sacha Calmon Navarro. *Curso de Direito Tributário Brasileiro*. 9ª ed. Rio de Janeiro, Forense, 2007.

DERZI, Misabel Abreu Machado. *Modificações da Jurisprudência no Direito Tributário*. São Paulo, Noeses, 2009.

FALCÃO, Amílcar de Araújo. *Fato Gerador da Obrigação Tributária*. 6ª ed. Rio de Janeiro, Forense, 1995.

69. Nesse sentido, Humberto Ávila, "Benefícios fiscais inválidos e a legítima expectativa do contribuinte", *Revista Diálogo Jurídico*, cit., p. 5.

GODOI, Marciano Seabra de. "Extrafiscalidad y sus límites constitucionales". *Revista Internacional de Direito Tributário da Associação Brasileira de Direito Tributário*. n. 1, pp. 2004 ,262-219.

________. *Justiça, Igualdade e Direito Tributário.* São Paulo, Dialética, 1999.

________. "Tributação e orçamento nos 25 anos da Constituição de 1988". *Revista de Informação Legislativa*. Brasília, n. 200, pp. 2013 ,151-137.

MARTINS-COSTA, Judith. *Diretrizes Teóricas do Novo Código Civil Brasileiro.* São Paulo, Saraiva, 2002.

MIRANDA, Ricardo Nunes de. "Zona Franca de Manaus: desafios e vulnerabilidades". Núcleo de Estudos e Pesquisas do Senado Federal, abr. 2013. Disponível em: <http://www12.senado.gov.br/publicacoes/estudos-legislativos/tipos-de-estudos/textos-para-discussao/td-126-zona-franca-de-manaus-desafios-e-vulnerabilidades>. Acesso em: 12.6.2014.

MOREIRA, João Batista Gomes. *Direito Administrativo: da Rigidez Autoritária à Flexibilidade Democrática.* Belo Horizonte, Fórum, 2008.

NOBRE JR., Edilson Pereira. *O Princípio da Boa-fé e sua Aplicação no Direito Administrativo Brasileiro.* Porto Alegre, Sérgio Antônio Fabris Editor, 2002.

RIBEIRO, Ricardo Lodi. *A Segurança Jurídica do Contribuinte. Legalidade, não Surpresa e Proteção à Confiança Legítima.* Rio de Janeiro, Lumen Juris, 2008.

SCHOUERI, Luís Eduardo. *Direito Tributário*. 2ª ed. São Paulo, Saraiva, 2012.

SOUSA, Rubens Gomes de. *Compêndio de Legislação Tributária*. Edição póstuma. São Paulo, Resenha Tributária, 1975.

BENEFÍCIOS DE ICMS SEM AMPARO EM CONVÊNIO – QUESTÕES POLÊMICAS

MÁRCIO SEVERO MARQUES

FERNANDO A. M. CANHADAS

Introdução. 1. Constituição e a legislação infraconstitucional sobre a concessão de benefícios fiscais em matéria de ICMS. 2. A aplicação de sanções pelos Estados, de forma unilateral – O exemplo de São Paulo. 3. Princípios da Federação e da universalidade da jurisdição. 4. A questão relativa à responsabilidade de terceiros de boa-fé. Síntese conclusiva.

Introdução

O tema concernente a benefícios fiscais envolve incontáveis discussões de ordem jurídica. Assim, para evitarmos a superficialidade da generalização, preferimos delimitar melhor o objeto de nosso estudo, direcionando o foco de nossa investigação para duas questões pontuais relacionadas à concessão de incentivos fiscais em matéria de ICMS, sem amparo em convênio celebrado entre os Estados da Federação.

Inicialmente convém distinguirmos benefícios fiscais de incentivos fiscais. Benefício, no léxico, tem amplitude semântica e extensão denotativa maiores que o termo "incentivo", que é algo dirigido ao estímulo, ao encorajamento de alguém para a adoção de certo comportamento. Consideramos, pois, o incentivo fiscal, algo distinto de benefício fiscal.

É que há benefícios que não são dirigidos à finalidade de estimular o contribuinte à adoção de certa conduta. À guisa de exemplo, cite-se a isenção de ICMS sobre operações com produtos da cesta básica. O escopo da norma não é estimular o consumo dos produtos da cesta básica nem direcionar a conduta do consumidor ou do próprio contribuinte, para comprar e vender tais produtos. Trata-se de um benefício fiscal concedido em virtude de a lei considerar esses produtos de primeira necessidade, essenciais para toda a coletividade, o que justifica a isenção como forma de reduzir o seu custo. Outro exemplo consiste na isenção do imposto sobre a renda para portadores de doença grave. Nesse caso, a norma também não objetiva direcionar nenhum comportamento.

Por outro lado, todo incentivo fiscal envolve a concessão de algum benefício, pois nesse caso é o benefício que estimula a conduta do contribuinte para a realização do comportamento que a norma jurídica busca alcançar. É o caso, por exemplo, de norma jurídica que isenta do imposto sobre a renda os contribuintes que se instalarem em determinada região, por certo período. Essa norma visa incentivar os contribuintes a se instalarem na referida região, assegurando-lhes para tanto o benefício fiscal de isenção do imposto sobre a renda. O benefício, aqui, veste-se de incentivo, vocacionado a direcionar o comportamento do contribuinte.

No presente estudo, vamos tratar de questões jurídicas decorrentes da concessão inválida de incentivos fiscais em matéria de ICMS, focando nossa atenção nos reflexos resultantes de benefícios concedidos sem amparo em convênio firmado entre os Estados da Federação, em violação ao art. 155, XII, "g", do texto constitucional. E vamos abordar, nesse contexto, dois pontos que reputamos relevantes e merecedores de maior aprofundamento teórico, a saber, (i) a legitimidade dos Estados-membros para desconsiderar de ofício esses benefícios concedidos por outros Estados, sem amparo em qualquer medida judicial e (ii) a responsabilidade dos contribuintes de boa-fé envolvidos nas operações indevidamente beneficiadas.

A importância prática desses dois temas nos parece relevante, pois de há muito Estados da Federação vêm adotando o expediente de conceder incentivos fiscais relativos ao ICMS sem amparo em convênio, objetivando atrair estabelecimentos industriais, importadores e comerciais para o seu território, para o incremento da atividade econômica local. Trata-se da notória, denunciada e já muito discutida *guerra fiscal*, que há alguns anos vem sendo objeto de bastante reflexão pelos operadores do Direito, assim como de intenso debate por nossa jurisprudência, que em regra caminha no sentido de reconhecer a inconstitucionalidade de benefícios assim concedidos.

Mas não obstante o farto material sobre o tema, o que a nosso ver carece de mais estudos e meditação são justamente os pontos acima mencionados, relativos à legitimidade dos Estados federados para unilateralmente considerarem inválidos tais benefícios e à possibilidade de responsabilizarem os contribuintes de ICMS locais envolvidos nessas operações, que delas tenham participado de boa-fé.

Daí a razão da nossa escolha, que tem por objetivo suscitar algumas questões em relação a esses dois aspectos, vinculados à concessão de benefícios fiscais em descompasso com os comandos constitucionais que os disciplinam.

1. Constituição e a legislação infraconstitucional sobre a concessão de benefícios fiscais em matéria de ICMS

A Constituição da República de 1988, em matéria de ICMS, determina o seguinte:

> Art. 155. Compete aos Estados e ao Distrito Federal instituir impostos sobre: (...)
>
> II – operações relativas à circulação de mercadorias e sobre prestações de serviços de transporte interestadual e intermunicipal e de comunicação, (...)
>
> (...)
>
> § 2º. O imposto previsto no inciso II atenderá ao seguinte: (...)
>
> XII – Cabe à lei complementar:
>
> (...)
>
> *g) regular a forma como, mediante deliberação dos Estados e do Distrito Federal, isenções, incentivos e benefícios fiscais serão concedidos e revogados.* (g.n.)

Embora precedente à Constituição de 1988, a Lei Complementar 24/1975 foi recepcionada pela nova ordem jurídica, em função de sua compatibilidade material com a regulação prevista pela alínea "g" do inciso XII do § 2º do transcrito art. 155 do texto constitucional.[1]

1. Nesse sentido, dispõe o art. 34 do Ato das Disposições Constitucionais Transitórias:

Em seu art. 1º, essa Lei Complementar estabelece o seguinte:

> Art. 1º. As isenções do imposto sobre operações relativas à circulação de mercadorias serão concedidas ou revogadas nos termos de convênios celebrados e ratificados pelos Estados e pelo Distrito Federal, segundo esta Lei.
>
> Parágrafo único. O disposto neste artigo também se aplica:
>
> I – à redução da base de cálculo;
>
> II – à devolução total ou parcial, direta ou indireta, condicionada ou não, do tributo, ao contribuinte, a responsável ou a terceiros;
>
> III – à concessão de créditos presumidos;
>
> IV – a quaisquer outros incentivos ou favores fiscais ou financeiro-fiscais, concedidos com base no Imposto de Circulação de Mercadorias, dos quais resulte redução ou eliminação, direta ou indireta, do respectivo ônus;
>
> V – às prorrogações e às extensões das isenções vigentes nesta data.

Segundo o transcrito art. 1º da Lei Complementar 24/1975, qualquer benefício fiscal em matéria de ICMS (ou seja, isenções, reduções de base de cálculo, devolução de tributo, concessão de crédito presumido e quaisquer outros "incentivos ou favores fiscais ou financeiro-fiscais") deve ser concedido ou revogado por meio de convênio celebrado e ratificado pelos Estados e pelo Distrito Federal.

E de acordo com o art. 2º desse mesmo diploma legal, "os convênios a que alude o art. 1º, serão celebrados em reuniões para as

"Art. 34. O sistema tributário nacional entrará em vigor a partir do primeiro dia do quinto mês seguinte ao da promulgação da Constituição, mantido, até então, o da Constituição de 1967, com a redação dada pela Emenda n. 1, de 1969, e pelas posteriores.

(...)

§ 3º. Promulgada a Constituição, a União, os Estados, o Distrito Federal e os Municípios poderão editar as leis necessárias à aplicação do sistema tributário nacional nela previsto.

§ 4º. As leis editadas nos termos do parágrafo anterior produzirão efeitos a partir da entrada em vigor do sistema tributário nacional previsto na Constituição.

§ 5º. Vigente o novo sistema tributário nacional, fica assegurada a aplicação da legislação anterior, no que não seja incompatível com ele e com a legislação referida nos § 3º e § 4º".

quais tenham sido convocados representantes de todos os Estados e do Distrito Federal, sob a presidência de representantes do Governo federal".[2]

O descumprimento da exigência de celebração de convênio, como condição necessária à instituição de benefícios fiscais em matéria de ICMS, implica consequências previstas pela própria Lei Complementar 24/1975, que assim determina em seu art. 8º:

> Art. 8º. A inobservância dos dispositivos desta Lei acarretará, cumulativamente:
>
> I – a nulidade do ato e a ineficácia do crédito fiscal atribuído ao estabelecimento recebedor da mercadoria;
>
> II – a exigibilidade do imposto não pago ou devolvido e a ineficácia da lei ou ato que conceda remissão do débito correspondente.
>
> Parágrafo único. Às sanções previstas neste artigo poder-se-ão acrescer a presunção de irregularidade das contas correspondentes ao exercício, a juízo do Tribunal de Contas da União, e a suspensão do pagamento das quotas referentes ao Fundo de Participação, ao Fundo Especial e aos impostos referidos nos itens VIII e IX do art. 21 da Constituição Federal.

Afora as consequências previstas pelo parágrafo único transcrito acima (que não são objeto do presente estudo) e que dizem respeito à Administração Pública, às quais poderiam se somar ainda as penalidades decorrentes de eventual improbidade cometida, são quatro as sanções legalmente previstas pelo transcrito art. 8º da Lei Complementar 24/1975, para a hipótese de instituição de benefício fiscal – em matéria de ICMS – sem amparo em convênio: (a) a nulidade do ato concessivo do benefício; (b) a ineficácia do crédito fiscal atribuído ao estabelecimento recebedor (adquirente) da mercadoria; (c) a exigibilidade do imposto não pago ou devolvido; e (d) a ineficácia da lei ou do ato que conceda remissão do respectivo débito.

2. Como se sabe, o órgão responsável pela realização de tais reuniões é o Conselho Nacional de Política Fazendária – CONFAZ, criado justamente para exercer as competências fixadas pela Lei Complementar 24/1975, vinculado ao Ministério da Fazenda.

2. A aplicação de sanções pelos Estados, de forma unilateral – O exemplo de São Paulo

Com base nessas disposições da Lei Complementar 24/1975, os agentes e órgãos de fiscalização de alguns Estados – conhecedores do vício concernente à ausência de convênio – simplesmente consideram nulos certos benefícios concedidos por outros entes federados. E de forma unilateral e sem nenhuma medida judicial a lhes dar amparo glosam o crédito de ICMS apropriado pelo contribuinte adquirente dessas mercadorias e localizado em seu território, quando não cobram o próprio imposto que deixou de ser recolhido em virtude daquele benefício. Essa situação é muito comum em operações interestaduais realizadas na sequência de operações de importação.

Esse é o caso, por exemplo, da Administração Tributária de São Paulo, especialmente no que diz respeito a operações interestaduais de mercadorias destinadas a estabelecimentos localizados em território paulista, com produtos importados por estabelecimentos localizados em outros Estados da Federação.

A hipótese corriqueira, nesses outros Estados, é a concessão de incentivos implementados por meio de programas de desenvolvimento econômico local, que autorizam o diferimento do prazo para o recolhimento do ICMS devido em operações de importação, outorgam crédito presumido ou concedem alguma outra vantagem econômica ao contribuinte instalado em seu território, como financiamentos de crédito em valor proporcional a parcela do débito de ICMS recolhido ao Estado, com desconto dos juros e longos prazos de amortização.

E justamente visando usufruir tais benefícios é que muitos contribuintes se instalam juridicamente nesses Estados ou se valem de *tradings* lá estabelecidas para a realização de operações de importação, objetivando a subsequente venda desses bens importados em operações interestaduais, com crédito do ICMS para o respectivo adquirente, destinatário final das mercadorias.

Já são diversas as decisões proferidas pelo Supremo Tribunal Federal reconhecendo a inconstitucionalidade de benefícios concedidos nessas circunstâncias.[3]

3. Apenas a título exemplificativo, citamos as seguintes ementas:

"1. Inconstitucionalidade – Ação direta – Objeto – Admissibilidade – Impugnação de decreto autônomo, que institui benefícios fiscais – Caráter não meramente

Como sabido, para acirrar os ânimos dessa *guerra fiscal* alguns Estados chegaram a editar atos normativos restringindo ou vedando o aproveitamento de créditos de ICMS, em operações interestaduais de aquisição de mercadorias importadas remetidas por empresas – importadoras – sediadas em outras unidades da Federação, beneficiárias de incentivos fiscais concedidos sem observância às disposições da Lei Complementar 24/1975.

No estado de São Paulo, ficaram conhecidas a Portaria CAT 85/1993 e a Resolução 52/1993, a primeira fazendo expressa referência

regulamentar – Introdução de novidade normativa – Preliminar repelida – Precedentes – Decreto que, não se limitando a regulamentar lei, institua benefício fiscal ou introduza outra novidade normativa, reputa-se autônomo e, como tal, é suscetível de controle concentrado de constitucionalidade. 2. Inconstitucionalidade – Ação direta – Decreto n. 52.381/2007, do Estado de São Paulo – Tributo – Imposto sobre Circulação de Mercadorias e Serviços ICMS – Benefícios fiscais – Redução de base de cálculo e concessão de crédito presumido, por Estado-membro, mediante decreto – Inexistência de suporte em convênio celebrado no âmbito do CONFAZ, nos termos da LC 24/75 – Expressão da chamada 'guerra fiscal' – Inadmissibilidade – Ofensa aos arts. 150, § 6º, 152 e 155, § 2º, inc. XII, letra 'g', da CF – Ação julgada procedente – Precedentes. Não pode o Estado-membro conceder isenção, incentivo ou benefício fiscal, relativos ao Imposto sobre Circulação de Mercadorias e Serviços ICMS, de modo unilateral, mediante decreto ou outro ato normativo, sem prévia celebração de convênio intergovernamental no âmbito do CONFAZ" (ADI 4.152/SP, Tribunal Pleno, rel. Min. Cezar Peluso, j. em 1º.6.2011).

"'Guerra Fiscal' – Pronunciamento do Supremo – Drible. Surge inconstitucional lei do Estado que, para mitigar pronunciamento do Supremo, implica, quanto a recolhimento de tributo, dispensa de acessórios – multa e juros da mora – e parcelamento. Inconstitucionalidade da Lei n. 3.394, de 4 de maio de 2000, regulamentada pelo Decreto n. 26.273, da mesma data, do Estado do Rio de Janeiro. Decisão. O Tribunal, por votação unânime e nos termos do voto do Relator, julgou procedente a ação direta para declarar a inconstitucionalidade da Lei n. 3.394, de 4 de maio de 2000, do Estado do Rio de Janeiro, regulamentada pelo Decreto n. 26.273, editado na mesma data" (STF, ADI 2.906/RJ, rel. Min. Marco Aurélio, j. 1º.6.2011).

"ICMS – Benefício Fiscal – Isenção. Conflita com o disposto nos artigos 150, § 6º, e 155, § 2º, inciso XII, alínea 'g', da Constituição Federal decreto concessivo de isenção, sem que precedido do consenso das unidades da Federação. O Tribunal, por votação unânime e nos termos do voto do Relator, julgou procedente a ação direta para declarar a inconstitucionalidade do Decreto n. 26.005, de 10 de fevereiro de 2000, do Governador do Estado do Rio de Janeiro" (STF, ADI 2.376/RJ, rel. Min. Marco Aurélio, j. 1º.6.2011).

Vide ainda: ADI 3.674/RJ, rel. Min. Marco Aurélio, j. 1º.6.2011; ADI 3.413/RJ, rel. Min. Marco Aurélio, j. 1º.6.2011; ADI 4.457/PR, rel. Min. Marco Aurélio, j. 1º.6.2011; ADI 3.794/PR, rel. Min. Joaquim Barbosa, j. 1º.6.2011; ADI 2.688/PR, rel. Min. Joaquim Barbosa, j. 1º.6.2011).

às operações de entrada em estabelecimento paulista de mercadoria estrangeira, em operação interestadual realizada por estabelecimento sediado no estado do Espírito Santo, para restringir o direito ao crédito do ICMS.[4]

Em junho de 1996, então, foi editada no estado de São Paulo a Lei 9.359, que alterou o § 3º do art. 36 da Lei paulista 6.374/1989, o qual passou a vigorar com a seguinte redação:

4. Esses atos normativos foram suspensos pelo Supremo Tribunal Federal, por força de medida liminar concedida nos autos do Mandado de Segurança 21.863-1, impetrado pelo Estado do Espírito Santo, que perdurou até junho de 2012, quando aquela C. Corte decidiu por negar seguimento ao *mandamus*, por violação ao princípio da duração razoável do processo, tendo em vista que a partir da concessão de medida liminar o processo perdurou por impressionantes três décadas sem que a decisão de mérito tivesse sido proferida.

A Portaria CAT 85/1993 assim dispôs:

"Art. 1º. Na entrada, em estabelecimento situado em território paulista, de mercadoria de procedência estrangeira em decorrência de remessa interestadual efetuada por estabelecimento localizado no Estado do Espírito Santo, o crédito do Imposto sobre Operações Relativas à Circulação de Mercadorias e sobre Prestações de Serviços de Transporte Interestadual e Intermunicipal e de Comunicações (ICMS) é admitido somente até a importância correspondente a 4,6% da respectiva base de cálculo.

Art. 2º. O disposto no artigo anterior não se aplica a mercadoria importada que, desembarcada em porto ou aeroporto situado no Estado de São Paulo e, sem transitar fisicamente por estabelecimento localizado no Estado do Espírito Santo, seja remetida a estabelecimento situado em território paulista, hipótese em que o ICMS relativo à importação cabe ao Estado de São Paulo, nos termos da cláusula final do artigo 155, § 2º, inciso IX, 'a', da Constituição Federal".

A Resolução SF 52/1993, por sua vez, estabeleceu o seguinte:

"Art. 1º. Na entrada de mercadoria em estabelecimento situado em território paulista, em decorrência de operação interestadual efetuada por empresa beneficiária de qualquer subsídio, ainda que de natureza financeira ou creditícia, em relação ao ICMS, concedido sem amparo em convênio celebrado nos termos da Lei Complementar n. 24, de 7 de janeiro de 1975, a apropriação do crédito do imposto, destacado no respectivo documento fiscal, somente será admitida até o valor correspondente ao montante do ICMS efetivamente cobrado pelo Estado do remetente.

Parágrafo único. Quando o subsídio consistir na concessão de prazo para recolhimento superior ao permitido pelo Convênio ICM n. 38/88, de 11 de outubro de 1988, a apropriação do crédito somente será admitida após o transcurso do prazo de recolhimento estipulado pelo Estado remetente".

Esses atos normativos foram suspensos pelo Supremo Tribunal Federal, por força de medida liminar concedida nos autos do Mandado de Segurança 21.863-1, impetrado pelo Estado do Espírito Santo, que perdurou até junho de 2012, quando aquela C. Corte decidiu por negar seguimento ao *mandamus*, por violação ao princípio da duração razoável do processo, tendo em vista que a partir da concessão de medida liminar o processo perdurou por impressionantes três décadas sem que a decisão de mérito tivesse sido proferida.

> § 3º. Não se considera cobrado, ainda que destacado em documento fiscal, o montante do imposto que corresponder a vantagem econômica decorrente da concessão de qualquer subsídio, redução da base de cálculo, crédito presumido ou outro incentivo ou benefício fiscal em desacordo com o disposto no artigo 155, § 2º, inciso XII, alínea "g", da Constituição Federal.

A previsão legal tratou de ser genérica. Não fez referência a operações oriundas de um ente federado específico, assim alcançando toda e qualquer hipótese de benefício concedido em desrespeito à previsão contida no art. 155, § 2º, XII, "g", do texto constitucional.[5]

5. Em tempos mais recentes, a Administração Tributária do estado de São Paulo fez publicar o Comunicado CAT 36/2004, que trouxe em seus Anexos I e II uma relação dos atos normativos concessivos de benefícios fiscais e editados por outros Estados sem amparo em convênio. E vedou o aproveitamento de crédito do ICMS decorrente da entrada de mercadoria em território paulista, remetida por estabelecimento localizado em outra entidade federada que se beneficie de incentivo fiscal concedido em desconformidade com o que dispõe a legislação aplicável (convênio). Dispõe o Comunicado CAT 36/2004:

"Esclarece sobre a impossibilidade de aproveitamento dos créditos de ICMS provenientes de operações ou prestações amparadas por benefícios fiscais de ICMS não autorizados por convênio celebrado nos termos da Lei Complementar n. 24, de 7-1-1975.

O Coordenador da Administração Tributária, tendo em vista o disposto nos artigos 155, § 2º, I, e XII, "g" e 170, IV, da Constituição Federal, bem como o disposto nos artigos 1º e 8º, I da Lei Complementar 24, de 7 de janeiro de 1975, e no artigo 36, § 3º, da Lei Estadual 6.374, de 1º de março de 1989;

Considerando a necessidade de esclarecer o contribuinte paulista e de orientar a fiscalização quanto a operações realizadas ao abrigo de atos normativos concessivos de benefício fiscal que não observaram a legislação de regência do ICMS para serem emanados, esclarece que:

1 – o crédito do Imposto sobre Operações Relativas à Circulação de Mercadorias e sobre Prestações de Serviços de Transporte Interestadual e Intermunicipal e de Comunicação – ICMS, correspondente à entrada de mercadoria remetida ou de serviço prestado a estabelecimento localizado em território paulista, por estabelecimento localizado em outra unidade federada que se beneficie com incentivos fiscais indicados nos Anexos I e II deste comunicado, somente será admitido até o montante em que o imposto tenha sido efetivamente cobrado pela unidade federada de origem;

2 – o crédito do ICMS relativo a qualquer entrada de mercadoria ou recebimento de serviço com origem em outra unidade federada somente será admitido ou deduzido, na conformidade do disposto no item 1, ainda que as operações ou prestações estejam beneficiadas por incentivos decorrentes de atos normativos não listados expressamente nos Anexos I e II".

Essas referências à legislação paulista são meramente ilustrativas e refletem expediente comum a diversas unidades da Federação, no sentido de pretenderem condicionar o reconhecimento do crédito do ICMS, para o adquirente de mercadorias em operações interestaduais, à efetiva cobrança do imposto estadual pelos Estados de origem, vedando o seu aproveitamento nos casos de operações de entrada que envolvam estabelecimentos remetentes beneficiários de incentivos concedidos sem observância às disposições da Lei Complementar 24/1975, ao desamparo de convênio.

A primeira questão que propomos à meditação diz respeito à legitimidade desses Estados, em especial seus agentes e órgãos do Executivo e Legislativo, para fazerem justiça com as próprias mãos e, sem recorrer ao Judiciário, considerarem tais atos normativos (concessivos de benefícios fiscais sem amparo em convênio) inválidos e aplicarem de ofício as sanções previstas pelo art. 8º da Lei Complementar 24/1975.[6]

Vamos examinar tal legitimidade em face de determinados princípios constitucionais, especialmente o da federação e o da universalidade da jurisdição.

Em seguida, então, abordaremos a segunda questão que nos propusemos a analisar: as consequências para os contribuintes de boa-fé envolvidos nas operações beneficiadas, quanto às sanções aplicáveis.

São esses os pontos para os quais pretendemos chamar a atenção neste estudo.

3. *Princípios da Federação e da universalidade da jurisdição*

Ao aplicar ou instituir normativo estadual próprio – seja lei em sentido estrito, decreto, portaria, comunicado ou quejandos – para des-

Esse Comunicado CAT também teve sua eficácia suspensa, por força de decisão do Órgão Especial do Tribunal de Justiça do estado de São Paulo, por meio do qual foram abordadas questões diretamente relacionadas ao objeto deste estudo. Algumas das razões de mérito desenvolvidas nesse julgado serão tratadas mais adiante.

6. Relembre-se: (a) considerar nulo o ato concessivo do benefício; (b) reputar ineficaz o crédito fiscal atribuído ao estabelecimento recebedor da mercadoria; (c) exigir o imposto não pago ou devolvido; e (d) ter por ineficaz a lei ou o ato que concede a remissão do respectivo débito.

considerar benefício fiscal concedido por outro Estado da Federação, o Estado que assim o faz age em desacordo com ao menos dois princípios constitucionais: o princípio federativo, cláusula pétrea consagrada pelo art. 1º e ratificada pelos arts. 18 e 60, § 4º, da Constituição, que assegura autonomia a todas as unidades federadas; e o princípio da universalidade da jurisdição, expressamente contemplado, entre os direitos e garantias individuais e fundamentais, pelo art. 5º, XXXV, da Constituição, o qual assegura o monopólio da jurisdição ao Poder Judiciário.

O pacto federativo é vetor estrutural de nosso sistema, e qualquer ato tendente a aboli-lo não pode sequer ser objeto de emenda constitucional. Nesse sentido, relembremos as palavras do nosso saudoso e brilhante professor Geraldo Ataliba:

> No Brasil os princípios mais importantes são os da federação e da república. Por isso, exercem função capitular da mais transcendental importância, determinando inclusive como se deve interpretar os demais, cuja exegese e aplicação jamais poderão ensejar menoscabo ou detrimento para a força, eficácia e extensão dos primeiros.[7]

Ao desprezar uma lei emanada por outro Estado da Federação, sob o pretexto de reputá-la inconstitucional, o Estado que assim atua está agindo em violação ao princípio federativo, ao comprometer a harmonia entre os entes federados e não respeitar a autonomia que lhes foi constitucionalmente assegurada.

A questão da violação ao princípio federativo, pela desconsideração, por um Estado-membro, de benefício fiscal concedido por outro Estado (sem amparo em convênio), já foi objeto de discussão judicial e atualmente encontra-se aguardando definição por parte do Supremo Tribunal Federal, tendo sido inclusive reconhecida como matéria de repercussão geral. Nesse sentido, confira-se o seguinte trecho da decisão de relatoria da Ministra Rosa Weber:

> *Constitucional – Tributário – ICMS – Guerra fiscal – Cumulatividade – Estorno de créditos por iniciativa unilateral de ente federado – Estorno*

7. Geraldo Ataliba, *República e Constituição*, 3ª ed., São Paulo, Malheiros Editores, 2011, p. 36.

baseado em pretensa concessão de benefício fiscal inválido por outro ente federado – Arts. 1º, 2º, 3º, 102 e 155, § 2º, I, da Constituição – Art. 8º da LC 24/1975. (...) O relator deu provimento ao agravo, convertendo-o em recurso extraordinário. Eis o pronunciamento do relator, Ministro Joaquim Barbosa:

Constitucional – Tributário – ICMS – Guerra fiscal – Cumulatividade – Estorno de créditos por iniciativa unilateral de ente federado – Estorno baseado em pretensa concessão de benefício fiscal inválido por outro ente federado – Arts. 1º, 2º, 3º, 102 e 155, § 2º, I, da Constituição – Art. 8º da LC 24/1975 – Manifestação pela existência de repercussão geral da matéria. Trata-se de recurso extraordinário (art. 102, III, "a", "c" e "d" da Constituição) interposto de acórdão prolatado pelo Tribunal de Justiça do Estado do Rio Grande do Sul. Em seu acórdão, o Tribunal de origem entendeu ser constitucional e legítima legislações local e federal que permitiriam ao ente federado negar ao adquirente de mercadorias o direito ao crédito de ICMS destacado em notas fiscais, nas operações interestaduais provenientes de estados da Federação que concedessem benefícios fiscais inconstitucionais ou ilegais. Em síntese, sustenta-se que o estorno dos créditos é inconstitucional e ilegal, pois ele: a) Viola a regra da não cumulatividade, na medida em que impede que o contribuinte credite-se do valor do tributo cobrado na operação precedente (art. 155, § 2º, I da Constituição); b) Ofende o pacto federativo, dado que nenhum ente federado pode declarar a inconstitucionalidade de legislação de outro membro da Federação (inconstitucionalidade do art. 8º da LC 24/1975 – arts. 1º, 2º, 102 e 155, § 2º, I da Constituição); c) Adota presunção legal proibida, ao reconhecer sem possibilidade de discussão que todas as operações realizadas com empresas localizadas no Estado do Paraná são beneficiárias de incentivo fiscal viciado (invalidade do art. 16 da Lei estadual 8.820/1989, de acordo com a sistemática de compensação estabelecida na Lei Complementar 87/1996). (...)

A questão de fundo trazida nestes autos consiste em saber se os entes federados podem reciprocamente retaliarem-se por meio de sua autonomia ou, em sentido diverso, compete ao Poder Judiciário exercer as contramedidas próprias da atividade de moderação (*checks and counterchecks*). Penso que a matéria transcende interesses individuais meramente localizados e tem relevância institucional incomensurável. Nesse sentido, anoto que imprescindível determinar se as retaliações unilaterais têm amparo na Constituição, considerados dois valores fundamen-

> tais: a autonomia dos entes federais periféricos para dar efetividade à sua vontade política, de um lado, e a harmonia federativa, do outro.
>
> Portanto, proponho à Corte que se reconheça a repercussão geral da matéria constitucional versada nestes autos. Entendo que, no caso dos autos, está presente o requisito da repercussão geral a que fazem alusão os arts. 102, § 3º, da Constituição, 543-A, § 1º, do Código de Processo Civil, e 323 do RISTF. É como me manifesto (Repercussão Geral no RE 628.075-RS, *DJe* 1º.12.2011).

A questão que se põe é justamente a que foi exposta pela ministra relatora, qual seja saber se o sistema constitucional admite retaliações unilaterais por parte dos Estados-membros sem o prévio e expresso amparo jurisdicional.

Entendemos que, se um Estado-membro considera que determinado benefício concedido por um outro Estado-membro é inconstitucional, seja por que razão for (inclusive por conta da ausência de convênio), não pode simplesmente desconsiderá-lo e partir para a execução direta das sanções previstas pelo art. 8º da Lei Complementar 24/1975. O princípio federativo proíbe que um ente federado interfira na órbita de outro e comprometa sua vontade política. Um Estado federado não detém competência para julgar a validade de benefício concedido por outro Estado Federado, de forma que, ao assim proceder, vulnera o princípio federativo.

Em tais circunstâncias, caberia a referido Estado, antes de mais nada, impugnar a validade do benefício em juízo, para obter provimento jurisdicional favorável à aplicação de referidas sanções.

Contestamos, pois, a legitimidade dos procedimentos que vêm sendo adotados por certos Estados da Federação, no sentido de desconsiderarem benefícios concedidos por outros Estados e, de forma unilateral e sem amparo judicial, autuarem o contribuinte adquirente de mercadoria em operação interestadual, para a cobrança de ICMS não pago ou a glosa de créditos aproveitados em seus livros fiscais.

Não concebemos como poderia um ente federado, sob o entendimento de que outro Estado concedeu benefício fiscal relacionado ao ICMS sem amparo em convênio, estar autorizado a ignorar os efeitos do ato normativo que concedeu tal benefício, para exigir o ICMS e/ou glosar o crédito do imposto. A nosso ver, tal expediente só poderia ser adotado mediante provimento jurisdicional que assim o autorizasse.

Enfim, entendemos que os Estados não têm legitimidade para desconsiderar a legislação de outros Estados, de forma que, se entenderem que norma editada por outro Estado é inválida e lhes causa prejuízos, devem socorrer-se do Judiciário mediante o ajuizamento da ação competente, para assim respeitar-se a autonomia dos entes federados, assegurando-se, para além disso, o monopólio da jurisdição ao Poder Judiciário.

Deveras, como sabido, no Estado Democrático de Direito o exercício do poder soberano é outorgado a diferentes órgãos a quem são incumbidas funções distintas, embora relacionadas entre si, de acordo com as normas de estrutura estabelecidas pelo texto constitucional.

No regime federativo, como o estabelecido pelo sistema constitucional brasileiro, a ordem jurídica se subdivide em sistemas normativos parciais, em relação aos quais o exercício do poder é distribuído entre os diversos entes componentes da federação. E as funções atribuídas a cada um deles são novamente repartidas entre seus diferentes órgãos.

Explica J. J. Gomes Canotilho:[8]

> (...) a organização do poder político assenta principalmente num critério orgânico-institucional de *separação e interdependência dos órgãos de soberania* (...) Este critério não exclui, antes pressupõe, uma ordenação de competência dos órgãos do poder político-funcionalmente orientada. É a própria Constituição que aponta para a existência de uma *ordenação de funções*, dado que vários preceitos constitucionais, ao definirem as competências de alguns órgãos, fazem expressa menção das funções desses órgãos.

Concebemos a competência como a quantidade (parcela) de poder outorgada a determinado órgão ou pessoa política para o exercício de funções específicas. E os Estados e respectivos órgãos executivos e legislativos carecem de competência para desconsiderar atos normativos editados por outros Estados, sob o pretexto de considerá-los inválidos.

8. J. J. Gomes Canotilho, *Fundamentos da Constituição*, Coimbra, Coimbra Editora, 1991, p. 186.

Oswaldo Aranha Bandeira de Mello ensinava o seguinte sobre a atividade judicial e a função jurisdicional:

> A ação judicial se distingue pela natureza do objeto, portanto, pela sua essência, das outras duas, pois tem preocupação diversa, a de manter a ordem jurídica em vigor, a de assegurar o direito vigente, acaso ameaçado ou desrespeitado, que busca proteger, e a realização efetiva da decisão, sua consequência lógica. (...) Objetiva resguardar a ordem normal do Estado-sociedade, anteriormente disposta por normas jurídicas ou constantes de relações jurídicas, quando ameaçada ou já perturbada. Envolve o exercício de outra função, jurisdicional, de dizer o direito dos litigantes.[9]

Explicava o professor Bandeira de Mello que "Na [*função*] jurisdicional, o objeto é o próprio direito, a resolução de controvérsia ou contestação jurídica, para manter a ordem jurídica normativa vigente, declarando ou decretando em definitivo o direito das partes e determinando o seu respeito".

Deveras, a atividade jurisdicional é aquela vocacionada a garantir o cumprimento das normas, seja mediante a adaptação das mesmas aos casos concretos, seja mediante sua aplicação coativa no caso de faltar seu cumprimento espontâneo. É atividade que só se desenvolve quando provocada, sempre se manifestando com independência e imparcialidade, no asseguramento da ordem jurídica por meio da aplicação da lei ao caso concreto, permanecendo o órgão estatal por cima e à margem das relações às quais os próprios atos se referem.

E, por expressa determinação constitucional, o monopólio da jurisdição foi atribuído ao Poder Judiciário, cuja competência não pode ser usurpada pelos demais Poderes.

Daí por que entendemos que, ainda que eventual benefício fiscal – em matéria de ICMS – tenha sido concedido sem amparo em convênio, os Estados que se sintam prejudicados não têm legitimidade para aplicar de ofício as sanções previstas pelo art. 8º da Lei Complementar 24/1975, devendo socorrer-se do Poder Judiciário, sob pena de violação ao pacto federativo e ao princípio da universalidade da jurisdição.

9. *Revista de Direito Administrativo*, v. 73, julho/setembro de 1963, Rio de Janeiro, FGV.

4. *A questão relativa à responsabilidade de terceiros de boa-fé*

Propomos agora uma segunda reflexão: o terceiro de boa-fé, simplesmente porque adquiriu mercadorias de um contribuinte que se valeu de benefício fiscal não amparado em convênio, poderia ser prejudicado pela glosa do crédito apropriado nessa operação, em face do reconhecimento da invalidade daquele benefício pelo Poder Judiciário?

Se, por exemplo, um contribuinte localizado no estado de São Paulo adquire produtos de um outro contribuinte localizado no estado de Pernambuco, o qual, por sua vez, importou ou revendeu esses produtos com benefício de ICMS, tem o adquirente paulista o dever legal de verificar se aquele benefício foi regularmente concedido ou se o ICMS devido pelo vendedor foi recolhido ao erário, sobretudo em outro Estado da Federação?

Nesse sentido, entendemos que poderia ser aplicável ao caso, por analogia, a jurisprudência pacificada do Superior Tribunal de Justiça, que por meio de sua 1ª Seção assim decidiu:

> Ementa: Processo civil – Recurso especial representativo de controvérsia – Artigo 543-C, do CPC – Tributário – Créditos de ICMS – Aproveitamento (princípio da não cumulatividade) – Notas fiscais posteriormente declaradas inidôneas – Adquirente de boa-fé.
>
> 1. O comerciante de boa-fé que adquire mercadoria, cuja nota fiscal (emitida pela empresa vendedora) posteriormente seja declarada inidônea, pode engendrar o aproveitamento do crédito do ICMS pelo princípio da não cumulatividade, uma vez demonstrada a veracidade da compra e venda efetuada, porquanto o ato declaratório da inidoneidade somente produz efeitos a partir de sua publicação (Precedentes das Turmas de Direito Público: EDcl nos EDcl no REsp 623.335/PR, Rel. Ministra Denise Arruda, Primeira Turma, julgado em 11.3.2008, *DJe* 10.4.2008; REsp 737.135/MG, Rel. Ministra Eliana Calmon, Segunda Turma, julgado em 14.8.2007, *DJ* 23.8.2007; REsp 623.335/PR, Rel. Ministra Denise Arruda, Primeira Turma, julgado em 7.8.2007, *DJ* 10.9.2007; REsp 246.134/MG, Rel. Ministro João Otávio de Noronha, Segunda Turma, julgado em 6.12.2005, *DJ* 13.3.2006; REsp 556.850/MG, Rel. Ministra Eliana Calmon, Segunda Turma, julgado em 19.4.2005, *DJ* 23.5.2005; REsp 176.270/MG, Rel. Ministra Eliana Calmon, Segunda Turma, julgado em 27.3.2001, *DJ* 4.6.2001; REsp 112.313/SP, Rel. Ministro Francisco

Peçanha Martins, Segunda Turma, julgado em 16.11.1999, *DJ* 17.12.1999; REsp 196.581/MG, Rel. Ministro Garcia Vieira, Primeira Turma, julgado em 4.3.1999, *DJ* 3.5.1999; e REsp 89.706/SP, Rel. Ministro Ari Pargendler, Segunda Turma, julgado em 24.3.1998, *DJ* 6.4.1998).

2. A responsabilidade do adquirente de boa-fé reside na exigência, no momento da celebração do negócio jurídico, da documentação pertinente à assunção da regularidade do alienante, cuja verificação de idoneidade incumbe ao Fisco, razão pela qual não incide, à espécie, o artigo 136, do CTN, segundo o qual "salvo disposição de lei em contrário, a responsabilidade por infrações da legislação tributária independe da intenção do agente ou do responsável e da efetividade, natureza e extensão dos efeitos do ato" (norma aplicável, *in casu*, ao alienante).

3. *In casu*, o Tribunal de origem consignou que: (...) os demais atos de declaração de inidoneidade foram publicados após a realização das operações (f. 272/282), sendo que as notas fiscais declaradas inidôneas têm aparência de regularidade, havendo o destaque do ICMS devido, tendo sido escrituradas no livro de registro de entradas (f. 35/162). No que toca à prova do pagamento, há, nos autos, comprovantes de pagamento às empresas cujas notas fiscais foram declaradas inidôneas (f. 163, 182, 183, 191, 204), sendo a matéria incontroversa, como admite o fisco e entende o Conselho de Contribuintes.

4. A boa-fé do adquirente em relação às notas fiscais declaradas inidôneas após a celebração do negócio jurídico (o qual fora efetivamente realizado), uma vez caracterizada, legitima o aproveitamento dos créditos de ICMS.

5. O óbice da Súmula 7/STJ não incide à espécie, uma vez que a insurgência especial fazendária reside na tese de que o reconhecimento, na seara administrativa, da inidoneidade das notas fiscais opera efeitos *ex tunc*, o que afastaria a boa-fé do terceiro adquirente, máxime tendo em vista o teor do artigo 136, do CTN.

6. Recurso especial desprovido. Acórdão submetido ao regime do artigo 543-C, do CPC, e da Resolução STJ 08/2008 (REsp 1.148.444, rel. Min. Luiz Fux, *DJ* 27.4.2010).

Nesse caso, o Superior Tribunal de Justiça entendeu que, na hipótese de o fornecedor ter emitido documentação inidônea ou ter realizado a operação de venda após cassada sua inscrição estadual, não competiria ao adquirente, sobretudo aquele localizado em outro Estado, exercer o papel do fisco e verificar se o ICMS incidente na operação anterior fora de fato recolhido.

Entendemos que esse mesmo raciocínio deveria ser aplicado no caso em análise: não cabe ao adquirente de uma mercadoria verificar se seu fornecedor efetivamente pagou os impostos por ele devidos ou se ele se valeu de um determinado benefício concedido com amparo em convênio.

Por um lado, as verificações concernentes à regularidade do pagamento de tributos pelo contribuinte cabem às autoridades fiscais do seu Estado de domicílio. E por outro lado, no que diz respeito à questão de um determinado benefício ter sido ou não concedido de forma válida, como visto acima, trata-se de assunto que só pode ser apreciado pelo Poder Judiciário, que mantém o monopólio da jurisdição, no sistema constitucional brasileiro.

Portanto, ao não autorizar o aproveitamento de créditos em razão da falta de pagamento do ICMS na operação anterior, ou em função da inexistência de convênio ou inobservância das disposições da Lei Complementar 24/1975, em operações interestaduais, o fisco estaria, indiretamente, atribuindo ao particular o desempenho de atribuições que não são dele: a de verificar o regular pagamento de tributos devidos por terceiros e a de aferir a validade de benefícios fiscais concedidos pelo Poder Público.

Ora, não compete ao adquirente de mercadorias, em operações interestaduais, fiscalizar a adimplência fiscal de seus fornecedores nem tampouco verificar a legalidade dos benefícios que eventualmente venham usufruindo. Pelo contrário: o adquirente deve presumir válida a legislação do Estado de domicílio do fornecedor, acreditando, portanto, que eventuais benefícios tenham sido regularmente concedidos. Exigir do adquirente que questione de antemão a legalidade desses benefícios é, a nosso ver, exigir que ele desconfie da própria validade da aplicação da respectiva legislação, o que obviamente não nos parece concebível, pois implicaria questionar a própria boa-fé administrativa.

Deveras, a nosso ver o princípio da boa-fé administrativa é similar ao da confiança na Administração Pública. Nesse sentido, valemo-nos dos ensinamentos de Jesús González Perez:

> A boa-fé incorpora o valor ético da confiança. Representa uma das vias mais fecundas de erupção do conteúdo ético-social na ordem jurídica, e, concretamente, o valor de confiança. Serve de apoio para a integração do Ordenamento conforme às regras ético-materiais a ideia de fidelidade e de crédito, ou de crença e confiança (*Treu und Glauben*). A boa-fé comporta uma regra de conduta ou comportamento *civiliter*, uma conduta normal, reta e honesta, a conduta de um homem corrente, de um homem médio.[10]

O professor explica, ainda, que deve haver sempre legítima confiança por parte dos administrados, no sentido de que não lhes será exigida nenhuma prestação cujo adimplemento envolva a superação de dificuldades extraordinárias nem comportamento que não seja razoável de se esperar.[11] E conclui: "confiança, enfim, em que no procedimento para editar o ato que dará lugar às relações entre Administração e administrado, não se vá adotar uma conduta confusa e equívoca que mais tarde permita iludir ou tergiversar suas obrigações".[12]

Exigir do adquirente de um produto fornecido por um contribuinte localizado em outro Estado da Federação que fiscalize os pagamentos dos tributos devidos por seu fornecedor e a regularidade dos incentivos que lhe tenham sido concedidos vai contra o bom senso e, mais do que isso, afasta a presunção de boa-fé que, nós administrados, temos e devemos ter na Administração Pública.

Explicamos melhor: quando o fornecedor se vale de benefícios fiscais concedidos pela Administração Pública, presume-se que esses

10. Tradução livre. No original: "La buena fe incorpora el valor ético de la confianza. Representa una de las vías más fecundas de irrupción del contenido ético-social en el orden jurídico, y, concretamente, el valor de confianza. Sirve de cauce para la integración del Ordenamiento conforme a unas reglas ético-materiales la idea de fidelidad y de crédito, o de creencia y confianza (*Treu und Glauben*). La buena fe comporta una regla de conducta o comportamiento *civiliter*, una conducta normal, recta y honesta, la conducta de un hombre corriente, de un hombre medio" (Jesús González Perez, *El Principio General de La Buena Fe en el Derecho Administrativo*, Madrid, Real Academia de Ciencias Morales y Políticas, 1983, p. 41).

11. Idem, ibidem, p. 53.

12. Tradução livre. No original: "Confianza, en fin, en que en el procedimiento para dictar el acto que dará lugar a las relaciones entre Administración y administrado, no va adoptar una conducta confusa y equívoca que más tarde permita eludir o tergiversar sus obligaciones" (idem, ibidem, p. 54).

benefícios sejam válidos, já que os respectivos atos administrativos concessivos – como atos administrativos que são – possuem, por sua própria natureza, presunção de legalidade. E não cabe a um terceiro de boa-fé (no caso, os adquirentes) questionar a presunção dessa legalidade/validade, porque seria o mesmo que refutar a boa-fé – esta sim presumida – de que os atos administrativos consistentes nos benefícios concedidos aos fornecedores o foram de forma válida e legítima.

É importante esclarecer, nesse ponto, que a presunção de legalidade dos atos administrativos está diretamente relacionada à autoridade que os emana. Se o ato é emanado de autoridade formalmente competente e de acordo com os requisitos previstos na legislação local, sua validade é presumida. Não se pode exigir dos contribuintes que façam uma verificação prévia e aprofundada acerca dessa validade, como ocorreria, por exemplo, com a análise da constitucionalidade de um decreto ou de um ato concessório de um benefício.

Aliás, a nosso ver não se poderia exigir essa análise nem mesmo do próprio fornecedor, que não participou da edição do ato concessório do benefício. E se não se pode exigir esse comportamento do fornecedor, com muito maior razão não se poderia pretender fazê-lo em relação ao adquirente de um outro Estado, ao qual compete apenas e simplesmente aceitar as informações contidas nos documentos fiscais que suportam as operações de aquisição por ele realizadas. E se em tais documentos houve o destaque regular do ICMS, faltam razões – de fato e de direito – para imputar a esse adquirente a obrigação de verificar a fundo a validade daquelas informações.

E repetimos: a presunção de validade dos benefícios está diretamente relacionada à presunção de boa-fé dos atos administrativos e à confiança que todos os administrados podem e devem depositar na Administração Pública. Daí por que, ao se deparar com um benefício aparentemente válido sob o aspecto formal, o contribuinte confia que ele também seja materialmente válido (constitucional, portanto). E isso vale especialmente para o adquirente de um outro Estado, que não possui relação direta ou indireta com o Estado concessório do benefício.

É claro que, na hipótese de se comprovar que o adquirente realizou a operação consciente de sua ilegalidade, inclusive fraudando documentos ou concebendo estruturas fiscais e societárias com o único intuito de se valer dos efeitos econômicos advindos de um benefício sabidamente inconstitucional (porque sem amparo em convênio), seria possível – mediante processo regular e garantidos o contraditório e a ampla defesa – desconstituir os atos decorrentes daquela ilegalidade. Mas essa hipótese é patológica e a consequência é óbvia, porque se está falando de ato ilícito, e sequer deve ser considerada para os efeitos deste estudo.

A regra, portanto, é de que a legalidade do benefício não deve ser questionada *a priori*, sob pena de violação à presunção dessa legalidade e, consequentemente, à boa-fé da Administração Pública.

Em suma, as operações de aquisição realizadas por terceiros de boa-fé junto a fornecedores que se valem de benefícios concedidos sem amparo em convênio não devem e não podem ser desconsideradas em prejuízo desses terceiros, por duas simples razões: (a) porque eles não possuem nenhuma obrigação legal de verificar se o ICMS devido em relação às operações anteriores foi integralmente recolhido; e (b) porque não se pode exigir desses terceiros que questionem a legalidade de benefícios concedidos a terceiros, sob pena de violação à boa-fé administrativa.

Síntese conclusiva

Nossa proposta, neste breve estudo, foi abordar duas questões jurídicas que reputamos relevantes e que decorrem de benefícios de ICMS concedidos sem amparo em convênio firmado entre os Estados da Federação, em violação ao art. 155, § 2º, XII, "g", do texto constitucional: (i) a legitimidade dos Estados-membros para desconsiderar de ofício esses benefícios concedidos por outros Estados, sem amparo em qualquer medida judicial; e (ii) a responsabilidade dos contribuintes de boa-fé envolvidos nas operações indevidamente beneficiadas.

Concluímos que os Estados federados não possuem competência para, unilateralmente e de ofício, considerar inválidos tais benefícios, devendo, para tanto, recorrer ao Poder Judiciário, em respeito especialmente ao princípio federativo e, principalmente, ao princípio da universalidade da jurisdição.

Além disso, concluímos que os Estados não podem responsabilizar os contribuintes de ICMS locais envolvidos em operações interestaduais anteriormente alcançadas por benefícios concedidos de forma inválida, que delas tenham participado de boa-fé, para glosar créditos do imposto que tiveram origem em operações relativas à circulação de mercadorias efetivamente ocorridas.

Para chegarmos a essas duas conclusões, vimos que:

1. A Constituição Federal, em seu art. 155, § 2º, XII, "g", outorgou competência à lei complementar para regular a forma como, mediante deliberação dos Estados e do Distrito Federal, isenções, incentivos e benefícios fiscais devem ser concedidos.

2. A Lei Complementar que regula a forma de deliberações de tais benefícios é a 24/1975, que foi recepcionada pela ordem jurídica implantada com a promulgação da Constituição de 1988.

3. Em seu art. 1º, a Lei Complementar 24/1975 estabelece que qualquer benefício fiscal em matéria de ICMS deve ser concedido ou revogado por meio de convênio celebrado e ratificado pelos Estados e pelo Distrito Federal.

4. O descumprimento da exigência de celebração de convênio, como condição necessária à instituição de benefícios fiscais em matéria de ICMS, implica as seguintes sanções, previstas pelo art. 8º dessa mesma Lei Complementar 24/1975: (a) a nulidade do ato concessivo do benefício; (b) a ineficácia do crédito fiscal atribuído ao estabelecimento recebedor (adquirente) da mercadoria; (c) a exigibilidade do imposto não pago ou devolvido; e (d) a ineficácia da lei ou do ato que conceda remissão do respectivo débito.

5. Com base nessas disposições da Lei Complementar 24/1975, agentes e órgãos de fiscalização de alguns Estados simplesmente consideram nulos certos benefícios concedidos por outros entes federados, e, sem nenhuma medida judicial a lhes dar amparo, não autorizam o aproveitamento de créditos do ICMS resultantes da aquisição de mercadorias cujas operações tenham sido amparadas por tais benefícios.

6. Contudo, ao aplicar normativo estadual próprio para desconsiderar benefício fiscal concedido por outro Estado da Federação, o Estado que assim o faz age em desacordo com ao menos dois preceitos constitucionais: o princípio federativo, cláusula pétrea consagrada pelo art. 1º e ratificada pelos arts. 18 e 60, § 4º, da Constituição, que assegura autonomia a todas as unidades federadas; e o princípio da

universalidade da jurisdição, expressamente contemplado entre os direitos e garantias individuais e fundamentais, pelo art. 5º, XXXV, da Constituição, o qual assegura o monopólio da jurisdição ao Poder Judiciário.

7. Além disso, vimos que o terceiro de boa-fé, simplesmente porque adquiriu mercadorias de um contribuinte que se valeu de benefício fiscal não amparado em convênio, não poderia ser prejudicado pela glosa do crédito adquirido nessa operação, em face do reconhecimento da invalidade daquele benefício pelo Poder Judiciário.

8. Nesse sentido, consideramos aplicável ao caso, por analogia, a jurisprudência pacificada do Superior Tribunal de Justiça, no sentido de que, na hipótese de o fornecedor ter emitido documentação inidônea ou mesmo de ter realizado a operação de venda de mercadoria após cassada sua inscrição estadual, não compete ao adquirente, sobretudo aquele localizado em outro Estado, exercer o papel do fisco e verificar se o imposto incidente na operação anterior foi de fato recolhido.

9. Entendemos que esse mesmo raciocínio deveria ser aplicado no caso em análise: não cabe ao adquirente de uma mercadoria verificar se seu fornecedor efetivamente pagou os impostos por ele devidos ou se ele se valeu de um determinado benefício concedido com amparo em convênio.

10. Isso porque, por um lado, as verificações concernentes à regularidade do pagamento de tributos pelo contribuinte cabem às autoridades fiscais do seu Estado de domicílio. E por outro lado, no que diz respeito à questão de um determinado benefício ter sido ou não concedido de forma válida, como visto acima, trata-se de assunto que só pode ser apreciado pelo Poder Judiciário, que mantém o monopólio da jurisdição, no sistema constitucional brasileiro.

11. A presunção de validade dos benefícios está diretamente relacionada à presunção de boa-fé dos atos administrativos e à confiança que todos os administrados podem e devem depositar na Administração Pública. Daí por que, ao se deparar com um benefício aparentemente válido sob o aspecto formal, o contribuinte confia que ele também seja materialmente válido (constitucional, portanto); e isso vale especialmente para o adquirente de um outro Estado, que não possui relação direta ou indireta com o Estado que concedeu o benefício.

Bibliografia

ATALIBA, Geraldo. *República e Constituição*. 3ª ed. São Paulo, Malheiros Editores, 2011.

CANOTILHO, J. J. Gomes. *Fundamentos da Constituição*. Coimbra, Coimbra Editora, 1991.

PEREZ, Jesús González. *El Principio General de la Buena Fe en el Derecho Administrativo*. Madrid, Real Academia de Ciencias Morales y Políticas, 1983.

INCENTIVOS FISCAIS E O CREDITAMENTO DE PIS/COFINS NA ZONA FRANCA DE MANAUS

Mary Elbe Gomes Queiroz

Elmo Queiroz

1. Considerações gerais. 2. Nota histórica. 3. Normatização do PIS/COFINS: a questão que receberá enfoque neste texto. 4. A consequência da vedação ao creditamento das contribuições sociais na ZFM. 5. Da insubsistente vedação ao creditamento de PIS/COFINS. Conclusão.

1. Considerações gerais

É com grande alegria que me associo ao Instituto Cearense de Estudos Tributários (ICET) neste louvável trabalho que tem por objetivo analisar o "Regime Jurídico dos Incentivos Fiscais", de forma a alcançar a multiplicidade de aspectos que o tema encerra.

O foco do nosso trabalho é a situação específica de um dos paradigmas a respeito do tema dos incentivos fiscais, que é a Zona Franca de Manaus (ZFM). A específica questão que vai nortear este estudo é se, ante o caráter de zona incentivada por previsão e com proteção constitucional, inserida no contexto do programa nacional de desenvolvimento, haveria consistência jurídica na norma legal que vedar ou impedir o creditamento do PIS/COFINS não cumulativo para as empresas lá instaladas.

Na análise da matéria foram compulsados os aspectos pertinentes da doutrina citada, da legislação e da jurisprudência, notadamente decisões administrativas do Egrégio Conselho Administrativo de Recursos Fiscais do Ministério da Fazenda (CARF) e judiciais do Colendo Superior Tribunal de Justiça (STJ) e do Supremo Tribunal Federal (STF).

Tudo para, ao final, responder às indagações propostas pelo ICET. Com esse escopo, cumpre antes, porém, perscrutar o contexto histórico da situação, até porque, como se verá, a realidade daquela região foi determinante para a concessão do benefício fiscal, o que passa a ser condicionante para qualquer interpretação de normas legais, com vistas a que a aplicação do direito seja parametrizada pelos valores e fins constitucionais envolvidos na espécie.

2. Nota histórica

A região Norte do Brasil não acompanhou o desenvolvimento nacional, posição desconfortável usualmente explicada pela economia incipiente:

> A concepção da ZFM foi idealizada no final da década de 50, inicialmente como projeto geopolítico, com o objetivo de resguardar a soberania nacional na gigantesca região amazônica. (...)
>
> À época, Manaus constituía mero entreposto comercial que ligava a economia extrativa praticada no interior com o restante do mundo – ávido consumidor dos produtos coletados ou extraídos da floresta (madeira em tora, borracha, sorva, castanha, pau-rosa, cumaru, breu, resinas, sementes oleaginosas, essências odoríferas, etc.) e da fauna (quelônios, peixes, couros, peles silvestres, etc.).[1]

É certo que a preocupação de internacionalização da Amazônia sempre funcionou como força motriz para iniciativas governamentais:

> A Amazônia Ocidental, imensa área com baixa densidade demográfica e econômica, que abrigava gama variada de recursos naturais desconhecidos, carecia da presença brasileira em seu solo.
>
> Com tais características, a região por certo despertaria a cobiça internacional – denúncia feita com veemência pelo historiador Arthur Cézar Ferreira Reis, que se tornou o primeiro governador do Amazonas no período militar. Essa possibilidade foi reforçada com a chegada dos mo-

1. Ronaldo Bomfim e Lissandro Botelho, *Zona Franca de Manaus – Condicionantes do Futuro*, Manaus, Valer Editora, 2000, p. 17.

> vimentos ambientalistas que se desenvolveram no mundo após a década de 50, de forma intensa – principalmente nos países mais ricos –, o que tornava maior a apreensão dos militares em relação à soberania e à segurança nacional da Amazônia.[2]

Logo, nada mais coerente que criar uma zona franca para incentivar a região:

> Extrai-se da precitada lição que as zonas francas, assim como os depósitos e os portos francos, são espaços territoriais – mais ou menos dilatados – que recebem da ordem jurídica tratamento tributário especial sobre as atividades ali realizadas, objetivando o desenvolvimento econômico, comercial e industrial em detrimento da finalidade arrecadatória. Em outras palavras, tendo em vista estas premissas de incremento econômico, comercial e industrial, o sistema jurídico atribui às zonas francas, por equiparação jurídica, a condição de áreas territoriais fora da órbita jurídica nacional para efeitos tributários.[3]

Essa concessão de incentivo, como estratégia de política de Estado para o desenvolvimento local, teve em 1957 o seu marco legal inicial com a edição da Lei 3.173/1957, que trouxe o seguinte desenho:

> Lei 3.173, de 6.6.1957
>
> Cria uma zona franca na cidade de Manaus, capital do Estado do Amazonas, e dá outras providências.
>
> Art. 1º. É criada em Manaus, capital do Estado do Amazonas, uma zona franca para armazenamento ou depósito, guarda, conservação beneficiamento e retirada de mercadorias, artigos e produtos de qualquer natureza, provenientes do estrangeiro e destinados ao consumo interno da Amazônia, como dos países interessados, limítrofes do Brasil ou que sejam banhados por águas tributárias do rio Amazonas.
>
> Art. 2º. O Governo Federal fará demarcar, nas imediações da cidade, à margem do rio Negro e em lugar que reúna condições de calado e acos-

2. Idem, ibidem, p. 19.

3. Glauco Lubacheski Aguiar, *Tributação na Zona Franca de Manaus* (coletânea), São Paulo, MP Editora, 2008, p. 152.

tagem satisfatórias, uma área de terras não inferior a duzentos hectares, onde ficará localizada a zona franca, com as instalações e serviços adequados ao seu funcionamento.

Nota-se que a iniciativa apresentava certa timidez de início:

Art. 5º. As mercadorias de procedência estrangeira, quando desembarcadas diretamente na área da zona franca de Manaus, e enquanto permanecerem dentro da mesma, não estarão sujeitas ao pagamento de direitos alfandegários ou quaisquer outros impostos federais, estaduais ou municipais que venham gravá-las, sendo facultado o seu beneficiamento e depósito na própria zona de sua conservação.

(...)

Art. 8º. As mercadorias estocadas ou beneficiadas na área da zona franca poderão ser incorporadas à circulação nacional, mediante despacho regular e pagamento dos direitos alfandegários correspondentes e mais impostos em que incidam por esse motivo.

Porém, somente após dez anos a ZFM ganhou formatação mais abrangente, sintomaticamente quando o Brasil era dirigido por governos militares, estamento sempre sensível ao argumento de que o desenvolvimento da Amazônia afastaria o risco de influência estrangeira:

No início do ciclo militar, iniciado em 1964, o projeto atinge maturação e é instituída, em 28.2.67, a Zona Franca de Manaus, na forma do Decreto-lei 288/67, ao final da administração Castello Branco, inspirador e defensor da ideia. (...)

Com o fim de atrair investimentos, foram criados incentivos no âmbito de impostos indiretos que impactariam os custos das empresas – Imposto de Importação, IPI (Imposto sobre Produtos Industrializados) e ICMS (Imposto sobre circulação de Mercadorias e Serviços) e ISS (Imposto sobre Serviços de Qualquer Natureza) –, sem concessão de nenhum subsídio ao capital, como ocorria na Sudam e Sudene.

Os incentivos fiscais compensavam as desvantagens de localização da ZFM (distância dos centros de consumo e das fontes supridoras de ma-

> térias-primas, e ausência de um mercado local), de modo a viabilizar a instalação de um polo comercial e industrial. (...)
>
> Fomentadora de crescimento, a ZFM ampliou a cadeia da demanda de bens e serviços (local, regional e nacional) e irradiou influências positivas a toda a Amazônia, com reflexos favoráveis também em outros Estados em decorrência do valor agregado à economia nacional.
>
> A ZFM é, na realidade, o único motor de crescimento em operação no Amazonas. Além de responder, direta e indiretamente, pela quase totalidade do PIB e da arrecadação tributária estadual, é excelente alternativa econômica geradora de renda e emprego que contribui para preservar cerca de 98% das florestas do Amazonas.[4]

Com efeito, o novo desenho institucional da ZFM não poderia prescindir de estruturação legal:

> Decreto-lei 288, de 28.2.1967
>
> Altera as disposições da Lei número 3.173 de 6 de junho de 1957 e regula a Zona Franca de Manaus.
>
> Art. 1º. A Zona Franca de Manaus é uma área de livre comércio de importação e exportação e de incentivos fiscais especiais, estabelecida com a finalidade de criar no interior da Amazônia um centro industrial, comercial e agropecuário dotado de condições econômicas que permitam seu desenvolvimento, em face dos fatores locais e da grande distância, a que se encontram, os centros consumidores de seus produtos.
>
> Art. 2º. O Poder Executivo fará, demarcar, à margem esquerda dos rios Negro e Amazonas, uma área contínua com uma superfície mínima de dez mil quilômetros quadrados, incluindo a cidade de Manaus e seus arredores, na qual se instalará a Zona Franca.
>
> § 1º. A área da Zona Franca terá um comprimento máximo contínuo nas margens esquerdas dos rios Negro e Amazonas, de cinquenta quilômetros a juzante de Manaus e de setenta quilômetros a montante desta cidade.
>
> § 2º. A faixa da superfície dos rios adjacentes à Zona Franca, nas proximidades do porto ou portos desta, considera-se nela integrada, na extensão mínima de trezentos metros a contar da margem.

4. Ronaldo Bomfim e Lissandro Botelho, *Zona Franca de Manaus – Condicionantes do Futuro*, cit., p. 20.

§ 3º. O Poder Executivo, mediante decreto e por proposta da Superintendência da Zona Franca, aprovada pelo Ministério do Interior, poderá aumentar a área originalmente estabelecida ou alterar sua configuração dentro dos limites estabelecidos no parágrafo 1º deste artigo.

Tendo sido alargada a previsão dos incentivos fiscais:

Art. 3º. A entrada de mercadorias estrangeiras na Zona Franca, destinadas a seu consumo interno, industrialização em qualquer grau, inclusive beneficiamento, agropecuária, pesca, instalação e operação de indústrias e serviços de qualquer natureza e a estocagem para reexportação, será isenta dos impostos de importação, e sobre produtos industrializados.

Art. 4º. A exportação de mercadorias de origem nacional para consumo ou industrialização na Zona Franca de Manaus, ou reexportação para o estrangeiro, será para todos os efeitos fiscais, constantes da legislação em vigor, equivalente a uma exportação brasileira para o estrangeiro.

Realmente, o incentivo fiscal é o principal instrumento para dar consequência prática à vontade política do Estado brasileiro de desenvolver aquela região com atração de investimentos privados; sendo técnica estatal comum na seara do direito tributário:

Escusa relembrar que os incentivos fiscais decorrem do exercício da tributação extrafiscal. *Grosso modo*, pode-se dizer que extrafiscalidade caracteriza-se pelo emprego da tributação para motivar, incentivar, estimular potenciais contribuintes a iniciar ou manter determinada atividade ou, de modo adverso, para demovê-lo de tais propósitos, desde que, em ambas hipóteses, a finalidade pública imediata do ente tributante não consista em abastecer as burras (*sic*) estatais e, sim, satisfazer algum interesse público preeminente.

Demais disso, ressalta Ana Maria Ferraz Augusto que "o direito econômico necessita do mecanismo tributário para a execução de determinada política desenvolvimentista, enquanto o direito tributário somente pode conceder imunidades, isenções, deduções, em cumprimento a uma política econômica predeterminada".[5]

5. Valéria Furlan, *Tributação na Zona Franca de Manaus* (coletânea), cit., p. 43.

Todavia, o fato de essa ampliação do benefício fiscal não ter tramitado pelo Congresso Nacional nunca é esquecido:

> Embora formalmente criticável, pois implantada originalmente num regime ditatorial por força de Decreto-lei, ou seja, sem ter recebido o sancionamento do Congresso Nacional, a ZFM tem méritos que a justificam sob diversos aspectos, inclusive o da preservação ambiental. Como a indústria predominante no polo industrial de Manaus é a de montagem, a poluição atmosférica verificada por atividade industrial é mínima e, por outro lado, a existência de uma atividade industrial estável na capital amazonense propiciou emprego e renda à população, o que permitiu significativo crescimento econômico do Estado.[6]

Além disso, é certo que, na época, era do cotidiano administrativo a presença de militares nos altos cargos estatais. Veja-se, por exemplo, trecho do *Jornal do Brasil* publicado em setembro de 1967:

> *Jornal do Brasil*, edição de 5.9.1967, 1º caderno, p. 13
>
> General Cléber de Araújo assume Superintendência da Zona Franca de Manaus
>
> O General Cléber Armindo de Lima Araújo, ao assumir, ontem, o cargo de Secretário-Executivo da Superintendência da Zona Franca de Manaus, em solenidade presidida pelo Ministro Afonso de Albuquerque Lima, do Interior, afirmou ter recebido a missão "como uma convocação irrecusável, da qual não poderia desertar, para servir ao meu País, sem medir sacrifícios de qualquer ordem".
>
> Antecipada de uma hora, por ter o Ministro de interior sido convocado para um encontro com o Presidente Costa e Silva, a posse do General Cléber de Araújo lotou o salão nobre do Ministério e congestionou o trânsito na Rua das Palmeiras, onde os carros dos convidados eram estacionados em locais proibidos.

O apoio institucional para a ZFM, entretanto, nunca foi uma política de um determinado governo, mas realmente uma política de

6. Ernesto dos Santos Chaves da Rocha, *Tributação na Zona Franca de Manaus* (coletânea), cit., p. 115.

Estado, e vinte anos mais tarde, em pleno período da redemocratização, a preocupação com aquela região permaneceu, tendo o esforço histórico sido coroado pelo Poder Constituinte Originário de 1988:

> Constituição da República de 1988 – Ato das Disposições Constitucionais Transitórias
>
> Art. 40. É mantida a Zona Franca de Manaus, com suas características de área livre de comércio, de exportação e importação, e de incentivos fiscais, pelo prazo de vinte e cinco anos, a partir da promulgação da Constituição.
>
> Parágrafo único. Somente por lei federal podem ser modificados os critérios que disciplinaram ou venham a disciplinar a aprovação dos projetos na Zona Franca de Manaus.

Apoio reforçado pelo Poder Constituinte Derivado, que prorrogou os benefícios da ZFM até 2023:[7]

> Constituição da República de 1988 – Ato das Disposições Constitucionais Transitórias
>
> Art. 92. São acrescidos dez anos ao prazo fixado no art. 40 deste Ato das Disposições Constitucionais Transitórias. (Incluído pela Emenda Constitucional n. 42, de 19.12.2003)

Não bastasse tudo isso para demonstrar que a ZFM goza de ampla disposição legislativa intertemporal, deve-se ainda registrar que a Emenda Constitucional 83, de 5.8.2014, introduziu o art. 92-A ao ADCT, prorrogando por mais 50 anos, até 2073, os benefícios da ZFM.

Alerte-se que, tendo em vista o objetivo maior visado pelo legislador constitucional, a fim de implementar um dos objetivos do Estado brasileiro, qual seja o desenvolvimento nacional, presente na criação de ambiente e condições favoráveis à ZFM, qualquer lei ou norma, seja legal ou infralegal, deverá ser interpretada de forma a guardar

7. Cabendo mencionar também o Decreto 92.560/1986, que já tinha prorrogado o prazo de vigência da ZFM por dez anos.

conexão com a proteção constitucional, sob pena de se admitir que, por vias transversas, possam os aplicadores das leis deixar de prestigiar a Carta Magna do País.

Concluindo este item, pode-se apontar que essa evolução legislativa gera a primeira premissa deste estudo, qual seja a ZFM é área de interesse estratégico para o Brasil, e o seu desenvolvimento econômico é o meio para atingir os objetivos estabelecidos constitucionalmente para o País, premissa que permite analisar a legislação infraconstitucional, a fim de sindicalizar se tal baliza valorativa está sendo rigorosamente observada pelo legislador ordinário quando dispõe sobre benefício fiscal, que é a viga mestra da ZFM.

3. Normatização do PIS/COFINS: a questão que receberá enfoque neste texto

A instituição de uma zona franca gera múltiplas questões tributárias. Todavia, para este estudo não se dispersar, é necessário haver um corte metodológico, para ficar estabelecido que, a partir de agora, só serão tratadas as *contribuições sociais* previstas no art. 195, I, "b", e IV, da CRFB/1988; e, mais especificamente ainda, a tomada de créditos do *Programa de Integração Social* e a *Contribuição para o Financiamento da Seguridade Social* no regime não cumulativo, doravante intituladas PIS/COFINS:

> CRFB/1988
>
> Art. 195. A seguridade social será financiada por toda a sociedade, de forma direta e indireta, nos termos da lei, mediante recursos provenientes dos orçamentos da União, dos Estados, do Distrito Federal e dos Municípios, e das seguintes contribuições sociais: (...)
>
> I – do empregador, da empresa e da entidade a ela equiparada na forma da lei, incidentes sobre: (*Redação dada pela EC 20/1998*) (...)
>
> *b*) a receita ou o faturamento; (*Incluído pela EC 20/1998*) (...)
>
> IV – do importador de bens ou serviços do exterior, ou de quem a lei a ele equiparar. (*Incluído pela EC42/2003*)

Deve-se observar que a legislação do PIS/COFINS revela um emaranhado de normas que se entrecruzam em entontecedoras remissões, formando uma colcha de retalhos. Este item trará tais normas sequencialmente, por dever de documentação, e somente no item seguinte é que serão delimitados os aspectos normativos indispensáveis para este estudo chegar a bom termo.

Então, prosseguindo, deve-se apontar que no DL 288/1967 o enfoque legislativo da ZFM era quanto ao Imposto de Importação (II) e ao Imposto sobre Produtos Industrializados (IPI). O nosso sistema tributário, entretanto, passou, paulatinamente, a erigir tributação significativa a título de *contribuições sociais*, tornando o PIS/COFINS um peso na produção e comercialização dos produtos, nomeadamente após a instituição do regime não cumulativo com alíquotas mais altas.

E, registre-se logo, regime não cumulativo que se caracteriza principalmente pela permissão da tomada de créditos para abater os débitos desses tributos, para assim evitar a cumulatividade, que é a nefasta situação da incidência tributária em cada elo de um processo produtivo, com o repasse da carga tributária para os elos subsequentes em que novamente incidirão tributos sobre os mesmos produtos; ou seja, tributo sobre tributo no chamado efeito "cascata", que sobrecarrega e encarece sobremaneira os produtos, razão pela qual buscou a *Constituição Federal* afastá-lo:

> CRFB/1988
>
> Art. 195. (...)
>
> § 12. A lei definirá os setores de atividade econômica para os quais as contribuições incidentes na forma dos incisos I, "b"; e IV do *caput*, serão não cumulativas. (Incluído pela Emenda Constitucional n. 42, de 19.12.2003)

Sendo assim, se o propósito da ZFM era permitir que as empresas que se instalassem na região pudessem ter vantagens para concorrer com as outras empresas mais próximas dos grandes portos marítimos e centros de consumo, seria natural estender para a ZFM benefícios fiscais de PIS/COFINS, até porque os benefícios inicialmente previstos não mais tinham impacto comparativo:

> Com a abertura econômica, a partir dos anos 90, as alíquotas do imposto de importação vêm sofrendo drástica redução, o que diminui as

> vantagens competitivas das empresas locais. O IPI também tem sido reduzido em função de critérios de política econômica ou de pressões de interesses de setores do Centro-Sul do País, embora esteja sendo pontualmente elevado para enfrentar a invasão de produtos chineses.
>
> Os impactos negativos sobre a competitividade das empresas do PIM [*Polo Industrial de Manaus*] se acentuaram com a guerra fiscal entre os Estados para atrair investimentos, o que reduziu o balanço dos incentivos em favor da ZFM.[8]

E a oportunidade legislativa de contemplar a ZFM aconteceu quando, em 2004, foi instituído o *PIS/COFINS Importação*, tendo sido aproveitada essa norma para prever um caso genérico de suspensão do *PIS/COFINS Importação* para os regimes aduaneiros especiais, inicialmente em Medida Provisória:

> Medida Provisória 164, de 29.1.2004
>
> Dos regimes aduaneiros especiais
>
> Art. 14. As normas relativas à suspensão do pagamento do imposto de importação ou do IPI vinculado à importação, relativas aos regimes aduaneiros especiais, aplicam-se também às contribuições de que trata o art. 1º.

Com esta justificativa do Poder Executivo:

> Exposição de Motivos 8/2004 (MP 164/2004)
>
> 8. Estende às contribuições ora instituídas os regimes aduaneiros especiais, que compreendem as normas relativas à suspensão do pagamento do Imposto de Importação ou do Imposto sobre Produtos Industrializados vinculado à importação.

Posteriormente, na Lei de conversão da MP 164/2004, ficou disposto que agora haveria, para empresas da ZFM, suspensão do *PIS/COFINS Importação* sobre bens empregados na elaboração de matéria-

8. Ronaldo Bomfim e Lissandro Botelho, *Zona Franca de Manaus – Condicionantes do Futuro*, cit., p. 36.

-prima, produtos intermediários e materiais de embalagens (MP, PI e ME) que fossem utilizados na industrialização na ZFM:

Lei 10.865, de 30.4.2004

Dos regimes aduaneiros especiais

Art. 14. As normas relativas à suspensão do pagamento do imposto de importação ou do IPI vinculado à importação, relativas aos regimes aduaneiros especiais, aplicam-se também às contribuições de que trata o art. 1º desta Lei.

§ 1º. O disposto no *caput* deste artigo aplica-se também às importações, efetuadas por empresas localizadas na Zona Franca de Manaus, de bens a serem empregados na elaboração de matérias-primas, produtos intermediários e materiais de embalagem destinados a emprego em processo de industrialização por estabelecimentos ali instalados, consoante projeto aprovado pelo Conselho de Administração da Superintendência da Zona Franca de Manaus – SUFRAMA, de que trata o art. 5º-A da Lei n. 10.637, de 30 de dezembro de 2002.

Houve, ainda em 2004, outra alteração que completou o tratamento da Lei 10.865/2004 de suspensão, para empresas da ZFM, do *PIS/COFINS Importação* de MP, PI e ME para emprego na industrialização na ZFM:

Lei 10.925, de 23.7.2004

Art. 6º. Os arts. 8º, 9º, 14-A, 15, 17, 28, 40 e 42 da Lei n. 10.865, de 30 de abril de 2004, passam a vigorar com a seguinte redação:

"Art. 14-A. Fica suspensa a exigência das contribuições de que trata o art. 1º desta Lei nas importações efetuadas por empresas localizadas na Zona Franca de Manaus de matérias-primas, produtos intermediários e materiais de embalagem para emprego em processo de industrialização por estabelecimentos industriais instalados na Zona Franca de Manaus e consoante projetos aprovados pelo Conselho de Administração da Superintendência da Zona Franca de Manaus – SUFRAMA".

Então, nesse momento histórico, este era o quadro das empresas da ZFM sob o regime não cumulativo de *PIS/COFINS Importação*:

a) A partir de 30.4.2004, com a Lei 10.865/2004, as importações através da ZFM teriam o *PIS/COFINS Importação* suspenso para "bens a serem empregados na elaboração de matérias-primas, produtos intermediários e materiais de embalagem destinados a emprego em processo de industrialização por estabelecimentos ali instalados" (art. 14, § 1º); sem nada impedir a tomada de créditos nessas aquisições.

b) A partir de 23.7.2004, a Lei 10.865/2004 foi alterada, para também estender a suspensão do *PIS/COFINS Importação* para importações da ZFM "de matérias-primas, produtos intermediários e materiais de embalagem para emprego em processo de industrialização por estabelecimentos industriais instalados na Zona Franca de Manaus" (art. 14-A); também sem nada impedir a tomada de créditos nessas aquisições.

Ocorre que, ainda em 2004, houve uma nova e significativa alteração legislativa, alteração essa que muito interessa para este estudo. É que (a) foi atribuída *alíquota zero* para o PIS/COFINS sobre a receita de vendas de empresas fora da ZFM para empresas na ZFM; e (b) no mesmo momento também foi negado o creditamento:

> Lei 10.996, de 15.12.2004
>
> Art. 2º. Ficam reduzidas a 0 (zero) as alíquotas da Contribuição para o PIS/PASEP e da Contribuição para o Financiamento da Seguridade Social – COFINS incidentes sobre as receitas de vendas de mercadorias destinadas ao consumo ou à industrialização na Zona Franca de Manaus – ZFM, por pessoa jurídica estabelecida fora da ZFM.
>
> § 1º. Para os efeitos deste artigo, entendem-se como vendas de mercadorias de consumo na Zona Franca de Manaus – ZFM as que tenham como destinatárias pessoas jurídicas que as venham utilizar diretamente ou para comercialização por atacado ou a varejo.
>
> § 2º. Aplicam-se às operações de que trata o *caput* deste artigo as disposições do inciso II do § 2º do art. 3º da Lei n. 10.637, de 30 de dezembro de 2002, e do inciso II do § 2º do art. 3º da Lei n. 10.833, de 29 de dezembro de 2003.

Essas menções às Leis 10.637/2002 e 10.833/2003 referem-se à vedação de creditamento em casos de alíquota zero, nestes termos:

Lei 10.637, de 30.12.2002

Art. 3º. Do valor apurado na forma do art. 2º a pessoa jurídica poderá descontar créditos calculados em relação a:

(...)

§ 2º. Não dará direito a crédito o valor: (Redação dada pela Lei n. 10.865, de 2004)

(...)

II – da aquisição de bens ou serviços não sujeitos ao pagamento da contribuição, inclusive no caso de isenção, esse último quando revendidos ou utilizados como insumo em produtos ou serviços sujeitos à alíquota 0 (zero), isentos ou não alcançados pela contribuição. (Incluído pela Lei n. 10.865, de 2004)

Lei 10.833, de 29.12.2003

Art. 3º. Do valor apurado na forma do art. 2º a pessoa jurídica poderá descontar créditos calculados em relação a:

(...)

§ 2º. Não dará direito a crédito o valor:

(...)

II – da aquisição de bens ou serviços não sujeitos ao pagamento da contribuição, inclusive no caso de isenção, esse último quando revendidos ou utilizados como insumo em produtos ou serviços sujeitos à alíquota 0 (zero), isentos ou não alcançados pela contribuição. (Incluído pela Lei n. 10.865, de 2004)

Tal modificação foi assim justificada:

Exposição de Motivos 92/2004 (MP 202/2004)

7. A presente Medida Provisória contempla, também, a inserção de dispositivo reduzindo a zero as alíquotas da Contribuição para o PIS/PASEP e da Contribuição para o Financiamento da Seguridade Social (COFINS) incidentes sobre as receitas de vendas de mercadorias destinadas ao consumo ou à industrialização na Zona Franca de Manaus (ZFM), quando efetuadas por pessoa jurídica estabelecida fora da ZFM.

8. O parágrafo único do referido dispositivo manda aplicar às operações de que trata o *caput* as disposições do inciso II do § 2º do art. 3º da Lei

> n. 10.637, de 30 de dezembro de 2002, e do inciso II do § 2º do art. 3º da Lei n. 10.833, de 29 de dezembro de 2003.
>
> 9. Com isso, Senhor Presidente, as mercadorias serão remetidas para a ZFM com a incidência de alíquota zero. Porém, por não haver efetivo pagamento na fase anterior, não gerarão crédito na apuração da Contribuição para o PIS/PASEP e da COFINS não cumulativas pelas empresas situadas na ZFM.
>
> 10. Obtém-se, com essa medida, tratamento isonômico e neutralidade tributária, compatível com o sistema não cumulativo de cobrança da Contribuição para o PIS/PASEP e da COFINS, que tem por pressuposto o creditamento do valor das contribuições efetivamente pago na etapa anterior.

Ou seja, era esta a situação para vendas de mercadorias para a ZFM, por empresas fora da ZFM: (a) antes havia alíquota de PIS/COFINS com creditamento normal, ainda que no caso de exportações, operações, portanto, isentas; (b) mas a partir dessa Lei 10.996/2004, essas vendas se dariam com alíquota zero e com vedação ao creditamento.

Abre-se um parêntese para fazer constar que, para não desviar do foco deste trabalho, invoca-se a posição do STJ, de que as vendas para a ZFM são consideradas exportação, portanto isentas de *contribuições sociais*:

> REsp 1.276.540, sessão de 16.2.2012
>
> 5. As operações com mercadorias destinadas à Zona Franca de Manaus são equiparadas à exportação para efeitos fiscais, conforme disposto no art. 4º do Decreto-lei 288/67, de modo que sobre elas não incidem as contribuições ao PIS e à COFINS. Precedentes do STJ.
>
> 6. O benefício fiscal também alcança as empresas sediadas na própria Zona Franca de Manaus que vendem seus produtos para outras na mesma localidade. Interpretação calcada nas finalidades que presidiram a criação da Zona Franca, estampadas no próprio DL 288/67, e na observância irrestrita dos princípios constitucionais que impõem o combate às desigualdades sociorregionais.

Desse modo, afastada neste estudo a discussão que poria em confronto entendimento também existente na via administrativa do

CARF, que considera que, como regra, não havia norma de isenção, em que pese ser a venda para a ZFM equiparada à exportação, mas apenas, a partir de 2004, a retro transcrita alíquota zero:[9]

> Acórdão 3803-004.517, sessão de 24.9.2013
>
> Receitas de vendas a empresas sediadas na Zona Franca de Manaus (ZFM) – Isenção – Imunidade – Inocorrência – Alíquota zero – Inaplicabilidade.
>
> A redução a zero das alíquotas da contribuição para o PIS e da COFINS incidentes sobre as receitas de vendas de mercadorias destinadas ao consumo ou à industrialização na Zona Franca de Manaus (ZFM) somente se deu a partir de 23 de julho de 2004. A alteração legal denota a inocorrência de isenção ou imunidade, pois operações isentas ou imunes não podem se submeter à alíquota zero, dada a incompatibilidade de convivência desses institutos de direito tributário.

Retornando e prosseguindo, houve, ainda em 2004, nova alteração legislativa, também importante para este estudo, quando a suspensão do *PIS/COFINS Importação* foi convertida em alíquota zero:

> Lei 11.051/2004, de 29.12.2004
>
> Art. 8º. A suspensão da exigibilidade da Contribuição para o PIS/Pasep e da COFINS incidentes sobre a importação de bens, na forma dos arts. 14 e 14-A da Lei n. 10.865, de 30 de abril de 2004, será convertida em alíquota zero quando esses bens forem utilizados:
>
> I – na elaboração de matérias-primas, produtos intermediários e materiais de embalagem destinados a emprego em processo de industrialização por estabelecimentos industriais instalados na Zona Franca de Manaus e consoante projetos aprovados pelo Conselho de Administração da Superintendência da Zona Franca de Manaus – Suframa;
>
> II – como matérias-primas, produtos intermediários e materiais de embalagem em processo de industrialização por estabelecimentos industriais instalados na Zona Franca de Manaus e consoante projetos apro-

9. Mas tema não pacífico mesmo no CARF, conforme AC 3402-001.893, sessão de 25.9.2012.

vados pelo Conselho de Administração da Superintendência da Zona Franca de Manaus – Suframa.

Então a normatização passou de suspenção das *contribuições sociais* para alíquota zero. Apesar de parecer uma alteração inócua, pois, ao final, em tese continuaria não havendo sacrifício financeiro para os contribuintes, na verdade foi a forma encontrada para contornar o benefício fiscal da ZFM, no sentido de impor a vedação ao creditamento, como se verá adiante.

Note-se, ainda, que essa previsão atribuiu alíquota zero para o *PIS/COFINS Importação*, igualando à previsão do PIS/COFINS interno, para vendas da ZFM para a ZFM, o que já havia sido previsto na conversão da MP 164/2004, que instituiu o *PIS/COFINS Importação*:

> Lei 10.865, de 30.4.2004
>
> Art. 37. Os arts. 1º, 2º, 3º, 5º, 5º-A e 11 da Lei n. 10.637, de 30 de dezembro de 2002, passam a vigorar com a seguinte redação:
>
> "Art. 5º-A. Ficam reduzidas a 0 (zero) as alíquotas da contribuição para o PIS/PASEP e da COFINS incidentes sobre as receitas decorrentes da comercialização de matérias-primas, produtos intermediários e materiais de embalagem, produzidos na Zona Franca de Manaus para emprego em processo de industrialização por estabelecimentos industriais ali instalados e consoante projetos aprovados pelo Conselho de Administração da Superintendência da Zona Franca de Manaus – SUFRAMA".

De fato, nessas atribuições de alíquota zero reside a segunda questão a ser analisada no item seguinte, pois, com a alíquota zero para o *PIS/COFINS Importação*, passou a incidir a vedação ao creditamento, já presente na própria Lei 10.865/2004, mantida em posterior alteração:

> Lei 10.865, de 30.4.2004
>
> Art. 16. É vedada a utilização do crédito de que trata o art. 15 desta Lei nas hipóteses referidas nos incisos III e IV do § 3º do art. 1º e no art. 8º da Lei n. 10.637, de 30 de dezembro de 2002, e nos incisos III e IV do § 3º do art. 1º e no art. 10 da Lei n. 10.833, de 29 de dezembro de 2003.

> § 1º. Gera direito aos créditos de que tratam os arts. 15 e 17 desta Lei a importação efetuada com isenção, exceto na hipótese de os produtos serem revendidos ou utilizados como insumo em produtos sujeitos à alíquota zero, isentos ou não alcançados pela contribuição. (*Incluído pela Lei 11.945/2009*)

Enfim, as principais operações realizadas no bojo da ZFM e que concretizam hipóteses de incidência de PIS/COFINS passaram a ser tributadas com a alíquota zero, ficando vedado o creditamento.

Cabendo, para arrematar, fazer uma síntese dessa algaravia de normas, primeiramente quanto ao *PIS/COFINS Importação*:

a) importações de MP, PI e ME para elaboração de MP, PI e ME para posterior industrialização da ZFM:

– inicialmente suspensão de tributação (Lei 10.865/2004, art. 14, § 1º), com creditamento;

– depois convertida em alíquota zero (Lei 11.051/2004, art. 8º, I), vedado o creditamento;

b) importação de MP, PI e ME já para industrialização na ZFM:

– inicialmente suspensão de tributação (Lei 10.865/2004, art. 14-A), com creditamento;

– depois convertida em alíquota zero (Lei 11.051/2004, art. 8º, II), vedado o creditamento.

E também sintetizar as normas quanto ao *PIS/COFINS*:

a) vendas, por empresas da ZFM, de MP, PI e ME para industrialização na ZFM:

– atribuída alíquota zero (Lei 10.865/2004, art. 37, que alterou o art. 5º-A da Lei 10.637/2002), com vedação ao creditamento;

b) vendas, por empresas fora da ZFM, de MP, PI e ME para consumo ou industrialização da ZFM:

– atribuída alíquota zero (Lei 10.996/2004, art. 2º), com vedação ao creditamento.

Por fim, para complementar o histórico normativo, deve ser referida uma tentativa legislativa de afastar uma vedação de créditos, mas vetada pelo Poder Executivo nestes termos:

Lei 10.925, de 23.7.2004

Art. 4º. Os arts. 2º, 5º-A e 11 da Lei n. 10.637, de 30 de dezembro de 2002, passam a vigorar com a seguinte redação:

"Art. 5º-A. (VETADO)".

Mensagem 443, de 23.7.2004

Art. 5º-A da Lei n. 10.637, de 30 de dezembro de 2002, alterado pelo art. 4º do projeto de lei de conversão:

"Art. 5º-A. Sem prejuízo do aproveitamento de crédito, ficam isentas da contribuição para o PIS/PASEP e da COFINS incidentes sobre as receitas decorrentes da comercialização de matérias-primas, produtos intermediários e materiais de embalagem, produzidos na Zona Franca de Manaus para emprego em processo de industrialização por estabelecimentos industriais ali instalados e consoante projetos aprovados pelo Conselho de Administração da Superintendência da Zona Franca de Manaus – SUFRAMA".

Razões do veto

"A Lei n. 10.684, de 30 de maio de 2003, introduziu o art. 5º-A na Lei n. 10.637, de 30 de dezembro de 2002, estabelecendo a isenção das contribuições na comercialização de matérias-primas, produtos intermediários e materiais de embalagem no âmbito da Zona Franca de Manaus (ZFM). Contudo, em virtude da incidência não cumulativa da contribuição para o PIS/PASEP e da COFINS, a Lei n.3 10.865, de 30 de abril de 2004, converteu a isenção em alíquota zero, visando não propiciar créditos na apuração das contribuições quando não houvesse efetivo pagamento na etapa anterior.

O projeto de lei de conversão, além de restabelecer a isenção, determina expressamente que essas operações isentas sempre gerem créditos, quando, em razão da isenção, as contribuições não foram recolhidas na etapa de comercialização anterior.

Este dispositivo configura-se contrário ao interesse público porque:

I – quanto mais etapas existirem no processo de produção, mais créditos serão gerados, sem que tenha ocorrido nenhum pagamento das contribuições, onerando dessa forma o Tesouro Nacional; e

II – é incompatível com o regime de não cumulatividade.

Sendo assim, é a higidez jurídica das vedações ao creditamento de *contribuições sociais* para contribuinte da ZFM que embalará as reflexões do próximo item.

4. *A consequência da vedação ao creditamento das contribuições sociais na ZFM*

Como registrado linhas atrás, já foi estabelecido, como primeira premissa deste estudo, que a ZFM é área de interesse estratégico para o Brasil, e o seu desenvolvimento econômico é o meio para atingir os objetivos nacionais, premissa que permite analisar a legislação infraconstitucional, a fim de sindicalizar se tal baliza valorativa está sendo rigorosamente observada pelo legislador ordinário quando dispõe sobre benefício fiscal, que é a viga mestra da ZFM.

Também, como já registrado, alterações legislativas foram gradualmente modificando o regime jurídico de creditamento de *contribuições sociais* para contribuintes da ZFM, passando a atribuir alíquota zero para algumas operações. E, com a atribuição de alíquota zero, fazendo incidir vedação para a tomada de créditos.

Então, como segunda premissa deste estudo, diga-se que, no regime anterior, havia tributação, ainda que suspensa, com consequente creditamento. Já na passagem para alíquota zero, poder-se-ia supor que nada mudaria, pois as saídas continuaram sem ser acrescidas de tributos.

Mas houve, sim, acréscimo de custo e restrição de direito, por vias transversas, ante a vedação de creditamento, sendo falacioso argumentar sobre neutralidade. É que, apesar de tributar as vendas com alíquota zero, ou mesmo considerar saídas isentas, o problema está em negar o creditamento, pois, com isso, na verdade só se estará diferindo a tributação; portanto, na prática, não está mais havendo nenhum benefício fiscal para os produtos da ZFM.

Tal situação já foi pedagogicamente enfrentada em julgamento do STF, que detectou a falsa neutralidade da alíquota zero em caso de IPI, com raciocínio inteiramente aplicável aqui:

> RE 350.446, sessão de 18.12.2002
>
> A isenção, a alíquota-zero ou a não tributação em um dos elos da cadeia produtiva desapareceriam quando da operação subsequente, se não admito o creditamento.
>
> Nesta última – a operação subsequente – recompor-se-ia todo o tributo, como se a isenção, alíquota-zero ou não tributação não tivesse ocorrido em algum momento da cadeia produtiva.

A recomposição do tributo dar-se-ia pela incidência da alíquota relativa à operação subsequente, que atingiria as operações anteriores isentas, de alíquota zero ou não tributadas.

Demonstro, com um exemplo.

Admitamos uma operação com dois elos: insumo e produto final.

Sobre a saída do estabelecimento produtor do insumo a alíquota é zero.

O insumo entra no estabelecimento adquirente por E$ 100,00, com alíquota zero.

O estabelecimento adquirente integra o insumo no produto final industrializado.

Na saída, o produto-final tem, como preço de venda R$ 200,00.

Não há, para essa saída, isenção, alíquota zero ou não tributação.

A alíquota fixada, nos regulamentos, supomos, é de 10%.

Incidindo 10% sobre R$ 200,00, o imposto devido é de R$ 20,00.

Se não houvesse isenção, alíquota zero ou não tributação sobre a saída do insumo e a alíquota incidente fosse, também, de 10%, o estabelecimento produtor do insumo debitaria IPI de R$ 10,00 e o estabelecimento adquirente do insumo se creditaria do valor de R$ 10,00.

Quando da saída do produto do último estabelecimento, este abateria, dos R$ 20,00 debitados, o crédito de R$ 10,00 e ficaria devendo ao fisco R$ 10,00.

Se houvesse isenção, alíquota zero ou não tributação sobre a saída do insumo e não admitíssemos crédito da alíquota incidente na saída subsequente – do estabelecimento produtor-final – este teria que recolher os mesmos R$ 20,00 (10% de R$ 200,00), como se não tivesse havido benefício na operação anterior.

Fica demonstrado que a isenção, a alíquota zero ou não tributação transformar-se-iam em puro e simples diferimento do tributo.

Daí a necessidade de se reconhecer o crédito à base da alíquota da operação subsequente.

Então, é conclusão que se impõe afirmar que a vedação ao creditamento atinge o sistema de benefício fiscal da ZFM, pois impede que os contribuintes possam abater os créditos para efeito de reduzir o custo dos seus produtos; e, portanto, os produtos da ZFM disputam o mercado em condição de igualdade, e não com condições vantajosas, como é da natureza de região com benefício fiscal e como foi o desejo do legislador constitucional. Portanto, a vedação conspira quanto à viabilidade da ZFM.

Realmente, parece indiscutível que a força e a viabilidade da ZFM residem nos benefícios fiscais que permitem atrair e manter investimentos privados. Cabe destacar que medidas fiscais são indispensáveis, pois o regime da ZFM não conta com a inversão direta da verba pública para custear as empresas, portanto o sucesso da ZFM depende mesmo apenas dos benefícios fiscais:

> Um traço marcante do modelo ZFM é a não concessão de qualquer tipo de subsídio direto ao empreendedor, que arca com todos os riscos inerentes ao investimento. Na ZFM só há incentivos fiscais se existir produção e comercialização – regra que se ajusta aos cânones da economia de mercado. O empresário só desfrutará dos incentivos se obtiver sucesso.
>
> Sem nenhuma possibilidade de ônus para o setor público, os investimentos da ZFM constituem de fato a única alternativa de sucesso na promoção do desenvolvimento econômico da Amazônia Ocidental.[10]

E tendo os Estados brasileiros passado a esgrimir também incentivos locais, no que se denomina "guerra fiscal", a ZFM não pode prescindir dos benefícios fiscais que oferece:

> No atual estado em que se encontra a infraestrutura local, é absolutamente necessário preservar o balanço dos incentivos fiscais da ZFM em relação ao restante do Brasil. Sem ele, não será possível manter no interior da Amazônia a ZFM – projeto estratégico que tem dado contribuição concreta para a manutenção da floresta. A ZFM, ao criar em Manaus uma economia próspera e ambientalmente limpa, tem contribuído de modo significativo para a preservação de aproximadamente 98% da cobertura florestal do Estado do Amazonas.[11]

10. Ronaldo Bomfim e Lissandro Botelho, *Zona Franca de Manaus – Condicionantes do Futuro*, cit., p. 25.
11. Idem, ibidem, p. 60.

Sendo certo que as vedações ao creditamento das *contribuições sociais* atingem particularmente o setor industrial, a principal força atual da ZFM:

> A Zona Franca de Manaus possui três polos econômicos: comercial, industrial e agropecuário. O polo comercial teve seu ápice até o final da década de 1980, período no qual o Brasil adotava o regime de economia fechada. O polo agropecuário concentra projetos direcionados às atividades de produção de alimentos, agroindústria, turismo, beneficiamento de madeira, piscicultura, entre outras. Atualmente, o polo industrial é a vertente mais vistosa da Zona Franca de Manaus.[12]

Sendo assim, consolidada está a terceira premissa em que se assenta este estudo, segundo a qual a vedação de creditamento de PIS/COFINS fere a competitividade e, por conseguinte, o sistema de benefício fiscal da ZFM.

Postas tais premissas, este trabalho passa a apresentar as razões jurídicas para que a legislação que veda o creditamento possa ser afastada juridicamente.

5. Da insubsistente vedação ao creditamento de PIS/COFINS

Como primeiro aspecto a considerar, deve-se afirmar que qualquer benefício fiscal atribuído à ZFM não pode ser afastado por legislação ordinária. Ou seja, uma vez concedido, um benefício fiscal se agrega ao plexo de garantias de que dispõe a ZFM, com prazo certo e definido, em previsão expressa da *Constituição Federal*:

> Constituição da República de 1988 – Ato das Disposições Constitucionais Transitórias
>
> Art. 40. É mantida a Zona Franca de Manaus, com suas características de área livre de comércio, de exportação e importação, e de incentivos fiscais, pelo prazo de vinte e cinco anos, a partir da promulgação da Constituição.

12. Omara Oliveira Gusmão, *Tributação na Zona Franca de Manaus* (coletânea), cit., p. 164.

Parágrafo único. Somente por lei federal podem ser modificados os critérios que disciplinaram ou venham a disciplinar a aprovação dos projetos na Zona Franca de Manaus. (...)

Art. 92. São acrescidos dez anos ao prazo fixado no art. 40 deste Ato das Disposições Constitucionais Transitórias. (Incluído pela Emenda Constitucional n. 42, de 19.12.2003)

Note-se que o *parágrafo único* do art. 40 se refere a um caso de modificação por lei, mas apenas quanto ao disciplinamento de aprovação dos projetos. Nada mais foi consignado. Se lei federal pudesse reduzir o incentivo fiscal, teria que constar expressamente. Até porque, se lei federal pudesse modificar tudo, não precisaria haver listagem de quais casos podem ser mudados.

Se a *Constituição Federal* previu um caso de modificação, é porque em nenhum outro caso pode a lei federal ir contra a natureza favorável de um benefício fiscal. Pode aumentar, pode conceder novo benefício fiscal, mas não pode ir na direção contrária, de piorar uma situação acolhida pela *Constituição Federal*. Pelo menos até que se escoe o prazo certo, que passou a ser, por enquanto, 2023.

E o que ocorreu nesse caso estudado da ZFM foi que, além de haver uma conversão de situação mais favorável de suspensão de tributação de PIS/COFINS, para uma generalização de atribuição de alíquotas zero, houve a consolidação da incidência de normas de vedação ao creditamento de PIS/COFINS. Todas normas inconstitucionais, portanto.

Nesse sentido, sempre que o STF é instado a apreciar regra que mitiga benefícios fiscais da ZFM, tem rechaçado as indevidas normatizações que reduzem os benefícios constitucionais da região:

ADI 1.799, sessão de 18.3.1998

Zona Franca de Manaus – Manutenção – Incentivos fiscais.

Ao primeiro exame, concorrem o sinal do bom direito e o risco de manter-se com plena eficácia medida provisória que, alterando a redação de dispositivo de lei aprovada pelo Congresso Nacional – do artigo 77 da Lei n. 9.532, de 10 de dezembro de 1997 – projeta no tempo a mitigação do quadro de incentivos fiscais assegurado relativamente à Zona Franca de Manaus, por vinte e cinco anos, mediante preceito constitucional.

ADI 2.348, sessão de 7.12.2000

Zona Franca de Manaus – Preservação constitucional.

Configuram-se a relevância e o risco de manter-se com plena eficácia o diploma atacado se este, por via direta ou indireta, implica a mitigação da norma inserta no artigo 40 do Ato das Disposições Constitucionais Transitórias da Carta de 1988: Art. 40. É mantida a Zona Franca de Manaus, com suas características de área livre de comércio, de exportação e importação, e de incentivos fiscais, pelo prazo de vinte e cinco anos, a partir da promulgação da Constituição. Parágrafo único. Somente por lei federal podem ser modificados os critérios que disciplinaram ou venham a disciplinar a aprovação dos projetos na Zona Franca de Manaus. Suspensão de dispositivos da Medida Provisória n. 2.037-24, de novembro de 2000.

Como segundo aspecto a considerar, além de as normas que vedam o creditamento de PIS/COFINS macularem o art. 40 do ADCT/1988, também violam o objetivo da República de reduzir a desigualdade regional, já que pioram as condições de concorrência dos produtos, deixando a ZFM mais desinteressante:

CRFB/1988

Art. 3º. Constituem objetivos fundamentais da República Federativa do Brasil:

(...)

III – erradicar a pobreza e a marginalização e reduzir as desigualdades sociais e regionais;

Sendo certo que esses objetivos fundamentais alcançam o Legislativo e o Judiciário:

XII. Há que se considerar, desde logo, que a ideologia constitucional não é neutra, é política, e vincula o intérprete. Os objetivos constitucionais fundamentais, como o art. 3º da Constituição de 1988, são a expressão das opções ideológicas essenciais sobre as finalidades sociais e econômicas do Estado, cuja realização é obrigatória para os órgãos e agentes estatais e para a sociedade ou, ao menos, os detentores de poder econômico ou social fora da esfera estatal. Constitui o art. 3º da Constituição de 1988 um verdadeiro programa de ação e de legislação, devendo todas as atividades do Estado brasileiro (inclusive as políticas públicas, medidas legislativas e decisões judiciais) se conformar formal e materialmente ao programa inscrito no texto constitucional. As políticas públicas podem ser controladas, assim, não apenas em seus aspectos de legalidade formal, mas também no tocante à sua adequação ao conteúdo e aos fins da Constituição, que são, entre outros, fundamentalmente, os fixados no art. 3º.

XIII. A redução das desigualdades regionais é um imperativo que deve permear todas as políticas públicas propostas e executadas no Brasil. Nesse sentido, com Bercovici, é possível apontar que a inconstitucionalidade de políticas públicas que atentem contra os fins determinados na Constituição de 1988, que desconsiderem ou prejudiquem o desenvolvimento e a diminuição dos desequilíbrios regionais. Não se pode olvidar, no contexto de uma Teoria da Constituição com objetivos concretizadores, que a opção por um comando como o constante no art. 3º diminui consideravelmente o espaço de liberdade de conformação do legislador ordinário e do poder executivo.[13]

Atingindo também a ordem econômica, ao favorecer os centros produtivos que já dispõem de estrutura e mercado, e não precisam, como a ZFM, de benefícios fiscais:

CRFB/1988

Art. 170. A ordem econômica, fundada na valorização do trabalho humano e na livre-iniciativa, tem por fim assegurar a todos existência digna, conforme os ditames da justiça social, observados os seguintes princípios:

(...)

VII – redução das desigualdades regionais e sociais;

Faceta financeira da vedação de creditamento que salta aos olhos:

13. Lenio Luiz Streck e José Luis Bolzan de Morais, *Comentários à Constituição do Brasil* (obra coletiva), São Paulo, Saraiva/Almedina, 2013, p. 149.

Empresas situadas na Zona Franca de Manaus, por exemplo, quando fornecessem componentes para indústrias situadas em outras partes do Território Nacional, não dariam a estas o direito ao crédito respectivo, o que equivaleria a transferir-lhes o ônus pelo pagamento do imposto. Comprar de empresas situadas na Zona Franca seria um péssimo negócio, pois terminar-se-ia pagando pelo imposto do qual elas são isentas. A menos que as empresas vendessem seus produtos por preço bem mais baixo, para compensar o IPI mais elevado que seria pago pelos seus compradores. Em qualquer caso, neutralizar-se-iam a isenção, seus efeitos e sua finalidade.

Com base nisso, o STF decidiu pelo direito ao crédito, no julgamento do RE 212.484/RS, Rel. Min. Ilmar Galvão, Rel. p. o acórdão Min. Nelson Jobim, j. em 5/3/1998, m. v., *DJ* de 27.11.1998, p. 22, *RTJ* 167-2/698. Em seu voto, o Min. Jobim, depois de recordar os precedentes relativos ao ICM, anteriores à emenda Passos Portos (EC 23/83, que inseriu, ainda na Constituição de 1969, as restrições hoje contidas no art. 155, § 2º, II, da CF/88), consignou que "a isenção, na Zona Franca de Manaus, tem como objetivo a implantação de fábricas que irão comercializar seus produtos fora da própria zona. Se não fora assim o incentivo seria inútil. Aquele que produz na Zona Franca não o faz para consumo próprio. Visa vender em outros mercados". A maioria dos Ministros que acompanhou o Min. Jobim, a propósito, fundou-se precisamente nos precedentes do STF, relativos ao ICM, na emenda "Passos Porto", e na aplicação das restrições apenas ao hoje ICMS.[14]

Por tudo isso, dúvida não resta de que as normas ordinárias que vedam o creditamento de PIS/COFINS para as empresas que tenham projeto aprovado para a ZFM maculam a Constituição Federal, sendo, portanto, inválidas.

Conclusão

A título de conclusão deste trabalho, cabe agora responder às indagações, que sejam pertinentes a este estudo, que o ICET formulou para inspirar a pesquisa.

14. Hugo de Brito Machado Segundo, *Código Tributário Nacional: Anotações à Constituição, ao Código Tributário Nacional e às Leis Complementares 87/1996 e 116/2003*, 2ª ed., São Paulo, Atlas, 2009, p. 75.

A primeira indagação é esta: "A localização de uma empresa em região menos desenvolvida do território nacional seria um critério de discrímen apto a legitimar incentivos fiscais?".

A resposta a essa pergunta é simples, bastando consultar estas previsões constitucionais:

> CRFB/1988
>
> Art. 3º. Constituem objetivos fundamentais da República Federativa do Brasil: (...)
>
> III – erradicar a pobreza e a marginalização e reduzir as desigualdades sociais e regionais;
>
> Art. 151. É vedado à União:
>
> I – instituir tributo que não seja uniforme em todo o território nacional ou que implique distinção ou preferência em relação a Estado, ao Distrito Federal ou a Município, em detrimento de outro, admitida a concessão de incentivos fiscais destinados a promover o equilíbrio do desenvolvimento socioeconômico entre as diferentes regiões do País;

A *Constituição Federal*, como Carta Política do Brasil, revela a necessidade de o Estado ter atenção especial para as localidades menos desenvolvidas, como forma até de manter a integridade nacional, que ficaria questionada se os habitantes de uma região se vissem em descompasso com os de outras. Para tanto, a CRFB/1988 prevê que é não só legal como legítimo os tributos serem utilizados para criar compensações, via benefícios fiscais.

E por tudo que se viu neste trabalho, a ZFM vem sendo reconhecida como um dos principais modelos para o desenvolvimento da região Norte. E é justamente por isso que as alterações analisadas neste estudo não estão em sintonia com o fortalecimento da ZFM, mas, ao contrário, debilitam-na, tornando a produção e a comercialização de bens mais onerosas, previsões normativas essas que, portanto, não se harmonizam com a *Constituição Federal*.

A segunda indagação é esta: "Há limites a serem observados pelo legislador infraconstitucional, quando da regulamentação de norma da Constituição referente a incentivos fiscais? É possível regulamentar uma faculdade prevista no texto constitucional de sorte a tornar praticamente impossível o seu exercício?".

Como resposta a essas perguntas, pode-se afirmar que o limite, a baliza para que o legislador ordinário, ao reger um dado incentivo fiscal, não descumpra um comando constitucional está em que a norma ordinária tem que estar necessariamente alinhada ao objetivo revelado pela *Constituição Federal*.

Assim, norma constitucional que considere "admitida a concessão de incentivos fiscais destinados a promover o equilíbrio do desenvolvimento socioeconômico entre as diferentes regiões do País"[15] aponta que o legislador, ao normatizar esses incentivos fiscais, não deve provocar o efeito contrário, ou seja, piorar ou contribuir para o desequilíbrio regional. Em outras palavras, quanto e como vai conceder para equilibrar as regiões é discricionariedade do legislador ordinário; mas deve estar sempre na direção de reduzir, e nunca de aumentar o desequilíbrio. Em poucas palavras, a intensidade está por conta do legislador ordinário, mas a direção está na *Constituição Federal*.

Nesse sentido, como foi exposto neste trabalho, as previsões que vedam o creditamento de PIS/COFINS para contribuintes na ZFM agravam o desequilíbrio daquela região em relação ao resto do País, tornando-a menos competitiva, menos atrativa e mais debilitada econômica e socialmente.

A situação exposta neste estudo é, sem dúvida, um caso exemplar em que a atuação do legislador ordinário está em desacordo com a *Constituição Federal*, tornando o exercício do benefício fiscal de PIS/COFINS, dado e depois retirado, contrário aos objetivos constitucionais.

Não se pode modificar o regramento da ZFM de tal maneira que seja invertido o sentido dado pela *Constituição Federal*, de que qualquer normatização deve sempre propiciar o desenvolvimento da região, portanto nunca tornar a produção local menos competitiva, o que seria uma forma paulatina e inconstitucional de ir degradando a ZFM e com isso tisnando os objetivos da Magna Carta.

Bibliografia

AGUIAR, Glauco Lubacheski. *Tributação na Zona Franca de Manaus* (coletânea). São Paulo, MP Editora, 2008.

15. CRFB/1988, art. 151, I.

BOMFIM, Ronaldo; BOTELHO, Lissandro. *Zona Franca de Manaus – Condicionantes do Futuro*. Manaus, Valer Editora, 2000.

FURLAN, Valéria. *Tributação na Zona Franca de Manaus* (coletânea). São Paulo, MP Editora, 2008.

GUSMÃO, Omara Oliveira. *Tributação na Zona Franca de Manaus* (coletânea). São Paulo, MP Editora, 2008.

MACHADO SEGUNDO, Hugo de Brito. *Código Tributário Nacional: Anotações à Constituição, ao Código Tributário Nacional e às Leis Complementares 1996/87 e 2 .2003/116*ª ed. São Paulo, Atlas, 2009.

ROCHA, Ernesto dos Santos Chaves da. *Tributação na Zona Franca de Manaus* (coletânea). São Paulo, MP Editora, 2008.

STRECK, Lenio Luiz; MORAIS, José Luis Bolzan de. *Comentários à Constituição do Brasil* (obra coletiva). São Paulo, Saraiva/Almedina, 2013.

QUESTÕES DE EXTRAFISCALIDADE TRIBUTÁRIA NAS DEMOCRACIAS CONTEMPORÂNEAS

NATERCIA SAMPAIO SIQUEIRA

RAFAEL MARCÍLIO XEREZ

Introdução. 1. (1.1) A isenção é um incentivo fiscal? E a alíquota zero? A imunidade? A redução da base de cálculo? São incentivos ou possíveis meios para concedê-los? 2. (1.4) Uma redução do ônus tributário decorrente da ausência de capacidade contributiva, como o limite de isenção estabelecido para imóveis residenciais de pequeno valor, por exemplo, é um incentivo fiscal? E a redução estabelecida em função de algum mal sofrido pelo contribuinte, como uma doença? (1.4). 3. (2.5) É certo que a vigente Constituição Federal, em pelo menos seis dispositivos, a saber, art. 1º, III; art. 151, I; art. 159, I, "c"; art. 161, II; art. 165, § 7º, e art. 170, VII, preconiza providências objetivando a redução das desigualdades regionais existentes no País? Esse fato deve ter, ou não, alguma influência na interpretação e na aplicação de leis a respeito de incentivos fiscais que tenham por objetivo atrair empresas para regiões pobres? (2.4). 4. (3.1) Em quais hipóteses a concessão de incentivo fiscal a determinado contribuinte, ou grupo de contribuintes, será compatível com o princípio da igualdade? 5. (5.) Há algum outro aspecto relevante, relativo aos incentivos fiscais, não abrangido pelas questões anteriores?

Introdução

Mais uma vez merece aplauso a iniciativa do ICET, tanto pelo tema proposto como pela metodologia e reunião de estudiosos sobre o assunto. De fato, a extrafiscalidade é matéria das mais relevantes, que encontra por desafios desde a coerência conceitual dos seus institutos até a sua compatibilidade com o todo principiológico que caracteriza a Constituição brasileira.

A precisão, atualidade e relevância presentes nas indagações formuladas aos colaboradores, que estão a estabelecer um roteiro instigante, posto que exigente da mais absoluta responsabilidade na forma de coerência, já estabelecem as vigas mestras para um exercício verdadeiramente estimulante de reflexões.

Nesse espírito, ao analisar as questões propostas, os autores deste artigo decidiram por concentrar-se naquelas cujo tratamento implica o enfrentamento dos aspectos que se julgam mais relevantes à extrafiscalidade: a sua análise diante das exigências do mercado. Ou seja, as questões escolhidas assim o foram por permitirem um roteiro em que os autores possam explorar a relação entre extrafiscalidade, mercado, igualdade e liberdade, no contexto das democracias contemporâneas.

Por esse caminho, foram tecidas as respostas das indagações propostas, com preocupação eminente com uma teoria da extrafiscalidade que seja compatível com institutos elementares às sociedades democráticas.

1. A isenção é um incentivo fiscal? E a alíquota zero? A imunidade? A redução da base de cálculo? São incentivos ou possíveis meios para concedê-los?

Para responder à referida indagação, é necessário que se conceitue incentivo fiscal. Compreende-se que incentivo fiscal não se confunde com qualquer redução ou desoneração tributária. Antes, ele consubstancia regra normativa de desoneração tributária, total ou parcial, que resulta da discricionariedade do legislador ou constituinte. Ou seja, o incentivo não seria decorrência necessária de algum preceito, direito, princípio ou valor jurídico. Embora deva ser neles respaldado, o incentivo não consubstancia área de intributabilidade, mas decorre do sopesamento político – portanto discricionário – sobre instrumento adequado, necessário e suficiente para promover determinado interesse albergado pelo ordenamento jurídico.

Desta feita, tanto a isenção como a imunidade e a alíquota zero podem, ou não, consubstanciar incentivo fiscal. Veja-se, primeiramente, o caso da isenção. Não obstante parcela expressiva da doutrina a conceitue como causa que obsta a incidência tributária, uma vez que retiraria do âmbito de abrangência da hipótese de incidência determinada pessoa, objeto ou situação, tanto o CTN como o STF a conceituam como causa de exclusão da obrigação tributária. Nesse último caso, o fato gerador se formaria, assim como nasceria a obrigação tributária, não obstante a isenção excluir ao sujeito passivo o dever de realizar o respectivo pagamento.

A questão é que carece de qualquer lógica uma obrigação desprovida do dever de pagar. A obrigação tributária apresenta a mesma estrutura da obrigação do direito privado: sujeito ativo (titular do crédito), sujeito passivo (titular do débito) e prestação. Ora, uma obrigação que careça do dever subjetivo de realização do pagamento não é obrigação, pois lhe falta um dos elementos estruturantes (débito). A figura, portanto, da isenção como exclusão do crédito não se sustenta face à análise ontológica dos institutos do direito tributário.

Mas independentemente da conceituação da isenção como exclusão da incidência normativa ou exclusão do crédito tributário, não se altera a resposta a dar à problemática constante do enunciado: a isenção não é, necessariamente, incentivo fiscal. Quando concedida com respaldo – por exemplo – no mínimo vital, ela revela-se como necessária, uma vez que está a consubstanciar área de intributabilidade. Ainda que haja certa discricionariedade política quanto aos contornos exatos da isenção, ela revela-se indispensável à realização de um princípio constitucional fundamental.

A mesma resposta dá-se à imunidade, que é conceituada como regra constitucional que exclui determinada pessoa, objeto ou situação do poder de tributar. Ou seja, a imunidade delimita negativamente a competência tributária ao obstar, ao ente federado, o poder para tributar determinada pessoa, objeto ou situação. A imunidade, entretanto, pode resultar de sopesamento discricionário por parte do constituinte ou consubstanciar área de intributabilidade; é o que a profa. Regina Helena Costa (2009, p. 82) denomina imunidade política ou ontológica. A política é aquela cuja exclusão de competência não é obrigatória, ao passo que a ontológica decorre, necessariamente, de um direito ou princípio indispensável às democracias contemporâneas. Por exemplo: a imunidade do ICMS sobre exportação não é obrigatória à realização de cláusulas pétreas; antes, resulta da política de comércio exterior, que se encontra disponível ao legislador. Já a imunidade recíproca revela-se elementar à Federação, de forma que a sua expressa previsão normativa cristaliza área de intributabilidade.

Por fim, tem-se a alíquota zero. Ainda que esta seja compreendida como mero elemento da obrigação tributária, adota-se o entendimento de que ela possui por efeito a exclusão de determinada pessoa, objeto ou situação cuja tributação é sujeita à alíquota zero, do raio de incidência do tributo. Isso porque inexiste obrigação desprovida do dever – conforme já assinalado anteriormente. Até porque o tributo, que é qualificado pela compulsoriedade, vê-se desprovido de referida característica elementar quando se extrai do sujeito passivo o dever de pagamento.

Não obstante, a polêmica doutrinária acerca da natureza da alíquota zero – se causa ou não da exclusão da incidência tributária – não interfere na resposta a dar à questão: a alíquota zero tanto pode resultar de política econômica ou social, discricionária e disponível ao Poder Executivo, como pode ser estipulada como instrumento de realização de princípio e direito fundamental à Constituição federal. Nesse último caso, não é incentivo fiscal.

> **2.** ***Uma redução do ônus tributário decorrente da ausência de capacidade contributiva, como o limite de isenção estabelecido para imóveis residenciais de pequeno valor, por exemplo, é um incentivo fiscal? E a redução estabelecida em função de algum mal sofrido pelo contribuinte, como uma doença?***

O caso exemplificado na presente questão ilustra, à perfeição, o que se falou anteriormente. Tanto a isenção do IPTU como a decorrente de doença revelam-se instrumentos necessários à proteção do mínimo vital, que é indispensável à dignidade humana. Aqui, se pode falar de área intributável, ainda que reste alguma discricionariedade ao legislador para traçar os exatos lindes da não tributação.

> **3.** ***É certo que a vigente Constituição Federal, em pelo menos seis dispositivos, a saber, art. 1º, III; art. 151, I; art. 159, I, "c"; art. 161, II; art. 165, § 7º, e art. 170, VII, preconiza providências objetivando a redução das desigualdades regionais existentes no País? Esse fato deve ter, ou não, alguma influência na interpretação e na aplicação de leis a respeito de incentivos fiscais que tenham por objetivo atrair empresas para regiões pobres?***

Ainda que o incentivo fiscal resulte da discricionariedade política por parte do legislador ou mesmo do constituinte, ela deve ser respaldada em algum direito ou interesse, ou princípio previsto pela Constituição, ou mesmo em lei, de forma que não resulte em mero privilégio fiscal.

Não se pode esquecer do normal. O normal, em direito tributário, é que a capacidade contributiva atue como critério de comparação entre contribuintes e de estipulação da carga tributária. Isso significa que as pessoas devem ser equiparadas e diferenciadas em função da capacidade contributiva, assim como a carga tributária deve ser fixada com parâmetro na riqueza revelada pelo particular e captada pelo aspecto material da hipótese de incidência.

Por outras palavras: a capacidade contributiva é o critério apto à realização da isonomia e quantificação da carga tributária na tributação fiscal. Tanto porque ela intui o sentimento de justiça fiscal, intrinsecamente relacionado à igualdade, como porque a capacidade contributiva possibilita a neutralidade tributária no mercado. Veja-se, por exemplo, que se indispõe (*prima facie*) ao senso comum de justiça que uma pessoa, em razão de sua profissão ou da função por si exercida, pague menos imposto de renda. Em contrapartida, atinge fóruns de unanimidade a adoção do valor da renda como critério quantificador do IR. Não por menos, a Constituição Federal exclui por parâmetro de comparação a função ou profissão (art. 150, II), ao tempo em que determina que os impostos sejam estipulados de acordo com a capacidade econômica do contribuinte (art. 145, § 1º).

Isso significa que pelo senso de justiça tributária compartilhado por uma sociedade democrática, na qual todos se compreendem como iguais, a distribuição equânime da carga tributária se dá pelo critério da capacidade contributiva: contribui para o custeio geral do Estado quem possui capacidade econômica e na sua medida. Por outro lado, para que se assegure a igual liberdade imanente a uma democracia, não se prescinde do instituto do mercado, cuja espontaneidade fica a depender da neutralidade tributária sobre a concorrência.

Tais considerações serão esmiuçadas adiante, quando melhor será abordada a relação entre isonomia, neutralidade tributária e mercado. Por ora, quer-se adiantar a conclusão de que o normal, seja em razão do senso de justiça tributária compartilhado em uma democracia, seja em consideração à espontaneidade do mercado, é que a tributação se realize sob o parâmetro da capacidade contributiva. Ou seja, na tributação, cuja função seja a de "contribuir" para o custeio estatal (# remuneração), o critério normalmente utilizado para a distribuição da carga tributária deve ser a capacidade econômica do particular de contribuir para os gastos públicos.

A afirmação, desta feita, de que o normal ou a regra manifesta-se na tributação de função arrecadatória (fiscal), cujo critério de comparação e quantificação é a capacidade contributiva, chama a atenção para o fato de que a tributação extrafiscal é a exceção, que precisa ser justificada em interesses públicos resguardados pelo ordenamento jurídico. Mas não basta – e é este o ponto que se quer frisar – a justificação da tributação extrafiscal em algum interesse público albergado pelo ordenamento jurídico, já que muitos o são, indo da ordem econômica à saúde, segurança, lazer, esporte, tecnologia, arte, cultura... Veja-se que, se a mera justificação fosse suficiente para a instituição da extrafiscalidade, sem consideração ao "normal", perder-se-ia por perspectiva a "normalidade" da tributação.

Isso significa que a urgência e a relevância devem qualificar o excepcional. Por esse viés, a reiteração com a qual a Constituição Federal trata da mitigação das desigualdades socioeconômicas, abordando-a não apenas como objetivo da República Federativa do Brasil, mas especializando-a ao direito tributário, financeiro, orçamentário e à ordem econômica, significa o reconhecimento do seu caráter urgente e relevante; por conseguinte, da sua aptidão para servir de critério de justificação à extrafiscalidade. Mas ainda se pode ampliar as indagações no sentido de se a urgência e a relevância de determinado valor, interesse ou direito, aptas a respaldar a extrafiscalidade, deveriam ser expressas na Constituição, à moda como o foi a redução da desigualdade socioeconômica.

Melhor explicando: o art. 151, *caput*, da CF foi expresso ao excepcionar a unicidade da tributação federal em caso do desenvolvimento socioeconômico; tem-se, aqui, o reconhecimento de critério pelo qual se poderá instituir uma tributação extrafiscal em substituição à de caráter fiscal. Mas se a Constituição foi expressa ao possibilitar a extrafiscalidade no *caput* do art. 151, como também o faz, é exemplo, no IPTU, tal não significa a necessária autorização ou permissão constitucional para que uma política extrafiscal seja adotada? Para que, então, a Constituição teria sido explícita ao permitir a extrafiscalidade nos casos de redução das desigualdades sociorregionais e do cumprimento da função social da propriedade, se ao legislador infraconstitucional coubesse ampla discricionariedade no reconhecimento da urgência e relevância de determinado interesse, que fossem aptas a justificar a tributação intervencionista? Pensa-se ser essa uma indagação que merece ser refletida no âmbito da tributação extrafiscal.

Ao final das considerações referentes à presente questão, é importante que se ressalte que a possibilidade de que a extrafiscalidade encontre como causa o desenvolvimento socioeconômico não deve se limitar à tributação federal, conforme o *caput* do art. 151 da CF. Aqui, faz-se necessário o uso de uma análise do todo constitucional. O fato é que a erradicação da pobreza e a marginalização, assim como a redução das desigualdades sociais e regionais, são objetivos fundamentais da República Federativa do Brasil, que é composta por três entes federados: a União, os Estados e os Municípios. Cabe, portanto, às três esferas federativas a realização desse objetivo constitucional; não apenas a uma.

Nesse diapasão: a CF reconhece, expressamente, a possibilidade de os Estados e o DF concederem isenções, benefícios e incentivos fiscais, ainda que por deliberação conjunta, conforme o disciplinado em LC (art. 155, § 2º, XII, "g"). Veja-se que sem delimitar as razões possíveis de estipulação de incentivos fiscais, a Constituição parece ter dado um cheque em branco aos Estados, não obstante as limitações de ordem formal. Disso, duas conclusões podem ser tiradas: a) de primeiro, que a ausência de estipulação constitucional das possíveis razões de extrafiscalidade abriga a redução das desigualdades sociorregionais como causa de incentivo fiscal, em especial porque a urgência e a relevância de referido objetivo institucional foram reconhecidas em várias passagens da Constituição Federal; b) de segundo, que a rigidez formal vem a compensar a ampla discricionariedade dada à instituição de benefícios e incentivos fiscais em matéria de ICMS. As restrições de ordem formal estão a conter a discricionariedade em relação às causas de extrafiscalidade. Isso porque a exigência da deliberação em conjunto pressupõe o debate, a reflexão e a multiplicidade de considerações que previnem à extrafiscalidade descaracterizar-se em casuísmos, imediatismos e oportunismos, que comprometeriam a construção estratégica e coerente de uma política tributária intervencionista e cooperativa.

Mas tampouco o condicionamento pela CF da concessão de incentivos, benefícios e isenções tributárias, em matéria de ICMS, à deliberação conjunta dos Estados, significa que a construção reflexiva, estratégica, cooperativa e coerente de uma política de extrafiscalidade deva atingir fóruns de unanimidade. Nesta, é suficiente a vontade de um ente federativo para desconstruir toda uma política intervencionista. Por conseguinte, prejudica a cooperação federativa, uma vez que possibilita a um único ente federado desconstruir todo um esforço coletivo de intervenção responsável.

Ou por outras palavras: a imposição da Constituição para que a política de incentivos fiscais resulte da deliberação em conjunto dos entes federativos pretende, por exato, que ela não fique na dependência exclusiva e arbitrária de um único Estado; o que termina por ocorrer quando se exige como quórum deliberativo a unanimidade. Ao preservar-se o entendimento da constitucionalidade da LC 24, compromete-se a cooperação federativa em políticas – talvez – eficientes para desenvolver objetivos inerentes à República Federativa brasileira, como a extirpação da pobreza e marginalidade e a redução das desigualdades sociais e regionais.

4. *Em quais hipóteses a concessão de incentivo fiscal a determinado contribuinte, ou grupo de contribuintes, será compatível com o princípio da igualdade?*

Referida questão revela-se extremamente pertinente. A questão é que a igualdade implica a análise da constitucionalidade do critério erigido pelo ordenamento jurídico para igualar ou desigualar dois termos.

Não há um conteúdo específico para igualdade. Nada mais abstrato do que afirmar que a igualdade consiste em tratar igualmente os iguais e desigualmente os desiguais, já que duas pessoas, coisas ou situações nunca são totalmente iguais ou desiguais. O definitivo consiste na legitimidade do parâmetro escolhido para comparar; ou seja, para igualar e diferenciar.

Ademais, a legitimidade ou constitucionalidade do parâmetro utilizado para comparar carece do exame da sua adequação à finalidade legal sob o pálio da Constituição Federal. Ao tratar da isonomia, a

Constituição Federal já afastou o critério funcional (art. 150, II), assim como o geográfico (arts. 151, I, e 152), em matéria tributária. Ou seja, para fins de incidência de tributos, os contribuintes não devem ser comparados – equiparados ou diferenciados – pelo critério da profissão ou da localização geográfica. Por outro lado, a CF determinou que os impostos deverão ser graduados segundo a capacidade econômica do contribuinte. Ora, a eleição da capacidade econômica como critério de quantificação do imposto significa que ela será o critério utilizado para comparar os contribuintes na incidência de impostos. Veja-se: se o tributo é calculado com parâmetro na riqueza, a consequência é que o particular será chamado ao custeio do Estado na medida da sua riqueza, o que pressupõe a existência da riqueza. A riqueza apta ao custeio do Estado passa a ser o elemento utilizado para comparar os particulares, distinguindo os que devem pagar impostos dos que não o devem fazer; mais, determinando o quanto cada qual deverá pagar de tributo.

Mas a eleição da capacidade contributiva como o principal critério para quantificar o tributo e comparar os contribuintes refere-se à tributação fiscal ou arrecadatória, que deve ser a predominante em uma sociedade democrática que leve a igualdade e a liberdade a sério. Ocorre que a tributação extrafiscal implicará, precisamente, o afastamento parcial ou mesmo total da capacidade contributiva como critério de quantificação tributária e comparação dos contribuintes. É exemplo: a isenção concedida para estabelecimentos hoteleiros que se fixem em determinada faixa do litoral nordestino, em razão do desenvolvimento socioeconômico, é passível de diferenciar contribuintes que apresentem a mesma capacidade contributiva. Aqui, a riqueza do particular não será o critério utilizado para comparar o contribuinte com os demais, incluindo-o ou excluindo-o da tributação; mas o subdesenvolvimento socioeconômico de determinada região, que justifica a extrafiscalidade como forma de atração de investimentos que gerem empregos e movimentem a economia local.

O critério utilizado para a comparação dos contribuintes, no exemplo anterior, é reconhecido expressamente pela Constituição Federal como passível de justificar a concessão de incentivos fiscais; o que foi objeto de análise na Questão 3. Veja-se bem: a própria Constituição Federal reconheceu, expressamente, a possibilidade de afastar a capacidade contributiva como critério de comparação, para adotar o desenvolvimento socioeconômico. Nesse caso, a extrafiscalidade não afronta a isonomia, uma vez que o incentivo é reconhecido, constitucionalmente, como instrumento apto à promoção do desenvolvimento socioeconômico de regiões carentes, o que, por sua vez, consubstancia objetivo fundamental da República Federativa Brasileira.

A extrafiscalidade – é a conclusão – não afronta a isonomia; antes, para ser constitucional, deve realizar a igualdade, de forma que o fator de comparação seja adequado e pertinente à realização de fins constitucionais. No exame da pertinência não se pode, entretanto, considerar que ela se baste na análise da adequação de certo incentivo para desenvolver ou estimular determinado interesse protegido pelo ordenamento jurídico. É também fundamental que se analise a urgência e relevância da extrafiscalidade, de forma que de excepcional não se transmude em normal. Sob esse aspecto, uma vez mais se retorna ao questionamento de se o legislador seria livre na instituição da extrafiscalidade ou se deveria cingir-se a instituir os incentivos fiscais nos casos em que o constituinte o permite.

5. *Há algum outro aspecto relevante, relativo aos incentivos fiscais, não abrangido pelas questões anteriores?*

Em relação à extrafiscalidade, revela-se de suma importância avaliar a Constituição brasileira, para discernir o normal do excepcional.

Isso porque no Brasil a assimilação de uma Constituição democrática, que alberga em seu bojo diversos interesses que não teriam uma relação *a priori* de preferência, concomitante à ausência de uma mentalidade, efetivamente, reflexiva sobre o significado, alcance, causa e finalidade de cada um desses interesses, tem tido por consequência o escamoteamento, nas brechas do balanceamento principiológico, da subjetividade. Referida problemática revela-se especialmente importante em relação ao mercado quando se trata da extrafiscalidade tributária.

Isso porque a superação de um contexto constitucional liberal – que, seja como for, nunca se fez sentir em sua pureza no Brasil – pelo intervencionismo foi acompanhada do discurso da equivalência dos vários institutos de diferentes naturezas. Por consequência: reconhecendo ao mercado a mesma relevância de outros interesses, valores, princípios e direitos constitucionais, como a saúde, o consumo, a cultura, o meio ambiente, as artes e a tecnologia, chegou-se à fácil conclusão de que à substituição da tributação fiscal pela extrafiscal basta que a última se fundamente em algum desses institutos. No sopesamento, sem que se aquilate a amplitude e o lugar de cada instituto, a compreensão pela primazia de determinado princípio ficaria a depender do que se compreende urgente na situação específica.

Sobre referida problemática, em momento anterior, a coautora (2012, p. 356) deste artigo já teve oportunidade de considerar:

> Por resultado: ao ver-se absorvendo a teoria mais moderna sobre um modelo de Estado democrático, os brasileiros, nem sempre, conseguem aquilatar a real importância e nem o lugar dos vários direitos e institutos constitucionais. É o que acontece com o mercado.
>
> A ele é atribuído lugar de igual hierarquia a tantos outros institutos constitucionais. Neste contexto, sempre que haja um conflito entre mercado e outro princípio ou direito, como meio ambiente e saúde, o legislador e mesmo o judiciário sentem-se livres para averiguar o princípio que tenha precedência. Qualquer princípio, desta feita, seria apto a afastar o mercado.
>
> Neste proceder, o risco de que o normal – mercado – se torne excepcional e de que um estado de Fins paternalista vá se entranhando no Estado democrático de direito, utilizando-se dos diversos direitos que demandam a intervenção pública como seu cavalo de Troia.

Para evitar que a extrafiscalidade transforme o sopesamento, a partir do pressuposto da equivalência entre mercado e outros interesses, em mero subjetivismo, é necessário que se analise a relação entre o mercado econômico e as liberdades fundamentais, para que se compreenda por que as relações mercadológicas devem ser qualificadas como o "normal" na economia.

Ou seja: compreende-se que ao estudo da extrafiscalidade é fundamental a análise do mercado, de maneira que o normal não se transforme no excepcional mediante amplo subjetivismo, que fugiria à análise crítica pela aparente racionalidade proporcionada pela técnica do sopesamento, que pressupõe a equivalência entre os vários valores, princípios, direitos e institutos constitucionais.

É, portanto, fundamental a análise do mercado, em especial da sua relação com os direitos fundamentais, mediante o propósito de verificar se o mercado, efetivamente, corresponde ao normal. Em tal assunto, são de grande elucidação os escritos de Dworkin, que já em seu livro *Uma Questão de Princípio* assinalava a relação entre mercado e igualdade.

O jurista norte-americano (2000, pp. 285-286) partiu da premissa inicial de que a igualdade demandaria do governo tratar todos com igual interesse e consideração, o que apenas ocorreria se o governante não elegesse ou considerasse um modelo de vida melhor do que outro. A igualdade, portanto, consistiria em atribuir igual importância a todos os modelos de vida possíveis em uma democracia. Em seguida, Dworkin (2000, pp. 288-291) enfrentou o problema da distribuição dos bens sociais nesse ambiente pluralista, caracterizado pela escassez de bens: em razão da diversidade de gostos, interesses e modelos de vida, qual o critério que deve ser utilizado para determinar a) que bens deverão ser produzidos, b) a que custo e c) de que forma deverão ser distribuídos?

No enfrentamento de referido problema, ressalta por evidente que a vontade governamental não pode servir de referido critério: caso coubesse ao governo decidir sobre os bens a serem produzidos, a forma de distribuição e o custo da produção, ele estaria por eleger um modelo de vida em detrimento de outros. Para melhor esclarecer esse aspecto, Dworkin (2005, p. 81) imagina e trabalha o exemplo do leilão em uma ilha deserta, para demonstrar que a distribuição dos recursos sociais deve ser em função da soma das preferências pessoais, mas não da imposição centralizada de um modelo de vida, que prejudicaria a igualdade. A partir daí, outra não é a conclusão: o mercado, como soma das preferências pessoais, é o critério adequado para estabelecer que bens devem ser produzidos, a que custo e de que forma devem ser distribuídos.

A função do mercado como instrumento hábil para revelar as preferências sociais já vem sendo realçada desde os escritos de Hayeck (1978, p. 117), que já afirmava conter o preço uma plêiade de informações e conhecimentos sobre os gostos e interesses sociais mais acurada do que qualquer planejamento econômico. Ainda que sem se reportar diretamente a Hayeck, Dworkin resgata essa relação do mercado como instrumento essencialmente democrático e igualitário, uma vez que propiciaria à distribuição de bens sociais, em ambiente caracterizado pelas diferenças, ter por critério a aglutinação das preferências pessoais, e não uma vontade centralizada, que se pretende superior e melhor do que as demais.

Dentro, portanto, dessa relação entre mercado, igualdade e liberdade, característica das democracias contemporâneas, justifica-se a afirmação de que o mercado deve ser o critério "normal" para decidir-se acerca a) dos bens a serem produzidos, b) dos custos e c) da distribuição. E a eleição do mercado como o normal critério apto à distribuição dos bens sociais leva à compreensão da tributação de caráter fiscal, com esteio na capacidade contributiva, como a "normal" sistemática tributária, já que ela tende a não intervir nas escolhas de produção e consumo, preservando a espontaneidade de funcionamento do mercado.

Por óbvio, entretanto, que o "normal" não se conceitua por "exclusivo", de forma a repelir qualquer intervenção. Dworkin assim não o faz. Nem mesmo Hayeck. O fato é que várias são as causas que possibilitam a intervenção no mercado, da qual a tributação pode ser instrumento. Da própria leitura da obra de Dworkin (2000), vê-se que ele não se indispõe à discriminação inversa – quotas de ingresso em faculdades reservadas para negros – nem às políticas estatais de fomento a determinadas atividades culturais, cujo custo elevado não as tornaria absorvíveis pelo mercado.

Pode-se, ainda, citar a justa oportunidade, a concepção das pessoas como igualmente livres e a base social do autorrespeito, que demandam políticas intervencionistas na ordem social, econômica e mesmo cultural. Mas, ainda, aqui, tem-se que manter a perspectiva do mercado como o "normal".

A aceitação das escolhas do mercado como o normal critério a partir do qual se deva deliberar sobre a produção e distribuição dos bens sociais demanda uma conduta de tolerância e respeito mútuo, sem pretensões de direcionamento dos recursos sociais para a maximização de bens que seriam os mais relevantes ao modelo de uma vida boa. As intervenções, desta feita, devem ser pensadas: a) como excepcionais e b) de tal forma que não impliquem a escolha de um modelo de vida pretensamente superior em relação aos outros. Ou seja, deve-se pensar na extrafiscalidade não como possibilidade de excepcionar a igualdade, nessa sua exigência de considerar todos os modelos como igualmente bons, que é elementar à democracia. Antes, a própria política de extrafiscalidade deve ser pensada em conformidade ou mesmo com a finalidade de realização da igualdade nesse seu aspecto.

Veja-se que aqui já se colocam alguns pontos que se entende que devam ser debatidos quando se fala de extrafiscalidade. Bem verdade que se antecipou o posicionamento referente a essas questões, mas o fundamental é que se debata a extrafiscalidade sob a perspectiva do mercado: a) o mercado é o critério que "normalmente" deve ser utilizado para se definir a distribuição dos bens sociais? b) quais os casos em que se faz legítima a excepcionalidade de uma política intervencionista? c) quais os limites a uma política intervencionista? d) a extrafiscalidade deve compatibilizar-se com a exigência axiológica, que alguns compreendem como imanente à democracia, de que todos os modelos de vida possíveis são igualmente bons? e) essa é a concepção de igualdade que deve servir de limite ou condicionamento último à extrafiscalidade?

Referidas questões, é a conclusão final, embora convidem a um debate complexo e denso cujas fronteiras se confundem com a economia e a teoria da justiça, devem ser enfrentadas para que se tenha uma política extrafiscal séria e coerente com o todo constitucional.

Bibliografia

BALEEIRO, Aliomar. *Limitações Constitucionais ao Poder de Tributar*. Atualização e complemento de Misabel Abreu Machado Derzi. 7ª ed. Rio de Janeiro, Forense, 1997.

COSTA, Regina Helena. *Curso de Direito Tributário: Constituição e Código Tributário Nacional*. São Paulo, Saraiva, 2009.

DWORKIN, Ronald. *Uma Questão de Princípio*. Trad. de Luís Carlos Borges. São Paulo, Martins Fontes, 2000.

________. *Virtude Soberana: Teoria e Prática da Igualdade*. Trad. de Jussara Simões. São Paulo, Martins Fontes, 2005.

HAYECK, Friedrich. *Law, Legislation and Liberty: Rules and Order*. vol. 2. Chicago, The University of Chicago Press, 1978.

SIQUEIRA, Natercia Sampaio. "Mercado: uma questão de sustentabilidade da democracia". In CONPEDI/UFF (org.). *Direitos Fundamentais e Democracia II*. Florianópolis, FUNJAB, 2012.

REGIME JURÍDICO DOS INCENTIVOS FISCAIS

REGNOBERTO MARQUES DE MELO JR.

1. Antelóquio. 2. Conceito de incentivo fiscal. 3. Parâmetros do incentivo fiscal. 4. Comentos a aplicações objetivas do incentivo fiscal. 5. Epílogo.

1. Antelóquio

Este artigo limita-se a refletir sobre aspectos empíricos do incentivo fiscal. E, ao fazê-lo, considerará a sua gênese estrutural consubstanciada no regime jurídico. A locução "regime jurídico dos incentivos fiscais" é destaque necessário e não figura de linguagem reforçativa. É que, ao qualificarmos de regime jurídico o enfoque analítico de certo ente de Direito, estamos a nos reportar ao seu correspondente sistema jurídico. E sistema jurídico não se confunde com direito positivo *ex se*. A partir de sua concepção, sobrestimada a partir do século XIX, direito positivo coarcta o enfoque jurídico ao simples direito em vigor. Direito em vigor em acordo simétrico com as regras "secretadas" pelos órgãos do Estado, entendido este como o aparelho do poder. Se for verdadeira a premissa de que sistema jurídico não se confunde com direito positivo em sentido estrito, é igualmente verdadeira a proposição de que o jurista inexoravelmente se vale do direito positivo a título de plataforma material *sine qua non* para aplicação de seu arsenal lógico-teorético bastante a cumprir o seu múnus (do jurista) de descrever a norma regedora de relação jurídica a si (jurista) antojada a partir de fato do mundo material. Por isso é válida a inferência de que, nada obstante o positivismo jurídico restar incorrespondido a uma teoria sobre a natureza do Direito, o positivismo jurídico é elemento inseparável da lógica jurídica. A lógica jurídica, por seu turno, jamais terá a pretensão de ser a pura, a formal. A lógica jurídica é a do razoável.

Almeja a equidade que contém, de sua vez, em si, a ideia do justo em última análise, muito embora firmada em elementos contaminados com injustiças de todo jaez, como é próprio dos veículos legislativos. Desse prisma, vale a relembrança de que deve o jurista (cientista, ou não, é dizer, dedicado, ou não, a solucionar um específico problema à luz do direito positivo) esforçar-se sempre em direitura ao autossoerguimento do mediocrizante mister de servir de mero descritor da dimensão prescritiva ou normativa, mutante, aliás, ao sabor do arbítrio caprichoso do príncipe jurisdicionante da hora, titular do poder. A dimensão prescritiva é, ainda nos dias correntes, proveniente especialmente da ilusão de organicidade legislativa, haurida das escolas exegéticas codificadoras do século XVII, que, embaladas pela famigerada ideia de "particularismo jurídico", malgrado a forte oposição de François Gény (1861-1959), ainda tentam encapsular o direito em excertos legais e/ou de hierarquia constitucional e deles dizer e aplicar o direito ao fato posto. Ora, consulta à segurança jurídica a organicidade jurídica logicada pela via legal e constitucional. O que se fala aqui e agora é apenas do cuidado reflexivo que deve assumir o jurista de fugir à tentação de, na descrição relacional jurídica a partir do direito positivo, vir a transmutar, efetivamente, o discurso jurídico em discurso político do momento. O plano deste texto está em cinco pontos. O primeiro cuida do conceito e terminologia do incentivo fiscal. O segundo ponto diz respeito aos parâmetros ou limites formais ao incentivo fiscal. O terceiro ponto diz respeito aos limites ou aplicações materiais do incentivo fiscal. O quarto e último ponto fala sobre o incentivo fiscal e a segurança jurídica.

2. Conceito de incentivo fiscal

Incentivo fiscal é benesse adrede agraciada pelo regime jurídico tributário com o objetivo de suscitar ou medrar (avolumar, intensificar) certa conduta de contribuinte, colimando ação, temporária ou permanente, assim tida por produtiva pela ordem jurídica. O traço comum ao incentivo fiscal é a distinguibilidade do tratamento tributário distintamente beneficiário em certas condições. Essa beneficência só por si pode situar o incentivo fiscal em sede fronteiriça tal que embarace o seu reconhecimento com os de outra etiologia e fins, como a isenção, programas de recuperações fiscais e quejandos. A boa doutrina, malgrado o embaraço, fornece-nos elementos para nitidizarmos o incentivo fiscal a partir do seu conceito e daí o apartarmos desses institutos afins.[1] Em suma apertada, seriam os seguintes: primeiro, o incentivo fiscal aloca-se em regime legal que lhe empresta especial e claro incentivo desonerador; segundo, como o objeto do incentivo fiscal é gizado em regra legal especial, o incentivo fiscal que carreia a graça desobrigativa permite-nos visualizar-lhe a teleologia como sempre desconfundível de institutos clássicos que tenham escopo apartado dessa emulação desoneradora, como a citada isenção; terceiro, não se limitando o favorecimento do incentivo fiscal a bisar entes clássicos de exclusão tributária, como anistia, o tratamento distintivo outorgado pelo incentivo fiscal há de necessariamente premunir a mantença eficacial especialmente do princípio da igualdade tributária normado no inciso II do art. 150 da Constituição Federal de 1988.[2]

3. *Parâmetros do incentivo fiscal*

A reverência que o tratamento distintivo veiculado pelo incentivo fiscal há de necessariamente outorgar ao princípio da igualdade tributária normado no inciso II do art. 150 da Constituição Federal de 1988 encontra materialidade, no susodito plano eficacial, na harmonia que a regra incentivadora amostrará quando em cotejo ao contexto finalístico fundamental do Estado Democrático de Direito, prescrito sobretudo nos direitos e garantias constitucionais versadas em todo sistema constitucional axiológico nacional, inclusive e sobretudo desde o Preâmbulo.[3]

1. Vide, por todos, Hugo de Brito Machado Segundo e Raquel Cavalcanti Ramos Machado, "Algumas notas sobre o regime jurídico dos incentivos fiscais", in Valdir de Oliveira Rocha (coord.), *Grandes Questões Atuais do Direito Tributário*, vol. 17, São Paulo, Dialética, 2013, pp. 121-131.

2. *In verbis*: "Seção II – Das Limitações do Poder de Tributar. Art. 150. Sem prejuízo de outras garantias asseguradas ao contribuinte, é vedado à União, aos Estados, ao Distrito Federal e aos Municípios: (...) II – instituir tratamento desigual entre contribuintes que se encontrem em situação equivalente, proibida qualquer distinção em razão de ocupação profissional ou função por eles exercida, independentemente da denominação jurídica dos rendimentos, títulos ou direitos".

3. Deslocada, na Constituição norte-americana, para o seu Epílogo, inclusive com a citação às bênçãos de DEUS, detalhe que injustificada e desrazoadamente certa doutrina brasileira malsã insiste em hereticamente alijar de força normativa sob a

Desse sistema constitucional axiológico nacional, além do excerto do inciso II, o art. 150 agrega no seu § 6º, na redação dada pela Emenda Constitucional 3, de 1993, assim escrito:

> § 6º. Qualquer subsídio ou isenção, redução de base de cálculo, concessão de crédito presumido, anistia ou remissão, relativos a impostos, taxas ou contribuições, só poderá ser concedido mediante lei específica, federal, estadual ou municipal, que regule exclusivamente as matérias acima enumeradas ou o correspondente tributo ou contribuição, sem prejuízo do disposto no art. 155, § 2º, XII, "g".

Depreende-se, especialmente das lições de Hugo Segundo e Raquel Machado,[4] que são critérios objetivos para a concessão de incentivos fiscais, encarado o conjunto regrista, especialmente o trecho encimado, que, *in primo*, é limite formal para a benfeitoria fiscal, como corolário do princípio da legalidade previsto no inciso II do art. 5º e inciso I do art. 150 da Constituição federal de 1988 e do princípio federativo, primeiro, que (o incentivo fiscal) venha a lume pelo conduto de lei material e formal de ente tributante com competência plena (para a exação e desoneração). Segundo, que da lei especial não decorram, obviamente, malferimentos aos demais sobreprincípios constitucionais tributários como o da isonomia (citado no art. 150, II), vedação ao confisco (art. 150, IV), enfim.[5] Terceiro, que da textualização dessa lei especial, vocalizada por ente com competência tributária, ressaia claramente a singularidade do incentivo fiscal. A propósito, lei especial não significa lei específica. A mim me parece que o sistema

ingênua argumentação de laicidade estatal, desconsiderando as raízes históricas da patrística cristã, que acrisolou, desde Agostinho, a noção de *lucrum* e usura, bem como equidade, que somente séculos depois foram aproveitadas por Roma em seus estertores civilizatórios como o famigerado *Corpus Juris Civilis*, e que somente graças ao direito canônico, que amalgamou o tal direito romano ao germânico, nos permitiu a sobrevivência de ideários como a noção de justiça, como o *jus suum cuique tribuere* (dar a cada um o que é seu).

4. Hugo de Brito Machado Segundo e Raquel Cavalcanti Ramos Machado, "Algumas notas sobre o regime jurídico dos incentivos fiscais", in Valdir de Oliveira Rocha (coord.), *Grandes Questões Atuais do Direito Tributário*, cit., pp. 122-127.

5. Paulo Cesar Baria de Castilho, *Confisco Tributário*, São Paulo, Ed. RT, 2002. Joseph Isenbergh, *International Taxation*, New York, Foundation Press, 2000.

tributário não proíbe o trazimento de incentivo fiscal (ou benefício fiscal, alívio fiscal, expressões que as tenho como sinônimas) em lei que disponha sobre normas gerais. Seria essa exigência, aliás, para mim, uma indevida manietação à soberania legislativa e elevação a um grau de ortodoxia anulatória, o que não passa de eventuais deslizes aos princípios da unidade temática e da consolidação determinadas às regras formais de facção legista, previstas na Lei Complementar 95, de 26.2.1998, e correspondentes regulamentos, a dizer, o Decreto 2.954, de 29.1.1999, e o Decreto 4.176, de 28.3.2002. O repelível é o notório uso abusivo da previsão legal para o incentivo fiscal, de modo que é inconstitucional, por evidente desvio de finalidade, lei que planta favor tributário chapadamente extravagante ao seu objeto original, fenômeno, a propósito, lamentavelmente revelho e que, bem antes da revolução dos *bits and bytes* consistia, inclusive, na pura e simples transcrição ou supressão "datilográfica" modificadora da fraseologia legal no momento da montagem para impressão do *Diário Oficial*. Quarto, em conexão ao segundo parâmetro supramencionado, que o favor distintivo do incentivo fiscal deve necessariamente guardar clara racionalidade e harmonia (proporcionalidade) tanto aos objetos e fins propostos na lei que lhe veicula como em relação à reverência devida aos princípios e fins constitucionais.[6] Quinto, configura ilícito danoso, ensejador de reparação civil, e mantença, pela via judicial, de seus efeitos concretos individuados,[7] a supressão desmotivada de incentivo

6. Humberto Ávila, *Teoria dos Princípios: da Definição à Aplicação dos Princípios Jurídicos*, 15ª ed., São Paulo, Malheiros Editores, 2014. Celso Antônio Bandeira de Mello, *Conteúdo Jurídico do Princípio da Igualdade*, 3ª ed., 23ª tir., São Paulo, Malheiros Editores, 2014. Jerome A. Barron e C. Thomas Dienes, *Constitutional Law*, Minnesota, West Publishing, 2005. Jean Dabin, *La Philosophie de L'Ordre Juridique Positif: Spécialement Dans les Rapports de Droit Privé*, Paris, Recueil Sirey, 1929. Maria Helena Diniz, *Conceito de Norma Jurídica com Problema de Essência*, São Paulo, Ed. RT, 1985. R. M. Dworkin, *The Philosophy of Law*, New York, Oxford University Press, 1977. Ruy Barbosa Nogueira, "Imposto Sobre Serviços – taxatividade da lista e aplicação de seus itens", *Revista de Direito Administrativo*, v. 125, pp. 433-440. Friedrich Karl Von Savigny, *Metodologia Jurídica*, Madrid, Valletta Ediciones, 2004.

7. "ICMS – Crédito presumido – Exportador frigorífico – Benefício fiscal – Exclusão – Capacidade contributiva – Observância – Processual civil – Tributário – Exclusão do benefício fiscal de crédito presumido de ICMS – Estabelecimento frigorífico exportador – Observância do princípio da capacidade contributiva. 1. Na origem, a empresa impetrante objetivava afastar a aplicação do disposto no § 1º do art. 13-A do Decreto n. 12.056/2006, e suas prorrogações, que restringiu o direito ao benefício

fiscal cujos parâmetros legais concessivos não expressarem claramente seus termos ou condições finais, i.e., de sua extinção. E assim o é por ser considerado ilícito o exercício de um direito que reste manifestamente excedido nos limites impostos pelo seu fim econômico ou social, pela boa-fé ou pelos bons costumes, a teor do art. 187 do Código Civil, aplicável à relação tributária por conter norma geral de ordem pública consentânea com os princípios e fins constitucionais, e assim obrigando plenamente as pessoas jurídicas de direito público em quaisquer de suas relações (tributárias ou não) internas.

4. Comentos a aplicações objetivas do incentivo fiscal

Aplicando as balizas sobreditas, temos que é jurídica a concessão de isenção parcial a título de incentivo fiscal, a teor, *ad instar*, do Decreto 7.545, de 2.8.2011, que "Promulga a Convenção Relativa à Admissão Temporária, conhecida como Convenção de Istambul,

fiscal de crédito presumido de ICMS, por parte do estabelecimento frigorífico exportador. 2. O *mandamus* foi impetrado em caráter preventivo contra decreto de efeitos concretos, que faz restrição expressa à condição de frigorífero exportador, existindo situação individual e específica a ser tutelada, razão pela qual se rejeita a alegada preliminar de decadência e impetração contra a lei em tese. 3. O acórdão impugnado afastou a violação do princípio da igualdade tributária, por entender que a questão em análise deve levar em conta o princípio da capacidade contributiva, uma vez que é necessário diferenciar os que possuem riquezas diferentes e, consequentemente, os que possuem diferentes capacidades de contribuir, ou seja, tratar de forma igual apenas os que tiverem igualdade de condição. 4. O princípio da capacidade contributiva está disciplinado no art. 145 da CF/1998, segundo o qual: 'os tributos serão graduados segundo a capacidade econômica do contribuinte'. 5. O princípio da igualdade defendido pela recorrente deve ser relativizado pelo princípio da capacidade contributiva, de modo que seja atribuído a cada sujeito passivo tratamento adequado à sua condição, para minimizar desigualdades naturais. 6. A ordem pleiteada não pode ser concedida, pois, caso a postura extrafiscal do Estado não fosse permitida, a recorrente teria o direito ao benefício fiscal em questão e passaria a uma situação de maior vantagem em relação às demais pequenas empresas do setor de carnes. 7. É plenamente razoável e proporcional a restrição imposta pelo § 1º do art. 13-A do Decreto Estadual n. 12.056, de 2006, do Estado do Mato Grosso do Sul, que exclui os grandes frigoríferos exportadores do regime diferenciado do crédito presumido, até porque já possuem isenção de ICMS nas exportações devido à previsão constitucional. 8. A extensão dos benefícios fiscais, por via jurisdicional, encontra limitação absoluta no dogma da separação de poderes. Recurso ordinário improvido" (STJ, RMS 37.652 (2012/0072877-6), 2ª T., rel. Min. Humberto Martins, *DJe* 29.6.2012, p. 731).

celebrada em 26 de junho de 1990, sob os auspícios da Organização Mundial de Aduanas, o texto de seu Anexo A, com reserva, e de seus Anexos B.1, B.2, B.5 e B.6", desde que, sobretudo, guardem-se os fins e limites principiológicos constitucionais. Doutro ângulo, vejo com cautela a premissa que dá como isenção parcial a redução pura e simples da base de cálculo de tributo e se esse contexto configura incentivo fiscal. É que seria impossível generalizar diante do alto grau de especialidade que rege a espécie. Como exemplo cite-se a redução de base de cálculo de contribuição social sem previsão de correspondente fonte de custeio compensatório, fato em tese confrontador à regra do art. 14 da Lei Complementar 101, de 4.5.2000, Lei de Responsabilidade Fiscal. Da mesma sorte, isenção não seria *de per se* um incentivo fiscal, nem a imunidade, nem a alíquota zero,[8] embora sejam sim instrumentos (meios) que viabilizam o tratamento legal diferenciado que caracteriza o incentivo fiscal. Identicamente, é relativa a configuração como incentivo fiscal de redução do ônus tributário decorrente da ausência de capacidade contributiva, como o limite de isenção estabelecido para imóveis residenciais de pequeno valor, ou a redução estabelecida em função de algum mal sofrido pelo contribuinte, como uma doença. É que as hipóteses demandariam lei especial que preenchesse pressupostos objetivos e subjetivos específicos à condução do favor, notadamente os constitucionais previstos no art. 150, II e § 6º. Por fim, tenho por jurídico o estabelecimento de benefícios financeiros e fiscais por meio de normas legais específicas, categorizando esses favores como incentivos fiscais. O que seria injurídico seria a concessão desses incentivos fi-

8. *Contradictio in terminis.* Vide Lei 12.350, de 20.12.2000, que "Dispõe sobre medidas tributárias referentes à realização, no Brasil, da Copa das Confederações Fifa 2013 e da Copa do Mundo Fifa 2014; promove desoneração tributária de subvenções governamentais destinadas ao fomento das atividades de pesquisa tecnológica e desenvolvimento de inovação tecnológica nas empresas; altera as Leis ns. 11.774, de 17 de setembro de 2008, 10.182, de 12 de fevereiro de 2001, 9.430, de 27 de dezembro de 1996, 7.713, de 22 de dezembro de 1988, 9.959, de 27 de janeiro de 2000, 10.887, de 18 de junho de 2004, 12.058, de 13 de outubro de 2009, 10.865, de 30 de abril de 2004, 10.931, de 2 de agosto de 2004, 12.024, de 27 de agosto de 2009, 9.504, de 30 de setembro de 1997, 10.996, de 15 de dezembro de 2004, 11.977, de 7 de julho de 2009, e 12.249, de 11 de junho de 2010, os Decretos-leis ns. 37, de 18 de novembro de 1966, e 1.455, de 7 de abril de 1976; revoga dispositivos das Leis ns. 11.196, de 21 de novembro de 2005, 8.630, de 25 de fevereiro de 1993, 9.718, de 27 de novembro de 1998, e 10.833, de 29 de dezembro de 2003; e dá outras providências".

nanceiros por leis programáticas genéricas, sem respeito às balizas do § 6º do art. 150 da Constituição.[9]

9. "Os contribuintes terão uma nova chance para afastar no Supremo Tribunal Federal (STF) a limitação, hoje existente, de 30% para o abatimento de prejuízos fiscais no cálculo do Imposto de Renda Pessoa Jurídica (IRPJ) e da Contribuição Social sobre o Lucro Líquido (CSLL). O tema voltará à pauta porque o ministro Marco Aurélio decidiu que novos argumentos devem ser avaliados em plenário. O entendimento anterior, adotado em 2009, foi desfavorável às empresas. Os ministros analisarão um recurso da construtora Polo Industrial Positivo e Empreendimentos. De acordo com o advogado que representa a companhia, Vinicius de Barros, Teixeira Fortes Advogados Associados, a empresa quer anular autos de infração que totalizam aproximadamente R$ 4 milhões. O tema a ser analisado pelo Supremo remete a 1995, ano em que a Lei n. 8.981 vetou a compensação superior a 30% de créditos decorrentes de prejuízos fiscais – apurados nos anos anteriores – do valor a ser pago de IRPJ e CSLL. Até então, caso obtivessem lucro, as empresas poderiam abater até 100% dos impostos a pagar, em razão dos resultados negativos do passado. Em 2009, o STF analisou o assunto ao julgar processo da empresa RP Fomento Comercial. Na época, a maioria dos ministros considerou que a compensação é um benefício fiscal, que poderia ser limitado pela União. 'Tratam-se de meras deduções cuja proteção para exercícios futuros foi autorizada. E autorizada nos termos da lei, que poderá, naturalmente, ampliar ou reduzir a proporção de seu aproveitamento', afirmou a ministra Ellen Gracie em seu voto. Posicionaram-se da mesma forma os ministros Eros Grau, Gilmar Mendes, Joaquim Barbosa, Carlos Britto, Cezar Peluso, Menezes Direito, Cármen Lúcia e Ricardo Lewandowski. Apenas o ministro Marco Aurélio, relator do processo, votou de forma favorável à companhia naquela época. O magistrado entendeu que a norma é inconstitucional, o que permitiria a compensação de prejuízos fiscais anteriores a 1995 para abater até 100% dos tributos a pagar após a edição da Lei n. 8.981. Destacou ainda que a edição da norma feriu o princípio da anterioridade, pois foi publicada em uma edição extra do *Diário Oficial da União* de 31 de dezembro de 1994, veiculada no sábado. Esse julgamento, porém, motivou o ministro Marco Aurélio a negar o seguimento da ação da Polo Industrial Positivo em setembro de 2013. O magistrado afirmou que o tema já havia sido analisado anteriormente pela Corte sob o rito de repercussão geral, o que impediria que outro caso similar fosse julgado. Na terça-feira, entretanto, foi publicada decisão do magistrado, em que revê seu posicionamento. Ele aponta que os advogados destacaram pontos que não foram analisados pelo STF em 2009, como a violação ao princípio da capacidade contributiva – o preceito determina que a tributação respeite a capacidade econômica do contribuinte. 'Ao limitar a compensação de prejuízos, o Fisco está tributando sobre uma situação que não representa a realidade da empresa', diz Barros. Ao julgar novamente o tema, o Supremo deverá analisar ainda se a limitação de 30% fere os princípios da isonomia e da vedação ao confisco. A mudança na composição da Corte, referente a 2009, também pode ser um fator decisivo. Em relação aos magistrados que se posicionaram no caso da RP Fomento Comercial, ainda atuam no STF apenas os ministros Gilmar Mendes, Joaquim Barbosa, Cármen Lúcia, Ricardo Lewandowski e Marco Aurélio. Assim, deverão se manifestar sobre o assunto pela primeira vez os ministros Celso de Mello, Dias Toffoli, Luiz Fux, Rosa Weber, Teori Zavascki e Roberto Barroso. O advogado Edison Fernandes, do Fernandes

5. Epílogo

À luz do exposto, conclui-se:

(1) O direito positivo em sentido estrito é a base normativa do regime jurídico do incentivo fiscal, sem embargo de nesse conceito incluírem-se os parâmetros principiológicos constitucionais que lhe servem inclusive de gênero axiológico e finalístico.

(2) Incentivo fiscal é benesse adrede agraciada pelo direito legal tributário com o objetivo de suscitar ou medrar certa conduta de contribuinte, colimando ação, temporária ou permanente, assim tida por produtiva pela ordem jurídica, respeitados, sobretudo, o princípio da isonomia tributária e o da especialidade presentes no inciso II e § 6º do art. 150 da Constituição Federal de 1988.

(3) O incentivo fiscal requer lei material e formal de ente tributante com competência plena (para a exação e desoneração) que lhe singularize cumpridamente os limites e fins beneficiadores.

(4) O favor distintivo do incentivo fiscal deve necessariamente guardar clara racionalidade e harmonia (proporcionalidade) tanto aos objetos e fins propostos na lei que lhe veicula como em relação à reverência devida aos princípios e fins constitucionais.

(5) Configura ilícito danoso, ensejador de reparação civil, e mantença, pela via judicial, de seus efeitos concretos individuados, a supressão desmotivada de incentivo fiscal cujos parâmetros legais concessivos não expressarem claramente termos ou condições finais, i.e., de sua extinção.

Figueiredo Advogados, acredita que devem existir atualmente poucos processos sobre o tema. Muitos contribuintes autuados pela compensação supostamente indevida já inscreveram esses débitos em programas de parcelamento. Uma decisão favorável às empresas, porém, segundo o advogado, poderia causar uma queda abrupta de arrecadação. 'Quem não tiver usado todo o saldo ainda, poderá usar tudo de uma vez', diz. Já o advogado Guilherme Cezaroti, do Campos Mello Advogados, afirma que com uma vitória no STF os contribuintes poderiam compensar eventuais prejuízos mais rapidamente. 'Já vi empresas levarem mais de quatro anos para compensar prejuízos fiscais acumulados. Sem a trava [de 30%] as companhias poderiam compensar em um ou dois anos', diz Cezaroti. Por meio de nota, a Procuradoria-Geral da Fazenda Nacional (PGFN) afirmou que o Supremo já decidiu que a compensação é um benefício fiscal, 'portanto só pode ser exercido dentro dos limites estabelecidos pela legislação de regência'" ("STF voltará a julgar trava para uso de prejuízo fiscal", *Valor Econômico*, Legislação & Tributos, disponível em <http://www.aasp.org.br/aasp/imprensa/clipping/cli_noticia.asp?idnot=16487>, acesso em 7.4.2014).

Bibliografia

ÁVILA, Humberto. *Teoria dos Princípios: da Definição à Aplicação dos Princípios Jurídicos*. 15ª ed. São Paulo, Malheiros Editores, 2014.

BANDEIRA DE MELLO, Celso Antônio. *Conteúdo Jurídico do Princípio da Igualdade*. 3ª ed., 23ª tir. São Paulo, Malheiros Editores, 2014.

BARRON, Jerome A.; DIENES, C. Thomas. *Constitutional Law*. Minnesota, West Publishing, 2005.

CASTILHO, Paulo Cesar Baria de. *Confisco Tributário*. São Paulo, Ed. RT, 2002.

DABIN, Jean. *La Philosophie de L'Ordre Juridique Positif: Spécialement Dans les Rapports de Droit Privé*. Paris, Recueil Sirey, 1929.

DINIZ, Maria Helena. *Conceito de Norma Jurídica com Problema de Essência*. São Paulo, Ed. RT, 1985.

DWORKIN, R. M. *The Philosophy of Law*. New York, Oxford University Press, 1977.

ISENBERGH, Joseph. *International Taxation*. New York, Foundation Press, 2000.

MACHADO SEGUNDO, Hugo de Brito; MACHADO, Raquel Cavalcanti Ramos. "Algumas notas sobre o regime jurídico dos incentivos fiscais". In ROCHA, Valdir de Oliveira (coord.). *Grandes Questões Atuais do Direito Tributário*. vol. 17. São Paulo, Dialética, 2013.

NOGUEIRA, Ruy Barbosa. "Imposto Sobre Serviços – taxatividade da lista e aplicação de seus itens". *Revista de Direito Administrativo*. v. 125, pp. 440-433.

SAVIGNY, Friedrich Karl Von. *Metodologia Jurídica*. Madrid, Valletta Ediciones, 2004.

"STF voltará a julgar trava para uso de prejuízo fiscal". *Valor Econômico*, Legislação & Tributos. Disponível em: <http://www.aasp.org.br/aasp/imprensa/clipping/cli_noticia.asp?idnot=16487>. Acesso em: 7.4.2014.

INCENTIVO TRIBUTÁRIO

ROGÉRIO LIMA

"O Direito Tributário não tem objetivo próprio (...) ou melhor, como todo o Direito Positivo, o Direito Tributário tem natureza instrumental e seu 'objetivo próprio' (razão de existir) é ser um instrumento a serviço de uma Política".[1]

1. Introdução

Através de mais uma iniciativa do Instituto Cearense de Estudos Tributários (ICET), na pessoa de seu Presidente – o Prof. Hugo de Brito Machado, lança-se ao mundo jurídico obra de fundamental importância no enfretamento das questões complexas envolvendo o regime jurídico dos incentivos fiscais, com espaço reservado, na atualidade, entre um dos temas tributários mais debatidos no País e na comunidade internacional e analisados por nossos Tribunais Superiores, porém ainda carente de trabalhos especializados sobre o assunto.

O tema ora proposto a este estudo traz consigo uma multiplicidade de questionamentos, que facilmente perpassa a tábua de valores in-

1. Alfredo Augusto Becker, *Teoria Geral do Direito Tributário*, 3ª ed., São Paulo, Lejus, 1998, p. 596.

ternos do Brasil e alcança, por uma relação de fluxo e refluxo, os interesses internacionais. Além disso, para além da análise do direito tributário e financeiro, toca diretamente a política desenvolvimentista do País, em seus anseios econômicos e sociais, espaço axiológico sempre de difícil precisão por quem se ocupa a analisá-lo.

Tão variados podem ser os problemas a se enfrentar no âmbito dessa matéria, que, nesta oportunidade, o ICET deixou em aberto ao colaborador a sugestão de abordagem de quaisquer outros aspectos considerados relevantes além daqueles expostos no *questionário comumente oferecido*, quanto à conceituação do instituto em estudo, aos limites formais e materiais à sua concessão e à questão da segurança jurídica que envolve o gozo dos incentivos fiscais.

A presente análise segue uma sequência lógica de aprofundamento, partindo de noções fundamentais sobre as concepções de Estado liberal e social e suas posturas econômicas, intervenção pelo Estado no domínio econômico e extrafiscalidade, e segue conceituando *incentivo tributário*, expressão que preferimos utilizar neste estudo no lugar de incentivo fiscal, para posteriormente traçar suas formas ou meios de concessão e concluir com algumas palavras sobre a imunidade como instrumento extrafiscal. Em síntese, nosso objetivo aqui será responder apenas às seguintes perguntas:

a) O que são incentivos fiscais?

b) Incentivos fiscais, benefícios fiscais, alívios fiscais, são todas expressões sinônimas?

c) A redução da base de cálculo é uma isenção parcial? A lei pode conceder isenção parcial? Seria adequado falar de isenção parcial?

d) A isenção é um incentivo fiscal? E a alíquota zero? A imunidade? A redução da base de cálculo? São incentivos ou possíveis meios para concedê-los?

e) Uma redução do ônus tributário decorrente da ausência de capacidade contributiva, como o limite de isenção estabelecido para imóveis residenciais de pequeno valor, por exemplo, é um incentivo fiscal? E a redução estabelecida em função de algum mal sofrido pelo contribuinte, como uma doença?

f) Há diferença entre incentivos fiscais e incentivos financeiros?

É bem verdade que esta análise poderia seguir ainda abordando os limites formais e materiais na concessão dos incentivos tributários, os meios de sua extinção por nulidade ou revogação e muitos outros aspectos relativos ao tema. Porém, nossa meta de estudo foi bem menor. Um desenvolvimento mais abrangente da matéria, ou complementar ao nosso, certamente o leitor poderá encontrar nos trabalhos dos demais participantes desta obra.

2. Noções fundamentais

2.1 Breves notas sobre as concepções de Estado e sua influência na economia

Inicialmente, cabe-nos relembrar algumas ideias, ainda que em brevíssima síntese, sobre as concepções de Estado Liberal e de Estado Social, que assim nos auxiliarão no desenvolvimento da temática em análise.

Entre os séculos XVII e XVIII, ergueu-se, na Europa, um sistema de ideias que se propôs a eliminar em definitivo com as "trevas" do Estado Absoluto, período que imperou o poder ilimitado do príncipe. Era o surgimento, no Ocidente, do Estado Liberal.

Na concepção liberal, o Estado punha-se apenas como mero intermediador das liberdades individuais, por se entender, a partir da filosofia lockeana, que a liberdade era um direito inato ao ser humano, pressuposto ao direito positivo, não dado assim ao homem renunciá-lo aos cuidados do Estado, ao qual competia apenas ratificar tal direito, garantindo tão somente a segurança e a propriedade, com isso permitindo o livre exercício dos direitos individuais, inclusive com total liberdade de atuação do indivíduo no campo econômico. Por isso, a máxima do liberalismo – *laissez faire, laisse passer, le monde va lui même.*

A sociedade, assim, deveria caminhar naturalmente para a satisfação do bem comum, inspirada na ideia de Adam Smith – "deixem o homem sozinho e ele salvar-se-á". Isso porque se apregoava um Estado ideologicamente separado da economia, da moral e da sociedade civil. As próprias regras da sociedade, apenas garantidas pelo Estado, conduziriam inexoravelmente ao seu desenvolvimento.[2]

2. Jorge Reis Novais, *Contributo para uma Teoria do Estado de Direito*, Coimbra, Almedina, 2006, p. 60.

Porém, essa forma de atuar negativa do Estado, de feição absenteísta, também refletia um ordenamento jurídico injusto, de cunho meramente formal, permitindo o exacerbamento do poder econômico de poucos pela miséria de muitos. A pregação da *liberdade, igualdade* e *fraternidade* estava dissociada do chão da vida, no qual predominavam o formalismo, o egoísmo e a competição. O que, nessa época, se entendia como *igualdade de todos perante a lei* inspirou a sátira de Anatole France, registrada na frase: "Majestosa igualdade das leis, que proíbe tanto ao rico como ao pobre, dormir sob as pontes, mendigar nas ruas e furtar pão".[3]

Com o império do individualismo e o distanciamento entre a política e o mercado, acentuou-se a desigualdade social, crescendo o nível de miséria do povo, o que, em meio à Revolução Industrial, deu início ao clamor da classe operária por melhores condições de vida, demandando uma renovação urgente da ordem jurídica, com o objetivo de permitir uma intervenção do Estado nos conflitos econômicos, para remodelar as relações de produção e distribuição de renda, cujo desiderato maior seria firmar e consolidar uma justiça *distributiva* aos moldes aristotélicos, abandonando a justiça corretiva primada no liberalismo.

Esse quadro social, político e econômico do liberalismo forçou a gestação de ideias e revoluções que conduziram o Estado a deixar sua inércia ideológica e atuar positivamente sobre os problemas da sociedade, como esclarece Caio Tácito:

> O Estado é convocado a disciplinar e conter os excessos do capitalismo e da propriedade privada, sujeitando-os aos princípios do bem comum e da justiça social. *A tônica da atividade do poder público se desloca da abstenção para a intervenção* (...)
>
> *As contribuições enriquecem com novos capítulos pertinentes a direitos econômicos e sociais*, tão relevantes para o homem comum como os direitos civis e políticos, conquistados na luta contra o absolutismo. O centro de gravidade da ordem jurídica caminha do individual para o social[4] (destaques inovados).

3. *Apud* Arnaldo Vasconcelos, *Teoria da Norma Jurídica*, 2ª ed., Rio de Janeiro, Forense, 1986, p. 183.

4. Caio Tácito, "Do direito individual ao direito difuso", *Revista de Direito Administrativo*, Rio de Janeiro, v. 157, p. 5, jul.-set. 1984.

Surgia, assim, o Estado Social de Direito, cuja intervenção na economia tornar-se-ia, na visão de muitos, um "fenômeno historicamente permanente", expressando-se em períodos subsequentes de intervencionismo, dirigismo e planejamento.[5] Referida ideologia logo passou a refletir-se nas cartas constitucionais, inicialmente com as Constituições do México de 1917, da Alemanha de 1919 e do Brasil de 1934, fazendo inserir em seus textos princípios e regras sobre a Ordem Econômica. Nascia naquele contexto histórico, portanto, o dever do Estado de intervenção na economia para o alcance do bem comum.

No entanto, desde a década de 1980, já se vem falando em um retorno ao "Estado mínimo", com um sensível abrandamento do papel do Estado no campo econômico. Seria a chegada ao poder da conhecida ideologia neoliberal.[6] Luís Eduardo Schoueri[7] chama atenção para o Estado do século XXI (Estado Democrático e Social de Direito), que, superando os excessos do Estado do Bem-Estar, põe a sociedade civil como protagonista de sua própria liberdade, fazendo surgir, por exemplo, as agências reguladoras, a previdência privada, a parceria público-privada, as organizações não governamentais etc. Diz o doutrinador, "a sociedade já não mais espera a atuação estatal".

Seja como for, ficamos aqui com as palavras de Matheus Carneiro Assunção: "Assim como pode ser perigosa a excessiva atuação estatal nos domínios da economia, *sua total abstenção é hoje simplesmente impensável*"[8] (grifamos).

2.2 Intervenção do Estado na economia

Embora seja lugar comum na doutrina vincular a intervenção do Estado na economia à concepção de Estado Social de Direito, pode-se

5. Luiz Alberto Gurgel de Faria, *A Extrafiscalidade e a Concretização do Princípio da Redução das Desigualdades Regionais*, São Paulo, Quartier Latin, 2010, p. 66.

6. Francisco de Queiroz Bezerra Cavalcante, "Reflexões sobre o papel do Estado frente à atividade econômica", *Revista Trimestral de Direito Público*, São Paulo, v. 1, n. 20, pp. 67-75, 1997.

7. Luís Eduardo Schoueri, *Direito Tributário*, 2ª ed., São Paulo, Saraiva, 2012, p. 6.

8. Matheus Carneiro Assunção, "Incentivos fiscais e desenvolvimento econômico: a função das normas tributárias indutoras em tempos de crise", Tema III: Política Fiscal e a Crise Econômica Internacional, *Finanças Públicas*: XV prêmio Tesouro Nacional – 2010: homenagem a Joaquim Nabuco, 1ª ed., Brasília, STN/MF, 2011, v. 1, p. 9. Disponível em: <http://www3.tesouro.fazenda.gov.br/Premio_TN/XVPremio/politica/MHpfceXVPTN/Tema_3_MH.pdf>. Acesso em: 2.6.2014.

afirmar, como esclarece e exemplifica Eros Roberto Grau, que sempre houve atuações do Estado no âmbito econômico. Ocorre que agora o faz "sob e a partir de renovadas motivações e mediante a dinamização de instrumentos mais efetivos, o que confere substância a essas políticas".[9] Por isso, a acertada síntese de Matheus Carneiro Assunção ao aduzir: "não há Estado sem economia; a economia não existe sem o Estado".[10]

Pensar esse fenômeno tem, ainda, levado a doutrina a utilizar didaticamente o termo *atuação* como gênero do agir do Estado sobre os setores público e privado, e *intervenção* como a ação estatal sobre a seara restrita das relações sociojurídicas privadas.

O importante, contudo, quando se fala em ação do Estado sobre a economia é saber quais formas podem ser utilizadas para tanto. Sobre isso, grande parte da doutrina nacional tem-se recorrido à classificação de Eros Roberto Grau,[11] que assim distinguiu: (I) *intervenção por absorção ou participação*; (II) *intervenção por direção* e (III) *intervenção por indução*.

Na hipótese I (absorção ou participação), o Estado atua como verdadeiro *agente* na economia, intervindo ***no*** mercado, controlando total (monopólio) ou parcialmente (regime de competição) os meios de produção e/ou troca em setor específico da "atividade econômica em sentido estrito"; já nas hipóteses II e III, o Estado age ***sobre*** o setor econômico, regulando-o seja através de "mecanismos e normas de comportamento compulsório" (direção), seja por meio da manipulação de "instrumentos de intervenção em consonância e na conformidade das leis que regem o funcionamento dos mercados" (indução).

Na intervenção do Estado por *direção*, a norma jurídica é dotada de imperatividade, devendo o agente econômico simplesmente cumpri-la, sob pena de sancionamento ao seu comportamento desobediente, tal como ocorre no caso de tabelamento de preços.

9. Eros Roberto Grau, *A Ordem Econômica na Constituição de 1988: Interpretação e Crítica*, 16ª ed. rev. e atual., São Paulo, Malheiros Editores, 2014, p. 21.

10. Matheus Carneiro Assunção, "Incentivos fiscais e desenvolvimento econômico: a função das normas tributárias indutoras em tempos de crise", *Finanças Públicas*, cit., p. 10.

11. Eros Roberto Grau, *A Ordem Econômica na Constituição de 1988: Interpretação e Crítica*, cit., p. 143.

No caso da intervenção por *indução*, o agente econômico terá a faculdade de cumprir ou não o comando normativo, conduta que ocasionará consequências positivas ou negativas para o agente a depender da política estatal estabelecida. Por exemplo, o gozo de uma isenção fiscal pode levar a empresa a uma situação econômica vantajosa no setor de mercado em que atua (indução positiva), como também determinado comportamento do mercado pode ser desestimulado através do aumento de alíquota de um tributo (indução negativa).[12]

Será justamente no contexto econômico-jurídico da intervenção do Estado na economia, através da modalidade indutora, que o regime jurídico dos incentivos tributários pode ser compreendido.

Somada a essa análise, necessário também tecer alguns comentários sobre o instituto da extrafiscalidade, tida como o alicerce da teoria dos incentivos tributários.

2.3 Extrafiscalidade e seus limites

Não há dúvida, como há muito vem ensinando Hugo de Brito Machado, de que a tributação é uma das formas de manifestação da soberania estatal.[13] Também não mais se questiona, no Estado contemporâneo, que o tributo seja instrumento de mudanças social, econômica e política.[14] Aliás, como fenômeno político que é a tributação, tornou-se ultrapassado o debate sobre uma possível *neutralidade* dessa atividade pelo Estado. Por essa razão, vale aqui o registro de Alberto Deodato: "A cada estrutura política, corresponde um sistema tributário...".[15]

O que existe, na verdade é a *predominância* das funções fiscal ou extrafiscal para determinados tributos, conforme os fins almejados pelo Estado. Não há exclusão de uma função frente à outra, mas *preponderância*. Nas palavras de Alfredo Augusto Becker sobre tais funções:

> Ambos *coexistirão* sempre – agora de um modo *consciente* e *desejado* – na construção jurídica de cada tributo; apenas haverá maior ou menor

12. Idem, ibidem, p. 177.

13. Hugo de Brito Machado, *Curso de Direito Tributário*, 36ª ed. rev., atual. e ampl., São Paulo, Malheiros Editores, 2015, p. 27.

14. Alberto Deodato, *Manual de Ciência das Finanças*, 9ª ed., São Paulo, Saraiva, 1965, p. 149.

15. Idem, ibidem, p. 150.

prevalência neste ou naquele sentido, a fim de melhor estabelecer o equilíbrio econômico-social do orçamento *cíclico*.[16]

Nas razões que fundamentam essa afirmativa, ensina o jurista gaúcho que essa forma de coexistência e predominância de uma função sobre a outra proporciona melhores condições ao Estado para atingir o *equilibro econômico-social* do que chama de orçamento *cíclico*, em substituição ao mero equilibro financeiro-contábil do orçamento ânuo. Vislumbra o autor, nesse caso, o aspecto *qualitativo* do orçamento público, o qual se constitui não só de despesa e receita, mas também da *realidade econômico-social*.[17]

Nesse sentido, pode-se conceituar a extrafiscalidade, com Geraldo Ataliba, como o "emprego deliberado do instrumento tributário para finalidades não financeiras, mas regulatórias de comportamentos sociais, em matéria econômica, social e política".[18] Para José Casalta Nabais, a extrafiscalidade consiste num conjunto de normas "dominadas pelo intuito de atuar diretamente sobre os comportamentos econômicos e sociais dos seus destinatários", *fomentando*-os, *neutralizando*-os ou *desincentivando*-os.[19] Raimundo Bezerra Falcão apresenta uma lista infinda de objetivos a serem alcançados pela extrafiscalidade, que são:

> (...) reprimir a inflação, evitar desemprego, coarctar a depressão econômica, aquecer ou desaquecer a atividade econômica, proteger a indústria ou a agricultura nacionais, promover a redistribuição de renda, reduzir o desnivelamento de fortunas, atuar sobre a densidade demográfica, ocasionar melhor distribuição espacial da população, fortalecer a educação, incentivar o saneamento básico, criar acesso à saúde para as camadas sociais mais baixas, diminuir o desnivelamento inter-regional dentro do território de um Estado e muitas outras finalidades.[20]

16. Alfredo Augusto Becker, *Teoria Geral do Direito Tributário*, cit., p. 597.

17. Idem, ibidem, pp. 216-217.

18. Geraldo Ataliba, *Sistema Constitucional Tributário Brasileiro*, São Paulo, Ed. RT, 1968, p. 151.

19. José Casalta Nabais, *O Dever Fundamental de Pagar Impostos*, Coimbra, Almedina, 1998, p. 629.

20. Raimundo Bezerra Falcão, *Direito Econômico: Teoria Fundamental*, São Paulo, Malheiros Editores, 2013, p. 142.

Importante ressaltar que a extrafiscalidade, assim como sua manifestação através dos incentivos tributários, somente encontra legitimidade quando em consonância com os princípios e normas constitucionais, não podendo ficar à mercê da vontade própria do governante quando da fixação de sua política fiscal.

Os próprios fins a serem alcançados pela extrafiscalidade são aqueles previamente escolhidos pelo constituinte, que refletem fielmente o modelo de Estado de Direito em vigor, tais como delineados embrionariamente pelo art. 3º da Constituição Federal, ao traçar os objetivos fundamentais da República Federativa do Brasil.

A norma extrafiscal utiliza-se do instrumental tributário para cumprir suas finalidades, o que a torna induvidosamente vinculada ao regime jurídico tributário. Como dizia Geraldo Ataliba, reafirmando a rigidez constitucional do sistema tributário brasileiro, a extrafiscalidade não pode servir de "invocação mágica" para se fugir às restrições do regime jurídico tributário.[21] Portanto, a extrafiscalidade somente encontra legitimidade na política de desenvolvimento econômico-social fixada na Constituição Federal e nos princípios e normas do sistema constitucional tributário.

Feitas tais considerações quanto à intervenção do Estado na economia e à extrafiscalidade, passa-se à polêmica questão do conceito de incentivo fiscal e suas características.

3. Incentivo tributário

3.1 Conceito

Fixar o conceito de incentivo fiscal está longe de ser uma tarefa das mais simples. Diferentemente do tributo, o ordenamento jurídico positivado não traz essa definição. Na verdade, como se sabe, a atividade de conceituar não cabe à lei, mas à doutrina. Ao que parece, não foi preocupação dos legisladores constituinte e ordinário utilizarem uma nomenclatura para esse instituto com pureza técnica e uniformidade.[22] No texto constitucional, poder-se-á encontrar os termos *incentivo*, como sinônimo de *benefício* (art. 155, II, § 2º, XII, "g", da

21. Geraldo Ataliba, *Sistema Constitucional Tributário Brasileiro*, cit., p. 168.

22. Constituição Federal de 1988: arts. 43, § 2º, II, 151, I, 155, II, e § 2º, XII, "g", 156, III, e § 3º, III, 165, § 6º, 174, 195, § 3º, 216, § 3º, 227, § 3º, VI. Ato das Disposições Constitucionais Transitórias (ADCT): arts. 40, 41, §§ 1º, 2º e 3º, e 88, II. Lei Complementar 101, de 4.5.2000, art. 14 (Lei de Responsabilidade Fiscal).

CF), e *benefícios* de caráter tributário, financeiro e creditício (art. 165, § 6º, da CF).

A doutrina, por sua vez, utiliza-se de uma variedade de expressões quando se refere ao tema, tais como: incentivo fiscal amplo e restrito,[23] benefício fiscal,[24] benefício fiscal estático ou *stricto sensu* e benefício fiscal dinâmico ou estímulo/incentivo fiscal,[25] alívio fiscal[26] etc. Por isso, a acertada observação de Marcos André Vinhas Catão ao dizer que, "mais importante de que ter uma definição pretensamente única de 'Incentivos Fiscais', ou tentar estabelecer uma taxionomia para suas espécies, é procurar encontrar o seu campo de validade".[27]

De qualquer sorte, não comungamos do entendimento radical do autor de que a definição de incentivo fiscal consiste em algo "sem nenhum pragmatismo acadêmico, didático ou jurídico".[28] O conceito é um pressuposto lógico de todo conhecimento, principalmente o científico. Do contrário, nem mesmo haverá como encontrar o próprio *campo de validade* do instituto sobre o qual se refere o doutrinador. Portanto, necessário desde já estabelecer um conceito para incentivo fiscal, ou *tributário*, como assim preferimos chamá-lo.

Consultando dicionários dos mais usuais, tem-se entendido, entre outras significações, o termo *benefício* como dádiva, graça, privilégio, vantagem, auxílio, enquanto *incentivo* é aquilo que estimula, incita, encoraja a realizar alguma coisa.[29] Por isso, afirmam Hugo de Brito Machado e Hugo de Brito Machado Segundo que a noção de incentivo

23. Matheus Carneiro Assunção, "Incentivos fiscais e desenvolvimento econômico: a função das normas tributárias indutoras em tempos de crise", *Finanças Públicas*, cit., p. 19.

24. Ana Maria Ferraz Augusto, "Incentivos fiscais", *Enciclopédia Saraiva do Direito*, coordenação do prof. R. Limongi França, São Paulo, Saraiva, 1977, p. 221.

25. José Casalta Nabais, *O Dever Fundamental de Pagar Impostos*, cit., p. 648.

26. Luís Carlos Vitali Bordin, *ICMS: Gastos Tributários e Receita Potencial*, Brasília, ESAF, 2003, p. 19. Monografia agraciada com menção honrosa no VIII Prêmio Tesouro Nacional – 2003, Tributação, Orçamentos e Sistemas de Informação sobre a Administração Pública, Porto Alegre (RS).

27. Marcos André Vinhas Catão, *Regime Jurídico dos Incentivos Fiscais*, Rio de Janeiro, Renovar, 2004, p. 14 (Biblioteca de teses).

28. Idem, ibidem, p. 56.

29. *Dicionário Houaiss da Língua Portuguesa*, Rio de Janeiro, Objetiva, 2009, pp. 277 e 1.063. Aurélio Buarque de Holanda Ferreira, *Novo Aurélio Século XXI: o Dicionário da Língua Portuguesa*, 3ª ed. totalmente rev. e ampl., Rio de Janeiro, Nova Fronteira, 1999, pp. 288 e 1.092.

fiscal é *intuitiva*.[30] Realmente, não se pode entender tal instituto senão como instrumento que é usado para estimular uma conduta em direção a determinado fim.

Por uma *ótica restrita*, tomando o vocábulo *fiscal* como *tributário*, entende-se o incentivo fiscal apenas como medida de renúncia de receita, através do direito tributário, para viabilizar a política de desenvolvimento econômico-social preestabelecida constitucionalmente.[31] Nesse sentido parecem haver trilhado os membros do Plenário do Supremo Tribunal Federal (STF), no julgamento dos Recursos Extraordinários 577.348-0/RS e 561.485,[32] ao adotarem o conceito de incentivo fiscal elaborado por Francisco Calderaro nestes termos: "'incentivos fiscais ou estímulos fiscais', são 'todas as normas jurídicas ditadas com finalidades extrafiscais de promoção do desenvolvimento econômico e social que excluem total ou parcialmente o crédito tributário'".

No entanto, sob um *ângulo mais amplo*, o conceito de incentivo fiscal formulado por Matheus Carneiro Assunção[33] vai além da noção de exclusão do crédito, cuidando do termo *fiscal* como gênero das espécies *tributário* e *financeiro*, alinhando-se à busca do equilíbrio econômico-social do orçamento cíclico pela extrafiscalidade.[34] Nesse sentido, apresenta sua definição:

> Nessa perspectiva, pode ser considerado incentivo fiscal qualquer instrumento, de caráter tributário ou financeiro, que conceda a particulares

30. Hugo de Brito Machado e Hugo de Brito Machado Segundo, "Incentivos fiscais. Regime automotivo do Norte, Nordeste e Centro-Oeste. Titularidade e limites. Transferibilidade", *Revista Dialética de Direito Tributário*, São Paulo, v. 138, p. 116, mar. 2007.

31. Cfr.: Ruy Barbosa Nogueira, *Curso de Direito Tributário*, 14ª ed. atual., São Paulo, Saraiva, 1995, p. 186. Eduardo Marcial Ferreira Jardim, *Dicionário Jurídico Tributário*, 3ª ed., São Paulo, Dialética, 2000, p. 118.

32. Brasil, Supremo Tribunal Federal, RE 577.348-0/SP, rel. Min. Ricardo Lewandowski, Tribunal Pleno, j. em 13.8.2009, *DJe* 26.2.2010; Brasil, Supremo Tribunal Federal, RE 561.485-0-0/RS, rel. Min. Ricardo Lewandowski, Tribunal Pleno, j. em 13.8.2009, *DJe* 26.2.2010.

33. Matheus Carneiro Assunção, "Incentivos fiscais e desenvolvimento econômico: a função das normas tributárias indutoras em tempos de crise", *Finanças Públicas*, cit., p. 21.

34. Alfredo Augusto Becker, *Teoria Geral do Direito Tributário*, cit., pp. 216-217 e 597.

vantagens passíveis de expressão em pecúnia, com o objetivo de realizar finalidades constitucionalmente previstas por meio da intervenção estatal por indução. Essas vantagens podem operar subtrações ou exclusões do conteúdo de obrigações tributárias ou mesmo adiar os prazos de adimplemento dessas obrigações. É possível, ainda, que autorizem transferências diretas destinadas a cobrir despesas de custeio das entidades beneficiadas, como acontece nas hipóteses previstas no art. 12, § 3º, da Lei n. 4.320/1964.

Neste estudo, preferimos trabalhar com a definição restrita do instituto, denominando-o incentivo tributário.

3.2 Atributos: instrumentalidade, funcionalidade, orientabilidade, desonerabilidade, dinamicidade, legitimidade e vinculabilidade

Podem-se inferir do conceito amplo de incentivo tributário pelo menos 7 (sete) atributos, os quais assim nomenclaturamos: I) instrumentalidade, II) funcionalidade, III) orientabilidade, IV) desonerabilidade, V) dinamicidade, VI) legitimidade e VII) vinculabilidade. Explicam-se:

(I) *instrumentalidade*: o incentivo fiscal é apenas técnica ou instrumento de intervenção indireta do Estado na economia para se atingir determinado fim da política fiscal em vigor;

(II) *funcionalidade*: o incentivo fiscal deve proporcionar o desenvolvimento econômico-social previsto constitucionalmente;

(III) *orientabilidade*: o incentivo fiscal direciona a conduta do contribuinte para determinado efeito positivo ou negativo perante a economia;

(IV) *desonerabilidade*: o incentivo fiscal extrai ou ameniza o ônus fiscal sob a responsabilidade do contribuinte, tanto pelo caminho da *receita* (isenção, *v.g.*) como pelo da *despesa* (subvenção, *v.g.*), pois receita e despesa nesse contexto, enquanto termos reciprocamente relacionados, trabalham para igual fim: "o empobrecimento do ente público e o enriquecimento do contribuinte";[35]

35. Ricardo Lobo Torres (*apud* Marcos André Vinhas Catão, *Regime Jurídico dos Incentivos Fiscais*, cit., p. 59) registra a diferença *jurídico-formal* dos incentivos fiscais por meio da receita (incentivos tributários) e da despesa (incentivos financeiros), tendo-os como *conversíveis*, por isso aduz: "(...) A verdade é que a receita e a despesa

(V) *dinamicidade* (ou *processualidade*): referido instrumento estimula "determinadas atividades, estabelecendo, para o efeito, uma relação entre vantagens atribuídas e as atividades estimuladas em termos de causa→efeito"; "a causa é adoção (futura) do comportamento beneficiado ou o exercício (futuro) da atividade fomentada";[36]

(VI) *legitimidade*: o incentivo fiscal não poderá ser concedido livremente pelo Governante, mas apenas pelo próprio constituinte ou pelo legislador ordinário através do veículo normativo permitido constitucionalmente;

(VII) *vinculabilidade*: o incentivo fiscal vincula-se à finalidade econômica e social estabelecida pelo constituinte ou pelo legislador.

Adotando o *conceito restrito* de incentivo fiscal, que melhor pode ser entendido por *incentivo tributário*, apenas a característica da *desonerabilidade* será alterada, para informar que esse instrumento extrafiscal deve atuar tão só na vertente da receita.

3.3 Diferença entre incentivo tributário (ou estritamente fiscal) e incentivo financeiro

Postas as premissas até aqui desenvolvidas, já se pode concluir que as expressões *incentivos fiscais*, *benefícios fiscais* e *alívios fiscais* são todas tidas pela doutrina nacional como sinônimas. Na própria Constituição Federal, em várias passagens, foram utilizadas tais nomenclaturas indistintamente, sem pureza técnica ou uniformidade (arts. 155, II, e § 2º, XII, "g", 156, III, e § 3º, III, e 195, § 3º). De igual forma, utilizam-nas nossos tribunais.

Importante, contudo, não extrair do sentido meramente vernacular de *benefício* a conclusão de que *benefício fiscal* consiste em *mero favor* do poder governamental, pois o Estado não pode nem deve con-

são de relação, existindo cada qual em função do outro, donde resulta que tanto faz diminuir-se a receita pela isenção ou dedução, como aumentar-se a despesa, pela restituição ou subvenção, que a mesma consequência será obtida: o empobrecimento do ente público e o enriquecimento do contribuinte".

36. José Casalta Nabais, *O Dever Fundamental de Pagar Impostos*, cit., p. 649. Segundo Ana Maria Rita Ferraz Augusto, o "sistema de incentivos corresponde a um *processo* pelo qual o Estado propulsiona ou desestimula determinadas atividades econômicas" (destacamos) ("Incentivos fiscais", *Enciclopédia Saraiva do Direito*, cit., p. 221).

ceder favor a ninguém, vinculado que se encontra ao ordenamento jurídico constitucional e legal. O Estado somente pode atuar por vontade constitucional, e não por livre vontade política de seus dirigentes. Por isso o cuidado quanto ao uso indiscriminado dos termos *benefício*, *alívio* ou *privilégio* fiscal na abordagem do instituto em análise. Nesse sentido, José Souto Maior Borges tece crítica acerbada ao entendimento tradicional da isenção como favor e privilégio fiscal pelo Estado:

> Agora, o reconhecimento puro e simples de que as isenções constituem efetivamente, favores ou privilégios legalmente estabelecidos, importa, em última análise, na impossibilidade do exercício de controle jurisdicional, sobre a sua compatibilidade material com o sistema tributário da Constituição (...)
>
> A teoria da isenção-favor possibilita o surgimento de protecionismo de toda espécie.
>
> (...) Se a isenção é um favor, somente ao poder que a estabelece compete apreciar o conteúdo do ato legislativo de instituição.
>
> Introduzem-se, assim, inadvertidamente, critérios estritamente políticos na análise jurídica desse instituto.[37]

Vale registrar, ainda, a diferença que a doutrina tem feito entre *incentivo tributário (ou estritamente fiscal)* e *incentivo financeiro*. Aliás, essa diferença encontra-se sugerida pela Constituição ao tratar da competência legislativa concorrente dos entes públicos sobre direito tributário e direito financeiro, e em seu capítulo sobre as Finanças Públicas, no qual menciona as expressões benefícios *tributário* e *financeiro* (arts. 24, I, e 165, § 6º), classificação que certamente repercute no regime jurídico aplicável a cada incentivo.

Note-se que o termo *fiscal*, aqui, é utilizado como sinônimo de *tributário*, distanciando-se de seu consagrado uso pela Ciência das Finanças. Na linha dessa classificação doutrinária, enquanto o *incentivo tributário* instrumentaliza-se pelo tributo, atuando sobre a receita, o *incentivo financeiro* tem como objeto o crédito, com impacto sobre a despesa. Porém ambas (receita e despesa), enquanto entes de relação,

37. José Souto Maior Borges, *Isenções Tributárias*, São Paulo, Sugestões Literárias S/A, 1969, pp. 75-76.

devem ser utilizadas pelo Estado para o atendimento de igual resultado perante a política fiscal previamente estabelecida.

José Souto Maior Borges, explicando a dinâmica do nascimento, desenvolvimento e extinção das obrigações tributária e financeira, frisa que essa diferença conceitual "decorre da legitimidade da relevante diversidade do regime jurídico contemplado para ambos os tipos de estímulos legais".[38] Ressalte-se, contudo, que, do ponto de vista teleológico, ao fundamento da *conversibilidade* recíproca desses incentivos,

> os efeitos financeiros dos benefícios fiscais tributários são equiparáveis aos dos auxílios estatais diretos (subvenções ou subsídios), pois geram uma perda potencial de arrecadação. Essa perda, em nome de opções políticas assumidas, pode ser denominada despesa ou *renúncia fiscal.*[39]

Nesta análise, porém, adotar-se-á o conceito restrito de incentivo fiscal, melhor denominado ***incentivo tributário****, cuja consequência será a utilização do regime jurídico tributário, e não do direito financeiro, com impacto apenas sobre a receita.*

3.4 Formas ou meios de concessão

Em linhas gerais e de conformidade com o *conceito amplo* anteriormente fixado, o ordenamento jurídico nacional prevê vários meios de concessão de incentivo fiscal, quais sejam: isenção, imunidade, redução de base de cálculo, alíquota zero, remissão, anistia, crédito presumido, subvenção, subsídio, financiamento, algumas formas de parcelamento do crédito tributário,[40] *drawback* (por suspensão, por

38. José Souto Maior Borges, "Subvenção financeira, isenção e dedução tributárias", *Revista de Direito Público*, São Paulo, Ed. RT, ano VIII, v. 41/42, p. 44, jan.-jun. 1977.

39. Matheus Carneiro Assunção, "Incentivos fiscais e desenvolvimento econômico: a função das normas tributárias indutoras em tempos de crise", *Finanças Públicas*, cit., p. 22.

40. Cite-se, como exemplo, o Programa de Recuperação Fiscal (Refis), lançado pelo Governo Federal todos os anos, em várias versões (Lei 9.964/2000, Lei 10.694/2003, MP 303/2006, Lei 11.941/2009 e Lei 12.865/2013), que, trabalhando com os institutos da anistia, da remissão e da moratória, estende o prazo de quitação de débito fiscal para com a Receita Federal e a Procuradoria-Geral da Fazenda Nacional, com exclusão de encargos legais, juros e multa, além da permissão para que se possa utilizar prejuízo fiscal ou base negativa de CSLL na liquidação de juros e multa.

isenção e por restituição), esse último tido como um meio indireto de incentivo fiscal.[41]

Na linha do conceito restrito de *incentivo fiscal (tributário)*, podem ser apontadas, sob certas condições, como exemplos de suas formas concessivas a isenção, a alíquota zero, a redução de base de cálculo e a imunidade. Como se disse, o constituinte não se preocupou em diferençar incentivos de benefícios fiscais, muito menos de isenções e outras formas de incentivos. Bem ao contrário, a isenção consta, no texto constitucional, inclusive como forma de incentivo fiscal regionalizado (art. 43, § 2º, III).

O que não se pode afirmar é que todos esses institutos tributários sejam sempre incentivos tributários, pois nem todos se identificam pela instrumentalidade, pela funcionalidade, pela orientabilidade, pela desonerabilidade sobre a receita, pela dinamicidade, pela legitimidade e pela vinculabilidade, enquanto atributos do incentivo fiscal (tributário).

Ao fundamento de que "a tributação termina onde começa o mínimo vital",[42] tem-se defendido, por exemplo, o *não enquadramento* da ***isenção e da imunidade do mínimo existencial*** como meios de incentivo tributário. Por essa razão, despesas médicas e gastos com educação do contribuinte e seus dependentes não podem integrar a renda tributável. No mesmo sentido, reduções do ônus tributário decorrentes da ausência de capacidade contributiva ou em função de algum mal sofrido pelo contribuinte (cardiopatia grave, *v.g.*) não podem ser tidas como incentivos fiscais, visto que dessas formas desonerativas não se podem extrair todos os atributos que compõem os incentivos tributários.

Apenas as isenções extrafiscais, de caráter oneroso, tal como prescrevem o parágrafo único do art. 176 e o art. 178 do CTN, são meios de incentivo tributário. Nessa hipótese, conforme ensina Souto Maior Borges, "a exoneração total ou parcial da carga tributária, não se produz para que esta corresponda à riqueza do contribuinte, mas para que exerça uma função reguladora *alheia* à justiça tributária"[43] (grifamos.)

41. Marcos André Vinhas Catão, *Regime Jurídico dos Incentivos Fiscais*, cit., p. 131.

42. Cfr.: José Souto Maior Borges, *Isenções Tributárias*, São Paulo, Sugestões Literárias S/A, cit., p. 57; Marcos André Vinhas Catão, *Regime Jurídico dos Incentivos Fiscais*, cit., p. 8.

43. José Souto Maior Borges, *Isenções Tributárias*, São Paulo, Sugestões Literárias S/A, cit., p. 85.

No que concerne à isenção, não se afigura tecnicamente correto utilizar a nomenclatura *isenção parcial*, como inclusive vem empregando-a o STF ao equipará-la à *redução da base de cálculo* do tributo.[44] Isso porque não se pode extrair a classificação isenção total e parcial do conceito de isenção. Não há isenção pela metade. A isenção existe ou não existe. O que se vem denominando *isenção parcial* nada tem a ver com *redução de base de cálculo*. O problema aqui não encontra solução na mera convencionalidade de um vocábulo, mas na natureza jurídica dos institutos em questão, que guardam entre si radical dessemelhança. Nesse sentido, transcrevemos trecho esclarecedor das lições de José Souto Maior Borges:[45]

> (...) a redução do tributo é fenômeno nitidamente distinto da isenção total. Na redução, há débito, mas a lei estabelece a sua diminuição. Ocorre, portanto, o fato tributário, apenas diminuído o *quantum* da prestação. A isenção (total) não corresponde a fato tributário, mas diversamente a fato isento. Essa radical diversidade de regime, logo posta a descoberto pela análise jurídica, demonstra que, a rigor, a isenção (total) e redução (isenção parcial) não podem, sob esse prisma, ser reduzidas a espécies de um mesmo gênero.

O Prof. Paulo de Barros Carvalho, Mestre Titular da PUC-SP e da USP, aprofunda o desenvolvimento da diferença entre essas figuras desonerativas ao trabalhar com o que denominou *regra-matriz de incidência tributária*. Apenas a título de um rápido esclarecimento, a *regra-matriz de incidência* consiste em expressão ambígua que pode vir a ser a estrutura lógico-semântica que auxilia o intérprete no processo de construção de sentidos jurídicos ou a norma jurídica *stricto sensu*, em qualquer campo do direito e não somente no direito tributário.[46]

Adotando, aqui, o primeiro sentido, pode-se dizer que regra-matriz de incidência significa a estrutura lógica que serve ao intérprete na construção de sentidos com o fim de constituir a norma jurídica a ser

44. Brasil, Supremo Tribunal Federal, Emb. Decl. RE 174.478-2/SP, rel. Min. Cezar Peluso, Tribunal Pleno, j. em 14.4.2008, *DJe* 29.5.2008.

45. José Souto Maior Borges, "Subvenção financeira, isenção e dedução tributárias", *Revista de Direito Público*, cit., pp. 48-49.

46. Aurora Tomazini de Carvalho, *Curso de Teoria Geral do Direito: o Construtivismo Lógico-Semântico*, 3ª ed. rev. e ampl., São Paulo, Noeses, 2013, p. 382.

aplicada. Como escreve Aurora Tomazini de Carvalho, "trata-se de esquema sintático que auxilia o intérprete no arranjo de suas significações, na construção da norma jurídica".[47]

A funcionalidade operacional no direito positivo da regra-matriz de incidência biparte-se em circunscrever o alcance de incidência da norma e em exercer o controle constitucional e legal normativo. A estrutura lógica da *regra-matriz de incidência, no campo tributário*, é formada por uma *hipótese ou antecedente*, na qual se encontram os critérios material, espacial e territorial; e por um *consequente*, em que se inserem os critérios pessoal (sujeitos ativo e passivo) e prestacional (base de cálculo e alíquota).

Bem, à luz dessa premissa, desenvolve-se o ensino do Prof. Paulo de Barros Carvalho sobre a norma isentiva. A isenção tem a natureza de *norma de estrutura*, e, como tal, insere modificações em outras normas, não se dirigindo diretamente à conduta das pessoas. Tais modificações significam verdadeira *mutilação* da regra-matriz de incidência tributária, seja em sua hipótese ou antecedente (critérios material, espacial ou temporal), seja em seu consequente (critérios pessoal e quantitativo). *A mutilação será sempre parcial*, conduzindo à subtração de algum desses critérios, e não de apenas parte de um critério. Por isso, conclui o Mestre Titular da PUC-SP e da USP:[48]

> Não confundamos subtração do campo de abrangência do critério da hipótese ou da consequência com mera redução da base de cálculo ou da alíquota, sem anulá-las. A diminuição que se processa no critério quantitativo, mas que não conduz ao desaparecimento do objeto, não é isenção, traduzindo singela providência modificativa que rediz o *quantum* de tributo que deve ser pago. O nome atribuído pelo direito positivo e pela doutrina é *isenção parcial*.

No caso da alíquota zero ou da base de cálculo reduzida a zero, o fenômeno da isenção também está presente. Ainda na crítica reflexiva do Prof. Paulo de Barros Carvalho:[49]

47. Aurora Tomazini de Carvalho, *Curso de Teoria Geral do Direito: o Construtivismo Lógico-Semântico*, 3ª ed. rev. e ampl., São Paulo, Noeses, 2013, p. 382.

48. Paulo de Barros Carvalho, *Curso de Direito Tributário*, 11ª ed. rev., São Paulo, Saraiva, 1999, p. 336.

49. Idem, ibidem, p. 332.

> Que experiência será essa que reduzindo a alíquota a zero, aniquila o critério quantitativo do antecedente da regra-matriz do IPI? A conjuntura se repete: um preceito é dirigido à norma-padrão, investindo contra o critério quantitativo do consequente. Qualquer que seja a base de cálculo, o resultado será o desaparecimento do objeto da prestação.

Tanto no caso da *isenção* como na hipótese da *alíquota zero*, atinge-se parcialmente a regra-matriz de incidência tributária, subtraindo-se um de seus critérios formadores. Por isso se diz serem seus resultados iguais.

3.5 O caso da imunidade como instrumento extrafiscal

Ponto ainda de muita polêmica e que pouco tem escrito a doutrina diz respeito à figura da *imunidade* como incentivo tributário (ou fiscal), até mesmo em trabalhos especializados sobre o assunto.[50] Contudo, temos que o incentivo tributário também se pode efetivar através da imunidade. Os atributos do incentivo encontram-se presentes nessa figura desonerativa. Não vemos, por isso, razões plausíveis para negar que a imunidade possa também vir ao mundo jurídico, por meio do texto constitucional, como forma de incentivo tributário.

Talvez a visão míope de ver a imunidade apenas como não incidência *constitucionalmente* qualificada, diferenciando-a assim da figura da *isenção*, que advém de previsão legal, pode estar obstaculizando a análise desse instituto também como meio de concessão do incentivo tributário.

Para nós, a imunidade pode consistir em uma forma de incentivo tributário concedido diretamente pela Constituição, formada igualmente pelos atributos da instrumentalidade, da funcionalidade, da orientabilidade, da desonerabilidade, da dinamicidade, da legitimidade e da vinculabilidade. Isso não quer dizer que toda imunidade será um meio de incentivo tributário.

Apenas a imunidade que sirva como instrumento desonerativo de intervenção, por indução, do Estado na economia, visando ao desen-

50. Marcos André Vinhas Catão, *Regime Jurídico dos Incentivos Fiscais*, cit., pp. 10, 13-14.

volvimento econômico-social, como bem exemplifica a regra inserida no texto constitucional pela Emenda 31/2001, para fins de abertura do mercado nacional, com o estímulo das exportações sem o peso da carga tributária. Assim dispõe a Constituição:

> Art. 149. (...)
>
> § 2º. As contribuições sociais e de intervenção no domínio econômico de que trata o *caput* deste artigo: (Incluído pela Emenda Constitucional n. 33, de 2001)
>
> I – *não incidirão sobre as receitas decorrentes de exportação*; (Incluído pela Emenda Constitucional n. 33, de 2001) (destacamos).

Regina Helena Costa enfrentou diretamente a questão da imunidade como incentivo fiscal, com ensino direto, sucinto e esclarecedor. Eis as palavras da doutrinadora, atualmente Ministra do STJ:[51]

> A extrafiscalidade, na lição de Geraldo Ataliba, "consiste no uso de instrumentos tributários para obtenção de finalidades não arrecadatórias, mas estimulantes, indutoras ou coibidoras de comportamentos, tendo em vista outros fins, a realização de outros valores constitucionalmente consagrados".
>
> Ora, se assim é, não somente as isenções, mas também as imunidades são instrumentos de atuação extrafiscal, mesmo que alocados em plano anterior ao do exercício da competência tributária, que é o constitucional. Isto porque, identificada a busca pela implementação dos valores ou fins apontados na própria Constituição, abrindo mão o Poder Constituinte Originário de outorgar a competência tributária às pessoas políticas para instituir tributos em determinadas situações, ou em relação a certas pessoas ou bens, está caracterizada a utilização de um mecanismo para obtenção de finalidades não arrecadatórias, mas estimulantes, indutoras ou coibidoras de comportamentos.

Enfim, pensamos não haver dúvida de que a imunidade pode, sim, servir como meio de concessão de incentivo tributário, inclusive

51. Regina Helena Costa, *Imunidades Tributárias: Teoria e Análise da Jurisprudência do STF*, 2ª ed. rev. e atual., São Paulo, Malheiros Editores, 2006, p. 72.

com eficácia muito maior do que outros instrumentos extrafiscais, tais como a isenção, em virtude de possibilitar a implementação com profundidade da pauta de valores da política fiscal desenvolvimentista constitucionalmente fixada para o Brasil.

4. Respostas

> *a) O que são incentivos fiscais?*

Incentivo fiscal, ou *incentivo tributário*, como assim preferimos chamá-lo, consiste no instrumento extrafiscal utilizado pelo Estado em sua atividade de intervenção na economia por indução, como medida de renúncia de receita, através do regime jurídico tributário, concedido pelo próprio constituinte ou pelo legislador ordinário conforme os meios legitimamente permitidos, com a finalidade de estimular determinada conduta do contribuinte com vistas, por conseguinte, à efetividade da política de desenvolvimento econômico-social preestabelecida constitucionalmente.

> *b) Incentivos fiscais, benefícios fiscais, alívios fiscais, são todas expressões sinônimas?*

Sim. A própria Constituição Federal, inclusive, utiliza indistintamente os termos *incentivo* e *benefício fiscal*. O que não se pode admitir é pensar o termo *benefício fiscal* (ou tributário) como mero *favor* do Estado. Até porque o Estado não pode nem presta *favor* a ninguém.

> *c) A redução da base de cálculo é uma isenção parcial? A lei pode conceder isenção parcial? Seria adequado falar de isenção parcial?*

Embora nossa jurisprudência trate a *redução da base de cálculo* do tributo como *isenção* parcial, tais figuras distinguem-se juridicamente. A natureza jurídica de tais figuras não se assemelha. Na isenção, há mutilação de um dos critérios da regra-matriz de incidência tributária

(RMIT), não permitindo o fenômeno da tributação. Na redução da base de cálculo há apenas a diminuição do critério quantitativo da RMIT, o que permite que a tributação ocorra. Não há, na verdade, isenção total ou parcial, mas apenas isenção. A lei poderá até utilizar a nomenclatura *isenção parcial*, o que será incorreto em razão da natureza jurídica da isenção. Ademais, a própria Constituição Federal, em seu art. 150, § 6º, distinguiu isenção de redução de base de cálculo, figuras distintas também para o legislador ordinário, como prevê o constituinte.

> *d) A isenção é um incentivo fiscal? E a alíquota zero? A imunidade? A redução da base de cálculo? São incentivos ou possíveis meios para concedê-los?*

Isenção, alíquota zero, imunidade, redução de base de cálculo podem ser meios de concessão de incentivo tributário, quando enquadrados no conceito acima desse instituto, do qual se podem extrair os atributos da instrumentalidade, da funcionalidade, da orientabilidade, da desonerabilidade, da dinamicidade, da legitimidade e da vinculabilidade.

> *e) Uma redução do ônus tributário decorrente da ausência de capacidade contributiva, como o limite de isenção estabelecido para imóveis residenciais de pequeno valor, por exemplo, é um incentivo fiscal? E a redução estabelecida em função de algum mal sofrido pelo contribuinte, como uma doença?*

O que não se pode afirmar é que todos esses institutos sejam incentivos tributários, pois nem todos se identificam pela instrumentalidade, pela funcionalidade, pela orientabilidade, pela desonerabilidade sobre a receita, pela dinamicidade, pela legitimidade e pela vinculabilidade, enquanto atributos do incentivo tributário.

Ao fundamento de que "a tributação termina onde começa o mínimo vital", tem-se defendido, por exemplo, o não enquadramento da isenção e da imunidade do mínimo existencial como meios de incentivo tributário. Por essa razão, despesas médicas e gastos com educação do contribuinte e seus dependentes não podem integrar a renda tributável. No mesmo sentido, reduções do ônus tributário decorrentes da ausência de capacidade contributiva ou em função de algum mal sofrido pelo contribuinte (cardiopatia grave, *v.g.*) não podem ser tidas como incentivos fiscais, visto que dessas formas desonerativas não se podem extrair todos os atributos que compõem os incentivos tributários.

f) Há diferença entre incentivos fiscais e incentivos financeiros?

Sim. Ressalte-se que temos utilizado o termo *fiscal* como sinônimo de *tributário*, distanciando-se de seu consagrado uso pela Ciência das Finanças. Na linha dessa classificação doutrinária, enquanto o *incentivo tributário* instrumentaliza-se pelo tributo, atuando sobre a receita e seguindo o regime jurídico tributário, o *incentivo financeiro* tem como objeto o crédito, com impacto sobre a despesa e seguindo o regime jurídico financeiro. Porém ambas (receita e despesa), enquanto entes de relação, devem ser utilizadas pelo Estado para o atendimento de igual resultado perante a política fiscal previamente estabelecida.

Bibliografia

ASSUNÇÃO, Matheus Carneiro. "Incentivos fiscais e desenvolvimento econômico: a função das normas tributárias indutoras em tempos de crise". Tema III: Política Fiscal e a Crise Econômica Internacional. *Finanças públicas*: XV prêmio Tesouro Nacional – 2010: homenagem a Joaquim Nabuco. 1ª ed. Brasília, STN/MF, 2011, v. 1, p. 9. Disponível em: <http://www3.tesouro.fazenda.gov.br/Premio_TN/XVPremio/politica/MHpfceXVPTN/Tema_3_MH.pdf>. Acesso em: 2.6.2014.

ATALIBA, Geraldo. *Sistema Constitucional Tributário Brasileiro*. São Paulo, Ed. RT, 1968.

AUGUSTO, Ana Maria Ferraz. "Incentivos fiscais". *Enciclopédia Saraiva do Direito*. Coordenação do prof. R. Limongi França. São Paulo, Saraiva, 1977.

BECKER, Alfredo Augusto. *Teoria Geral do Direito Tributário*. 3ª ed. São Paulo, Lejus, 1998.

BORDIN, Luís Carlos Vitali. *ICMS: Gastos Tributários e Receita Potencial*. Brasília, ESAF, 2003. Monografia agraciada com menção honrosa no VIII Prêmio Tesouro Nacional – 2003, Tributação, Orçamentos e Sistemas de Informação sobre a Administração Pública, Porto Alegre (RS).

BORGES, José Souto Maior. *Isenções Tributárias*. São Paulo, Sugestões Literárias S/A, 1969.

________. "Subvenção financeira, isenção e dedução tributárias". *Revista de Direito Público*. São Paulo, Ed. RT, ano VIII, v. 42/41, p. 44, jan.-jun. 1977.

BRASIL. Supremo Tribunal Federal. RE 0-577.348/SP, rel. Min. Ricardo Lewandowski, Tribunal Pleno, j. em 13.8.2009, *DJe* 26.2.2010.

________. Supremo Tribunal Federal. RE 0-0-561.485/RS, rel. Min. Ricardo Lewandowski, Tribunal Pleno, j. em 13.8.2009, *DJe* 26.2.2010.

________. Supremo Tribunal Federal. Emb. Decl. RE 2-174.478/SP, rel. Min. Cezar Peluso, Tribunal Pleno, j. em 14.4.2008, *DJe* 29.5.2008.

CARVALHO, Aurora Tomazini de. *Curso de Teoria Geral do Direito: o Construtivismo Lógico-Semântico*. 3ª ed. rev. e ampl. São Paulo, Noeses, 2013.

CARVALHO, Paulo de Barros. *Curso de Direito Tributário*. 11ª ed. rev. São Paulo, Saraiva, 1999.

CATÃO, Marcos André Vinhas. *Regime Jurídico dos Incentivos Fiscais*. Rio de Janeiro, Renovar, 2004. (Biblioteca de teses.)

CAVALCANTE, Francisco de Queiroz Bezerra. "Reflexões sobre o papel do Estado frente à atividade econômica". *Revista Trimestral de Direito Público*. São Paulo, v. 1, n. 20, pp. 1997 ,75-67.

COSTA, Regina Helena. *Imunidades Tributárias: Teoria e Análise da Jurisprudência do STF*. 2ª ed. rev. e atual. São Paulo, Malheiros Editores, 2006.

DEODATO, Alberto. *Manual de Ciência das Finanças*. 9ª ed. São Paulo, Saraiva, 1965.

DICIONÁRIO HOUAISS DA LÍNGUA PORTUGUESA. Rio de Janeiro, Objetiva, 2009.

FALCÃO, Raimundo Bezerra. *Direito Econômico: Teoria Fundamental*. São Paulo, Malheiros Editores, 2013.

FARIA, Luiz Alberto Gurgel de. *A Extrafiscalidade e a Concretização do Princípio da Redução das Desigualdades Regionais*. São Paulo, Quartier Latin, 2010.

FERREIRA, Aurélio Buarque de Holanda. *Novo Aurélio Século XXI: o Dicionário da Língua Portuguesa*. 3ª ed. totalmente rev. e ampl. Rio de Janeiro, Nova Fronteira, 1999.

GRAU, Eros Roberto. *A Ordem Econômica na Constituição de 1988: Interpretação e Crítica*. 16ª ed. rev. e atual. São Paulo, Malheiros Editores, 2014.

MACHADO, Hugo de Brito. *Curso de Direito Tributário*. 36ª ed. rev., atual. e ampl. São Paulo, Malheiros Editores, 2015.

________; MACHADO SEGUNDO, Hugo de Brito. "Incentivos fiscais. Regime automotivo do Norte, Nordeste e Centro-Oeste. Titularidade e limites. Transferibilidade". *Revista Dialética de Direito Tributário*. São Paulo, v. 138, p. 116, mar. 2007.

NABAIS, José Casalta. *O Dever Fundamental de Pagar Impostos*. Coimbra, Almedina, 1998.

NOGUEIRA, Ruy Barbosa. *Curso de Direito Tributário*. 14ª ed. atual. São Paulo, Saraiva, 1995.

NOVAIS, Jorge Reis. *Contributo para uma Teoria do Estado de Direito*. Coimbra, Almedina, 2006.

SCHOUERI, Luís Eduardo. *Direito Tributário*. 2ª ed. São Paulo, Saraiva, 2012.

TÁCITO, Caio. "Do direito individual ao direito difuso". *Revista de Direito Administrativo*. Rio de Janeiro, v. 157, p. 5, jul.-set. 1984.

VASCONCELOS, Arnaldo. *Teoria da Norma Jurídica*. 2ª ed. Rio de Janeiro, Forense, 1986.

REGIME JURÍDICO DOS INCENTIVOS FISCAIS

SCHUBERT DE FARIAS MACHADO

Introdução

Recebemos com satisfação o convite do Instituto Cearense de Estudos Tributários – ICET, para estudar o regime jurídico dos incentivos fiscais, tema que ganha importância na medida em que se torna cada vez mais intenso o uso dos tributos com finalidade extrafiscal, e significativo o resultado que, em face da nossa pesada carga tributária, tais incentivos produzem.

Identificar o regime jurídico dos incentivos fiscais, portanto, é buscar a segurança necessária ao melhor uso desse poderoso instrumento de intervenção do Estado na economia, que deve, ou deveria, ser dirigido a realizar o combate às desigualdades regionais e evitar os desequilíbrios na livre concorrência, o que muitas vezes não é o que ocorre.

Os limites e diretrizes constitucionais que devem servir de guia aos incentivos fiscais partem da ponderação de diversos princípios orientadores do sistema tributário nacional e conferem consistência aos valores mais caros ao Direito, que são a liberdade e a igualdade.

Em nossas respostas às excelentes perguntas formuladas pelo Professor Hugo de Brito Machado Segundo tentaremos delimitar esse regime jurídico com base na interpretação do Sistema Tributário Nacional, buscando, antes de tudo, conferir máxima efetividade aos ditames constitucionais.

1. *O que são incentivos fiscais*

1.1 Incentivos fiscais, benefícios fiscais, alívios fiscais, são todas expressões sinônimas?

Sabemos que a denominação, por si só, não define a natureza de um instituto jurídico. O uso dos termos *incentivo*, *benefício* ou *alívio*, portanto, não basta para distinguir. Para tanto, é necessário o exame dos efeitos que cada um terá na relação jurídica estabelecida entre fisco e contribuinte.

O adjetivo *fiscal* que segue cada um dos substantivos indicados na pergunta leva não só a uma associação direta com o tema tributário, mas também a uma ideia de diminuição ou eliminação do tributo que seria devido caso o incentivo, o benefício ou o alívio não existissem.

Assim, adotaremos nessa e nas respostas seguintes a noção básica e geralmente aceita de que os *incentivos*, *benefícios* e *alívios fiscais* são instrumentos de intervenção do Estado na economia, mediante o uso da função extrafiscal dos tributos, através dos quais estimula ou desestimula a prática de determinadas condutas, no sentido de atender a interesses juridicamente protegidos, podendo ser usados como sinônimos.

A história registra várias situações nas quais a carga tributária aumentou exponencialmente ao mesmo tempo em que surgiram os *favores* fiscais dirigidos a grupos sociais que ajudavam a manter a estrutura do poder político então dominante. A França de Luiz XVI é exemplo disso.

Em decorrência dessa lição do passado, devemos encarar com cuidado a intervenção do Estado na economia, dispensando ou reduzindo o pagamento de tributos, para que se evitem os antigos *favores* da coroa.

Hoje não há espaço para *favores* tributários. As garantias constitucionais da isonomia e da estrita reserva legal levam à necessária generalidade da tributação e impedem que o fisco eleja alguém como merecedor de *favores*.

O que permite a concessão de *incentivos fiscais* é a possibilidade de seu uso como poderosa ferramenta de redistribuição de riqueza e combate às desigualdades, conferindo efetividade aos objetivos fundamentais perquiridos pela República Federativa do Brasil indicados no art. 3º da Constituição, que em vários outros de seus dispositivos faz expressa referência tanto a *incentivos fiscais* como a *benefícios fiscais*, a saber:

(a) *incentivo regional* relacionado a isenções, reduções ou diferimento de tributos federais (art. 43, § 2º, III);

(b) *incentivos fiscais* a permitir a possibilidade de instituição de tributo federal com incidência diferenciada com a finalidade de promover o equilíbrio do desenvolvimento socioeconômico entre as diversas regiões do País (art. 151, I);

(c) *incentivos* e *benefícios fiscais* como institutos com trato reservado à lei complementar em relação ao ICMS e ao ISS (art. 155, § 2º, XII, "g"; e art. 156, § 3º, III);

(d) *incentivos* e *benefícios fiscais* ao proibir seu gozo por parte de pessoa em débito com contribuições para a seguridade (art. 195, § 3º); e

(e) a previsão do uso de *incentivo fiscal* como um dos instrumentos à proteção especial à criança, ao adolescente e ao jovem (art. 227, § 3º, VI).

Por outro lado, essas normas indicam claramente que a Constituição, ao mesmo tempo que permite, delimita o uso dos *incentivos e benefícios fiscais.*

Em síntese, os incentivos fiscais, os benefícios fiscais e os alívios fiscais, ou qualquer meio pelo qual seja reduzida a carga tributária em relação a determinado grupo de contribuintes devido à condição das pessoas, das coisas ou das situações envolvidas, não podem ser confundidos com meros *favores*, e devem, antes de tudo, decorrer da necessidade de intervenção do Estado na economia visando à realização de algum interesse público primário e em estrita obediência ao princípio da isonomia, no que ficam sujeitos ao mesmo regime jurídico dos tributos aos quais digam respeito.[1]

1.2 A isenção é um incentivo fiscal? E a alíquota zero? A imunidade? A redução da base de cálculo? São incentivos ou possíveis meios para concedê-los?

A isenção decorre do poder de tributar. É uma autolimitação a esse poder que somente pode ser estabelecida com o objetivo de atender a um interesse geral. Apenas a lei pode criar isenções, em decor-

1. No decorrer de todo o texto colocaremos em sublinhado o trecho que responde a cada uma das perguntas com o máximo de objetividade.

rência da estrita reserva legal para a criação de tributos. O ente estatal que pode criar o tributo é quem tem legitimidade para instituir isenções relativas a esse mesmo tributo.[2] Quando a nossa Constituição estabelece que as isenções, os benefícios e os incentivos fiscais relativos ao ICMS e ao ISS sejam tratados por lei complementar, cria exceção que vem a confirmar a regra geral e decorre de uma tentativa de evitar a chamada *guerra fiscal*.[3]

Não é favor, pois está sujeita ao regime jurídico tributário e deve obediência ao princípio da isonomia, como destacado por Souto Maior Borges.[4] Uma vez prevista em lei, a isenção deve ser aplicada a todo aquele que atender às condições legalmente estabelecidas para o seu gozo.

Hugo Machado faz excelente estudo sobre a isenção tributária ao comentar os arts. 176 e seguintes do Código Tributário Nacional, ao qual remetemos o leitor interessado em aprofundar o exame da matéria.[5]

A isenção implica excepcionar a hipótese de incidência tributária, reduzindo o seu âmbito originário para excluir pessoas, coisas ou situações em face de condições intrínsecas a essas pessoas, coisas ou situações. Sendo assim, somente quando essa exceção à hipótese de incidência tributária (isenção) for usada como instrumento de intervenção na economia através do qual o estado busque estimular determinada conduta, será a isenção um incentivo fiscal.

Como o incentivo fiscal, por sua própria natureza, encerra uma redução do ônus tributário, as isenções corporificam um dos meios mais utilizados para a sua concessão. Não é correto, contudo, dizer que isenções sempre serão *incentivos fiscais*, pois em muitos casos sua concessão tem outra finalidade, como se verá na resposta à pergunta que vem a seguir.

2. CF/1988, art. 151, III.

3. *Guerra fiscal* é expressão amplamente utilizada para designar as iniciativas de Estados e Municípios no sentido de atrair empresas para seus territórios oferecendo reduções de seus tributos, muitas das vezes por meio de isenções. Atribuindo ao legislador complementar a competência para tratar das isenções de ICMS e ISS, o legislador constituinte buscou dificultar a autolimitação do poder de tributar (CF/1988, art. 155, § 2º, XII, "g"; e art. 156, § 3º, III).

4. José Souto Maior Borges, *Teoria Geral da Isenção Tributária*, 3ª ed., São Paulo, Malheiros Editores, 2001, p. 63.

5. Hugo de Brito Machado, *Comentários do Código Tributário Nacional*, vol. III, São Paulo, Atlas, 2005, p. 593.

O termo *alíquota zero* encerra uma contradição em si mesmo, na medida em que alíquota é expressão matemática que significa *a parte de um todo, sem deixar resto*. Assim, zero não pode ser considerado parte de um todo, ou melhor, zero não é parte de coisa alguma, pois representa exatamente a ausência de valor.

Fruto da criatividade dos agentes do fisco, a *alíquota zero* foi idealizada como uma forma de o Poder Executivo conceder uma isenção sem se submeter à reserva legal, restando livre das dificuldades que poderia vir a enfrentar quando e se pretendesse voltar a cobrar o tributo. Para tanto, bastaria restabelecer um valor para a alíquota.

Esse instrumento foi e ainda é muito utilizado em relação ao Imposto sobre Produtos Industrializados – IPI. São muitos os casos em que a tabela de incidências desse imposto, conhecida como TIPI, prevê a *alíquota zero*.

Atualmente, a União Federal tem utilizado a *alíquota zero* também na legislação que regula as contribuições para o PIS e a COFINS, com a finalidade de dispensar o pagamento dessas contribuições, com o igual objetivo de permitir ao Poder Executivo a posterior alteração dessa alíquota.[6] Nesses casos a *alíquota zero* em nada, absolutamente nada, se distingue da isenção. Ou seja, quando a lei trata das hipóteses nas quais não será exigido o pagamento do PIS/COFINS e isso denomina *alíquota zero*, nada mais está a fazer do que instituir isenção. Portanto, como a lei não pode delegar competência ao Poder Executivo para alterar as alíquotas das referidas contribuições, ao fazê-lo ofende a garantia da reserva de lei e contraria frontalmente a Constituição Federal,[7] sendo inválida qualquer tentativa de regular tais alíquotas por ato infralegal.

De qualquer forma, pode ser dito com segurança que a *alíquota zero* tem sido amplamente empregada como instrumento para a concessão de *incentivos fiscais*.

6. Lei 10.637/2002, art. 2º (...) "§ 3º. Fica o Poder Executivo autorizado a reduzir a 0 (zero) e a restabelecer a alíquota incidente sobre receita bruta decorrente da venda de produtos químicos e farmacêuticos, classificados nos Capítulos 29 e 30 da TIPI, sobre produtos destinados ao uso em hospitais, clínicas e consultórios médicos e odontológicos, campanhas de saúde realizadas pelo poder público, laboratório de anatomia patológica, citológica ou de análises clínicas, classificados nas posições 30.02, 30.06, 39.26, 40.15 e 90.18, e sobre semens e embriões da posição 05.11, todos da TIPI" (Redação dada pela Lei n. 11.488, de 2007).

7. CF/1988, art. 150, I.

Com a imunidade, a situação é bem diferente. Os casos de imunidade previstos na Constituição não configuram qualquer tipo de incentivo ou benefício. São típicas limitações ao poder de tributar. A imunidade é um critério demarcador da própria competência tributária, que decorre da importância dada pelo legislador constituinte à proteção das liberdades contra o poder do Estado, que pode facilmente destruí-las com o uso da tributação. Para afastar a possibilidade de abuso, a Constituição limitou a competência tributária para cobrar impostos sobre determinados ícones libertários, tais como a forma federativa de organização política, as liberdades de culto, ideário político, sindicalização, pensamento e, ainda, a assistência social.[8]

Baleeiro ressalta que a imunidade conferida aos livros, jornais, periódicos e ao papel destinado à sua impressão, por exemplo, decorre da defesa da liberdade de pensamento e de crítica e debate partidário através da imprensa. Vale notar o seu registro, hoje muito atual, de que já houve o emprego extrafiscal de imposto para restringir a liberdade de imprensa.[9]

Exatamente em razão de a imunidade tributária ser um dique de contenção do poder, o Supremo Tribunal Federal tem conferido interpretação teleológica ao instituto, "a emprestar-lhe abrangência maior, com o escopo de assegurar à norma supralegal máxima efetividade".[10]

Decididamente, a imunidade tributária não é *incentivo ou benefício fiscal* nem meio para concedê-lo.

A pergunta relaciona, ainda, a redução da base de cálculo. A base de cálculo é elemento essencial na criação do tributo. No dizer de Ataliba, que prefere a expressão *base imponível*, é a dimensão do aspecto material da hipótese de incidência do tributo: "É propriamente uma medida sua".[11]

A redução da base de cálculo, portanto, implica a necessária redução do valor do tributo e está sujeita à reserva legal, sendo frequentemente empregada como forma para a concessão de *incentivos fiscais*.

8. CF/1988, art. 150, VI.

9. Aliomar Baleeiro, *Limitações Constitucionais ao Poder de Tributar*, 7ª ed., Rio de Janeiro, Forense, 1997, pp. 340-349.

10. STF, RE 627.815/PR, Plenário, unânime, rel. Min. Rosa Weber, j. 23.5.2013, disponível em <www.stf.jus.br>.

11. Geraldo Ataliba, *Hipótese de Incidência Tributária*, 6ª ed., 15ª tir., São Paulo, Malheiros Editores, 2014, p. 108.

Lembramos, por fim, que na legislação do ICMS de muitos Estados são utilizados *créditos presumidos* e *diferimento* da obrigação de pagar o imposto, como meios para a concessão de *incentivos fiscais*.

O *crédito presumido* não decorre da entrada de mercadorias ou tomada de serviços (por isso presumido), mas a legislação autoriza a sua dedução na apuração do valor do imposto na sistemática da não cumulatividade.

O *diferimento* é a postergação do pagamento do imposto, que, mesmo restando devido em determinada operação, tem seu pagamento adiado para um momento futuro. Existem casos em que essa postergação transfere a obrigação de pagar para outro contribuinte, situado adiante na sequência das operações com a mercadoria ou o serviço. Alguns Estados tratam abertamente o *diferimento* como uma verdadeira isenção, quando a obrigação de pagar o imposto diferido é dispensada pelo simples decurso de tempo, como ocorre com o ICMS incidente na importação de bens destinados a integrar o ativo permanente de indústrias beneficiadas por seus programas de *incentivos fiscais*.

1.3 Uma redução do ônus tributário decorrente da ausência de capacidade contributiva, como o limite de isenção estabelecido para imóveis residenciais de pequeno valor, por exemplo, é um incentivo fiscal? E a redução estabelecida em função de algum mal sofrido pelo contribuinte, como uma doença?

Guardando coerência com o conceito que adotamos para o *incentivo fiscal*, ou seja, de que consiste – em maior ou menor medida – em tratamento diferenciado e menos oneroso dado a um grupo de pessoas como forma de o Estado estimular a prática de determinada conduta, na busca de atender à realização de um objetivo maior, em benefício de toda a sociedade, a resposta a essa pergunta há de ser negativa.

Ausência de capacidade contributiva não é fator de discrímen que justifique a concessão de um *incentivo fiscal*; ao contrário, é limite para a instituição do tributo.

A faixa de isenção prevista na tabela do imposto sobre a renda, por exemplo, não cuida de qualquer incentivo, apenas tenta realizar, sem o conseguir inteiramente, o princípio da capacidade contributiva. Muito maior deveria ser o valor fora do alcance do imposto sobre a renda.

Da mesma forma, a isenção do pagamento do imposto sobre a renda dada a pessoas portadoras de graves moléstias não é incentivo fiscal, mas uma compensação concedida pelo Estado àqueles que não consegue atender como deveria em face da imensa necessidade que tais doenças acarretam.

1.4 Há diferença entre incentivos fiscais e incentivos financeiros?

Sim. O *incentivo fiscal*, como já antes referido, decorre, necessariamente, de uma redução ou exclusão do tributo que seria devido não houvesse tal incentivo. Já o incentivo financeiro não está diretamente ligado à obrigação tributária. Quando o Estado concede um empréstimo subsidiado, adquire ações de uma companhia ou cede um terreno para uso gratuito, por exemplo, está concedendo incentivos financeiros. São duas diferentes formas de intervenção na economia.

2. Limites formais à concessão de incentivos fiscais

2.1 Todo incentivo fiscal deve ser concedido por lei do ente tributante competente para a instituição do tributo correspondente? Qual a natureza de disposições como as que constam do art. 155, § 2º, XII, "e", e do art. 156, § 3º, II, da CF/1988? São imunidades? Excepcionais hipóteses em que se faz possível a concessão de isenções heterônomas?

Em princípio, os *incentivos fiscais* devem ser concedidos por lei do ente tributante competente para a instituição do tributo correspondente. No dizer de Souto Maior Borges, no "poder de tributar se contém o poder de eximir, como verso e reverso de uma medalha".[12] Existem, é certo, exceções a essa regra, como veremos adiante.

O legislador constituinte originário afastou a incidência do ICMS nas operações de exportação de produtos industrializados, no que estabeleceu regra de imunidade, e atribuiu competência ao legislador complementar para excluir da incidência desse imposto serviços e

12. José Souto Maior Borges, *Teoria Geral da Isenção Tributária*, cit., p. 30.

outros produtos, exclusão essa que, por não decorrer diretamente da Constituição, não é hipótese de imunidade.

Com a Emenda Constitucional 42/2003, a regra imunizante tornou-se bem mais ampla, passando o ICMS a não incidir "sobre operações que destinem mercadorias para o exterior, nem sobre serviços prestados a destinatários no exterior, assegurada a manutenção e o aproveitamento do montante do imposto cobrado nas operações e prestações anteriores".

A norma introduzida pela emenda alargou a imunidade e esvaziou a autorização antes dada ao legislador complementar para excluir da incidência do ICMS, nas exportações para o exterior, serviços e outros produtos além dos antes mencionados. Nada restou que a lei complementar pudesse ainda vir a excluir, assim como não há mais casos de exportação nos quais os créditos relativos às anteriores operações não possam ser aproveitados, o que antes dependeria de previsão em lei complementar.[13]

Em relação ao ISS, permanece a indicação contida no art. 156, § 3º, II, de que cabe à lei complementar excluir de sua incidência a exportação de serviços para o exterior, o que foi feito pela Lei Complementar 116/2003 (art. 2º, II). Não se trata de imunidade, pois a delimitação da competência não parte diretamente da Constituição, necessitando ser regulada por lei complementar, que é lei *nacional.*

Essa regra pode ser vista como estabelecendo hipótese de concessão de isenção heterônoma. Preferimos, entretanto, interpretá-la levando em conta o contexto constitucional no qual está inserida, que estabelece um *regime de tributação diferenciado para as operações de exportação*, no qual há a necessidade de excluir a incidência do ISS *apenas* nas exportações. Ela não autoriza a União a conceder quaisquer isenções relativas ao ISS (isenção heterônoma), sendo um mero reflexo da diretriz constitucional que considera importantes para o País as operações de exportação. Tal diretriz constitucional *deve* ser atendida pelo legislador *nacional.* Podemos classificar essa norma da Constituição, utilizando a terminologia de Bonavides, como *norma de eficácia diferida*,[14] pois não se dirige unicamente ao Congresso Nacional, mas

13. CF/1988, art. 155, § 2º, XII, "f".

14. Paulo Bonavides, *Curso de Direito Constitucional*, 30ª ed., São Paulo, Malheiros Editores, 2015, pp. 224-227.

indistintamente, desde o primeiro momento, aos cidadãos e aos demais órgãos estatais. A lei complementar (*nacional*) não apenas pode, como *deve* tratar dessa específica hipótese de isenção, finalmente positivada na Lei Complementar 116/2003.[15]

> *2.2 Há limites a serem observados pelo legislador infraconstitucional, quando da regulamentação de norma da Constituição referente a incentivos fiscais? É possível regulamentar uma faculdade prevista no texto constitucional de sorte a tornar praticamente impossível o seu exercício? É o que se dá, por exemplo, com a exigência de unanimidade prevista na LC 24/1975, como condição para a concessão de incentivos fiscais em matéria de ICMS?*

Quando tratamos da iniciativa de elaboração de leis que tenham por finalidade regular norma da Constituição, surge, naturalmente, a ideia de que não só a norma a ser regulada, mas também todo o texto constitucional impõem limites – positivos e negativos – aos quais fica o legislador submetido.

Ao tratar de *incentivos fiscais* em matéria de ICMS, a norma constitucional atribui à lei complementar a competência para regular a forma pela qual os Estados e o Distrito Federal poderão deliberar sobre a sua concessão e revogação.[16] Dessa norma se extrai, em primeiro lugar, a possibilidade de concessão de isenções, incentivos e benefícios fiscais relativos ao ICMS, cabendo à lei complementar apenas regular a forma a ser adotada.

A Lei Complementar 24/1975 regulava a maneira pela qual tais deliberações dos Estados e DF deveriam ser tomadas ainda no âmbito do ICM (CF/1969). Na ADI 902, o Supremo Tribunal Federal considerou a LC 24 recepcionada pela Constituição Federal de 1988 e apta a regular a forma pela qual isenções, incentivos e benefícios podem ser concedidos no âmbito do ICMS, até porque está expressa-

15. LC 116/2003, art. 2º, I.

16. Art. 155. (...) "XII – cabe à lei complementar: (...) *g*) regular a forma como, mediante deliberação dos Estados e do Distrito Federal, isenções, incentivos e benefícios fiscais serão concedidos e revogados".

mente referida no § 8º do art. 34 do ADCT.[17] Nessa mesma decisão considerou inválido incentivo fiscal concedido pelo Estado de São Paulo, pois concedido à margem de deliberação dos Estados e do Distrito Federal.

A pergunta remete, todavia, a um ponto específico e muito relevante, ou seja, o exame da validade da exigência de unanimidade para as decisões tomadas nas deliberações dos Estados,[18] até porque o STF, embora considerando recepcionada a referida lei, não adentrou o exame da validade da exigência de unanimidade nela contida.

É importante destacar que em uma assembleia formada por representantes de Estados com profundas diferenças no desenvolvimento econômico, dificilmente haverá consenso sobre a concessão de um incentivo fiscal que tenha como finalidade reduzir tais diferenças, pois implicaria a transferência de riqueza dos Estados mais ricos para os mais carentes, o que contaria com a franca oposição daqueles que perderão tal riqueza. Não é razoável, portanto, condicionar a concessão desses incentivos fiscais a uma deliberação unânime. Isso equivale a inviabilizá-la.

Nesse ponto nos acostamos ao pensamento de Hugo Machado, que muito bem analisou essa questão e concluiu com acerto pela inconstitucionalidade dos dispositivos da Lei Complementar 24/1975

17. "Ação Direta de Inconstitucionalidade – Pertinência. Tratando-se de impugnação de ato normativo de Estado diverso daquele governado pelo requerente, impõe-se a demonstração do requisito 'pertinência'. Isto ocorre quanto ao Decreto n. 33.656, de 16 de abril de 1993, do Estado de São Paulo, no que se previu o crédito de cinquenta por cento do valor do Imposto sobre Circulação de Mercadorias e Serviços devido em operações ligadas aos produtos finais do sistema eletrônico de processamento de dados. O interesse dos Estados mostrou-se conducente a reserva a lei complementar da disciplina da matéria e esta cogita da necessidade de convênio – Lei Complementar n. 24, de 7 de janeiro de 1975, recepcionada pela Carta de 1988 – artigo 34, par. 8º, do Ato das Disposições Constitucionais Transitórias. Liminar concedida" (ADI 902 MC, rel. Min. Marco Aurélio, Tribunal Pleno, j. 3.3.1994, *DJ* 22.4.1994, p. 8.941, *Ement* 1741-01, p. 199).

18. LC 24/1975. "Art. 2º. Os convênios a que alude o art. 1º, serão celebrados em reuniões para as quais tenham sido convocados representantes de todos os Estados e do Distrito Federal, sob a presidência de representantes do Governo federal. § 1º. As reuniões se realizarão com a presença de representantes da maioria das Unidades da Federação. § 2º. *A concessão de benefícios dependerá sempre de decisão unânime dos Estados representados*; a sua revogação total ou parcial dependerá de aprovação de quatro quintos, pelo menos, dos representantes presentes" (grifo nosso).

que exigem a unanimidade para a concessão dos *incentivos fiscais* relativos ao ICMS, pois o legislador complementar, ao regular a forma pela qual poderão vir a ser concedidos incentivos fiscais, tornou *inviável* tal concessão quando destinada a combater as gritantes desigualdades regionais.[19]-[20]

2.3 Os tratados internacionais podem estabelecer incentivos fiscais, inclusive quando relativos a tributos que seriam devidos a Estados e Municípios?

Os tratados internacionais regulam as relações entre os países que deles participam, e, no Brasil, cabe ao Presidente da República subscrevê-los, ficando ainda sujeitos a referendo do Congresso Nacional.[21] Alguns desses tratados estabelecem a igualdade de tratamento tributário entre os produtos nacionais e aqueles oriundos dos países signatários.

O GATT (*General Agreement on Tariffs and Trade* – hoje OMC), por exemplo, dispõe:

> Os produtos originários de qualquer Parte Contratante importados no território de qualquer outra Parte Contratante gozarão de tratamento não menos favorável que o concedido a produtos similares de origem nacional no que concerne a todas as leis, regulamentos e exigências que afetem a sua venda, colocação no mercado, compra, transporte, distribuição ou uso no mercado interno.

O Código Tributário Nacional determina que "os tratados e as convenções internacionais revogam ou modificam a legislação tributária interna, e serão observados pela que lhes sobrevenha".[22]

Desse modo, os importadores passaram a reivindicar o direito de aplicar aos produtos oriundos dos países signatários do GATT as isen-

19. Hugo de Brito Machado, *Grandes Questões Atuais do Direito Tributário*, vol. 15, Valdir de Oliveira Rocha (coord.), São Paulo, Dialética, 2011, p. 129.
20. Hugo de Brito Machado, *Comentários ao Código Tributário Nacional*, cit., p. 598.
21. CF, art. 84, VIII.
22. CTN, art. 98.

ções de ICMS conferidas a similares produtos nacionais. Os Estados se negaram a atender a tal pretensão, invocando a norma constitucional que veda "à União (...) instituir isenções de tributos da competência dos Estados, do Distrito Federal ou dos Municípios".[23]

A questão chegou ao Supremo Tribunal Federal, onde se decidiu pela prevalência do tratado internacional sobre a lei interna, mesmo quando cuida de isenção de tributos estaduais, pois quem firma tais tratados não é a União Federal como pessoa jurídica de Direito Público interno, e sim a República Federativa do Brasil, que envolve todos os entes que a integram, inclusive os Estados. Isso afasta a aplicação da norma constitucional que proíbe a concessão de isenção heterônoma.[24]

O Supremo Tribunal Federal consolidou a sua jurisprudência na Súmula 575: "À mercadoria importada de país signatário do GATT, ou membro da ALALC, estende-se a isenção do imposto sobre circulação de mercadorias concedida a similar nacional"; e o Superior Tribunal de Justiça, na Súmula 20: "A mercadoria importada de país signatário do GATT é isenta do ICM, quando contemplado com esse favor o similar nacional", consagrando o tratamento tributário isonômico entre os produtos importados dos países signatários do GATT e aqueles de origem nacional.

Comentando a súmula do STF acima transcrita, Hugo de Brito Machado Segundo pontifica:

23. CF, art. 151, III.

24. "Ementa: Direito tributário – Recepção pela Constituição da República de 1988 do Acordo Geral de Tarifas e Comércio – Isenção de tributo estadual prevista em tratado internacional firmado pela República Federativa do Brasil – Artigo 151, inciso III, da Constituição da República – Artigo 98 do Código Tributário Nacional – Não caracterização de isenção heterônoma – Recurso Extraordinário conhecido e provido. 1. A isenção de tributos estaduais prevista no Acordo Geral de Tarifas e Comércio para as mercadorias importadas dos países signatários quando o similar nacional tiver o mesmo benefício foi recepcionada pela Constituição da República de 1988. 2. O artigo 98 do Código Tributário Nacional 'possui caráter nacional, com eficácia para a União, os Estados e os Municípios' (voto do eminente Ministro Ilmar Galvão). 3. No direito internacional apenas a República Federativa do Brasil tem competência para firmar tratados (art. 52, § 2º, da Constituição da República), dela não dispondo a União, os Estados-membros ou os Municípios. O Presidente da República não subscreve tratados como Chefe de Governo, mas como Chefe de Estado, o que descaracteriza a existência de uma isenção heterônoma, vedada pelo art. 151, inc. III, da Constituição. 4. Recurso extraordinário conhecido e provido" (RE 229.096, rel. Min. Ilmar Galvão, rel. p/ acórdão Min. Cármen Lúcia, Tribunal Pleno, j. em 16.8.2007, *DJe*-065 div. 10.4.2008, publ. 11.4.2008, *Ement* 2314-05, p. 985, *RTJ* 204-02/858, *RJTJRS* 45/29-42, 2010).

> países signatários do GATT ou membros da ALALC pactuaram a concessão de tratamento isonômico aos produtos uns dos outros, em relação aos tributos internos. Assim, se determinado produto brasileiro (*v.g.*, leite) é isento de ICM, hoje ICMS, o leite importado de país signatário do GATT (hoje OMC) deve ser abrangido por igual benefício, ainda que a lei estadual nada disponha a respeito, ou mesmo que seja expressa ao isentar apenas ao nacional e ao determinar a tributação do importado. Não importa se o imposto, no caso, é estadual, e nem se a legislação estadual em sentido contrário é posterior ao tratado. Afinal, o tratado é celebrado pela República Federativa do Brasil (da qual Estados-membros, Distrito Federal e Municípios também fazem parte), e não apenas pela União. Além disso, o art. 98 é expresso ao determinar sua prevalência sobre a legislação interna, ainda que posterior.[25]

A lei estadual *não* pode estabelecer limitações à aplicação do tratamento tributário isonômico previsto em um tratado internacional, pois assim estaria contrariando o próprio tratado, o Código Tributário Nacional e a Constituição Federal.

2.4 A desoneração tributária dada à remessa de mercadorias para a Zona Franca de Manaus é caso de isenção ou de imunidade? A lei federal pode regular tal desoneração mesmo quando relativa a tributos de competência estadual ou municipal?

O Convênio CONFAZ 65/1988 prevê a isenção do ICMS na remessa de produtos para a Zona Franca de Manaus. Isso, no entanto, não revela a verdadeira natureza jurídica dessa hipótese de não incidência qualificada.

Há decisão do Supremo Tribunal Federal proferida ainda em face da Constituição de 1969 considerando a remessa de produto semi-industrializado à Zona Franca de Manaus imune à incidência do ICM. Para tanto, o STF declarou "a remessa para a Zona Franca, como equiparável a envio para o exterior".[26]

25. Hugo de Brito Machado Segundo, *Direito Tributário nas Súmulas do STF e do STJ*, São Paulo, Atlas, 2010, p. 113.

26. "Fibra de malva, descorticada, classificada, esgarçada, prensada e enfardada,

Hoje, a imunidade relativa ao ICMS nas remessas de produtos para o exterior está disciplinada na Constituição Federal de 1988 da seguinte forma:

> Art. 155. Compete aos Estados e ao Distrito Federal instituir impostos sobre:
>
> (...)
>
> II – operações relativas à circulação de mercadorias e sobre prestações de serviços de transporte interestadual e intermunicipal e de comunicação, ainda que as operações e as prestações se iniciem no exterior;
>
> (...)
>
> § 2º. O imposto previsto no inciso II atenderá ao seguinte:
>
> X – não incidirá:
>
> *a*) sobre operações que destinem mercadorias para o exterior, nem sobre serviços prestados a destinatários no exterior, assegurada a manutenção e o aproveitamento do montante do imposto cobrado nas operações e prestações anteriores;

Para a Zona Franca de Manaus, a Constituição, no ADCT, dá o seguinte tratamento:

> Art. 40. É mantida a Zona Franca de Manaus, com suas características de área livre de comércio, de exportação e importação, e de incentivos fiscais, pelo prazo de vinte e cinco anos, a partir da promulgação da Constituição.

A equiparação da remessa de mercadorias para a ZFM à exportação, por sua vez, decorre de expressa determinação contida no Decreto-lei 288, de 28.2.1967, que já regulava essa matéria na vigência do regime constitucional anterior, da seguinte forma:

> Art. 4º. A exportação de mercadorias de origem nacional para consumo ou industrialização na Zona Franca de Manaus, ou reexportação para o

e produto semi-industrializado, quando enviada a Zona Franca de Manaus, está imune do I.C.M. II. Aplicação do art. 23, par. 7, 1 parte, da Constituição, c.c. do Dec.-lei n. 288/67, art. 4. III. Recurso extraordinário não conhecido" (RE 80.903, rel. Min. Thompson Flores, 2ª Turma, j. em 2.12.1975, *DJ* 23.2.1976, *RTJ* 80-02/569).

estrangeiro, será para todos os efeitos fiscais, constantes da legislação em vigor, equivalente a uma exportação brasileira para o estrangeiro.

Não há qualquer incompatibilidade entre a norma acima referida e o texto da Constituição de 1988, motivo pelo qual restou por ela não só recepcionado, como o art. 40 do ADCT *constitucionalizou* a equiparação da remessa de mercadorias à ZFM à exportação.

O Superior Tribunal de Justiça tem manifestado firme posicionamento no sentido de que "as operações envolvendo mercadorias destinadas à Zona Franca de Manaus são equiparadas à exportação, para efeitos fiscais, conforme disposições do Decreto-lei 288/67".[27]

As normas constitucionais que tratam de imunidade – diferente daquelas de lei cuidando de isenções – devem ser interpretadas de forma a garantir a sua máxima efetividade. Nesse sentido é a doutrina[28] e a jurisprudência do STF.[29]

27. AgRg no REsp 1.141.285/RS, rel. Min. Arnaldo Esteves Lima, 1ª Turma, j. em 17.5.2011, *DJe* 26.5.2011.

28. Hugo de Brito Machado, *Curso de Direito Tributário*, 36ª ed., São Paulo, Malheiros Editores, 2015, p. 233.

29. "Ementa: Recurso Extraordinário – Constitucional – Tributário – Imunidade – Hermenêutica – Contribuição ao PIS e COFINS – Não incidência – Teleologia da norma – Variação cambial positiva – Operação de exportação. I – Esta Suprema Corte, nas inúmeras oportunidades em que debatida a questão da hermenêutica constitucional aplicada ao tema das imunidades, adotou a interpretação teleológica do instituto, a emprestar-lhe abrangência maior, com escopo de assegurar à norma supralegal máxima efetividade. II – O contrato de câmbio constitui negócio inerente à exportação, diretamente associado aos negócios realizados em moeda estrangeira. Consubstancia etapa inafastável do processo de exportação de bens e serviços, pois todas as transações com residentes no exterior pressupõem a efetivação de uma operação cambial, consistente na troca de moedas. III – O legislador constituinte – ao contemplar na redação do art. 149, § 2º, I, da Lei Maior as 'receitas decorrentes de exportação' – conferiu maior amplitude à desoneração constitucional, suprimindo do alcance da competência impositiva federal todas as receitas que resultem da exportação, que nela encontrem a sua causa, representando consequências financeiras do negócio jurídico de compra e venda internacional. A intenção plasmada na Carta Política é a de desonerar as exportações por completo, a fim de que as empresas brasileiras não sejam coagidas a exportarem os tributos que, de outra forma, onerariam as operações de exportação, quer de modo direto, quer indireto. IV – Consideram-se receitas decorrentes de exportação as receitas das variações cambiais ativas, a atrair a aplicação da regra de imunidade e afastar a incidência da contribuição ao PIS e da COFINS. V – Assenta esta Suprema Corte, ao exame do *leading case*, a tese da inconstitucionalidade da incidência da contribuição

O Convênio CONFAZ 65/1988 não traz hipótese de isenção, mas sim regula a imunidade conferida pela Constituição às remessas de mercadoria para a ZFM, e apenas na medida necessária para assegurar a sua efetividade.

2.5 É certo que a vigente Constituição Federal, em pelo menos seis dispositivos, a saber, art. 1º, III; art. 151, I; art. 159, I, "c"; art. 161, II; art. 165, § 7º, e art. 170, VII, preconiza providências objetivando a redução das desigualdades regionais existentes no País? Esse fato deve ter, ou não, alguma influência na interpretação e na aplicação de leis a respeito de incentivos fiscais que tenham por objetivo atrair empresas para regiões pobres?

Sim, em todos esses dispositivos constitucionais (art. 1º, III; art. 151, I; art. 159, I, "c"; art. 161, II; art. 165, § 7º, e art. 170, VII) está presente a determinação de combate às desigualdades regionais existentes em nosso País, e esse mandamento constitucional não pode ser ignorado, ao contrário, deve influir na interpretação e aplicação das leis que tratam de incentivos fiscais objetivando atrair desenvolvimento para as regiões mais pobres, e reclama efetivação.

Na busca de conferir máxima efetividade à Constituição, não podemos simplesmente ignorar tais preceitos, que indicam de forma clara que o legislador constituinte originário elegeu o combate às desigualdades regionais como valor juridicamente protegido, configurando interesse público primário que deve orientar a interpretação e aplicação de todo o ordenamento.

3. Limites ou parâmetros materiais para a concessão de incentivos fiscais

3.1 Em quais hipóteses a concessão de incentivo fiscal a determinado contribuinte, ou grupo de contribuintes, será compatível com o princípio da igualdade?

Uckmar manifesta sérias dúvidas sobre a legitimidade constitucional das isenções em face dos princípios da igualdade e da generalidade da tributação, não obstante registre que mais delicado é o tema das isenções concedidas com finalidades extrafiscais de regulação da economia e da vida social, de intervenção a favor de certas atividades ou situações que se pretende estimular.[30] Não pensamos assim.

Preferimos o pensamento de Antônio Roberto Sampaio Dória, de quem extraímos preciosas lições sobre o princípio da igualdade tributária, admitindo tratamentos desiguais a contribuintes em diferentes situações, pois, "se é certo que na tributação desigual se percebe sempre uma irredutível dose de injustiça, muito mais iníquo seria o sistema financeiro que inaugurasse o regime da tributação única e uniforme para todos seus cidadãos".[31] Sampaio Dória adverte de forma incisiva que a lei tributária quando vier a estabelecer alguma discriminação, em face dos princípios da isonomia e generalidade da tributação, deve, necessariamente, atender aos seguintes fatores: "(a) razoabilidade da discriminação, baseada em *diferenças reais* entre as pessoas ou objetos tributados; (b) existência de *objetivo* que justifique a discriminação; e (c) nexo lógico entre o objetivo perseguido e a discriminação que permitirá alcançá-lo".[32]

Bandeira de Mello tem importante estudo sobre o conteúdo jurídico do princípio da igualdade, o qual permite explicar a validade da concessão de *incentivos fiscais*, sobretudo frente ao princípio da generalidade da tributação.[33]

De início, Bandeira de Mello deixa claro que "a lei não deve ser fonte de privilégios ou perseguições, mas instrumento regulador da vida social que necessita tratar equitativamente todos os cidadãos".[34]

ao PIS e da COFINS sobre a receita decorrente da variação cambial positiva obtida nas operações de exportação de produtos. VI – Ausência de afronta aos arts. 149, § 2º, I, e 150, § 6º, da Constituição Federal. Recurso extraordinário conhecido e não provido, aplicando-se aos recursos sobrestados, que versem sobre o tema decidido, o art. 543-B, § 3º, do CPC" (RE 627.815, rel. Min. Rosa Weber, Tribunal Pleno, j. em 23.5.2013, acórdão eletrônico repercussão geral, Mérito, *DJe*-192 div. 30.9.2013, publ. 1º.10.2013).

30. Victor Uckmar, *Princípios Comuns de Direito Constitucional Tributário*, trad. e notas ao direito brasileiro de Marco Aurélio Greco, 2ª ed., São Paulo, Malheiros Editores, 1999, pp. 73-74.

31. Antônio Roberto Sampaio Dória, *Direito Constitucional Tributário e "Due Processo f Law"*, 2ª ed., Rio de Janeiro, Forense, 1986, p. 127.

32. Idem, ibidem, p. 139.

33. Celso Antônio Bandeira de Mello, *O Conteúdo Jurídico do Princípio da Igualdade*, 3ª ed., 23ª tir., São Paulo, Malheiros Editores, 2014.

34. Idem, ibidem, p. 10.

Lembra, em seguida, que existem diferenciações entre as pessoas, coisas ou situações que reclamam tratamento desigual pelo ordenamento jurídico no sentido de minimizar tais diferenças. Essa é a verdadeira isonomia. É essencial, contudo, a verificação da legitimidade desse tratamento desigual, ou seja, quando pode ser feito sem quebrar, e sim para realizar a isonomia. Nesse ponto, esclarece que

> as discriminações são recebidas como compatíveis com a cláusula igualitária apenas e tão somente quando existe um vínculo de correlação lógica entre a peculiaridade diferencial acolhida por residente no objeto, e a desigualdade de tratamento em função dela conferida, desde que tal correlação não seja incompatível com interesses prestigiados na Constituição.[35]

Sendo assim, em respeito aos princípios da isonomia e da generalidade da tributação, o grupo de pessoas que vier a ser beneficiado com a desoneração tributária decorrente de *incentivo fiscal* deve guardar peculiar diferença que, por si só, justifique a concessão desse benefício como instrumento para o atendimento de um interesse prestigiado na Constituição, ficando restrito à medida necessária e bastante para alcançar tal objetivo.

3.2 A localização de uma empresa em região menos desenvolvida do território nacional seria um critério de discrímen apto a legitimar incentivos fiscais?

Nessa resposta, adotamos por inteiro o pensamento de Celso Antônio Bandeira de Mello, que rejeita, com acerto, a simples localização geográfica de determinadas pessoas como fator justificativo para uma legítima discriminação, e mais, menciona que "não pode ser deferido aos magistrados ou aos advogados ou aos médicos que habitem determinada região do País – só por isso – um tratamento mais favorável juridicamente. Em suma, discriminação alguma pode ser feita entre eles, simplesmente em razão da área espacial em que estejam sediados".[36] Logo, a simples localização dos contribuintes em regiões distintas não bastaria como fator diferenciador a justificar a concessão de *incentivos fiscais.*

35. Idem, ibidem, p. 17.
36. Idem, ibidem, p. 30.

Seguindo com seu raciocínio, Bandeira de Mello explica que coisa bastante diversa ocorre quando existirem nesses vários locais

> situações e circunstâncias, as quais sejam, elas mesmas, distintas entre si, gerando, então, por condições próprias suas, elementos diferenciais pertinentes. Em tal caso, não será a demarcação espacial, mas o que exista nelas, a razão eventualmente substante para justificar discrímen entre os que se assujeitam – por sua presença contínua ali – àquelas condições e as demais pessoas que não enfrentam idênticas circunstâncias.[37]

Isso permite o tratamento tributário diferenciado – mediante concessão de *incentivos fiscais* – atribuído às pessoas situadas em regiões do País com distintos níveis de desenvolvimento econômico. Deveras, a instalação de empresas em regiões menos desenvolvidas as levará a se sujeitarem a condições adversas que empresas situadas nas regiões mais desenvolvidas não enfrentam.

> *3.3 Caso o contribuinte destinatário do incentivo tenha capacidade contributiva igual à de outro contribuinte, não beneficiado com o incentivo, há, só por isso, invalidade ou violação ao princípio da igualdade? É possível estabelecer, validamente, tratamento desigual a contribuintes, tomando de critério diverso de sua capacidade contributiva? Quais critérios seriam esses?*

A capacidade contributiva não é fator que justifique um tratamento favorecido, mas sim poderoso fator de *limitação* ao exercício do poder de tributar, reiterado com a expressa proibição do uso do tributo com efeito de confisco.[38] Quando examinamos a compatibilidade da concessão de *incentivos fiscais* com o princípio da isonomia, vimos que a capacidade contributiva não é fator necessariamente relevante, uma vez que, para estimular ou desestimular determinada conduta, no sentido de atender a interesse constitucionalmente protegido, a lei tributária pode estabelecer tratamento diferenciado entre contribuin-

37. Idem, ibidem, p. 30.
38. CF/1988, art. 145, § 1º; e art. 150, IV.

tes com a mesma capacidade contributiva, desde que o fator de discrímen assim o justifique.

No dizer de Borges, a exoneração total ou parcial da carga tributária relativa aos *incentivos fiscais* não corresponde à riqueza do contribuinte beneficiado, mas é concedida com uma finalidade reguladora alheia à justiça tributária.[39]

Já apontamos os fatores para que a concessão de *incentivos fiscais* atenda em respeito aos princípios da isonomia e da generalidade da tributação, quais sejam: (a) razoabilidade da discriminação, baseada em *diferenças reais* entre as pessoas ou os objetos tributados; (b) existência de *objetivo* que justifique a discriminação; e (c) nexo lógico entre o objetivo perseguido e a discriminação que permitirá alcançá-lo.

3.4 Deve haver coerência nas políticas públicas relacionadas aos incentivos fiscais? Qual a consequência jurídica, por exemplo, de o Governo Federal incentivar determinada ação, por meio de tributos, e outros órgãos do próprio Governo Federal, ou dos Governos Estadual ou Municipal, adotarem políticas destinadas a desestimular essa mesma ação?

Sim, a coerência na implementação das políticas públicas é necessária para que tais políticas tenham um grau mínimo de eficácia.

Atualmente existe o interesse público relevante de promover a *mobilidade urbana*, pois o trânsito de veículos em muitos momentos do dia fica praticamente paralisado em face do enorme número de carros que tomam as ruas. Para tanto, alguns órgãos governamentais ligados às cidades têm adotado políticas de contenção do uso de automóveis e de estímulo do uso de outros meios de transporte, como ônibus e bicicletas. O rodízio de carros em São Paulo, com a proibição de os veículos que tenham placas de identificação com número par circularem junto com aqueles com placas de número impar, a construção de ciclovias e a oferta de aluguel de bicicletas são exemplos disso.

Ao mesmo tempo, o Ministério da Fazenda tem promovido uma política fiscal de estímulo à aquisição de automóveis, reduzindo as

39. José Souto Maior Borges, *Teoria Geral da Isenção Tributária*, cit., p. 70.

alíquotas do IPI incidente sobre tais produtos, com o objetivo de diminuir o respectivo preço, bem como facilitando o financiamento para a sua aquisição. Isso levou a um muito significativo crescimento do número de carros nas ruas das cidades, contribuindo para a *imobilidade* urbana que vivemos hoje.

Não está claro qual seria o interesse público decorrente de valor juridicamente protegido a que a política de *incentivos fiscais* para a aquisição de automóveis está tentando atender.

Colhemos do Parecer PGFN/CAT 1.284/2012 a seguinte justificativa para a concessão de *incentivo fiscal* mediante a redução de alíquotas do IPI:

> Nenhum óbice jurídico às reduções das alíquotas do IPI propostas pela minuta de decreto ora analisada. A manipulação de alíquotas do IPI pelo Executivo, via Decreto, é autorizada pelo art. 153, § 1º, da CF. Essa delegação do Constituinte ao Executivo para manipulação e fixação de alíquotas do IPI justifica-se, como sabido, porque o IPI é tributo que possui caráter extrafiscal, servindo como instrumento estatal para regulação da atividade econômica nacional.
>
> Neste sentido, dentro dos parâmetros legais (piso e teto de alíquota), a União pode manipular as alíquotas deste tributo, conforme os interesses e as necessidades da economia nacional. Os referidos parâmetros legais dessas alíquotas estão presentemente dispostos no art. 4º do Decreto-lei n. 1.199, de 27 de dezembro de 1971, e no art. 7º da Lei n. 10.451, de 10 de maio de 2002 e a minuta de Decreto em apreço não os extrapola.
>
> Registre-se que, por força do viés extrafiscal ostentado pelo tributo, a avaliação sobre o manejo de alíquotas pelo Poder Executivo compõe o mérito do ato administrativo normativo. A atribuição desta ou daquela alíquota a este ou àquele produto estará motivada sempre por razões de conveniência e oportunidade do Estado sobre se intervém ou não na economia do país. Por isso, a apreciação jurídica dessa flutuação de alíquotas extrapolaria as competências desta consultoria, cuja análise é estritamente jurídica, nos termos da Lei Complementar n. 73, de 10 de fevereiro de 1993.
>
> Por fim, quanto à renúncia de receitas tributárias decorrentes dessas reduções, ou da prorrogação dessas desonerações, ela está quantificada

> sob a forma de previsão no item 4 da exposição de motivos da minuta. Lembre-se de que a medida de compensação tributária é dispensada pelo inciso I do § 3º do art. 14 da Lei Complementar n. 101, de 4 de maio de 2000, na hipótese de redução de alíquotas de IPI, nada havendo a opor à minuta a esse respeito.

Tais fundamentos têm duas graves inconsistências. A primeira é a sua generalidade, que a leva a justificar *toda* e *qualquer* alteração de alíquota desse imposto, e, por isso mesmo, nada justifica. A segunda se mostra no tratamento da redução e do aumento do imposto como sendo possível por ato meramente discricionário, pois a "atribuição desta ou daquela alíquota a este ou àquele produto estará motivada sempre por razões de conveniência e oportunidade do Estado sobre se intervém ou não na economia do país".

O ato da administração tributária, contudo, seja aquele que estabelece, seja aquele que suprime ou reduz tributo, deve ser plenamente vinculado à lei. No caso da possibilidade de alteração das alíquotas do IPI, por exemplo, a Constituição faculta ao Poder Executivo tal alteração, mas exige atenção às condições e dentro dos limites estabelecidos em lei.[40] Não há espaço para a discricionariedade. Vale aqui fazer o registro de decisão na qual o Supremo Tribunal Federal entendeu que a "concessão desse benefício isencional traduz ato discricionário que, fundado em juízo de conveniência e oportunidade do Poder Público, destina-se, a partir de critérios racionais, lógicos e impessoais estabelecidos de modo legítimo em norma legal, a implementar objetivos estatais nitidamente qualificados pela nota da extrafiscalidade".[41] No-

40. Decreto-lei 1.199/1971, "Art. 4º. O Poder Executivo, em relação ao Imposto sobre Produtos Industrializados, quando se torne necessário atingir os objetivos da política econômica governamental, mantida a seletividade em função da essencialidade do produto, ou, ainda, para corrigir distorções, fica autorizado: I – a reduzir alíquotas até 0 (zero); II – a majorar alíquotas, acrescentando até 30 (trinta) unidades ao percentual de incidência fixado na lei; III – a alterar a base de cálculo em relação a determinados produtos, podendo, para esse fim, fixar-lhes valor tributável mínimo".

41. "Ementa: Agravo de Instrumento – IOF/Câmbio – Decreto-lei 2.434/88 (art. 6º) – Guias de importação expedidas em período anterior a 1. de julho de 1988 – Inaplicabilidade da isenção fiscal – Exclusão de benefício – Alegada ofensa ao princípio da isonomia – Inocorrência – Norma legal destituída de conteúdo arbitrário – Atuação do Judiciário como legislador positivo – Inadmissibilidade – Agravo improvido. A isenção tributária concedida pelo art. 6º do DL 2.434/88, precisamente

ta-se o cuidado que teve o STF tentando conciliar a conveniência e a oportunidade próprias do ato discricionário com a necessidade de fundamento constitucional para o ato concessivo da isenção que, no caso concreto posto em julgamento, encontrava-se no art. 3º, II e III, da CF/1988, permitindo a utilização do tributo como "instrumento de

porque se acha despojada de qualquer coeficiente de arbitrariedade, não se qualifica, tendo presentes as razões de política governamental que lhe são subjacentes, como instrumento de ilegítima outorga de privilégios estatais em favor de determinados estratos de contribuintes. A concessão desse benefício isencional traduz ato discricionário que, fundado em juízo de conveniência e oportunidade do Poder Público, destina-se, a partir de critérios racionais, lógicos e impessoais estabelecidos de modo legítimo em norma legal, a implementar objetivos estatais nitidamente qualificados pela nota da extrafiscalidade. – A exigência constitucional de lei formal para a veiculação de isenções em matéria tributária atua como insuperável obstáculo a postulação da parte recorrente, eis que a extensão dos benefícios isencionais, por via jurisdicional, encontra limitação absoluta no dogma da separação de poderes. Os magistrados e Tribunais – que não dispõem de função legislativa – não podem conceder, ainda que sob fundamento de isonomia, o benefício da exclusão do crédito tributário em favor daqueles a quem o legislador, com apoio em critérios impessoais, racionais e objetivos, não quis contemplar com a vantagem da isenção. Entendimento diverso, que reconhecesse aos magistrados essa anômala função jurídica, equivaleria, em última análise, a converter o Poder Judiciário em inadmissível legislador positivo, condição institucional esta que lhe recusou a própria Lei Fundamental do Estado. É de acentuar, neste ponto, que, em tema de controle de constitucionalidade de atos estatais, o Poder Judiciário só atua como legislador negativo (*RTJ* 146/461, rel. Min. Celso de Mello). – A expressão 'lei ou ato de governo local' – que deve ser interpretada em oposição a ideia de lei ou ato emanado da União Federal – abrange, na latitude dessa designação, as espécies jurídicas editadas pelos Estados-membros, pelo Distrito Federal e pelos Municípios (Pontes de Miranda, 'Comentários a Constituição de 1967 com a Emenda n. 1, de 1969', Tomo IV/155, 2ª ed., 1974, RT; Rodolfo de Camargo Mancuso, 'Recurso Extraordinário e Recurso Especial', p. 119, 1990, RT)" (AI 142.348 AgR, rel. Min. Celso de Mello, 1ª Turma, j. em 2.8.1994, *DJ* 24.3.1995, p. 6.807, *Ement* 1780-03, p. 407).

"Ementa: Agravo Regimental no Recurso Extraordinário – Decreto n. 420/92 – Lei n. 8.393/91 – IPI – Alíquota regionalizada incidente sobre o açúcar – Alegada ofensa ao disposto nos arts. 150, I, II e § 3º, e 151, I, da Constituição do Brasil – Constitucionalidade. 1. O Decreto n. 420/92 estabeleceu alíquotas diferenciadas – incentivo fiscal – visando dar concreção ao preceito veiculado pelo artigo 3º da Constituição, norma-objetivo que define a redução das desigualdades regionais e o desenvolvimento nacional. Autoriza-o o art. 151, I, da Constituição. 2. A fixação da alíquota de 18% para o açúcar de cana não afronta o princípio da essencialidade. Precedentes. 3. A concessão do benefício da isenção fiscal é ato discricionário, fundado em juízo de conveniência e oportunidade do Poder Executivo, cujo controle é vedado ao Judiciário. Precedentes. Agravo regimental a que se nega provimento" (RE 480.107 AgR, rel. Min. Eros Grau, 2ª Turma, j. em 3.3.2009, *DJe*-059 div. 26.3.2009, publ. 27.3.2009, *Ement* 2354-04, p. 830).

promoção do desenvolvimento nacional e superação das desigualdades sociais e regionais".[42]

42. "Ementa: Agravo de Instrumento – IPI – Açúcar de cana – Lei n. 8.393/91 (art. 2º) – Isenção fiscal – Critério espacial – Aplicabilidade – Exclusão de benefício – Alegada ofensa ao princípio da isonomia – Inocorrência – Norma legal destituída de conteúdo arbitrário – Atuação do Judiciário como legislador positivo – Inadmissibilidade – Recurso improvido – Concessão de isenção tributária e utilização extrafiscal do IPI. A concessão de isenção em matéria tributária traduz ato discricionário, que, fundado em juízo de conveniência e oportunidade do Poder Público (RE 157.228/SP), destina-se – a partir de critérios racionais, lógicos e impessoais estabelecidos de modo legítimo em norma legal – a implementar objetivos estatais nitidamente qualificados pela nota da extrafiscalidade. A isenção tributária que a União Federal concedeu, em matéria de IPI, sobre o açúcar de cana (Lei n. 8.393/91, art. 2º) objetiva conferir efetividade ao art. 3º, incisos II e III, da Constituição da República. Essa pessoa política, ao assim proceder, pôs em relevo a função extrafiscal desse tributo, utilizando-o como instrumento de promoção do desenvolvimento nacional e de superação das desigualdades sociais e regionais. O postulado constitucional da isonomia – A questão da igualdade na lei e da igualdade perante a lei (*RTJ* 136/444-445, rel. p/ o acórdão Min. Celso de Mello). – O princípio da isonomia – que vincula, no plano institucional, todas as instâncias de poder – tem por função precípua, consideradas as razões de ordem jurídica, social, ética e política que lhe são inerentes, a de obstar discriminações e extinguir privilégios (*RDA* 55/114), devendo ser examinado sob a dupla perspectiva da igualdade na lei e da igualdade perante a lei (*RTJ* 136/444-445). A alta significação que esse postulado assume no âmbito do Estado democrático de direito impõe, quando transgredido, o reconhecimento da absoluta desvalia jurídico-constitucional dos atos estatais que o tenham desrespeitado. Situação inocorrente na espécie. – A isenção tributária concedida pelo art. 2º da Lei n. 8.393/91, precisamente porque se acha despojada de qualquer coeficiente de arbitrariedade, não se qualifica – presentes as razões de política governamental que lhe são subjacentes – como instrumento de ilegítima outorga de privilégios estatais em favor de determinados estratos de contribuintes. ISENÇÃO TRIBUTÁRIA: RESERVA CONSTITUCIONAL DE LEI EM SENTIDO FORMAL E POSTULADO DA SEPARAÇÃO DE PODERES. – A exigência constitucional de lei em sentido formal para a veiculação ordinária de isenções tributárias impede que o Judiciário estenda semelhante benefício a quem, por razões impregnadas de legitimidade jurídica, não foi contemplado com esse *favor legis*. A extensão dos benefícios isencionais, por via jurisdicional, encontra limitação absoluta no dogma da separação de poderes. Os magistrados e Tribunais, que não dispõem de função legislativa – considerado o princípio da divisão funcional do poder –, não podem conceder, ainda que sob fundamento de isonomia, isenção tributária em favor daqueles a quem o legislador, com apoio em critérios impessoais, racionais e objetivos, não quis contemplar com a vantagem desse benefício de ordem legal. Entendimento diverso, que reconhecesse aos magistrados essa anômala função jurídica, equivaleria, em última análise, a converter o Poder Judiciário em inadmissível legislador positivo, condição institucional que lhe recusa a própria Lei Fundamental do Estado. Em tema de controle de constitucionalidade de atos estatais, o Poder Judiciário só deve atuar como legislador negativo. Precedentes" (AI 360.461, AgR, rel. Min. Celso de Mello, 2ª Turma, j. em 6.12.2005, *DJe*-055 div. 27.3.2008, publ. 28.3.2008, *Ement* 2312-06, p. 1.077).

3.5 A quem cabe a decisão a respeito da concessão de incentivos fiscais? Ao Legislador e ao Executivo apenas, quando da criação ou da alteração de leis ou atos infralegais?

A concessão dos incentivos fiscais deve, necessariamente, fazer parte de uma política pública de intervenção do Estado na economia, que, por sua vez, precisa ter fundamento na Constituição. Não é qualquer interesse, oportunidade ou conveniência da autoridade da administração tributária que pode motivar a concessão de *incentivos fiscais*.

O princípio da generalidade da tributação decorre das garantias constitucionais da isonomia e da legalidade tributárias e impede que incentivos fiscais sejam concedidos por mera conveniência dos governantes. No direito constitucional brasileiro não há espaço para meros *favores* do fisco. Borges registra que a doutrina nacional mais autorizada rechaça a concepção da isenção como privilégio legalmente instituído.[43]

Como elemento de uma política pública de desenvolvimento do País e combate às desigualdades, cabe ao Poder Executivo a concepção dos incentivos fiscais. Não é inteiramente livre para isso, depende, ainda, do Poder Legislativo, na medida em que os *incentivos fiscais* somente por lei podem ser concedidos. Além disso, ao concederem *incentivos fiscais*, Executivo e Legislativo precisam atender às diretrizes traçadas pela Constituição Federal, no sentido positivo de dar cumprimento às normas que estabelecem o dever de o Estado realizar interesses públicos relevantes, como o combate às desigualdades regionais, por exemplo; e no sentido negativo de proibição de dar tratamento diferenciado a contribuintes que estejam em igual situação, em respeito à isonomia tributária. Dessa forma, ficam também sujeitos ao controle jurisdicional quanto ao atendimento de tais exigências constitucionais.

Não sendo assim, a concessão de incentivos fiscais será inválida porque estabelece uma discriminação sem amparo constitucional, um mero favor, tornando impossível o controle jurisdicional, como adverte Borges.[44]

A maneira pela qual os incentivos fiscais hoje estão sendo concedidos dificulta muito o controle de sua real atenção a uma política governamental de desenvolvimento, seja nacional, estadual ou muni-

43. José Souto Maior Borges, *Teoria Geral da Isenção Tributária*, cit., p. 68.
44. Idem, ibidem, p. 63.

cipal. Exemplo é a suspensão da incidência de COFINS em determinada operação, que na maioria dos casos apenas transfere o encargo para etapas seguintes da cadeia econômica. O peso de nossa imensa carga tributária pode permitir à concorrência aniquilar um setor da economia, com um benefício fiscal assim concedido. Tal situação exige a máxima transparência na concessão de incentivos, com a necessária explicitação de suas motivações, sob pena de voltarmos aos tempos dos malsinados *favores* da coroa.

3.6 Diante de um incentivo fiscal formalmente válido, seria lícito ao Poder Judiciário tomar decisões relacionadas ao seu "mérito", por não se considerar, por exemplo, necessário ou adequado incentivar determinada atividade ou setor da economia?

Quando o incentivo fiscal atender a uma política econômica governamental previamente estabelecida, não pode o Poder Judiciário tomar decisões relativas ao mérito das diretrizes de tal política, pois se assim o fizesse estaria verdadeiramente governando, invadindo as funções do Executivo.

Controlar a validade do incentivo, no entanto, em razão de o mesmo atender ou não a essa política governamental, é matéria que pode, sim, ser apreciada pelo Judiciário.

O Supremo Tribunal Federal tem decisão na qual admite o controle da legitimidade da norma que concede *incentivo fiscal* em face da exigência constitucional que impõe ao Poder Público a observância do princípio da igualdade na lei, no que afasta a concepção daquele incentivo como um mero favor, não obstante considere oriunda de ato discricionário.[45]

4. *Incentivos fiscais e segurança jurídica*

4.1 É possível a revogação de um incentivo fiscal? Há diferença caso tenham sido exigidas contrapartidas, a serem implementadas pelo contribuinte, como condição para a sua concessão? É relevante, ainda, que o incentivo tenha sido concedido por prazo certo?

45. V. ementa do AI 360.461 AgR, rel. Min. Celso de Mello, transcrita na nota 42 acima.

Os incentivos fiscais estão, necessariamente, previstos em uma norma jurídica que pode ser alterada ou revogada por outra norma jurídica, editada através de ato de igual ou superior hierarquia.

Existem, ainda assim, alguns limites para a revogação de incentivos fiscais. Ao tratar das isenções, por exemplo, o art. 178 do CTN veda a sua livre revogação quando concedida por prazo certo ou mediante condições previstas em lei.

Não pode o Poder Público exigir que o contribuinte atenda a determinadas condições para gozar da isenção de um imposto e, depois de cumpridas tais condições, revogar a isenção antes concedida. O mesmo ocorre quando o incentivo é concedido por prazo certo, devendo ser respeitado esse prazo.

No nosso entender, a revogação de um incentivo fiscal também não pode implicar a exigência de tributo dentro do mesmo exercício em que ocorreu essa revogação. Quando a lei concede um incentivo fiscal, ela está alterando a hipótese de incidência tributária de forma a reduzir ou suprimir o encargo respectivo. A sua revogação, portanto, implica restabelecer a hipótese de incidência anterior, ou seja, criar (ou recriar) tributo, atrair a aplicação da regra constitucional que estabelece a anterioridade, salvo nos casos expressamente excepcionados pela própria Constituição.[46] Destacamos a orientação da jurisprudência do STF em sentido contrário, permitindo a cobrança de um imposto no mesmo exercício financeiro em que houver ocorrido a revogação de sua isenção ou supressão de anterior desconto.[47]

46. CF/1988, art. 150, III, "a", "b" e "c", e § 1º.

47. "Tributação – Importação de produto de país membro da ALALC – I.C.M. – Isenção revogada por meio de convênio aprovado por decreto legislativo estadual – Princípio da anterioridade – Possibilidade de cobrança imediata do tributo, após a revogação da isenção. Não há de confundir-se revogação de isenção com instituição do tributo, posto que se regem por normas tributárias diversas (arts. 178 e 104, III, do CTN. Lei Complementar n. 24/75) – Inaplicação, portanto, no caso de isenção, do princípio da anterioridade – Revogação da isenção pelo Decreto n. 15.251, de 25 de julho de 1980, o qual ratificou o Convênio 07/80" (RE 102.993, rel. Min. Aldir Passarinho, 2ª Turma, j. em 19.4.1985, *DJ* 31.5.1985, p. 8.511, *Ement* 1380-03, p. 534).

"Ementa: Medida cautelar em ação direta de inconstitucionalidade – 2. Art. 3º da Lei n. 15.747, de 24 de dezembro de 2007, do Estado do Paraná, que estabelece como data inicial de vigência da lei a data de sua publicação – 3. Alteração de dispositivos da Lei n. 14.260/2003, do Estado do Paraná, a qual dispõe sobre o Imposto sobre a Propriedade de Veículos Automotores – IPVA – 4. Alegada violação ao art. 150, III, alínea 'c', da Constituição Federal – 5. A redução ou a extinção de desconto para pagamento de tributo sob determinadas condições previstas em lei, como o pagamento antecipa-

4.2 A resposta dada à questão anterior é a mesma caso, em vez de revogação, tenha-se a nulidade do incentivo, posteriormente reconhecida no âmbito administrativo ou judicial? Pode a entidade tributante que houver editado lei concedendo incentivo cobrar o tributo correspondente em razão da inconstitucionalidade posteriormente declarada da lei que ela própria editou?

A revogação e o anulamento são formas bem distintas. Aquela pode ocorrer por mera conveniência da entidade pública, e o mesmo legislador que fez a lei concedendo o incentivo fiscal pode editar outra lei que revogue a lei anterior, decorrendo daí as consequências já expostas, quando se tratar de isenção concedida por prazo certo ou em função de determinadas condições. Lembramos, ainda, que o Poder Judiciário não pode revogar ato administrativo, sendo tão somente competência da administração pública.

O anulamento só pode ocorrer se for inválida a concessão do incentivo, vale dizer, se houver nulidade em sua concessão. Desse modo, em se tratando de isenção que seja concedida em cada caso mediante requerimento do contribuinte nela interessado, pode ocorrer que este junte a seu requerimento documentos falsos com os quais pretenda comprovar o atendimento das condições legalmente exigidas para a obtenção do incentivo. Nesse caso, sendo o incentivo concedido indevidamente em função de provas falsas oferecidas pelo interessado, do anulamento resulta o dever do contribuinte de pagar o tributo devido, sem prejuízo de outras sanções a ele aplicáveis.

Pode também ser anulado o incentivo fiscal fundado em lei inconstitucional. Nesse caso, compete ao órgão incumbido do controle da constitucionalidade das leis *in abstract*, vale dizer, ao Poder Judiciário com competência originária do Supremo Tribunal Federal, declarar a inconstitucionalidade da lei e, em ato contínuo, a nulidade do incentivo fiscal nela fundado.

do em parcela única, não pode ser equiparada à majoração do tributo em questão, no caso, o IPVA. Não incidência do princípio da anterioridade tributária – 6. Vencida a tese de que a redução ou supressão de desconto previsto em lei implica, automática e aritmeticamente, aumento do valor do tributo devido – 7. Medida cautelar indeferida" (ADI 4.016 MC, rel. Min. Gilmar Mendes, Tribunal Pleno, j. em 1º.8.2008, *DJe*-075 div. 23.4.2009, publ. 24.4.2009, *Ement* 2357-01, p. 47, *RDDT* 165/187-193, 2009).

A inconstitucionalidade de uma lei, todavia, não pode vir a causar prejuízos ao cidadão que a aplicou em suas relações com o Estado, por uma razão óbvia. Quem edita a lei é o Estado, e não o cidadão. Consequentemente, a este não pode ser imputado o ônus de sua inconstitucionalidade.

Afinal, compete ao Estado editar leis constitucionais e ao cidadão submeter-se aos seus ditames. Se o Estado edita lei inconstitucional, a este cabe suportar os ônus que porventura daí decorram.

Bibliografia

ATALIBA, Geraldo. *Hipótese de Incidência Tributária.* 6ª ed., 14ª tir. São Paulo, Malheiros Editores, 2014.

BALEEIRO, Aliomar. *Limitações Constitucionais ao Poder de Tributar.* 7ª ed. Rio de Janeiro, Forense, 1997.

BANDEIRA DE MELLO, Celso Antônio. *O Conteúdo Jurídico do Princípio da Igualdade.* 3ª ed., 23ª tir. São Paulo, Malheiros Editores, 2014.

BONAVIDES, Paulo. *Curso de Direito Constitucional.* 30ª ed. São Paulo, Malheiros Editores, 2015.

BORGES, José Souto Maior. *Teoria Geral da Isenção Tributária.* 3ª ed. São Paulo, Malheiros Editores, 2001.

DÓRIA, Antônio Roberto Sampaio. *Direito Constitucional Tributário e "Due Process of Law".* 2ª ed. Rio de Janeiro, Forense, 1986.

MACHADO, Hugo de Brito. *Comentários do Código Tributário Nacional.* vol. III. São Paulo, Atlas, 2005.

________. *Curso de Direito Tributário.* 36ª ed. São Paulo, Malheiros Editores, 2015.

________. *Grandes Questões Atuais do Direito Tributário.* vol. 15. ROCHA, Valdir de Oliveira (coord.). São Paulo, Dialética, 2011.

MACHADO SEGUNDO, Hugo de Brito. *Direito Tributário nas Súmulas do STF e do STJ.* São Paulo, Atlas, 2010.

UCKMAR, Victor. *Princípios Comuns de Direito Constitucional Tributário.* 2ª ed., trad. e notas ao direito brasileiro de Marco Aurélio Greco. São Paulo, Malheiros Editores, 1999.

OS INCENTIVOS FISCAIS ENQUANTO INSTRUMENTO PARA A PROMOÇÃO DA IGUALDADE MATERIAL ENTRE OS CONTRIBUINTES

Tibério Carlos Soares Roberto Pinto

Introdução. 1. A eterna questão da igualdade: 1.1 O fundamento da igualdade. 2. O princípio da isonomia tributária: releituras e perspectivas. 3. Os incentivos fiscais enquanto instrumento para a promoção da igualdade material entre os contribuintes. Considerações finais.

Introdução

O regime dos incentivos fiscais e a sistemática para a sua concessão figuram entre os assuntos que suscitam especial interesse por parte dos estudiosos do direito tributário, justamente por estabelecerem um tratamento diferenciado e mais benéfico para os respectivos destinatários, em detrimento de todos os demais contribuintes.

Contextualizando a questão tendo em vista o atual modelo de Estado Democrático de Direito e os princípios que o fundamentam, percebe-se que a igualdade foi alçada à condição de garantia fundamental das mais importantes, conforme se depreende do art. 5º, *caput*, da Constituição Federal,[1] que apregoa a igualdade de todos perante a lei, sem quaisquer distinções ou privilégios. Dessa forma, a sistemática dos incentivos fiscais aparentemente se contrapõe à referida garantia, ao permitir que determinadas categorias de contribuintes usufruam de um tratamento não extensível a outras.

1. "Art. 5º. Todos são iguais perante a lei, sem distinção de qualquer natureza, garantindo-se aos brasileiros e aos estrangeiros residentes no País a inviolabilidade do direito à vida, à liberdade, à igualdade, à segurança e à propriedade, nos termos seguintes (...)."

Em matéria tributária, a questão da igualdade mereceu tratamento especial, conforme o disposto no art. 150, II, da Constituição Federal,[2] ao qual a doutrina costuma se referir como o princípio da isonomia tributária, considerado uma das garantias fundamentais do contribuinte em face do poder de tributar do Estado. A noção que se encontra na raiz de tal princípio é a ideia de que, se os serviços públicos são pretensamente destinados a toda a coletividade de cidadãos, o custeio das despesas públicas por meio dos tributos seria igualmente um dever que a todos incumbe.

À primeira vista, poder-se-ia concluir que o regime dos incentivos fiscais seria potencialmente ofensivo ao princípio da isonomia tributária, o qual expressamente veda aos entes federativos a instituição de tratamento desigual entre contribuintes que se encontrem em situação equivalente, proibida qualquer distinção em função de ocupação profissional ou função por eles exercida.

Não obstante o dispositivo supra, igualmente se observa que a própria Constituição Federal faz expressa menção aos incentivos fiscais em diversas passagens, como o disposto no art. 43, § 2º, III, que permite a instituição de incentivos fiscais visando ao desenvolvimento e à redução das desigualdades regionais;[3] no art. 150, § 6º,[4] que impõe a necessidade de lei específica para concessão de subsídios, isenções e demais incenti-

2. "Art. 150. Sem prejuízo de outras garantias asseguradas ao contribuinte, é vedado à União, aos Estados, ao Distrito Federal e aos Municípios: (...)

II – instituir tratamento desigual entre contribuintes que se encontrem em situação equivalente, proibida qualquer distinção em razão de ocupação profissional ou função por eles exercida, independentemente da denominação jurídica dos rendimentos, títulos ou direitos;"

3. "Art. 43. Para efeitos administrativos, a União poderá articular sua ação em um mesmo complexo geoeconômico e social, visando a seu desenvolvimento e à redução das desigualdades regionais.

(...)

§ 2º. Os incentivos regionais compreenderão, além de outros, na forma da lei: (...)

III – isenções, reduções ou diferimento temporário de tributos federais devidos por pessoas físicas ou jurídicas;"

4. "Art. 150. Sem prejuízo de outras garantias asseguradas ao contribuinte, é vedado à União, aos Estados, ao Distrito Federal e aos Municípios: (...)

§ 6º. Qualquer subsídio ou isenção, redução de base de cálculo, concessão de crédito presumido, anistia ou remissão, relativos a impostos, taxas ou contribuições, só poderá ser concedido mediante lei específica, federal, estadual ou municipal, que regule exclusivamente as matérias acima enumeradas ou o correspondente tributo ou contribuição, sem prejuízo do disposto no art. 155, § 2º, XII, 'g'",

vos fiscais; no art. 151, I, que permite a concessão de incentivos fiscais destinados a promover o equilíbrio do desenvolvimento socioeconômico entre as diferentes regiões do País;[5] no art. 187, I, que trata da promoção da política agrícola e fundiária, por meio da concessão de incentivos fiscais a setores produtivos específicos;[6] no art. 195, § 3º, que proíbe a concessão de benefícios e incentivos fiscais ou creditícios para pessoas jurídicas em débito com a seguridade social;[7] no art. 227, § 3º, VI, que autoriza a concessão de incentivos fiscais de maneira a estimular o acolhimento de crianças e adolescentes órfãos e abandonados.[8]

Além disso, a Constituição Federal recorrentemente se vale das expressões *incentivo*, *favorecimento*, *promoção*, como se observa no disposto no art. 146, III, "d", que dispõe sobre o tratamento diferenciado e favorecido para as microempresas e para as empresas de pequeno porte por meio de regimes especiais e simplificados de tributação;[9] no

5. "Art. 151. É vedado à União:

I – instituir tributo que não seja uniforme em todo o território nacional ou que implique distinção ou preferência em relação a Estado, ao Distrito Federal ou a Município, em detrimento de outro, admitida a concessão de incentivos fiscais destinados a promover o equilíbrio do desenvolvimento socioeconômico entre as diferentes regiões do País;"

6. "Art. 187. A política agrícola será planejada e executada na forma da lei, com a participação efetiva do setor de produção, envolvendo produtores e trabalhadores rurais, bem como dos setores de comercialização, de armazenamento e de transportes, levando em conta, especialmente:

I – os instrumentos creditícios e fiscais;"

7. "Art. 195. A seguridade social será financiada por toda a sociedade, de forma direta e indireta, nos termos da lei, mediante recursos provenientes dos orçamentos da União, dos Estados, do Distrito Federal e dos Municípios, e das seguintes contribuições sociais: (...)

§ 3º. A pessoa jurídica em débito com o sistema da seguridade social, como estabelecido em lei, não poderá contratar com o Poder Público nem dele receber benefícios ou incentivos fiscais ou creditícios."

8. "Art. 227. É dever da família, da sociedade e do Estado assegurar à criança, ao adolescente e ao jovem, com absoluta prioridade, o direito à vida, à saúde, à alimentação, à educação, ao lazer, à profissionalização, à cultura, à dignidade, ao respeito, à liberdade e à convivência familiar e comunitária, além de colocá-los a salvo de toda forma de negligência, discriminação, exploração, violência, crueldade e opressão. (...)

§ 3º. O direito a proteção especial abrangerá os seguintes aspectos: (...)

VI – estímulo do Poder Público, através de assistência jurídica, incentivos fiscais e subsídios, nos termos da lei, ao acolhimento, sob a forma de guarda, de criança ou adolescente órfão ou abandonado;"

9. "Art. 146. Cabe à lei complementar:

art. 174, ao atribuir ao Estado as funções de fiscalização, incentivo e planejamento, e respectivo § 3º, ao dispor sobre a promoção econômica e social dos garimpeiros;[10] no art. 216, § 3º, que estabelece incentivos para a disseminação dos valores artísticos e culturais,[11] entre diversas outras previsões.

Com base nos diversos dispositivos referidos acima, nota-se que a Constituição Federal expressamente permitiu a instituição de incentivos fiscais para a persecução de diversos fins, nos domínios econômico, social, cultural, entre outros, de maneira que os mesmos possuem inegável acento constitucional, ao menos sob o ponto de vista formal.

Portanto, a primeira questão que se coloca e que se buscará analisar é a seguinte: os incentivos fiscais se contrapõem ao princípio da isonomia tributária ou seria possível compatibilizá-los?

Em se invocando os cânones interpretativos da unidade da Constituição e da interpretação conforme a Constituição, deve o jurista pressupor que os comandos constitucionais são harmônicos entre si, ao menos *prima facie*. Contudo, o primeiro intuito do presente trabalho será justamente investigar os fundamentos de tal suposição, que se costuma tomar como absoluta, para verificar se o regime jurídico dos incentivos fiscais seria compatível com o princípio da isonomia tributária.

(...)

III – estabelecer normas gerais em matéria de legislação tributária, especialmente sobre:

(...)

d) definição de tratamento diferenciado e favorecido para as microempresas e para as empresas de pequeno porte, inclusive regimes especiais ou simplificados no caso do imposto previsto no art. 155, II, das contribuições previstas no art. 195, I e §§ 12 e 13, e da contribuição a que se refere o art. 239."

10. "Art. 174. Como agente normativo e regulador da atividade econômica, o Estado exercerá, na forma da lei, as funções de fiscalização, incentivo e planejamento, sendo este determinante para o setor público e indicativo para o setor privado. (...)

§ 3º. O Estado favorecerá a organização da atividade garimpeira em cooperativas, levando em conta a proteção do meio ambiente e a promoção econômico-social dos garimpeiros."

11. "Art. 216. Constituem patrimônio cultural brasileiro os bens de natureza material e imaterial, tomados individualmente ou em conjunto, portadores de referência à identidade, à ação, à memória dos diferentes grupos formadores da sociedade brasileira, nos quais se incluem:

(...)

§ 3º. A lei estabelecerá incentivos para a produção e o conhecimento de bens e valores culturais."

Para tanto, primeiramente se faz necessário esmiuçar o preciso teor do art. 150, II, da Constituição Federal, o qual, em uma análise superficial, suscitaria os seguintes questionamentos: o que configura um tratamento desigual entre os contribuintes? Como é possível aferir que dois contribuintes se encontram em situação equivalente? Por fim, ao proibir, em sua parte final, quaisquer distinções com base na profissão ou função exercida pelos contribuintes, indaga-se se não haveria uma autorização implícita para outros tipos de distinção entre os mesmos.

Analisando o dispositivo com maior profundidade, pode-se perceber que este, de certa forma, reproduz uma tautologia que vem sendo propalada desde os primórdios da filosofia humanística: que se deve tratar igualmente os iguais e desigualmente os desiguais, na medida em que se desigualam. Tal ilação, embora aparente ser estritamente lógica e autoevidente, na realidade possui um cunho predominantemente estético e retórico, vez que camufla questões mais complexas que se encontram em seu âmago: afinal, o que é a igualdade? Como é possível aferi-la? A igualdade é algo dado, passível de imediata constatação, ou é algo construído, fruto de uma atividade interpretativa?

A definição dos contornos do conceito jurídico de igualdade servirá de base a novas indagações, quais sejam: em que consiste a igualdade em matéria tributária? Existe apenas um parâmetro para aferi-la? Qual a importância do princípio da capacidade tributária para a isonomia tributária? A capacidade contributiva poderia ser afastada ou flexibilizada por outro critério?

Por fim, com base nas conclusões acerca da amplitude do princípio da isonomia tributária, pretender-se-á fornecer respostas minimamente embasadas para as perguntas cruciais do presente artigo: afinal, os incentivos fiscais se coadunam com o princípio da isonomia tributária? Caso positivo, em que hipóteses haveria uma compatibilidade entre ambos? Quais seriam os critérios e finalidades mais adequados para a concessão dos incentivos fiscais?

Apresentados os principais questionamentos que servirão de base ao desenvolvimento do presente trabalho, este se propõe a alcançar dois objetivos em especial, que se encadeiam de forma lógica: analisar se seria possível compatibilizar o regime jurídico dos incentivos fiscais com o princípio da isonomia tributária, e, caso positivo, de que maneira e em que circunstâncias isso seria possível. Caso a primeira hipótese seja confirmada, tornar-se-ia possível elaborar uma teoria dos incentivos fiscais, a partir da qual se possa aferir a viabilidade dos mesmos, tanto no momento de sua concepção quanto no momento de sua implementação prática.

Ressalte-se que o presente trabalho consiste em um pequeno apanhado das principais ideias e propostas que foram desenvolvidas com maior profundidade em trabalho de conclusão de mestrado, no qual se propôs uma teoria dos incentivos fiscais juntamente com uma série de critérios que deveriam ser utilizados em sua estruturação e aplicação.[12] Contudo, dada a complexidade da matéria tratada e de maneira a evitar conclusões apressadas, optou-se por restringir o enfoque nos pressupostos e fundamentos de uma possível teoria dos incentivos fiscais, o que se passará a analisar a seguir.

1. A eterna questão da igualdade

A temática da igualdade sempre suscitou bastante interesse por parte dos pensadores antigos, remontando aos primórdios da filosofia humanística grega, tendo merecido especial atenção por parte de Aristóteles, em sua obra *A Política.*[13] Contudo, mesmo antes do despertar da filosofia, as doutrinas religiosas já haviam se debruçado sobre o assunto, em geral propalando a superioridade de certas classes ou etnias sobre outras, como se observa no sistema de castas indiano.

O que se observa é que a questão da igualdade sempre despertou discussões e debates acalorados, servindo como palavra de ordem para diversos levantes e comoções populares, como é o caso da Revolução Francesa de 1789 e seu lema de "Liberdade, Igualdade e Fraternidade" (*Liberté, égalité, fraternité*).

Ao longo da lenta evolução do pensamento ocidental, a igualdade foi gradativamente ocupando uma posição de destaque, desde o sur-

12. Sobre o assunto, cf. Tibério Carlos Soares Roberto Pinto, *Legitimação e Controle dos Incentivos Fiscais: Proposta de uma Teoria Democrática da Desoneração Fiscal*, 324 f., dissertação (Mestrado em Direito), Universidade Federal do Ceará, Faculdade de Direito, Programa de Pós-Graduação em Direito, Fortaleza, 2013.

13. Aristóteles, *A Política*, São Paulo, Escala, s.d.

gimento da doutrina cristã, que apregoava que todos os homens seriam igualmente merecedores de respeito e do amor divino, passando pelos pensadores contratualistas, com destaque para a figura de Rousseau, que dedicou uma obra especificamente à análise do surgimento da desigualdade entre os homens.[14]

Após a eclosão e o triunfo das revoluções liberais burguesas nos séculos XVIII e XIX, a igualdade foi inserida nas principais declarações de direitos, figurando como um direito natural e possuído um caráter autoevidente, como se observa na Declaração dos Estados Americanos de julho de 1776[15] e na Declaração de Direitos do Homem e do Cidadão, na França, em 1789.[16]

14. Cf. Jean-Jacques Rousseau, *Discurso sobre a Origem e os Fundamentos da Desigualdade entre os Homens*, trad. de Roberto Leal Ferreira, São Paulo, Martin Claret, 2010.

15. Nesse sentido, segue a transcrição do prólogo da Declaração Unânime dos Treze Estados Unidos da América: "We hold these truths to be self-evident, that all men are created equal, that they are endowed by their Creator with certain unalienable Rights, that among these are Life, Liberty and the pursuit of Happiness" ("Consideramos estas verdades como evidentes por si mesmas, que todos os homens são criados iguais, que são dotados pelo Criador de certos direitos inalienáveis, dentre eles a vida, a liberdade e a busca da felicidade."). ("Unanimous Declaration of the Thirteen United States of America", disponível em <http://www.ushistory.org/declaration/document/>, acesso em 23.6.2014).

16. Os representantes do povo francês, reunidos em Assembleia Nacional, tendo em vista que a ignorância, o esquecimento ou o desprezo dos direitos do homem são as únicas causas dos males públicos e da corrupção dos Governos, resolveram declarar solenemente os direitos naturais, inalienáveis e sagrados do homem, a fim de que esta declaração, sempre presente em todos os membros do corpo social, lhes lembre permanentemente seus direitos e seus deveres; a fim de que os atos do Poder Legislativo e do Poder Executivo, podendo ser a qualquer momento comparados com a finalidade de toda a instituição política, sejam por isso mais respeitados; a fim de que as reivindicações dos cidadãos, doravante fundadas em princípios simples e incontestáveis, se dirijam sempre à conservação da Constituição e à felicidade geral. Em razão disto, a Assembleia Nacional reconhece e declara, na presença e sob a égide do Ser Supremo, os seguintes direitos do homem e do cidadão:

Art. 1º. Os homens nascem e são livres e iguais em direitos. As distinções sociais só podem fundamentar-se na utilidade comum. (...)

Art. 6º. A lei é a expressão da vontade geral. Todos os cidadãos têm o direito de concorrer, pessoalmente ou através de mandatários, para a sua formação. Ela deve ser a mesma para todos, seja para proteger, seja para punir. Todos os cidadãos são iguais a seus olhos e igualmente admissíveis a todas as dignidades, lugares e empregos públicos, segundo a sua capacidade e sem outra distinção que não seja a das suas virtudes e dos seus talentos ("Declaração de Direitos do Homem e do Cidadão", disponível em <http://www.direitoshumanos.usp.br/index.php/Documentos-anteriores-à-criação-da-Sociedade-das-Nações-até-1919/declaracao-de-direitos-do-homem-e-do-cidadao-1789.html>, acesso em 23.6.2014).

Atualmente, a igualdade figura na Declaração Universal de Direitos Humanos, elaborada pela Assembleia Geral da ONU em 1948,[17] bem como na Constituição da maioria dos países democráticos, como é o caso da Constituição Americana de 1787[18] e da Constituição Portuguesa de 1974,[19] apenas para citar algumas.

17. Preâmbulo – Considerando que o reconhecimento da dignidade inerente a todos os membros da família humana e de seus direitos iguais e inalienáveis é o fundamento da liberdade, da justiça e da paz no mundo, Considerando que o desprezo e o desrespeito pelos direitos humanos resultaram em atos bárbaros que ultrajaram a consciência da Humanidade e que o advento de um mundo em que os homens gozem de liberdade de palavra, de crença e da liberdade de viverem a salvo do temor e da necessidade foi proclamado como a mais alta aspiração do homem comum, Considerando essencial que os direitos humanos sejam protegidos pelo Estado de Direito, para que o homem não seja compelido, como último recurso, à rebelião contra tirania e a opressão, Considerando essencial promover o desenvolvimento de relações amistosas entre as nações, Considerando que os povos das Nações Unidas reafirmaram, na Carta, sua fé nos direitos humanos fundamentais, na dignidade e no valor da pessoa humana e na igualdade de direitos dos homens e das mulheres, e que decidiram promover o progresso social e melhores condições de vida em uma liberdade mais ampla, Considerando que os Estados-Membros se comprometeram a desenvolver, em cooperação com as Nações Unidas, o respeito universal aos direitos humanos e liberdades fundamentais e a observância desses direitos e liberdades, Considerando que uma compreensão comum desses direitos e liberdades é da mais alta importância para o pleno cumprimento desse compromisso – A Assembleia Geral proclama:

Artigo I – Todas as pessoas nascem livres e iguais em dignidade e direitos. São dotadas de razão e consciência e devem agir em relação umas às outras com espírito de fraternidade.

Artigo II – Toda pessoa tem capacidade para gozar os direitos e as liberdades estabelecidos nesta Declaração, sem distinção de qualquer espécie, seja de raça, cor, sexo, língua, religião, opinião política ou de outra natureza, origem nacional ou social, riqueza, nascimento, ou qualquer outra condição ("Declaração Universal dos Direitos Humanos", disponível em <http://portal.mj.gov.br/sedh/ct/legis_intern/ddh_bib_inter_universal.htm>, acesso em 23.6.2014).

18. Nesse sentido é a emenda XIV, de 1868, da Constituição Americana de 1787, que assegura a todos os americanos, natos ou naturalizados, igual proteção da lei (*equal protection amendment*): "Amendment XIV, Section 1. All persons born or naturalized in the United States, and subject to the jurisdiction there of, are citizens of the United States and the State where in they reside. No States hall make or enforce e any law which shall a bridge the privileges or immunities of citizens of the United States; nor shall any State deprive any person of life, liberty, or property, without due process of law; nor deny to any person within its jurisdiction the equal protection of the laws". (Emenda XIV – "1. Todas as pessoas nascidas ou naturalizadas nos Estados Unidos e sujeitas a sua jurisdição, são cidadãos dos Estados Unidos e do estado onde tiver residência. Nenhum estado poderá fazer ou executar leis restringindo os privilégios ou as imunidades dos cidadãos dos Estados Unidos; nem poderá privar qualquer pessoa de sua vida, liberdade, ou bens sem processo legal, ou negar a qualquer pessoa sob sua jurisdição a igual proteção das leis".) ("Constituição Americana", disponível em <http://www.proconservative.net/pecafdar412busconstitutionamt14annot.shtml>, acesso em 23.6.2014).

19. *Artigo 13º Princípio da igualdade* 1. Todos os cidadãos têm a mesma dignidade social e são iguais perante a lei. 2. Ninguém pode ser privilegiado, beneficiado,

Ao analisar a evolução da noção de igualdade, percebe-se que, muito antes de ser alçada à condição de princípio jurídico, o que somente veio a ocorrer na modernidade, ela foi tradicionalmente invocada como um valor e experimentada como um sentimento, daí sua inegável e inafastável carga axiológica, o que dificulta uma análise mais objetiva de seu real significado e alcance.

Não obstante os inúmeros debates em torno do tema, tal questão está longe de ter sido superada, pelo contrário, permanece atual e instigante, sempre assumindo novos contornos e desdobramentos, o que demonstra sua importância e perenidade através dos tempos.

1.1 O fundamento da igualdade

Ao buscar estudar a questão da igualdade com uma desejável profundidade, o pesquisador de imediato se depara com uma série de desafios e problemáticas, que merecem uma atenção prévia, sob pena de comprometer as conclusões de seu estudo. Vale destacar as seguintes: a imensa amplitude e abrangência do conceito de igualdade, que remete aos mais variados âmbitos, em especial à política, à ética, à economia, sendo difícil de precisá-lo; a forte carga valorativa da igualdade, que dificulta um estudo isento e racional da temática, o qual muitas vezes redunda em manifestações laudatórias e panfletárias; a identificação do fundamento da igualdade, da ideia que lhe serve de pressuposto; e, por fim, qual seria o melhor critério ou parâmetro para aplicá-la a uma determinada situação, se haveria apenas um critério ou se este deve variar em função de cada caso concreto.

Sem ignorar a complexidade de cada desafio esboçado acima, tentar-se-á analisá-los na busca de conclusões minimamente satisfatórias, as quais, destituídas da pretensão de esgotar a temática, ao menos possam servir como diretrizes para as considerações que serão tecidas posteriormente.

prejudicado, privado de qualquer direito ou isento de qualquer dever em razão de ascendência, sexo, raça, língua, território de origem, religião, convicções políticas ou ideológicas, instrução, situação económica, condição social ou orientação sexual (Portugal, "Constituição da República Portuguesa", disponível em <http://www.parlamento.pt/Legislacao/Paginas/ConstituicaoRepublicaPortuguesa.aspx>, acesso em 23.6.2014).

Quanto à pergunta acerca do que seria a igualdade, abstraindo por ora interessantes discussões que desbordam das pretensões do presente trabalho, dir-se-á que a igualdade consiste em uma realidade ideal, puro fruto da engenhosidade humana. Pertence, em outras palavras, ao mundo da cultura, e não propriamente ao mundo dos fatos. Portanto, a igualdade é uma concepção, uma criação com base em modelos mentais,[20] e não algo que pode ser meramente constatado por meio do uso dos sentidos. Em outras palavras, a igualdade não preexiste ao homem, mas é criada por este.[21]

Quanto ao questionamento acerca da finalidade da igualdade, também abstraindo maiores divagações sobre o tema, esta, como toda criação humana, deve ser orientada a algum fim útil. Seu objetivo específico consiste em atribuir tratamentos ou consequências a determinados comportamentos dos indivíduos em geral. Dessarte, a igualdade possui um cunho eminentemente prático, posto que serve como um meio para atribuir efeitos predeterminados a partir de determinados padrões de comparação.[22]

Quanto ao problema da polivalência do conceito de igualdade, sem ignorar seus diversos desdobramentos, o presente trabalho irá enfocá-la a partir de seus três aspectos básicos: a) a igualdade enquanto método ou instrumento, que consistiria no aspecto operacional, o qual se vale de um determinado critério para comparar os indivíduos entre si e, a partir de tal comparação, produzir efeitos sobre os mesmos; b) a igualdade enquanto direito fundamental, que consistiria no fundamento jurídico da igualdade, diretamente imbricada à noção de dignidade humana, segundo a qual todo ser humano é igualmente merecedor de respeito e deferência da parte de seus pares, da Lei e do

20. Para maiores esclarecimentos sobre as considerações de Karl Popper sobre o mundo da cultura, onde se insere a noção de igualdade e próprio ordenamento jurídico, cf. Karl Popper, *O Conhecimento e o Problema Corpo-Mente*, Lisboa, Edições 70 Ltda., 2009.

21. Sobre o caráter artificial da igualdade enquanto método, o mesmo foi analisado no tópico 2.2.3.2 da dissertação de nossa autoria. Cf. Tibério Carlos Soares Roberto Pinto, *Legitimação e Controle dos Incentivos Fiscais: Proposta de uma Teoria Democrática da Desoneração Fiscal*, cit.

22. Sobre o caráter lógico-operacional da igualdade enquanto método, o mesmo foi analisado no tópico 2.2.3.1 da dissertação de nossa autoria. Cf. Tibério Carlos Soares Roberto Pinto, *Legitimação e Controle dos Incentivos Fiscais: Proposta de uma Teoria Democrática da Desoneração Fiscal*, cit.

Estado; c) por fim, quanto ao objetivo ou resultado pretendido, pode-se falar em igualdade conservativa, que visa conferir tratamento tal que mantenha seus destinatários nas mesmas posições que ocupavam antes de sua aplicação, e em igualdade prospectiva ou transformadora, enquanto objetivo ou meta a ser alcançada, que visa corrigir as iniquidades que existem no meio social.

Primeiramente, cumpre analisar a igualdade enquanto método ou instrumento, ou a fórmula da igualdade, que consiste em uma comparação que se estabelece entre dois sujeitos com base em um critério predeterminado de maneira a produzir efeitos também predeterminados.

A partir desse esquema, a relação de igualdade se opera da seguinte forma: selecionam-se dois ou mais sujeitos; elege-se um critério ou uma medida de comparação; verifica-se a presença do critério em cada um dos sujeitos; agrupam-se aqueles que comungam do critério. Embora seja utilizada para fins meramente classificatórios, em geral a relação de igualdade é utilizada para fins práticos, ou seja, para estabelecer efeitos ou consequências práticas aos indivíduos a partir dos critérios eleitos.

A título de exemplo, selecione-se um determinado grupo de turistas que desembarcaram no Brasil para assistir aos jogos da Copa do Mundo de 2014, e estabeleça-se como medida de comparação a nacionalidade alemã. A partir desse critério, pode-se classificar os turistas em dois grupos: alemães e não alemães, que reúnem grupos de iguais em relação ao critério nacionalidade alemã.

Prosseguindo com o exemplo, considere-se que em um estádio exista uma ala reservada aos torcedores alemães. Dessa forma, com base em tal classificação, somente os torcedores alemães poderão ingressar na ala reservada.

Percebe-se que para que tal fórmula possa operar, é necessário que se forneça um critério de igualdade, que, *a priori*, poderia ser qualquer um: a nacionalidade, o sexo, a idade, a renda, entre inúmeros outros. A igualdade enquanto método seria uma espécie de "moldura" ou "embalagem", que necessita ser complementada por um critério de igualdade, e que, por si mesma, não indica nem pré-exclui nenhum tipo de critério, mas apenas os operacionaliza.[23]

23. Para uma melhor compreensão dos contornos jurídicos da igualdade, recomenda-se o interessante estudo realizado por Celso Antônio Bandeira de Mello. Cf.

Tendo em vista que a igualdade enquanto método consiste em uma fórmula "vazia", faz-se necessário recorrer a outros parâmetros capazes de indicar o critério mais adequado para compor a fórmula da igualdade.

Tendo em vista o horizonte teórico do presente trabalho, para que se possa falar em um critério justo ou eticamente adequado,[24] este precisa guardar correlação com a ideia de dignidade humana, que serve como fundamento à noção de igualdade enquanto direito fundamental, que será explanada a seguir.

Pode-se facilmente constatar que cada uma das facetas da igualdade elencadas acima serve de fundamento e pressuposto para a seguinte: a igualdade enquanto método fornece a fórmula ou o arcabouço lógico para que os critérios de igualdade possam atuar; a igualdade enquanto direito fundamental fornece o fundamento com base no qual os critérios devem ser escolhidos: a noção de dignidade humana; por fim, com base na análise de caso concreto, é possível constatar que, em muitas situações, o cidadão não recebe um tratamento condizente com sua dignidade, de onde se infere a necessidade de uma intervenção externa para corrigir tal disparidade, a qual precisará se valer de um determinado critério ou parâmetro de comparação para aferir e corrigir aquela iniquidade circunstancial.

A igualdade enquanto direito fundamental pressupõe que os indivíduos, não obstante as inúmeras diferenças psicológicas, fisiológicas, ideológicas e sociais que guardam entre si, possuem um traço em comum: todos são dotados de dignidade, que consiste em um valor ínsito que todos possuem em igual medida, a qual deve ser protegida de qualquer ofensa ou violação. Dessa forma, a noção de dignidade figuraria como um fator agregador, que identificaria o ser humano enquanto tal, independentemente de quaisquer outras características que viesse a possuir. Mas, afinal, qual seria a fonte ou o fundamento

Celso Antônio Bandeira de Mello, *O Conteúdo Jurídico do Princípio da Igualdade*, 3ª ed., 23ª tir., São Paulo, Malheiros Editores, 2014.

24. Quanto ao questionamento do que seria um critério justo, ou eticamente adequado, este necessariamente varia de acordo com cada caso concreto. Em determinados, justo seria tratar os indivíduos a partir do mérito ou da competência demonstrados, como é o caso de um concurso para seleção de agentes públicos ou uma competição esportiva. Em outros casos, justo seria tratar os indivíduos de acordo com suas necessidades, como é o caso de políticas assistencialistas do poder público.

da dignidade humana? O que distingue o ser humano dos animais e demais seres vivos, fazendo-o ocupar um lugar de destaque?

Para os fins do presente trabalho, considera-se que a dignidade seria uma característica da qual se pressupõe que todos os indivíduos sejam igualmente detentores, e que decorreria de duas faculdades tipicamente humanas: a capacidade de comungar de um senso de justiça e de estabelecer para si um propósito de vida com base nas próprias concepções e convicções.[25] Dessas faculdades básicas decorrem outras duas características humanas das mais importantes: a sociabilidade, que consiste na capacidade do ser humano de viver em sociedade, e o livre arbítrio, que consiste na capacidade de fazer escolhas a partir de critérios racionais.

Dentre todos os seres vivos de que se tem notícia, o ser humano seria o único capaz de desempenhar um papel social com plena consciência, bem como fazer escolhas com base em seu próprio convencimento e prioridades, daí se dizer que o mesmo é dotado de autonomia, no significado etimológico da palavra: *autós* (por si mesmo) e *nomos* (lei), ou seja, dar a si mesmo as próprias regras.

Atualmente, a *dignidade humana* foi elevada à condição de princípio fundamental do próprio Estado Democrático de Direito na maioria das constituições modernas,[26] constando expressamente no art. 1º, III,

25. Nesse sentido é a seguinte exposição de John Rawls: "(...) diz que os direitos e as liberdades fundamentais, e sua prioridade, garantem igualmente a todos os cidadãos as condições sociais imprescindíveis para o desenvolvimento adequado e o exercício pleno e bem-informado de suas duas capacidades morais: a capacidade de ter um senso de justiça e de ter uma concepção do bem" (*Uma Teoria da Justiça*, 3ª ed., São Paulo, Martins Fontes, 2008, p. XXXVII).

26. O princípio da dignidade humana encontra-se insculpido na grande maioria das constituições democráticas, com destaque para a Constituição Portuguesa, em seu art. 1º: "Portugal é uma República soberana, baseada na dignidade da pessoa humana e na vontade popular e empenhada na construção de uma sociedade livre, justa e solidária"; a Constituição Espanhola, em seu art. 10, inciso 1, estatui a dignidade humana como um dos fundamentos da ordem política: "Artículo 10, 1. La dignidad de la persona, los derechos inviolables que le son inherentes, el libre desarrollo de la personalidad, el respeto a la ley y a los derechos de los demás son fundamento del orden político y de la paz social"; a Constituição Francesa, em seu art. 22, dispõe do seguinte modo: Article 22. Tout être humain possède, à l'égard de la Société, les droits qui garantissent, dans l'intégrité et la dignité de sa personne, son plein développement physique, intellectuel et moral. La loi organize l'exercice de ces droits"; a Constituição Italiana dispõe sobre a dignidade humana em seu art. 3: "Art. 3. Tutti i cittadini hanno

da Constituição Brasileira de 1988;[27] passou à condição de fundamento basilar do ordenamento jurídico, que lhe deve estrita observância.

A partir de tais constatações, pode-se chegar a duas conclusões preliminares: uma vez que se supõe serem os seres humanos detentores de dignidade, tanto o Estado como os demais cidadãos têm o dever de lhes proporcionar um tratamento com esta condizente, seja por meio da proibição de condutas que possam violá-la, seja por meio de prestações que possam promovê-la. No primeiro caso, a dignidade deve ser protegida frente a algum fator externo que vise violá-la; no segundo caso, a dignidade somente será devidamente alcançada caso um fator externo venha a implementá-la.

Aí reside a razão pela qual a Lei deve obrigatoriamente dispensar igual tratamento a cidadãos que se encontrem em idêntica situação, sob pena de desprestigiar um cidadão, violando sua dignidade de forma reflexa, ou pressupor que algum cidadão seria mais digno que os demais, privilegiando-o em detrimento dos demais. Eis a igualdade conservativa, que consiste em tratar igualmente aqueles que se encontram em situação equivalente, uma vez que detentores de dignidade em igual medida. Exemplo disso é o fato de a Constituição Federal garantir o direito de voto aos brasileiros natos e naturalizados, já que ambos são dignos em igual medida, e o mandamento constitucional simplesmente reconhece e ratifica tal fato.

pari dignità sociale e sono eguali davanti alla legge, senza distinzione di sesso, di razza, di lingua, di religione, di opinioni politiche, di condizioni personali e sociali. È compito della Repubblica rimuovere gli ostacoli di ordine economico e sociale, che, limitando di fatto la libertà e l'eguaglianza dei cittadini, impediscono il pieno sviluppo della persona umana e l'effettiva partecipazione di tutti i lavoratori all'organizzazione politica, economica e sociale del Paese" (cf. Portugal, "Constituição da República Portuguesa (1976)", disponível em <http://www.parlamento.pt/Legislacao/Paginas/ConstituicaoRepublicaPortuguesa.aspx>, acesso em 16.6.2014; cf. Espanha, "Constitución española (1978)", disponível em <http://www.congreso.es/consti/constitucion/indice/index.htm>, acesso em 16.6.2013; cf. França, "Constitution du 19 avril 1946", disponível em <http://www.assemblee-nationale.fr/histoire/constitution-projet-avril-1946.asp>, acesso em 16.6.2013; cf. Itália, "La Costituzione della Repubblica Italiana (1947)", disponível em <http://www.governo.it/Governo/Costituzione/CostituzioneRepubblicaItaliana.pdf>, acesso em 30.5.2013).

27. "Art. 1º. A República Federativa do Brasil, formada pela União indissolúvel dos Estados de Municípios e do Distrito Federal, constitui-se em Estado Democrático de Direito e tem como fundamentos: (...) III – a dignidade da pessoa humana" (cf. Brasil, "Constituição (1988)", Legislação Federal do Brasil, disponível em <http://www.planalto.gov.br/ccivil_03/constituicao/constituicao.htm>, acesso em 31.3.2013).

Em outros casos, a Lei expressamente estabelece um tratamento diferenciado entre os indivíduos, como é o caso do art. 37, VIII, que impõe uma reserva de vagas em concursos para o recrutamento de agentes públicos.[28] Nesse caso, não obstante sejam igualmente dignos, os portadores de deficiência encontram-se em posição de desvantagem competitiva quando comparados aos indivíduos saudáveis, de maneira que a Constituição Federal deve facilitar o acesso daqueles aos cargos públicos em relação a estes. Eis aí a segunda faceta da igualdade, certamente a mais complexa, e que merecerá especial atenção no presente trabalho: tratar desigualmente aqueles que se encontram em situações distintas, visando corrigir as distorções e iniquidades racionalmente injustificáveis, justamente por serem detentores de dignidade em igual medida, daí se falar em igualdade prospectiva ou transformadora.

Daí se pode concluir que a igualdade enquanto direito fundamental, fundada na dignidade humana, serve de fundamento para ambos os objetivos: conservar os indivíduos na situação em que se encontram ou corrigir tal situação no meio social.

Percebe-se que um dos principais desafios do Estado não seria o de dispensar um tratamento equânime aos cidadãos que se encontram em situação equivalente, mas justamente proporcionar um tratamento diferenciado para indivíduos que se encontram em condições distintas, principalmente quando tais condições venham a comprometer sua dignidade.

Tendo em vista os objetivos do presente trabalho, será dado especial destaque para a igualdade prospectiva ou transformadora, vez que seria justamente esta a justificativa para a concessão de incentivos fiscais: promover a inclusão social ou outro objetivo socialmente relevante, como o meio ambiente, os valores culturais, entre outros. Dessa forma, a igualdade seria algo que se persegue, e que só seria alcançada por meio de uma intervenção externa que corrija uma situação de desigualdade inicial.

28. "Art. 37. A administração pública direta e indireta de qualquer dos Poderes da União, dos Estados, do Distrito Federal e dos Municípios obedecerá aos princípios de legalidade, impessoalidade, moralidade, publicidade e eficiência e, também, ao seguinte:

(...)

VIII – a lei reservará percentual dos cargos e empregos públicos para as pessoas portadoras de deficiência e definirá os critérios de sua admissão;"

2. *O princípio da isonomia tributária: releituras e perspectivas*

Analisada a questão da igualdade e suas facetas mais importantes para os fins do presente trabalho, passa-se ao estudo do princípio da isonomia tributária, que seria a aplicação da norma geral da igualdade no campo propriamente fiscal. Portanto, por se tratar de um desdobramento do princípio geral da igualdade, o princípio da isonomia tributária também se fundamenta na dignidade humana.

Reproduzindo novamente o teor do art. 150, II, da Constituição Federal, este preceitua que deve ser dispensado um mesmo tratamento para contribuintes que se encontrem em idêntica situação.[29] O referido dispositivo está inserido no Título VI, Seção II, da Constituição Federal, que trata das Limitações Constitucionais ao Poder de Tributar. Com base nisso, pode-se concluir que tal limitação se aplica ao direito tributário como um todo, não somente quando o Estado institui e cobra tributos para custear as despesas públicas, mas inclusive quando o mesmo institui benefícios fiscais em geral.

Ora, já foi analisado que a igualdade, enquanto relação de comparação, demanda a escolha de um critério adequado aos fins que se busca. No caso do direito tributário, a finalidade precípua consistiria na arrecadação de receitas para suprir as necessidades do Estado. A partir daí se pode formular os seguintes questionamentos: como distribuir a carga tributária entre os cidadãos de forma equilibrada? Qual o critério mais adequado para fazê-lo?

Entre as diversas teorias e propostas para proceder à repartição da carga tributária entre os contribuintes,[30] aquela que se sagrou como a

29. Para uma melhor compreensão dos contornos jurídicos do princípio da isonomia tributária, recomenda-se o interessante estudo realizado por Humberto Ávila. Cf. Humberto Ávila, *Teoria da Igualdade Tributária*, São Paulo, Malheiros Editores, 2008.

30. Dentre as teorias que justificam a repartição da carga tributária entre os cidadãos, pode-se destacar as seguintes: teoria da soberania estatal, segundo a qual a exação fiscal consistiria em decorrência do poder de império ou um puro ato de autoridade, diretamente relacionado à noção de supremacia do interesse público; a teoria do benefício ou da troca entre equivalentes, diretamente relacionada à noção de contraprestação (individual), segundo a qual o tributo consistiria em uma espécie de preço a ser pago pelo indivíduo, seja pela prestação dos serviços públicos, seja pela proteção da liberdade individual; a teoria do sacrifício, segundo a qual o tributo consistiria em um ônus a ser repartido entre os indivíduos, independentemente de qualquer contrapartida específica, cujo refinamento resultou na teoria da capaci-

mais compatível com os ditames da justiça e da igualdade foi a da capacidade contributiva, segundo a qual a repartição dos tributos deve levar em consideração o potencial econômico de cada contribuinte. Isso decorre do fato de que, por um lado, tal critério permite ao Estado tributar somente as riquezas efetivamente disponíveis, servindo a razões de praticabilidade e eficiência propriamente arrecadatórias, e, por outro, garante a proteção do mínimo existencial e o não confisco, tutelando os direitos do cidadão contribuinte.[31]

O princípio da capacidade contributiva foi insculpido no art. 145, § 1º, da Constituição Federal de 1988,[32] o qual, em termos gerais, estabelece que todos teriam o dever de contribuir para o custeio das despesas públicas de acordo com suas possibilidades econômicas.[33]

dade contributiva, segundo a qual o ônus a ser suportado por cada um deveria ser proporcional às suas possibilidades econômicas; a teoria do dever fundamental de pagar tributos, ao aduzir que tais contribuições consistem no cumprimento de um dever do cidadão perante a coletividade, em que o Estado figura apenas como um intermediário ou gestor dos interesses daquela. Sobre o assunto, remete-se o leitor ao tópico 3.3 da dissertação de nossa autoria. Cf. Tibério Carlos Soares Roberto Pinto, *Legitimação e Controle dos Incentivos Fiscais: Proposta de uma Teoria Democrática da Desoneração Fiscal*, cit.

31. Esse intuito dúplice da capacidade contributiva, que serve tanto a fins arrecadatórios quanto protetivos, foi bem enunciado por Luciano Amaro: "O princípio da capacidade contributiva inspira-se na ordem natural das coisas: onde não houver riqueza é inútil instituir imposto, do mesmo modo que em terra seca não adianta abrir poço à busca de água. Porém, na formulação jurídica do princípio, não se quer apenas preservar a eficácia da lei de incidência (no sentido de que esta não caia no vazio, por falta de riqueza que suporte o imposto); além disso, quer-se preservar o contribuinte, buscando evitar que uma tributação excessiva (inadequada à sua capacidade contributiva) comprometa os seus meios de subsistência, ou o livre exercício de sua profissão, ou a livre exploração de sua empresa, ou o exercício de outros direitos fundamentais" (*Direito Tributário Brasileiro*, 15ª ed., São Paulo, Saraiva, 2009, p. 138).

32. "Art. 145. A União, os Estados, o Distrito Federal e os Municípios poderão instituir os seguintes tributos:

(...)

§ 1º. Sempre que possível, os impostos terão caráter pessoal e serão graduados segundo a capacidade econômica do contribuinte, facultado à administração tributária, especialmente para conferir efetividade a esses objetivos, identificar, respeitados os direitos individuais e nos termos da lei, o patrimônio, os rendimentos e as atividades econômicas do contribuinte."

33. Muito embora o art. 145, § 1º, da Constituição Federal de 1988 disponha que o quesito da capacidade contributiva se aplica aos impostos, entende-se que sua aplicação também se estende a todas as demais espécies tributárias que compõem o sistema tributário nacional, como é o caso das contribuições, empréstimos compulsórios,

De fato, para a grande maioria das situações nas quais os tributos são instituídos com intuito arrecadatório, o primado da capacidade contributiva releva-se uma medida adequada para repartir os tributos entre os cidadãos, de maneira que muitos doutrinadores costumam confundir o princípio da capacidade contributiva com o próprio princípio da isonomia tributária, como se ambos fossem absolutamente idênticos. Contudo, alguns questionamentos merecem uma análise mais detida: a capacidade contributiva é um critério absoluto, o único requisito capaz de promover a justiça fiscal? A capacidade contributiva poderia ser flexibilizada, ou mesmo derrogada, em alguns casos, por outro critério ou diretriz?

Além de garantir a proteção do mínimo existencial e a efetividade da cobrança dos tributos, a capacidade contributiva visa alcançar mais um objetivo: a manutenção da neutralidade fiscal,[34] por meio de uma

e mesmo sobre a figura das taxas e das contribuições de melhoria, embora tenha uma aplicabilidade bem mais restrita sobre essas duas espécies. Tal entendimento é corroborado pelos seguintes precedentes do Supremo Tribunal Federal: "IPVA – Progressividade. Todos os tributos submetem-se ao princípio da capacidade contributiva (precedentes), ao menos em relação a um de seus três aspectos (objetivo, subjetivo e proporcional), independentemente de classificação extraída de critérios puramente econômicos" (Brasil, Supremo Tribunal Federal, 2ª Turma, Agravo Regimental no Recurso Extraordinário 406.955/MG, rel. Min. Joaquim Barbosa, j. em 4.10.2011, *DJE* de 21.10.2011, disponível em <http://www.stf.jus.br/portal/jurisprudencia/listarJurisprudencia.asp?s1=%28RE%24%2ESCLA%2E+E+406955%2ENUME%2E%29+OU+%28RE%2EACMS%2E+ADJ2+406955%2EACMS%2E%29&base=baseAcordaos&url=http://tinyurl.com/c2s46cr>, acesso em 25.6.2014); "Constitucional – Tributário – Taxa de Fiscalização dos Mercados de Títulos e Valores Mobiliários – Taxa da CVM – Lei n. 7.940, de 20.12.89 – Fato Gerador – Constitucionalidade. I. – A taxa de fiscalização da CVM tem por fato gerador o exercício do poder de polícia atribuído à Comissão de Valores Mobiliários – CVM. Lei 7.940/89, art. 2º A sua variação, em função do patrimônio líquido da empresa, não significa seja dito patrimônio a sua base de cálculo, mesmo porque tem-se, no caso, um tributo fixo. Sua constitucionalidade. II. – R.E. não conhecido" (Brasil, Supremo Tribunal Federal, Tribunal Pleno, RE 177.835/PE, rel. Min. Carlos Velloso, *DJU* de 25.5.2001, disponível em <http://www.stf.jus.br/portal/jurisprudencia/listarJurisprudencia.asp?s1=%28177835%2ENUME%2E+OU+177835%2EACMS%2E%29&base=baseAcordaos&url=http://tinyurl.com/n42katz>, acesso em 25.6.2014).

34. O paradigma da neutralidade fiscal foi analisado de maneira crítica por Raimundo Bezerra Falcão, como se observa na seguinte passagem: "Tinham-se finanças públicas que se voltavam para as tarefas tradicionalmente cometidas ao Estado, que haveria de cuidar da defesa exterior, da segurança interior e da promoção de um bem comum que se contentava com os serviços de instrução, justiça e obras públicas. Predicava-se uma neutralidade da imposição, providenciando-se para que os tributos não

tributação uniforme. Seja por meio da técnica da proporcionalidade ou mesmo da progressividade,[35] o que se busca é extrair recursos dos cidadãos sem alterar sua posição relativa no meio social, de maneira que, após a incidência dos tributos, um cidadão não poderia ficar relativamente "mais pobre" que outro cidadão que teve de arcar com o mesmo tributo, e devem permanecer ocupando posições equidistantes entre si. Em outras palavras, ao estabelecer uma tributação uniforme, a capacidade contributiva teria um caráter tipicamente conservativo, sendo expressão da primeira faceta da igualdade: tratar igualmente os iguais.

É aí que surge o seguinte questionamento: uma tributação uniforme necessariamente corresponde a uma tributação justa? Além da igualdade conservativa, o direito tributário poderia implementar também a igualdade prospectiva ou transformadora? A Constituição Federal autoriza que tal finalidade seja perseguida por meio dos tributos? Caso positivo, como isso poderia ser feito?

É a partir dos questionamentos supra que será enfocada a questão da extrafiscalidade, que implica a utilização de tributos com fins outros não arrecadatórios, mas com o intuito de estimular ou desestimular determinadas condutas específicas.

Quanto ao conceito de extrafiscalidade, esta consiste na utilização do instrumental tributário para a persecução de fins não arrecadatórios, mas políticos, econômicos, sociais, entre outros, interferindo diretamente sobre uma determinada estrutura ou sistema social.

Ao recorrer à extrafiscalidade, o Estado procura reordenar um determinado aspecto da realidade, de modo a obter certos resultados predeterminados.[36] Dessa forma, a extrafiscalidade possui um caráter

alterassem as regras do mercado e a distribuição dos ingressos. Importava, isto sim, o equilíbrio orçamentário anual, que deveria ser elaborado de moldes que estivesse o mais possível imune à patologia do *deficit* ou do *superavit*" (Raimundo Bezerra Falcão, *Tributação e Mudança Social*, Rio de Janeiro, Forense, 1981, p. 43).

35. Ao se utilizar a técnica da proporcionalidade, o valor do tributo a ser pago deverá variar de acordo com o montante da base de cálculo, vez que a alíquota permanece constante, como ocorre no caso do ISS (Imposto sobre Serviço), em que a alíquota permanece uniforme para cada determinado tipo de serviço, conforme o disposto na lista anexa à Lei Complementar 116/2003. Já na técnica da progressividade, a alíquota irá aumentar na medida em que aumenta a base de cálculo, como ocorre no caso do Imposto de Renda, conforme o disposto na Medida Provisória 528/2011, convertida na Lei 12.469/2011.

36. Raimundo Bezerra Falcão explicita alguns dos diversos objetivos que o Estado poderia implementar através da tributação extrafiscal, que não se restringem

eminentemente dinâmico, visando causar modificações específicas no meio social. Tais objetivos podem ser os mais variados possíveis, desde o controle da taxa de juros, o protecionismo alfandegário, o desenvolvimento de uma determinada região, a promoção de valores culturais e artísticos, entre outros.[37] Dessa forma, observa-se que a extrafiscalidade está diretamente relacionada à política intervencionista do Estado, quando este pretende reorientar a realidade, atuando como agente normativo e regulador.

Contudo, assim como se observa na fórmula geral da igualdade, a extrafiscalidade é potencialmente apta a promover ou desestimular quaisquer tipos de condutas, desde que direcionadas à implementação de um valor constitucional. É o caso dos denominados "impostos flexíveis", previstos no art. 153, § 1º,[38] que podem ser alterados por ato do Poder Executivo, nenhum deles voltado especificamente para a questão da igualdade. É o caso do Imposto de Importação (II) e do Imposto de Exportação (IE), direcionados ao controle da balança comercial; Imposto sobre Produtos Industrializados (IPI), voltado para o controle da produção, e do Imposto sobre Operações Financeiras (IOF),

ao domínio econômico propriamente dito, podendo interferir inclusive sobre determinados atos da vida pessoal sem qualquer conotação econômica imediata, como é o caso do planejamento familiar: "Entretanto, como arremate, repisaremos que, por extrafiscalidade, entender-se-á a atividade financeira que o Estado exercita sem o fim *precípuo* de obter recursos para seu erário, para o fisco, mas sim com vistas a ordenar ou reordenar a economia e as relações sociais, intervindo, portanto, por exemplo, no mercado, na redistribuição de riquezas, nas tendências demográficas, no planejamento familiar. No fundo – mas não unicamente, importa em atuar sobre a economia, para mudar o panorama social" (*Tributação e Mudança Social*, cit., pp. 48-49).

37. "Ainda lembrando as expressões sempre felizes de Souto Maior Borges, a base doutrinária da extrafiscalidade 'não considera a atividade econômica um simples instrumento ou meio de obtenção de receita, utilizável para o custeio da despesa pública. Através dela, o Estado provoca modificações deliberadas nas estruturas sociais. É, portanto, um fator importantíssimo na dinâmica socioestrutural (...) Em face disso, tem-se procurado utilizar o instrumental financeiro – mais especificamente, o tributário, no nosso caso, a fim de que se obtenham deliberados resultados econômicos e políticos, como reprimir a inflação, evitar desemprego e a recessão, desaquecer a atividade econômica, proteger a indústria nacional, promover a redistribuição de renda nacional, nivelar fortunas, atuar sobre a densidade demográfica ou a distribuição espacial da população, entre muitos outros fins" (Raimundo Bezerra Falcão, *Tributação e Mudança Social*, cit., pp. 45-46).

38. "Art. 153. Compete à União instituir impostos sobre: (...)

§ 1º. É facultado ao Poder Executivo, atendidas as condições e os limites estabelecidos em lei, alterar as alíquotas dos impostos enumerados nos incisos I, II, IV e V."

voltado para as operações relativas a crédito, câmbio, seguro, títulos e valores mobiliários.

A extrafiscalidade, enquanto técnica para interferir diretamente sobre a conduta dos destinatários, pode visar desestimular um determinado comportamento, como é o caso dos denominados "tributos proibitivos" ou "*destructive taxes*",[39] que têm por objetivo inibir uma atividade tida por nociva ou prejudicial, como é o caso da taxação elevada sobre o cigarro e as bebidas alcoólicas, ou promover um determinado comportamento tido como desejável, a denominada tributação promocional, que se insere no horizonte teórico do direito promocional difundido por Norberto Bobbio,[40] dentro da qual se incluem os incentivos fiscais. Contudo, tanto em um caso como no outro, percebe-se que a extrafiscalidade possui um cunho modificativo ou transformador, característica que foi bastante ressaltada por Raimundo Bezerra Falcão, em sua obra *Tributação e Mudança Social*.[41]

39. No que se refere aos impostos extrafiscais, Casalta Nabais os caracteriza como "falsos impostos", uma vez que desbordariam da intenção arrecadatória, pertencendo propriamente à denominada Constituição Econômica: "Por isso, impõe-se nesta sede distinguir muito claramente os verdadeiros impostos ou impostos fiscais, que têm por objetivo ou finalidade principal a obtenção de receitas, dos falsos impostos ou impostos extrafiscais cuja finalidade principal é, em direitas contas e no limite, evitar ou obstar à verificação do respectivo pressuposto de fato ou fato gerador. O que os configura como verdadeiros 'impostos suicidas', os quais como bem se compreendem, não podem ter por suporte a 'constituição fiscal'" (*Direito Fiscal*, 2ª ed., Coimbra, Almedina, 2003, p. 18).

40. "Entendo por 'função promocional' a ação que o direito desenvolve pelo instrumento das 'sanções positivas', isto é, por mecanismos genericamente compreendidos pelo nome de 'incentivos', os quais visam não a impedir atos socialmente indesejáveis, fim precípuo das penas, multas, indenizações, reparações, restituições, ressarcimentos, etc., mas, sim, a 'promover' a realização de atos socialmente desejáveis. Essa função não é nova. Mas é nova a extensão que ela teve e continua a ter no Estado contemporâneo: uma extensão em contínua ampliação, e, de qualquer modo, lacunosa, uma teoria do direito que continue a considerar o ordenamento jurídico do ponto de vista de sua função tradicional puramente protetora (dos interesses considerados essenciais por aqueles que fazem as leis) e repressiva (das ações que a eles se opõem)" (Norberto Bobbio, *Da Estrutura à Função: Novos Estudos da Teoria do Direito*, prefácio à edição brasileira de Mário Losano e apresentação de Celso Lafer, Barueri, Manole, 2007, p. XII).

41. "Assim, a tributação extrafiscal é fenômeno que caminha de mãos dadas com o intervencionismo do Estado, na medida em que é a ação estatal sobre o mercado e a, antes sagrada, livre-iniciativa. Contribui, além disso, para modificar o conceito de justiça fiscal, que não mais persiste somente em referencia à capacidade contributiva. Pres-

A partir do exposto, pode-se concluir que a fiscalidade e a extrafiscalidade possuem fundamentos bem distintos: enquanto a primeira tem por objetivo imediato carrear recursos para as despesas públicas levando em consideração as possibilidades de cada contribuinte em particular, sem alterar a posição dos destinatários no meio social, a segunda visa implementar uma determinada finalidade constitucional de maneira direta, por meio da indução ou repressão de condutas que estejam diretamente relacionadas a esta, trazendo benefícios para a coletividade como um todo.

Daí se percebe uma mudança de paradigmas fundamental entre os fenômenos da fiscalidade e da extrafiscalidade: a fiscalidade tem como principal parâmetro a capacidade contributiva de cada contribuinte, e tem como foco primário a proteção do cidadão contribuinte individualmente considerado, visando resguardá-lo de uma tributação potencialmente abusiva, capaz de confiscar seu patrimônio ou comprometer seu mínimo existencial, e como foco secundário arrecadar recursos para as necessidades públicas. Trata-se, portanto, de um critério de dentro para fora, em que primeiro se verifica se o contribuinte tem condições de arcar com o tributo, para só depois quantificar o valor a ser pago; a extrafiscalidade recorre a parâmetro diverso, o qual não é uniforme, mas varia de acordo com o objetivo que se pretende alcançar, e tem como foco primário o benefício social ou coletivo a ser obtido a partir de sua utilização, e como foco secundário o respeito às condições pessoais do contribuinte. Trata-se, portanto, de um critério de fora para dentro, em que primeiro se verifica se o tributo extrafiscal é capaz de alcançar um resultado socialmente útil, para só depois levar em consideração as condições pessoais do contribuinte.[42]

supõe uma estrutura adequada da fazenda pública, o conhecimento das possibilidades de intervenção de que se pode cogitar e o desejo de fazer uso dessas possibilidades, inclusive forçando o seu alargamento, pois imobilismo e extrafiscalidade são coisas que se excluem" (Raimundo Bezerra Falcão, *Tributação e Mudança Social*, cit., pp. 47-48).

42. No caso dos "tributos proibitivos" ou "*destructive taxes*", estes colidem frontalmente com o princípio da capacidade contributiva, pois o seu objetivo é justamente reprimir ou minimizar ao máximo a ocorrência da conduta tida como socialmente nociva ou prejudicial, tornando-a excepcionalmente dispendiosa e pouco atrativa. Em casos como esse, ocorre uma efetiva violação da capacidade contributiva, a qual se justifica caso a maior incidência da conduta, não obstante lícita, gere um *custo social*, como o aumento dos gastos públicos por internações médico-hospitalares decorrentes de problemas de saúde causados pelo álcool e pelo tabagismo.

A capacidade contributiva é típica garantia inserida nos denominados direitos de primeira geração/dimensão, frequentemente denominados direitos de liberdade ou direitos negativos, que consistiam essencialmente na garantia de determinadas prerrogativas do indivíduo diante do Estado.[43] Tais direitos se consolidaram sob a égide da ideologia liberal, que serviu de fundamento filosófico às revoluções burguesas que derrubaram as monarquias absolutistas. Defendia-se a separação radical entre a esfera pública e a esfera privada, como forma de garantir a autonomia privada e a livre manifestação da vontade individual. O principal objetivo, portanto, era proteger o indivíduo dos desmandos do poder do monarca.

Já o fenômeno da extrafiscalidade se harmoniza com os denominados Direitos de Segunda e Terceira Geração/Dimensão,[44] frequentemente denominados direitos de igualdade e de fraternidade, que demandam prestações positivas por parte do Estado e dos demais indivíduos para tutelar os direitos de determinadas classes e categorias e da coletividade como um todo. Tal noção se consolidou no contexto do Estado do Bem-Estar Social (*Welfare state*), que se refletiu no campo tributário através do fenômeno da funcionalização das finanças públicas, que surge em oposição ao paradigma das finanças neutras do Estado Liberal Clássico e demanda uma intervenção efetiva do Estado

43. Exemplos desses direitos de primeira dimensão são a liberdade de locomoção, a liberdade de expressão do pensamento e da profissão religiosa, o direito de propriedade, a liberdade de contratar, entre outros, todos de cunho marcadamente individualista e negativo. Criticando a existência dos chamados direitos negativos, uma vez que também estes careceriam de prestações positivas do Estado para serem devidamente resguardados, demandando aportes financeiros para tanto, cf. Stephen Holmes e Cass R. Sustein, *The Cost of Rights: why Liberty Depends on Taxes*, New York, W. W. Norton & Company, 2000, pp. 35-48.

44. Criticando a suposta "neutralidade" da tributação, são as palavras dos mestres Aliomar Baleeiro e Raimundo Bezerra Falcão: "As 'finanças neutras', ou que pretendem deixar a estrutura social como a encontraram, são, na realidade, também políticas. Defendem uma política de caráter conservador, no pressuposto de que o existente é mais ou adequado à coletividade em cujo seio se processa" (Aliomar Baleeiro, *Uma Introdução à Ciência das Finanças*, 16ª ed., Rio de Janeiro, Forense, 2002, p. 189); "(...) a fazenda 'neutral' protege os favorecidos, deixando ao relento os desfavorecidos. É uma maneira de praticar um intervencionismo às avessas, pelo menos à luz da Justiça: permite que os detentores do capital e dos recursos naturais – por via de consequência, também da mão de obra – amealhem mais riquezas ainda, aumentando a disparidade entre os indivíduos" (Raimundo Bezerra Falcão, *Tributação e Mudança Social*, cit., p. 44).

em determinadas situações, conforme pioneiramente defendido por Aliomar Baleeiro.[45] Vale ressaltar, contudo, que o modelo do Estado Social cedeu espaço, na maioria dos países, ao modelo do Estado Subsidiário, o qual deve atuar de maneira indireta,[46] como agente normativo, planejador e incentivador, justamente o campo em que se inserem os incentivos fiscais.

Tendo em vista que a extrafiscalidade é um instrumento de intervenção do Estado, não obstante indireta, pode-se concluir que se trata de um fenômeno excepcional, uma vez que, no atual modelo de Estado, a atuação deste é subsidiária, e a regra é a não intervenção do Estado.[47] Dessa forma, a intervenção do Estado, ainda que indireta, será possível somente nos casos especificados pela Constituição, em se tratando de relevante interesse público, ou quando os particulares não forem capazes de desenvolver determinada atividade com um mínimo de qualidade. Daí a necessidade de que toda política extrafiscal esteja firmemente vinculada ao objetivo que a legitima, inclusive por meio da

45. Criticando a suposta "neutralidade" da tributação, são as palavras dos mestres Aliomar Baleeiro e Raimundo Bezerra Falcão: "As 'finanças neutras', ou que pretendem deixar a estrutura social como a encontraram, são, na realidade, também políticas. Defendem uma política de caráter conservador, no pressuposto de que o existente é mais ou adequado à coletividade em cujo seio se processa" (Aliomar Baleeiro, *Uma Introdução à Ciência das Finanças*, 16ª ed., Rio de Janeiro, Forense, 2002, p. 189); "(...) a fazenda 'neutral' protege os favorecidos, deixando ao relento os desfavorecidos. É uma maneira de praticar um intervencionismo às avessas, pelo menos à luz da Justiça: permite que os detentores do capital e dos recursos naturais – por via de consequência, também da mão de obra – amealhem mais riquezas ainda, aumentando a disparidade entre os indivíduos" (Raimundo Bezerra Falcão, *Tributação e Mudança Social*, cit., p. 44).

46. Exemplo de que o Estado deve atuar de forma indireta, especialmente no domínio econômico, é o teor do art. 173 da Constituição Federal, que estatui que o Estado somente deve figurar como agente econômico por motivo de segurança nacional ou de relevante interesse público (Brasil, "Constituição (1988)", Legislação Federal do Brasil, disponível em <http://www.planalto.gov.br/ccivil_03/constituicao/constituicao.htm>, acesso em 29.6.2014).

47. Tal fato foi bastante evidenciado nas disposições constitucionais que regem o domínio econômico, consoante o teor do *caput* do art. 170, ao ressaltar que a ordem econômica está fundada na valorização do trabalho humano e na livre-iniciativa, e respectivo parágrafo único, que assegura a todos o livre exercício de qualquer atividade econômica, independentemente de autorização de órgãos públicos; no art. 173, ao estabelecer que a exploração direta de atividade econômica pelo Estado só será permitida quando necessária aos imperativos da segurança nacional ou a relevante interesse coletivo, conforme definidos em lei, entre outras normas.

exposição clara e fundamentada do objetivo e da estratégia para implementá-lo, sob pena de configurar uma intervenção indevida do Estado.

Dessa forma, ao se instituir um tributo com finalidades extrafiscais, não se estará levando em consideração o critério da capacidade contributiva do indivíduo, ou, ao menos, este não estará sendo utilizado em sua plenitude.[48] Dessa forma, caso se entenda que os princípios da isonomia tributária e da capacidade contributiva estão completamente entrelaçados, então a utilização de tributos com intuito extrafiscal violaria o princípio da isonomia tributária.

Contudo, não seria possível recorrer à extrafiscalidade como um instrumento para implementar a igualdade prospectiva ou transformadora? E caso seja possível fazê-lo, não estaria a extrafiscalidade a serviço do princípio da isonomia tributária? É o que se passará a analisar a seguir, dedicando-se especial atenção ao fenômeno da tributação promocional, justamente onde se incluem os incentivos fiscais.

3. Os incentivos fiscais enquanto instrumento para a promoção da igualdade material entre os contribuintes

Os benefícios fiscais em geral, dentro dos quais se insere a categoria dos incentivos fiscais,[49] enquadram-se no fenômeno da extrafisca-

48. Em dissertação de mestrado de nossa autoria sobre o assunto, defendeu-se que, muito embora a fiscalidade e a extrafiscalidade possuam fundamentos diversos, ambas poderiam atuar de forma conjugada, de maneira que, a depender da situação concreta, um dos critérios figuraria como o principal, enquanto o outro atuaria de forma secundária. Sobre o assunto, remete-se o leitor ao tópico 2.3.1.1 da referida dissertação. Cf. Tibério Carlos Soares Roberto Pinto, *Legitimação e Controle dos Incentivos Fiscais: Proposta de uma Teoria Democrática da Desoneração Fiscal*, cit.

49. Na classificação utilizada no presente trabalho, a categoria dos benefícios fiscais seria a mais genérica, abrangendo todas as modalidades de favorecimento fiscal, enquanto os incentivos fiscais propriamente ditos teriam por intuito específico a promoção ou o estímulo de determinadas condutas tidas como desejáveis. Um exemplo de benefício fiscal *lato sensu* é aquele instituído pela Lei 8.989/1995, que estabelece a isenção do Imposto sobre Produtos Industrializados (IPI) na aquisição de automóveis para utilização no transporte autônomo de passageiros (táxi) ou por pessoas portadoras de deficiência física. Nesse caso, o principal objetivo da norma é *beneficiar* uma determinada categoria, no caso os taxistas e os portadores de deficiências físicas, e não propriamente *estimular* o aumento no volume de vendas de veículos automotores. Já um exemplo de incentivo fiscal *stricto sensu* é aquele contido no Programa de Incentivo à Inovação Tecnológica e Adensamento da Cadeia Produtiva de

lidade, vez que, ao instituírem um regime favorecido para determinada categoria de contribuintes, visam estimular a atividade por eles desenvolvida. Dessa forma, consoante foi problematizado na introdução, os incentivos fiscais veiculam uma tributação não uniforme, estabelecendo uma exceção à regra geral, visto que desoneram total ou parcialmente determinados contribuintes que teriam condições reais de arcar com o pagamento do tributo, de acordo com o postulado da capacidade contributiva.

Assim como ocorre com todas as demais regras que veiculam exceções no Direito brasileiro, os incentivos fiscais possuem uma razão ou um motivo especial que os autoriza e legitima, afastando a aplicação da regra geral da capacidade contributiva especificamente para os casos abrangidos previstos na lei respectiva.[50] Dessarte, justamente por configurarem uma exceção à capacidade contributiva, os incentivos fiscais devem ser concedidos somente nos casos cabíveis, em especial nas situações previstas na Constituição Federal, expressamente ou implicitamente, ou na lei ordinária que venha a instituí-los.

Contudo, além de estarem restritos aos casos constitucionalmente/legalmente previstos, os incentivos fiscais devem ser concebidos de maneira que sejam compatíveis com o princípio da isonomia tributária, enquadrando-se em uma das seguintes situações: 1) o incentivo fiscal deve tutelar um bem de titularidade difusa, como o meio ambiente, as manifestações culturais, que pertencem à coletividade, beneficiando igualmente a todos os cidadãos; 2) o incentivo fiscal deve promover a igualdade material entre os contribuintes, buscando reduzir as desigualdades entre as classes sociais e entre as diversas regiões do território brasileiro, por exemplo.

No primeiro caso, o incentivo fiscal seria uma ferramenta para proteger um bem difuso, como o meio ambiente, o patrimônio histó-

Veículos Automotores – INOVAR-AUTO, previsto nos arts. 40 a 44 da Lei 12.715/2012 e regulamentado pelo Decreto 7.819/2012. Nos termos do art. 1º do referido decreto, o programa tem por objetivo apoiar o desenvolvimento tecnológico, a inovação, a segurança, a proteção ao meio ambiente, a eficiência energética e a qualidade dos veículos e das autopeças.

50. Trata-se do denominado princípio da especialidade, segundo o qual a norma especial prevalece sobre a norma geral nos casos especificamente tratados por aquela, bastante utilizado no direito penal, em que as leis específicas sobre determinados crimes, a exemplo da Lei de Drogas (Lei 11.343/2006), devem prevalecer sobre as disposições do Código Penal (Decreto-lei 2.848/1940), que figura como lei geral.

rico e cultural, os quais, por sua própria natureza, não pertencem apenas a uma determinada categoria de indivíduos, mas são igualmente vivenciados e experimentados por todos os cidadãos de uma determinada localidade. Nesse caso, embora o incentivo não vise corrigir uma desigualdade específica, estará tutelando um bem difuso, o que beneficia a comunidade como um todo, incrementando o bem-estar social. Dessa forma, muito embora não promova a igualdade prospectiva ou transformadora, ao menos seria compatível com o princípio da isonomia tributária, pois estabeleceu um tratamento diferenciado tendo em vista uma circunstância socialmente relevante, de maneira que seus benefícios se irradiam por toda a coletividade, sendo usufruídos por todos em igual medida. Em outras palavras, incentiva-se alguns para beneficiar a todos.

Um exemplo seria o incentivo à coleta seletiva de lixo residencial por meio de abatimento do Imposto sobre a Propriedade Territorial Urbana (IPTU).[51] Dessa maneira, o Poder Público estaria estimulando a reciclagem dos resíduos e diminuindo o volume de lixo destinado aos aterros sanitários, reduzindo a contaminação do solo e dos lençóis freáticos e beneficiando a população como um todo.

No segundo caso, os incentivos fiscais funcionariam como um instrumento para implementar a igualdade prospectiva ou transformadora, servindo como importante meio para estimular a inclusão social, embora não deva ser utilizado de forma isolada, mas em conjunto com outras políticas públicas. Nesse caso, o incentivo fiscal estaria efetivamente promovendo a igualdade material e a própria isonomia tributária.

Alguns exemplos concretos são as diversas hipóteses de reduções do Imposto de Renda Pessoa Jurídica (IRPJ) para as empresas, como é o caso daquelas que optam por manter serviço próprio de refeições e prestar alimentos aos seus trabalhadores ou contratar empresas que forneçam alimentação coletiva, vinculadas ao Programa de Alimenta-

51. No Município de Fortaleza, os proprietários de imóveis que realizem coleta seletiva de resíduos sólidos e a destinem a associações e cooperativas de catadores de lixo têm direito à redução de 5% (cinco por cento) do IPTU correspondente. Cf. "Cartilha do IPTU do Município de Fortaleza", disponível em <http://www.sefin.fortaleza.ce.gov.br/apresentacoes/gerados/Cartilha_IPTU_2010_site.pdf>, acesso em 20.6.2014.

ção do Trabalhador (PAT), previsto na Lei 6.321/1976. Conforme o disposto no art. 581 do Regulamento do Imposto de Renda (Decreto 3.000/1999), "a pessoa jurídica poderá deduzir, do imposto devido, valor equivalente à aplicação da alíquota do imposto sobre a soma das despesas de custeio realizadas, no período de apuração, em programas de alimentação do trabalhador". Tal dedução fica limitada a 4% (quatro por cento) do imposto devido em cada período, mas o valor excedente pode ser aproveitado nos dois exercícios subsequentes, nos termos do art. 582.[52] Tal benefício visa promover a nutrição adequada dos trabalhadores, principalmente os de baixa renda, conforme preceitua o art. 2º da Lei 6.321/1976.[53]

Outro exemplo de incentivo fiscal sob a forma de redução do imposto de renda é o que beneficia as doações feitas a projetos sociais voltados para crianças e adolescentes. A Lei 8.069/1990, que instituiu o Estatuto da Criança e do Adolescente, previu, em seu art. 260, a possibilidade de que as doações feitas aos Fundos dos Direitos da Criança e do Adolescente fossem integralmente deduzidas do imposto de renda. Para as pessoas jurídicas, o limite da dedução é no valor de 1% (um por cento) do imposto de renda, somente para aquelas que adotarem a sistemática do lucro real, uma vez que não se permite qualquer dedução a título de incentivos fiscais para as empresas que optam pela sistemática do lucro presumido.[54] Para as pessoas físicas, o limite da

52. "Art. 582. A dedução está limitada a quatro por cento do imposto devido em cada período de apuração, podendo o eventual excesso ser transferido para dedução nos dois anos-calendário subsequentes (Lei 6.321, de 1976, art. 1º, §§ 1º e 2º, e Lei n. 9.532, de 1997, art. 5º)." Cf. Brasil, Decreto 3.000, de 26.3.1999. Regulamenta a tributação, fiscalização, arrecadação e administração do Imposto sobre a Renda e Proventos de Qualquer Natureza. Legislação Federal do Brasil, disponível em <http://www.planalto.gov.br/ccivil_03/decreto/d3000.htm>, acesso em 20.6.2014.

53. "Art. 2º. Os programas de alimentação a que se refere o artigo anterior deverão conferir prioridade ao atendimento dos trabalhadores de baixa renda e limitar-se-ão aos contratados pela pessoa jurídica beneficiária." Cf. Brasil, Lei 6.321, de 14.4.1976. Dispõe sobre a dedução, do lucro tributável para fins de imposto sobre a renda das pessoas jurídicas, do dobro das despesas realizadas em programas de alimentação do trabalhador. Legislação Federal do Brasil, disponível em <http://www.planalto.gov.br/ccivil_03/leis/l6321.htm>, acesso em 20.6.2014.

54. "*Subtítulo IV – Lucro presumido. Capítulo I – Pessoas jurídicas autorizadas a optar.*

"Art. 516. A pessoa jurídica cuja receita bruta total, no ano-calendário anterior, tenha sido igual ou inferior a vinte e quatro milhões de reais, ou a dois milhões de

dedução é de até 6% (seis por cento) do imposto apurado na Declaração de Ajuste Anual.[55]

Benefício semelhante ao supramencionado é o destinado ao Fundo Nacional do Idoso, instituído recentemente pela Lei 12.213/2010, que tem por objetivo financiar programas e ações destinados aos cidadãos com mais de 60 anos de idade, de maneira a incentivar sua integração e participação na sociedade.

Dessarte, para que os incentivos fiscais sejam efetivamente compatíveis com o princípio da isonomia tributária, devem sujeitar-se tanto a um controle formal, na medida em que devem se enquadrar nas hipóteses constitucionalmente/legalmente previstas e, ainda, observar todos os critérios legais para a sua concessão, quanto a um controle material, relacionado à necessária vinculação com os respectivos fundamentos e objetivos.

Quanto às limitações formais à concessão dos incentivos fiscais, estas se encontram distribuídas na Constituição Federal, principalmente em seu Título VI, que dispõe sobre a tributação e o orçamento, com

reais multiplicado pelo número de meses de atividade no ano-calendário anterior, quando inferior a doze meses, poderá optar pelo regime de tributação com base no lucro presumido (Lei 9.718, de 1998, art. 13)."

"Art. 526. Para efeito de pagamento, a pessoa jurídica poderá deduzir do imposto devido no período de apuração, o imposto pago ou retido na fonte sobre as receitas que integraram a base de cálculo, vedada qualquer dedução a título de incentivo fiscal" (Lei n. 8.981, de 1995, art. 34, Lei n. 9.065, de 1995, art. 1º, Lei n. 9.430, de 1996, art. 51, parágrafo único, e Lei n. 9.532, de 1997, art. 10) (Brasil, Decreto 3.000, de 26.3.1999. Regulamenta a tributação, fiscalização, arrecadação e administração do Imposto sobre a Renda e Proventos de Qualquer Natureza. Legislação Federal do Brasil, disponível em <http://www.planalto.gov.br/ccivil_03/decreto/d3000.htm>, acesso em 17.6.2014).

55. "Art. 260. Os contribuintes poderão efetuar doações aos Fundos dos Direitos da Criança e do Adolescente nacional, distrital, estaduais ou municipais, devidamente comprovadas, sendo essas integralmente deduzidas do imposto de renda, obedecidos os seguintes limites:

I – 1% (um por cento) do imposto sobre a renda devido apurado pelas pessoas jurídicas tributadas com base no lucro real; e

II – 6% (seis por cento) do imposto sobre a renda apurado pelas pessoas físicas na Declaração de Ajuste Anual, observado o disposto no art. 22 da Lei n. 9.532, de 10 de dezembro de 1997" (Brasil, Lei 8.069, de 13.7.1990. Dispõe sobre o Estatuto da Criança e do Adolescente e dá outras providências. Legislação Federal do Brasil, disponível em <http://www.planalto.gov.br/ccivil_03/leis/l8069.htm>, acesso em 20.6.2014).

destaque para o art. 150, § 6º, da Constituição Federal, segundo o qual as desonerações devem ser instituídas por meio de lei específica.[56] Isso implica que a lei que concede uma exoneração fiscal deve tratar exclusivamente do assunto, justamente o inverso do que costuma ocorrer na prática, vez que a maioria dos diplomas que preveem hipóteses exonerativas também regula outros assuntos completamente diversos.[57]

Dessarte, a instituição de incentivos fiscais é matéria sujeita à reserva legal. Via de regra, a iniciativa da referida lei incumbe ao mesmo ente público constitucionalmente competente para instituir o tributo, consoante o disposto no art. 61, § 1º, II, "b", da Constituição Federal,[58] não obstante a possibilidade de ente diverso vir a dispor sobre o assunto, em casos excepcionais expressamente previstos.[59]

56. "Art. 150. Sem prejuízo de outras garantias asseguradas ao contribuinte, é vedado à União, aos Estados, ao Distrito Federal e aos Municípios: (...)

§ 6º. Qualquer subsídio ou isenção, redução de base de cálculo, concessão de crédito presumido, anistia ou remissão, relativos a impostos, taxas ou contribuições, só poderá ser concedido mediante lei específica, federal, estadual ou municipal, que regule exclusivamente as matérias acima enumeradas ou o correspondente tributo ou contribuição, sem prejuízo do disposto no art. 155, § 2º, XII, 'g'".

57. A título de exemplo, pode-se citar a Lei 11.941/2009, que, além de conceder, em seu art. 14, remissão para os débitos perante o fisco federal cujo valor consolidado em 31 de dezembro de 2007 seja igual ou inferior a R$ 10.000,00 (dez mil reais), dispôs sobre parcelamento dos débitos tributários, além de alterar e revogar dispositivos de diversos outros diplomas, tais como o Decreto 70.235/1972, as Leis 8.212 e 8.213/1991, a par de diversos outros.

58. "Art. 61. A iniciativa das leis complementares e ordinárias cabe a qualquer membro ou Comissão da Câmara dos Deputados, do Senado Federal ou do Congresso Nacional, ao Presidente da República, ao Supremo Tribunal Federal, aos Tribunais Superiores, ao Procurador-Geral da República e aos cidadãos, na forma e nos casos previstos nesta Constituição.

§ 1º. São de iniciativa privativa do Presidente da República as leis que: (...)

II – disponham sobre: (...)

b) organização administrativa e judiciária, matéria tributária e orçamentária, serviços públicos e pessoal da administração dos Territórios;"

59. Trata-se da denominada isenção heterônoma, prerrogativa reservada à União Federal, quando esta atua na condição de ente de direito público externo, representando a própria República Federativa do Brasil. A República Federativa do Brasil, ente dotado do atributo da soberania, é representada no plano internacional pela União, o que lhe confere a capacidade de atuar no plano internacional e celebrar acordos com outros Estados igualmente soberanos. Portanto, nos casos em que a União atua como representante do próprio Estado Federal Brasileiro, esta pode celebrar tratados concedendo isenções de tributos estaduais e municipais. Não obstante o teor do art. 151, III, da Constituição Federal, que veda que a União institua isenções de tributos da

Quanto ao controle do impacto das medidas desonerativas sobre o orçamento, a Constituição Federal atribuiu especial importância à Lei de Diretrizes Orçamentárias, constando entre os seus objetivos a avaliação das alterações na legislação tributária.[60] A referida lei é responsável por estabelecer um equilíbrio entre receitas e despesas, e incluir, em seu anexo, um demonstrativo das metas fiscais para o exercício correspondente e para os 2 (dois) seguintes, bem como a estimativa do montante da renúncia de receita e as respectivas formas de compensação desta.[61]

A necessidade de previsão dos efeitos das desonerações fiscais sobre as contas públicas também foi atribuída às leis orçamentárias, nos termos do disposto no art. 165, § 6º,[62] que impõe que o projeto de lei orçamentária seja acompanhado por um demonstrativo regionalizado,[63] e no art. 5º, II, da Lei de Responsabilidade Fiscal, que demanda

competência dos Estados, do Distrito Federal e dos Municípios, o Supremo Tribunal Federal ratificou tal possibilidade em diversos julgados, como é o caso da decisão no Recurso Extraordinário 229.096/RS, de relatoria da Ministra Cármen Lúcia, julgado em 16.8.2007. Cf. Brasil, Supremo Tribunal Federal, RE 229.096/RS, rel. Min. Cármen Lúcia, Tribunal Pleno, j. em 16.8.2007, *DJe* de 10.4.2009, disponível em <http://redir.stf.jus.br/paginadorpub/paginador.jsp?docTP=AC&docID=520131>, acesso em 29.6.2014.

60. "Art. 165. Leis de iniciativa do Poder Executivo estabelecerão: (...)

§ 2º. A lei de diretrizes orçamentárias compreenderá as metas e prioridades da administração pública federal, incluindo as despesas de capital para o exercício financeiro subsequente, orientará a elaboração da lei orçamentária anual, disporá sobre as alterações na legislação tributária e estabelecerá a política de aplicação das agências financeiras oficiais de fomento."

61. "Art. 4º. A lei de diretrizes orçamentárias atenderá o disposto no § 2º do art. 165 da Constituição e:

I – disporá também sobre:

a) equilíbrio entre receitas e despesas; (...)

§ 2º. O Anexo conterá, ainda: (...)

V – demonstrativo da estimativa e compensação da renúncia de receita e da margem de expansão das despesas obrigatórias de caráter continuado."

62. "Art. 165. Leis de iniciativa do Poder Executivo estabelecerão:

I – o plano plurianual;

II – as diretrizes orçamentárias;

III – os orçamentos anuais. (...)

§ 6º. O projeto de lei orçamentária será acompanhado de demonstrativo regionalizado do efeito, sobre as receitas e despesas, decorrente de isenções, anistias, remissões, subsídios e benefícios de natureza financeira, tributária e creditícia."

63. Quanto à extensão temporal desse demonstrativo de efeito, o art. 14 da Lei de

a previsão de mecanismos de compensação às renúncias de receita e ao aumento de despesas obrigatórias de caráter continuado.[64]

No que se refere às limitações de caráter financeiro, a Lei de Responsabilidade Fiscal trouxe uma série de dispositivos voltados para a previsão e o controle das renúncias de receitas, e tal objetivo inclusive constou expressamente em seu art. 1º, § 1º.[65] Além de elencar as diver-

Responsabilidade Fiscal estatui que tal estimativa deve abranger o exercício financeiro de início e os dois seguintes, devendo cobrir, portanto, no mínimo 3 (três) anos. Além disso, o ente que pretende conceder o referido benefício deverá demonstrar que o montante da renúncia foi incluído na estimativa da receita e que não comprometeria as metas fiscais contidas na Lei de Diretrizes Orçamentárias, ou que a adoção de medidas para compensar a renúncia implementada:

"Art. 14. A concessão ou ampliação de incentivo ou benefício de natureza tributária da qual decorra renúncia de receita deverá estar acompanhada de estimativa do impacto orçamentário-financeiro no exercício em que deva iniciar sua vigência e nos dois seguintes, atender ao disposto na lei de diretrizes orçamentárias e a pelo menos uma das seguintes condições:

I – demonstração pelo proponente de que a renúncia foi considerada na estimativa de receita da lei orçamentária, na forma do art. 12, e de que não afetará as metas de resultados fiscais previstas no anexo próprio da lei de diretrizes orçamentárias;

II – estar acompanhada de medidas de compensação, no período mencionado no *caput*, por meio do aumento de receita, proveniente da elevação de alíquotas, ampliação da base de cálculo, majoração ou criação de tributo ou contribuição.

§ 1º. A renúncia compreende anistia, remissão, subsídio, crédito presumido, concessão de isenção em caráter não geral, alteração de alíquota ou modificação de base de cálculo que implique redução discriminada de tributos ou contribuições, e outros benefícios que correspondam a tratamento diferenciado.

§ 2º. Se o ato de concessão ou ampliação do incentivo ou benefício de que trata o *caput* deste artigo decorrer da condição contida no inciso II, o benefício só entrará em vigor quando implementadas as medidas referidas no mencionado inciso" (Brasil, Lei Complementar 101, de 4.5.2000. Estabelece normas de finanças públicas voltadas para a responsabilidade na gestão fiscal e dá outras providências. Legislação Federal do Brasil, disponível em <http://www.planalto.gov.br/ccivil_03/leis/lcp/lcp101.htm>, acesso em 20.6.2014).

64. "Art. 5º. O projeto de lei orçamentária anual, elaborado de forma compatível com o plano plurianual, com a lei de diretrizes orçamentárias e com as normas desta Lei Complementar: (...)

II – será acompanhado do documento a que se refere o § 6º do art. 165 da Constituição, bem como das medidas de compensação a renúncias de receita e ao aumento de despesas obrigatórias de caráter continuado;"

65. "Art. 1º. (...) § 1º. A responsabilidade na gestão fiscal pressupõe a ação planejada e transparente, em que se previnem riscos e corrigem desvios capazes de afetar o equilíbrio das contas públicas, mediante o cumprimento de metas de resultados entre receitas e despesas e a obediência a limites e condições no que tange a renúncia

sas formas de renúncia de receita em seu art. 14, § 1º, a referida lei incluiu uma seção para tratar especificamente da renúncia de receita, estabelecendo que a concessão ou ampliação de incentivo ou benefício de natureza tributária da qual decorra renúncia de receita deverá estar acompanhada de estimativa do impacto orçamentário-financeiro, tanto no exercício em que deva iniciar sua vigência como nos 2 (dois) seguintes, a par de outras exigências, tais como a demonstração pelo proponente de que a renúncia foi considerada na estimativa de receita da lei orçamentária, e de que não afetará as metas de resultados fiscais previstas no anexo próprio da lei de diretrizes orçamentárias, bem como estar acompanhada de medidas de compensação, por meio de alguma modalidade de aumento de receita.

O que se observa, contudo, é que tanto a Constituição Federal como a Lei de Responsabilidade Fiscal foram bastante detalhistas quanto aos requisitos procedimentais e financeiros necessários à concessão dos incentivos fiscais, dedicando especial atenção ao montante da riqueza que deixaria de ser arrecadada e o impacto dessa renúncia sobre os cofres públicos. Não obstante a importância dessa preocupação, e em nítido contraste com esta, observa-se que a legislação não elencou nenhum requisito relacionado ao conteúdo em si do incentivo fiscal, deixando-o à livre apreciação do poder concedente.

Em outras palavras, a autoridade competente, desde que obedecesse aos requisitos procedimentais e financeiros mencionados, poderia criar um incentivo que institua um privilégio injustificável aos seus destinatários, beneficiando-os em detrimento dos demais contribuintes, ou então um "incentivo" que, na prática, nada promove, absolutamente inviável e incapaz de estimular a conduta que se almejava promover.

Seja quando flagrantemente iníquo, seja quando inviável aos fins pretendidos, o incentivo fiscal representa uma ofensa ao interesse público, caracterizando um desvio de finalidade.[66]

de receita, geração de despesas com pessoal, da seguridade social e outras, dívidas consolidada e mobiliária, operações de crédito, inclusive por antecipação de receita, concessão de garantia e inscrição em Restos a Pagar."

66. O Poder Público está firmemente vinculado ao princípio da supremacia do interesse público, considerado por muitos doutrinadores um dos princípios mais importantes do direito administrativo. Não obstante tratar-se de princípio implícito, posto que não foi expressamente elencado na Constituição Federal, a Carta Magna recorrentemente faz menção ao interesse público, de maneira que o Poder Público, em suas 3 (três) esferas federativas e no exercício de suas 3 (três) funções típicas, seria

A doutrina costumeiramente se refere ao desvio de finalidade como um vício típico do ato administrativo, vez que um de seus elementos vinculados é justamente a finalidade, relacionada ao atendimento do interesse público.[67] Não obstante, a lei também está firmemente atrelada ao atendimento do interesse público, de maneira que o legislador tem o dever de agir em conformidade com este, o que não representa qualquer ofensa à liberdade do legislador e ao postulado da separação dos poderes. Caso a lei venha a ofender o interesse público, estará inquinada de patente inconstitucionalidade, a qual deverá ser declarada pelo Poder Judiciário, de preferência pelo Supremo Tribunal Federal, no exercício do controle concentrado de constitucionalidade, não obstante seja plenamente possível o controle difuso de constitucionalidade.[68]

Dessa forma, a lei que autoriza a concessão do incentivo fiscal deve ser materialmente compatível com o interesse público, sob pena de caracterizar uma violação ao interesse público e ao próprio princípio da isonomia tributária e, portanto, materialmente inconstitucional.

Pelo exposto, é possível notar que um dos principais problemas dos incentivos fiscais é a completa ausência de critérios materiais que possam orientar a sua instituição e posterior concessão, o que permite a proliferação de "incentivos" absolutamente infundados e arbitrários e, ao mesmo tempo, dificulta o controle de sua utilidade prática.

Tendo em vista tal lacuna no regime jurídico dos incentivos fiscais

o principal guardião do interesse público.

67. Nesse sentido é a exposição do administrativista José dos Santos Carvalho Filho: "Já o desvio de poder é a modalidade de abuso em que o agente busca alcançar fim diverso daquele que a lei lhe permitiu, como bem assinala Laubadère. A finalidade da lei está sempre voltada para o interesse público. Se o agente atua em descompasso com esse fim, desvia-se de seu poder e pratica, assim, conduta ilegítima. Por isso é que tal vício é também denominado de *desvio de finalidade*, denominação, aliás, adotada na lei que disciplina a ação popular (Lei 4.717, de 29.6.1965, art. 2º, parágrafo único, 'e')" (*Manual de Direito Administrativo*, 26ª ed., São Paulo, Atlas, 2013, pp. 48-49).

68. Quanto à questão do controle de constitucionalidade dos incentivos fiscais, trata-se de assunto bastante complexo e que ainda não recebeu a merecida atenção por parte da doutrina. A discussão de tal temática foge aos propósitos do presente trabalho, embora tenha sido por nós analisada em trabalho de dissertação de mestrado, ao qual remetemos o leitor, onde inclusive foram propostas algumas balizas e condições para a eficácia da decisão que declara a inconstitucionalidade dos incentivos fiscais, em especial tendo em vista o primado da segurança jurídica. Cf. Tibério Carlos Soares Roberto Pinto, *Legitimação e Controle dos Incentivos Fiscais: Proposta de uma Teoria Democrática da Desoneração Fiscal*, cit.

e os efeitos nefastos que dela advêm, propõem-se alguns critérios qualitativos ou substanciais que poderiam ser levados em consideração, tanto nas fases de elaboração, aplicação prática e de aferição e controle dos resultados efetivamente obtidos. São os seguintes:

1) dever de explicitação dos fundamentos e objetivos constitucionais que legitimam a instituição do incentivo fiscal;

2) necessidade de exposição clara das metas a serem alcançadas por meio do incentivo fiscal, acompanhadas de estudos e pesquisas que demonstram a viabilidade do incentivo fiscal para alcançar as metas no anexo da lei que os institui;

3) demonstração de que o incentivo fiscal é o meio mais prático e eficiente para alcançar o resultado pretendido;

4) imposição de condições específicas aos destinatários do incentivo que condicionem o seu comportamento às metas pretendidas pelo incentivo fiscal;

5) demonstração periódica dos resultados, para que possam ser acompanhados pela população e pelos demais órgãos de controle.

O primeiro requisito a ser observado é a indicação clara dos fundamentos e objetivos constitucionais que legitimam a instituição do incentivo fiscal.

Conforme ressaltado ao longo do presente trabalho, os incentivos fiscais representam uma estratégia necessariamente excepcional, uma vez que flexibilizam o critério da capacidade contributiva, e, em alguns casos, efetivamente afastam por completo tal requisito. Dessa forma, somente os objetivos constitucionalmente previstos legitimam a instituição de incentivos fiscais.

Entre estes, vale mencionar os denominados objetivos fundamentais, previstos no art. 3º da Constituição Federal de 1988, quais sejam a erradicação da pobreza e da marginalização e a promoção do bem de todos, sendo vedados os preconceitos e discriminações com base na origem, raça, cor da pele, gênero, entre outros critérios; a redução das desigualdades regionais, conforme previsto no artigo supramencionado e no art. 43, inclusive dispondo expressamente sobre a concessão de incentivos fiscais de tributos federais em seu § 2º, III, conforme já comentado; as diretrizes que orientam a ordem econômica, entre elas a busca do pleno emprego e o favorecimento das empresas de pequeno porte que tenham sede e administração no País;[69] a garantia do desenvolvimento nacional equilibrado, nos termos do art. 174 e § 1º;[70] a promoção da política agrícola e fundiária, por meio da concessão de incentivos a setores produtivos específicos, conforme autoriza o art. 187, I, da Constituição;[71] a disseminação dos valores artísticos e culturais, por meio de incentivos previstos no art. 216, § 3º;[72] a tutela do meio ambiente, por meio do incentivo a condutas ecologicamente orientadas e desestímulo às atividades que degradem o meio ambiente;[73] a proteção da família, em especial da criança, do adolescente e dos idosos, inclusive mediante a concessão de incentivos ao acolhimento de crianças e adolescentes órfãos ou abandonados, nos termos do art. 227, § 3º, VI,[74] entre outras previsões.

69. "Art. 170. A ordem econômica, fundada na valorização do trabalho humano e na livre-iniciativa, tem por fim assegurar a todos existência digna, conforme os ditames da justiça social, observados os seguintes princípios: (...)

VIII – busca do pleno emprego;

IX – tratamento favorecido para as empresas de pequeno porte constituídas sob as leis brasileiras e que tenham sua sede e administração no País."

70. "Art. 174. Como agente normativo e regulador da atividade econômica, o Estado exercerá, na forma da lei, as funções de fiscalização, incentivo e planejamento, sendo este determinante para o setor público e indicativo para o setor privado.

§ 1º. A lei estabelecerá as diretrizes e bases do planejamento do desenvolvimento nacional equilibrado, o qual incorporará e compatibilizará os planos nacionais e regionais de desenvolvimento."

71. "Art. 187. A política agrícola será planejada e executada na forma da lei, com a participação efetiva do setor de produção, envolvendo produtores e trabalhadores rurais, bem como dos setores de comercialização, de armazenamento e de transportes, levando em conta, especialmente:

I – os instrumentos creditícios e fiscais;"

72. "Art. 216. Constituem patrimônio cultural brasileiro os bens de natureza material e imaterial, tomados individualmente ou em conjunto, portadores de referência à identidade, à ação, à memória dos diferentes grupos formadores da sociedade brasileira, nos quais se incluem:

(...)

§ 3º. A lei estabelecerá incentivos para a produção e o conhecimento de bens e valores culturais."

73. "Art. 225. Todos têm direito ao meio ambiente ecologicamente equilibrado, bem de uso comum do povo e essencial à sadia qualidade de vida, impondo-se ao Poder Público e à coletividade o dever de defendê-lo e preservá-lo para as presentes e futuras gerações."

74. "Art. 227. É dever da família, da sociedade e do Estado assegurar à criança, ao adolescente e ao jovem, com absoluta prioridade, o direito à vida, à saúde, à alimentação, à educação, ao lazer, à profissionalização, à cultura, à dignidade, ao respeito, à

Inversamente, os incentivos fiscais que não promovam tais objetivos ou que efetivamente os despromovam são absolutamente ilegítimos. Um exemplo de incentivo flagrantemente inconstitucional é o relativo à isenção de ICMS aos agrotóxicos no Estado do Ceará, concedida pelo Decreto 24.569/1997,[75] bem como de IPI, PIS/PASEP e COFINS.[76] Além de degradarem o meio ambiente, os agrotóxicos

liberdade e à convivência familiar e comunitária, além de colocá-los a salvo de toda forma de negligência, discriminação, exploração, violência, crueldade e opressão. (...)

§ 3º. O direito a proteção especial abrangerá os seguintes aspectos: (...)

VI – estímulo do Poder Público, através de assistência jurídica, incentivos fiscais e subsídios, nos termos da lei, ao acolhimento, sob a forma de guarda, de criança ou adolescente órfão ou abandonado;"

75. "Art. 6º. Ficam isentas do ICMS, sem prejuízo de outras hipóteses previstas na legislação tributária estadual, as seguintes operações: (...)

LXXIII – operação interna e de importação com os seguintes produtos (Convênios ns. ICMS 36/92, 41/92, 70/92, 89/92, 144/92, 28/93, 114/93, 29/94, 68/94, 151/94, 22/95, 21/96, 20/97, 48/97, 100/97, 05/99, 10/01 e 58/01 – válida até 30 de abril de 2002):

a) inseticidas, fungicidas, formicidas, herbicidas, parasiticidas, germicidas, acaricidas, nematicidas, raticidas, desfolhantes, dessecantes, espalhantes adesivos, estimuladores e inibidores de crescimento (reguladores), vacinas, soros e medicamento produzidos para uso na agricultura e na pecuária, vedado o benefício quando dada ao produto destinação diversa;

b) ácido nítrico e ácido sulfúrico, ácido fosfórico, fosfato natural bruto e enxofre, saídos dos estabelecimentos extratores, fabricantes ou importadores para:

1 – estabelecimento onde sejam industrializados adubos simples e compostos, fertilizantes e fosfato bicálcio destinados à alimentação animal;

2 – estabelecimento produtor agropecuário;

3 – quaisquer estabelecimentos com fins exclusivos de armazenagem;

4 – outro estabelecimento da mesma empresa onde se processar a industrialização;" (cf. Estado do Ceará, Decreto 24.569, de 31.7.1997. Consolida e regulamenta a legislação do Imposto sobre Operações relativas à Circulação de Mercadorias e sobre Prestações de Serviços de Transporte Interestadual e Intermunicipal e de Comunicação (ICMS), e dá outras providências. Legislação do Estado do Ceará, disponível em <http: //www.sefaz.ce.gov.br/content/aplicacao/internet/legislacao_download/ano_2007/decreto_ricms/24569.pdf>, acesso em 26.6.2014).

76. "Art. 1º. Ficam reduzidas a zero as alíquotas da Contribuição para o PIS/PASEP e da Contribuição para o Financiamento da Seguridade Social – COFINS incidentes na importação e sobre a receita bruta decorrente da venda no mercado interno de:

I – adubos ou fertilizantes classificados no Capítulo 31 da Nomenclatura Comum do Mercosul (NCM) e suas matérias-primas;

II – defensivos agropecuários classificados na posição 38.08 da NCM e suas matérias-primas;" (cf. Brasil, Decreto 5.630, de 22.12.2005. Dispõe sobre a redução a zero das alíquotas da Contribuição para o PIS/PASEP e da COFINS incidentes na importação e na comercialização no mercado interno de adubos, fertilizantes, defen-

comprometem a qualidade dos alimentos e, consequentemente, prejudicam a saúde dos consumidores.[77]

O segundo requisito a ser observado é a necessidade de exposição clara das metas a serem alcançadas por meio do incentivo fiscal.

Para além da necessidade de que os incentivos fiscais se destinem a promover um objetivo constitucional específico e expressamente indicado na lei instituidora, é necessário que tal objetivo seja convertido em metas bem determinadas, que estabeleçam uma projeção dos resultados que se pretende obter e delimitem os prazos para que sejam alcançados. De preferência, o acompanhamento dos resultados deve ser feito com a utilização de índices percentuais e gráficos, de maneira a facilitar a sua visualização.

Em suma, o dever de exposição das metas e objetivos e de demonstração periódica dos resultados está diretamente relacionado à noção de transparência fiscal, que deve nortear todos os atos da Administração Pública, e em especial aqueles relacionados ao manejo dos recursos públicos.

O dever de transparência, que a doutrina estrangeira costuma denominar *accountability*,[78] é uma bandeira relativamente recente, que veio se consolidando a partir dos anos 1980, e tem por objetivo aproximar governantes e governados, eliminando o máximo possível a as-

sivos agropecuários e outros produtos, de que trata o art. 1º da Lei n. 10.925, de 23 de julho de 2004, Legislação Federal do Brasil, disponível em <http://www.planalto.gov.br/ccivil_03/_ato2004-2006/2005/Decreto/D5630.htm>, acesso em 26.5.2013).

77. Para uma compreensão mais aprofundada sobre as causas da utilização intensiva de agrotóxico na agricultura brasileira e os diversos problemas que resultam dessa prática, cf. Flávia Londres, *Agrotóxicos no Brasil: um Guia para Ação em Defesa da Vida*, Rio de Janeiro, AS-PTA – Assessoria e Serviços a Projetos em Agricultura Alternativa, 2011.

78. "Há que se ressaltar também o papel de promoção da *accountability* gerado por políticas que incentivem a transparência governamental. Como esse é um termo polissêmico e não traduzível para o Português, aqui usaremos o termo original *accountability*, na acepção de princípio segundo o qual indivíduos, organizações e comunidades são responsáveis por suas ações e podem ter que prestar contas de seus atos à sociedade. O termo envolve, portanto, responsabilidade política; necessidade de prestação de contas; mecanismos de controle e responsabilização; e transparência administrativa" (Cristiano Aguiar Lopes, "Acesso à informação pública para a melhoria da qualidade dos gastos públicos: literatura, evidências empíricas e o caso brasileiro", *Cadeira de Finanças Públicas – UNB*, Brasília, n. 8, p. 10, dez. 2007).

simetria de informações existente entre ambos,[79] possibilitando que, por um lado, os cidadãos disponham de informações precisas sobre os atos de gestão pública, permitindo-lhes controlá-los e avaliar a sua eficácia, e, por outro, possam participar diretamente do processo de tomada de decisões. Portanto, a transparência se assenta sobre o binômio informação-participação, ambas diretamente relacionadas à noção de democracia adotada pelo presente trabalho, que consiste no governo cujas decisões estão sujeitas a parâmetros de controle.[80]

A questão da transparência e controle das contas públicas no Brasil teve seus contornos inicialmente disciplinados pela Lei 4.320/1964, que estabeleceu as normas gerais de direito financeiro e de controle dos orçamentos, em especial por meio do disposto em seu art. 75.[81]

79. "Faz-se indispensável combater essa natural assimetria de informação entre os agentes do Estado e o restante da população. De fato, em sociedades nas quais essa assimetria de informação é mais intensa – ou seja, naquelas em que existem, entre outras disfunções, pouca transparência na administração pública –, abusos, compadrios, clientelismos e todo tipo de corrupção são mais comuns, resultando na utilização de bens públicos em benefício de uma minoria. Diversos estudos demonstram que, nos países em que há menos transparência governamental, os indicadores de corrupção costumam ser consideravelmente mais altos (...). Já naqueles em que essa assimetria de informação é menor, os casos de corrupção são bem mais raros. Isso ocorre porque a melhora do acesso à informação pública e a criação de regras que permitam a disseminação das informações produzidas pelo governo reduzem o escopo de abusos que podem ser cometidos" (Cristiano Aguiar Lopes, "Acesso à informação pública para a melhoria da qualidade dos gastos públicos: literatura, evidências empíricas e o caso brasileiro", *Cadeira de Finanças Públicas – UNB*, cit., p. 8).

80. "(...) não há como discordar da tese de que governar em uma democracia é governar para o interesse da coletividade – do contrário, teríamos de alterar o próprio nome 'democracia'. Assim, a exemplo de Dahl (1996), adotamos um conceito de democracia como efetivação da soberania popular e da igualdade política. Porém, não há como cumprir essa missão sem pensar em formas de se garantir a busca pelo bem coletivo, por meio de mecanismos de controle democrático. Sem esses mecanismos, a tendência à transgressão da regra do interesse público é grande, abrindo-se a possibilidade de domínio do interesse privado sobre o público, de disseminação do casuísmo, do clientelismo e, em última instância, do próprio desmoronamento da democracia" (Cristiano Aguiar Lopes, "Acesso à informação pública para a melhoria da qualidade dos gastos públicos: literatura, evidências empíricas e o caso brasileiro", *Cadeira de Finanças Públicas – UNB*, cit., p. 6).

81. "Art. 75. O controle da execução orçamentária compreenderá:

I – a legalidade dos atos de que resultem a arrecadação da receita ou a realização da despesa, o nascimento ou a extinção de direitos e obrigações;

II – a fidelidade funcional dos agentes da administração, responsáveis por bens e valores públicos;

Contudo, tal questão veio a experimentar um considerável avanço com a introdução da Lei de Responsabilidade Fiscal, que trouxe algumas diretrizes importantes para a matéria, em especial o disposto em seu art. 4º, § 2º, V, que dispõe que o anexo de metas fiscais da lei de diretrizes orçamentárias deverá conter um demonstrativo da estimativa e compensação da renúncia de receita; o art. 165, § 6º, da Constituição Federal, combinado com o art. 5º, II, da Lei de Responsabilidade Fiscal, que versam sobre a necessidade de que o projeto de lei orçamentária seja acompanhado de demonstrativo regionalizado do efeito decorrente das diversas modalidades de renúncia de receitas; o art. 14, que dispõe que a concessão ou ampliação do incentivo deverá ser acompanhada de estimativa do impacto orçamentário-financeiro no exercício em que deva iniciar sua vigência e nos dois seguintes.

Contudo, percebe-se que todos esses dispositivos possuem um intuito eminentemente contábil, e têm por objetivo avaliar os efeitos orçamentários da concessão de incentivos fiscais e conter os possíveis excessos decorrentes dessa prática. Percebe-se uma preocupação muito maior com a quantificação da renúncia de receita do que com a qualidade da mesma, tendo em vista que, em nenhum momento, a referida lei fez qualquer menção à necessidade de controle e análise periódica dos resultados alcançados.

Quanto à necessidade de inclusão de um anexo contendo a exposição de motivos da instituição do incentivo fiscal, este deve estar lastreado por embasados estudos e pesquisas e sólidas demonstrações científicas e estatísticas, que enfoquem a situação presente, com a exposição de suas problemáticas e vicissitudes, e projetem as expectativas quanto às situações futuras em períodos de tempo bem determinados: um ano, três anos, cinco anos, dez anos e assim sucessivamente.

Dessa forma, não basta que se faça menção, de forma genérica, à finalidade que se pretende alcançar, como "proteger o meio ambiente" ou "promover o desenvolvimento de uma determinada região". É necessário converter tal objetivo em uma meta, que estabeleça um incre-

III – o cumprimento do programa de trabalho expresso em termos monetários e em termos de realização de obras e prestação de serviços" (Lei 4.320, de 17.3.1964. Estatui Normas Gerais de Direito Financeiro para elaboração e controle dos orçamentos e balanços da União, dos Estados, dos Municípios e do Distrito Federal. Legislação Federal do Brasil, disponível em <http://www.planalto.gov.br/ccivil_03/leis/l4320.htm>, acesso em 20.6.2014).

mento percentual a ser alcançado em um espaço de tempo definido; por exemplo, diminuir em 25% as emissões de poluentes em uma região delimitada em um período de 2 (dois) anos ou gerar 450 mil novos empregos formais em uma determinada região ao longo de um período de 3 (três) anos.

Além disso, tais metas devem estar respaldadas por estudos científicos que demonstrem a sua viabilidade, com base em projeções e na análise dos resultados obtidos em casos semelhantes, ocorridos no País ou no exterior.

Caso a meta não seja atingida e ocorra um desvio considerável do objetivo pretendido pelo incentivo, este deverá ser considerado ilegítimo e ser gradativamente retirado do ordenamento jurídico, impedindo-se que seja concedido a novos destinatários a partir de reconhecimento de sua ilegitimidade, por exemplo.

O que se observa na imensa maioria dos incentivos fiscais é que estes não especificam as metas que pretendem alcançar, não dispõem de uma exposição de motivos e não explicitam os fundamentos científicos e estatísticos que respaldam a sua elaboração. Isso compromete severamente a idoneidade dos mesmos, que acabam por se caracterizar como meros "palpites" e "achismos", o que contribui para ampliar a confusão e a assistematicidade que imperam nesse domínio.

A omissão na exposição dos motivos dificulta bastante qualquer procedimento destinado à verificação dos resultados obtidos, em face da inexistência de um parâmetro preestabelecido com os quais compará-los. Em outras palavras: não basta que o incentivo fiscal seja destinado a promover uma determinada finalidade, devendo-se explicitar também em que medida ou extensão este pretende fazê-lo, sob pena de ser reconhecida a sua ilegitimidade.

A título de exemplo, podem-se mencionar os incentivos fiscais destinados à inovação tecnológica instituídos pela Lei 11.196/2005[82] e

82. Cf. Brasil, Lei 11.196, de 21.11.2005. Institui o Regime Especial de Tributação para a Plataforma de Exportação de Serviços de Tecnologia da Informação – REPES, o Regime Especial de Aquisição de Bens de Capital para Empresas Exportadoras – RECAP e o Programa de Inclusão Digital; dispõe sobre incentivos fiscais para a inovação tecnológica e dá outras providências. Legislação Federal do Brasil, disponível em <http://www.planalto.gov.br/ccivil_03/_ato2004-2006/2005/lei/l11196.htm>, acesso em 26.5.2013.

pelo Decreto 5.798/2006.[83] Entre as diversas benesses previstas, podem-se ressaltar aquelas previstas no art. 3º, I e II:[84] a dedução do somatório total das despesas com pesquisa e desenvolvimento de inovação tecnológica como despesas operacionais para fins de determinação do lucro líquido para apuração do montante do Imposto de Renda Pessoa Jurídica (IRPJ) devido pela empresa; a redução de 50% (cinquenta por cento) do Imposto sobre Produtos Industrializados (IPI) incidente sobre equipamentos, máquinas, aparelhos e instrumentos destinados à pesquisa e ao desenvolvimento tecnológico.

Contudo, não obstante o decreto tenha trazido uma regulamentação bastante extensa, com a descrição minuciosa do que constitui inovação e pesquisa tecnológica e permitindo parcerias com universidades e instituições de pesquisa, em nenhum momento os diplomas suprarreferidos fizeram qualquer menção ao incremento esperado nos investimentos destinados à pesquisa e ao desenvolvimento tecnológico. A atenção ficou toda voltada para os meios capazes de incentivar o desenvolvimento tecnológico, relegando-se os resultados efetivamente esperados para segundo plano. Isso resulta em uma aleatoriedade e casuísmo completamente injustificáveis, como se qualquer resultado obtido, por mais ínfimo que seja, fosse capaz de legitimar a instituição do referido incentivo fiscal, o que seria completamente absurdo.

83. Cf. Brasil, Decreto 5.798, de 7.6.2006. Regulamenta os incentivos fiscais às atividades de pesquisa tecnológica e desenvolvimento de inovação tecnológica, de que tratam os arts. 17 a 26 da Lei n. 11.196, de 21 de novembro de 2005. Legislação Federal do Brasil, disponível em <http://www.planalto.gov.br/ccivil_03/_ato2004-2006/2006/decreto/d5798.htm>, acesso em 26.5.2013.

84. "Art. 3º. A pessoa jurídica poderá usufruir dos seguintes incentivos fiscais:

I – dedução, para efeito de apuração do lucro líquido, de valor correspondente à soma dos dispêndios realizados no período de apuração com pesquisa tecnológica e desenvolvimento de inovação tecnológica, classificáveis como despesas operacionais pela legislação do Imposto sobre a Renda da Pessoa Jurídica – IRPJ, ou como pagamento na forma prevista no § 1º deste artigo;

II – redução de cinquenta por cento do Imposto sobre Produtos Industrializados – IPI incidente sobre equipamentos, máquinas, aparelhos e instrumentos, bem como os acessórios sobressalentes e ferramentas que acompanhem esses bens, destinados à pesquisa e ao desenvolvimento tecnológico" (Brasil, Decreto 5.798, de 7.6.2006. Regulamenta os incentivos fiscais às atividades de pesquisa tecnológica e desenvolvimento de inovação tecnológica, de que tratam os arts. 17 a 26 da Lei n. 11.196, de 21 de novembro de 2005. Legislação Federal do Brasil, disponível em <http://www.planalto.gov.br/ccivil_03/_ato2004-2006/2006/decreto/d5798.htm>, acesso em 26.6.2014).

O terceiro requisito a ser observado é a demonstração de que o incentivo fiscal é o meio mais prático e eficiente para alcançar o resultado pretendido.

Conforme já ressaltado, tendo em vista que a técnica desonerativa é necessariamente excepcional, uma vez que flexibiliza o quesito da isonomia tributária e implica uma renúncia de receitas para o poder público, não basta que seja demonstrada a aptidão do incentivo fiscal para alcançar um determinado objetivo constitucionalmente previsto para que o mesmo reste automaticamente legitimado. Deve-se, ainda, comprovar que sua adoção é efetivamente mais vantajosa e eficiente que a metodologia padrão de arrecadação para posterior dispêndio público, e que figura como a melhor opção dentre inúmeros outros incentivos fiscais que poderiam ser concedidos no caso em questão.

Primeiramente, deve-se demonstrar que a concessão do incentivo fiscal é um expediente mais eficaz, célere ou econômico que a via normal do dispêndio público, composto das etapas de arrecadação do tributo e seu posterior emprego através do mecanismo da despesa pública.[85] Em outras palavras, o montante da renúncia de receita decorrente da concessão do incentivo fiscal deve ser inferior aos gastos públicos que seriam necessários para alcançar os mesmos resultados por meio da sistemática orçamentária normal.[86]

85. "Por sua vez, a adequação do benefício fiscal está ligada diretamente às vantagens sociais que serão obtidas com a concessão do mesmo e que devem ser de igual ou maior relevância daquela que poderia ser auferida através da utilização dos recursos provenientes do tributo que não será arrecadado. Assim, tal mister demanda trabalho de estudo e coleta de dados do provável montante do tributo a ser renunciado e dos benefícios diretos e indiretos ocasionados" (Lucas de Brandão e Mattos e Pedro Miron de Vasconcelos Dias Neto, "Benefiscos Fiscais sob a ótica dos direitos fundamentais: por um controle democrático", in *Anais do XX Congresso Nacional do CONPEDI:* "Democracia e reordenação do pensamento jurídico: compatibilidade entre a autonomia e a intervenção estatal", Florianópolis, FUNJAB, 2011, v. 1, p. 5.956).

86. "Seria interessante tratar os benefícios como se fossem gastos governamentais, apesar de representarem uma despesa de natureza diversa daquela do gasto orçamentário direto. Desta forma, poder-se-ia confrontar o custo da renúncia de receita com a quantidade de gastos públicos diretos necessários para igualar os benefícios dela oriundos e, assim, verificar se o impacto provocado pela política (investimento ou geração de emprego em determinados setores ou regiões) é melhor ou mais eficiente que a realização de gastos diretos para beneficiar os mesmos agentes" (Paulo Henrique Bese Lobato e Jaqueline Lara Somavilla, "A concessão de anistias e incentivos fiscais e a importância do controle da renúncia de receita pelos tribunais de contas",

Seria o caso, por exemplo, da concessão de um incentivo fiscal para que indústrias de um determinado setor viessem a adotar uma tecnologia menos poluente. Nesse caso, o poder público concedente tem o dever de demonstrar que a instituição do referido incentivo seria muito mais eficaz e econômica no que tange à proteção do meio ambiente do que se o Estado decidisse cobrar o imposto sem qualquer redução e posteriormente custear a recomposição do ecossistema degradado pela emissão de resíduos decorrentes do processo produtivo, degradação essa que poderia ter sido minorada pelo incentivo. No caso em questão, a opção pelo incentivo fiscal seria muito mais racional e econômica que o recurso à via tradicional da arrecadação para posterior dispêndio público. Caso se constate que o incentivo fiscal é um meio mais oneroso que a via da despesa pública, o mesmo deverá ser considerado ineficaz e, portanto, inconstitucional, uma vez que não estaria atendendo ao interesse público, mas apenas ao interesse dos particulares beneficiados pelo mesmo.

Superada esta primeira etapa, deve-se demonstrar que o tributo referente ao qual o incentivo fiscal será concedido deve ser o mais apto ou eficaz a alcançar os objetivos pretendidos dentre todos os demais inseridos na competência do respectivo ente. Por exemplo, caso a União pretenda conceder uma redução da CIDE-Combustíveis para a comercialização de derivados do petróleo visando conter a elevação dos preços da gasolina, deve demonstrar que esse é um meio mais eficaz tendo em vista o referido objetivo que a redução do IRPJ para as empresas do setor, por exemplo.

Além disso, caso o incentivo fiscal seja destinado a um setor econômico específico, deve-se demonstrar que o segmento escolhido é o mais apto a realizar o objetivo pretendido dentre todos os demais. No caso da concessão de incentivos de IPI para a indústria automobilística, visando gerar novos empregos formais, deve-se comprovar que o setor automobilístico é o que possui melhor potencial de geração de empregos quando comparado com a indústria têxtil ou metalúrgica, por exemplo, tendo em vista o nível de demanda do mercado interno e externo, a possibilidade de instalação de novas montadoras no território nacional, bem como o percentual de utilização de mão de obra no processo produtivo.

Revista do Tribunal de Contas do Estado de Minas Gerais, ano XXVII, n. 1, v. 70, p. 69, jan.-fev.-mar. 2009).

O quarto requisito a ser observado consiste na imposição de condições específicas aos destinatários do incentivo que condicionem o seu comportamento às metas pretendidas pelo incentivo fiscal.

Tendo em vista que as metas e objetivos pretendidos pela instituição do incentivo fiscal dependem da efetiva modificação do comportamento dos seus destinatários, é necessário que se estabeleça uma série de condições e requisitos específicos a serem observados por estes que guardem uma relação direta com o resultado que se pretenda obter.

Uma vez que os incentivos fiscais, por si sós, são incapazes de alcançar os respectivos objetivos de maneira direta, mas somente o fazem através do efetivo condicionamento da conduta do contribuinte, tal fato demanda a necessária conformação do beneficiário às exigências estabelecidas pela lei. Os resultados a serem obtidos dependem diretamente da adequação de conduta do particular, daí a importância do estabelecimento das condições necessárias para a fruição da benesse.

A título ilustrativo, considere-se o Programa de Incentivo à Inovação Tecnológica e Adensamento da Cadeia Produtiva de Veículos Automotores – INOVAR-AUTO, previsto nos arts. 40 a 44 da Lei 12.715/2012[87] e regulamentado pelo Decreto 7.819/2012.[88] Nos termos do art. 1º do referido decreto, o programa tem por objetivo apoiar o desenvolvimento tecnológico, a inovação, a segurança, a proteção ao meio ambiente, a eficiência energética e a qualidade dos veículos e das autopeças.

O referido programa instituiu uma série de benefícios fiscais, com destaque para os créditos presumidos de IPI, redução das alíquotas de IPI para os veículos de códigos previstos no anexo I,[89] suspensão do

87. Cf. Brasil, Lei 12.715, de 17.9.2012. Institui o Programa de Incentivo à Inovação Tecnológica e Adensamento da Cadeia Produtiva de Veículos Automotores. Legislação Federal do Brasil, disponível em <http://www.planalto.gov.br/ccivil_03/_ato2011-2014/2012/lei/l12715.htm>, acesso em 26.6.2014.

88. Cf. Brasil, Decreto 7.819, de 3.10.2012. Regulamenta os arts. 40 a 44 da Lei n. 12.715, de 17 de setembro de 2012, que dispõe sobre o Programa de Incentivo à Inovação Tecnológica e Adensamento da Cadeia Produtiva de Veículos Automotores – INOVAR-AUTO, e os arts. 5º e 6º da Lei n. 12.546, de 14 de dezembro de 2011, que dispõe sobre redução do Imposto sobre Produtos Industrializados, na hipótese que especifica. Legislação Federal do Brasil, disponível em <http://www.planalto.gov.br/ccivil_03/_ato2011-2014/2012/Decreto/D7819.htm>, acesso em 20.6.2014.

89. "Art. 21. A partir de 1º de janeiro de 2013, os veículos classificados nos códigos da TIPI relacionados no Anexo I, quando originários de países signatários dos acordos promulgados pelo Decreto Legislativo n. 350, de 21 de novembro de 1991,

IPI incidente no desembaraço aduaneiro para os veículos de códigos previstos no Anexo I e desde que sejam destinados à comercialização.[90]

No que se refere aos créditos presumidos de IPI, estes são calculados sobre os dispêndios realizados pela empresa, com base em um determinado fator ou porcentagem que varia de acordo com o tipo de dispêndio, estes descritos no art. 12 (insumos, ferramentaria, pesquisa, desenvolvimento tecnológico, entre outros).[91] Tais créditos podem ser compensados com o IPI devido na saída dos produtos industrializados das empresas inscritas no programa, nos termos do art. 14.[92]

Não obstante possam ser dirigidas a esses diplomas algumas das críticas formuladas nos tópicos anteriores, tais como a ausência de explicitação das metas e da exposição de motivos, pode-se ressaltar que foi estabelecida uma imensa gama de requisitos e critérios para que as empresas possam se habilitar no programa e, consequentemente, usufruir dos benefícios prescritos, de acordo com o tipo de atividade que desenvolvem no País, se relacionada à produção ou somente à

pelo Decreto n. 4.458, de 5 de novembro de 2002, e pelo Decreto n. 6.500, de 2 de julho de 2008, importados por empresa habilitada ao INOVAR-AUTO, nos termos do inciso I ou do inciso III do *caput* do art. 2º, poderão usufruir, até 31 de dezembro de 2017, de redução de alíquotas do IPI, nos termos do Anexo VIII."

90. "Art. 30. Fica suspenso o IPI incidente no desembaraço aduaneiro dos produtos classificados nos códigos da TIPI relacionados no Anexo I, importados com direito à apuração do crédito presumido do IPI nos termos do art. 13. (...)

§ 2º. A suspensão de que trata este artigo somente se aplica na hipótese em que os veículos forem destinados à comercialização."

91. "Art. 11. As empresas habilitadas ao INOVAR-AUTO farão jus a crédito presumido do IPI, nos termos deste Decreto.

Art. 12. O crédito presumido do IPI poderá ser apurado com base nos dispêndios realizados em cada mês-calendário relativos a:

I – insumos estratégicos;

II – ferramentaria;

III – pesquisa;

IV – desenvolvimento tecnológico;

V – inovação tecnológica;

VI – recolhimentos ao Fundo Nacional de Desenvolvimento Científico e Tecnológico – FNDCT, na forma da legislação específica;

VII – capacitação de fornecedores; e

VIII – engenharia e tecnologia industrial básica."

92. "Art. 14. O crédito presumido relativo aos incisos I e II do *caput* do art. 12 poderá ser utilizado, em cada operação realizada a partir de 1º de janeiro de 2013, para pagamento do IPI devido na saída dos produtos classificados nos códigos da TIPI relacionados no Anexo I:"

comercialização de veículos automotores, tais como tratores, ônibus, caminhões e carros.

Entre esses requisitos, podem ser destacados os seguintes:

a) regularidade da empresa em relação aos tributos federais e seu compromisso em atingir níveis mínimos de eficiência energética em relação aos produtos comercializados no País, nos termos do item 2 do Anexo II, conforme o disposto no art. 4º do decreto supracitado;[93]

b) necessidade de aprovação do projeto de investimento pelo Ministério do Desenvolvimento, Indústria e Comércio Exterior, inclusive quanto à adequação aos critérios relativos à capacidade anual de produção;

c) necessidade de solicitação de habilitação específica para cada fábrica, planta ou projeto industrial que se pretenda instalar;[94]

d) realização de uma quantidade mínima de atividades fabris e de atividades de infraestrutura de engenharia relacionadas no Anexo III (estampagem, soldagem, fabricação de motor, montagem de sistema elétrico, entre outras) em pelo menos oitenta por cento dos veículos fabricados, de acordo com o tipo de veículo a ser fabricado, no termos do art. 7º, I;[95]

93. "Art. 4º. A habilitação ao INOVAR-AUTO fica condicionada:

I – à regularidade da empresa solicitante em relação aos tributos federais; e

II – ao compromisso da empresa solicitante de atingir níveis mínimos de eficiência energética em relação aos produtos comercializados no País, nos termos do item 2 do Anexo II."

94. "Art. 5º. No caso de que trata o inciso III do *caput* do art. 2º, o projeto de investimento deverá atender aos termos estabelecidos pelo Ministério do Desenvolvimento, Indústria e Comércio Exterior, e aos critérios para a determinação da capacidade anual de produção.

§ 1º. A habilitação da empresa solicitante fica condicionada à aprovação de projeto de investimento, nos termos do *caput*, pelo Ministério do Desenvolvimento, Indústria e Comércio Exterior.

§ 2º. A empresa deverá solicitar habilitação específica para cada fábrica, planta ou projeto industrial que pretenda instalar, podendo cada habilitação ser renovada uma vez, e desde que cumprido o cronograma físico-financeiro do projeto de investimento."

95. "Art. 7º. No caso de que trata o inciso I do *caput* do art. 2º, a habilitação ao INOVAR-AUTO fica condicionada ao compromisso da empresa de atender ao inciso I e, no mínimo, a dois dos requisitos estabelecidos nos incisos II a IV seguintes:

I – realizar, no País, diretamente ou por intermédio de terceiros, a quantidade mínima de atividades fabris e de atividades de infraestrutura de engenharia relacionadas no Anexo III, em pelo menos oitenta por cento dos veículos fabricados, conforme cronograma a seguir: (...)"

e) realização de investimentos mínimos, com base em um percentual incidente sobre a receita bruta total de venda de bens e serviços, em atividades de pesquisa e desenvolvimento, engenharia, tecnologia industrial básica e capacitação de fornecedores;[96]

f) habilitação com validade por apenas 12 (doze) meses, sendo necessária a sua renovação ao final de cada período, nos termos do art. 3º, II,[97] a par de uma série de outros requisitos.

As exigências estabelecidas para a filiação ao programa INOVAR-AUTO, ao menos em tese, seriam capazes de garantir que os investimentos realizados na indústria automobilística, para além de ampliar a produção, promovessem o aperfeiçoamento tecnológico e, inclusive, a proteção do meio ambiente, por meio da melhoria da eficiência energética e consequente redução no volume de poluentes lançados na atmosfera.

Por fim, o quinto requisito a ser observado consiste na demonstração periódica dos resultados, para que possam ser acompanhados pela população e pelos demais órgãos de controle. A partir da análise dos resultados obtidos, caso seja demonstrado que o incentivo fiscal ficou consideravelmente aquém das metas estabelecidas, deverá ele ser considerado ilegítimo, ou mesmo inconstitucional, por não atingir a finalidade para a qual fora instituído.

Interessante perceber que a capacidade do incentivo fiscal de alcançar a finalidade para a qual foi instituído é fundamental para a sua legitimidade. Um incentivo fiscal, não obstante econômico, por não implicar uma renúncia de receitas considerável, pode ser considerado

96. "Art. 7º. (...)

II – realizar, no País, dispêndios em pesquisa e desenvolvimento correspondentes, no mínimo, aos percentuais, a seguir indicados, incidentes sobre a receita bruta total de venda de bens e serviços, excluídos os impostos e contribuições incidentes sobre a venda: (...)

III – realizar, no País, dispêndios em engenharia, tecnologia industrial básica e capacitação de fornecedores correspondentes, no mínimo, aos percentuais, a seguir indicados, incidentes sobre a receita bruta total de venda de bens e serviços, excluídos os impostos e contribuições incidentes sobre a venda: (...)"

97. "Art. 3º. A habilitação ao INOVAR-AUTO: (...)

II – terá validade de doze meses, contados da data da habilitação, e poderá, ao final de cada período, ser renovada por solicitação da empresa, pelo período de doze meses, com limite de validade em 31 de dezembro de 2017."

completamente ilegítimo, caso reste verificada sua incapacidade de implementar o respectivo objetivo de maneira minimamente adequada. Em outras palavras, um incentivo fiscal que efetivamente "não incentiva" o é apenas no nome, tornando-o completamente irrelevante para fins práticos.

Quanto aos períodos de aferição dos resultados, estes devem ser compatíveis com as metas estabelecidas na exposição de motivos, devendo haver, ao menos, uma verificação anual, juntamente com a disponibilização das contas da gestão fiscal referente ao período anterior, embora possam ser feitas demonstrações de resultados em períodos de tempo mais curtos.

Dessarte, a necessidade de demonstração dos resultados do incentivo fiscal deveria ter sido consignada expressamente na redação do art. 48 da Lei de Responsabilidade Fiscal, para além dos planos, orçamentos e relatórios de execução orçamentária.[98]

Considerações finais

O presente trabalho, ao longo de seus três itens, se propôs a analisar o regime jurídico dos incentivos fiscais à luz do princípio da isonomia tributária.

No primeiro item, analisaram-se os aspectos fundamentais da questão da igualdade e seus reflexos no ordenamento jurídico brasileiro, de maneira a extrair os seus principais elementos, quais sejam: a) a igualdade enquanto método ou instrumento, que consiste no seu as-

98. "Art. 48. São instrumentos de transparência da gestão fiscal, aos quais será dada ampla divulgação, inclusive em meios eletrônicos de acesso público: os planos, orçamentos e leis de diretrizes orçamentárias; as prestações de contas e o respectivo parecer prévio; o Relatório Resumido da Execução Orçamentária e o Relatório de Gestão Fiscal; e as versões simplificadas desses documentos.

Parágrafo único. A transparência será assegurada também mediante:

I – incentivo à participação popular e realização de audiências públicas, durante os processos de elaboração e discussão dos planos, lei de diretrizes orçamentárias e orçamentos;

II – liberação ao pleno conhecimento e acompanhamento da sociedade, em tempo real, de informações pormenorizadas sobre a execução orçamentária e financeira, em meios eletrônicos de acesso público;" (cf. Brasil, Lei Complementar 101, de 4.5.2000. Lei de Responsabilidade Fiscal. Legislação Federal do Brasil, disponível em <http://www.planalto.gov.br/ccivil_03/leis/lcp/lcp101.htm>, acesso em 20.6.2014).

pecto operacional, o qual se vale de um determinado critério para comparar os indivíduos entre si e, a partir de tal comparação, produzir efeitos sobre os mesmos; b) a igualdade enquanto direito fundamental, que consiste no fundamento jurídico da igualdade, que decorre da noção de dignidade humana, principal fundamento do Estado Democrático de Direito brasileiro; c) quanto ao objetivo ou resultado pretendido, pode-se falar em igualdade conservativa, que visa conferir tratamento tal que mantenha seus destinatários nas mesmas posições que ocupavam antes de sua aplicação, e em igualdade prospectiva ou transformadora, enquanto objetivo ou meta a ser alcançada, que visa corrigir as iniquidades que existem no meio social.

No segundo item, analisaram-se os reflexos da noção de igualdade no princípio da isonomia tributária, com base em sua relação com o princípio da capacidade contributiva, que serve como principal parâmetro para o fenômeno da fiscalidade. No entanto, ao analisar o princípio da isonomia tributária à luz do fenômeno da extrafiscalidade, pode-se concluir que ambos não só são compatíveis, como a extrafiscalidade, na qual se incluem os incentivos fiscais, pode efetivamente promover a isonomia tributária.

Por fim, no terceiro item, analisou-se de que maneira os incentivos fiscais podem efetivamente promover os valores constitucionais e a igualdade material entre os contribuintes, seja ao tutelar um bem de titularidade difusa, que pertence à coletividade, no primeiro caso, seja ao promover a inclusão social, por meio da correção de determinadas distorções que existem no meio social. Ressaltou-se a inexistência de critérios materiais capazes de orientar minimamente a instituição, aplicação prática e controle dos resultados dos incentivos fiscais, de maneira que se propuseram alguns critérios que poderiam ser utilizados, quais sejam: 1) dever de explicitação dos fundamentos e objetivos constitucionais que legitimam a instituição do incentivo fiscal; 2) necessidade de exposição clara das metas a serem alcançadas por meio do incentivo fiscal, acompanhadas de estudos e pesquisas que demonstram a viabilidade do incentivo fiscal para alcançar as metas no anexo da lei que os institui; 3) demonstração de que o incentivo fiscal é o meio mais prático e eficiente para alcançar o resultado pretendido; 4) imposição de condições específicas aos destinatários do incentivo que condicionem o seu comportamento às metas pretendidas pelo incentivo fiscal; 5) demonstração periódica dos resultados, para que possam ser acompanhados pela população e pelos demais órgãos de controle.

Referências

1) Artigos e livros

AMARO, Luciano. *Direito Tributário Brasileiro*. 15ª ed. São Paulo, Saraiva, 2009.

ARISTÓTELES. *A Política*. São Paulo, Escala, s.d.

ÁVILA, Humberto Bergmann. *Teoria da Igualdade Tributária*. São Paulo, Malheiros Editores, 2008.

BALEEIRO, Aliomar. *Uma Introdução à Ciência das Finanças*. Atualizada por Dejalma de Campos. 16ª ed. Rio de Janeiro, Forense, 2002.

BANDEIRA DE MELLO, Celso Antônio. *O Conteúdo Jurídico do Princípio da Igualdade*. 3ª ed., 23ª tir. São Paulo, Malheiros Editores, 2014.

BECKER, Alfredo Augusto. *Teoria Geral do Direito Tributário*. 4ª ed. São Paulo, Noeses, 2007.

BOBBIO, Norberto. *Da Estrutura à Função: Novos Estudos de Teoria do Direito*. São Paulo, Manole, 2007.

________. *Teoria da Norma Jurídica*. Bauru, Edipro, 2001.

________. *Teoria do Ordenamento Jurídico*. 6ª ed. Brasília, Editora Universidade de Brasília, 1995.

BOBBIO, Norberto; MATTEUCCI, Nicola; PASQUINO, Gianfranco. *Dicionário de Política*. Brasília, Editora Universidade de Brasília, 1998.

CARRAZZA, Roque Antonio. *Curso de Direito Constitucional Tributário*. 29ª ed. São Paulo, Malheiros Editores, 2013.

CARVALHO FILHO, José dos Santos. *Manual de Direito Administrativo*. 26ª ed. São Paulo, Atlas, 2013.

FALCÃO, Raimundo Bezerra. *Hermenêutica*. 2ª ed., 2ª tir. São Paulo, Malheiros Editores, 2013.

________. *Tributação e Mudança Social*. Rio de Janeiro, Forense, 1982.

GRAU, Eros. *A Ordem Econômica na Constituição de 1988: Interpretação e Crítica*. 16ª ed. São Paulo, Malheiros Editores, 2014.

HOLMES, Stephen; SUSTEIN, Cass R. *The Cost of Rights: why Liberty Depends on Taxes*. New York, W. W. Norton & Company, 2000.

KANT, Immanuel. *Fundamentação da Metafísica dos Costumes*. Trad. do alemão por Paulo Quintela. Lisboa, Edições 2007 ,70.

LOBATO, Paulo Henrique Bese; SOMAVILLA, Jaqueline Lara. "A concessão de anistias e incentivos fiscais e a importância do controle da renúncia de receita pelos tribunais de contas". *Revista do Tribunal de Contas do Estado de Minas Gerais*. Ano XXVII, n. 1, v. 70, p. 69, jan.-fev.-mar. 2009.

LONDRES, Flávia. "Agrotóxicos no Brasil: um guia para ação em defesa da vida". Rio de Janeiro, AS-PTA – Assessoria e Serviços a Projetos em Agricultura Alternativa, 2011.

LOPES, Cristiano Aguiar. "Acesso à informação pública para a melhoria da qualidade dos gastos públicos: literatura, evidências empíricas e o caso brasileiro". *Cadeira de Finanças Públicas – UNB*. Brasília, n. 8, pp. 40-5, dez. 2007.

MACHADO, Raquel Cavalcanti Ramos; MACHADO SEGUNDO, Hugo de Brito. "Tributação e direitos fundamentais". In FOLMANN, Melissa. *Tributação e Direitos Fundamentais: Proposta de Efetividade*. Curitiba, Juruá, 2007, pp. 180-159.

MACHADO SEGUNDO, Hugo de Brito. *Fundamentos do Ordenamento Jurídico. Liberdade, Igualdade e Democracia como Premissas Necessárias à Aproximação de uma Justiça Possível*. Tese (doutorado). Universidade de Fortaleza, 266, 2009 f.

MATTOS, Lucas de Brandão e; NETO, Pedro Miron de Vasconcelos Dias. "Benefiscos Fiscais sob a ótica dos direitos fundamentais: por um controle democrático". *Anais do XX Congresso Nacional do CONPEDI*: "Democracia e reordenação do pensamento jurídico: compatibilidade entre a autonomia e a intervenção estatal". Florianópolis, FUNJAB, 2011, v. 1, pp. 5.964-5.945.

NABAIS, José Casalta. "A face oculta dos direitos fundamentais: os deveres e os custos dos direitos". *Revista de Direito Público da Economia*. Belo Horizonte, v. 5, n. 20, out. 2007. Disponível em: <http://bdjur.stj.jus.br/dspace/handle/28500/2011>. Acesso em: 6.4.2013.

________. *Direito Fiscal*. 2ª ed. Coimbra, Almedina, 2003.

________. *O Dever Fundamental de Pagar Impostos*. Coimbra, Almedina, 1998.

PINTO, Tibério Carlos Soares Roberto. *Seletividade Ambiental do IPI: um Novo Modelo de Tributação para um Novo Modelo de Cidadão*. Monografia (graduação). Universidade Federal do Ceará, 2010.

POPPER, Karl. *O Conhecimento e o Problema Corpo-Mente*. Lisboa, Edições 70 Ltda., 2009.

RAWLS, John. *Justiça e Democracia*. São Paulo, Martins Fontes, 2002.

________. *Uma Teoria da Justiça*. São Paulo, Martins Fontes, 2002.

ROUSSEAU, J. J. *Discurso sobre a Origem e os Fundamentos da Desigualdade entre os Homens*. Trad. de Roberto Leal Ferreira. São Paulo, Martin Claret, 2010.

________. *O Contrato Social: Princípios do Direito Político*. São Paulo, Martins Fontes, 1999.

SANDEL, Michael J. *Justiça: o Que é Fazer a Coisa Certa?* 5ª ed. Rio de Janeiro, Civilização Brasileira, 2012.

SARLET, Ingo Wolfgang. *A Eficácia dos Direitos Fundamentais.* 11ª ed. Porto Alegre, Livraria do Advogado, 2012.

________. *Dignidade da Pessoa Humana e Direitos Fundamentais na Constituição da República de 1988*. Porto Alegre, Livraria do Advogado, 2002.

SEN, Amartya. *Desenvolvimento como Liberdade*. São Paulo, Companhia das Letras, 2010.

VASQUES, Sérgio. "Capacidade contributiva, rendimento e patrimônio". *Revista Fórum de Direito Tributário – RFDT.* Belo Horizonte, ano 2, n. 11, pp. 61-23, set.-out. 2004.

WEYNE, Bruno Cunha. *O Princípio da Dignidade Humana: Reflexões a partir da Filosofia de Kant*. São Paulo, Saraiva, 2013.

2) Documentos jurídicos em meio eletrônico

"Cartilha do IPTU do Município de Fortaleza". Disponível em: <http://www.sefin.fortaleza.ce.gov.br/apresentacoes/gerados/Cartilha_IPTU_2010_site.pdf>. Acesso em: 20.6.2014.

"Constituição Americana". Disponível em: <http://www.proconservative.net/pecafdar412busconstitutionamt14annot.shtml>. Acesso em: 23.6.2014.

"Constituição da República Portuguesa". Disponível em: <http://www.parlamento.pt/Legislacao/Paginas/ConstituicaoRepublicaPortuguesa.aspx>. Acesso em: 23.6.2014.

"Declaração de Direitos do Homem e do Cidadão". Disponível em: <http://www.direitoshumanos.usp.br/index.php/Documentos-anteriores-à-criação-da-Sociedade-das-Nações-até-1919/declaracao-de-direitos-do-homem-e-do-cidadao-1789.html>. Acesso em: 23.6.2014.

"Declaração Universal dos Direitos Humanos". Disponível em: <http://portal.mj.gov.br/sedh/ct/legis_intern/ddh_bib_inter_universal.htm>. Acesso em: 23.6.2014.

ONU. "The Universal Declaration of Human Rights". Disponível em: <http://www.un.org/en/documents/udhr>. Acesso em: 17.5.2013.

"Unanimous Declaration of the Thirteen United States of America". Disponível em: <http://www.ushistory.org/declaration/document/>. Acesso em: 23.6.2014.

3) Jurisprudência

BRASIL. Supremo Tribunal Federal. 2ª Turma. Agravo Regimental no Recurso Extraordinário 406.955/MG, rel. Min. Joaquim Barbosa, j. em 4.10.2011. *DJE* de 21.10.2011. Disponível em: <http://www.stf.jus.br/portal/jurisprudencia/listar

Jurisprudencia.asp?s28%=1RE2%24%ESCLA2%E+E2%406955+ENUME2%E%+29OU28%+RE2%EACMS2%E+ADJ2%406955+2EACMS2%E29%&base=baseAcordaos&url=http://tinyurl.com/c2s46cr>. Acesso em: 15.5.2013.

BRASIL. Supremo Tribunal Federal. Tribunal Pleno. RE 177.835/PE, rel. Min. Carlos Velloso, *DJU* de 25.5.2001. Disponível em: <http://www.stf.jus.br/portal/jurisprudencia/listarJurisprudencia.asp?s28%=1RE2%24%ESCLA2%E+E177+2%835ENUME2%E+29%OU28%+RE2%EACMS2%E+ADJ2%177835+2EACMS2%E29%&base=baseAcordaos&url=http://tinyurl.com/cf29btp>. Acesso em: 15.5.2013.

BRASIL. Supremo Tribunal Federal. Tribunal Pleno. RE 229.096/RS, rel. Min. Cármen Lúcia, j. em 16.8.2007, *DJe* de 10.4.2009. Disponível em: <http://redir.stf.jus.br/paginadorpub/paginador.jsp?docTP=AC&docID=520131>. Acesso em: 8.5.2013.

* * *

GRÁFICA PAYM
Tel. [11] 4392-3344
paym@graficapaym.com.br